LA VISION DE DRUMONT

Joseph-Marie Rouault

LA VISION DE DRUMONT

Préface de l'abbé Olivier Rioult

Reconquista Press

La Vision de Drumont
Initialement publié par le Mercure de France en 1944

Couverture : Édouard Drumont (Atelier Nadar)

© 2019 Reconquista Press
www.reconquistapress.com

ISBN 978-1-912853-04-5

PRÉFACE

« *La seule chose grave à l'heure actuelle, pour un grand homme, savant, écrivain, cinéaste, financier, industriel, politicien (mais alors la chose gravissime) c'est de se mettre mal avec les Juifs.* — *Les Juifs sont nos maîtres* — *ici, là-bas, en Russie, en Angleterre, en Amérique, partout !... Faites le clown, l'insurgé, l'intrépide, l'antibourgeois, l'enragé redresseur de torts... le Juif s'en fout ! Divertissements... Babillages ! Mais ne touchez pas à la question juive, ou bien il va vous en cuire...* »[1]

Ces mots qui datent du XXe siècle sont toujours vrais au XXIe siècle et ils l'étaient déjà au XIXe siècle quand Édouard Drumont osa sortir ce colossal ouvrage de mille deux cents pages : *La France juive*. Le tabou n'avait point été respecté. Il avait osé prononcer publiquement ce petit mot de quatre lettres, « juif », sans la révérence exigée par la puissance judéo-maçonnique, « *la démocratie partout et toujours* [n'étant] *jamais que le paravent de la dictature juive* »[2].

Paru en 1886, *La France juive* d'Édouard Drumont fut pourtant un formidable et inattendu succès. Fruit de près de dix ans de travail, accumulant matériaux après matériaux, Drumont, de son vivant, en a publié 150 rééditions. « *La puissance juive, que quelques-uns pressentaient, apparaissait au peuple français, dans sa hideur d'idole souterraine, manœuvrant les ficelles des politiciens républicains. Les banquiers et leurs sportulaires étaient nommés individuellement, clairement désignés, catalogués, et l'opinion publique sentait parfaitement que les quelques erreurs intercalaires n'enlevaient rien à la tragique vérité de l'ensemble.* »[3]

Catholique, journaliste et écrivain français (1844-1917), Drumont, le plus célèbre antisémite du XIXe siècle, ne prétend pas examiner la société sous l'angle des doctrines politiques. Lorsqu'il parle de lui-même, il se présente comme un

---

[1] Céline, *Bagatelles pour un massacre*, 1937.
[2] *Idem.*
[3] Léon Daudet, *Édouard Drumont ou le sens de la race*, 1921.

sociologue, un psychologue, un observateur, un historien social ou un moraliste. En 1890, il fondera la Ligue nationale antisémitique de France. Puis avec l'aide financière du Père du Lac, il fondera en 1892, *La Libre Parole*, un journal quotidien qui tirera jusqu'à 100 000 exemplaires. Drumont sera aussi député d'Alger en 1898.

Un antisémite ?

Entendons-nous tout d'abord sur le sens du mot « *antisémite* », car l'ignorance de la culture juive peut induire en erreur tout novice de la question juive, comme Xavier Vallat lui-même le confessera dans ses souvenirs : « *Un jour que nous échangions au Palais-Bourbon des propos sur Édouard Drumont, il m'arriva de dire* [à Maurice Barrès] *: "Je ne puis m'empêcher parfois de plaindre les Juifs en songeant combien il doit leur être pénible de se sentir en butte au mépris des non-Juifs." Maurice Barrès me regarda avec une lueur de surprise dans l'œil et s'exclama : "Eux ! Souffrir du mépris des goys ! Vous les connaissez mal. Ils nous méprisent bien trop pour être sensibles à notre opinion."* »[4] L'antisémitisme, contrairement à ce que prétend la propagande juive, n'est pas une haine gratuite et irrationnelle du Juif. Il n'est en réalité que la légitime défense des nations devant les manifestations impérialistes et antichrétiennes de la haine juive. C'est en ce sens que l'organe romain du Vatican, l'*Osservatore romano*, écrivait cette phrase lourde de sens dans son numéro du 16 janvier 1898 : « *S'il est une nation qui a plus que toute autre le droit de se jeter dans l'antisémitisme, c'est la France qui, ayant donné la première leurs droits politiques aux Juifs, a préparé la première, sa servitude.* »

Même attitude chez le Père Pascal, pour qui *La France juive* de Drumont fut « *une révélation* ». Dans son livre au titre significatif, *La Juiverie*, ce prêtre déclarait : « *Comme l'éclair, qui, dans une nuit d'orage montre le précipice au voyageur, le livre courageux de Drumont a montré à tous, même aux plus obstinés, à voir le péril national que nous faisait courir la juiverie cosmopolite qui s'est abattue sur notre pauvre pays. Populariser, vulgariser ce grave enseignement, signaler le mal, indiquer le remède, tel est le but de ce modeste écrit. Aucune pensée de haine n'a inspiré ces lignes ; nous voulons seulement faire acte de vérité, de justice et de légitime défense. C'est bien le moins que nous ne nous laissions pas exproprier de notre patrie sans résistance et sans combat par une bande d'étrangers rapaces.* »

Même avertissement chez l'abbé Huot : « *Les gouvernements ou les peuples chrétiens qui, tout en protégeant la vie et les biens des Juifs, leur ont interdit l'accès aux fonctions importantes de l'État, comme celles de député, de ministre et de magistrat, n'ont-ils pas eu conscience d'accomplir, en agissant ainsi, un devoir de légitime défense et de haute protection à l'égard des intérêts de la société chrétienne ? Les*

---

[4] Xavier Vallat, *Le Nez de Cléopâtre. Souvenirs d'un homme de droite (1919-1944)*, Éditions des Quatre fils Aymon, Paris, 1957, p. 233.

catholiques qui contribuent sciemment à l'ascension politique et sociale des Juifs, en donnant à ces derniers leur vote ou leur argent, sont-ils bien certains de ne pas manquer au grave devoir, qu'imposent à tout catholique la conservation et la défense des intérêts chrétiens dans la société ? »[5]

Un demi-siècle plus tard, même ton et même désir de légitime défense. Paul Sézille, le Secrétaire général de L'Institut d'étude des questions juives, écrivait qu'il fallait écarter « *les Juifs de tous les rouages* » de la vie politique et prendre « *des mesures sévères contre leur action néfaste* »[6]. Pour Pierre-Antoine Cousteau : « *Les Juifs sont nos ennemis. Traitons-les sans haine mais traitons-les en ennemis.* »[7]

C'est que, dès 1806, quelques années après l'émancipation politique des Juifs en France, le célèbre jurisconsulte Portalis, dans son *Mémoire sur la question juive*, constatait que « *les Juifs forment partout une nation dans la nation. Ils ne sont ni Français, ni Allemands, ni Anglais, ni Prussiens, ils sont juifs.* » Bernard Lazare, dans son ouvrage *L'Antisémitisme, son histoire, ses causes*, livre destiné à combattre *La France juive* d'Édouard Drumont, confortait en réalité ses analyses antisémites, puisque lui-même parle du Juif comme d'un « *agent de révolution* » et constatait que « *les Juifs entrèrent dans les sociétés modernes non comme des hôtes, mais comme des conquérants* » et que « *cette foi à leur prédestination, à leur élection, développe chez les Juifs un orgueil immense. Ils en vinrent à regarder le non-Juif avec mépris, et souvent avec haine, quand il se mêla à ces raisons théologiques des raisons patriotiques...* »

Drumont a donc traité de la conquête juive de la France avec ses scandales permanents : krachs financiers aux innombrables victimes, affaires sordides, faillites frauduleuses, détournements de deniers publics ou de capitaux dus à l'épargne privée, corruption de hauts fonctionnaires ou de parlementaires, marchés ou subventions extorqués à l'État, monopoles inouïs obtenus à prix d'or... Et dans presque chacune de ces affaires se profilent à l'arrière-plan, et souvent au premier plan, quelques figures de Juifs, de ces Juifs fraîchement immigrés, qui sont arrivés en France démunis de tout et qui ont amassé en quelques lustres d'invraisemblables fortunes. Voilà pourquoi Drumont propose souvent que l'on reprenne aux voleurs cet argent volé, comme d'ailleurs l'avaient fait nos rois par le passé : « *Ces grandes reprises monétaires, auxquelles le Juif était habitué jadis, ne l'effrayent pas tant qu'on se l'imagine ; il est plus avide qu'avare et il sait trop par quels moyens faciles il a subtilisé cet argent, pour ne pas trouver tout simple qu'on le lui reprenne le jour où les Aryens jugeront que cette mystification a trop duré* » (*La Fin d'un monde*).

---

[5] M. l'abbé Antonio Huot, *La Question juive*, Éditions de l'Action Sociale Catholique, 1914, p. 16.
[6] *Le Cahier jaune*, n° 4, avril-mai 1942, p. 3.
[7] Pierre-Antoine Cousteau, *Je suis partout*, 23 mai 1942.

Plus qu'un antisémite !

Mais Drumont était bien plus qu'un simple antisémite. Il était, comme le dira Bernanos, « *la Grande Peur des Bien-Pensants* ». Car si « le Juif » est responsable d'un état de choses déplorable, il est loin d'être l'unique cause de cet état. La colère de Drumont englobe tous les concussionnaires, quels qu'ils soient, et tous ceux, quels qu'ils soient, qui pactisent avec eux, et tous ceux qui laissent faire, par mollesse ou par lâcheté. « *Quel malheur* », écrivait-il dans *La Dernière Bataille*, « *que les antisémites ne puissent pas occuper le pouvoir pendant six mois seulement ! Avec les milliards repris aux voleurs de la Haute Banque, nous réorganiserions la vie sociale et tous les travailleurs, affranchis, libérés, heureux, béniraient notre œuvre.* » Certes Drumont voit d'abord « le Juif », parce qu'il le retrouve dans toutes les grandes affaires louches. D'ailleurs, M. Darquier de Pellepoix, lors d'un conseil municipal de Paris, se plaignant que « *les partis politiques* », aussi bien de gauche que de droite, étaient « *tous enjuivés* », répétera en cette circonstance « *le mot de Drumont : "On me reproche de voir des Juifs partout. C'est parce qu'il y en a partout !"* »[8]

Mais Drumont a eu aussi le tort impardonnable de crier bien haut son amour des faibles, des humbles, des petites gens sans défense et de proclamer sa haine de toute ploutocratie — la juive particulièrement, mais pas uniquement. Drumont ne ménage personne. De quelques bords que l'on soit, à gauche tout autant qu'à droite, on mérite ses jugements rigoureux. Point de complaisance pour les socialistes, les radicaux et les opportunistes. Mais cela ne l'empêche de réprouver aussi les attitudes déviantes de la grande bourgeoisie, de l'aristocratie et du clergé.

Au sujet du duc de La Rochefoucauld-Bisaccia, Drumont écrit : « *On a prétendu qu'il ne fallait écrire sur quelqu'un que ce qu'on pourrait lui dire en face. Si, au lieu d'être le paroissien de Saint-Pierre-du-Gros-Caillou, j'avais été le paroissien de Sainte-Clotilde, j'aurais parfaitement dit au duc de Bisaccia, en lui tendant l'eau bénite : "Mon frère, il est mauvais pour un chef du parti catholique d'aller danser chez des Juifs quand tant de malheureuses victimes d'Israël pleurent en pensant à leurs économies perdues ou se tuent de désespoir. Votre place n'est point à ces bals où les râles lointains des mourants répondent aux accords des violons. Attendez au moins, pour aller danser chez les Rothschild, que ceux de vos frères en Jésus-Christ que les Rothschild ont réduits à se pendre aient fini de gigoter..."* » (*La France juive devant l'opinion*).

Pour Drumont, « *l'évêque français est un homme d'accommodement, de concession, — le contraire, en un mot, d'un homme de lutte. Pourquoi l'évêque est-il comme cela ? D'abord, je le répète, parce qu'on le choisit comme cela* » (*La Fin d'un monde*). La plupart de ces évêques jouant le rôle de « *fonctionnaire sacré* », « *comment*

---

[8] Louis Darquier de Pellepoix, *Bulletin officiel de la Ville de Paris* du 7 avril 1938 (pages 1648 à 1660).

voulez-vous, sur ce terrain-là, entreprendre une résistance religieuse sérieuse ? Ceux qui essayent de défendre les droits de l'Église sont lâchés et livrés par leurs propres chefs » (*Testament d'un antisémite*).

Drumont cherchait un honnête homme, comme Socrate cherchait un homme ! Un « honnête homme », pour le XVIIe siècle, le siècle français, c'était un homme incapable de commettre une bassesse, de dire un mensonge ou d'abandonner la défense d'une cause juste pour plaire aux puissants du jour. Dans son œuvre, Drumont épingle tous ces hommes dont le rôle aurait dû être de restaurer en France une mentalité et des institutions saines et qui ont failli à ce devoir. Ces misérables, ces conservateurs, qui n'ont su que prononcer de vaines paroles pour ensuite plier devant la Révolution, Abel Bonnard les fustigera à son tour sous le nom de « modérés ». Drumont leur reproche leur cupidité, leur imbécillité et cette peur qui les poussent à capituler devant les entreprises révolutionnaires avant même tout combat. C'est pour cela que l'œuvre gigantesque de Drumont n'a pas porté tous les fruits qu'elle aurait dû.

De la fin d'un monde…

« *L'esprit chrétien monte dans la mesure où l'esprit juif baisse* » constatait Drumont. Les Juifs prospèrent donc parce qu'il n'y a plus de chrétien digne de ce nom. Et dans ces conditions, comment reconstruire la cité française ?

Dans ses premiers livres, Drumont espérait une réaction vigoureuse du bon sens français. Dans les derniers, visiblement, il n'en attend plus rien. Il sait que les meilleurs sont atteints d'un mal paralysant qu'il a dépeint sans le définir : « *Je ne regrette rien de mes articles d'alors, mais, dans de pareilles circonstances, je n'écrirais certes plus ce que j'écrivais en 1871. À cette époque, il était permis de croire encore que la société méritait d'être défendue. Quelle institution, quelle classe sociale, je vous le demande, vaut aujourd'hui la peine qu'on combatte pour elle ? Les opportunistes et les radicaux qu'on retrouve dans tous les tripotages, dans toutes les concussions, dans toutes les affaires véreuses, ne sont-ils pas pires que les Fédérés qui parfois défonçaient un tonneau quand ils avaient soif ? Les ignorants qui, exaspérés par la lutte, traqués de rue en rue, excités par les Juifs qui s'enfuirent au moment des responsabilités, massacrèrent nos religieux rue Haxo, ne sont-ils pas plus excusables devant Dieu que tous les Francs-maçons de l'Assemblée qui, en échange de quelques subsides de banques juives, votent les lois les plus iniques, corrompent systématiquement les enfants, dépouillent les Catholiques de tous leurs droits ?* » (*La Fin d'un monde*).

Drumont a donc écrit pour se soulager le cœur et l'esprit, par besoin d'exprimer des vérités dont il se sentait étouffer et qu'il ne pouvait plus garder pour lui-même. Il sera jusqu'au bout un combattant solitaire et désenchanté. Drumont a découvert la misère de l'homme blessé par le péché, et le problème du vrai et du faux Ordre, qui illusionne encore tant de nos contemporains : « *Qu'est-ce que la Bourgeoisie entend par l'Ordre ? […] L'idéal d'une maison bien tenue est une maison où l'on peut commettre toutes les turpitudes, se livrer à toutes les débauches, mais dans laquelle on ne fait pas de bruit, où les escaliers sont bien cirés, la moquette régulièrement brossée, les boules de cuivre régulièrement astiquées et où l'on obéit à l'écriteau : "Essuyez vos pieds, S. V. P.". "Essuyez vos pieds, S. V. P.", c'est le résumé de l'Ordre d'après la Bourgeoisie. Le plus souvent il n'y a que de la boue à ces pieds, mais, aux époques de crise, c'est du sang que la Bourgeoisie essuie ainsi avec soin, pour ne pas salir les tapis* » (La Fin d'un monde).

On comprend que Drumont ait été « *si mal lu, si sommairement catalogué et si vite rejeté ! Ses analyses ne pouvaient que hérisser aussi bien les profiteurs du désordre que "ces prétendus hommes d'ordre qui mesurent la perversité d'une entreprise révolutionnaire à l'intensité ou à la durée de leurs douleurs d'entrailles", ainsi que les définit Bernanos ; c'est-à-dire, en fait, à peu près tout le monde. [...] beaucoup par leurs convictions religieuses, leurs traditions familiales ou leur rang social avaient toutes les raisons possibles de se ranger auprès de Drumont, de le soutenir par tous les moyens à leur disposition, de faire bloc avec lui contre leurs adversaires communs. Que si peu l'aient fait n'a cependant rien pour surprendre. Cette forme de lâcheté, commune à tous les temps, se remarque tout particulièrement dans les périodes troublées. Elle se retourne habituellement contre ceux qui l'ont pratiquée, mais les hommes oublient cela comme ils oublient la plupart des leçons de l'histoire.* »[9]

En effet, pour le comprendre, il suffit de voir comment nos contemporains ont si peu honoré le travail d'Hervé Ryssen, qui, à plus d'un titre, mérite d'être considéré comme notre Drumont du XXIe siècle. Même courage, même œuvre colossale, même profondeur d'analyses, même profusion de faits... et même peur et même veulerie chez les bien-pensants...

... à la fin du monde ?

« *Si l'heure de Drumont n'a pas sonné, ce ne sont pas tant les Juifs que les chrétiens qui l'en empêchèrent.* »[10]

Ce jugement de Lucien Rebatet est justifié mais il demande à être nuancé. Dans l'article qu'il lui consacre pour fêter son centenaire, Rebatet cite ces pages du *Testament d'un antisémite*, où Drumont confesse : « *"Mon erreur fondamentale a été de croire qu'il existait encore une vieille France, un ensemble de braves gens, gentilshommes, bourgeois, prolétaires, fidèles aux sentiments d'honneur, aux traditions de leur race et qui, égarés, affolés par les turlutaines qu'on leur débite depuis cent ans, reprendraient conscience d'eux-mêmes si on leur montrait la situation telle qu'elle est, et se réuniraient pour essayer de sauver leur pays. J'étais l'homme le plus réformateur, le plus avancé, le plus épris de justice sociale qu'il y eût en France ; cette erreur m'a fait passer pour un rétrograde, elle m'a enlevé toute action sur la masse. La masse, en effet, plus sûrement guidée par son instinct que nous ne le sommes par*

---

[9] Dominique Ancelle, *L'Ordre français*, Drumont, Sept.-Oct. 1969.
[10] Lucien Rebatet, *Je suis partout*, 28 avril 1944.

nos connaissances, a horreur du parti conservateur, elle s'éloigne de lui comme les chevaux d'un endroit où il y a un mort. Ne vous mettez jamais avec les conservateurs." Drumont cherchait des hommes. Il s'était adressé à des larves de la plus odieuse sottise, la sottise qui naît de la peur. Il faut relire chez lui et chez Bernanos l'histoire des inqualifiables avanies que lui fit subir cette bourgeoisie bien-pensante, pétrie d'hypocrisie et de frousse, éprouvant l'horreur congénitale de cet homme qui était tout entier courage et vérité. On ne peut même pas esquisser dans un journal ce honteux et gigantesque vaudeville, le haut clergé volant au secours de la synagogue pour condamner la France juive. [...] J'incline à croire, comme Bernanos, que, dès 1892, Drumont avait perdu l'espoir et ne se battait plus que pour l'honneur, l'amour de la vérité et de l'avenir. »

La nuance qu'il faut apporter à ce jugement, nous la ferons en citant Jacques Ploncard, qui tout comme Rebatet était membre de L'Association des journalistes antijuifs (A.J.A.), une association fondée en décembre 1941. Comme le remarque Jacques Ploncard, il fut un temps où les prêtres étaient « *à la pointe du combat* » : « *L'abbé de la Rive, le père Pascal, l'abbé de Bessonie, l'abbé Duperron et combien d'autres* » attaquant « *conjointement Juifs et maçons* ». Dans ces journaux « *que toutes les familles catholiques de France achètent à la sortie de la messe le dimanche ; il n'est question alors que de l'invasion juive, du péril juif, de la secte franc-maçonnique contre lesquels on fait appel à l'action de tous les catholiques de France* »[11]. D'ailleurs, en 1893, la *Revue catholique des Institutions et du Droit*, après avoir étudié la législation catholique vis-à-vis des Juifs au cours de l'histoire écrivait : « *L'Église, dès l'origine et avant tous les politiques, a compris que les Juifs étaient un danger et qu'il fallait les tenir à l'écart. Dépositaire de la douceur évangélique, elle a défendu la vie des Juifs ; mère des nations chrétiennes, elle veut les préserver de l'envahissement hébraïque qui serait leur mort au spirituel et au temporel.* »

Mais après avoir, dans un premier temps, combattu héroïquement la Révolution, les catholiques l'ont ensuite mal combattu au XIXe siècle, puis ils ont même arrêté de la combattre, pour finir par se rallier à elle au XXe siècle... La masse des catholiques a fait une union sacrée avec la République maçonnique sans voir qu'ils firent un marché de dupes comme le remarque Ploncard. Au lieu de « *dire : "C'est au nom des droits imprescriptibles de Dieu que l'Église réclame sa place, toute sa place dans la Cité." Ils ont biaisé, demandant simplement la liberté. La liberté, comme tout le monde. Mais le Juif vient leur dire : "Et moi ? Pourquoi serais-je exclu de la liberté ?" Il faudrait avoir le courage de répondre qu'au-dessus de la liberté, il y a le réel. La vie de la communauté populaire qui postule certains principes absolus qui sont terriblement antilibéraux. Il faudrait de fortes têtes, des saint Thomas, des saint Augustin.* [Mais] *comme tous les autres corps sociaux, le clergé*

---

[11] Jacques Ploncard, *Le Cahier jaune*, n° 9, Oct. 1942. p. 3-5.

français n'échappa pas à la formidable contagion des idées de 1789. [...] Donc, l'Église fut soumise à la pression formidable de l'esprit de 1789. Il faut lui rendre cette justice qu'elle fut la dernière à être contaminée. »[12]

Voilà la nuance qu'il convenait d'apporter.

Aujourd'hui, où sont les Français et les catholiques capables non seulement d'écouter mais encore d'apprécier l'enseignement d'un abbé Huot livré dans une conférence à l'Académie Saint-Joseph de Québec ? Après avoir déclaré que notre devoir était « *d'avoir l'œil ouvert sur la question juive* » et après avoir rappelé, en quelques mots, la substance de la législation de l'Église à l'égard des Juifs en s'inspirant du principe directeur du IIIe Concile de Latran (1179) : « *Que les Juifs soient traités avec humanité ; mais qu'ils soient toujours tenus dans la dépendance et qu'on ait avec eux le moins de rapports qu'il se pourra* », il expliquait pourquoi l'Église catholique avait édicté ces sévères mesures de restriction contre les Juifs : « *C'est, évidemment, avant tout, parce que ce "peuple misérable" — pour nous servir des propres expressions du pape Clément IV, dans sa Lettre à l'Archevêque de Tarragone de juillet 1267 — non seulement "a renié avec méchanceté Notre-Seigneur Jésus-Christ, le Fils Éternel du Père, qui, né de la race de David selon la chair, comme Il l'avait promis dans les Saintes Écritures par les prophètes, était leur frère et était venu les appeler à la participation de l'héritage éternel... mais encore parce qu'ils l'ont mis à mort dans leur rage impie, en Le frappant, Le flagellant et Le crucifiant" c'est que, ajouterons-nous, les Juifs d'aujourd'hui, persévérant dans leur erreur, constituent un peuple antichrétien, un État antichrétien dans chacune des nations chrétiennes où ils sont établis.* »[13]

Si les hommes ne reviennent pas au Christ, de tout leur cœur et en toute vérité, le projet juif a de beaux jours devant lui, et ce pour le malheur de tous ! Un théologien argentin (1905-1973) a bien résumé ce que nous vivons : « *Le monde moderne a apostasié le christianisme pour retourner au paganisme, mais à un paganisme sous la tutelle du judaïsme. La Cabale (tradition ésotérique du judaïsme) a pénétré la Chrétienté jusqu'à séculariser le christianisme même. Les hommes devront choisir : ou l'Église ou la Synagogue, ou Dieu ou Mammon, ou le Christ ou l'Antichrist. Point n'est besoin d'une grande perspicacité pour voir que depuis cinq siècles le monde se conforme à la tradition cabalistique. Le monde de l'Antichrist approche rapidement. Tout concourt à l'unification totalitaire du fils de la perdition. D'où, aussi, le succès du progressisme.* »[14] Un docteur en science politique, analysant les événements internationaux récents, portait le même diagnostic : « *Le*

---

[12] Jacques Ploncard, *Le Cahier jaune*, n° 9, Oct. 1942, p. 3-5.

[13] Abbé Antonio Huot, *La Question juive*, Éditions de l'Action Sociale Catholique, 1914, p. 7-8.

[14] Abbé Julio Meinvielle, *De la cabale au progressisme*, 1970.

mondialisme est, d'abord et avant tout, une mystique dont le cœur s'appelle la synagogue. »[15]

Édouard Drumont avait TOUT compris, et cela tient en deux phrases : « *En un mot, à partir de 1394, époque à laquelle elle chasse le Juif, la France montera toujours. À partir de 1789, époque à laquelle elle les reprend, elle descendra sans cesse...* »[16]

La réédition de l'anthologie de l'œuvre d'Édouard Drumont élaborée par Joseph-Marie Rouault en 1944, *La Vision de Drumont*, mais mise au pilon à la "Libération" et inédite depuis, est donc une œuvre salutaire. Cette anthologie, parce qu'elle s'emploie à présenter les idées philosophiques, politiques et sociales de Drumont dégagées des éléments d'actualité qui, après plus d'un siècle, peuvent être quelque peu encombrants, constitue une excellente entrée dans l'œuvre et la pensée de Drumont.

Pour conclure, avec les propres termes du Père dominicain Julien Constant, Drumont est un « *grand* » et « *honnête écrivain* ». Et sur la question juive, c'est un « *homme des plus informés* » : « *Les Juifs de Drumont sont les Juifs de l'histoire. Les hommes passent, la vérité demeure.* »[17]

Abbé Olivier Rioult
6 juin 2019,
en la fête de saint Agobard.

---

[15] Pierre Hillard, *Chroniques du Mondialisme*, 2014.
[16] Édouard Drumont, *La France juive*. Cité dans Abbé Olivier Rioult, *De la Question juive, synthèse*, Éditions Saint-Agobard, 2018, p. 398-399.
[17] Derniers mots de la conclusion de son livre. R. P. Constant, O. P., *Les Juifs devant l'Église et devant l'Histoire*, Arthur Savaète éditeur, 2e édition, 1897, Paris, p. 259-261.

À la douce mémoire de ma mère (1877-1934) humble et magnifique exemple de cette forte race populaire et terrienne, cordiale et bon enfant, mais patriote et farouche, qui avec ses rois, ses capitaines et ses penseurs en mille ans fit la France... et en haine de la maçonnerie qui a pourri toute la maison.

J. R.

INTRODUCTION

ÉDOUARD DRUMONT, GRAND CLASSIQUE FRANÇAIS

Sauve-le !...

1. — Drumont devant l'éternel.
Maintenant les grands tumultes de ce monde se sont tus... Le rude lutteur dort là-bas le long de la dolente colline du Père-Lachaise, au-dessus du gigantesque Paris, de son « vieux Paris » qu'il a tant aimé[18]. Il est là selon l'éternel, sur ce promontoire d'où la jeunesse de Rastignac, pauvre comme le fut la sienne, lança, au soir du lamentable enterrement du père Goriot son fameux cri de conquête à la vie. Voilà vingt-cinq ans passés qu'il est venu s'y allonger en sa fosse : c'était par un matin blafard de février 1917 dans une tornade de neige, en cet hiver qui fut le plus terrible du siècle et qui fut l'hiver de Verdun. Rien depuis n'est venu le troubler en son farouche sommeil. Ou plutôt si ! un certain jour, il y a dix ans, on vint coucher juste près de lui un banqueroutier qui venait de se suicider bizarrement, et quel banqueroutier ! Stavisky lui-même ! Le hasard amenant le plus grand des escrocs juifs à dormir son dernier sommeil à côté du plus grand des justiciers, cela restera peut-être la suprême ironie de ce siècle[19]...

---

[18] Il avait été inhumé d'abord au cimetière de Saint-Ouen. C'est plus tard que Devos, ancien administrateur de *La Libre Parole*, fit revenir le corps au Père-Lachaise. Cf. Jean DRAULT : *Drumont, La France juive et La Libre Parole* (Malfère, 1935), p. 310-311. — Drumont était né le 3 mai 1844 à Paris ; il y est mort le 3 février 1917.

[19] Les deux tombes sont tout en haut du Père-Lachaise, section 94, à cent cinquante mètres du four crématoire, sur la droite, quand on tourne le dos à Paris (Jean DRAULT, *livre cité*, p. 311-312). Elles sont en prolongement l'une de l'autre, mais en sens inverse. Drumont tournant le dos à Stavisky. L'escroc juif et sa famille ont un luxueux mausolée en marbre rouge ; on n'a même pas pu inscrire la date de naissance des parents de Stavisky enterrés là, tant leurs origines métèques devaient être obscures ! Drumont a

En dehors de cela, rien, ou presque rien, sauf qu'il a eu l'honneur d'un des succès de librairie les plus retentissants, d'un des livres les plus formidables de la première moitié du XXe siècle, la fameuse *Grande Peur des bien-pensants*, de Bernanos (1931), où il est pris comme le maître de chœur, comme le centre dominateur et le grand phare de la France et de l'histoire française depuis 1870 jusqu'à nos jours. Autrement, le silence, le grand silence...

Cependant les événements qu'il n'avait que trop bien prévus, qu'il avait, en un sursaut splendide, voulu conjurer, les événements de mort ont marché à pas de géants : le sabotage délibéré et définitif de tout patriotisme, la décadence de plus en plus prononcée et précipitée de la société française en son immense majorité, le règne sans frein des Juifs et des Métèques, et, pour finir, la guerre folle, la défaite sans précédent, puis avec ce qu'on a appelé la Révolution Nationale, le retour hypocrite, trop souvent, des descendants des conservateurs et libéraux « bien-pensants » mués en hommes des trusts et des banques, le sabotage de l'Empire et des armées, — et peut-être demain le dernier acte, prévu lui aussi par Drumont : la mise à l'encan définitive de l'Empire, l'épouvantable krach financier, et le démantèlement de l'antique unité nationale chèrement acquise, autrement dit la fin de la France, la *Fin d'un monde* !...

★

2. — L'œuvre du Maître.

Pourtant l'œuvre du Maître est là, immense et frémissante. Pas moins de vingt-cinq volumes ou brochures ; en général, ils apparaissent, certes, composés à la diable, sans trop de plan ni d'ordre, compacts et quelque peu flous, grouillant d'une foule de noms qui ne nous disent plus rien, encombrés de tout le flot confus des individualités éphémères et vaines avec leurs petites passions du moment et parmi le tohu-bohu des faits du jour, — toutes choses le plus souvent sans intérêt pour nous aujourd'hui. Mais toute cette gangue une fois séparée et déblayée, il en reste, il en jaillit tantôt de superbes réflexions jetées en passant, tantôt des suites de pages et même des chapitres entiers de tout premier ordre, et qui puissamment chargés de pensée ou révélateurs d'avenir, nous ouvrent tout un monde de méditation, et où apparaît le plus souvent jusqu'à la marque, jusqu'au flamboiement du génie.

Et c'est ce qu'il importe de sauver. Car la plupart de ses ouvrages sont complètement épuisés, beaucoup quasi introuvables, sauf par hasard chez des bouquinistes et à des prix inabordables. Quelques années encore, et le temps ayant parachevé son œuvre de destruction, certains de ces magnifiques écrits auraient définitivement disparu, perdus à jamais. Or c'est ce qu'il ne faut pas ! Cette œuvre, — le meilleur de cette œuvre, — mérite de rester. Comme Wagner près

---

reçu, depuis quelques années seulement, une modeste pierre tombale, surmontée de son buste en bronze, avec l'inscription : « Édouard Drumont, homme de lettres, auteur de l'œuvre immortelle de *La France juive*. »

de mourir confiant la gloire posthume de Gobineau au jeune Schemann, une voix semble nous crier : « *SAUVE-LE !* » Nous devons le sauver, — sauver aussi Drumont. Il est de ceux — comme Victor Hugo, Voltaire et la plupart des plus grands, après tout ! — qu'il faut, selon la formule consacrée, « lire en anthologie ». C'est à former cette sorte d'anthologie, à réaliser cette édition critique de Drumont, — critique étant pris ici dans le sens le plus profond, le plus littéraire, le plus fort du terme (selon le grec χρινω : passer au *crible*, juger, choisir), — que nous nous sommes attaché, et nous l'avons fait avec la piété d'une admiration soucieuse et réfléchie. Drumont mérite de rester, même en dehors de toute question d'actualité : cela est incontestable. Évidemment, il est, par le temps présent et dans le terrible drame que nous vivons, de la plus haute actualité : il est plus que jamais le maître de chœur. Mais, au-delà de toute actualité, de toute contingence, Drumont est et restera un grand écrivain classique français : car il y a en lui, d'une manière éclatante, ce qui marque et constitue par excellence le grand esprit classique : à savoir le don du génie et le jaillissement d'une vision puissante.

★

3. — Éducation et tempérament classique de Drumont.

Il ne faut pas oublier, en effet, que ce puissant polémiste reçut tout d'abord une des plus fortes éducations littéraires du siècle, éducation faite avant tout de culture historique et latine.

Dès la maison de ses parents, de bourgeoisie toute modeste qu'ils fussent, il respira l'atmosphère favorable à la Muse des études. Son père, d'origine flamande, dévoué fonctionnaire de l'Hôtel de Ville de Paris, était un ancien chartiste ; sa mère, d'origine berrichonne, qui avait, avant de se marier, beaucoup pratiqué les arts, notamment la peinture, au point même d'exposer, apportait à son fils le goût des choses belles et délicates[20]. Enfin il avait pour oncle maternel le célèbre Buchon, le grand pionnier de l'histoire de la conquête française de la Grèce au Moyen Âge, savant passionné pour sa science au point de s'y épuiser de fatigue et d'en mourir[21].

Au-delà de ces forts et admirables exemples domestiques, il bénéficia d'une solide éducation universitaire. Il eut, en particulier, le bonheur de rencontrer sur la route de ses études, quand, déjà grand, il passa de Condorcet à Charlemagne, deux maîtres de la plus haute qualité : Camille Rousset, l'historien de Louvois, et surtout Gaston Boissier. Il sera fort en latin : Léon Daudet nous

---

[20] Sur l'enfance et la jeunesse de Drumont, cf. la partie intitulée « Souvenirs » de *La Dernière Bataille* (1890), et son dernier livre *Sur le chemin de la vie. Souvenirs* (Crès, 1914).
[21] Sur Buchon, cf. les belles pages de M. BARRÈS : *Le Voyage de Sparte*, p. 219-222, et la note V (p. 275-281).

rapporte que, lorsqu'il était enfant, Drumont l'entraînait à lire les textes latins à livre ouvert.

Aussi remarque-t-on chez Drumont écrivain la culture latine la plus poussée : les allusions ou citations empruntées aux auteurs latins ne sont point rares chez lui ; certaines pages de Drumont sont de véritables pages à la Tacite (à ce propos rappelons, d'après Charles Maurras[22], que Drumont voulait faire illustrer Tacite par Forain) ; enfin il y a son style, ce style solide à la romaine, où les phrases s'avancent comme les légions en marche et d'où certains mots éclatent et se dressent comme des lances audacieuses.

Dans ses livres, en outre, on reconnaît d'une manière très nette la marque et le tempérament classiques à ce que très souvent et comme malgré lui, en vertu d'une force secrète de sa nature, il interrompt la narration pour brosser un portrait, ou encore sait en faire jaillir à tout instant une maxime ou une réflexion sur la vie ; sans cesse il a tendance à passer du particulier au général. Or n'est-ce pas justement à ce trait qu'on reconnaît le vrai écrivain classique ?... Et il y a certes en Drumont, — ce qu'on n'a pas encore signalé, — un de nos grands moralistes français : oui, à cet égard, il est bien de la grande et véritable lignée française, s'il est vrai que la littérature française soit avant tout une littérature de moralistes...

Donc tout, aussi bien le milieu et l'éducation que son tempérament robuste, préparait Drumont à devenir un classique, dans toute la force du terme. Après cela, le génie intérieur, ce qui échappe à toute analyse, n'avait plus qu'à faire son œuvre, pour que Drumont se sente appelé, et qu'un jour — (en l'avril de *La France juive* !) — il se révèle un grand écrivain classique français.

Car c'est cela qu'il est véritablement : *un grand classique français.*

4. — Au-delà de la question juive. Sans doute nous n'ignorons pas que, selon la conception vulgaire mais qui est courante même parmi ses partisans, on n'a presque voulu voir en lui que l'homme préoccupé par le Juif, et ramener toute son œuvre à la question juive[23].

---

[22] Charles MAURRAS : *Enquête sur la monarchie* (éd. de 1924), p. 330.

[23] Comment Drumont eut-il l'idée première de *La France juive*, comment fut-il amené à s'occuper des Juifs, il ne nous l'a jamais bien dit, et ni Léon Daudet, ni Bernanos, ni Jean Drault n'ont vraiment abordé ce problème assez curieux.

On sait par lui et par Léon Daudet qu'il fut dix ans, en secret, à préparer son grand ouvrage, qu'il donnera à 42 ans, en 1886. Il n'avait jamais eu à frayer tellement avec des Juifs ni à souffrir particulièrement de leur part. Ceux qu'il connut le plus furent les Pereire, à *La Liberté*, où il était rédacteur, et, sans pour cela les ménager, il ne se plaint jamais d'eux dans ses ouvrages, au contraire il leur accorde une place à part, parmi les

INTRODUCTION

Mais ce point de vue ne laisse pas d'être faux et incomplet, et c'est là un préjugé contre lequel il faut s'élever. — Évidemment, avec Drumont, il y a les Juifs !...

« Ah ! ces Juëfs mon âmi ! On aura tout vu ! C'est fâbuleux, fâabuleux, mon âmi ! » Comme il est délicieux et inoubliable, ce Drumont s'exprimant ainsi, tout sourire dans sa large barbe, avec sa façon bien à lui, quasi héroïque, d'avancer la lèvre inférieure puissamment pour prononcer son fameux « *les Juëfs* » (car il disait toujours : *Juëfs*)[24] !

Mais il ne faudrait pas croire que toute sa pensée et son œuvre se résument au mot *Juif*[25]. L'horizon intellectuel du vieux lutteur à la magnifique carrure fut autrement vaste et vivant. Tout passa par l'impitoyable broyeur de sa critique : aussi bien la société, avec sa bourgeoisie rapace et en décadence, avec son haut clergé trop soumis, que la magistrature, que le monde des politiciens, que l'armée elle-même ; le peuple, ses ouvriers, son petit clergé, ses grands écrivains nationaux eurent toutes ses amours et reçurent la place royale ; les vues les plus riches d'avenir du socialisme, — du socialisme national (le mot est de lui, et en toutes lettres), — sont au centre même de son œuvre, nous devrions plutôt dire de sa *Vision*. Car au-delà de tout, Édouard Drumont, écrivain de la plus haute envergure, est et restera en définitive un des grands classiques français, et chez lui comme chez tous les grands génies qui ont apporté leur message

---

Juifs du Midi (les Pereire étaient de Bordeaux), larges, vivants, civilisés, qu'il oppose aux Juifs du Nord, aux « Juifs allemands » rapaces, nouveaux venus, sans éducation...
Mais un petit texte de Drumont va nous mettre sur la voie de la solution du problème de l'origine de *La France juive*. C'est dans la première série de *Mon vieux Paris* (1878), à la fin de sa promenade au Palais-Royal et parmi les « Cafés et Restaurants d'autrefois ». Il termine en écrivant (p. 360) : « Quant aux cafés modernes, que des générations différentes emplissent de leurs juvéniles passions, en parler serait sortir du cadre de ce volume qui reste sur la lisière de cette société contemporaine que nous comptons bien aborder quelque jour et peindre, en toute indépendance d'esprit, dans un livre qui sera comme le complément de celui-ci. » — Or ce livre va être *La France juive*, huit ans plus tard : c'est donc une étude d'histoire contemporaine ; et si les Juifs en sont au centre, ce n'est pas par une idée arrêtée d'avance, par une haine spéciale contre eux, que Drumont les y a mis, mais parce qu'il les y a trouvés !... Il a agi en simple historien social, objectif et scientifique comme au laboratoire. Ajoutons à cela la vocation, l'instinct du génie qui le poussait à écrire son œuvre ; et nous aurons l'explication du problème de l'origine de *La France juive*, en même temps que la preuve indirecte de la solidité de l'ouvrage.

[24] Cf. Raphaël VIAU : *Vingt ans d'antisémitisme*, p. 33.

[25] Remarquons que, depuis Drumont, la question juive en France a changé un peu d'orientation : elle est devenue un des aspects, non le moins important d'ailleurs, d'une question autrement plus vaste et particulièrement tragique pour notre pays : *la question « métèque »*. Cette dernière n'était encore qu'à sa lointaine naissance en 1886. Mais Drumont l'avait déjà abordée, tant son œuvre est vaste et féconde !

à l'humanité, aussi bien Dante que Goethe, Corneille que Hugo, la pensée est avant tout une vision, le frémissement d'un monde à venir...

5. — La majesté intellectuelle de Drumont.

Oui, il y a une grandeur énorme, une véritable majesté intellectuelle en Drumont.

Sans doute il fut battu à l'Académie (27 mai 1909)[26] : mais cela serait presque une référence de valeur, depuis Molière, Baudelaire, Flaubert, Alphonse Daudet !...

Évidemment aussi *Le Figaro, Le Temps* et le *Journal des Débats* ne voulaient voir en lui, tandis qu'il vivait, qu'un « énergumène ». Ah ! le lui ont-ils fait assez sentir !... Mais on reconnaîtra que l'avis de ces journaux du *high-life* enjuivé ne pouvait rien avoir de définitif, et que critique mondaine ne saurait vouloir dire critique certaine, pas plus que mondanité impartialité... Aujourd'hui Drumont se rit bien de tous ces camouflets et ragots aussi vite emportés que la vaine actualité.

Il y a déjà beau temps que la haute critique s'est prononcée contre ce mesquin et injuste ostracisme, et que sont venus les grands témoignages, ceux qui classent sous l'aspect de l'éternité, *sub specie æternitatis*. C'est d'abord celui d'Alphonse Daudet : « Son pilori vaut celui de Dante. » C'est celui de Jules Lemaître : « Drumont est, avec Fustel, le grand historien du XIXe siècle. *La France juive* est une œuvre de génie. » C'est Maurice Barrès dédiant *Leurs figures* à Drumont[27]. C'est le témoignage de Léon Daudet : « Je considère Édouard Drumont comme le premier écrivain de ce temps. Il est littérairement de la taille de Balzac », et son mot sublime : « Drumont le Révélateur de la Race. » C'est enfin, pour ne pas les citer tous, le témoignage de Charles Maurras dans son *Dictionnaire politique et critique* : « Il y a dans Drumont, telle page, tel paragraphe ou telle notule dont la hautaine impertinence rappelle Saint-Simon. Mais là n'est pas sa gloire. Sa gloire est d'avoir ouvert aux hommes d'action, aux audacieux, une carrière où se précipiter... »

Définitivement donc, — mis à part ses défauts signalés plus haut, — Drumont reste grand.

Il est grand surtout parce qu'il a eu un rare privilège : il a tout vu, — et ce qu'il a vu, vraiment vu, il l'a magnifiquement exprimé.

---

[26] Cf. BERNANOS : *La Grande Peur des bien-pensants*, p. 396-399 ; — Jean DRAULT : *livre cité*, p. 206, 289, 294 ; — Drumont : *Sur le chemin de la vie*, p. 209-261.

[27] *Leurs figures*, de Maurice BARRÈS (Plon, 1932, in-16, 323 p.), est le troisième volume de la série « Le Roman de l'énergie nationale », le premier étant *Les Déracinés*, le second *L'Appel au soldat*. La première édition de *Leurs figures* est de 1901 (chez Juven) ; la dédicace porte : À ÉDOUARD DRUMONT — Ce témoignage.

6. — La Vision de Drumont.

Ce qui caractérise en effet puissamment Drumont, c'est sa *Vision*, c'est que son œuvre est essentiellement et dans ses grandes parties une vision, et que lui-même de par son tempérament et son génie personnels est avant tout un visionnaire.

C'est ainsi, d'ailleurs, que les deux grands critiques de Drumont, Georges Bernanos et Léon Daudet, l'ont déjà caractérisé, eux-mêmes ayant au reste tous deux avec lui des affinités de tempérament incontestables : et ce n'est certes pas lui qui eût nié ni contesté cette définition de sa personne et de son œuvre, au contraire !

Lui-même, il s'est senti et affirmé comme tel. Il y a notamment, à cet égard, ce passage capital de *La France juive*[28] :

« Quant à moi, je ne suis que le modeste annonciateur des événements curieux qui approchent. Insulté, diffamé, méconnu, peut-être mourrai-je, quoique je ne le croie pas, avant d'avoir assisté aux choses que j'annonce comme certaines. Qu'importe ! j'aurai rempli mon devoir et accompli mon œuvre. Chaque fait maintenant confirmera la justesse de mes prévisions. "Dans toutes les affaires, dit Bossuet, il y a ce qui les prépare, ce qui détermine à les entreprendre et ce qui les fait réussir. La vraie science de l'histoire est de remarquer dans chaque temps les dispositions secrètes qui ont préparé les grands changements et les conjonctures importantes qui les ont fait arriver." »

N'oublions pas non plus que ses grandes œuvres, en particulier les trois grands livres qui ont suivi *La France juive* et qui la complètent, *La Fin d'un monde* (1889), *La Dernière Bataille* (1890) et *Le Testament d'un antisémite* (1891), furent écrits dans le calme et le recueillement si propices à l'exercice de la faculté de vision, l'auteur s'étant enfermé pour les composer dans sa petite maison de Soisy-sous-Étiolles, près de Corbeil, plusieurs années de suite (1886-1892), y restant même au fort des hivers, ne la quittant guère que pour aller s'enfermer à Paris, au 157 de la rue de l'Université, et d'autre part ne devant fonder qu'en 1892 *La Libre Parole* qui l'absorbera et le rejettera dans le tumulte et la bagarre. À ce sujet, il nous laissera, avant de mourir, le précieux témoignage suivant[29] :

« Malgré tout, j'ai éprouvé une joie mélancolique à la revoir, la petite maison d'autrefois, "la maison sans fenêtres". — Les livres que j'ai écrits là ont eu la singulière fortune d'être à ce point justifiés par les événements que ceux mêmes qui m'accusaient volontiers d'exagération reconnaissent maintenant que je n'avais que trop raison... Rien n'est tel que la méditation solitaire et le tête-à-tête avec l'éternelle nature pour donner à la vision une netteté particulière et à l'intelligence une sorte d'intuition prophétique. »

---

[28] *La France juive*, I, p. 139.
[29] *Sur le chemin de la vie* (1914), p. 158-159.

Nous savons, par ailleurs, toute l'admiration particulière qu'il porta à cet autre grand visionnaire que fut l'historien anglais Carlyle[30].

Enfin il y a l'engouement bien connu de Drumont pour les sciences hermétiques.

Aucune d'entre elles, — chiromancie, cartomancie, magnétisme, physiognomonie, etc., — ne lui était étrangère ou indifférente. Il s'en montre féru dans plusieurs endroits de son œuvre, notamment au livre IV de *La Dernière Bataille* intitulé « Cœurs honnêtes, âmes timides, esprits tranquilles ». Il a été appelé à préfacer des ouvrages d'occultisme, au moins à trois reprises, avec le livre de Génia Lioubov : *L'Art divinatoire. Les Visages et les Âmes*, celui de Gaston Méry : *La Voyante de la rue de Paradis*, et celui du Dr Edmond Dupouy : *Sciences occultes et physiologie psychique*.

Nous avons aussi à cet égard le témoignage direct de Jean Drault, qui écrit[31] : « Drumont, très amateur de prédictions, un peu prophète lui-même, comme les faits d'aujourd'hui le démontrent amplement... » Jules Guérin, de son côté, nous confirme l'existence de cette préoccupation d'occultisme chez Drumont, quand il nous raconte l'accueil que lui fit le Maître lorsqu'il lui fut présenté pour la première fois par le marquis de Morès[32].

Enfin il y a le témoignage remarquable et très circonstancié de Léon Daudet, que nous nous devons de citer :

« L'esprit de prophétie, écrit-il[33], animait Drumont. Qu'est-ce, psychologiquement parlant, qu'un prophète ? C'est un homme, chargé du passé, en pleine fermentation héréditaire et mnémonique, qui voit devant soi. Comment cela ? En prolongeant les routes et les chemins des causes vers les effets, et en s'orientant bien aux carrefours. Quand vous apercevez des lézardes sur une maison, vous conjecturez qu'un jour, si l'on n'y remédie, elle croulera. Quand vous

---

[30] Cf. *La Fin d'un monde*, passim ; — *La Dernière Bataille*, p. 318-320 et *passim* ; — *Le Testament d'un antisémite*, passim ; — *Le Secret de Fourmies*, p. 149 ; — *Figures de bronze et statues de neige*, p. 227. (Les grands ouvrages de Drumont sont munis d'un index de noms : cf. *Carlyle*, à ces index.)

[31] Jean DRAULT, livre cité, p. 221.

[32] Jules GUÉRIN : *Les Trafiquants de l'antisémitisme : la Maison Drumont & Co* (Paris, F. Juven, 1905. In-16, IX-504 p.), p. 13 : « ... Drumont se montra à peu près aimable... et je ne fus pas peu surpris de le voir, à un moment, me demander de lui confier ma main dont il examina les lignes. — Cet exercice bizarre, et auquel j'étais bien loin de m'attendre, n'ayant que peu de goût pour les horoscopes et les farceurs qui vivent de la crédulité de leurs dupes, me fut expliqué par Morès. — Drumont, me dit-il, est très méfiant ; il n'a confiance en personne... aussi, lorsqu'on lui présente quelqu'un, qui peut être mêlé à sa vie, il interroge les lignes de sa main pour savoir si le nouveau venu est loyal et de tempérament généreux et dévoué. — Il a fait de même avec moi, ajouta Morès... » — Cf. de même le précieux témoignage à cet égard de Raphaël VIAU, qui fut rédacteur à *La Libre parole*, et même longtemps secrétaire particulier de Drumont, dans son livre : *Vingt ans d'antisémitisme* (1889-1909) : p. 110-111, 281-282, 292-293, 365.

[33] Léon DAUDET : *Les Œuvres dans les hommes*, p. 144-145, et 184.

remarquez des légions de rats dans un grenier d'approvisionnements, vous supposez qu'ils rongeront et mangeront les approvisionnements. Quand un homme tousse, a le dos voûté, les ongles bombés, le teint plombé, vous songez qu'il est tuberculeux et menacé dans un temps X. Quand un enfant est sans moralité, vous craignez pour son adolescence. Tel est le principe de causalité, extrêmement faible et réduit à néant chez la plupart, vigilant et robuste chez d'autres, suraigu et subtilement étendu chez quelques-uns. Enfin, il est des privilégiés qui construisent, instantanément et exactement, l'avenir, le demain ou l'après-demain, d'après les données du passé, de l'aujourd'hui et de l'hier. Drumont appartenait à cette catégorie de visionnaires. C'était un annonciateur, une vigie, un fils de la Sibylle... Le surnaturel intéressait Drumont et il ne voyait pas d'un mauvais œil *L'Écho du merveilleux*, que dirigeait Méry, dans des voies souvent romanesques et enfantines. Il croyait à la chiromancie. J'ai déjeuné chez lui avec Mme de Thèbes, excellente personne, fort divertissante dans la conversation, mais dont le savoir technique ne valait certes pas celui, stupéfiant à mon avis, de Mme Fraya. Une autre fois, je rencontrai Mlle Desbarolles ; à plusieurs reprises, le vieux docteur Fabre, aux longs cheveux blancs, l'ami de Dumas fils et qui lui fournit, raconte-t-on, la première idée de sa meilleure pièce, *La Femme de Claude*. C'était, lui aussi, un visionnaire, ce docteur Fabre, d'une sûreté de mémoire, d'une éloquence, d'un à-pic extraordinaires, et qui donnait la sensation du génie. L'auteur de *La France juive* était, en ces circonstances, accueillant et charmant au possible et poussait ses convives à la confidence et au récit par sa bonhomie, son rire et ses remarques, toujours justes, toujours imprévues. Il avait peu de goût pour la métaphysique... »

On comprend que de tout cela, — tempérament puissant et inspiré, amour du travail dans la solitude, concentration violente de la réflexion, préoccupation spéciale pour les si captivantes sciences occultes, — aient jailli ce ton et ce grand air de vision qui caractérise le fond même de l'œuvre et de la pensée de Drumont.

Au surplus, par ce souci de voir à fond et au-delà du présent, remarquons que Drumont entre magnifiquement dans le courant de son époque. Les grands esprits qui sont venus tout de suite après lui, et qui se rattachent directement à son orientation intellectuelle et politique, se sont montrés eux aussi de remarquables visionnaires, dans le meilleur sens du terme. C'est Charles Maurras, dès 1904, annonçant dans une lettre à Barrès l'avenir de triomphe des nationalismes au XXe siècle[34] :

« Nous serons des vieillards ou des morts quand de jeunes héros feront triompher l'instrument, l'arme aiguisée et assouplie entre nos mains... »

---

[34] Lettre du 17 janvier 1904, citée par Maurice BARRÈS : *Mes Cahiers*, tome III (mai 1902 — novembre 1904), Plon, 1931, in-16, 411 p., p. 378.

C'est Jacques Bainville, à la fin d'un article du 2 novembre 1912 sur les obscures bagarres d'alors dans les Balkans, présageant l'avenir « fasciste » de l'Europe du XXe siècle[35] :

« L'avenir qui s'ouvre à l'Europe est réactionnaire. Pendant au moins un âge d'hommes, les peuples vont "réagir". Ils réagiront contre les principes de l'insuccès qui sont ceux de l'anarchie, c'est-à-dire de la démocratie libérale et parlementaire. Et gare aux peuples qui s'attarderont ! L'Europe est en route pour trente années de réaction et les traînards sont condamnés d'avance... »

De même, la guerre de 1914 avait été prévue d'une manière émouvante par Maurras (*Kiel et Tanger*) et Bainville (*Le Coup d'Agadir*), et surtout par Léon Daudet dans sa fameuse *Avant-guerre*, où il précisait même que l'invasion aurait lieu par la Belgique, la Meuse et le Nord, et non par l'Est et par l'Alsace.

Daudet et Maurras, venant après les étonnantes prédictions de 1919 de Jacques Bainville sur l'Europe de Versailles, ont prévu aussi la nouvelle guerre, celle de 1939 : le premier, dès 1932, à la fin du dernier volume de ses *Souvenirs* intitulé « 29 mois d'exil », la prévoyait pour bientôt et l'acceptait ; le second[36] la

---

[35] Jacques BAINVILLE : *Le Coup d'Agadir* (1913), p. 125. — Dans le même sens, Henri Massis, au cours d'un article de 1920 sur la « Crise de l'esprit » (reproduit dans *La Guerre de 30 ans*, Grasset, 1940, p. 81), devait écrire : « Notre époque ne sera pas une époque de libéralisme, mais d'ordre, d'autorité, de vérité, à moins que nous ne consentions à disparaître. Les jeunes gens d'aujourd'hui le savent... » — De même, Charles Maurras, dans *La Dentelle du rempart* (Grasset, 1937, p. 282) : « L'avenir, comme le progrès, est à l'Ordre. Il n'est pas à l'égalité. »
Mais autour de ces grands « visionnaires », quel aveuglement général !... À un point tel que, tout récemment, Charles Maurras, faisant un retour sur l'Europe nouvelle comme il la voyait en 1918-1919, et parlant des appétits électoraux de nos politiciens qui se déchaînaient alors, tandis qu'ils fermaient les yeux à l'Europe en formation autour deux, pouvait écrire dans *La Contre-révolution spontanée* (Lyon, Lardanchet, 1943, p. 171) :
« ... Pas un n'était fichu de se rendre compte que déjà cette Europe de 1918 évoluait vers ses dates critiques, les dates des grands changements : 1922 pour l'Italie, 1923 pour la Bavière, 1930 pour Berlin, 1936 pour l'Espagne et, bref, s'orientait tout entière dans notre sens. »
[36] Cf. aussi ces deux lignes prodigieuses de Maurras, pressentant dès 1924 une nouvelle conflagration (dans l'*Enquête sur la monarchie* : Discours préliminaire, p. CXXXVI) :
« ... Que les Dieux détournent l'oracle ! Mais nous portons instinctivement les mains à nos fronts pour éviter de voir tout le sang nouveau qui va ruisseler... »
Mais à côté de ceux qui savaient penser et voir juste, n'oublions pas qu'il y eut, bien plus nombreux, et leur couvrant la voix, hélas ! les maîtres d'aveuglement, ceux qu'on pourrait appeler « les Faux Visionnaires »... C'est Alain, le grand philosophe du régime, écrivant tranquillement dans un numéro de *Volontés* en date de juin 1939 : « Je pense que l'actuel régime peut continuer sans catastrophe. Je suis même persuadé que la situation européenne va se détendre selon les lois physiques, comme j'ai expliqué souvent... »
— C'est le général Weygand, le grand homme de guerre du même régime, président à Lille un grand congrès hippique, au début de juillet 1939, et y lançant cette monumentale

voyait venir aussi nettement, dans la préface à son livre *Devant l'Allemagne éternelle*, et l'acceptait aussi rapidement, sans même sembler songer à se poser la question de la force d'attaque ou de résistance de la pauvre IIIe République, — de ce fameux régime républicain ! « Armons ! armons ! » se contentait-il de crier désespérément. Mais... il y aurait beaucoup à dire à ce sujet.

En tout cas, voilà ce qu'on peut appeler le courant, l'ambiance de la Vision de Drumont dans le siècle, et l'on avouera que ce courant est de la plus magnifique immensité et de la qualité la plus éminente. Mais Drumont, d'abord, en aura été l'entraîneur gigantesque.

★

7. — Ce qu'a vu Drumont. L'acuité et la vastitude de sa vision apparaissent prodigieuses, autant que sa justesse[37]. Ainsi, préparant un livre (souvent annoncé, mais jamais publié) sur l'Europe Juive, il se montre comme ayant été bien au fait des choses allemandes (il a voyagé, d'ailleurs, en Autriche et en Allemagne). Quarante ans avant l'auteur de *Mein Kampf*, il a dressé les pages les plus lucides et les plus étonnantes sur les faiblesses du conglomérat austro-hongrois et de la monarchie des Habsbourg, tous deux rongés, absorbés de plus en plus par les Juifs ou les Slaves. Il a tout vu, il a prévu, il a prophétisé : non seulement l'effondrement prochain de cette monarchie, mais même le simple drame de Mayerling, devenu si célèbre de nos jours depuis le roman de Claude Anet et le film du Paramount ! Presque deux ans à l'avance, il avait annoncé la fin tragique de l'héritier du trône, le scandaleux archiduc Rodolphe[38].

Oui, encore une fois, Drumont a eu le courage de tout envisager, le rare mérite de tout prévoir. Comme Renan, il a vu la France devenue un royaume sans maître où rien ne va plus, où les enfants sont divisés et se laissait envahir par toutes sortes d'intrus, depuis que le père de ce peuple a été guillotiné et que

---

billevesée que nous rapporte M. Lucien Rebatet, dans *Les Décombres*, p. 143 : « Je crois que l'armée française a une valeur plus grande qu'à aucun moment de son histoire. Elle possède un matériel de première qualité, des fortifications de premier ordre, un moral excellent et un Haut-Commandement remarquable. Personne chez nous ne désire la guerre, mais j'affirme que si on nous oblige à gagner une nouvelle victoire, nous la gagnerons. »

[37] Les erreurs de sa vision ont été rares et plutôt légères. La plus grave peut-être se trouve tout à la fin de son livre sur *Le Secret de Fourmies* (1892) (cf. plus loin, fin de la VIe partie de *La Vision de Drumont*, en ce volume) : Drumont croit voir le châtiment des politiciens et la fin de l'exploitation de la France avant 1909 : or ce devait être l'Affaire Dreyfus, suivie de la remontée au pinacle plus que jamais des ex-Panamistes et de leurs successeurs directs. — Mais dans l'ensemble et pour les choses les plus importantes, sa vision reste étrangement juste.

[38] Cf. l'Introduction à *La Fin d'un monde* (1889), notamment p. VI-XV ; — et *La Dernière Bataille* (1890), p. 136-154.

son dernier descendant (le comte de Chambord) est mort sans postérité ; or il sait, comme Renan, et il le redit, que la France a été une création de la volonté, de la volonté dix fois séculaire d'une famille, qu'elle est comme le grand domaine d'un père de famille, et que, depuis que le père est parti et qu'il n'y a plus de bon maître, le domaine s'en va à l'abandon, et que désormais rien ne peut plus aller... Comme Péguy voyait la vieille France solide et grande finir avec les derniers représentants des braves gens de son faubourg Bourgogne, à Orléans, vers les années 1878-1880, Drumont voit lui aussi tout ce vieux monde de probité et de gloire françaises s'écrouler au milieu des scandales inouïs et dans le déferlement de la race juive et des Métèques envahisseurs. Devant ces visions tragiques, tantôt comme Renan, mais sans le sourire de Renan, avec au contraire son rugissement d'âpreté bien à lui, il désespère, prêt à se retourner contre le mur et à s'enfoncer dans la nuit ; tantôt comme Péguy, il se sent ressaisir du grand sursaut mystique et fait face au soleil, dans l'attente du grand Français sauveur qui doit venir, — qui va venir !...

Plus précisément encore, Drumont a prévu la guerre de 1914, vingt-cinq ans à l'avance[39]. Il a prévu aussi, hélas !, et avec l'insistance du désespoir, la débâcle française. C'est qu'aussi bien il avait prévu une guerre juive. Tant que les Juifs, dit-il, ont été sagement et humainement contenus, rien à redouter à ce sujet :

« L'espèce de recueillement dans lequel le Juif était entré avait permis à l'Europe, pendant tout le XVIIIe siècle, de vivre relativement tranquille et de cultiver les Muses en paix, avec des intermèdes de petite guerre qui, n'étant ni des conflits de race, ni des luttes de religion, ne tuaient pas grand monde. On se saluait de l'épée avant la bataille, on se serrait la main après et on allait ensemble à la comédie[40]... »

Mais dès qu'on leur a eu donné carte blanche au nom des « Grands Principes », grondements d'orages désormais à l'horizon ! Drumont écrit :

« Se servir d'un prince étranger, que ce soit un Napoléon Ier contre l'Allemagne ou un Guillaume contre la France, comme d'un point d'appui, faire battre les Chrétiens entre eux et amener par ces divisions le triomphe d'une race dont tous les enfants se tiennent étroitement par la main, — telle a été la doctrine constante des Juifs et c'est à elle qu'ils ont dû tous leurs succès[41]... »

Mais Drumont a vu, non moins bien, que la situation pourrait aussi se retourner en un jour proche, et les Européens voir clair et s'unir contre les nouveaux *Bien-Nantis*[42] :

« Bref, les Juifs ont le sentiment confus de ce qui les attend. De 1870 à 1879, ils ont traversé une période d'orgueil délirant. "Quel bonheur d'être nés à une pareille époque ! s'écriait jadis le Juif Wolff, dans la *National-Zeitung* : 'Es

---

[39] Cf. le début de *La Fin d'un monde* (cité plus loin, IIIe partie de *La Vision de Drumont*).
[40] *La France juive*, I, p. 246-247.
[41] *Ibid.*, I, p. 186.
[42] Expression de Beaumarchais, dans *Le Mariage de Figaro*. Mais on ne pourrait plus guère faire rimer, comme lui, avec *Bene-Nati* !...

ist eine Lust zu leben'" alors que sur les bords de la Spree les Lasker, les Bleichroeder, les Hansemann dépouillaient de leurs milliards les Prussiens grisés par les lauriers. Quel bonheur ! leur répondait de France la bande de cosmopolites, en voyant que les places, l'argent, les hôtels, les attelages princiers, les chasses, les loges à l'Opéra, tout était à eux et que le bon peuple se contentait d'un discours bien senti sur les *nouvelles couches*. Aujourd'hui, ils ont un peu baissé le ton et ils sentent que quelque chose se concerte entre les Chrétiens de tous les pays qui pourrait être plus fort que l'*Alliance israélite universelle*[43]... »

Toutefois, ce qui malgré tout inquiète gravement Drumont, c'est la France, et surtout la veulerie de ses classes dirigeantes et possédantes... Ce pays semble devenir un pays où tout le monde — le monde responsable ! — trahit ou rêve de trahir :

« La vérité est que personne ne veut se gêner, personne ne veut sacrifier son avantage immédiat ou sa fantaisie à un intérêt général, personne ne veut faire son devoir. Chacun trahit dans la mesure de ses forces et dans la sphère de ses attributions[44]... »

Et comme il avait raison de s'exprimer ainsi ! Nous ne le savons que trop, nous autres, depuis 1939-40, et de plus en plus à mesure que le temps se précipite et que le destin s'effondre...

★

8. — Le génie de Drumont. Ces quelques exemples, les plus caractéristiques, montrent combien puissante a été la faculté de vision chez Drumont, et permettent de conclure qu'il y a eu véritablement en lui la présence de cette force supérieure et mystérieuse qu'on appelle *le génie*. Car qu'est-ce que le génie, sinon une sorte de grand souffle qui vous emporte, une crise d'*aura* comme l'on dit en psychologie médicale ? Et cela, c'est Drumont... Le génie, c'est aussi comme une gerbe de lumière entre deux trous d'ombre, une œuvre de vision prodigieusement nouvelle et immense qui se produit sur l'espace de quelques années : et cela aussi, c'est Drumont, qui, inconnu jusqu'à quarante ans passés, jette son message au monde en moins de dix années pour rentrer ensuite dans l'ombre vers la mort, et c'est encore Corneille dont le génie éclate seulement avec *Le Cid* en 1636 et se produit à travers les quatre ou cinq pièces suivantes pour retourner après cela vers l'obscur, et c'est Molière qui s'épanouit sur le tard et qui en moins de vingt ans a tout donné pour mourir ensuite, et il en est ainsi de tous les génies (sauf de quelques-uns très rares, comme Goethe et Hugo qui ont commencé de bon matin leur route de grandeur, et n'en sont guère sortis qu'avec la mort).

---

[43] *France juive*, I, p. 133.
[44] *Ibid.*, II, p. 244.

Si donc c'est bien par la présence et par le don d'une vision personnelle profonde et juste — (fausse, c'est la folie…) — que se caractérise et se définit pleinement le génie, n'est-on pas en droit de dire qu'Édouard Drumont eut du génie et qu'il fait partie de la grande lignée ?… Car, s'il y eut jamais une méditation du monde, une vision vraiment prodigieuse, pénétrante et comme fulgurante, c'est bien celle de Drumont, de celui qui est un des tout premiers historiens sociaux des XIXe et XXe siècles.

★

9. — La maîtresse page de Drumont. Mais si, pour affirmer le génie, il faut encore la qualité esthétique, l'instinct créateur de beauté, en un mot *le style*, on peut dire, de ce point de vue aussi, que Drumont fut un génie, et en qui il ne faut pas hésiter à saluer un des plus grands écrivains français de tous les temps.

Car Drumont est l'écrivain qui a pu écrire une certaine page qui est une des plus belles de la langue française. C'est la page finale de *La Fin d'un monde*. Le grand polémiste, en proie au dégoût des bassesses et des scandales de la capitale, s'en va se réfugier vers sa petite campagne de Soisy-sous-Étiolles, et là il s'enfonce dans la forêt de Sénart : cette promenade sera justement l'objet de son dernier chapitre, magnifique d'ampleur et d'envolée d'un bout à l'autre, et intitulé « *En forêt* ». Il termine en évoquant ses courageux et chers amis de jeunesse qui viennent de disparaître dans la vigueur de la vie, Albert Duruy et Raoul Duval. Puis brusquement, se ressaisissant en un mouvement de lion superbe, il secoue ses pensées et se retourne vers la France, *sa* France ! Alors, d'un seul souffle prestigieux, c'est le grand cri lyrique et unique, c'est la page sublime, et que nous n'avons encore vue signalée ni citée par personne :

« … Ne croyez point que je sois triste quand je cause avec tous ces amis disparus dans les allées mystérieuses de la forêt. Au fond, je les trouve très heureux d'être partis. Ils ne verront pas ce que nous verrons : l'état de plus en plus misérable où tombera cette France qui fut si grande.

« Chère France ! Avoir monté si haut parmi les nations et tomber si bas, recevoir tous les outrages et ne pouvoir répondre, perdre chaque jour quelque fleuron de son étincelante couronne, quelque débris de sa gloire passée et écouter encore, d'un air déjà bien morne et bien désabusé, il faut le reconnaître, les paroles des rhéteurs qui nous tromperont jusqu'à la dernière heure !

« Pourquoi cette chute ? Quelle cause dominante assignera l'Histoire à cette fin ? Une déviation du sens de l'Idéal — un faux chemin pris en 89, un chemin au bout duquel on croyait trouver Salente et dans lequel on s'est obstiné, après n'y avoir rencontré que des désillusions, des catastrophes et des hontes…

« Par-dessus tout, la France fut la nation éprise d'Idéal, de Justice, de Progrès. Bonald a écrit quelques lignes émues sur le choix des symboles qui figuraient dans les enseignes de chaque peuple. Les uns prirent l'aigle, d'autres le léopard, et ce fut derrière des images de bêtes, et de bêtes de proie, que marchèrent les hommes. La France choisit une fleur, la fleur mystique et suave par excellence, le lis sans tache, et lui prêta encore une forme à elle, en fit une fleur qui ne ressemblait à rien, une fleur chimérique qui paraissait éclose dans un rêve...

« Tant que le lis éblouissant eut ses racines dans la forte terre des traditions et des croyances, il s'éleva majestueux et poétique sous le ciel ; aujourd'hui le sol est aride et le lis, déjà flétri sous les exhalaisons impures des envahisseurs, se penche, prend les teintes jaunâtres de ce qui va mourir.

« Bientôt le passant verra jeté sur le pavé, décoloré et flétri, le beau lis d'autrefois, le beau lis dont la tige était droite comme une lance guerrière. Et le passant dira ce que disent tous les étrangers : "Quelle noble fleur ! Quel pays magnifique ! Quel peuple comblé des dons de Dieu ! Quel dommage de finir ainsi ! Seigneur ! épargnez-nous un tel sort ! Préservez-nous des Sophistes, des Francs-maçons et des Juifs. *Miserere mei, Domine* !..." »

Tout Drumont est là...

★

10. — PAROLES TESTAMENTAIRES. Une telle page n'est-elle pas à elle seule la marque du génie même ? Et celui qui l'avait écrite, et qui en avait écrit tant d'autres si belles, et qui avait tant lutté, tant haï, et aussi tant aimé, n'était-il pas en droit, peu avant de mourir, de parachever le message qu'il venait de lancer au monde, trente années durant, par ces fières PAROLES TESTAMENTAIRES :

« Je suis à cette époque de la vie où l'on descend le coteau d'où l'on aperçoit la mort. Je suis convaincu que l'œuvre que, par la volonté de Dieu, j'ai eu la gloire d'écrire, aura une portée beaucoup plus considérable dans l'avenir qu'on ne se l'imagine[45]*... »*

Ces fières paroles testamentaires, elles sont déjà devenues actes, et les temps à venir ne feront que les respecter et les réaliser de plus en plus, pour que *France vive !* — et cela, selon la magnifique devise de *La Libre Parole* : « *LA FRANCE AUX FRANÇAIS !* »

Drumont disait aussi avec insistance en mourant : « La vérité finira bien par faire lever un homme[46]. » Cela reste encore à venir : mais cela viendra peut-être !...

Aussi, désormais, il peut dormir en paix sur sa colline, ce grand et cher Drumont... Il l'a bien mérité !

---

[45] Drumont : *Sur le chemin de la vie. Souvenirs* (Crès, 1914), p. 114.
[46] Parole rapportée par Georges BERNANOS : *La Grande Peur des bien-pensants* (Grasset, 1931), p. 346.

AVERTISSEMENT

Pour dresser le monument le plus digne possible de Drumont, nous nous sommes efforcé de présenter avec ordre et méthode le meilleur de son œuvre. Avant tout, nous avons eu en vue et recherché les pages ou les passages de doctrine, de méditation, de *vision*, lesquels sont pour la plupart quasi inconnus et comme perdus parmi ces livres rares et touffus qui constituent l'œuvre du Maître[1].

★

À cet égard, nous avons eu peu à insister sur *La France juive* : cet ouvrage se trouve couramment, il a reçu de multiples éditions, dont une en particulier toute récente ; d'autre part, ce chef-d'œuvre est avant tout une œuvre d'histoire, — l'histoire du Juif en France depuis les origines. Il y a, au contraire, davantage de doctrine, de *vision*, dans les livres qui ont suivi, et qui sont si peu connus, comme *La Fin d'un monde*.

Nous avons négligé aussi le Drumont des mémoires et souvenirs personnels (Livre II de *La Dernière Bataille*, — et *Sur le Chemin de la vie*), qui est charmant et mérite d'être apprécié.

Nous avons fait de même pour le Drumont des promenades et impressions parisiennes : ses deux volumes de *Mon vieux Paris* demandent à être lus d'un bout à l'autre pour eux-mêmes, tout en est exquis, et d'ailleurs on les trouve toujours en vente[2].

---

[1] Nous citons *La France juive* d'après le texte de la dernière édition (juillet 1941, Flammarion), *Mon vieux Paris* (1re série) d'après la seconde édition (1893). Tous les autres ouvrages de Drumont n'ont eu qu'une édition, malgré des tirages répétés et considérables.

[2] Flammarion, éditeur. — Un des vœux du Maître aurait été, — nous a confié sa veuve, — de voir les deux volumes illustrés de *Mon vieux Paris* répandus en livres de prix parmi les enfants des écoles de la ville de Paris. Vœu bien digne de cette grande âme populaire !...

Il y a aussi, avec les deux volumes des *Tréteaux du succès* et son livre sur le XVIIIe siècle intitulé *Vieux portraits, vieux cadres*, un Drumont grand critique littéraire qui n'a pas évidemment à faire l'objet de notre préoccupation ici, mais qui mérite hautement d'être connu des amateurs des lettres pures.

Nous nous en tenons, nous, avant tout au point de vue politique, philosophique et social.

★

Nous présentons ces pages de Drumont selon l'ordre de publication des ouvrages, donc selon l'ordre chronologique, depuis *La France juive* (1886) jusqu'à *Vieux portraits, vieux cadres* (1903). Nous ne manquons pas, après chaque extrait, d'indiquer l'endroit exact d'où il provient.

Comme Drumont, par sa carrière d'envergure et son rôle de grand chef, a été amené à donner beaucoup de préfaces de tous les côtés, et qu'il y a souvent là d'enfouis de véritables trésors, nous nous sommes attaché le plus soigneusement possible à rechercher toutes ces préfaces et à en extraire « le bon et le meilleur ».

Comme, d'autre part, la pensée et le style de Drumont prennent naturellement le tour classique, on a, sans cesse, au bon coin de son texte, l'impression de voir surgir devant soi un moraliste du grand siècle ; il y a là plus que *le je ne sais quoi*, — il y a nettement du La Rochefoucauld ou du La Bruyère, pour ne pas parler de Molière, en Drumont. Aussi est-ce sans peine que nous avons pu de son œuvre entière tirer une Galerie de Portraits et une riche série d'Aphorismes et Réflexions (ces derniers numérotés par nos soins et répartis en sections, un peu à la manière des *Pensées* de Pascal).

★

Tel est le monument que, sous le coup de la défaite, plein du souci de servir, et à la veille du centenaire de Drumont (1844-1944), nous avons eu la volonté d'élever à un Français qui a mérité plus que tout autre de la Patrie, à une grande âme dont la pensée plane partout aujourd'hui et doit être révélée et répandue splendidement en tous lieux, — et cela pour que *France vive*, et qu'elle sache finalement *droit et raison garder* !...

Paris, le 3 mai 1943

I

LA FRANCE JUIVE
(1886)

VISION TRAGICO-BOUFFONNE

Quand Pompéi sortit des cendres, on retrouva, après dix-huit cents ans, un centurion surpris par la catastrophe au moment où il montait à cheval pour se rendre sur le lieu du sinistre. Près de lui se dressait un trompette, figé et comme pétrifié par la mort dans son dernier geste, le clairon de cuivre collé aux lèvres pour la sonnerie du départ. La guerre effroyable, dont les grondements lointains se font entendre, surprendra les chefs des classes dirigeantes sur l'escalier de l'Opéra, l'échine courbée, faisant le grand salut à la baronne, le chapeau élevé légèrement au-dessus de la tête, puis abaissé à la hauteur du cœur, avec une inclinaison gracieuse...

(I, p. j.)

VISION DE GUERRE

Tandis que j'écris, l'Europe s'agite ; la maladie, dont elle souffre depuis tant d'années, est arrivée à l'état aigu. 12 millions d'hommes sont sous les armes prêts à se ruer les uns sur les autres. Les usines fabriquent par centaines de millions des fusils, des canons, des obus à la mélinite. Violera-t-on la neutralité de la Suisse ou celle de la Belgique ? Est-ce pour le printemps ? Est-ce pour l'automne ? Quels lendemains auront les journées qui se préparent ? Quel ordre de choses se dégagera de ce redoutable inconnu ? Que sortira-t-il de ces hécatombes ?

Derrière ces armées rangées en bataille, ces cavaliers cuirassés de fer, ces baïonnettes qui étincellent au soleil, derrière ces états-majors et cette masse anonyme qui tombera sous les balles, apparaît le Juif au teint blafard, le Juif qui rit de son rire de damné et qui, narquois et joyeux, escompte déjà la bonne aubaine...

Le Juif tient sa proie et il ne la lâchera pas.

Un enfant chrétien suffit tous les ans au sacrifice sanglant. Tous les cent ans c'est le martyre d'une nation chrétienne qu'il faut aux Juifs. À la fin du XVIIIe siècle c'est la Pologne qu'on mettait en croix, la candide et confiante Pologne qu'on a appelée : « le Paradis des Juifs » et qui écrivait au Moyen Âge aux Juifs d'Angleterre : « Venez ici, on vous recevra à bras ouverts. » En 1887, Israël espère que la victime sera cette France, non moins candide, qui a laissé ces mendiants d'hier lui enlever non point seulement tout son or, mais sa foi, ses traditions, ses croyances...

Tout meurt au point de vue humain. Tout va renaître peut-être. Derrière ce faux monde qui s'écroule il y a, peut-être, dans les inépuisables réserves de la France, des gens au cœur honnête qui cherchent à se grouper, à s'entendre...

(I, p. s-t, u-v, v-x.)

LA CONQUÊTE JUIVE

Le seul auquel la Révolution ait profité est le Juif. Tout vient du Juif ; tout revient au Juif.

Il y a là une véritable conquête, une mise à la glèbe de toute une nation par une minorité infime mais cohésive, comparable à la mise à la glèbe des Saxons par les soixante mille Normands de Guillaume le Conquérant.

Les procédés sont différents, le résultat est le même. On retrouve ce qui caractérise la conquête : tout un peuple travaillant pour un autre qui s'approprie, par un vaste système d'exploitation financière, le bénéfice du travail d'autrui. Les immenses fortunes juives, les châteaux, les hôtels juifs ne sont le fruit d'aucun labeur effectif, d'aucune production ; ils sont la prélibation d'une race dominante sur une race asservie.

Il est certain, par exemple, que la famille de Rothschild, qui possède ostensiblement trois milliards rien que pour la branche française, ne les avait pas quand elle est arrivée en France ; elle n'a fait aucune invention, elle n'a découvert aucune mine, elle n'a défriché aucune terre ; elle a donc prélevé ces trois milliards sur les Français, sans leur rien donner en échange.

(I, p. II-III.)

LA SOCIÉTÉ D'AUTREFOIS

Si l'ancienne société put vivre tranquille et heureuse sans connaître les guerres sociales, les insurrections, les grèves, ce fut parce qu'elle reposait sur ce principe : « Pas de bénéfice sans travail. » Les nobles devaient combattre pour ceux qui travaillaient ; tout membre d'une corporation était tenu de travailler lui-même et il lui était interdit d'exploiter, grâce à un capital quelconque, d'autres créatures humaines, de percevoir sur le labeur du compagnon et de l'apprenti aucun gain illicite.

(I, p. VIII-IX.)

CONFESSION DE L'AUTEUR SUR *LA FRANCE JUIVE*

Il m'a paru intéressant et utile de décrire les phases successives de cette *Conquête juive*, d'indiquer comment, peu à peu, sous l'action juive, la vieille France s'est dissoute, décomposée, comment à ce peuple désintéressé, aimant, s'est substitué un peuple haineux, affamé d'or et bientôt mourant de faim.

Mon livre se rattache à tous les travaux tentés sous des formes différentes, par les psychologues et les romanciers, par les critiques et les chroniqueurs au jour le jour, par les Daudet, les Goncourt, les Zola, les Bourget, les Claretie, les Platel, les Scholl, les Maupassant, les Uzanne, les Bonnières, les Fournel, pour peindre ce monde qui change en quelque manière à vue d'œil.

Chacun a le pressentiment d'un immense écroulement et s'efforce de fixer un trait de ce qui a été, se hâte de noter ce qui demain ne sera plus qu'un souvenir.

Ce qu'on ne dit pas, c'est la part qu'a l'envahissement de l'élément juif dans la douloureuse agonie d'une si généreuse nation, c'est le rôle qu'a joué, dans la destruction de la France, l'introduction d'un corps étranger dans un organisme resté sain jusque-là. Beaucoup le voient, en causent à table, s'indignent de rencontrer partout des Sémites tenant le haut du pavé, mais ils aiment la paix et, pour des causes multiples, évitent de coucher leurs impressions sur le papier.

Il eût été plus sage, peut-être, d'imiter cette prudence, mais je me souviens que saint Jean range les timides parmi ceux qui peuplent l'abîme infernal et je ne regrette pas d'avoir publié ce livre. Combien de fois m'est-il arrivé, après quelque séance dans une bibliothèque, de songer à un écrivain dont l'ouvrage, souvent inconnu, m'avait donné la révélation du Passé, bien fait voir, bien expliqué un point d'histoire énigmatique ! Ce guide revivait vraiment pour moi, il était immortel ; l'image que je me faisais de ce contemporain des jours disparus cheminait quelque temps avec moi à travers les rues de Paris. Mon livre, mal apprécié dans le présent, me vaudra plus tard quelque ami qui, lui aussi, pensera à moi ; il me saura gré de lui avoir bien fait comprendre comment cette France, la terre des lys, le royaume en manteau bleu comme l'azur du ciel, s'est laissée enjuiver, affubler de la loque jaune.

....

En réunissant dans cette étude des raisons et des causes tout l'effort de notre travail et de notre bonne volonté, nous mériterons que ceux qui viendront après nous disent de nous : « Ils n'ont rien pu empêcher, sans doute, mais ils ont bien discerné les sources du mal, et ils les ont signalées avec intelligence et courage, ils n'ont été traîtres ni envers Dieu, ni envers la Patrie, ils n'ont été ni imbéciles, ni lâches. »

Que de gens, aujourd'hui en belle situation, dont la Postérité ne pourra pas en dire autant !

8 décembre 1885.
(INTRODUCTION, tome I, p. XII-XIV, XV-XVI.)

VISION DE SOMBRES JOURS POUR LES JUIFS…

Les Juifs, toujours au courant de ce qui se passe, non seulement dans le monde des faits, mais dans le monde des idées, sont très vivement préoccupés du mouvement antisémitique qui se dessine dans toute l'Europe. On ne saurait croire la fureur dans laquelle les a plongés la création à Paris d'un petit journal très vaillant, très moderne, très au fait des tripotages financiers, *L'Anti-Sémitique*, qui reparaît toujours lorsqu'on le croit disparu.

Bref, les Juifs ont le sentiment confus de ce qui les attend. De 1870 à 1879, ils ont traversé une période d'orgueil délirant. « Quel bonheur d'être nés à une pareille époque ! s'écriait jadis le Juif Wolff, dans la *National-Zeitung* : *"Es ist eine Lust zu leben"* » alors que sur les bords de la Spree les Lasker, les Bleichroeder, les Hansemann dépouillaient de leurs milliards les Prussiens grisés par les lauriers. Quel bonheur ! leur répondait de France la bande de cosmopolites, en voyant que les places, l'argent, les hôtels, les attelages princiers, les chasses, les loges à l'Opéra, tout était à eux et que le bon peuple se contentait d'un discours bien senti sur les *nouvelles couches*.

Aujourd'hui, ils ont un peu baissé le ton et ils sentent que quelque chose se concerte entre les Chrétiens de tous les pays qui pourrait être plus fort que l'*Alliance israélite universelle*.

(I, p. 132-133.)

VISION D'UNE EUROPE ANTI-JUIVE

Il a plu aux Sémites, ces perpétuels agités, de détruire les bases de l'ancienne société, l'argent qu'ils ont dérobé servira à en fonder une nouvelle ; ils ont créé une question sociale, on la résoudra sur leur dos. On distribuera tous ces biens mal acquis à tous ceux qui prendront part à la grande lutte qui se prépare, comme on a jadis distribué des terres et des fiefs aux plus courageux.

En Allemagne, en Russie, en Autriche-Hongrie, en Roumanie, en France même où le mouvement est encore latent, grands seigneurs, bourgeois, ouvriers intelligents, tout ce qui est d'origine chrétienne en un mot, — sans observer souvent les pratiques religieuses, — est d'accord sur ce point. L'*Alliance antisémitique universelle* est constituée et l'*Alliance israélite universelle* ne prévaudra point contre elle.

Les comités pourront en certains pays montrer plus ou moins d'activité, la propagande pourra être plus ou moins longue, le siècle ne finira pas sans que l'histoire voie se renouveler ce fait qui s'est renouvelé constamment : le Juif profitant des divisions qu'il crée pour se rendre maître par la ruse de tout un pays, voulant modifier violemment les idées, les mœurs, les croyances traditionnelles de ce pays et amenant, à force de taquineries et d'insolences, les gens qui se haïssaient la veille à se réconcilier pour lui tomber dessus avec un entrain prodigieux.

Quant à moi, je ne suis que le modeste annonciateur des événements curieux qui approchent. Insulté, diffamé, méconnu, peut-être mourrai-je, quoique je ne croie pas, avant d'avoir assisté aux choses que j'annonce comme certaines. Qu'importe ! j'aurai rempli mon devoir et accompli mon œuvre. Chaque fait maintenant confirmera la justesse de mes prévisions. « Dans toutes les affaires, dit Bossuet, il y a ce qui les prépare, ce qui détermine à les entreprendre et ce qui les fait réussir. La vraie science de l'histoire est de remarquer dans chaque temps les dispositions secrètes qui ont préparé les grands changements et les conjonctures importantes qui les ont fait arriver. »

(I, p. 138-139.)

L'EUROPE ET LE FLÉAU JUIF

La destinée de cette race (*juive*) est singulière : seule de toutes les races humaines elle a le privilège de vivre sous tous les climats et, en même temps, elle ne peut se maintenir, sans nuire aux autres et sans se nuire à elle-même, que dans une atmosphère morale et intellectuelle spéciale. Avec son esprit d'intrigue, sa manie d'attaquer sans cesse la religion du Christ, sa fureur de détruire la foi des autres qui contraste si étrangement avec son absence de tout désir de convertir les étrangers à la sienne, le Juif est exposé dans certains pays à des tentations auxquelles il succombe toujours ; c'est ce qui explique la perpétuelle persécution dont il est l'objet. Dès qu'il a affaire à ces grandes cervelles d'Allemands avides de systèmes et d'idées, à ces esprits français épris de nouveautés et de mots, à ces imaginations de Slaves toujours en quête de rêves, il ne peut se contenir, il invente le socialisme, l'internationalisme, le nihilisme : il lance sur la société qui l'a accueilli des révolutionnaires et des sophistes, des Hertzen, des Goldeberg, des Karl Marx, des Lassalle, des Gambetta, des Crémieux ; il met le feu au pays pour y faire cuire l'œuf de quelques banquiers et tout le monde se réunit à la fin pour le pousser vers la porte.

(I, p. 205.)

L'ÉMANCIPATION DES JUIFS EN 89
ET L'EXPLOITATION DE LA FRANCE

Le Juif était en France[1] !

---

[1] À la suite du décret voté, sur la motion de Dupont, par l'Assemblée Constituante (27 septembre 1791), et accordant aux Juifs la pleine nationalité française et les droits de citoyens. [J. R.]

La nouvelle circulait de ville en ville, réveillant l'espérance dans les plus lointains ghettos, faisant éclater les actions de grâces au Saint Béni dans tous les temples, dans toutes les synagogues, dans toutes les *schoules*. Le 21 octobre 1793, un cantique hébreu, de Moïse Enshaim, chanté dans la synagogue de Metz, sur l'air de *La Marseillaise*, proclama le triomphe d'Israël.

Le mot mystérieux, l'incantation décisive de l'Hermès Trismégiste, qu'avaient si longtemps cherché au fond de leurs laboratoires les vieux alchimistes du Moyen Âge penchés sur leurs hiéroglyphes, était enfin trouvé ! Pour décomposer, pour dissoudre cette France dont toutes les parcelles se tenaient si bien, quelques appels à la Fraternité, à l'amour des hommes, à l'idéal avaient été plus puissants que toutes les formules de grimoire.

L'ancienne Kabbale était finie, la nouvelle commençait. Le Juif n'allait plus être le sorcier maudit, que Michelet nous montre accomplissant ses maléfices dans les ténèbres de la nuit ; il se transforme, il opère en plein jour ; la plume du journaliste remplace l'antique baguette. On peut briser le miroir magique ; aux apparitions fantastiques de jadis succéderont des prestiges d'un ordre tout intellectuel, qui sans cesse montreront aux pauvres dupes la décevante image d'un bonheur qui fuit toujours.

Que nous parlait-on de ce naïf Shylock réclamant une livre de chair avec une âpreté de mauvais goût ? Ce n'est pas un lambeau du corps du Chrétien que demande le Juif, c'est le corps tout entier, c'est le corps de centaines de milliers de Chrétiens qui vont pourrir sur les champs de bataille du monde en toutes les guerres qu'il conviendra aux intérêts d'Israël d'entreprendre[2].

Qu'est-il question de quelques ducats à rogner ? Ce sont des milliards que va suer désormais le *goy*. On va remuer l'or à la pelle dans les banques, les institutions de crédit, les emprunts de toute sorte, emprunts nationaux, emprunts étrangers, emprunts de guerre, emprunts de paix, emprunts d'Europe, d'Asie, d'Amérique, emprunts de Turquie, emprunts du Mexique, emprunts du Honduras, emprunts de Colombie... Ces braves gens de rois d'autrefois ne savaient pas « travailler », comme on dit en Bourse ; ils avaient au fond un cœur paternel ; après avoir fait de la France la première nation du monde, ébloui l'univers de leur grandeur, construit des Versailles et des Fontainebleau, ils s'arrêtaient désespérés devant un déficit de cinquante-deux millions. Laissez faire, le Juif va nous montrer ce qu'on peut tirer des Français ; ils sont de taille à nourrir les Israélites des deux hémisphères, car Jacob est bon frère et veut que chacun dans la famille ait part à la fête.

L'ensorcellement, d'ailleurs, est complet et le charme a pleinement réussi cette fois. Par une hallucination singulière, ce serf du Juif, plus esclave que ne

---

[2] M. Le Play a bien vu cette transformation : « Une influence toute nouvelle, dit-il, tend d'ailleurs à déchaîner le fléau de la guerre ; c'est celle de certains manieurs d'argent qui, appuyés sur l'agiotage des "Bourses européennes", fondent des fortunes scandaleuses sur les emprunts contractés pour les frais de la guerre et pour les rançons excessives imposées de nos jours aux vaincus. » (*La Constitution essentielle.*)

le fut jamais la bête de somme des Pharaons, se croit le plus libre, le plus fier, le plus malin des hommes.

Regardez-le, cependant, vous qui avez conservé votre raison, tel que cet abominable ancien régime l'avait laissé.

Ouvrier des champs ou des villes, il est tranquille sur une terre où il n'y a que des Français comme lui. Paysan, il danse le soir aux musettes, il chante ces belles rondes des aïeux dont un lointain écho parfois nous ravit dans une province reculée. Artisan, il a ses corporations fraternelles, ses confréries, où l'on se réunit pour prier pour les compagnons morts ou pour entendre la messe avant d'aller souper ensemble le jour où l'on reçoit un maître. On aime ce travail qu'on a le loisir de bien faire et qu'on relève par cette jolie préoccupation d'art qui nous enchante dans les moindres débris du passé. La milice, qui prend dix mille hommes par an et ceux uniquement qui ont le goût du régiment, ne pèse pas bien lourdement sur le pays, et c'est gaîment que le village conduit jusqu'à la ville prochaine le soldat des armées du roi.

Regardez maintenant ce Paria de nos grandes cités industrielles, courbé sous un labeur dévorant, usé avant l'âge pour enrichir ses maîtres, abruti par l'ivresse malsaine ; il est redevenu ce qu'était l'esclave antique, selon Aristote, un instrument vivant, *emphukon organon*.

Il faut chauffer cette machine humaine, il faut que ce damné de la vie, auquel les journaux juifs ont enseigné qu'il n'y a plus de ciel, s'arrache un instant à l'affreuse réalité qui lui pèse. On a inventé l'alcool. Plus de ces bons vins frais qui quelquefois montaient à la tête, mais dont la légère ivresse s'envolait dans une chanson ; à leur place d'horribles mélanges de vitriol et d'acide acétique qui donnent le *delirium tremens* au bout de quelques années, mais qui sur le moment galvanisent un peu l'organisme endormi.

N'importe ! l'envoûtement tient toujours. Écoutez ce malheureux, couché ivre dans la rue, qui se relève péniblement pour ne point être écrasé par la voiture d'un Rothschild, d'un Ephrussi, d'un Camondo ; il se souvient, dans son délire, du jargon biblique que ses exploiteurs lui ont appris à parler, et il murmure : « C'est vrai, tout de même, que la Révolution française a été un nouveau Sinaï. »

(I, p. 290-294.)

DÉCADENCE DE L'ÂME FRANÇAISE DEPUIS 1870

L'âme française, ne l'oublions pas, ne ressemblait pas alors à ce qu'elle est aujourd'hui. Il y a un monde entre la France d'alors et la France actuelle, avilie par l'opportunisme, morte à toute pensée grande, pourrie dans les moelles, préoccupée de sales trafics, de pornographie et de scandales. Les formidables événements de la guerre et de la Commune avaient réveillé le patriotisme dans tous les cœurs, purifié les sentiments ; on croyait encore au relèvement de la Patrie.

(I, p. 446-447.)

DÉCADENCE DE LA GRANDEUR FRANÇAISE DEPUIS 89

M. Bertillon, quoique appartenant à l'opinion avancée, a eu la loyauté de constater cet effrayant symptôme dans *La Statistique humaine de la France* : « Au XVIIe siècle, la population de la France, comparée à l'ensemble de la population des grandes puissances, représentait 38 pour 100. Ce chiffre montre assez de quel poids était alors la volonté du roi Louis XIV, car il représente, toutes choses égales d'ailleurs, notre force économique et plus exactement encore notre force militaire, comparée à celle des États voisins. Notre roi était le plus puissant des monarques de son temps. » En 1789, la France figurait encore pour 27 pour 100 dans la population totale ; en 1815, le chiffre n'était plus que de 20 pour 100 ; il est aujourd'hui de 13 pour 100.

L'affaiblissement de l'influence, la diminution du nombre de ceux qui parlent la langue française ou qui lisent les livres français, correspondent à ces chiffres. On sent comme un astre qui entre dans la période glaciaire, dont l'atmosphère radiante diminue. Voilà ce que les honnêtes gens devraient répéter sans cesse, preuves en main, tandis que les députés de la gauche, mentant selon leur habitude, déclarent au peuple qu'il est le plus grand de tous les peuples depuis 89, alors que c'est précisément à cette date que commence sa décadence.

(I, p. 499, n. 1.)

VISION D'UNE RÉVOLUTION ET D'UNE FRANCE SOCIALISTES NATIONALES

Le Juif nous coûte cher ! c'est la pensée qui, je crois, viendra à chacun après m'avoir lu.

Nous voici arrivés, en effet, à la fin de ce tableau, incomplet forcément mais exact, pensons-nous, dans ses lignes essentielles, qui montre le rôle du Juif en France.

Ceux qui nous ont suivi à travers tant d'années et tant d'événements ont déjà, sans nul doute, formulé la conclusion qui convient et qui se résume dans cet axiome : « Quand le Juif monte, la France baisse ; quand le Juif baisse, la France monte. »

Jusqu'au XIVe siècle, comme le reconnaît M. Albert Kohn, les Juifs sont 800.000 en France, ils ne rendent aucun service, et, à force d'intrigues et d'usures, obligent les propriétaires du sol à les chasser. À partir de cette époque, la prospérité de la France prend un développement magnifique. Ils rentrent derrière la Franc-maçonnerie, en 1790, et parviennent à être les maîtres absolus d'un pays qu'ils ont détaché peu à peu, avec une astuce prodigieuse, de toutes les traditions qui faisaient sa grandeur et sa force.

Qu'en résulte-t-il ?

Le côté frappant de cette situation c'est l'impuissance absolue du Juif à faire quoi que ce soit d'un pouvoir qu'il a conquis avec une incontestable habileté sur des êtres faciles à tromper par des mots. Avec le Sémite, tout part de la Bourse, tout revient à la Bourse, toute action se résume en une spéculation.

« Fondez des sociétés financières ! » Telle est la première maxime politique du Juif. « Crucifiez de nouveau le Christ ! Persécutez ceux qui l'adorent ! » Telle est la seconde maxime.

Il est clair qu'une telle conception, appliquée à un grand État chrétien, ne peut aboutir qu'à la situation où nous sommes, à ce chaos que le Talmud (traité Hagguiyah) appelle le *Tohou-va-bohou*...

Notre malheureux pays aurait-il une chance d'échapper à cet effondrement ?

Oui, sans doute, si les opprimés s'entendaient pour réagir contre le Juif qui est leur ennemi commun[3].

Sur qui pèse le plus durement le régime actuel ? Sur l'ouvrier révolutionnaire et sur le conservateur chrétien. L'un est atteint dans ses intérêts vitaux ; l'autre est blessé dans ses croyances les plus chères.

Pour l'ouvrier, la Révolution sociale est une nécessité absolue. Convaincu désormais qu'il n'y a rien au-delà de la terre, pliant sous le poids d'une exploitation que les exigences du capital rendent de plus en plus rude, il se regarde comme un déshérité de la vie ; il veut posséder l'outillage industriel, comme le paysan, avant 89, voulait posséder la terre, il réclame la socialisation, l'expropriation à son profit des instruments de travail.

Tous les raisonnements qu'on tente d'opposer à ces revendications, qui ont la force à leur service, peuvent être excellents, mais n'offrent, hélas ! qu'une valeur toute philosophique et littéraire.

Au fond, dans ces questions, le Bien, le Mal n'ont qu'une signification de convention. En 1792, beaucoup de braves gens possédaient des champs, des bois, des maisons qui n'avaient rien de féodal, qui leur venaient le plus légitimement du monde par héritage, qui étaient le fruit de l'épargne de cinq ou six générations, qui leur appartenaient au même titre que ma montre m'appartient. On a guillotiné les propriétaires et on a pris les biens. Dès 1817 ou 1818, quand la Restauration eut passé là-dessus, la spoliation fut un fait acquis ; les anciens possesseurs saluaient parfois au passage ceux qui les avaient dépouillés. Aujourd'hui des conservateurs, des Chrétiens jouissent sans aucun remords du résultat du vol de leurs grands-pères, et en font parfois un très louable usage. Un monsieur, qui possédait cinq cent mille livres de rentes en terres, provenant de l'achat de *Biens nationaux*, serait infiniment mieux reçu dans le faubourg Saint-Germain qu'un monsieur dont l'aïeul aurait refusé d'acheter de ces biens, et qui, tout en appartenant à une famille sans tache, n'aurait que vingt-cinq centimes dans sa poche.

---

[3] On n'accusera certes pas Sébastien Mercier d'être un représentant des idées rétrogrades. Dès le Directoire, cependant, cet écrivain à l'esprit si curieux, aux aperçus parfois si justes, avait prévu que le Sémitisme deviendrait un danger pour l'Europe qui serait obligée de soutenir une lutte acharnée pour se défendre. Le chapitre consacré aux Juifs, dans *L'An deux mille quatre cent quarante, rêve s'il en fut jamais*, a le caractère d'une véritable prophétie... [Ici Drumont cite un long passage très curieux et pertinent cet égard. — J. R.]

Il s'agit donc de savoir non pas tant si les ouvriers ont raison de se proposer ce but, que de voir s'ils ont chance de l'atteindre dans les conditions actuelles. Je suis convaincu, pour ma part, qu'ils ne réussiront pas ; ils mettront très facilement la main sur Paris, mais ils ne pourront se saisir de la France.

Les difficultés, qui arrêteront les ouvriers, ne sont pas par elles-mêmes très considérables, mais elles suffiront à faire échouer leur entreprise.

En 1792, les paysans étaient sur le sol ; ils n'ont fait qu'en prendre possession d'une manière définitive, et comme le blé, le vin, les fourrages sont des productions de première nécessité, ils n'ont eu qu'à continuer ce qu'ils faisaient auparavant en devenant simplement de fermiers propriétaires.

Les ouvriers sont également dans l'usine. Ils comptent, dès à présent, parmi eux, des hommes assez intelligents, des contremaîtres assez habiles pour faire tout fonctionner, de façon à ce que la disparition du patron ne s'aperçoive même pas. Je suis persuadé qu'ils n'ont qu'à le vouloir, étant donnée leur organisation actuelle, pour s'emparer de tout.

Malheureusement pour eux, une révolution comme celle-là arrêtera net toutes les fabriques, et, dans cet intervalle, la bourgeoisie se ralliera, trouvera un général qui noiera dans le sang la révolte prolétarienne.

Si la bourgeoisie française ne fait pas cela, l'Allemagne le fera pour elle, saisira cette occasion d'intervenir et sera soutenue par la bourgeoisie épouvantée.

Ce but, que poursuivent les ouvriers, et qu'ils n'ont pas tort de poursuivre à leur point de vue, ne pourrait-il pas être atteint pacifiquement ? Pourquoi un prince chrétien, un chef aux conceptions fermes et larges qui, au lieu de voir les questions à travers des lieux communs, les regarderait en face, ne confisquerait-il pas les biens juifs ? Pourquoi, avec les ressources ainsi créées, ne permettrait-il pas aux ouvriers d'expérimenter leurs théories sur l'exploitation collective et directe des usines et des établissements industriels ? La plupart des propriétaires se prêteraient très volontiers à cette expropriation à l'amiable, dès qu'ils seraient convenablement indemnisés. On pourrait juger, par les résultats, des avantages et des inconvénients que présentent, avec leur constitution différente, les syndicats ouvriers purement laïques, et les syndicats formés sur le modèle des Cercles catholiques ouvriers.

Il importe, dans de tels sujets, de ne pas se faire d'illusion, et de prévoir sur quoi on peut compter.

Les Juifs possèdent la moitié du capital circulant sur la terre ; or la fortune de la France, qui paye un budget de près de quatre milliards, peut être évaluée à cent cinquante milliards, sur lesquels les Juifs possèdent bien quatre-vingts milliards. J'estime cependant qu'avec les ménagements obligés, avec la facilité de dénaturer les valeurs, une opération comme celle-là ne produirait pas immédiatement plus de dix à quinze milliards et j'accepte le chiffre de dix comme minimum.

Avec cinq ou six milliards comptant, on exproprierait certainement assez d'usines, sans léser personne encore une fois, pour permettre aux ouvriers d'expérimenter leurs doctrines sociales dans des conditions d'autant meilleures qu'aucune révolution violente n'ayant eu lieu, aucun chômage ne se produirait.

Tout ceci, je ne crains pas d'insister sur ce point, s'accomplirait sans secousses, sans effusion de sang, par simples décrets en quelque sorte, sans plonger le pays dans une de ces crises dont profite l'étranger. L'administration des *Biens juifs confisqués* fonctionnerait comme a fonctionné l'administration des *Biens nationaux*, et je ne vois pas trop comment on attaquerait la légitimité de cet acte puisque aucun des *manuels*, qu'on met entre les mains de la jeunesse, ne hasarde un blâme contre les confiscations révolutionnaires.

L'avantage même, si l'on comparait, serait pour la transmission de propriété que nous proposons. Nul ne contestera sérieusement, en effet, que la richesse juive n'ait, comme nous l'avons dit, un caractère spécial ; elle est essentiellement parasitaire et usuraire, elle n'est point le fruit du travail économisé d'innombrables générations, mais le résultat de l'agiotage et du dol ; elle n'est point *créée* par le travail, mais *soutirée*, avec une adresse merveilleuse, de la poche des travailleurs réels, par des sociétés financières qui ont enrichi leurs fondateurs en ruinant leurs actionnaires.

Ne voyons-nous pas, d'ailleurs, tous les jours, les journaux juifs et en même temps des gens qu'on proclame volontiers purs de tout trafic pécuniaire se déclarer partisans de la confiscation des biens de ces congrégations dont chaque membre a bien l'un dans l'autre pour sa part cinq cents francs par an ? En quoi l'abbaye des Vaux de Cernay, qui est la propriété de Mme de Rothschild, serait-elle plus respectable qu'une abbaye où des religieux élèvent de pauvres orphelins[4] ?

Les causes, qui empêcheront peut-être cette opération de salut public qui replacerait la France, pour deux ou trois cents ans, dans des conditions d'existence normale, sont de plus d'un genre.

Il faut constater, tout d'abord, qu'en même temps qu'une diminution de force physique, il y a en France une diminution de force intellectuelle, un affaiblissement évident des facultés, comme un commencement de ramollissement du cerveau commun aux classes ouvrières comme aux classes élevées.

Les ouvriers, habitués à l'atmosphère factice des romans qu'on leur raconte, victimes des mots, accoutumés à ne penser que par leurs journaux, sont de plus

---

[4] Les journaux francs-maçons et juifs ont chaleureusement applaudi au vote de la Chambre du mois de décembre 1884, qui a placé sous un régime fiscal exceptionnel les biens des congrégations ; ils ont déclaré que ce n'était là qu'un acheminement vers la confiscation ; ils admettent donc qu'il suffit d'être le plus fort pour ne pas respecter les principes de la propriété. Dans ces conditions, le système que je propose n'a rien qui puisse choquer les idées reçues ; il a l'avantage d'être plus équitable et plus profitable pour la masse.

en plus incapables de voir la réalité, de saisir les rapports des idées entre elles, d'avoir une vue d'ensemble.

Le Juif, en outre, est fort habile ; pour détruire l'ancienne société qui le repoussait, il s'est placé lui-même à la tête de l'action démocratique. Les Karl Marx, les Lassalle, les principaux nihilistes, tous les chefs de la Révolution cosmopolite sont juifs. De cette façon, le Juif imprime au mouvement la direction qu'il veut. (On le vit bien sous la Commune où l'on n'a pas touché à une seule propriété juive.)

Si un orateur, dans une réunion publique, indiquait la solution que je viens d'exposer, et qui est excellente, un Juif détournerait de suite l'attention qui se porterait intempestivement sur M. de Rothschild, en racontant qu'il a rencontré un capucin qui marchait pieds nus et qui avait l'air défait de quelqu'un qui jeûne. Marcher pieds nus ! jeûner ! quel crime ! s'écrierait ce pauvre peuple sans réfléchir que cela ne le gêne en rien et qu'il ne sera pas plus riche quand il aura empêché ce capucin de marcher pieds nus et de jeûner.

Quelque chagrin que l'on puisse avoir de la décadence mentale de ce peuple, qui se laisse ainsi berner par ceux qui s'enrichissent à ses dépens, il faut tenir compte de ce fait que l'union, qui a toujours été la force de la Juiverie, la sert merveilleusement dans cette circonstance. Les Juifs d'en bas sont appuyés par ceux d'en haut et les Juifs d'en haut sont garantis contre la Révolution, puisque ce sont les leurs qui conduisent les insurrections.

Il faut ajouter que les membres des classes élevées n'ont guère une vision plus nette de la situation que les prolétaires. Chez eux, le Chrétien résigné à la persécution dans laquelle il trouve une occasion de mériter auprès de Dieu, prime trop le citoyen, qui, né dans un pays que ses pères ont défriché, agrandi, civilisé, entend bien défendre ses droits et ne permet à personne de le traiter en paria ; ils ne se rendent pas compte de ceci, que celui qui va chercher la persécution en Chine ou au Japon est un héros, tandis que celui qui la subit patiemment chez lui est un lâche.

Personne ne proteste quand le Juif Stern dit, au Cercle de la rue Royale, ce mot que les journaux citent complaisamment au moins une fois tous les mois : « *Dans dix ans, je ne sais pas comment un Chrétien fera pour vivre.* » Parmi les représentants de la noblesse qui composaient ce cercle avant ses malheurs, il ne se trouva pas un homme assez courageux pour relever cette insolence, pour dire : « Mais enfin, Juif, pourquoi donc les Chrétiens ne mangeraient-ils pas dans leur pays ? »

Ces obstacles sont considérables, ils ne sont pas cependant insurmontables. Il peut surgir, des rangs du peuple, un homme d'origine française, qui ait la magnifique ambition d'attacher son nom à la solution pacifique de ce problème du prolétariat, qui a déjà coûté inutilement tant de sang aux plébéiens et qui leur en coûtera encore davantage s'ils suivent une autre voie.

Il peut se trouver également un officier qui soit brave, vivement frappé de l'avilissement dans lequel est tombé son pays et qui risque sa vie pour le relever.

Dans la situation actuelle, en présence d'un gouvernement méprisé de tous et qui craque de toutes parts, cinq cents hommes résolus dans les faubourgs et un régiment cernant les banques juives suffiraient pour réaliser la plus féconde révolution des temps modernes.

Tout sera fini avant la fin de la journée et, quand on verrait les affiches annonçant que les opérations de la *Caisse des biens juifs* vont commencer dans quelques jours, tout le monde s'embrasserait dans les rues.

Ainsi se trouverait réalisée la belle parole de Pierre le Vénérable, abbé de Cluny : *Serviant populis christianis, etiam invitis ipsis divitiae Judaeorum*[5]...

(I, p. 519-530.)

LE DÉBOULONNAGE POLITIQUE DE GAMBETTA
(ÉCHEC ET DÉCONFITURE FINALE À BELLEVILLE)

Cette race française qui, trompée, pervertie, abrutie, garde quand même cette qualité de n'être pas encore juive, Gambetta devait la retrouver au fond d'un faubourg de Paris.

Qui n'a encore présente aux regards cette scène de la rue Saint-Blaise et ce hangar banal dans lequel se passa un de ces épisodes qui parfois décident de la marche d'un siècle ?

Avec la pluie tombant à flots au dehors, les assistants piétinant dans une boue noirâtre et tantôt plongés dans la pénombre, tantôt brutalement éclairés par des projections de lumière électrique, ce chantier, qui servait de champ de bataille nocturne à la lutte pour le trône, avait un aspect à demi fantastique. C'était bien le royaume d'en bas, où l'homme d'État, sorti du néant, allait demander une nouvelle consécration aux puissances inférieures qui l'avaient créé. Devant ce César en représentation dans quelque bouge de Suburre, on se reportait à ces heures lointaines où l'investiture de la Royauté se donnait au chant des orgues, au bruit des hymnes pieuses montant vers le ciel, à la lueur des épées vaillantes tirées du fourreau.

Voilà le rhéteur devant la foule... S'il triomphe, il est le maître quand même de la Chambre future et, comme il le dit, le représentant de la démocratie.

Alors c'est la guerre, la guerre folle, la guerre ignoble plutôt, où le sang français ruissellera afin de se changer en or pour les Juifs.

Il va commencer. Il ébauche déjà le geste que l'on sait. Qu'il était utopique ce geste ! Les doigts ne s'élevaient point, comme ceux d'un Bouddha, pour signifier paix et concorde, la droite ne s'étendait pas comme celle d'un chef pour commander. Ramenées, la paume en l'air, vers un point central situé en bas, ces mains s'inclinaient et s'arrondissaient graduellement. Cupides et amoureuses du lucre, ces mains semblaient ainsi caresser et comme peloter sur la tribune un petit tas de pièces de monnaie...

---

[5] « Qu'on mette au service des peuples chrétiens, même malgré eux, les richesses des Juifs. » [J. R.]

Il ouvre la bouche... Et en moins d'une seconde, une trombe de sifflets et de huées balaye le dictateur et la dictature...

À bas Judas ! crie une voix mâle au milieu du vacarme.

Qui a crié cela ? Qui a sifflé le premier ? Nul ne le sait. Ceux qui, la tâche de la journée terminée, vinrent à Charonne accomplir cette besogne de justice, resteront des inconnus pour l'histoire. Au fond de ces faubourgs sombres, où ils ont vécu, ils seront peut-être, dans un de ces jours où le vertige est dans l'air, acteurs en quelque assassinat comme celui de la rue Haxo (*sous la Commune*) ; ils tomberont peut-être le long d'un mur victimes de représailles implacables. Il convient de dire qu'ils furent utiles et grands, de féliciter, au nom de la Patrie, cet être anonyme et impersonnel : le Peuple, qui, parmi tant d'abjections et de hontes, eut un éclair d'indignation, un élan de généreuse colère.

« Tirez le rideau, la farce est jouée ! » aurait pu dire le nouvel Auguste, s'il avait eu la force de parler, pendant que les fidèles tiraient à la hâte une portière qui devait protéger sa fuite. Mais le maître n'avait pas l'esprit à des réminiscences classiques. Pris d'un accident, habituel à Cléon, s'il faut en croire Aristophane, il souillait les coussins du beau coupé qui courait à fond de train sur le dur pavé des rues populaires. Il allait, il allait le coupé, et les lanternes de cristal jetaient, en passant, sur l'angle noir d'un mur, sur les vitres d'un cabaret suspect, sur la fille debout près d'une borne, des clartés étincelantes, rapides comme le galop furieux du pur-sang. Parfois, on entendait sortir du véhicule des sons gutturaux et inintelligibles. C'était Spuller[6] qui, comme dans toutes les grandes émotions, s'était mis à parler allemand et qui n'interrompait ses lamentations tudesques que pour s'écrier en français : « Cela n'est bas pon ! Cela ne sent bas pon ! »

César, ce jour-là, n'alla pas jusqu'aux Gémonies et ne songea pas à demander à quelque « Épaphrodite » de lui apprendre comment on se tuait ; il n'en était pas moins blessé à mort.

Vos yeux se sont-ils arrêtés parfois sur une curieuse eau-forte de Rembrandt : *La Fortune contraire* ? Le long du rivage un lourd cavalier, un Vitellius à tête cuivrée, poussif et bouffi de graisse, vient de rouler à bas de son cheval. Dans le lointain, on aperçoit des statues, des Hermès. À gauche, la foule se précipite vers un temple dont les colonnes rappellent un peu la Bourse. À droite, une Fortune debout tend la voile d'une barque qui s'éloigne avec le vent en poupe. Absolument nue, cette Fortune montre ses fesses au cavalier désarçonné qui, étalé dans la poussière, jette en vain vers la déesse un regard suppliant. Cette allégorie brutale m'a toujours paru merveilleusement résumer, par son cynisme même, la fin de cette destinée restée si basse en dépit d'une chance si incompréhensible.

Ce cavalier grotesque n'est ni un Titan foudroyé, ni un héros terrassé par le sort, c'est moins encore que Vitellius, c'est un bazochien pris de vin qui a voulu se montrer au Roi et qui a ridiculement culbuté.

---

[6] Badois, ministre de l'Intérieur de Gambetta. [J. R.]

Au-dessus des champs de bataille, où vient de succomber le rêve de puissance d'un Napoléon ou le rêve de liberté d'un Brutus, on voit planer, graves et s'envolant lentement, des Fortunes ailées qui semblent respectueuses de ceux qu'elles viennent de frapper. Ce n'est ni dans les Parthénons, ni dans les Capitoles, c'est au musée de Naples qu'habite la Fortune qui convenait ici, la Fortune obscène qui, honteuse du favori qu'elle avait choisi, pendant un moment d'égarement, lui montre en s'éloignant le moins noble de ses deux visages.

(I, p. 558-562.)

VISION DE DÉCADENCE

Le spectacle auquel nous assistons en France nous explique comment les races finissent. Rome vit des déchéances analogues. Juvénal nous a montré les patriciens, dont les aïeux avaient conquis le monde, mendiant une place à la table des fils d'esclaves enrichis. Lucien a fait défiler devant nous les variétés de parasites : le Plagipatide ou le Duricapitor qui reçoit des coups, le Dérisor qui a comme attribution de dire des bons mots.

Les Rothschild sont plus hospitaliers que le Virron de Juvénal qui laissait à ses invités le vin de Bénévent, tandis qu'il buvait, lui, dans la large coupe,

Où sur l'ambre un feston de perles se découpe,

du vin d'Albe comme en buvaient seulement Thraséas et Helvidius au jour natal de Cassius ou de Brutus. On boit à Ferrières du Romanée qui est fameux. Le baron James a tenté de le faire venir dans les caves de Paris, mais « *ce n'était plus ça* ». Tel est du moins le sentiment d'Arthur Meyer qui en a bu, paraît-il, ou qui a conversé avec des gens qui en avaient vu boire.

Le Romanée est à Alphonse ; le Château-Lafite est à Gustave ; le Mouton était à James qui n'en boit plus pour toutes sortes de raisons qui sont fort bonnes. Notre vin, où l'esprit national se retrempait jadis, appartient aux Juifs comme tout le reste. Ainsi s'accomplit la promesse faite à Israël par Jéhovah : « Tu boiras le vin des vignes que tu n'auras pas plantées. » Entonnons en chœur, faute de pouvoir entonner autre chose, les paroles du schéma : « *L'Éternel* est un... et les *goym* ne sont point malins. »

(II, p. 106-107.)

COMMENT CELA FINIRA-T-IL ?...
(CARACTÈRE INÉVITABLE DE LA RÉVOLUTION SOCIALE
OU LA FIN D'UN MONDE)

Comment cela finira-t-il ? On n'en sait rien. Je veux dire qu'on ignore dans quelles circonstances au juste se produira une débâcle qui est inévitable. Le peuple attend et s'organise. Ce n'est plus dans les ruelles étroites, dans les faubourgs malpropres de jadis, qu'il faut aller étudier la Révolution. Elle habite les beaux quartiers d'aspect moderne, ces environs de la rue Monge, par exemple, où la misère semble plus froide et plus terrible encore au milieu de ce décor édilitaire tout battant neuf, où rien ne parle du Passé.

Les liens qui rattachaient l'homme d'autrefois à cette église où il avait été baptisé, où les dernières prières avaient été dites sur les siens, au patron qui avait été l'ami de son père, aux bons Frères qui l'avaient élevé, sont brisés depuis longtemps. L'être qui est là est un moderne, un nihiliste, il ne tient à rien ; il n'est guère plus patriote que les trois cent mille étrangers que l'aveuglement de nos gouvernants a laissé s'entasser dans ce Paris dont ils seront les maîtres quand ils voudront ; il ne se révoltera pas comme les aïeux sous l'empire de quelque excitation passagère, sous une influence atmosphérique en quelque sorte qui échauffe les têtes et fait surgir des barricades instantanément. Un monarque quelconque auquel on aurait à reprocher la moitié des infamies, des prévarications, des hontes sans nombre accumulées par le régime actuel, aurait entendu depuis longtemps l'émeute rugir aux portes de son palais. En réalité, tout cela laisse la masse profondément indifférente : toute à son idée fixe, elle rumine silencieusement son projet de révolution sociale et attend le moment pour s'élancer sur Paris par ces grandes avenues qui semblent faites pour charrier des fleuves humains.

Dans une société livrée à toutes les convoitises, où le sentiment du juste et de l'injuste a presque entièrement disparu, où ceux qui souffrent sont foulés aux pieds sans pitié par ceux qui jouissent, la catastrophe finale, je le répète, n'est plus qu'une question de temps. Il n'est pas un être qui pense, qui ne prévoie le dénouement. Causez avec quelque religieux qui suit de loin ce navire qui sombre et lisez ensuite quelque chroniqueur bien boulevardier, bien frivole, bien athée, ils vous diront la même chose.

Un jour qui n'est peut-être pas loin, écrit Aurélien Scholl, *la chaudière éclatera. De grandes maisons de crédit crèveront comme des ballons surchauffés ; il n'y aura plus que des ruines autour de nous : Paris sera Ischia après le tremblement de terre ! Ce ne sera pas encore la fin du monde, mais ce sera au moins la fin de ce monde-là.*

Je ne serai pas de ceux qui le regretteront.

Moi non plus.

Sans doute il faut prier pour ces imprévoyants, ces corrompus et ces niais. Et cependant, si de suppliants on nous transformait en juges, si on nous disait : « Dans la sincérité de votre conscience, prononcez sur ces hommes pour lesquels vous venez d'implorer ce Dieu dont le nom est Miséricorde ! » Que répondrions-nous ? Ne devrions-nous pas dire, sous peine de rendre un jugement mauvais : « Ce monde a mérité de périr, il est puni justement, que sa destinée s'accomplisse ! »

(II, p. 312-314.)

L'ORIGINE JUIVE DE LA MAÇONNERIE

L'origine juive de la Maçonnerie est manifeste, et les Juifs ne peuvent même être accusés de beaucoup de dissimulation dans cette circonstance. Jamais but plus clair, en effet, ne fut indiqué sous une plus transparente allégorie. Il a fallu toute l'ingénuité des Aryens pour ne pas comprendre qu'en les conviant à s'unir pour renverser l'ancienne société et reconstruire le Temple de Salomon, on les conviait à assurer le triomphe d'Israël...

Sympathie et tendresse pour Jérusalem et ses représentants ; haine pour le Christ et les Chrétiens ; toute la Maçonnerie est là...

De l'institution fondée par eux, les Juifs ont su tirer un parti considérable. Totalement impuissants à constituer, comme les Aryens, une hiérarchie basée sur les nobles aspirations de l'être humain, sur les vertus patriotiques et familiales, sur le sentiment de l'honneur et du dévouement, les Sémites excellent dans la politique dissolvante ; qu'il s'agisse de sociétés financières ou de sociétés secrètes, ils savent donner une apparence d'ordre et de sérieux aux appétits, aux mauvais instincts coalisés.

(II, p. 320, 328, 329.)

LA GRANDE FORCE DE LA MAÇONNERIE

La grande force de la Maçonnerie réside dans le concours que lui apportent les gens médiocres d'intelligence et faciles de conscience qu'elle réussit depuis quelques années à caser dans tous les postes importants...

(II, p. 339.)

LE SOUTIEN MAÇONNIQUE

L'appui donné par la Franc-maçonnerie à ses membres, dans des circonstances critiques, explique donc suffisamment, sans qu'il soit besoin de chercher là un élément mystérieux, le nombre de recrues qu'elle fait.

En province, certains hommes, banquiers, notaires, officiers ministériels, qui, sans la Maçonnerie, auraient été au bagne dès le début de leur carrière, se sont soutenus jusqu'à la mort, ont fini même, sinon entourés de l'estime publique, du moins officiellement honorés...

(II, p. 345-346.)

VERS UN GRAND SOIR...
(CONCLUSION GÉNÉRALE DE *LA FRANCE JUIVE*)

Non, les hommes qui ont fait si grande la France et l'Espagne du Passé n'ont été ni des scélérats ni des imbéciles ; les mesures qu'ils ont prises n'ont pas été des fantaisies de tyrans en délire, mais elles ont correspondu à des nécessités évidentes, à des périls qui se manifestaient aux yeux de tous. Le Chrétien n'a pas voulu qu'on jetât, comme aujourd'hui, le Christ aux gémonies ; l'Aryen n'a pas voulu subir l'oppression du Sémite, être condamné à travailler pour l'enrichir. Une race, c'est-à-dire une réunion d'individus pensant de même, un ensemble représentant un certain nombre de sentiments, de croyances, d'aspirations, d'aptitudes, de traditions, s'est défendue contre une race qui représentait des sentiments, des croyances, des aspirations, des aptitudes, des traditions absolument contraires...

Sans doute une telle démonstration semble n'avoir plus guère qu'un intérêt doctrinal devant le résultat accompli. L'examen de ces questions assurera, du moins je le souhaite, le croyant dans sa foi en lui montrant que tout se tient dans cet ordre et que l'amour de la Patrie et l'amour de Dieu ne font qu'un. L'histoire vraie détruira certaines objections élevées contre l'Église par les créatures de l'histoire fausse, elle dissipera certains scrupules qui viennent parfois aux âmes tendres qui connaissent mal les ennemis auxquels nos ancêtres ont eu affaire.

La Vérité complète, cependant, ne se révélera qu'à la clarté horrible des dernières catastrophes. C'est lorsqu'il erre sous la pluie, à la lueur des éclairs, dans la lande inhospitalière, que le roi Lear songe, pour la première fois, aux petits et aux déshérités et qu'il s'écrie : « Pauvres indigents tout nus que vous êtes, têtes inabritées, estomacs inassouvis, comment, sous vos guenilles trouées, vous défendez-vous contre des temps pareils ? Ah ! j'ai trop peu pris soin de tout cela ! » C'est dans le grondement de la tempête que les privilégiés, les insouciants des classes dirigeantes songeront, sous l'aiguillon de leur propre angoisse, aux âmes qu'ils auraient pu sauver.

Mon livre, j'en ai peur, ne sera bien compris que lorsque sera venu ce *grand soir*, dont parlent mystérieusement les sociétés secrètes dirigées par les Juifs, ce *grand soir* qui doit envelopper les ombres de la mort et plonger dans le silence de la solitude les ruines de ce qui aura été la France.

Alors les jouisseurs d'aujourd'hui iront traîner les grandes routes avec des souliers usés comme les émigrés d'autrefois...

C'est lorsqu'ils seront aux prises avec l'exil et la pauvreté que les compagnons de plaisir des Rothschild et des Ephrussi comprendront le prix de cette Patrie qu'ils n'auront rien fait pour défendre. C'est alors seulement qu'ils récapituleront tout ce qu'il était possible de tenter pour résister, pour empêcher cette société de périr.

L'épreuve, en effet, sera rude pour ces efféminés et ces oisifs. Ils n'auront ni la belle humeur, ni l'indestructible santé, ni l'intarissable esprit des grands seigneurs d'autrefois ; ils n'auront point la force de tempérament de ces Polonais que j'ai vus accepter les plus modestes emplois, parfois vivre avec rien, rester couchés toute une journée quand le pain manquait et se contenter d'une tasse de thé.

Saint Paul l'a dit : « Il faut espérer contre toute espérance. » Espérons encore que, malgré tant de présages contraires, cette destinée sera épargnée à ceux qui l'auront méritée ! Peut-être, au dernier moment, le courage endormi se réveillera-t-il chez quelques-uns ? Peut-être un de ces officiers, que l'on voyait, la moustache cirée, humer tranquillement leur absinthe meurtrière après avoir, le matin, aidé à expulser quelques vieux prêtres, sentira un jour le rouge lui monter au visage et repoussant son verre à demi plein, s'écriera : « Mieux vaut la mort qu'une telle honte ! » La parole de celui qui parlera le premier s'achèvera, on n'en peut douter, dans une acclamation formidable. Toute la France suivra le chef qui sera un justicier et qui, au lieu de frapper sur les malheureux ouvriers français, comme les hommes de 1871, frappera sur les Juifs cousus d'or et dira aux pauvres attroupés autour de ce pactole s'échappant du Sémite décousu : « Si vous avez besoin, ramassez ! »

Pour moi, je le répète, je n'ai prétendu entreprendre qu'une œuvre de bonne volonté, montrer par quel oblique et cauteleux ennemi la France avait été envahie, corrompue, abêtie au point de briser de ses propres mains tout ce qui l'avait faite jadis puissante, respectée et heureuse. Ai-je rédigé notre testament ? Ai-je préparé notre renaissance ? Je l'ignore. J'ai accompli mon devoir, en tous cas, en répondant par des insultes aux insultes sans nombre que la presse juive prodigue aux Chrétiens. En proclamant la Vérité, j'ai obéi à l'appel impérieux de ma conscience, *liberavi animam meam...*

(II, p. 572-573, 575-577.)

★ ★ ★

II

LA FRANCE JUIVE DEVANT L'OPINION (1886)

SABOTAGE DE TOUT IDÉAL PAR LA IIIe RÉPUBLIQUE

On ne vit jamais, à aucune époque, ignominie pareille à cette chasse faite au pauvre par une presse qui s'agenouille devant tous les larrons juifs gorgés de nos dépouilles, qui raconte leurs chasses et décrit leurs réceptions en termes dithyrambiques. Jamais on ne travailla plus cyniquement à corrompre un pays.

Dans chaque village, la France avait un homme qui représentait l'idéal près de ces populations déjà entraînées vers la vie tout instinctive, déjà en chemin pour retourner à la sauvagerie et à la bestialité. C'était là une force morale d'une valeur incalculable. Les traîtres qui nous gouvernent ont tout fait pour détruire cela, ils se sont constitués les recruteurs du cabaret aux dépens de l'Église.

Le prêtre, grâce à eux, est devenu un hors la loi, un *outlaw*, et pour beaucoup la douleur a été poignante. Il faut avoir pénétré dans les presbytères pour savoir ce qu'ont eu à supporter certains êtres nés sociables, enfants du pays, organisés pour vivre de l'existence de tous et se trouvant tout à coup aux prises avec des animosités imbéciles fomentées par un Franc-maçon désireux de se faire une popularité à bon compte.

Le peuple n'a qu'une part de responsabilité très restreinte dans ces infamies. Il faut le dire bien haut, pour que personne ne soit étonné du châtiment effroyable prêt à tomber sur cette bourgeoisie républicaine et maçonnique qui, d'ici à quelques années, va être égorgée, étripée, brûlée vive par ceux qu'elle a déchaînés, par ceux qui étaient des hommes avant et dont elle s'est efforcée de faire des brutes.

(p. 8-9.)

LA VISION DE DRUMONT

LA PUISSANCE DE L'IDÉE

Avec des millions, je l'ai dit déjà dans *Le Courrier français*, on peut avoir des ducs dans son salon, et même dans son antichambre ; on ne peut arriver à empêcher une idée de passer. L'idée de *La France juive* a passé, non point parce qu'elle était revêtue d'une forme plus ou moins élégante, mais parce qu'elle était dans l'air, qu'elle hantait les intelligences et les cerveaux, que tout ce qui pense, à part les représentants de la république juive, pensait comme moi.

....

Sans doute, à Paris du moins, il y a eu pas mal de réserves faites dans les articles consacrés à *La France juive*. Cela me rappelait un peu la fameuse séance où Dupin menaça Berryer de lui retirer la parole. Qui ne connaît cette histoire ? Berryer était à la tribune et fulminait contre la République. Dupin prit sa voix la plus menaçante : « Si l'orateur continue, dit-il, je me verrai forcé de lui appliquer les sévérités du règlement. » Puis, se penchant vers Berryer, qui était au-dessous de lui, et se servant de sa main comme d'un cornet, il ajouta : « Tape dessus, mon vieux, tu es en verve. »

« Tape dessus, tu es en verve », c'est ce que m'ont dit mes camarades de tous les partis. « Nous sommes comme toi et nous n'avons pas envie de voir la Révolution française aboutir à la domination d'une poignée d'Hébreux échappés de tous les ghettos. »

(p. 12, 14-15.)

L'ANTISÉMITISME N'EST PAS UNE QUESTION RELIGIEUSE
(LE SOURD OU L'AUBERGE PLEINE)

Le grand reproche que m'ont fait ceux qui attaquent notre religion du matin au soir, qui en tournent les cérémonies en ridicule et en couvrent les ministres d'injures sans nombre, a été de m'être attaqué par fanatisme à une religion différente de la mienne. Or, comme je l'écrivais au Juif Lisbonne, président du conseil général de l'Hérault, il n'y a pas, dans les douze cents pages de *La France juive*, un outrage à un rabbin, une raillerie même inoffensive contre des croyances dont je ne parle qu'avec infiniment de circonspection.

Ce reproche cependant n'avait rien qui pût m'étonner. Il était la continuation de la perpétuelle équivoque dont les Juifs se sont servis pour nous mettre nus comme des petits saint Jean.

Depuis cent ans les Juifs nous offrent une représentation permanente du *Sourd ou l'Auberge pleine*.

Un voyageur arrive, demande une chambre.

— Nous n'en avons pas.

— Que vous êtes aimable ! J'avais réellement bien besoin de repos.

Il se dirige alors vers la meilleure chambre de l'hôtel.

— Mais je vous dis que c'est loué !

— Ne vous donnez pas la peine de me conduire ; je trouverai tout seul.

Le voilà qui se déshabille imperturbablement malgré les cris de l'hôtelier.

— Mais, monsieur, je vous répète que cette chambre n'est pas libre.

— Merci mille fois de votre sollicitude ; je suis fort bien et je crois que je ferai une bonne nuit.

Impossible de se faire comprendre de ce faux sourd résolu à ne rien entendre et qui finit par s'installer dans le lit d'autrui.

Israël s'amuse ainsi à jouer avec nous aux propos interrompus.

— Comment se fait-il qu'en quelques années la fortune presque entière de la France se soit centralisée entre quelques mains juives ?

— Quoi ! malheureux ! vous voudriez, au nom des préjugés d'un autre âge, nous empêcher d'adorer le Dieu de Jacob, de célébrer Yom Kippour et Pessa'h ?

— Vous vous êtes abattus comme une pluie de sauterelles sur cet infortuné pays. Vous l'avez ruiné, saigné, réduit à la misère ; vous avez organisé la plus effroyable exploitation financière que jamais le monde ait contemplée.

— C'est la fête de Souccoth qui vous gêne ? Souccoth, la poétique fête des feuillages... Allons donc, soyez de votre temps, laissez à chacun la liberté de conscience.

— Les Juifs allemands que vous avez trouvé le moyen d'introduire dans tous les emplois, dans les ministères, dans les préfectures, au Conseil d'État sont d'impitoyables persécuteurs ; ils vilipendent tout ce que nos pères ont respecté, ils jettent nos crucifix dans des tombereaux à ordures, ils s'attaquent à nos héroïques Sœurs de Charité !...

— Les principes de tolérance proclamés par 89 ! Il n'y a que ça ! C'est la gloire d'Israël d'avoir défendu ces doctrines. Cher et bon Israël, phare des nations ! Israël est le champion de l'Humanité ; il veut le bien de tous les peuples..., c'est pour cela qu'il le leur prend.

Dans ces conditions, on le comprend, aucune discussion sérieuse n'est possible. Vous interrogez M. de Rothschild. Vous voulez, en vertu de vos droits de citoyen, connaître ce qu'il a dans le ventre ou ce qu'il a dans sa caisse, savoir quel travail il a produit en échange des sommes prodigieuses qu'il a perçues. M. de Rothschild est sorti. À sa place, c'est M. Franck qui se présente ; un très honnête homme, un brave savant qui vous parle religion quand vous lui parlez économie politique et qui vous répond par des balivernes sur le Progrès quand vous le questionnez sur les exactions de ses coreligionnaires...

À aucune époque, on peut désormais formuler ceci comme un axiome, les Juifs n'ont été persécutés pour leur religion ; ils ont été frappés parce qu'ils voulaient dépouiller les nations qui leur avaient accordé l'hospitalité, réduire en esclavage ceux qui les avaient accueillis. La prétendue persécution juive n'a été que l'exercice du droit de légitime défense...

La question antisémitique a constamment été ce qu'elle est aujourd'hui, une question économique et une question de race.

(p. 23-26, 27.)

À VISAGE DÉCOUVERT

À Auerstaedt, au moment où le baron Lepic, qui mourut comte à Eylau, levait son épée pour charger à la tête de son régiment de dragons, la jugulaire de son casque se détacha et le casque roula à terre. Les officiers ne voulurent pas charger la tête couverte quand leur chef chargeait tête nue, ils défirent leur casque à la hâte. Les soldats, avec cet admirable instinct de raffinement dans l'héroïsme qui est inné dans l'âme française, jetèrent précipitamment leur casque à leur tour. Et les Russes stupéfaits virent arriver sur eux, bride abattue, l'éclair aux yeux, les cheveux au vent, ce régiment qui, par une sublime coquetterie, voulait combattre tête nue comme son colonel…

C'est ainsi, à mon avis, qu'on doit aller aujourd'hui à la bataille des idées, à visage découvert, avec l'espoir que si l'on tombe on aura au moins été frappé par devant.

(p. 40.)

LES DÉTROUSSEURS DE GRANDS CHEMINS

La lutte est de tous les instants. Du haut de leurs capitaux, comme les seigneurs du haut des donjons d'autrefois, les Féodaux juifs guettent tout convoi qui passe à l'horizon portant des idées ou des découvertes, ils lui barrent la route à droite ou à gauche par leur presse ou leurs affiliés dans le gouvernement, le détroussent, le mettent à rançon.

Quand le convoi est d'importance comme l'Union générale, qu'il est bien escorté, il y a une légère bataille, et le Juif, ne pouvant pas vaincre tout seul, appelle la magistrature à son aide. D'ordinaire cela se passe sans bruit, dans la nuit, au fond d'un chemin creux. Les détroussés ne peuvent pas même arriver à faire entendre leurs cris.

(p. 96.)

LA IIIe RÉPUBLIQUE OU LA FRANCE MISE EN COUPE RÉGLÉE

Cette mise en coupe réglée du budget, même quand elle profite à d'autres qu'à des Juifs, est une conséquence naturelle et forcée du système juif, sur lequel vit aujourd'hui la France. La société française d'autrefois étant chrétienne avait pour devise : Travail, Sacrifice, Dévouement. La société actuelle, étant juive, a pour devise : Parasitisme, Fainéantise et Égoïsme. L'idée dominante chez tous est non plus de travailler pour la collectivité, pour le pays, comme autrefois, mais de forcer la collectivité, le pays, à travailler pour vous. Ne volerait-il que 1.200 francs par an que les contribuables lui payent pour un emploi absolument inutile et créé pour lui, le Franc-maçon ou le Juif est content : « J'ai toujours pris cela, se dit-il, sur ceux qui travaillent. »

Les faits sont là, encore une fois. Louvois organisait des armées qui tenaient tête à toute l'Europe avec trois premiers commis. Le ministère des Affaires étrangères, alors que notre diplomatie exerçait une influence décisive dans le monde, avait deux premiers commis. Voici, pour ne citer que quelques exemples, dans quelles proportions se sont accrues les dépenses des ministères, depuis 1876.

Depuis que fonctionne la République juive, on a créé, dans les diverses administrations centrales, 10 directions nouvelles, 19 sous-directions, 50 emplois de chefs de bureaux, 74 de sous-chefs.

Dans tel service, on compte 30 chefs pour 70 employés ; dans tel autre, 15 chefs pour 22 employés ; dans un troisième, 36 chefs pour 42 employés, etc. Le ministère de l'Instruction publique comprenait, en 1876, 133 fonctionnaires de tout ordre ; en 1884, il en comptait 273.

Le ministère de l'Agriculture s'est enrichi de 1 sous-directeur, de 3 chefs de division, de 10 chefs de bureau, de 5 sous-chefs et de 62 employés.

Comment voulez-vous qu'un pays déjà à moitié ruiné, où le chômage est partout, où la production s'arrête et dont les exportations diminuent chaque année, puisse suffire à nourrir les frelons qui se précipitent de tous les côtés vers une ruche où il n'y a plus de miel ?

(p. 118-119.)

HÉRÉSIE DU CATHOLICISME CAPITALISTE

Il est aussi juste de me traiter de communard que de m'accuser d'avoir provoqué au pillage et fait cause commune avec ceux qu'on est convenu d'appeler « les pires ennemis de la société », — quoiqu'ils ne me paraissent pas plus dangereux avec leur expropriation bruyante que les Juifs avec leur expropriation silencieuse.

Ce reproche indique, en tout cas, l'état exact de certaines intelligences, et mérite qu'on s'y arrête.

Devant le mot : *Juifs*, chacun fait un peu l'enfant.

Les hommes d'aujourd'hui sont semblables à un voyageur qui a parcouru beaucoup de chemin, marché pendant des lieues, et qui s'aperçoit qu'il a tourné sur lui-même, qu'il est revenu à son point de départ. Après bien des circuits, nous nous retrouvons en face du Juif tel qu'il était au Moyen Âge. S'il n'a plus la rouelle jaune, il a le même visage, le même sourire, les mêmes procédés, la même haine de la société chrétienne, et surtout le même système économique.

Ce fait social défrise légèrement, qu'on me pardonne cette expression, des hommes d'opinions différentes. Les révolutionnaires et les conservateurs imbus des préjugés du modernisme en sont également dérangés. Les révolutionnaires de quelque valeur se rendent compte de la niaiserie de leurs attaques et du vide de leurs déclamations contre l'organisation d'autrefois. Les Catholiques qui se sont laissés aller à admettre les faux dogmes de 89 sont plus troublés encore. Comme le comte de Narbonne qui se décida à se rallier à Napoléon au moment où il allait tomber et qui arriva au camp pour assister au désastre de la Bérézina, ils se sont convertis aux immortels principes de 89, au moment où ces principes sont en train de mourir ; ils ont souscrit précisément la veille de la banqueroute et ils éprouvent un certain désarroi devant ce qui se passe.

Seul le Chrétien ingénu trouve là une occasion nouvelle d'admirer et d'aimer davantage l'Église…

Ce mal, que l'on qualifie de tant de noms aujourd'hui, *Capitalisme, Exploitation financière, Oppression de l'homme par l'argent*, la société chrétienne l'avait diagnostiqué et l'avait enrayé. Avec les Pères de l'Église et les Scolastiques, l'Église, ainsi que je l'ai démontré dans *La France juive*, a lutté contre le Capitalisme, c'est-à-dire contre l'Usure, que l'on a appelé « le péché million des Juifs ». Elle n'a jamais admis le profit sans travail, et même dans le commerce, elle a formellement condamné le gain excessif, le *turpe lucrum*, pour s'en tenir à ce *juste prix* qui est la devise des corporations chrétiennes…

C'est sur les ruines seules de l'Église que s'est élevée cette idole dévorante du Capitalisme qui, pareille à la divinité monstrueuse d'Astoreth se fécondant elle-même, se reproduit sans cesse, enfante sans s'en douter en quelque sorte, pendant qu'on dort, pendant qu'on aime, pendant qu'on travaille, pendant qu'on se bat, et étouffe tout ce qui n'est pas elle sous son exécrable multiplication.

Aucun Chrétien, encore une fois, ne peut confondre le Capitalisme et la Propriété. Le Capitalisme ressemble à la Propriété comme l'œuvre d'un faussaire habile ressemble à une pièce authentique. L'un des parchemins est la vérité, l'autre est le mensonge ; ils sont non seulement différents, mais fondamentalement opposés ; ils sont le contraire et la négation l'un de l'autre.

Le Capitalisme ressemble à la Propriété comme le sophisme ressemble au raisonnement, comme Caïn peut-être ressemblait à Abel.

L'idée de propriété semble apporter naturellement avec elle, et indissolublement, l'idée de fécondité et d'utilité. Le type de la propriété féconde, c'est la terre, qui donne des fruits ; le type de la propriété utile, c'est la maison qui abrite. Le moulin, l'usine, la machine sont des propriétés utiles, dans lesquelles est une fécondité latente que le travail met en œuvre.

L'argent et l'or n'ont aucune fécondité par eux-mêmes ; ils ne sont même pas utiles dans le sens ordinaire du mot, comme sont utiles le fer et le cuivre. Il n'est pas un objet d'or et d'argent qui ne fût aussi utile, en autre métal, cuivre, étain, nickel. L'or et l'argent sont des métaux oisifs et des métaux d'oisifs. Ils n'ont qu'une valeur représentative et fictive. Que demain une loi défendît d'en faire de la monnaie, ces métaux, déchus tout à coup de leur fausse valeur, perdraient tout leur prix et en seraient réduits, pour se survivre, à aller se coller sur d'autres métaux plus sérieux et à faire du ruolz.

Si certains conservateurs sont un peu effarouchés de ces évidences, c'est qu'ils n'ont pas l'habitude de peser les mots, qu'ils confondent, par exemple, la Propriété et la Possession.

La Propriété est le *droit* à la possession d'une chose. La Possession séparée de ce *droit* a un air de famille avec la Propriété ; parfois on serait tenté de les confondre ; mais la première n'est en réalité qu'un fait matériel qui ne nous oblige aucunement au respect.

Tout le monde conviendra que je suis propriétaire de ce que mon travail a produit, ou de ce qui m'a été donné en échange et comme équivalent de mon travail, que ce soit une maison, des meubles, de l'argent.

Mais qu'un vol, une fraude, un dol aient fait parvenir à mon détriment cette même chose en d'autres mains, cette possession constitue-t-elle pour le ravisseur un droit quelconque, sinon le droit à être puni ? Peut-il arguer de la possession qui est son crime pour établir à son profit la propriété qui est un droit ?

— Je possède parce que je suis légitimement propriétaire. Voilà la formule de la justice.

— Je suis propriétaire parce que je possède même illégitimement. Voilà la formule de la friponnerie.

Toute la question se résout donc, vis-à-vis du capital possédé par les Juifs, dans l'origine légitime ou non de cette possession. Le fait qu'ils possèdent ne prouve rien.

Ils peuvent être possesseurs de biens énormes sans être propriétaires en aucune sorte.

L'habileté du voleur en effet peut lui donner la Possession : le travail seul confère la Propriété.

Si un homme sans scrupules s'empare de ce qui m'appartient, et se met à en jouir, la justice n'a pas à l'*exproprier*, mais simplement à le *déposséder* de ce dont il n'est pas propriétaire. L'expropriation serait un honneur et presque une reconnaissance de la possession, car s'*approprier* n'est pas, malgré la consonance, acquérir la propriété.

Ne traitons pas la Possession comme nous traiterions la Propriété.

L'origine de la fortune juive est l'Usure, sous toutes ses formes : le trafic, le brocantage, les spéculations de hausse et de baisse, les sociétés à prospectus mensongers, toutes machines inventées pour faire passer atome par atome les produits du travail chez les êtres improductifs. Le travail est la source de la richesse publique. À ce vase immense qu'alimente le travail, les Juifs ont fait une fissure par où tout le liquide s'écoule constamment dans le tonneau de leurs caves.

Cette grande fissure c'est l'Usure, c'est l'intérêt de l'argent, l'intérêt du capital que l'Église, nous l'avons vu, a toujours condamné.

C'est une objection puérile que de répondre que tous les financiers, tous les écumeurs de Bourse ne sont pas Juifs. J'en tombe d'accord.

J'ajoute même que les Judaïsants, comme le comprenait très bien l'Espagne, les affiliés au système juif sont plus âpres encore et moins scrupuleux, s'il est possible, que les Juifs. Le Juif préfère écorcher sans faire crier. Excepté dans des affaires comme l'Union générale où il se sent touché dans son monopole et où il devient féroce, il se pique de dépouiller d'une main de velours. Les idées juives entrant dans une conscience de Chrétien y produisent au contraire une perversion du sens moral complète. Certains financiers, qui ont des maisons dans tous les quartiers de la capitale et un oratoire dans leurs châteaux des environs de Paris, dépassent vis-à-vis de leurs locataires pauvres la rapacité de Shylock. Je sais d'eux des traits incroyables.

Ce qui est certain, c'est que le système est juif, c'est que la civilisation juive a remplacé la civilisation chrétienne.

(p. 121-128, *passim*.)

FAISONS RENDRE GORGE AUX VOLEURS !...

Nous ne poussons, en aucune façon, au pillage, mais d'accord avec la doctrine invariable de l'Église, nous nous refusons formellement à assimiler à la Propriété créée par le travail les capitaux conquis immoralement avec la complicité d'hommes d'État juifs comme Goudchaux ou affiliés aux Juifs comme Léon Say. Nous déclarons que l'argent ainsi détourné doit être restitué à l'actif social, et nous affirmons qu'il le sera.

Cette opération se fera-t-elle pacifiquement ? Nous le souhaitons. Ce qui est certain, c'est qu'elle est inévitable. Elle avait lieu déjà chez les anciens Juifs. Comme ils se mangeaient les uns les autres, au lieu de manger le *Goy* comme aujourd'hui, on était obligé tous les cinquante ans de remettre tout en commun et d'annuler la partie. Cela s'appelait le *jubilé*. Un *jubilé* est d'une inéluctable nécessité. Il est absolument insensé de supposer que la France qui, avec la dette de Paris, la dette des communes, la dette des départements, a une dette totale de *trente-huit milliards*, s'amusera, lorsque toutes ses ressources seront taries, à emprunter toujours pour permettre à Rothschild de gagner des millions en une journée rien qu'en laissant une somme sortir de chez lui quelques heures pour y rentrer doublée le lendemain...

À la moindre secousse qui rompra le fragile équilibre de l'Europe, tout craquera et les gens se précipiteront à toutes les caisses pour essayer de ravoir leur argent ; ils se battront comme des chiffonniers pour arriver les premiers. On leur fermera les guichets au nez et ils seront les plus enragés alors à réclamer la révision de certaines fortunes.

....

Le petit capitaliste est clairvoyant pour ses écus. Dès qu'il reconnaîtra qu'il n'a plus ce qu'il avait, il poussera des cris aigus ; il suivra son argent à la piste comme on suit un chien perdu, et, quand il constatera que tout cet argent est entré dans les hôtels de la rue de Monceau ou de l'avenue des Champs-Élysées, il dira au concierge : « Pardon, mon ami, je cours après un petit capital qui s'est échappé de chez moi, permettez-moi donc de voir s'il ne s'est pas réfugié ici par hasard. »

(p. 141-142, 145, 146-147.)

LE PROLÉTARIAT EXPLOITÉ PAR LE CAPITAL

Le penseur médite sur le spectacle d'une famille plébéienne sortie robuste et saine de la vie française d'autrefois, s'usant en cinquante ans, grâce au labeur incessant imposé par les exigences d'hommes qui veulent s'enrichir vite, — et produisant à la troisième génération un scrofuleux ou un alcoolique héréditaire voué à la misère et au vice. Le sentiment de cette décadence, au contraire, échappe presque complètement à ces forçats du travail quotidien absorbés par les préoccupations matérielles, et qui ont traversé ces phases, pour ainsi dire sans s'en douter. On a enlevé à cette famille le capital de vigueur et de vitalité que Dieu lui avait donné, sans qu'elle s'aperçoive qu'elle avait jadis quelque chose qu'elle n'a plus...

(p. 146.)

L'IMPÔT SUR LES PETITS REVENUS
OU LA HONTEUSE FARCE DE LA IIIe RÉPUBLIQUE

Pour retarder une liquidation qui est inévitable, puisque la machine ne peut plus fonctionner dans les conditions actuelles, Israël, fort inquiet, a trouvé un moyen ingénieux et qui lui semble de nature à sauvegarder ses bénéfices.

Le Juif Camille Dreyfus a commencé dans la Commission du budget[1] une campagne en faveur de l'impôt sur le revenu.

Avec la rouerie qui caractérise ces gens-là, le Dreyfus a repris un projet que certains conservateurs, troublés par les événements, avaient proposé en 1871, au moment où la France semblait à la veille de périr, où l'on s'ingéniait à découvrir les moyens de payer la rançon.

« La situation est plus grave qu'elle ne l'était, s'écrie Dreyfus, la Patrie seule était en danger alors, aujourd'hui c'est la Juiverie elle-même qui est en péril. Immolez-vous tous pour la sauver ! »

Le naufrage de ce budget énorme, gonflé par tous les parasitismes, grossi par tous les népotismes, grevé de charges plus lourdes à chaque emprunt nouveau contracté pour boucher des trous dans le navire, c'est le naufrage d'une *Méduse* conduite par un négrier. Seulement, au lieu de manger le négrier, ce qui semblerait assez logique, c'est à la cargaison qu'on s'adresse. C'est aux nègres eux-mêmes qu'on demande de se laisser manger pour sauver les jours précieux du patron. Chacun du moins, si on ne le dévore pas tout entier, laissera découper un morceau de sa chair. Petits fabricants, propriétaires à revenus restreints, officiers de terre et de mer, au-dessus du grade de capitaine dans l'armée de terre

---

[1] Les Juifs, qui prétendent n'être que 60.000 en France, figurent brillamment à la Commission du budget. Les Catholiques, représentés aux dernières élections par 3 millions de votes conservateurs, n'ont pas dans cette Commission un seul membre pour les représenter. C'est ce que les journaux d'Israël appellent le gouvernement de tous, le droit de tous les citoyens de discuter et de voter l'impôt.

et de lieutenant dans l'armée de mer, tous seront frappés ; tous devront abandonner une part de leurs ressources exiguës pour assurer aux financiers juifs la jouissance des gains monstrueux qu'ils ont réalisés depuis quelques années. L'impôt sera perçu à partir de 3.000 francs.

L'économie du projet est simple, comme on peut s'en apercevoir. Ce sont les êtres de travail réel, comme les industriels modestes ; les êtres de dévouement et de sacrifice, comme les officiers ou les professeurs, qui devront prendre sur leur nécessaire, pour assurer, pendant quelque temps encore, la tranquillité aux êtres de rapine et de lucre. On devine, en effet, que cet impôt sera autrement lourd pour les petits, qui voient leurs ressources diminuer constamment chaque année et qui ont de la peine à joindre les deux bouts même avec un budget de 3.000 francs, que pour les exploiteurs juifs qui ont gagné des milliards depuis 1871.

L'affirmation de M. Alexandre Weill, qui prétend que toute la fortune d'Israël est insaisissable par essence, et peut se dissimuler dans quelques sacoches de voyage, n'aurait aucune valeur, nous l'avons démontré, vis-à-vis d'un gouvernement honnête qui se livrerait à une enquête sérieuse ; elle est très exacte, au contraire, dès qu'il est entendu que le droit de fixer le chiffre de l'impôt à payer sur le revenu sera confié à un personnel de Juifs et de Francs-maçons.

Israël ne supportera l'impôt que tout autant qu'il lui conviendra de le faire, puis transformera sa quittance en instrument de crédit fictif qui lui permettra de faire plus aisément des dupes.

Le vrai Français, au contraire, tient au sol par tous les liens de la tradition ; il est pour le fisc une proie facile. S'il vit de la terre, le champ qu'il cultive a été arrosé par les sueurs de ceux qui l'ont précédé dans la vie. Industriel, il est rivé à ses forges, à ses laminoirs ou à ses broches. Commerçant, il commande des marchandises qui remplissent des magasins et des trains de chemin de fer, au lieu de tenir dans une poche ou dans un coffret.

Ceux-là payeront bel et bien pour leurs revenus et plus d'un, pour ne pas être exposé à voir son crédit ruiné par quelque indiscrétion du conseiller général ou du conseiller d'arrondissement franc-maçon, dissimulera son compte débiteur chez le banquier, voire l'hypothèque qui ronge la terre ou l'usine, et payera, le désespoir au cœur, sur le revenu qu'il n'aura pas touché.

Le projet étant soutenu par Dreyfus, c'est-à-dire par la Juiverie tout entière, a des chances pour être voté, et j'en serais heureux, car il contribuera à exaspérer encore contre les Juifs la classe moyenne qui sera la plus directement atteinte.

Il y a dix ans, *La France juive* aurait passé pour le livre d'un excentrique ; aujourd'hui les commerçants d'origine française me serrent vigoureusement la main en faisant quelques timides réserves ; dans deux ans on m'accusera d'être trop modéré.

(p. 156-159.)

FAISONS RENDRE GORGE AUX VOLEURS !...

Les événements eux-mêmes se préparent, en rendant nécessaire une liquidation fondée sur la justice, c'est-à-dire sur la reprise du bien volé, à en faciliter l'accomplissement...

Au lieu d'aller faire massacrer des milliers d'hommes pour essayer de prendre Berlin, nous nous contenterons de reprendre simplement Paris aux Juifs allemands qui l'ont conquis. Nous n'égorgerons pas nos ennemis, nous les dégorgerons. Après un moment de passagère mauvaise humeur, le Juif nous saura gré de lui avoir sauvé la vie en désintéressant la haine populaire. Rien n'est en sécurité comme un sac vide...

(p. 159.)

IMMENSE VISION DE LA FIN DES ROTHSCHILD ET DE L'ÉCROULEMENT UNIVERSEL DES JUIFS

Le règne des Rothschild peut être considéré comme fini. Ils sont en évidence, en pleine clarté, ce qui veut dire qu'ils sont perdus...

La puissance des Rothschild doit tomber parce qu'elle est contraire à toutes les conditions d'existence d'une société quelle qu'elle soit : Empire, Monarchie ou République...

Ce qu'on ne peut concevoir, c'est une famille assez riche pour avoir à elle toutes les forces gouvernementales et ne se servant de ces ressources, de ces moyens d'action, de ces secrets d'État que pour augmenter sa fortune privée aux dépens des citoyens d'un pays incapables de lutter contre elle, et qu'on brise quand par hasard ils veulent essayer la lutte.

Sans avoir eu la belle audace et la courageuse logique d'essayer de se faire proclamer Rois, Présidents ou Suffètes, les Rothschild mourront, comme certains souverains, par raison d'État.

....

Quoique toute comparaison entre les deux exécutions fût mal séante, le procès des Rothschild sera le grand événement, le *great event*, ainsi que s'expriment les journaux mondains, de cette fin de siècle, comme le procès du Roi a été l'événement de la fin du XVIIIe siècle. Il éclairera par les faits qui seront versés aux débats, car ce que nous écrivons n'est qu'une documentation préparatoire, par les papiers saisis rue Saint-Florentin et rue Laffitte, tout un côté de l'histoire contemporaine ; il permettra de se rendre compte du fonctionnement exact de ce règne du Juif, dont nous voyons les résultats sans en pouvoir encore analyser complètement les mille rouages.

Quelque étranger qu'il soit à nos passions, l'observateur désintéressé n'éprouvera guère de sympathie devant l'écroulement de cette famille, que rien ne protégera devant la Postérité et qui restera comme un témoignage de l'irrémédiable impuissance du Juif à se rendre utile à la civilisation. Les grands seigneurs du passé ont construit partout des hôpitaux, percé des routes, fondé des églises, élevé des monuments. Le plus petit des princes italiens a enrichi sa ville, qu'elle s'appelât Florence, Milan, Pise, Sienne ou Mantoue, d'impérissables merveilles ; et, que ce fût dans la demeure des Médicis ou dans le palais des Gonzague, l'Art était partout chez lui. Autour de chaque famille illustre a grandi une littérature, une école, un groupe d'esprits originaux ou charmants.

Hier encore, un proscrit, dont l'ambition un peu trop modeste s'était bornée à être un bon général en France, se souvenait qu'il était prince dans l'exil. Il léguait au pays cette demeure glorieuse qui raconte les hauts faits d'une famille qui fut toujours brave sur les champs de bataille ; ce château de Chantilly dans lequel le vainqueur de Rocroy reçut Louis XIV, et où l'on pourra voir, à côté de l'épée du connétable de Montmorency et du bâton de commandement de Condé, le sabre que le duc d'Aumale portait quand il enleva la smala d'Abd-el-Kader.

Les Rothschild n'ont point de ces munificences. Ils ont toujours pris et n'ont jamais rien donné à la France qu'un Botticelli des Batignolles, qui valait bien cent écus, et que le Louvre s'est empressé de refuser...

C'est qu'en réalité la richesse autrefois, même en ses prodigalités et en ses écarts, se sentait responsable devant l'opinion des hommes comme devant la justice de Dieu ; elle était une fonction et non un privilège. La propriété, d'après la notion que s'en faisait l'ancienne société, était inséparable de certaines obligations à remplir. Elle imposait des devoirs ; aujourd'hui, dans la doctrine juive, elle ne confère plus que des droits.

Profondément remués par l'écho qu'a eu dans tous les pays le coup de cloche de *La France juive*, les Rothschild et les autres Juifs notables n'ont cependant qu'une perception assez trouble des périls qui les menacent.

Ils sont par nature, et ceci n'est pas absolument de leur faute, incapables de rien comprendre aux conditions de cette civilisation chrétienne en dehors de laquelle ils ont vécu pendant des siècles. Dans leur commerce avec une aristocratie dégénérée, ils ne retrouvent plus de cette civilisation que le côté superficiel, le côté de tenue et de forme, l'hésitation d'une duchesse à danser le Vendredi Saint, hésitation qu'on pourrait vaincre à la rigueur avec des négociateurs, comme Meyer, qui se chargeraient de prouver que c'est pour le bon motif. Dans leurs rapports avec ceux qui sont à la tête du gouvernement, ils ne rencontrent que des gens plus pressés de se vendre qu'on n'est désireux de les acheter ; ils savent qu'il n'est pas une concession inique, une convention pour des chemins de fer, une illégalité ou une spoliation qu'on ne puisse obtenir en y mettant le prix. Quant au peuple, ils ont toujours cru le tenir avec des journaux comme *La Lanterne* qui le pousse sans cesse sur le curé.

L'état d'âme des Aryens épris d'idéal, de justice, de générosité est donc inconnu, et doit nécessairement être inconnu, à des hommes qui n'aperçoivent chez les représentants de l'aristocratie que le désir de s'amuser, et chez les représentants du gouvernement que le désir de s'enrichir. La situation économique réelle, les lois exactes qui régissent le monde du travail échappent également à ces êtres qui n'ont jamais voulu être que des intermédiaires parce que ce rôle leur rapportait davantage.

L'intelligence du Sémite, très subtile, très déliée mais très étroite, ne lui permet pas d'entrevoir cette évidence, qu'après avoir détruit à son profit tout l'équilibre des intérêts, il crée un état de choses dans lequel personne ne pourra plus vivre et où tout le monde se retournera contre lui. Ce *moi* sémitique que Renan, avant sa conversion au Judaïsme, nous a montré si âpre, si fermé à tout ce qui n'est pas lui, si égoïstement préoccupé de lui seul, en rendant le Juif indifférent à tout ce que peut souffrir le prochain, le tient, par une conséquence logique, dans une ignorance dangereuse de ce que le prochain peut penser de lui.

Une presse indépendante, discutant des idées, pourrait éclairer les gros Juifs. L'essentiel au contraire à leurs yeux est qu'on ne parle pas d'eux en dehors de comptes rendus adulateurs de leurs fêtes.

Ils obtiennent ce résultat avec un négociateur au courant de toutes les coulisses de la presse qui, dans les circonstances critiques pour Israël, va, de journaux en journaux, démontrer que si la parole est d'argent le silence est d'or. Le *communiqué* qui s'appelait jadis M. Ernest s'appelle maintenant M. Chut !

Il en a été ainsi de l'affaire Erlanger, qui aurait offert un sujet d'études inépuisables, au point de vue social, sur la façon dont le Tribunal a écarté le fait d'escroquerie, en se retranchant derrière un non-lieu imposé par le ministère ; sur le sort différent de celui qui a tout conduit et des sous-ordres, des faiseurs subalternes, comme les frères Berthier, qui payent pour ce Juif.

De tout ceci, personne n'a parlé. Les plus hardis ont consacré dix lignes à l'affaire. *Le Gaulois* n'en a jamais soufflé mot ; il s'est contenté d'annoncer qu'aux courses de Trouville Mme Erlanger avait une robe de foulard blanc. Les dirigeants abonnés à ce journal doivent être bien informés des opérations économiques de leur temps !

Mlle Granier ou Mlle Théo perdraient leur houppette à poudre de riz que les journaux disserteraient pendant trois colonnes sur cet événement. C'est à peine si l'on s'est occupé dans un coin de journal de M. Cornélius Herz. Comment cet aventurier en était-il arrivé à la situation qu'il a conquise à Paris ? Pour quels services avait-il été nommé grand officier de la Légion d'honneur ? Comment M. de Freycinet, si rigide, à ce qu'on dit, et qui avait dû signer la nomination puisqu'elle avait été faite au titre étranger, avait-il accordé à un Prussien américanisé dont les opérations au-delà de l'Atlantique avaient été extraordinaires, une distinction que n'obtiennent pas beaucoup de nos généraux ?

Aucune de ces questions n'a été soulevée.

De ce résultat, les Juifs triomphent. « Encore une chose qui a passé ! » s'écrient-ils.

Non ! cela n'a pas passé. Cela reste sur la conscience des gens comme certains morceaux de galette sur l'estomac ; et, quand, au fond des provinces, il tombe un livre comme *La France juive*, les lecteurs n'ont pas d'étonnement, ils disent : « Enfin, voilà un homme qui peut parler et qui dit ce que nous avons sur le cœur ! »

Il n'y a là aucun phénomène nouveau, aucun mouvement socialiste, pour employer ce mot dans le sens terrifiant et niais que lui prêtent certains conservateurs dupes des épithètes. Il y a là le recommencement de l'éternel mécompte du Juif. En France, en Allemagne, en Espagne, dans la Grenade des Khalifes, ou dans le Paris de Philippe-Auguste, il s'est toujours dit, à propos de ses plus gros méfaits : « Cela passera ! » et il s'est toujours aperçu, à un moment donné, que « cela n'avait pas passé ».

Les expulsions de Juifs au Moyen Âge sont des actes tout physiques. Ce sont des indigestions d'Aryens auxquels on a voulu faire avaler des emprunts du Honduras anticipés et des Crédits de France prématurés, et qui, l'estomac effroyablement secoué, ont rejeté à la fois la cuisine et le cuisinier.

Ce que les Juifs ont acheté, en effet, pour obtenir le silence, ce n'est pas le journaliste, l'homme de pensée et de conscience, c'est le journal, l'entreprise, la boutique. C'est l'argent qui a pactisé avec l'argent ; c'est le Capital qui a échangé avec le Capital le grattement dans la main, l'attouchement maçonnique impur.

Une fois de plus, nous surprenons là sur le vif le système juif.

La civilisation chrétienne, étant d'essence divine, est un perpétuel effort pour se rapprocher du plan divin, où tout est harmonie et justice, pour grandir l'homme, pour le hiérarchiser, pour assigner à chacun une place selon sa vocation personnelle, ses facultés, sa capacité, sa valeur propre, et pour veiller à ce que cette place ne soit pas prise par un intrus. Sans doute, cette civilisation ressemble à un écolier qui voudrait copier un dessin de Raphaël, et elle ne nous a guère donné, même en ses meilleurs jours, qu'une image débile et confuse du modèle qu'elle se proposait, mais les lignes essentielles n'en subsistaient pas moins.

La civilisation juive, étant diabolique, a pour devise l'étymologie même du nom du Diable : *diabouleuo*, « je veux », ou « je marche en travers ». Elle tend sans cesse à rabaisser l'homme, à le ravaler, à le mettre à genoux devant l'argent. « Écrivain instruit, artisan habile, artiste bien doué, tu crois que ton Dieu a fait quelque chose pour toi en t'accordant ces dons ? Nous allons te prouver que tu n'es rien en t'imposant pour maîtres des êtres qui te sont bien inférieurs, qui seraient incapables de rien produire comme toi, mais qui ont de l'argent. »

L'idéal de la première civilisation, c'est le firmament, où les astres, obéissant à une main invisible, gravitent dans un ordre qui n'est jamais troublé. Le type de l'autre, c'est la pétaudière des régions d'en bas, où les démons, se trémoussant dans un désordre perpétuellement renouvelé, se croient libres quand ils ne sont que révoltés, et s'imaginent être délivrés quand ils font beaucoup de bruit en remuant leurs chaînes.

Fidèle à lui-même, le système juif a changé la France en une immense pétaudière, et pratiqué partout, sur des nègres blancs, la méthode employée envers les noirs. Il fait commander les journalistes par des gens qui savent à peine lire et écrire, morigéner les maîtres d'armes par des teneurs de brelans, diriger les librairies par d'anciens marchands de boutons, gouverner les mineurs par des gens qui ne sont jamais descendus dans une mine, et exploiter les ouvriers de tous les corps d'état par des millionnaires blafards qui n'auraient pas même la force de tenir un outil, et qui soignent leur moelle épinière dans cet hôtel capitonné des Champs-Élysées, dont Renan parle avec tant de respect.

Quand on est prévenu d'avance, tout va bien. Depuis le rédacteur en chef jusqu'au garçon de bureau, depuis le metteur en page jusqu'au trempeur, chacun connaît la consigne et dit : « Ne parlons pas du *pouf* d'hier. »

Malheureusement pour les actionnaires des journaux, le monsieur qui fait les courses pour Rothschild ne peut pas passer tous les jours, il se repose au moins le jour du sabbat...

J'ajoute que cet homme doit être bien essoufflé, car il a eu une année terriblement chargée. À peine avait-il assuré à Arthur Meyer une presse, sinon sympathique, du moins à peu près muette, qu'il lui fallait organiser une bienveillante inattention autour de l'affaire Erlanger. Quelques mois après, *Le Matin* commençait à parler, à propos des mésaventures de Cornélius Herz, « du nez qu'on faisait rue Laffitte ». C'est à de semblables nez que la moutarde monte aisément, et l'agent diligent devait à la hâte remonter en voiture, pour aller demander qu'on n'aggravât pas par des commentaires indiscrets les douleurs qu'éprouvaient les Rothschild devant les inquiétudes d'un coreligionnaire aussi décoré.

S'il faut en croire ce qu'on raconte, un autre malheur serait imminent. C'est vraiment beaucoup pour une seule année, et cet intermédiaire surmené a quelque droit de se dire : « Quelle rage ont-ils donc de choisir tous le même moment pour se mettre dans ces cas fâcheux ? Ne pourraient-ils s'espacer un peu ? »

Au grand désespoir d'Israël, dès qu'on laisse une lueur de vérité arriver au public, dès qu'il y a un relâchement de surveillance dans l'exploitation, tous les nègres blancs se révoltent. Le journaliste tombe sur le Juif commanditaire avec un entrain sans égal ; les mineurs assassinent le représentant du Capital ; et les ouvriers de tous les corps d'état se mettent en grève. Quant aux membres du faubourg Saint-Germain, ils n'ont qu'une préoccupation au milieu de ces événements déplorables, c'est de savoir si c'est le cheval d'Ephrussi qui gagnera le prochain Saint-Léger ou le grand Critérium.

Ce résumé de situation vous fait comprendre combien est précaire la domination des Juifs. Ils sont trompés eux-mêmes sur les véritables dispositions du pays par cette presse qu'ils ont corrompue, ils s'empoisonnent eux-mêmes par le narcotique qu'ils ont fait boire à la France.

En définitive, la crise sémitique prochaine, comme toutes les crises analogues dans le passé, s'explique par une simple erreur dans l'appréciation que les Sémites font des Aryens ; ils nous regardent comme des idiots, tandis que nous sommes seulement prodigieusement naïfs[2].

Il suffit d'une faute imperceptible comme celle-là dans la formule d'incantation de la Kabale pour faire manquer l'opération magique la mieux combinée et, au fond, le régime juif actuel n'est qu'une opération d'alchimie mieux réussie que les autres.

Les Juifs ont discipliné à leur profit toutes les ressources de la nature et de l'homme ; ils ont résumé la puissance de la vapeur et de l'électricité dans un morceau de papier qui s'appelle une action ; ils ont réduit la publicité, ce formidable véhicule de la pensée humaine, à n'être qu'un instrument de réclames ; ils croient avoir absorbé la force motrice dans une société financière ; ils ont mis la gloire et l'héroïsme dans une fiole sur laquelle on lit : *Emprunts, indemnités de guerre* ; ils ont fait tenir la question sociale dans une bouteille avec l'étiquette : *Économie politique, quatrième section de l'Académie des sciences morales (quatrième classe de l'Institut)*.

Tout cela est enfermé dans un laboratoire dont ils gardent la clef, et ils ont la joie du vieil alchimiste qui, de temps en temps, gravissait les degrés de la tour et venait constater que tout était bien en ordre.

Un beau jour, un vent de tempête entre par la fenêtre mal fermée, les fioles brisées ont déterminé une épouvantable explosion. Tout saute, la tour, le château, le laboratoire et le nécromant lui-même, dont le Diable emporte les débris dans les airs en riant d'un rire effroyable… Pourquoi n'avait-on pas bien fermé la fenêtre ? Pourquoi faisait-il du vent ce jour-là ?

Il ne resterait à la féodalité financière qu'un moyen, sinon de se sauver, du moins de succomber dignement. Ce serait de faire ce que la féodalité a fait elle-même et de renoncer à des droits qui semblent exorbitants même aux esprits les plus mesurés. Dans la nuit du 4 août, la noblesse n'hésita pas, elle sentit qu'elle était impuissante à réagir contre le courant ; elle abandonna spontanément des privilèges qui étaient autrement respectables que ceux de la noblesse d'argent, qui étaient le prix de services rendus au pays, la récompense du sang versé.

Il appartiendrait à un homme dans la situation du comte Albert de Mun de rappeler ces souvenirs à la féodalité nouvelle, de lui dire :

« Le droit que vous avez de prélever par l'argent un tribut sur tout ce qui travaille en France équivaut à ces droits d'aubaine, de mouture, de péage que nous avons sacrifiés jadis. Faites ce que nous avons fait : sacrifiez ce qui vous

---

[2] Cette légère exagération dans l'idée que les Juifs se font de notre imbécillité a causé leur perte dans toutes les contrées. Après l'expulsion d'Espagne, en 1492, ils trouvèrent un asile en Portugal, puis, aussitôt installés, ils s'empressèrent, raconte don Augustin de Manuel dans sa *Vie du roi de Portugal, Jean II*, d'appeler leurs frères à eux : « La terre est bonne, le peuple idiot, l'eau est à nous, vous pouvez venir et tout nous appartiendra. » Les lettres furent interceptées, on ouvrit les yeux ; on s'aperçut que les Juifs, en quelques années, avaient déjà attiré à eux la moitié de la richesse du pays et on les pria de disparaître. C'est cet exode que Montaigne a raconté.

constitue à l'état de pouvoir privilégié parmi nous, dépouillez-vous, non de votre superflu, mais de l'excessif de vos gains, restituez à la collectivité cinq ou six milliards ! Grâce à eux le travail s'organisera sous une nouvelle forme en dehors de votre monopole financier. »

Nul homme plus que le comte de Mun n'est autorisé à tenir un tel langage et à formuler une pareille mise en demeure. Il a son écusson dans la salle des Croisades, c'est-à-dire qu'il représente le Passé en ce qu'il eut de plus glorieux ; il est à la tête du mouvement social chrétien, c'est-à-dire qu'il est la personnification des idées et des préoccupations de l'heure présente. Il pourrait jouer le rôle d'O'Connell. Que lui manque-t-il pour cela ? Il a l'éloquence, le courage, le dévouement ; il est l'adversaire résolu du système juif et il ne tient, je crois, les Rothschild qu'en médiocre estime. Que lui manque-t-il encore une fois ? La notion nette de la nécessité de parler franchement, d'en finir avec un état de choses qui ne peut plus se prolonger ; la conviction qu'il faut marcher, sous peine de voir d'autres hommes marcher à notre place et transformer en une épouvantable Jacquerie ce qui pourrait être, grâce à une mesure de salut public, une transformation pacifique et une simple évolution économique...

(p. 160, 162-174.)

CONFESSION DE L'AUTEUR

Le peuple seul a encore la force de crier et c'est une joie pour moi, un motif de patriotique espérance que d'entendre ce hurlement instantané et général que poussent les prolétaires, non point seulement quand on attente à leurs droits, mais quand on les traverse dans leurs fantaisies. « À la bonne heure, me dis-je, voilà des gaillards qui ne sont pas encore tout à fait morts et qui éprouvent quelque chose quand on les touche ! »

Les autres ne ressentent rien d'analogue. On pénètre par effraction dans des domiciles privés, on jette des religieux dans la rue, on ruine quarante mille familles par un acte de piraterie comme celui qui s'est accompli au moment de l'Union générale. Les intéressés chignent un peu : « Oh ! mes pauvres prêtres ! oh ! mon pauvre argent ! » On les laisse faire, puis le bon Juif ouvre la porte : « Ce n'est pas gentil de bouder comme cela ! Allons, que ce soit fini ! Qui est-ce qui va venir avec nous voir les attelages de Camondo ? Qui est-ce qui va louer une loge pour faire une ovation à Sarah ? C'est Bébé. Allons, Bébé, habillons-nous vite. La couturière juive est là qui apporte un gentil costume pour Bébé. »

Je ne suis pas Bébé, je suis un homme, je suis peuple des pieds à la tête, c'est-à-dire que je n'ai peur ni de l'opinion de convention des journaux, ni de la prison, ni de la mort. J'estime fort bon l'ancien adage français qui disait : « Nul n'a droit en sa peau qui ne la défend. »

....

Si toutes les victimes de la magistrature maçonnique et juive agissaient comme moi, les magistrats actuels, sans cesser de penser que les procès pour eux sont surtout des affaires, se décideraient peut-être à rendre un peu plus d'arrêts et moins de services.

(p. 209-210.)

LE SCURRILE OU LE JUIF

Le Sémite est indestructible. Il rebondit comme un chat : il a la souplesse, l'élasticité, la diplomatie du félin ; il s'abaisse, mais pour se relever tout de suite.

Ne vous est-il jamais arrivé, en rêvant au bord de la mer, de déranger quelque scurrile du bout de votre canne ? Vous le voyez soudain reprendre sa course interrompue et, avec cette sorte d'inconsciente taquinerie qui est dans l'homme, vous lui barrez encore le passage. Il fait un crochet et retourne dans le chemin qu'il avait choisi. Vous jetez un peu de sable sur lui ; il disparaît et, cinq minutes après, il a écarté le sable et le voilà reparti. Vous en avez assez ; vous vous laissez bercer par le clapotement des flots ou vous perdez dans la contemplation de l'infini. Le scurrile vous a vaincu, il vous a lassé.

Ce scurrile, c'est le Juif : dès qu'il a secoué son sable, il se remet en voyage et suit la ligne qu'il suivait auparavant.

(p. 214-215.)

LE SYSTÈME JUIF

La manière d'opérer du Juif est simple et ne varie guère. Elle consiste à prendre des hommes indépendants qui, réunis, formaient une corporation, à les noyer dans une collectivité de façon à leur faire perdre leur force propre. On agit ensuite sur cette collectivité par l'ascendant d'une tribu dont tous les membres se tiennent étroitement entre eux, de façon à confisquer au profit d'Israël les souvenirs, l'autorité morale que ces hommes représentaient.

(p. 243-244.)

CONFESSION DE L'AUTEUR

Je suis né avec des instincts obligeants, et c'est l'opiniâtreté des Juifs à nous faire du mal qui m'a seule rendu violent.

(p. 252.)

LA PLAIE DES AVOCATS !

Tous ces gens-là, magistrats ou avocats, se tiennent comme les doigts de la main ; ils se font de l'œil à l'audience, ils ont entre eux la complicité des crimes commis ensemble contre le Droit, le cadavre du juste tant de fois égorgé en commun. Dès que vous avez mis le pied dans ces régions, vous êtes comme un étranger égaré en certains pays, où tous les habitants, amis ou ennemis de la veille, se réconcilient pour tomber sur vous.

Pour défendre l'ordre des avocats, Ignotus, mon spirituel confrère et ami, n'a trouvé qu'une raison plausible : il affirme que des règlements sévères régissent la corporation, puisqu'un avocat ne peut être inscrit au tableau s'il n'a un appartement d'au moins deux pièces, de façon à ce que son lit ne soit jamais dans son cabinet de travail. J'avoue que je trouverais moins choquant, pour ma part, de voir tous les avocats de Paris en chemise que d'écouter la moitié de ce qu'ils disent...

Là encore on se heurte à l'aveuglement inouï des conservateurs. Si une corporation a mérité qu'on proclame sa déchéance, c'est incontestablement la corporation des avocats ; elle a fourni tous les artisans de troubles, tous les sophistes, tous les profiteurs de révolution ; elle a lancé sur le monde les Ferry, les Goblet, les Brisson, les Floquet, austères dans l'opposition, corrompus jusqu'à la putréfaction une fois au pouvoir ; elle a demandé la destruction des privilèges de tous les corps d'état et elle a soigneusement conservé les siens.

Une occasion se présente pour les conservateurs de faire enfin acte de justice sociale en se ralliant au projet Michelin. Ils hésitent ou plutôt ils n'hésitent pas : ils voteront contre...

En toute occasion ils sont ainsi : ils pourraient, d'accord avec les radicaux, obtenir la magistrature élective, les jurys correctionnels ; ils n'en font rien, ils ont, au fond, un vague respect pour cette magistrature devenue absolument juive. Pareils à ces riches déchus qui ont été chassés de leur château et qui habitent la loge du concierge, ils regardent complaisamment cette vieille forteresse de la Constitution de l'an VIII, qui a servi à tous les régimes et dont les canons, c'est-à-dire l'arbitraire, la pression administrative, l'abus de pouvoir sont retournés maintenant contre eux : ils se disent : « Je rentrerai peut-être là-dedans quelque jour. »

Ils n'y rentreront pas, car on sent un souffle de mort sur tous ces débris d'un passé aboli.

(p. 269-270.)

CONCLUSION

VISION DE L'EFFONDREMENT DE LA JUIVERIE ET DE LA MAÇONNERIE UNIVERSELLES ET AVÈNEMENT D'UN SOCIALISME NATIONAL EUROPÉEN

Combien de Français savent tirer toutes les conséquences du principe de l'Égalité inscrit dans nos codes par la Révolution ? Combien, selon l'expression de Guizot, vont jusqu'au bout de leur droit ?

S'il était appliqué, ce principe de l'Égalité serait la condamnation sans appel de tout ce que fait Israël, il arrêterait les Juifs dans toutes leurs usurpations.

Il suffit de me lire avec bonne foi pour être convaincu de cette vérité.

J'ai affirmé que le Juif était le maître en France, qu'il jouissait de droits supérieurs aux nôtres, qu'il avait réellement accompli sur nous une conquête en s'emparant de tous les ressorts de la vie sociale.

Je ne me suis pas contenté de l'affirmer, je l'ai prouvé avec les moyens qu'un Chrétien, tenu comme tous les Chrétiens en dehors du gouvernement de son pays, peut avoir à sa disposition.

Vos journaux attaquent nos congrégations religieuses et demandent qu'on les dépossède au nom de l'intérêt public. Je vous réponds qu'un seul de vous possède trois milliards avoués et que nul, dans la presse républicaine, ne songe à demander que cet argent retourne à la collectivité à laquelle il a été dérobé.

Vous prétendez que nous obéissons à un maître qui est à Rome. Je vous mets sous les yeux la liste du Comité central de l'*Alliance israélite universelle*, dont la plupart des membres résident à Berlin, à Stuttgart et à Munich.

Vous soutenez qu'il est juste de méconnaître les dernières volontés d'un mourant qui lègue ses biens à une œuvre catholique. Je vous prouve, par l'extrait du testament même de Crémieux, que le legs fait par un des vôtres à une association non reconnue n'a jamais été contesté.

Vous déclarez que nous devons nous abstenir d'intervenir en Orient en faveur de nos missionnaires. Je vous démontre que le gouvernement a pesé de la plus odieuse façon sur un peuple, comme le peuple roumain qui, seul dans toute l'Europe, nous avait témoigné quelque sympathie à l'heure des revers, pour le forcer à naturaliser des débitants[3] d'eau-de-vie empoisonnée et des teneurs de maisons de tolérance.

Vous alléguez que vos incroyables succès en affaires s'expliquent par votre habileté seule et que vous combattez à armes loyales. Je vous réfute en vous prouvant que, lorsque vous n'êtes pas les plus forts, vous appelez à votre aide la loi qui devrait être égale pour tous les Français et qui se met cyniquement de votre côté. Je vous rappelle, sans que vous puissiez me démentir, que l'on n'a arrêté préventivement ni Erlanger, ni Savary, ni aucun des fondateurs de sociétés suspectes, tandis que sur la plainte arrachée par un des vôtres, Loew, à un homme faible qui n'avait aucun motif de se plaindre, on n'a pas hésité à ruiner 40.000 familles en arrêtant, au mépris de tout droit, le chef d'un établissement[4] qui gênait M. de Rothschild.

Vous insinuez que ceux des vôtres qui se jettent dans un mouvement révolutionnaire ne font qu'user de leurs droits de citoyen. Je vous réponds que, dans une insurrection, pas plus qu'à la Bourse, vous n'êtes dans les conditions des autres Français. Protégés par une Franc-maçonnerie toute-puissante, vous ne courez aucun risque...

Au fond, le bruit que font ces questions vous ennuie, quoique vous affectiez d'en rire. Vous sentez que vous entrez dans la phase difficile de la conquête. Vous allez trouver des couches moins molles que celles que vous avez traversées jusqu'ici.

Vous n'aurez plus devant vous le *civilisé* qu'a peint si bien M. Taine, l'être débile, moralement et intellectuellement, pour lequel la question du Bien et du

---

[3] Des Juifs.
[4] Affaire de l'Union générale.

Mal se résume dans la correction d'un attelage, dans la forme irréprochable d'un habit, dans la grâce d'un salut.

Vous aurez affaire à des consciences plus solides, à des intelligences plus viriles, qui voudront juger vos actes, qui vous presseront dans une dialectique d'homme.

Pour que la *conquête jacobine* réussît, il a fallu que les Jacobins, afin de n'avoir pas le paysan contre eux, lui donnassent la terre, cinq milliards de biens, qu'il leur était, d'ailleurs, facile de donner, puisque ces biens ne leur appartenaient pas.

Que peut offrir au peuple la *conquête franc-maçonnique et juive*?

Le droit de huer un vieux prêtre qui passe dans la rue, de lui cracher à la figure, de le frapper même au besoin avec l'approbation des gardiens de la paix ?

C'est bien mince.

Votre grande force a été jusqu'à présent l'admirable solidarité qui vous unit tous, qui fait agir simultanément Berlin et Paris, mais vous nous avez appris les moyens qu'il fallait employer pour vous vaincre...

La constitution définitive de l'*Alliance anti-israélite universelle* annonce que l'on commence à avoir assez de vous. Le chef arabe, le soir, au bord de sa tente, dans le silence embaumé des nuits d'Orient, se fait les mêmes réflexions que l'artiste et l'écrivain, qui devisent ensemble sur le boulevard dans l'agitation du bruyant Paris. Le paysan hongrois comme le magyar, le moujik comme le grand seigneur russe, pensent absolument ce que pense l'ouvrier intelligent de nos villes. Ils estiment tous qu'il vous en faut vraiment trop, que vous tenez trop de place et qu'il est impossible de vivre avec vous.

Le grand organisateur qui réunira en faisceau ces rancunes, ces colères, ces souffrances, aura accompli une œuvre qui aura du retentissement sur la terre. Il aura remis l'Europe d'aplomb pour deux cents ans. Qui vous dit qu'il n'est pas déjà au travail ?

Même sans l'action supérieure d'un homme de génie nous viendrons à bout de vous.

Nous briserons votre coalition par une coalition semblable à la vôtre. Nous vous ferons ce qu'ont fait les Romains à l'incomparable stratège, qui fut le plus glorieux représentant militaire de la sémitique Carthage. À la veille de la bataille décisive, au moment où vous vous attendrez à être secourus par les Juifs d'Allemagne arrivant à votre appel, nous jetterons dans vos lignes la tête sanglante de votre frère Asdrubal — pour vous signifier que vous n'avez plus à compter sur des renforts et que le soleil du lendemain éclairera votre irrémédiable défaite...

Plusieurs d'entre nous mourront sans avoir vu la victoire, mais ils testeront avant de mourir.

Rome avait jadis ce qu'on appelait le testament sanglant. Tout légionnaire près d'expirer pouvait écrire ses dernières volontés sur son bouclier ou sur le sable avec son doigt trempé dans le sang, *rutilantibus sanguine litteris*.

Sans doute, un tel acte semble d'une exécution bien aventurée. C'est une erreur. Il se présente toujours quelqu'un qui accepte ces testaments-là et qui accomplit les dernières volontés de celui qui a testé ainsi...

L'Église, à une certaine époque, avait adopté un usage qui se rapprochait de l'usage romain. Elle admettait qu'un soldat, qui tombait sans avoir un prêtre auprès de lui, se confessât comme Bayard à un de ses compagnons. Celui-ci allait porter à qui de droit ce testament suprême, il allait répéter ce qui lui avait été confié au premier moine qu'il rencontrait et il lui demandait l'absolution pour un mort...

Si la Papauté avait la bonne pensée de rétablir cette coutume, que d'hommes qui subissent, en se rongeant les poings, les insultes que la presse juive vomit chaque jour sur tout ce que nous aimons, seraient heureux, en attendant la prochaine guerre civile, de mettre un peu l'épée hors du fourreau pour défendre ce que les Juifs n'outragent que parce qu'ils se croient assurés de l'impunité : le Christ, l'Église et la Patrie !

(p. 283-290, *passim*.)

III

LA FIN D'UN MONDE
(1889)

LA MORT DES ÊTRES ET DES NATIONS
(FRANCE ET PARIS)

Tous les penseurs ont éprouvé (*comme Carlyle*) cette impression du chaos et de l'universel désordre lorsqu'ils se sont efforcés d'analyser les phases que traverse cette société qui tombe en déliquescence.

C'est qu'en réalité la Mort est un aussi grand débat que la Vie. L'Agonie est un combat comme la Naissance. La décomposition de l'être est aussi compliquée que sa formation et il faut envisager la terminaison de l'existence comme un tableau aussi coloré, aussi complexe, aussi varié, aussi mouvementé que l'existence elle-même.

La littérature semble avoir éprouvé pour ce spectacle de l'anéantissement graduel le sentiment de crainte superstitieuse qu'éprouvaient les païens pour les paroles de mauvais présage : les mots, si nombreux pour exprimer l'éclosion, le développement, l'épanouissement, sont rares pour cette longue série de destructions finales qui éloigne plus qu'elle n'attire les regards superficiels.

L'étude est passionnante cependant et digne de tenter des intelligents et des patriotes. Pour savoir bien quelles conditions sont nécessaires pour que vive une Patrie, il faut regarder attentivement comment meurt un monde qui a formé peu à peu dans cette Patrie comme une agglomération de bacilles. Pour bien connaître les nécessités primordiales de l'être, il faut apprendre comment on arrive au non-être et demander à ce qui expire « ce secret de la vie » que saint Antoine, selon l'expression de Flaubert, « tâchait de surprendre, à la lueur des flambeaux, sur la face des morts ».

Rien n'est instructif comme de rechercher l'origine première des maladies qui lentement, mais sûrement, usent, dégradent et ruinent peu à peu l'organisme. Le terme de mort subite, en effet, ne veut rien dire et l'on ignore trop les élaborations énormes qu'il faut pour faire ce qu'on appelle une catastrophe soudaine. La désagrégation s'opère progressivement, mais sans hâte et dans la société, confédération des hommes, comme l'homme est une confédération de tissus, les débuts du mal sont toujours lointains, ignorés et obscurs. On tombe par où l'on penche, voilà la loi ; c'est un rien d'abord, une perturbation presque insensible, un grain de sable dans l'engrenage, puis le désordre partiel, puis les ressorts brisés et l'arrêt définitif...

Le cadavre social est naturellement plus récalcitrant et moins aisé à enterrer que le cadavre humain. Le cadavre humain va pourrir seul au ventre du cercueil, image régressive de la gestation ; le cadavre social continue à marcher sans qu'on s'aperçoive qu'il est cadavre, jusqu'au jour où le plus léger heurt brise cette survivance factice et montre la cendre au lieu du sang. L'union des hommes crée le mensonge et l'entretient : une société peut cacher longtemps ses lésions mortelles, masquer son agonie, faire croire qu'elle est vivante encore alors qu'elle est morte déjà et qu'il ne reste plus qu'à l'inhumer...

Les sociétés, d'ailleurs, ne meurent point toutes de la même façon.

« Quelquefois, dit Lacordaire, les peuples s'éteignent dans une agonie insensible, qu'ils aiment comme un repos doux et agréable ; quelquefois ils périssent au milieu des fêtes, en chantant des hymnes de victoire et en s'appelant immortels. »

La France, au lieu de se résigner, ou mieux encore de se recueillir, de rentrer en elle-même, d'essayer de guérir puisque Dieu, dit l'Écriture, a fait les nations guérissables, semble vouloir finir dans l'apothéose théâtrale ; elle magnifie sa décadence avec une ostentation vaniteuse, une outrecuidance charlatanesque et délirante qu'elle n'avait point aux jours heureux de sa force et de sa splendeur.

La tour Eiffel, témoignage d'imbécillité, de mauvais goût et de niaise arrogance, s'élève exprès pour proclamer cela jusqu'au ciel. C'est le monument-symbole de la France industrialisée ; il a pour mission d'être insolent et bête comme la vie moderne et d'écraser de sa hauteur stupide tout ce qui a été le Paris de nos pères, le Paris des souvenirs, les vieilles maisons et les églises, Notre-Dame et l'Arc de Triomphe, la prière et la gloire...

Ce délire vaniteux, auquel succède parfois le coma, est une des formes en quelque manière historiques de l'agonie des sociétés. Byzance fut ainsi : dès qu'un Empereur avait été battu par les Avares, les Bulgares ou les Goths, avait acheté ignominieusement à prix d'or une trêve de quelques années, ou cédé quelques lambeaux de son territoire, sans cesse rétréci, il rentrait à Constantinople, revêtait le costume du triomphe comme les Scipion et les Marius, et toute une armée d'histrions, venue à sa rencontre, chantait des cantates en son honneur.

Personne ne s'étonnait, pas plus que les Parisiens ne se sont étonnés de voir se dresser en face des Tuileries le monument de Gambetta. Les étrangers rient aux éclats lorsqu'ils voient ces statues ridicules, ces allégories d'un comique échevelé ; cette Démocratie, lançant la foudre et assise sur un lion dévorant qui sert de couronnement à l'image du gros homme, qui n'a jamais lancé la foudre et qui n'a rien dévoré pendant la guerre, qu'un certain nombre de repas savoureux.

Le Paris actuel, autrefois si perspicace et si fin, ne saisit pas ce qu'il y a d'invraisemblablement burlesque dans le spectacle de ce pays qui rend à un bohème italien qui n'a fait que des sottises et des malpropretés et qui nous a conduits à la ruine, des hommages qu'on ne rendait pas jadis, même à des généraux victorieux. Cela correspond à un état d'esprit général, à un accord tacite, à une sorte de résolution inconsciente de ne pas raisonner pour ne pas s'attrister, pour ne pas être obligé de faire quelques efforts.

(p. II-V, *passim*.)

1889 OU L'ANNIVERSAIRE !
(COURT TABLEAU PITTORESQUE)

Cette littérature va rouler comme un fleuve de mensonges, de fanfaronnades et d'inepties à travers toute l'année 1889. On va répéter sur tous les tons que la France de saint Louis, d'Henri IV et de Louis XIV était une terre de sauvages et qu'il a fallu le sang des échafauds de la Terreur pour la féconder.

Sous le rapport intellectuel, ce Centenaire léguera à l'Avenir d'inestimables documents sur la période de folie déclamatoire et blasphématoire que traversent certains peuples avant de disparaître.

Avec sa tête lugubre, Carnot est bien l'homme de la situation, il est bien l'homme de ces pompes, de ces pompes funèbres ; il enterrera la France révolutionnaire, cousue dans un vieux drap rapiécé, dans cette phraséologie spéciale à l'espèce carnotique, et les Prussiens seront déjà à Chalons qu'on entendra encore flotter dans l'air l'écho des discours ronflants : « L'hégire de la liberté, le nouveau Sinaï, la régénération de l'humanité, la fraternité des peuples, les luttes pacifiques du travail, la France, phare des nations. »

....

C'est la guerre qui doit liquider tout, décider quel est le peuple le plus malade, désigner celui qui mangera l'autre, comme aux âges primitifs, dans la forêt sauvage, où les plus forts exterminaient les faibles.

Devant le rhéteur républicain en train de vanter les bienfaits de la civilisation et de célébrer 89, qui a inauguré une ère de fraternité et de paix, le Fait se dresse et brutalement soufflette l'orateur.

Avant 89, la milice prenait 10.000 hommes par an en France. Ceux-là seuls étaient soldats qui le voulaient, qui aimaient la guerre, et ces petites armées, bonnes à conquérir des lauriers, se livraient à de petites guerres qui ne mettaient jamais en question l'existence même d'une nation.

Aujourd'hui l'effectif total de paix pour l'Europe est de 3.092.000 hommes, l'effectif de guerre de 16 millions d'hommes et les budgets militaires réunis de 3 milliards 500 millions.

Avec les lois nouvelles, le pied de guerre sera de 19 millions d'hommes !

Le soufflet du Fait ne trouble pas le rhéteur. Le républicain, en effet, n'est pas un homme pensant, raisonnant, cherchant la vérité et la proclamant, c'est un instrument, un orgue de barbarie jouant des airs de civilisation...

On donne un coup de pied dans l'instrument et il s'arrête un peu, comme après les massacres de 1870, puis le Juif paye le raccommodage de la manivelle légèrement détériorée, et l'orgue recommence à moudre ses airs : 1789, le Progrès, l'amour succédant aux haines des nations...

Parfois le Juif associe ses vers à cette musique et s'écrie, comme Ferdinand Goldschmidt, auteur de *Fiction et réalité* (poésies), qui, d'après les *Archives israélites*, est d'origine viennoise :

> *Gloire à Quatre-vingt-neuf, l'ère de délivrance,*
> *Souffle purifiant de bénédiction !*

C'est drôle tout de même que ce soit des Juifs d'Autriche qui viennent glorifier en France la Révolution de 89, alors que, chez nous, tous les êtres libres, qu'ils appartiennent à l'élite intellectuelle ou au prolétariat, sont unanimes à maudire cette Révolution manquée et à déclarer qu'elle ne nous a apporté que le paupérisme, le déshonneur et la ruine.

(p. V-VI, XVIII-XX.)

L'ART JUIF POURRISSEUR

Avec l'instinct de sa haine pour tout ce qui a inspiré notre respect et notre enthousiasme, avec son besoin de blasphémer, cette race possède incontestablement un don particulier de saisir le côté grotesque de toute chose émouvante et belle. Écrivains et artistes restent marchands de lorgnettes, mais ils vendent des lorgnettes spéciales à verres salis ou bizarres, des verres faits à l'image de leur cerveau déséquilibré, et grâce auxquels tout sur la terre apparaît difforme, malpropre, incohérent, extravagant et baroque.

En dehors d'une satisfaction mauvaise, les Juifs n'éprouvent nulle joie à cette besogne. Quand il écrit ses œuvres les plus folâtres, Halévy a sur sa table le revolver avec lequel Prévost-Paradol s'est brûlé la cervelle. Ils obéissent à une sorte d'impulsion irrésistible, à une trépidation maladive qui les empêche de rester tranquilles.

....

La race est ainsi : destinée à finir dans toutes les épilepsies, dans tous les arthritismes, dans toutes les démonies. Le Juif se trémousse comme les malheureux qui sont atteints de la chorée, il se remue sans trêve comme ceux que les dartres démangent, il travaille sans cesse du cerveau comme les gens qui ont la névrose.

Ce que je vous dis là, Charcot vous l'expliquera en d'autres termes : « Les Sémites, dit-il, ont le privilège de présenter à un degré considérable tout ce que peut inventer l'arthritisme, tout ce que peut inventer la névrose et ce serait un travail fort intéressant à faire que d'étudier spécialement les maladies d'une race aussi originale que cette race des Sémites qui a joué un si grand rôle dans le monde depuis l'antiquité jusqu'à nos jours. »

Charcot a raison et une telle étude serait d'un intérêt considérable. On est tout étonné, en effet, en causant avec les médecins, de voir à quel point les observations des savants sont d'accord avec les constatations des sociologues.

À des époques de dissolution, comme celle que nous traversons, ce ne sont pas les mœurs seulement, les modes d'envisager la vie qui se transforment, ce sont les maladies elles-mêmes qui changent de caractère.

Le rhumatisme, par exemple, a remplacé la goutte qui tend de plus en plus à se cantonner en Angleterre ; le diabète, presque inconnu autrefois, augmente chaque année et se traduit par des phénomènes nerveux qu'il ne présentait pas jadis. C'est la lèpre juive cependant qui s'est le plus complètement modifiée. À côté, et souvent en place de manifestations dermatologiques, vous avez aujourd'hui des manifestations nerveuses. Chez beaucoup de Sémites, on peut le dire, la lèpre est remontée au cerveau. Autrefois ils se contentaient de se gratter, maintenant ils éprouvent le besoin de s'agiter...

Ces gens, toujours en proie à une inquiétude que rien n'apaise, finissent par entraîner les autres dans leur sarabande, par communiquer aux plus paisibles leur mouvement désordonné. Bon gré, mal gré, il faut que l'Europe les suive.

(p. XVI-XVIII.)

FULGURANTE VISION DE LA GUERRE FUTURE
(VERS 1914 !...)

C'est à nous, qui n'appartenons pas à la corporation des joueurs d'orgue de barbarie, d'interroger l'horizon et de montrer ce que sera la prochaine guerre, la guerre inévitable.

Quand l'heure fatidique de la grande tuerie aura sonné, on verra ces choses :

Mobilisez ! Mobilisez ! Le fluide électrique lancé sur les innombrables fils a porté, jusque dans les coins les plus reculés de la Gaule et de la Germanie, l'ordre terrible qui est un arrêt de mort pour des milliers d'êtres humains. Aux armes ! Aux armes ! ont répondu des millions de poitrines gauloises et germaines.

Quelques heures après, les cavaliers alertes sont en selle et s'élancent des frontières. Sabrez ! Sabrez au galop ! Chargez les uns contre les autres, derniers soldats des combats épiques d'autrefois !

Chargez et sabrez vite !... votre heure sera courte... car, derrière vous arrivent et s'alignent les fusils et les canons modernes... et la grande Bataille Nouvelle va commencer...

Quelques jours ont suffi. — Les machines rapides attelées aux longs trains de guerre ont entassé, des deux côtés de la frontière, les formidables bataillons et les redoutables canons noirs.

Les Régiments, les Brigades, les Divisions, les Corps d'armée, les Armées, naguère tronçons épars, sont soudés.

Les hommes plient sous les fardeaux des cartouches métalliques ; les caissons sont bondés de projectiles ; les chariots regorgent d'outils, de souliers et de vivres. Les ambulances attendent sous la croix de sang des fanions.

Les souffles des hommes et des chevaux font comme le bruit des vagues lointaines. Les vapeurs sorties de ces hommes entassés et de ces bêtes suantes montent et voilent le ciel bleu.

Quelques kilomètres séparent les Gaulois des Germains.

Ce matin, c'est jour de bataille...

Et d'abord, un grand silence : silence fait du recueillement des âmes qui vont bientôt quitter ces corps, silence fait des épouvantes muettes, à la pensée de l'énorme hécatombe ; silence fait des prières mentales et secrètes des époux, des pères et des fils !

Tout à coup retentit, lointain et lugubre, le premier coup de canon, et deux millions de soldats répondent par un cri sauvage au sifflement du premier projectile.

En avant ! En avant !

Les musiques guerrières entonnent les Marseillaises nationales ; les drapeaux, les étendards, les fanions frémissent, les cœurs battent ; les chevaux hennissent ; les commandements se croisent et se multiplient ; le ciel tremble. Les lignes immenses et profondes s'avancent les unes contre les autres... hommes et bêtes... chairs à canon !

Les batteries se déploient et prennent position.

Les infanteries marchent. On charge les pièces, on charge les armes, on remplit les magasins des fusils.

Six mille mètres séparent les gueules des canons d'acier ! deux mille mètres séparent les pointes des baïonnettes... et déjà la bataille commence.

Un feu terrible s'ouvre ; canon contre canon, batterie contre batterie, groupe de batteries contre groupe de batteries.

À six mille mètres ! Pièce, feu !

Les obus fouillent le sol et éclatent ; mais, bientôt, chaque pièce a rectifié son tir et trouvé sa distance et la lutte devient intense. Désormais, chaque projectile lancé éclatera, en l'air, au-dessus des têtes et sèmera deux cent cinquante projectiles sur des surfaces couvertes d'hommes.

Hommes et chevaux sont écrasés sous cette pluie de fer et de plomb. La supériorité restera au pointeur le plus habile et le plus rapide.

Les canons se tuent entre eux, les batteries s'écrasent entre elles, les caissons se vident. — L'avantage demeurera ainsi à celui dont le feu ne chôme pas !

Et sous ces ouragans, sous ces tempêtes, les bataillons vont s'aborder.

Deux mille mètres ! mais déjà les balles de petit calibre, fines, coquettes, argentées, pointues, sifflent et tuent, frappent et traversent, ricochent et brisent ; les salves se succèdent et des nappes de balles, denses comme la grêle, rapides comme la foudre, inondent le champ de bataille.

Les canons qui ont tué les canons d'en face, libres alors, attaquent les bataillons.

Ils lancent sur les groupes la brutale pluie de fer et les cadavres jonchent la terre ensanglantée.

Les lignes poussent les lignes, les bataillons poussent les bataillons, les réserves arrivent, et, pourtant, entre les deux armées que les balles et les obus fauchent, s'étend encore une longue bande, large de mille pas, qu'aucun vivant ne peut franchir...

Les munitions s'épuisent... les millions de cartouches et les milliers d'obus couvrent la terre hachée de leurs étuis de cuivre, de leurs tôles déchirées, de leurs éclats tranchants... et le feu continue toujours... toujours... tant que les caissons vides seront remplacés par d'autres !

Les obus à la mélinite pulvérisent les fermes, les hameaux, les villages ; ils démolissent et anéantissent tout ce qui est un abri, un refuge ou un obstacle.

Déjà la moitié des combattants râle et meurt ; les blessés et les morts forment comme deux remparts parallèles, épais, distants de mille pas, que les projectiles labourent, que la mitraille met en miettes... et que les vivants ne peuvent franchir !

La bataille continue, acharnée. Mille pas séparent toujours les deux armées.

À qui la Victoire ? À personne...

Et les salves redoublent, et les canons crachent ; les unités tournoient dans cet enfer et s'abattent sous la trombe.

Soldats et chefs, pêle-mêle !

Chevaux et canons, pêle-mêle !

Drapeaux et étendards, pêle-mêle !

Vivants, blessés et morts, pêle-mêle !

À qui la Victoire ? À personne...

Cependant, l'œil d'un chef, au milieu de ce grand carnage, a vu que les hommes et les munitions manquaient sur un point de la ligne ennemie... au centre... à droite... à gauche... quelque part !

Ce chef a réuni, rapidement, devant ce point faible, des canons chargés, des bataillons frais, des caissons pleins et il a lancé ce torrent à travers les deux digues infranchissables de la zone des morts.

Il a fait un trou dans l'ennemi, il y est entré, tête baissée, pendant que des escadrons rapides ont balayé les flancs de la colonne d'attaque.

Cette colonne infernale pénètre, comme un coin, dans le cœur de l'armée ennemie ; les vivants reprennent courage et tentent un dernier effort.

Les canons tonnent et la colonne marche toujours... semant la moitié de ses hommes... mais avançant... À son tour, elle se déploie et ouvre un feu terrible, de tous ses fusils et de tous ses canons.

Les lignes ennemies se rompent et les débris des uns cèdent le terrain aux débris des autres !

À qui la Victoire ?

Le jour baisse, la nuit arrive, les ombres cachent l'horrible charnier. Les vivants, brisés par la fatigue, n'ont plus la force de poursuivre ou de fuir.

Demain ! demain encore ! tant qu'il y aura des hommes, des chevaux, des canons, des fusils, des cartouches et des obus !

Ce soir, comptez vos morts et vos vivants !

À qui la Victoire ?

À qui ? À Dieu, peut-être... qui a résolu de faire périr, sous le *Déluge* du fer, tous les fils qui ont oublié la parole du Christ : « Aimez-vous les uns les autres ! »

(p. XX-XXIV.)

LA FRANCE LIVRÉE AUX MÉTÈQUES

Partout où l'on signale, en quelque place où l'on peut être utile à la Patrie, un Français d'origine, un Chrétien qui, même sans pratiquer, est resté fidèle à la religion de ses ancêtres, le député républicain, agent de la Franc-maçonnerie juive, intervient, dénonce, menace, jusqu'à ce qu'il soit arrivé à substituer au Français natif un Juif originaire de Hambourg, de Cologne ou de Stuttgart.

Les ouvriers, comme les officiers avec lesquels j'ai causé, voient clairement que le péril est là ; ils comprennent admirablement que ce n'est pas l'ennemi qu'on aura par devant qui sera à craindre, mais l'ennemi qu'on laissera par derrière, à Paris : les *Naturalisés*, maîtres de nos secrets, et les représentants de la Haute Banque cosmopolite guettant d'avance notre défaite pour trafiquer de notre rançon.

Que sortira-t-il de ce monde débattu entre toutes les Puissances chaotiques ? de cette société livrée à toutes les Anarchies ? Jusqu'ici on ne distingue rien que le Juif, seul debout, vainqueur, ironique et toujours aussi lamentablement triste...

(p. XXX-XXXI.)

89 OU L'ANARCHIE BOURGEOISE LÉGALISÉE

Autour du lit de pourpre et de fumier où se meurt cette société en décomposition, le Peuple attend. Bien convaincu que tout sera à lui quelque jour, il est plus gouailleur que violent, moins pressé qu'on ne le croirait ; il montre, au contraire, une certaine patience narquoise — une patience d'héritier...

Sous quelle forme se produira la liquidation ? Que sortira-t-il du chaos au milieu duquel un monde, que l'on connaît trop bien pour admettre qu'il puisse vivre, se heurte à un monde qu'on ne connaît pas encore, qu'on ne voit jusqu'ici qu'à l'état nébuleux ? Quelles sont au fond les chances d'avenir, les doctrines exactes et la valeur pratique des systèmes par lesquels les socialistes prétendent remédier à l'anarchie actuelle ?

Les haussements d'épaules auxquels se livrent les conservateurs bourgeois et les clameurs d'indignation qu'ils poussent, dès qu'on discute le principe de la propriété, sont d'autant plus extraordinaires que la Bourgeoisie vit en grande partie sur la plus monstrueuse, sur la plus brutale, sur la plus sanglante expropriation que le monde ait jamais contemplée. Les bourgeois que le seul mot de *nationalisation du sol* fait bondir oublient que cette *nationalisation* a déjà eu lieu en ce siècle. Seulement, loin de profiter à tous, ce qui n'eût pas excusé les conditions affreuses dans lesquelles elle s'est produite, cette *nationalisation* a profité uniquement à la Bourgeoisie, ce qui devrait empêcher les bourgeois de protester si haut.

Il n'y a pas encore cent ans qu'on a appliqué dans la France entière les théories qui, formulées par les Anarchistes d'aujourd'hui, semblent horrifiques aux plus indulgents. On a mis en prison de bonnes gens qui, pour la plupart, n'étaient même pas nobles, qui ne jouaient aucun rôle politique, parfois des vieillards presque en enfance, des fillettes de seize ans ; on les a ajustés sur la planche, on leur a coupé le cou et l'on a pris leurs biens, leurs meubles, leur argenterie, leurs maisons, leurs prés, leurs bois…

Évoquez le souvenir des conquêtes qui ont arraché un peuple de ses foyers pour y introduire de nouveaux venus, vous ne trouverez rien d'aussi complet, d'aussi implacable, d'aussi radical. Cherchez maintenant quelque ouvrage qui vous donne des détails sur cette colossale substitution de ceux qui n'avaient pas à ceux qui avaient et vous rencontrerez le néant. C'est à peine si vous recueillerez quelques lignes par-ci par-là.

Rien peut-être n'explique mieux que ce silence l'invisible et presque inconsciente solidarité qui unit les membres d'une même classe. On a écrit sur la Révolution plus de livres qu'Omar n'en a brûlés dans la bibliothèque d'Alexandrie ; on a discuté à perte de vue sur les moindres journées de cette époque tragique, sur le temps qu'il faisait au 9 Thermidor et sur le nombre des bouteilles qu'Henriot avait bues ; on a recherché si c'était Barbaroux ou Buzot qu'aimait Mme Roland ; on a disserté sur les mœurs, les discours, la couleur des cheveux des moindres personnages révolutionnaires ; on n'a presque rien imprimé sur l'immense mouvement des biens nationaux. La classe lettrée, à peu près tout entière, était indirectement mêlée à cette opération et elle n'en a jamais parlé à fond. Pendant quatre-vingts ans on a fait le silence là-dessus.

Il y a plus, on a accepté comme paroles d'Évangile cette formule à laquelle j'ai cru moi-même : « La Révolution a rendu la terre aux paysans ! » Ceci est absolument faux et les publicistes socialistes, comme les économistes officiels, sont d'accord maintenant pour reconnaître l'inexactitude de cette affirmation. « Letrosne nous apprend, dit Michelet, que lorsque Turgot prit le ministère, le quart du sol appartenait aux laboureurs. » Or, aujourd'hui, d'après toutes les statistiques, les petits cultivateurs ne possèdent pas le huitième des terres cultivées.

La vente des biens nationaux fut une opération d'agiotage faite par les hommes au pouvoir. Ils achetaient presque au tas les innombrables papiers-monnaies de la Révolution : assignats, bons du quart, de trois quarts, des deux tiers, bons d'arrérages, bons de réquisitions et, en échange, ils acquerraient des domaines magnifiques.

Dans les villages le Jacobin en vue, tabellion, clerc de procureur ou d'huissier, homme d'affaires, ancien intendant du château était le maître absolu. Le désordre, qui est encore masqué aujourd'hui par quelques apparences, était alors au complet. Ce que Taine a appelé « l'anarchie spontanée » régnait partout. Dès le mois de septembre 1793, il n'y avait plus une autorité en France capable de fournir et de vérifier un compte.

Suivez aujourd'hui cette majestueuse avenue de vieux hêtres ou de marronniers qui conduit au château et lui donne d'avance l'aspect grave des choses d'autrefois, franchissez la grille, et vous trouverez au salon quelque brave gentilhomme, quelque élégante patricienne. Les meubles antiques, les crédences, les bahuts surmontés de couronnes héraldiques se mêlent là aux raffinements du luxe parisien. On lit *Le Figaro*, on y apprend, non sans frémir, dans un compte rendu de Chincholle, que les orateurs de l'*Avant-garde* ou de la *Panthère des Batignolles* ont développé leurs théories : « Faire tout sauter, brûler les contrats de propriété, s'installer dans la maison des riches. »

« Quelle horreur ! Les vilains hommes ! » s'écrie-t-on en chœur.

Et des charmilles du parc, des bois seigneuriaux, de l'étang qui fut un bien de moines, une voix sort : « Tiens ! grand-père qui parle ! »

Il y a moins de cent ans, en effet, le grand-père ou l'arrière-grand-père parlait comme les orateurs de la *Panthère des Batignolles* et agissait comme il parlait.

Il s'appelait Brutus ou Scœvola ; membre influent de la société populaire, administrateur du district, juge au tribunal révolutionnaire, il était un petit Robespierre dans ce coin perdu, loin des routes. Qui eût pu le gêner ? La France était telle qu'on la voit dans une étrange et saisissante gravure populaire : secouée comme par un cataclysme terrestre, sillonnée d'éclairs avec des lueurs d'incendie à l'horizon, des villes qui s'écroulent, des soldats en marche par tous les chemins et partant pour la guerre, pour la guerre qui durera vingt-cinq ans...

Grand-père s'occupait diligemment de traquer les ci-devant ou les riches « suspectés seulement d'être suspects », ainsi qu'on disait alors.

Parfois, à la demande de ce patriote zélé, la guillotine se transportait, et sur la belle avenue qui est là ou sur la petite place ombragée sur laquelle le seigneur, deux ans avant, faisait danser le soir aux musettes, on guillotinait le vieux chevalier de Saint-Louis, et sa compagne en cheveux blancs, et la fillette à peine femme que les paysans aimaient tant jadis. Puis on mettait aux encans le château, les forêts, les fermes, on vendait tout pour une poignée d'assignats, pour le prix de quelques arbres, et dans le pays terrorisé, nul, vous le pensez bien, n'eût osé surenchérir contre grand-père...

Tout cela se fit très vite, en deux ans. Chacun opéra où il était, fit ce qui était à sa portée, à sa convenance, comme le recommandent les Anarchistes d'aujourd'hui.

En beaucoup d'endroits fonctionnaient des comités, des tribunaux révolutionnaires que le Comité de salut public de Paris ne connaissait pas. Chaque proconsul employait le moyen qui lui semblait le plus propre à dépouiller le prochain. À Moulins, Fouché faisait exposer les riches sous le couteau de la guillotine jusqu'à ce qu'ils eussent versé ce qu'on leur demandait ; il avait ordonné également des expéditions nocturnes pour dévaliser les maisons.

D'autres Jacobins détroussaient simplement sur les grands chemins comme Javogues, l'ami de Fouché, et son inséparable Charrey. Après le 9 Thermidor on en lyncha quelques-uns. Dans un champ qui appartient à mon beau-frère, on montre encore l'alizier où fut pendu Charrey ; le souvenir de cet homme était resté très vivant dans le pays et des vieillards se rappelaient parfaitement avoir été dévalisés par lui sur la route.

Ceux qui ne furent pas massacrés dans le premier moment devinrent maires, magistrats, personnages influents, ducs parfois, comme Fouché. Une Juive qui avait épousé un duc d'Otrante s'est suicidée, il y a quelques années, et j'ignore s'il y a encore un duc d'Otrante, mais s'il en existe un et qu'il eût l'idée de poser sa candidature dans un grand cercle en même temps que moi, il aurait beaucoup plus de chances d'être admis que moi, dont les parents n'ont jamais fait de mal à personne.

Le membre de ce cercle qui voterait pour le descendant d'un homme qui a fait égorger des milliers de vieillards, de femmes, de fillettes, esquisserait une grimace si je lui disais : « Permettez-moi de vous présenter un des plus énergiques soldats de la Commune, avec lequel je me suis lié depuis quelques mois. »

Au bout d'un temps très court l'oubli commençait. La propriété s'était déplacée, les hommes s'étaient placés : la Révolution était faite...

Quinze ans après, tout était arrangé comme s'arrangerait, que les conservateurs aveugles le sachent bien, la révolution sociale qui les déposséderait. Le soleil continua à faire mûrir les moissons dans les champs, qui avaient changé de maîtres, et le percepteur remplaça le receveur de tailles qui touchait jadis des impôts moins lourds. On parla quelque temps, à voix basse, dans les chaumières, de ces événements singuliers, mais bientôt le paysan lui-même ne voulut plus penser à l'époque qu'il appelait : « Le temps du mauvais papier et de la grande épouvante. »

Il y a vingt ans encore, cependant, qu'on rencontrait parfois quelque vieille paysanne, toute cassée, qui vous montrait un saint de bois qu'elle avait sauvé du bûcher lorsqu'on brûlait les images sacrées au milieu du hameau et qui évoquait, en quelques paroles qui semblait fantastiques, l'aspect d'un petit coin de pays pendant la Terreur.

En causant de la Révolution avec les Goncourt, à propos du volume qu'ils venaient de publier sur Marie-Antoinette, Montalembert regrettait, un peu naïvement, qu'on n'eût pas reconstitué, à l'aide des traditions orales, l'époque de transition, la physionomie de la France provinciale dans les années qui suivirent la Terreur. Il est trop tard désormais pour un tel livre. Les spoliateurs enterrèrent l'histoire, comme ils avaient enterré leurs plus illustres victimes, dans de la chaux vive... Les dépossédés eux-mêmes ne songèrent à rien écrire et finirent par vivre en bonne intelligence avec ceux qui les avaient dépouillés.

Je me rappelle un excellent gentilhomme de Bretagne, vrai représentant de race finissante, aimable et courtois au possible, composant de la musique, exécutant ses armoiries en tapisserie pour orner sa demeure et se livrant à d'interminables parties de piquet avec un descendant de Terroriste qui possédait la majeure partie du domaine de la vieille famille.

Un jour d'hiver, après la partie, en feuilletant, en compagnie de son partenaire habituel, des paperasses qu'un de ses oncles avait rassemblées dans le pays, mon châtelain trouve l'ordre d'exécution de son grand-père signé par le grand-père de celui qui était sous son toit, devant lui... Il devint tout pâle et s'efforça de dissimuler la pièce, pour ne pas faire de peine à son hôte avec lequel il redoubla depuis d'égards et de politesse. Ce sont des races finies, je répète, elles n'ont plus de sang dans les veines.

Sans doute la Destinée s'appesantit cruellement sur les descendants d'assassins. Autour de certaines demeures, témoins de sacrilèges plus odieux que les autres, il semble que rôdent sans cesse les mauvais génies inspirateurs de crimes ou les Fatalités qui, jadis, éloignaient chacun des lieux hantés.

Ici c'est la vieille abbaye fondée par Archambault de Comboin, le Glandier, qui saccagée en 93 fut vendue à vil prix. Le premier occupant finit mal et le second propriétaire n'eut guère plus de chance ; il épousa Marie Cappelle.

Là, à quelques lieues à peine, une abbaye de Chartreux est profanée également. Tous ceux qui se succèdent là-dedans meurent d'une mort tragique. Le dernier possesseur, qu'on croyait riche, épouse une jeune fille portant un des beaux noms de l'ancienne France, le nom d'une famille ducale qui fut célèbre par un quatrain ; il a d'elle deux enfants : un fils et une fille. Le fils s'engage, est envoyé dans les compagnies de discipline et fusillé quelque temps après ; la fille, après une série d'aventures bizarres, finit par épouser l'horloger Pel !

Si des catastrophes, des malheurs extraordinaires ont frappé un grand nombre de familles dont les chefs avaient ramassé leurs titres de propriété dans le panier de son sanglant des échafauds, d'autres ont prospéré, réservés peut-être à des châtiments plus terribles : *re male quæsita non gaudet tertius hæres*.

Peu à peu, les descendants des Brutus et des Scœvola en arrivèrent à se persuader qu'ils occupaient le château de père en fils depuis des siècles, ils ajoutèrent à leur nom le nom de la propriété, ils invitèrent le curé, firent du bien, habillèrent les enfants pauvres pour la première communion.

En certains pays comme la Bretagne, ce sont les descendants de Terroristes qui sont maintenant les champions du trône et de l'autel. C'est là un des faits les plus curieux qui se puissent voir.

Nulle part plus que dans ces régions, où tout est immuable, les scènes de la Révolution n'apparaissent plus saisissantes encore. Dans le grand silence qui enveloppe cette terre, il semble entendre toujours une dernière rumeur d'événements terribles et qu'une bataille ou une exécution en masse ait eu lieu là la veille. Sans efforts d'imagination, l'esprit ressuscite la Chouannerie, la vie nocturne, le cri de la hulotte servant d'appel, le signal donné en passant près d'une chaumière avec un sifflement, la nature elle-même faisant corps avec l'homme qui combat pour son foyer, le prévenant, le protégeant, le cachant...

En marchant le long de la grève, dans la poussière blanche et fine qui conduit à Plouharnel, en traversant Saint-Colomban, un village à demi sauvage perché sur la falaise, où l'on vous montre encore la pierre sur laquelle Mgr de Hercé a dit la messe à l'armée royale, on assiste véritablement au drame de Quiberon, comme s'il se passait sous vos yeux. Au champ des Martyrs, près duquel le Loch roule ses eaux chantantes, il semble voir passer des ombres héroïques dans le murmure des mélèzes et des sapins toujours verts.

Sur tout le pays, autour de la chaumière de Kerléano, plane la figure vaillante de Georges, de ses parents, de ses compagnons. C'est Mercier la Vendée, c'est Julien, le frère de Cadoudal, un barde beau comme le jour. Il avait jeté le fusil et il était revenu travailler aux champs ; on l'arrête, au mépris de la foi jurée, tandis qu'il tenait encore le manche de sa charrue, et les gendarmes, qui devaient, lui dirent-ils, le transporter à Auray, le fusillèrent en route... Dans la dernière nuit qu'il passa en prison, il composa un *lied* que les jeunes filles des environs d'Auray chantent encore en souvenir du jeune martyr.

Rien de doux et de touchant comme cette pastorale dans une Iliade, ce *sonnet mami* dans lequel le guerrier intrépide, redevenu laboureur, évoque, au fond d'un cachot, tous les souvenirs de la poésie des champs. Toute la Chouannerie est là dans sa poésie tendre et forte, âmes d'enfants, cœurs de héros :

> *Er prison p'en don entraet*
> *Er basse fos è on taulet.*
> *M'en e ma oueit me brer Jozon*
> *Que n'er hlenan quet mui e son ?*
> *M'en e ma oueit me houer Marie*
> *Que n'er guelan quet drè en ty ?*
> *M'en e ma oueit parken me zad*
> *Ma ven et hai e labourat*
> *M'en e ma oueit roused me zad*
> *E gassent d'er prad de vouitat ?*

> *À peine suis-je entré dans la prison*
> *Qu'on me jette dans un noir cachot.*
> *Où est allé mon frère Joseph*
> *Puisque je ne l'entends plus chanter ?*
> *Où est allée ma sœur Marie*

> *Puisque je ne la vois plus dans la maison ?*
> *Que sont devenus les champs de mon père*
> *Que je labourais autrefois ?*
> *Les chevaux de mon père que je menais paître*
> *À la prairie, où sont-ils allés ?*

Quel beau plébéien que ce Georges que fait revivre, dans toute sa grandiose simplicité, le livre que vient de publier son neveu, Georges de Cadoudal ! Il n'a tenu qu'à lui de vivre, d'être colonel dans la première armée de l'Europe, et cet homme au cou sanguin, dans lequel la vie surabonde, se résigne à la mort, il ne veut pas abandonner ses fidèles Bretons. En quels termes il leur parle, dans la cour du Temple, au moment du départ pour la Conciergerie !

« Quand vous ne vous sentirez pas assez forts en vous-mêmes, regardez-moi, songez que je suis avec vous ; songez que mon sort sera le vôtre ; oui, mes chers enfants, nous ne pouvons pas avoir un sort différent, et c'est là ce qui doit nous encourager, ce qui embellit notre position. Soyez donc doux et indulgents les uns pour les autres ; redoublez d'égards, que des chances communes donnent une force nouvelle à vos affections. Point de regards en arrière, nous sommes où nous sommes, nous sommes ce que Dieu a voulu que nous soyons ; en mourant faisons des vœux pour que notre Patrie, arrachée au joug qui pèse sur elle, redevienne heureuse sous le sceptre paternel des Bourbons. N'oubliez jamais que cette prison que nous allons quitter est celle d'où Louis XVI ne sortit que pour aller à la mort ; que son sublime exemple vous éclaire et vous guide ! »

Dans sa prison, ce grand soldat de la France et du Christ faisait dire matin et soir la prière à ses compagnons, il jeûnait les jours prescrits par l'Église, et, le 25 juin 1804, quand le couperet tomba et sépara de ce corps robuste cette grosse tête aux cheveux bouclés, le couperet interrompit les derniers mots de la Salutation angélique que Georges récitait encore en montant à l'échafaud...

N'est-il point vrai que tout cela vous a une surhumaine grandeur et n'est-ce point une singulière idée, pour un pays qui a été le théâtre d'une épopée pareille, que de choisir pour représenter le principe monarchique les descendants de gens qui coupaient les têtes en 93 ?

....

Oh ! la mystification des choses, le démenti railleur donné par les faits à certaines attitudes et, que de fois, sans se perdre en colères vaines, on se prend à répéter l'invocation que Proudhon adressait à la déesse Ironie, à l'Ironie libératrice, à la fin de sa *Confession d'un révolutionnaire*, écrite à Sainte-Pélagie :

« Ironie, vraie Liberté ! C'est toi qui me délivres de l'ambition du pouvoir, de la servitude des partis, du respect de la routine, du pédantisme de la science, de l'admiration des grands personnages, des mystifications de la politique, du fanatisme des réformateurs, de la superstition de ce grand univers et de l'adoration de moi-même. Tu te révélas jadis au Sage sur le trône quand il s'écria, à la vue de ce monde où il figurait comme un demi-dieu : *Vanité des vanités !* Tu fus le démon familier du philosophe quand il démasqua du même coup et le dogmatiste, et le sophiste, et l'hypocrite, et l'athée, et l'épicurien, et le cynique ; tu consolas le Juste expirant quand il pria sur la croix pour ses bourreaux : "Pardonnez-leur, mon père, car ils ne savent ce qu'ils font !" »

Ironie ! Ironie !

Ô Bretons à cheveux longs, quand vous tombiez au coin des haies et que vous jonchiez les landes de vos cadavres et que vos mères et vos sœurs tendaient le cou au *rasoir national*, qui vous eût dit que la Chouannerie serait personnifiée à la Chambre par les fils de ceux qui tenaient le *rasoir* ! Ô vieux prêtres au cœur ingénu qui marchiez auprès des gars de vos paroisses, pour les réconforter dans les batailles, qui vous eût dit que la catholique Bretagne enverrait un jour des lowtons au Parlement de Paris ! Ô Georges ! qui vous eût dit que les héritiers de votre épopée seraient les descendants de ceux qui écrivaient à la Convention : « Pas d'appel et pas de sursis ! » — alors que le pauvre Capet, songeant, dans la tour du Temple, que les siens avaient fait la France, que la France et les Bourbons étaient liés depuis des siècles comme la chair et le sang, s'obstinait à en appeler au peuple et à lui demander s'il était vrai qu'il voulût la mort de l'innocent !

(p. 1, 3-4, 6-14, 19-21.)

COMMENT LA RÉVOLUTION DEVAIT ABOUTIR À L'OPPRESSION DU PEUPLE PAR LA BOURGEOISIE

Qui ne connaît la fable allemande ? Un loup et un renard ont pris une poule et conviennent de ne la manger que le lendemain matin. Le loup s'endort, le renard mange la poule, barbouille le museau du loup des plumes et fait des ordures à côté de lui. Quand le loup s'éveille, le renard l'accable de reproches pour avoir mangé la poule.

— Comment ! c'est moi qui ai mangé la poule ?

— Oserais-tu le nier ? tu as encore de ses plumes à ton museau et tes ordures te dénoncent suffisamment.

La scène s'est passée à peu près de la même façon pour l'histoire de la Révolution.

La Bourgeoisie barbouilla le Peuple de la boue sanglante de la Terreur et lui affirma que c'était lui qui avait tout fait.

Ce n'était pas plus vrai que la légende de la terre donnée aux paysans par la Révolution. Les hommes, habillés en femmes de la Halle que Choderlos de Laclos, l'agent du duc d'Orléans, lança sur Versailles en octobre, les porteurs de piques, les sectionnaires, les Sans-Culottes actifs qui formaient l'armée terroriste ne furent jamais plus de 2 à 3.000 en France et ils se recrutèrent beaucoup plus dans les rangs des déclassés et des malfaiteurs que dans les rangs du Peuple.

Le vrai peuple, sans se rendre bien compte de l'opération, sentit parfaitement qu'on lui jouait un tour et qu'on lui escamotait quelque chose.

Au moment où l'on abolissait définitivement les corporations, la classe laborieuse fit entendre une protestation formidable. Le 10 juin 1790, cinq mille cordonniers se réunissent aux Champs-Élysées ; les charpentiers se groupent autour de l'Archevêché. Les maçons, les couvreurs, les typographes se rassemblent sur d'autres points de la capitale.

Le maire, Bailly, qui fut si justement guillotiné pour avoir fait tirer sur le Peuple dès qu'il fut au pouvoir, après l'avoir excité à l'insurrection quand il n'était pas au pouvoir, répond comme on essaye de répondre aujourd'hui, par la Déclaration des droits de l'homme : « Comme hommes, vous avez tous les droits, surtout le droit de mourir de faim. »

« Tous les hommes, dit Bailly, sont égaux en droits, mais ils ne le seront jamais en facultés, en talent et en moyens. »

Puis le bon apôtre ajoute : « Une coalition d'ouvriers peut porter le salaire de leurs journées à des prix uniformes, forcer ceux du même état à se soumettre à leur fixation serait contraire à leurs vrais intérêts ; elle serait de plus une violation à la loi, l'anéantissement de l'ordre public, une atteinte portée à l'intérêt général. »

C'est la même parade, bourgeoise qui sert toujours et qui n'est pas encore usée après cent ans.

Les ouvriers ne se découragent pas. Des délégués nommés par toutes les corporations adressent une pétition à l'Assemblée nationale.

Le comité des patentes est chargé de l'examen. Il conclut au rejet. Chapelier, qui fut guillotiné comme Bailly, vient déclarer à la tribune que les réunions d'ouvriers sont inconstitutionnelles, puisqu'il n'y a plus de corporations dans l'État — et qu'il n'y a plus que l'intérêt particulier de chaque individu et l'intérêt général.

L'Assemblée rend un décret conforme à cette motion.

Les artisans reviennent à la charge : quelques-uns de leurs mandataires se présentent le 29 juin à la barre de l'Assemblée, et le président Barnave, qui fut guillotiné, lui aussi, avec tant de justice, leur répond par ces consolantes paroles :

« L'Assemblée a par ses travaux des droits à votre confiance. Elle ne perdra pas de vue ce qui peut consolider une constitution qui a pour base les Droits de l'homme et pour but la félicité publique.

« L'Assemblée nationale prendra en considération l'objet de vos demandes, elle vous a écoutés avec intérêt, et vous invite, si vos intérêts le permettent, à assister à la séance. »

Aujourd'hui, nous avons marché. On n'inviterait pas des députations ouvrières à assister à la séance ; les places dans les tribunes sont prises par les mondaines et les demi-mondaines qui viennent voir les jeunes législateurs faisant des effets de torse. Si le peuple manifestait l'intention d'apporter ses réclamations à la barre de l'Assemblée, un Gragnon voleur de dossiers, ou un Lozé quelconque se tiendrait en permanence, dès midi, devant les grilles du palais Bourbon et dirait à un moment donné à quelque officier de paix : « Chargez la foule et barrez le pont[1] ! » Pendant ce temps, les représentants de la gauche, qui léchaient la veille la botte éculée des prolétaires pour être députés, riraient de bon cœur à l'abri des artichauts de fer plantés par Madier de Montjau.

Loin de faire quelque chose pour les ouvriers, la Bourgeoisie leur enleva donc prestement le droit sacré dont ils étaient en possession depuis des siècles : le droit de se réunir pour discuter leurs intérêts, de s'entendre pour opposer la force collective à la force du capital ; elle mit ceux qui n'avaient rien à la merci de ceux qui avaient quelque chose.

Un arrêté du Comité de salut public du deuxième jour de prairial an II portait que les ouvriers et les journaliers qui se coaliseraient pour demander une augmentation de salaire seraient traduits au Tribunal révolutionnaire.

Sous une forme adoucie, cette législation resta en vigueur et ce n'est que grâce à l'initiative de Napoléon III que le droit de coalition et de grève fut reconnu aux travailleurs.

Ceci explique que le Peuple, dans les villes comme dans les campagnes, ait été presque tout entier hostile à la Révolution[2].

Ce ne fut que beaucoup plus tard, quand les vieux furent morts, que la Bourgeoisie, grâce à la presse et à la puissance de l'imprimé, parvint à persuader au Peuple que la Révolution était son ouvrage. Le Peuple, alors, se crut obligé de continuer ce qu'il s'imaginait avoir fait et la Bourgeoisie n'eut qu'à lancer les faubourgs dans la rue dès qu'elle eut une ambition à satisfaire, une rancune à assouvir, une envie à réaliser, des portefeuilles ou des places à conquérir. C'est ainsi que, par un aveuglement singulier, les prolétaires travaillèrent à assurer de leurs propres mains à la Bourgeoisie, dans toute sa plénitude, le pouvoir politique dont la Bourgeoisie se hâta de se servir contre ceux qui le lui avaient donné.

Les masses populaires ne prirent part à la Révolution que par leur côté sacrificiel, elles se firent tuer sur tous les champs de bataille de l'Europe pour une œuvre qui n'était point la leur et dont elles ne tirèrent aucun avantage. Quand ceux qui avaient échappé à tous les périls, promené le drapeau français des bords du Nil aux bords du Niémen, de Vienne à Madrid, des Pyramides au Kremlin, revinrent éclopés et fourbus, la Bourgeoisie ne s'occupa pas d'eux. On acheta un nez d'argent à ceux qui avaient perdu le leur à la Bérézina ou ailleurs et on les envoya au Champ d'Asile…

La Bourgeoisie victorieuse organisa très habilement sa conquête. Le caractère dominant de son établissement fut une sorte d'hypocrisie janséniste, protestante, franc-maçonnique, phraseuse et déclamatoire qu'on appela le libéralisme ; on eût démêlé là-dessous, en y regardant de près, la rouerie, la verve

---

[1] Ce qui devait justement se passer le 6 février 1934… [J. R.]
[2] La guillotine, chacun le sait, tua plus d'hommes du peuple que de nobles. Sur 13.000 condamnés à mort, dont on a relevé la qualité et la profession, on en compte 7.545 appartenant au peuple : paysans, laboureurs, ouvriers, domestiques.

malicieuse, la cupidité narquoise qui inspirent les personnages de *Pathelin* ou du *Roman de Renart*.

Un des derniers actes de la Convention fut d'abolir la confiscation. « Ce débris des barbaries d'autrefois », comme vous diront les Manuels rédigés par des fils d'acheteurs de biens nationaux, était en réalité une mesure d'une haute moralité. C'était elle qui contribuait à donner à la propriété son caractère de fonction sociale. Dès qu'un homme avait trahi ses devoirs, il était indigne d'exercer sa fonction de riche, il était dégradé, déclaré déchu. La Bourgeoisie tenait à bien marquer, au contraire, le caractère absolu, imprescriptible, indélébile que devait avoir la propriété dès qu'elle était passée entre ses mains. C'était sa façon à elle de clore la Révolution.

Claudite jam ripas, pueri, sat prata biberunt.

« Fermez les barrières ! Les prés de nobles, de religieux, d'anciens riches ont été suffisamment arrosés, grâce à nous, du sang de leurs propriétaires ; ils sont bien à nous ; il n'y a plus à revenir sur la question. Nous avons solennellement brûlé, en haine du Fanatisme et de l'Aristocratie, les titres des anciens possesseurs ; les seuls vrais titres sont ceux que nous avons, en vertu du nouveau Code, chez les nouveaux notaires. »

C'est exactement, je le répète, le plan que m'ont développé les Anarchistes avec lesquels j'ai causé. « Une fois que nous serons installés, nous, nos femmes et nos petits, dans les hôtels et les maisons des beaux quartiers et que nous aurons incendié tous les greffes, toutes les études, toutes les administrations publiques, bien malin sera celui qui pourra nous déloger. » Est-ce par politesse pour moi, mais beaucoup m'ont déclaré qu'ils n'en voulaient pas particulièrement aux églises et qu'ils ne mettraient le feu qu'aux registres de baptême qui peuvent servir à reconstituer des états civils.

Le fait est qu'on ne délogea pas les Anarchistes de 93. La Restauration leur donna l'investiture définitive des biens volés avec le milliard des Émigrés. En peu de temps, les propriétés, à l'abri désormais de toute revendication, gagnèrent 50 pour cent de valeur. C'était la masse de ceux qui n'avaient rien, qui assuraient à ceux qui s'étaient nantis la paisible possession de leurs vols, et la Bourgeoisie, qui, seule, profitait de la mesure, trouvait encore moyen de passer pour libérale en protestant contre la loi dont elle bénéficiait. C'est là que se retrouvait la pointe de malice vulpine qui perce chez tous les personnages bourgeois des anciens fabliaux.

La Bourgeoisie avait, d'ailleurs, fait passer sur la collectivité toutes les charges dont étaient grevées autrefois les propriétés qu'elle avait acquises pour quelques chiffons de papier. Le traitement du clergé, l'assistance publique, l'instruction primaire ; tous les services auxquels pourvoyaient jadis les propriétés vendues pendant la Révolution retombaient sur le plus grand nombre, et les acheteurs de biens nationaux avaient les domaines, tandis que l'État prenait pour lui les obligations, c'est-à-dire les mettait sur le dos de tous les citoyens.

De ce jour était constituée cette forme nouvelle de la propriété qu'on peut appeler le *propriétariat*, propriété impie, égoïste, jouisseuse, qui ne reconnaît pas de devoirs et qui, en revanche, est implacable quand il s'agit de faire valoir ses droits.

Après avoir constitué la propriété sur des bases tout à fait nouvelles, la Bourgeoisie organisa le travail à sa façon.

Le travail est la loi nécessaire de toute société humaine, la punition de l'homme déchu, mais, dans le châtiment même, Dieu reste miséricordieux ; à côté du juge qui punit il y a le père qui frappe doucement. La loi divine n'est pas une loi d'airain.

La parole de Dieu, d'ailleurs, est formelle.

Dieu dit à l'homme : « Tu gagneras ton pain à la sueur de ton front. »

Il ne dit pas à l'homme : « Tu gagneras par ton travail non seulement le pain, mais les plaisirs, les débauches, le luxe, les voitures, les équipages de chasse des Schneider, des Halphen, des Menier. »

Il dit à l'homme : « Tu sueras », — ce qui, après tout, est supportable, mais il ne lui dit pas : « Tu vivras enfermé dans une atmosphère meurtrière, tu épuiseras les forces de ton corps, tu videras tes moelles et tu brûleras ton sang pour produire du sucre ou de la cotonnade. »

Notre bonne et sainte mère l'Église, chargée par Notre-Seigneur Jésus-Christ d'être une Providence visible sur la terre et d'organiser tout pour le mieux, avait encore, tant qu'elle l'avait pu, adouci dans la pratique l'exécution de la loi de Dieu. Suave conductrice des âmes en même temps que ménagère vigilante pour les choses temporelles, elle n'aurait jamais permis que le travail prît le caractère d'odieuse et barbare exploitation qu'il a aujourd'hui. Elle ne cherchait que des occasions de donner des vacances, des congés ; elle avait d'abord ses 52 dimanches, puis les fêtes chômées, puis les pèlerinages[3]. On allait au tombeau de saint Germain, de saint Loup, de saint Hubert selon le pays ; on buvait sur l'autel le vin de Saint-Rémy, qui rend les femmes fécondes et, comme c'est

---

[3] Sous l'ancien régime, dit M. Paul Lafargue, les lois de l'Église garantissaient au travailleur 90 jours de repos (52 dimanches et 38 jours fériés) pendant lesquels il était strictement défendu de travailler. C'était le grand crime du Catholicisme, la cause principale de l'irréligion de la Bourgeoisie industrielle et commerçante. Sous la Révolution, dès qu'elle fut maîtresse, elle abolit les jours fériés et remplaça la semaine de sept jours par celle de dix, afin que le peuple n'eût plus qu'un jour de repos sur dix. Elle affranchit les ouvriers du joug de l'Église pour mieux les soumettre au joug du travail.

« La haine contre les jours fériés n'apparaît que lorsque la moderne bourgeoisie industrielle et commerçante prend corps, entre les XVe et XVIe siècles. Henri IV demanda leur réduction au pape ; il refusa parce que "une des hérésies qui courent le jourd'hui est touchant les fêtes" (Lettres du cardinal d'Ossat). Mais, en 1666, Péréfixe, archevêque de Paris, en supprima dix-sept dans son diocèse. Le Protestantisme, qui était la religion chrétienne, accommodée aux nouveaux besoins industriels et commerciaux de la Bourgeoisie, fut moins soucieux du repos populaire : il détrôna au ciel les saints pour abolir sur terre leurs fêtes. »

l'usage encore aujourd'hui en Auvergne, on dansait un peu à l'auberge ou dans la prairie après le pèlerinage. Le mari, en rentrant, s'esbattait honnêtement avec sa femme et lui faisait de beaux enfants.

L'Église disait : « Tous mes fils sont-ils sages ? sont-ils heureux ? » et pensait, non sans raison, que c'était l'essentiel et qu'il y aurait toujours assez de grègues pour couvrir les *pudenda* du pauvre monde, assez de chaperons pour abriter les têtes, assez de marmites pour faire cuire la soupe...

On n'avait pas encore inventé cette concurrence insensée qui pousse les gens à s'agiter comme s'ils avaient la danse de Saint-Guy. L'organisation d'alors avait simplement pour but de faire vivre chacun le mieux possible et chacun était tenu de prêter une aide fraternelle au voisin au lieu de le combattre et d'avilir ainsi la main-d'œuvre.

....

La Bourgeoisie changea tout cela ; ne se croyant liée par aucune obligation morale envers ceux dont elle utilisait les forces, elle imagina le travail sans repos, sans trêve, le travail qui ne laissait plus à l'être humain une minute pour se recueillir, pour prier, pour penser, et elle appela cela le Progrès, le Triomphe du XIXe siècle, la Gloire de l'ère nouvelle. Du travail la société chrétienne avait fait un moyen de gagner le ciel sans trop souffrir sur la terre, la société bourgeoise en fit un moyen d'entrer de suite dans l'enfer[4].

Chaque usinier voulut renchérir sur le concurrent et avoir plus de nègres blancs que lui. Le chef de l'État venait de temps en temps visiter les plantations et on lui montrait les spécimens.

— Combien en avez-vous comme cela ?

---

[4] Le socialisme allemand a bien accusé le caractère âpre et sec que la Bourgeoisie victorieuse donna aux rapports sociaux d'où elle fit disparaître toute poésie, toute cordialité, toute tendresse.

« Partout où la Bourgeoisie a conquis le pouvoir, dit le *Manifeste du parti communiste* élaboré et publié par Karl Marx et Frédéric Engels, elle a foulé aux pieds les relations féodales, patriarcales et idylliques. Tous les liens multicolores qui unissaient l'homme féodal à ses supérieurs naturels, elle les a brisés sans pitié pour ne laisser subsister entre l'homme et l'homme d'autre lien que le froid intérêt, que le dur *argent comptant*. Elle a noyé l'extase religieuse, l'enthousiasme chevaleresque, la sentimentalité du petit bourgeois dans l'eau glacée du calcul égoïste. Elle a fait de la dignité personnelle une simple valeur d'échange ; elle a substitué aux nombreuses libertés si chèrement conquises l'unique et impitoyable liberté du commerce. En un mot, à la place de l'exploitation voilée par des illusions religieuses et politiques elle a mis une exploitation directe, brutale et éhontée. »

Dans *Capital et Travail*, Lassalle a également quelques lignes sur les *rapports humains d'autrefois* opposés aux relations du salarié d'aujourd'hui avec celui qui l'emploie et qui souvent n'est lui-même qu'un agent, le représentant d'un maître en papier, d'une société anonyme. « Le rapport, dit-il, froid, impersonnel de l'entrepreneur avec un travailleur considéré comme *chose*, *chose* qui, comme toute autre *marchandise*, se produit au marché d'après la loi de la production, voilà la physionomie absolument caractéristique et tout à fait *inhumaine* de la période bourgeoise. »

— Trois mille, sire...
— Et vous les tenez à l'attache toute l'année ?
— Toute l'année, Majesté.
— Voilà l'étoile des braves...

Dès qu'on soufflait un peu, les statisticiens s'écriaient, effarés : « Où allons-nous ? L'Angleterre a fabriqué l'an dernier 375 millions de boutons de culottes et nous n'en avons produit que 374 millions ! »

Quand un évêque, par hasard, se souvenant de la mission de l'Église, essayait d'insinuer timidement que la bête de somme elle-même ne doit pas être inhumainement surmenée, quelque Havin criminel, dans quelque *Siècle* servile, prenait en mains la cause des patrons et demandait, au nom de la Démocratie, si l'on n'était plus sous le règne des lumières et si on allait rétrograder aux temps maudits où l'homme avait le droit de se reposer...

....

Nous l'avons tous connu, le partisan du progrès. C'était un Jules Simon, un Say, un Passy quelconque, un membre de cette Académie des Sciences morales qui recèle certainement les plus effrontés malfaiteurs intellectuels, les plus méprisables sophistes que jamais la terre ait enfantés.

Il entonne son antienne : « L'industrie, la reine de notre époque, les champs de bataille du travail, l'Angleterre, la France luttant pacifiquement. » Il ajoute généralement : « C'est la libre pensée qui a produit tout cela » ; et il murmure d'une voix tremblante de fausse indignation : « Voyez, au contraire, ce que le Catholicisme a fait de l'Espagne ! »

J'ai répondu cent fois à cet impudent à peu près ce que M. Lafargue lui répond :

— Vieux farceur, ne déballez donc pas cette littérature d'Exposition universelle devant des gens intelligents. Regardez donc un Espagnol avant de parler : fier, l'œil hardi, bien portant, beau à voir, il vit d'une digne et noble vie, il prie, il rime des chansons pour sa belle, il les chante à la clarté des étoiles, il boit une tasse de chocolat ou de l'eau claire qui est autrement saine que votre vitriol, il rêve et il travaille juste ce qu'il faut pour obéir à la loi de Dieu. Regardez maintenant vos populations industrielles, regardez Manchester, regardez Liverpool, considérez ces êtres déprimés, déjetés, anémiques, lymphatiques, abrutis, qui ne se soutiennent qu'avec de l'alcool. Entrez donc dans ces taudis où le père, la mère, les frères, les sœurs vivent dans la plus honteuse promiscuité, se saoulent ensemble, s'accouplent ensemble, pêle-mêle, comme des bêtes. C'est cela que vous célébrez comme le dernier mot du Progrès. C'est du propre !

M. Lafargue a bien montré ces évidences et le tableau qu'il trace de la bonne vie d'autrefois est plein de couleur.

« Pour que la concurrence de l'homme et de la machine prit libre carrière, écrit-il, les prolétaires ont aboli les sages lois qui limitaient le travail des antiques corporations ; ils ont supprimé les jours fériés. Parce que les producteurs d'alors ne travaillaient que cinq jours sur sept, croient-ils donc, ainsi que le racontent les économistes menteurs, qu'ils ne vivaient, que d'air et d'eau fraîche ?

— Allons donc ! — Ils avaient des loisirs pour goûter les joies de la terre, pour faire l'amour et rigoler ; pour banqueter joyeusement en l'honneur du grand dieu de la Fainéantise. La morose Angleterre, encagottée dans le protestantisme, se nommait alors la "joyeuse Angleterre" (*Merry England*). — Rabelais, Quevedo, Cervantès, les auteurs inconnus des romans picaresques, nous font venir l'eau à la bouche avec leurs peintures de ces monumentales ripailles dont on se régalait alors entre deux batailles et deux dévastations, et dans lesquelles tout "allait par escuelles". — Jordaens et l'école flamande les ont écrites sur leurs toiles réjouissantes. Sublimes estomacs gargantuesques, qu'êtes-vous devenus ? Sublimes cerveaux qui encercliez toute la pensée humaine, qu'êtes-vous devenus ? — Nous sommes bien dégénérés et bien rapetissés. La vache enragée, la pomme de terre, le vin fuchsiné, le schnaps prussien savamment combinés avec le travail forcé ont débilité nos corps et borné nos esprits. Et c'est alors que l'homme rétrécit son estomac et que la machine élargit sa productivité, c'est alors que les économistes nous prêchent la théorie malthusienne, la religion de l'abstinence et le dogme du travail. Mais il faudrait leur arracher la langue et la jeter aux chiens. »

La Bourgeoisie détruisit ainsi plus de générations d'hommes que tous les conquérants d'autrefois. Les conquérants ne supprimaient que les individus, la Bourgeoisie frappait les races en y déposant des germes de mort ; en moins d'un siècle, car le grand essor industriel ne date que de 1830, elle a presque dévoré toutes les réserves que lui avait laissées l'Ancien Régime. La Monarchie, après mille ans, s'était résumée dans ces géants des guerres de la République et de l'Empire, dans ces hommes supérieurs à toutes les fatigues, trempés, musclés, robustes d'âme et de corps. Le règne de la Bourgeoisie se résume, après quatre-vingts ans, par les prisons et les hôpitaux pleins, les suicides innombrables, l'alcoolisme qui, des grandes villes, gagne les campagnes, l'effroyable dégénérescence physique et morale de tout un peuple...

....

Pourrait-on citer, depuis cinquante ans, un industriel qui ait, de lui-même, augmenté spontanément les salaires, qui ait dit librement à ses ouvriers : « Le bénéfice que je réalise sur tel article me permet de vous payer plus cher la journée ou l'heure » ?

S'il est vrai que les industriels aient toujours à redouter maintenant dans les affaires qu'ils entreprennent la haine de leurs propres ouvriers, ils ne peuvent s'en prendre qu'à eux-mêmes.

On raille volontiers les ouvriers sur leurs exigences, leur amour du petit verre, leur besoin de faire le lundi et parfois le mardi ; mais on oublie que, si la constitution physique des travailleurs n'est plus capable d'une énergie ininterrompue, c'est le régime bourgeois qui a créé cette constitution des fils en usant les pères jusqu'à la corde, en les faisant travailler sans merci et sans repos. Les ouvriers d'aujourd'hui ne font que réclamer l'arriéré d'un capital de force et de santé dont ils auraient hérité si, au beau temps de son omnipotence, la Bourgeoisie n'avait pas surmené ceux qui l'aidaient à gagner de l'argent.

Prenez une grève récente si vous voulez. Les premiers gars vendéens qui sont entrés dans les manufactures de Cholet étaient dans toute la force du tempérament et pouvaient suffire avec très peu de nourriture à un pénible travail ; les fils ne sont plus en état de faire ce que faisaient leurs pères et réclament moins de travail et plus de nourriture.

(p. 23-25, 39, passim.)

MIMI PINSON

Il y eut, encore une fois, un beau moment pour la Bourgeoisie ; elle avait des histoires intéressantes et sentimentales pour toutes ses combinaisons et pour tous ses besoins. Elle n'entendait plus qu'on se mariât jeune comme autrefois et préférait que ses fils attendissent d'avoir, comme on dit, une position ; mais, pour que l'âge des passions ne coûtât rien à sa progéniture, elle inventa toute une littérature : la grisette, le Quartier latin, Musette, Mimi Pinson, qui n'avait qu'une robe...

Le jeune bourgeois trouvait une fillette qui ne lui coûtait rien, qui lui donnait les plus belles années de sa vie et qui raccommodait ses chaussettes, puis il lui disait adieu et allait s'établir avoué, notaire, magistrat. L'homme prenait des attitudes solennelles au prétoire de sa ville natale, respirait le frais, les soirs d'été, sur la terrasse, près de la petite rivière, ou, l'hiver, se chauffait les tibias à de bons feux d'arbre en jouant le whist de famille. La fille descendait, roulait dans la boue, et, pour manger, sous la pluie, sous la neige, dans l'horreur des rues de Paris en décembre, venait murmurer de vagues appels au passant, qui, la voyant vieille et laide à la lueur d'un bec de gaz, se sauvait avec une injure.

Quelle mère bourgeoise s'avisa jamais de juger mauvaise cette façon d'agir, de penser que cette malheureuse abandonnée par son fils était une femme comme elle ? Le Peuple trouvait cela tout naturel, comme il trouvait bien de faire des révolutions pour que les bourgeois fussent ministres, il adorait l'étudiant qui débauchait la petite lingère ou la fleuriste et chantait toutes les chansons pleurardes faites là-dessus par les Nadaud et les Murger.

C'est dans cette classe de vieux bousingots, anciens corrupteurs de filles et traîneurs d'estaminet, que Gambetta prit son personnel de serviteurs de la Démocratie. C'est parmi les répétiteurs de droit que l'Empire avait trouvé trop débraillés pour en faire des magistrats — les Constans, les Cazot, les Humbert — que la République choisit ses ministres. Lepère, qui cumulait les fonctions de vice-président de la Chambre et de teneur d'un claque-dents, fut le poète de la chose ; il composa, pour célébrer les souvenirs communs, une chanson dont il était fier. Cela s'appelait : <i>Mon vieux Quartier latin</i> ; il tenait à cette œuvre et il en revendiqua la paternité, en expliquant longuement dans les feuilles que cela lui était venu en buvant du vin blanc, le matin, dans un cabaret borgne, après avoir vadrouillé toute la nuit.

Cette classe de bourgeois ; médecins, avocats, vétérinaires de province, piliers de cafés, de tripots et de loges maçonniques, fait encore le fonds de notre

Parlement, au Sénat comme à la Chambre ; ils semblent indestructibles et comme conservés par l'alcool et la fumée des pipes ; ils n'ont pas une idée sociale et, quoique s'étant mêlés sur le tard aux affaires financières, ils s'y sont révélés plus coquins que les jeunes.

(p. 35-37.)

DÉCADENCE FINALE DE LA BOURGEOISIE EXPLOITÉE PAR LE JUIF OU ENJUIVÉE

Si l'ancienne France avait été heureuse et glorieuse pendant de longs siècles, c'est qu'elle s'était soigneusement gardée contre le Juif. L'Espagne avait supprimé le Juif par le bûcher, la France, plus avisée et plus humaine, avait empêché le Juif de naître chez elle, grâce à l'inexorabilité de son système économique. La France bourgeoise ne sut ou ne put pas faire de même. Le Juif s'abritait sous le même parapluie que la Bourgeoisie, les principes de 89, il se réclamait des théories dont la Bourgeoisie avait joué et il fallut le subir bon gré, mal gré. Ce fut pour lui, en réalité, que la Bourgeoisie travailla et surtout fit travailler les autres. Le renard attend que les poussins aient grandi pour les croquer, le Juif attendait que le magot fût formé et il l'enlevait d'un geste moelleux, dans un sourire.

Pour les Juifs, pas besoin d'outillage compliqué, leur profession s'exerce la canne à la main : des papiers à vignettes, un pot de colle pour placarder les affiches, et c'est tout. Avec un prospectus comme celui du Honduras, les Bischoffsheim, les Schreyer et les Dreyfus raflent 80 millions à l'Épargne française. Il n'y a pas d'industrie qui soit aussi rémunératrice. Les industriels les plus malins auraient beau diminuer les salaires, augmenter le travail, réduire leurs ouvriers à l'état de fantômes, ils n'arriveraient jamais à produire assez de fils, de rails ou de pains de sucre pour gagner une pareille somme en un an.

La Bourgeoisie exploitant le Peuple et dépouillée à son tour par le Juif, — tel est donc le résumé de l'histoire économique de ce siècle. Toute cette immense dépense d'activité, de force, d'intelligence même, cette production folle, ces existences humaines jetées dans la fournaise, ces feux allumés jour et nuit dans les usines, ces cheminées de hauts fourneaux ne se lassant jamais d'envoyer leur fumée sous le ciel, tout cela a abouti à donner des châteaux princiers et des chasses magnifiques à tous les va-nu-pieds sortis des *Judengasse* d'Allemagne.

....

Pour toutes ces causes la Bourgeoisie est en train de se désagréger et de se diviser en deux parties.

La Bourgeoisie dorée est entrée dans le système juif ; elle s'est faite spéculatrice à son tour et a réalisé des fortunes qui, sans être comparables à celles d'Israël, constituent des fiefs sérieux ; elle appartient, dès à présent, à cette aristocratie extravagante et bizarre, à cette noblesse de carnaval qui comprend d'anciens violonistes, comme était le duc de Campo Selice, des princes authentiques qui sont devenus tapissiers et organisateurs de fêtes comme le prince de Sagan, des vieux ducs français, des aventuriers de tous les pays, des rastaquouères, des négriers, de vieilles rouleuses allemandes portant des couronnes et des tortils et d'innombrables financiers plus ou moins véreux qu'on appelle barons gros comme le bras.

L'autre partie de la Bourgeoisie, la plus méritante, la plus française, celle qui travaillait elle-même, est en train de retourner au prolétariat. Les Curiales des derniers temps de l'Empire romain aimaient mieux renoncer à leur titre de propriétaires que d'être rendus solidairement responsables des impôts du municipe. Les petits fabricants, écrasés de patentes, de droits, d'impositions de toutes sortes, hors d'état de lutter plus longtemps contre des capitaux coalisés, aiment mieux congédier leurs quatre ou cinq employés et sortir du patronat qui avait été jadis le but de leur ambition ; ils se mettent chez les autres. Comment feraient-ils autrement ?

Toute la déclamation humanitaire qui a rempli ce siècle s'est traduite dans les faits par le retour aux mœurs des âges primitifs où le plus faible était impitoyablement foulé aux pieds par le plus fort.

« Maintenant, dit très bien M. Émile de Laveleye dans le *Socialisme contemporain*, que sont tombées ces barrières traditionnelles et coutumières qui protégeaient les faibles et les déshérités, la loi darwinienne de "la lutte pour la vie" règne sans entraves dans le monde économique. C'est le plus fort qui l'emporte, et le plus fort c'est le plus riche. »

Nos commerçants n'ont point seulement à se défendre contre la concurrence que leur font les grands magasins ; ils supportent la peine des procédés sans scrupules de leurs rivaux juifs.

L'entrée des Juifs dans le commerce a déshonoré le commerce français, qui jouissait jadis d'un si beau renom dans le monde entier.

« Ce qui distingue le Juif, a dit Schopenhauer, est l'absence complète de ce sentiment qu'on est convenu d'appeler *verecundia*. » Ce peuple si corrompu est, par bien des points encore, un peuple primitif ; il est étranger à toute idée d'installation fixe, à toute pensée du lendemain ; il coupe l'arbre pour avoir les fruits ; comme les nomades de passage, il brûle dix lieues de pays pour faire du feu dans son campement d'un jour. La camelote dont il a inondé le marché, les bijoux fourrés, les confections en pelure d'oignon, les chaussures à semelles de carton ont inspiré aux étrangers une invincible horreur pour tous les produits parisiens.

Sur ce terrain, l'industriel d'origine française ne peut suivre le Juif ; sans être insensible à l'espoir d'un gain raisonnable, il a le respect de lui-même, le souci de l'honneur, et il cède la place au Juif.

Quelques-uns s'obstinent à faire des choses exquises qui ne se vendent plus. J'ai visité quelques fabricants de fleurs fines qui m'avaient félicité de mon livre. Rien n'est plus triste que ces ateliers à la porte desquels frappe déjà la ruine. L'un de ces fabricants qui occupait vingt ouvrières n'en occupe plus que trois ; il me montrait, avec une satisfaction artistique, ces garnitures, ces écharpes de fleurs de pêcher, de pommier, ces volubilis, ces tubéreuses, ces liserons qui semblent tout humides encore de rosée. Quand la saison touche à la fin, les Juifs viennent proposer au petit patron de reprendre ces merveilles, à vil prix, il les flanque à la porte et garde au fond d'un coffre ces fleurs qu'il aime comme un Hollandais aimait ses tulipes.

Dans cet atelier devenu trop vaste qui donne, comme tous les logements d'ouvrier du quartier, sur des cours sombres, maussades, parmi ces matrices, ces fers, ces godets qui traînaient sur les tables, la pensée revenait de ces soirées brillantes d'autrefois où nos élégantes se paraient devant l'étranger des créations de nos artisans, où Paris heureux, triomphant, aimable, était encore l'arbitre du goût en Europe...

C'est une loi inexorable : le flot juif, grandissant sans cesse, tout Français, tant qu'il n'aura pas repris son bon sens et reconnu où est l'ennemi, doit s'effacer devant l'envahisseur. Comment le natif résisterait-il puisque la police, la magistrature, l'autorité sous toutes ses formes, l'influence dans toutes ses manifestations appartiennent au Juif allemand ?

Beaucoup de ces vaincus ont eu une consolation ; ils sont venus me trouver pour me raconter leurs affaires, et ils sont venus en si grand nombre que j'ai dû me réfugier aux champs pour travailler un peu.

Je vois encore un brave entrepreneur de charpentes, grisonnant mais solide quand même et carré des épaules, le type intermédiaire entre l'ouvrier et le bourgeois.

— J'ai tout perdu, me disait-il, pour être un jour maudit resté à mon chantier cinq minutes de trop.

Il avait fait sa petite affaire et il était prêt à se retirer lorsqu'un matin un Juif vint le trouver, au nom d'une société qui s'occupait du commerce des bois. On l'enjôla, il se laissa tenter, on s'installa dans son chantier, on lui promit monts et merveilles, on l'envoya en Transylvanie, il y conclut un traité très avantageux, il attrapa les fièvres, puis une congestion cérébrale, il revint et on lui dit : « Tout est à nous, fichez-nous le camp. »

Il plaida. Il avait tellement le bon droit pour lui que Me Démangé crut pouvoir lui annoncer d'avance que sa cause était gagnée. À l'instant suprême, les Juifs mettent la dernière enchère, comme dans l'affaire Erlanger, jettent quelques billets de mille francs dans la balance de Thémis, et le malheureux est débouté et condamné, par surcroît, à des dommages-intérêts.

— Que voulez-vous que je devienne ? me disait-il ; à mon âge, on ne recommence pas la vie. Si vous saviez quelle douleur pour moi lorsque je repasse devant mon chantier, devant le pavillon où j'ai travaillé si longtemps, où je faisais la paye chaque samedi ! Ces choses-là, voyez-vous, cela vous déchire la poitrine...

Il m'a interrogé sur la Cour de Cassation. Je lui ai dit que pour ces cas il fallait un spécialiste ; il m'a demandé aussi, à propos de ses dommages-intérêts, si le pourvoi en Cassation était suspensif.

Je lui ai répondu, je me le rappelle, que suspensif en tout cas, le pourvoi l'était pour moi et qu'on ne pouvait pas me saisir mon dernier livre, quoique le jugement l'ordonnât.

— Ah ! s'écria-t-il. Je vous promets qu'il y a toujours un exemplaire qu'ils ne saisiront pas ; c'est le mien : j'y tiens trop...

C'est parmi ceux-là que la protestation contre le Sémitisme a rencontré le plus d'adhésions. Ils n'ont pas la passivité de ce pauvre peuple qui, discipliné à la souffrance, ploie les épaules pour qu'on lui mette plus facilement le fardeau sur le dos ; ils ont connu des jours meilleurs et ils s'en souviennent ; ils peuvent mieux apprécier que les prolétaires les ravages du Juif : ils ont vu le Juif à l'œuvre, en effet, ils savent quelles manœuvres emploie ce combattant sans scrupules qui, sur le terrain commercial, comme ailleurs, fait toujours le coup de la main gauche... Ces vaincus de la Bourgeoisie seront bientôt à l'avant-garde de l'armée socialiste.

Cette situation explique la prostration qui succède à l'activité exagérée et fiévreuse qui a signalé le milieu de ce siècle.

La haute Bourgeoisie, gavée, repue, n'a plus même l'âpreté au gain d'autrefois, elle s'endort sur son lit de millions ; même pour des entreprises où pourrait se déployer une énergie légitime, elle est indifférente. Nos grands ports ressembleront bientôt à Lorient et à Dunkerque qui, après avoir été si animés au XVIIe siècle, sont maintenant presque déserts. Le Havre se plaint déjà de la diminution de son mouvement. Marseille voit, grâce au Saint-Gothard, une partie du transit lui échapper et passer à Gênes.

....

Le règne de la Bourgeoisie est donc bien près de finir, car elle est coupée maintenant en deux tronçons : l'un qui se rapproche du prolétariat, l'autre qui se soude à une aristocratie particulière qui n'a pas d'analogue dans l'histoire, ploutocratie titrée plus qu'aristocratie dans le sens ancien (gouvernement des meilleurs), classe hybride, jouisseuse, peureuse, avide encore, mais qui n'ose plus rien prendre sans la permission des Rothschild.

La dernière forteresse de la Bourgeoisie reste le gouvernement et les Chambres. Ils sont tous là en famille, bourgeois de pied en cap. Les monarchistes se résigneraient volontiers à la République — à la condition de conserver leurs biens ; les républicains ne demanderaient que l'avènement des Orléans, — à la condition de conserver leurs places. Ils échangent tous leurs pensées sur ce point dans les couloirs en des conversations pleines d'effusion, et ils rentrent en séance pour avoir l'air de se combattre afin d'amuser le Peuple et de lui faire oublier qu'il meurt de faim...

Pour la Bourgeoisie, il n'y a plus qu'un être que l'on puisse exploiter en toute sûreté, car il se refait toujours avec les fonds des contribuables : c'est l'État. La fonction, le mandat législatif, le siège de magistrat avec tous les profits annexes, le pot-de-vin, la vente d'influences, voilà l'objectif.

Ceci constitue un régime, un système qui est le même au fond, qu'il s'appelle l'Opportunisme ou le Radicalisme ; c'est toujours la République administrative et parlementaire, la grosse vache à lait bourgeoise, et la Bourgeoisie y tient.

(p. 37-44, 46-47, *passim*.)

ÉCRASEMENT DES PETITS

La grande féodalité s'est constituée aux dépens des possesseurs de petits fiefs ; la grande féodalité industrielle et financière s'est constituée de même aux dépens de la petite bourgeoisie. Le mouvement de concentration s'opère depuis quelques années avec une si effrayante rapidité, il écrase si implacablement tous les petits qu'il est permis d'espérer que le choc en retour n'est pas éloigné.

(p. 51.)

LES DIEUX DE LA FINANCE

Le monde vit bien des régimes bizarres et des tyrannies pesantes, mais il ne vit jamais rien de semblable à cela : les peuples ruinés bénissant ceux qui les ruinent, ceux qui ont élevé leur prodigieuse fortune aux dépens de millions de travailleurs ; les rois honorant les financiers qui ont dévoré la nation sur laquelle ces rois avaient mission de veiller.

(p. 52.)

LE RÈGNE DES ROTHSCHILD

Je ne suis pas curieux, mais j'avoue que j'aimerais à causer, à cœur ouvert, avec les Rothschild et à leur demander comment ils croient qu'ils finiront, puisque aussi bien tout finit sur la terre. Ils ont passé depuis quelques années par des alternatives diverses ; ils ont tremblé un moment mais ils se sont rassurés par la facilité qu'ils ont trouvée à obtenir la neutralité de quelques meneurs du parti ouvrier. — Pour l'instant, ils sont dans l'apothéose et s'occupent de transformer l'hôtel de la rue Laffitte, où mourut le baron James, en « une Maison de souvenir » comme la maison de Francfort. Ce sera le Saint-Denis de la dynastie ; on y viendra en pèlerinage, mais il y a quelquefois des pèlerins qui sont affamés...

C'est de la France, malgré tout, que les Rothschild ont le plus peur, quoique le parti antisémitique n'y soit pas encore aussi complètement organisé qu'en Allemagne et en Roumanie. Dès qu'ils n'auront plus la France, ils n'auront plus rien, ils auront perdu le levier, le champ d'action.

C'est par la France, en effet, qu'ils gouvernent le monde, c'est notre or drainé par eux qui leur permet d'obtenir des gouvernements où l'on sait encore ce que vaut le Juif, des honneurs pour eux, des faveurs pour leurs coreligionnaires et la persécution plus ou moins ouverte contre l'Église.

....

C'est une des grandes forces des Rothschild que le mépris souverain qu'ils ont pour nous. Pour avoir une croix de plus ou même obtenir une poignée de main d'un souverain quelconque, ils n'hésiteraient pas à lancer les emprunts les plus invraisemblables.

(p. 53-54, 55.)

LE MONOPOLE, LE MONOPOLE ODIEUX...

Le monopole odieux, le monopole qui finira par déchaîner sur les Juifs et les Judaïsants l'indignation publique, c'est le monopole exercé sur tout ce qui touche aux objets de première nécessité, à l'industrie, à l'existence même de l'homme. C'est sur un fait de ce genre qu'on pourrait un jour mettre les princes d'Israël en état d'arrestation ; une fois qu'ils seraient sous les verrous on aurait l'occasion d'étudier un peu leur comptabilité.

(p. 56.)

SIÈCLE SANS PRÉCÉDENT !

Jamais on n'a vu, à aucune époque de l'humanité, une bande de forbans cosmopolites montrer une telle audace, perturber avec un tel sans-gêne les conditions d'existence des peuples, introduire aussi effrontément dans les habitudes du commerce, le jeu, la fausse nouvelle, le mensonge, ruiner aussi brutalement des milliers d'hommes pour s'enrichir. C'est là le grand phénomène de cette fin de siècle.

(p. 63.)

LE RÉGIME DES POTS-DE-VIN

On devine ce qu'il y a de pots-de-vin derrière ces gains fabuleux, derrière cette incurie volontaire du ministère et des Chambres. On s'explique comment s'élèvent presque instantanément ces fortunes colossales, ces fortunes maudites qui sont fondées sur les ruines de la Patrie.

(p. 77.)

AVILISSEMENT DE LA MAGISTRATURE

S'il y avait eu des malversations, on avouera que le plus élémentaire devoir des magistrats était d'en condamner les auteurs ; ils trouveront sans doute plus simple de me condamner moi-même, pour avoir constaté avec quelle criminelle légèreté on gaspille cet argent que les contribuables ne parviennent à verser à l'État qu'en se saignant aux quatre veines.

Ce résultat, d'ailleurs, serait dans la logique du jour. C'est Erlanger qui vole, et c'est le colonel Noirtin qu'on punit. C'est Wilson qui vend la décoration et c'est le juge d'instruction que l'on blâme. Ce sont les fournisseurs militaires qui ont fourni des cartouches qui ne pouvaient pas servir et vous verrez que ce sera moi qu'on condamnera à la prison et à l'amende...

(p. 78.)

LA VISION DE DRUMONT

LE MONDE CONQUIS PAR LE JUIF ET PAR L'ARGENT

La force des Juifs est de ne plus procéder comme autrefois, par des méfaits isolés ; ils ont fondé un système où tout se tient, qui embrasse le pays tout entier, qui est muni de tous les organes nécessaires pour fonctionner, ils ont fortifié les points sur lesquels on pourrait les prendre, ils ont modifié sans bruit les lois qui les gênaient ou obtenu des arrêts qui paralysent l'action de ces lois, ils ont soumis la presse au capital, de façon à ce qu'elle soit dans l'impossibilité de parler.

Les opérations les plus odieuses sont combinées de manière à échapper à toute répression ; elles sont à double détente...

L'adjudication publique n'est pas même un obstacle. Les Juifs ou les affiliés accaparent un produit spécial du cuivre de telle origine, des étoffes de telle espèce, des éponges même d'une certaine provenance, car il paraît qu'ils ont fait un coup très curieux sur les éponges. Tout à coup le ministre ou, parfois, sans que le ministre s'en rende compte, l'homme vendu à la Juiverie dans un ministère, fait une adjudication dans laquelle il demande, dans un délai très court, une immense quantité de ce cuivre, de ces étoffes, de ces éponges spéciales. L'accapareur est naturellement le seul qui puisse se présenter, et il réclame un prix aussi élevé qu'il le veut, mais, en fait, il n'empêche personne de se présenter. Vive la liberté ! vous dira Leroy Beaulieu...

L'indifférence sur ce point est générale. Il y a plus : beaucoup de conservateurs n'approuvent pas qu'on flétrisse les fortunes monstrueuses qui se sont édifiées de cette façon. Pour eux la richesse, quelque impur qu'en soit la source, est digne de respect ; elle est une vertu, une noblesse, un dogme presque, qu'on ne peut attaquer.

Quelle douce gaîté vous prend quand ces gens-là vous disent qu'ils sont monarchistes ! Ils ne se doutent même pas de ce qu'était la Monarchie, ils sont plus ignorants des traditions et des principes de l'ancienne Monarchie que les révolutionnaires intelligents qui ont, au moins, lu l'histoire.

La Monarchie reposait sur l'idée de justice à laquelle sont totalement étrangers les conservateurs qui considèrent comme un crime d'attaquer un homme qui a un hôtel, un château princier, des chasses giboyeuses. Si l'ancienne France a été grande, cependant, c'est qu'on y frappait impitoyablement tous les concussionnaires et tous les traîtres si haut qu'ils fussent placés, qu'ils portassent la couronne de duc ou qu'ils fussent maréchaux, c'est-à-dire cousins du roi.

« C'est un procès ridicule ! s'écriait le maréchal de Marillac. Il ne s'agit dans mon affaire que de foin, de paille, de pierre et de chaux ! » Richelieu pensait que les pierres ont leur utilité pour bâtir les forteresses ; il estimait que pour faire la guerre il faut de la cavalerie et que, pour avoir de la cavalerie, il faut nourrir les chevaux et, grâce au cardinal-duc, le maréchal qui avait mis le foin des chevaux dans ses bottes eut la tête tranchée en Grève.

Clemenceau dirait au coupable en pareil cas : « Je me tairai mais prenez quelques actions de *La Justice* ! » et les conservateurs s'écrieraient : « On ne discute pas les comptes d'un homme assez riche pour donner des fêtes. »

Quant à Bethmont, s'il avait eu à juger Marillac, il lui aurait dit : « Monsieur, votre conduite est abominable, vous avez compromis la défense du pays pour augmenter votre fortune : c'est un véritable crime contre la Patrie ; aussi vous ne vous étonnerez pas si j'ai l'honneur de vous demander pour mon fils la main de mademoiselle votre fille. »

(p. 79-81.)

LE SCANDALE FÉODAL DES GRANDS MAGASINS

La grande Maison de banque, la grande Usine appuyée sur un gros syndicat juif, le grand Magasin projettent leur ombre à l'horizon comme le château fort d'autrefois et les petites maisons, comme les chaumières de jadis, ont peur du terrible voisinage. Les petits savent bien qu'ils seront mangés un jour, mais ils attendent ce jour dans une inquiétude poltronne, sans oser empêcher le burg de se construire pendant qu'il en serait encore temps peut-être.

C'est encore une des formes les plus curieuses du monopole que ces grands magasins !

Autour de magasins immenses comme le Bon Marché, tout meurt comme autour du mancenillier, tout s'éteint comme de petites lumières disparaissent dans l'orbe lumineux de quelque grand foyer.

Les grands magasins représentent la féodalité industrielle à Paris. Quoique beaucoup de dessous restent cachés, le fief bourgeois et son fonctionnement sont plus faciles à observer là, par conséquent, que le fief industriel de province. Dans ce dernier, en effet, vous n'entrez guère qu'en invité qu'on promène, qu'on fait largement déjeuner quand il est de qualité et qui se retire, ravi, en se demandant vaguement si des patrons si accueillants ne sont pas des anges déguisés.

Les propriétaires de grands magasins, d'ailleurs, sont, eux aussi, des bienfaiteurs de l'espèce humaine et vous avez lu cent fois l'éloge de leurs vertus. Les premiers philanthropes se contentaient de faire des soupes à leurs ouvriers avec de vieux boutons de culotte ; le directeur de grand magasin régénère l'humanité par le cornet à pistons ; il crée pour son personnel une fanfare et des jeux divers.

À vrai dire, pour des gens qui ont tant de distractions, tous ces employés ne me paraissent guère joyeux. Jusqu'à midi l'aspect est lugubre, cela sent l'enrégimentation, la caserne sans l'exercice matinal et les sonneries de clairon. Avec leurs yeux tristes, les pauvres femmes vous racontent la souffrance sans cesse renouvelée de cette promiscuité avec l'homme, l'amertume du tribut qu'il faut payer, quand on est jolie, aux directeurs, aux sous-directeurs, aux intéressés, aux premiers et trop souvent aux premières, aux secondes parfois, dominées par de monstrueux caprices.

....

Quand on dit timidement aux conservateurs que ces établissements, à proportions anormales, sont en dehors des propriétés permises à des particuliers et que l'État devrait s'en emparer et les réorganiser, ils poussent de hauts cris. Or, la cloison est si mince entre ces établissements et des établissements publics que ces grandes maisons dont l'État prétend respecter les droits ne respectent pas les droits de l'État. Ils obéissent à la logique de la constitution des fiefs et se déclarent indépendants.

....

Usurpation, monopole, tyrannie, concurrence déloyale, écoulement en quelque sorte obligatoire de marchandises de camelote, en conséquence discrédit universel du commerce français, — tel est le bilan des grands magasins.
(p. 81, 82, 83, 98.)

FRANCE D'AUTREFOIS ET FRANCE D'AUJOURD'HUI...

Le patron d'alors ne ressemblait pas encore aux grands industriels contemporains. Pareils à ces abbés commendataires qui touchaient le revenu des abbayes sans avoir jamais dit la messe ou même reçu les ordres, les membres des sociétés en commandite d'aujourd'hui, les propriétaires de parts d'actions d'usines ou de manufactures vivent royalement sur le travail d'ouvriers que parfois ils n'ont jamais vus. Les industriels d'autrefois voyaient leurs ouvriers, ils en étaient vus et ils pouvaient prétendre qu'eux aussi travaillaient.

La haine et l'envie qui sont partout aujourd'hui étaient alors rares dans ce noble pays de France. Le Christianisme avait créé chez nous de tels trésors de foi, de dévouement, d'abnégation que la société française resta croyante et généreuse longtemps après avoir perdu ses habitudes religieuses. Il fallut le règne des Juifs, les sales campagnes de leurs journaux, le triomphe de la Franc-maçonnerie, Gambetta, l'Opportunisme, Grévy, Wilson, la République actuelle, en un mot, pour détruire tout idéal dans les âmes.

Le peuple de ce temps, qu'on n'avait pas encore perverti, savait que c'était le Christianisme qui avait transformé la terre et apporté au monde la fraternité et l'amour.

Un Juif seul, l'apôtre du divorce, a pu briser les liens sacrés qui unissaient jadis les époux et glorifier la prostitution dans un pays que la sainteté du mariage avait contribué à faire si grand, un Juif seul a pu écrire :

« Le mariage est une institution essentiellement tyrannique et attentatoire à la liberté de l'homme, la cause de la dégénérescence de l'espèce humaine ; c'est une institution génératrice de vice, de misère et de mal : il faut lui préférer le concubinage ou l'union libre, sans intervention de l'autorité, sans consécration religieuse et légale.

« Le mariage existant, la prostitution fait plus de bien que de mal[5]. »
(p. 109-110, 111-112.)

---

[5] Naquet : *Religion, famille et propriété*.

AH ! QUE LA RÉPUBLIQUE ÉTAIT BELLE SOUS L'EMPIRE !...

D'autres[6], plus à plaindre encore peut-être, ont vu ce qu'était devenue, après le triomphe, cette République qui devait être le règne de la justice, de la tolérance, du désintéressement, assurer la paix parmi les hommes et attirer les nations à elle par le spectacle seul de ses vertus ; ils avaient rêvé de construire un temple, et c'est un lupanar qui s'est élevé à la place, un mauvais lieu où les Lockroy et les Naquet, les Millaud et les Raynal, les Ferry et les Rouvier livrent la France à qui veut payer...

« Ah ! oui, mon pauvre ami, c'est bien la route des hélas ! que nous suivons », dit Pistheterus à Évelpide, dans les *Oiseaux* d'Aristophane, lorsque, perdus dans un désert, au milieu de fondrières, ils tournent sur eux-mêmes sans pouvoir ni avancer, ni reculer, sans arriver à trouver leur voie...

N'est-ce point le mot que nous nous disons souvent les uns aux autres en cheminant, *obscuri per umbras*, sur la route aride d'aujourd'hui ?

(p. 115-116.)

L'ORDRE BOURGEOIS DU « CONCIERGERAT »

Qu'est-ce que la Bourgeoisie entend par l'Ordre ? C'est un point qu'il serait difficile de définir.

À l'institution toute nouvelle du propriétariat, la Bourgeoisie a annexé le conciergerat que nos pères ne connaissaient pas.

L'idéal d'une maison bien tenue, dans le conciergerat, est une maison où l'on peut commettre toutes les turpitudes, se livrer à toutes les débauches, mais dans laquelle on ne fait pas de bruit, où les escaliers sont bien cirés, la moquette régulièrement brossée, les boules de cuivre vigoureusement astiquées et où l'on obéit à l'écriteau : *Essuyez vos pieds, S. V. P. !*

Essuyez vos pieds, S. V. P., c'est le résumé de l'Ordre d'après la Bourgeoisie. Le plus souvent il n'y a que de la boue à ces pieds, mais, aux époques de crise, c'est du sang que la Bourgeoisie essuie ainsi avec soin, pour ne pas salir les tapis...

C'est une conception toute récente, encore une fois. On peut dire qu'il n'y eut jamais plus de désordre apparent que dans l'ancienne France, où tout se tenait sur des bases si solides. Provençaux, Picards, Bretons, Poitevins, Berrichons avaient leurs mœurs, leurs coutumes, leurs franchises locales, leur langue, leurs Académies. Aujourd'hui que la France est en lambeaux, que la guerre civile est partout, tout est uniforme, méthodique, organisé administrativement, tout paraît en ordre. C'est l'histoire du ministre de la guerre : on lui prend tous ses plans de mobilisation, ses modèles de fusil, ses renseignements, on lui prendrait son nez, s'il ne tenait pas. Cependant, si vous visitiez l'hôtel de

---

[6] D'autres que les Royalistes ou que les Bonapartistes. [J. R.]

la rue Saint-Dominique, le ministre vous démontrerait que tout est admirablement rangé, classé, étiqueté, numéroté dans de vastes cartons. « Il n'entre jamais personne dans nos bureaux, vous dirait-il, que des hommes discrets comme Aubanel ou des Juifs allemands comme Cornélius Herz. »

(p. 118-119.)

LES BOURGEOIS, SABOTEURS DE L'UNION OUVRIÈRE

Ce ne fut qu'à la longue que les agitateurs bourgeois purent faire dévier l'Internationale de son but. Le fait se reproduit sans cesse pour tout ce que tentent les prolétaires. Le Bourgeois capitaliste les exploite comme travailleurs ; quand ils se concertent pour aviser aux moyens d'améliorer leur sort, le Bourgeois révolutionnaire, c'est-à-dire le Bourgeois besogneux qui veut devenir capitaliste, trouve toujours moyen de s'introduire dans ces associations et de les faire servir à la satisfaction de ses ambitions.

(p. 127.)

VISION DE LA COMMUNE

Les teinturiers, les cordonniers, les tailleurs, les charpentiers, les mécaniciens, dont les revendications faisaient hausser les épaules aux politiciens libéraux, eurent un jour la ville géante à eux ; ils en furent les maîtres et les rois ; ils y possédèrent le droit de vie et de mort. Cette Société orgueilleuse, avec son organisation aux mille rouages, ses corps constitués, ses fonctionnaires tout chamarrés de croix, tout fut par terre en un clin d'œil et le Peuple fut vraiment souverain...

Quels sentiments apporta-t-il dans sa victoire ? Voilà ce que je voudrais rechercher sans prétendre, bien entendu, essayer l'histoire de la Commune, encore couverte de tant d'obscurités.

J'ai combattu la Commune à Paris et n'ai point à revenir sur ce que j'ai écrit. Il faut avouer, cependant, que lorsqu'on soumet ses impressions de jeunesse à une vérification attentive, lorsqu'on examine les faits à nouveau, le jugement se modifie un peu. Tout homme de bonne foi qui causera, non point avec les apologistes des horreurs de la dernière heure, mais avec ceux qui furent acteurs dans ces événements et qui les expliquent loyalement, arrivera à la même conclusion que moi.

Ce fut l'élément bourgeois qui fut surtout féroce dans la Commune, la Bourgeoisie viveuse et bohème du Quartier latin ; l'élément Peuple au milieu de cette crise effroyable resta humain, c'est-à-dire français. Les inspirateurs des mesures violentes furent des lettrés comme Pyat, comme Delescluze, des clercs d'huissier comme Ferré, des étudiants, des ratés, des aigris comme Rigault, Dacosta, Vésinier. L'école des Frères, où la plupart des ouvriers avaient été élevés, produisit moins d'instigateurs de tueries que l'Université.

Parmi ces hommes, beaucoup avaient certainement une foi, un vague idéal de justice. Quand tout fut terminé, quand le cri de réprobation soulevé par les assassinats et les incendies de la dernière heure s'éleva autour d'eux, ils eurent le sentiment, non point d'une défaite seulement, mais de l'écroulement d'un rêve, ils éprouvèrent comme une grande fatigue, un désir d'en finir, de mourir... Quelques-uns restèrent dans le quartier même où ils avaient été délégués et ne furent point inquiétés, car on les avait vus dans ce Paris, plein de tous les repris de justice de l'Europe, empêcher le mal dans la mesure de leurs forces.

(p. 127-129, *passim*.)

FACE AU MUR DES FÉDÉRÉS, VISION D'AVENIR RÉVOLUTIONNAIRE

« Saluez ce milliard, disait le baron Louis aux Chambres qui se récriaient quand le budget atteignit ce chiffre, vous ne le reverrez plus. » Saluez les chefs ouvriers de la Commune, peut dire aux conservateurs, dans un autre sens, l'historien qui est toujours un peu prophète ; vous ne les reverrez plus !

C'est encore une période, un stade dans l'évolution du prolétariat. Ce qui disparut, au milieu des lueurs de l'incendie, dans les hécatombes de la Semaine sanglante, ce fut la fin de la génération de 1848 et le meilleur de la génération prolétarienne qui s'était formée sous l'Empire. Ceux qui viendront seront autrement haineux, mauvais et vindicatifs que les hommes de 1871. Un sentiment nouveau prend désormais possession du prolétariat français : la haine.

Il y a plus de différence entre le peuple d'avant 1871 et le peuple d'aujourd'hui qu'il n'y en avait jadis entre des hommes qui vivaient à deux siècles d'intervalle. Les visages eux-mêmes se sont modifiés. C'est à peine si l'homme du peuple peut maîtriser devant le bourgeois l'aversion qu'il éprouve pour lui. Les femmes, les fillettes, jadis étrangères à ces questions, et qui, plutôt, s'efforçaient de calmer, de raisonner, d'humaniser, sont maintenant plus passionnées que les hommes.

Si les conservateurs savaient s'extérioriser un peu, se mettre, pour quelques instants, dans la peau des autres, comme ils trouveraient tout cela logique !

....

Ce qui rendit la répression de la Commune ignoble, c'est qu'elle fut faite par les courtisans, les corrupteurs de ceux mêmes dont on versait le sang à flots, c'est que les plus impitoyables égorgeurs du Peuple furent ceux qui le flattaient le plus bassement la veille : les Jules Favre, les Jules Simon, les Picard.

Ce sera l'éternel crime des conservateurs, je l'ai dit déjà, mais il ne faut pas craindre d'insister sur ce point, de s'être associés à cette répression infâme. Représentants du sol, de la tradition, de la vieille France, tous ces ruraux semblaient amenés à Versailles, par la main même de la Providence, pour y faire justice de tous les rhéteurs et de tous les avocats qui venaient de conduire la France au bord de l'abîme. Ils devaient être à Paris, au milieu de la lutte, arrêter les exécutions, haranguer les prisonniers, leur dire : « Vous voyez bien ce que c'est que tous ces sophistes : ces bâtonniers de l'ordre des avocats, ces membres de l'Institut, ils se servent de vous comme d'un jouet, et quand vous les avez mis au pouvoir, ils vous fusillent ; nous allons les exécuter eux-mêmes et vous rendre la liberté, à la condition que vous ne recommencerez plus. »

Le peuple aurait parfaitement compris ce langage.

Au lieu de cela, les conservateurs s'acharnèrent sur les pauvres diables et se mirent à faire des politesses à des hommes comme Gambetta.

L'Assemblée, tant qu'elle vécut, porta le poids de cette défaillance, de cette absence de toute notion de la réalité qui avait fait d'elle l'approbatrice et la complice des vengeances des hommes du 4 Septembre, affolés de peur à l'idée de se retrouver devant leurs électeurs. Rien ne lui réussit et rien, on peut le dire, ne réussira au parti conservateur tant qu'il n'aura pas rompu avec les idées, les états d'esprit de la majorité de l'Assemblée de Versailles. Implacable pour les petits, lâche devant les forts, les politiciens influents, les vrais responsables, cette Assemblée trahit le mandat que la France lui avait donné.

....

L'Histoire s'arrêtera longtemps à cette répression de la Commune, car elle fournit une indication très précise sur la débilité mentale des chefs du parti conservateur et aussi sur leur absence de tout sens moral ; ils n'ont ni conscience, ni raison d'État, ni énergie, ni justice, ni pitié ; ils fuient comme des lâches ou massacrent comme des brutes sans savoir ni pourquoi ils fuient, ni pourquoi ils massacrent ; ils laissent renouveler avec ces transports de prisonniers, qu'on décime en chemin pour alléger le convoi et activer la marche, ces scènes de mœurs barbares, ces défilés de Cimbres et de Teutons captifs dont Théophile Gautier et Paul de Saint-Victor ont évoqué le souvenir en des pages inoubliables en peignant Versailles pendant la Commune. — Puis ils s'effondrent devant un Gambetta qui fait boum ! boum ! avec ses 363 ; ils versent à flots le sang de pauvres hères innocents et sourient lorsque, quelques années après, ils voient à la tribune Félix Pyat qui les insulte et qui les raille...

(p. 137-141, *passim*.)

LA LÂCHETÉ DE CE MONDE QUI FINIT...

Le pays est partout en révolution, et en d'autres temps il semblerait évident que quelques mois à peine nous séparent de la catastrophe finale.

Il convient, cependant, pour rester fidèle à notre méthode de rigoureuse analyse, de reconnaître que si la situation est absolument révolutionnaire, les hommes sont infiniment moins révolutionnaires que la situation elle-même.

Au moment du meeting de l'esplanade des Invalides, un ecclésiastique, honoré de l'amitié du cardinal Guibert, de vénérable mémoire, craignit que l'archevêque ne fût un peu troublé de tout le tapage qui se faisait si près de lui ; il alla le voir et lui tenir compagnie. Il trouva le vieillard fort calme et en train de donner tranquillement à manger aux pierrots de son jardin ; et, comme le visiteur lui parlait de ce qui se passait à Paris : « Voyez-vous, mon ami, lui répondit

Mgr Guibert, avec cet accent particulier qui relevait d'une sorte de finesse paysanne toutes les paroles du saint prêtre, voyez-vous, mon ami, j'ai remarqué qu'à notre époque personne ne se souciait de risquer sa peau. »

Au fond, cette fin de monde a le charme de tout ce qui finit. L'existence a beau être dure, inquiète, attristée par des hontes qui navrent le cœur du patriote, chacun goûte la joie de vivre comme on savoure la dernière lampée de liqueur restée au fond du verre, le dernier rayon du soleil automnal, la dernière chanson d'un oiseau dans le bois déjà dépouillé...

C'est une impression physique en quelque manière. Le malade, déjà agité par les frissons avant-coureurs de la mort, jouit plus voluptueusement que le bien portant d'un passager bien-être, d'une heure de demi-santé et de rémission dans la souffrance. Un homme en qui débordent toutes les forces de la jeunesse, riche à millions, pour lequel la Destinée n'a que des sourires, tiendra beaucoup moins à la vie qu'un vieux pauvre édenté, cacochyme, accablé d'infirmités et réduit à demander à la charité publique les moyens de prolonger des jours misérables.

Que de Mécènes en haillons qui entonnent le même hymne à la vie que le favori d'Auguste alors qu'on le promenait impotent et paralytique à travers les magnificences des jardins de Salluste : « Tout ! pourvu que je vive ! »

Si le parti révolutionnaire comptait encore une petite armée comme celle qui fit les insurrections d'avril 1834, les journées de Février, les journées de Juin, il serait depuis longtemps le maître de Paris. Si les catholiques avaient des hommes trempés comme les Cadoudal, les Saint-Réjan, les Limoélan, les Coster de Saint-Victor, ce gouvernement en désarroi serait bientôt par terre.

....

Les caractères se sont évidemment amollis. Il y a loin des royalistes d'aujourd'hui à ces conspirateurs comme le duc de Rivière, le duc de Polignac, qui, entrés en France en pleine nuit, en pleine tempête, par la falaise de Blainville, traversaient, sous le coup de condamnations à mort comme émigrés, un pays surveillé par les gendarmes et essayaient de renverser un homme comme Bonaparte, entouré d'une armée dévouée. Il y a loin des hommes du 16 Mai aux beaux joueurs intrépides et froids du 2 Décembre.

« Dépêchez-vous ! » criait Marie-Antoinette au bourreau. « Encore une minute, monsieur le bourreau ! » suppliait la Dubarry. La société actuelle, société de faiseurs, de jockeys et de cabotins, ne meurt pas avec la dignité de la reine. Elle réclame un sursis de quelques secondes avec l'accent désespéré de la fille...

On a cité souvent le mot de Paul de Cassagnac au duc de Broglie, au moment de l'expulsion des Dominicains de la rue du faubourg Saint-Honoré. Tous deux étaient arrivés un peu en retard, et, pour les faire entrer dans le couvent, on avait dû mettre une échelle. Paul de Cassagnac aidait le duc de Broglie à escalader : « Ah ! monsieur le duc, dit l'écrivain à l'ancien ministre, si vous aviez eu un peu plus d'énergie au 16 Mai, nous ne serions pas sur cette échelle. »

Si le duc de Broglie eût été sincère, il aurait pu répondre à M. Paul de Cassagnac : « Ma foi, j'aime encore mieux être sur cette échelle que d'avoir couru la chance d'être pendu. »

En descendant de l'échelle, l'académicien qui venait de faire son devoir en protestant était sûr de retrouver son hôtel, ses amis, son cabinet de travail, d'avoir un succès mérité à l'Académie en lisant quelque passage du *Secret du roi* — et *in petto* il s'applaudissait de s'être arrêté à temps.

Mac-Mahon s'est livré au même raisonnement. C'est en vain que Saint-Genest a cru le monter en l'appelant tous les jours : « Le Bayard des temps modernes. » « Il m'ennuie avec son Bayard, celui-là, s'est dit le Maréchal, je ne sais pas ce que Bayard aurait fait à ma place, moi je rentre tranquillement chez moi et j'achète des bois pour y chasser commodément. »

Il en est de même des révolutionnaires. Les plus pauvres ont leurs plaisirs : les réunions, les anniversaires, les conversations dans la chaude atmosphère du cabaret, le verre d'absinthe dégusté entre camarades, la bonne pipe fumée en réorganisant la société. Étant donné l'état dans lequel est tombée l'autorité, ils vont aussi loin qu'ils veulent et ne se soucient pas d'aller jusqu'au fait, de risquer la prison.

Ce qui s'est passé au moment de l'affaire Wilson[7] est une démonstration éloquente de cet état d'esprit.

Tout était par terre : Présidence, Ministère, Assemblée, Magistrature, Préfecture de police. En d'autres temps, les bandes à la poussée irrésistible se seraient ruées menaçantes et hurlantes sur les grilles de l'Élysée. Tous les partis auraient essayé un mouvement, organisé une bagarre...

Personne n'a bougé. Charette est allé à la *Poule au pot*, le petit cénacle orléaniste qui se tient au premier étage de chez Durand. Les chefs révolutionnaires ont été pérorer dans quelques réunions, mais nul ne s'est soucié d'engager la partie. Chacun s'est dit : « Je tiens à être libre demain matin pour lire les journaux qui seront certainement très intéressants. »

Le journalisme, en effet, qui sème tant de haines dans les cœurs, sert cependant de soupape aux passions. Comme certains poisons, il désagrège l'organisme, mais il fait durer le malade.

Chez les races en décadence, le Verbal et le Scripturaire tiennent lieu de l'action. Le journalisme soulage la conscience des électeurs qui ont été indignement trompés par leurs députés, il assouvit la colère qui gronde au fond de toutes les âmes.

L'instinct de justice se déclare satisfait quand on voit ce vieux malfaiteur de Grévy, qui a assisté impassible, sans même tenter un effort pour arrêter le mal, à tous les attentats de ce temps, forcé de déguerpir honteusement de l'Élysée sous les huées de toute une nation, comme un agent d'affaires véreux qu'on a pris la main dans le sac.

---

[7] Wilson, député d'Indre-et-Loire, gendre du Président de la République Grévy, coupable de trafic de décorations. [J. R.]

Quand on a lu dans un journal que Ferry est le dernier des lâches, le plus ignoble des drôles, qu'il faut lui cracher à la figure, l'accabler de coups de pied au derrière, on a moins envie de le frapper réellement ; on se contente de cette exécution en effigie. Tous les partis éprouvent le même sentiment. Un Catholique, indigné par quelque acte infâme d'un préfet républicain, est déjà calmé quand il a vu dans son journal, avec preuves à l'appui, ce qu'était ce préfet : un fils de galérien, un escroc, un proxénète. Ce commencement de réparation apaise et la colère fait place au dégoût.

Les gens qui nous gouvernent, étant totalement indifférents à tout ce qui touche à l'honneur, ne redoutent nullement de léguer à leurs fils un nom qui, d'ordinaire, était déjà flétri quand ils l'ont reçu de leurs pères ; ils voient sans déplaisir cette satisfaction donnée à l'honnêteté publique, puisqu'il n'y a rien là-dedans qui les empêche de toucher leurs appointements.

La Société tient donc encore comme ces vieilles masures en ruines qu'un coup de poing jetterait bas et auxquelles personne n'a l'idée de donner le coup de poing final.

Qui maintient l'ordre ? Personne. Le préfet de police, qu'il s'appelle Camescasse, Gragnon ou Lozé, s'assure, le matin de chaque journée annoncée, que l'escalier par lequel il filera est bien libre ; les officiers de paix ont tous leurs déguisements préparés ; le garde municipal ne demande qu'à aller boire chopine avec le peuple victorieux ; seul, le cheval du municipal protège encore nos institutions... Quand il se voit au milieu de la foule, le pauvre animal se cabre un peu, et la foule s'enfuit épouvantée. Ce cheval préfet de police est le successeur direct de l'Incitatus qui fut consul à Rome, et l'histoire de ce cheval consul, qu'on nous explique si mal au collège, doit correspondre à une situation analogue à la nôtre, à une parole d'Empereur pleine d'un mépris superbe pour les Romains dégénérés...

(p. 143-148, passim.)

LES BUDGÉTIVORES À TABLE

Brousse aspirait à remplacer Clemenceau comme Clemenceau avait aspiré à remplacer Gambetta, à fonder une nouvelle extrême gauche, une nouvelle usine à candidatures. Possibilistes, Clemencistes, Opportunistes, c'est bonnet blanc et blanc bonnet et il faut dire que, pour un homme habile, il n'y a rien de pratique en dehors du système suivi par Gambetta et par Clemenceau, battre la caisse autour d'un programme vague, séduire un peu l'opinion, se former une clientèle dévouée parmi les hommes qui ont quelque autorité et les satisfaire ensuite avec le budget.

C'est ce qu'on pourrait appeler le socialisme budgétaire.

Songez quelle belle proie ! Ces milliards du budget, ces milliards que ce pauvre pays exténué, mourant de faim, verse sans protester et avec cette docilité servile particulière à la France, c'est le pain et le couteau. On n'a plus qu'à tailler dans la miche, à faire des tartines plus ou moins larges, selon l'appétit et l'importance du convive, mais on finit toujours par s'arranger.

Sans doute tout le monde ne peut manger à la fois, mais on prend un acompte. L'entrée au Conseil municipal, c'est le buffet debout avant la salle à manger, c'est le lunch avant le dîner...

Pour chétif qu'il paraisse, un budget de 300 millions n'est pas à dédaigner...

Les conseillers municipaux, leurs amis, leurs électeurs, leurs maîtresses, les maîtresses de leurs amis et de leurs électeurs, tout un monde de républicains parasites vit là-dessus.

La loi, par exemple, stipule formellement que les fonctions municipales seront gratuites ; les conseillers municipaux de Paris ne s'en sont pas moins alloué 3.750 francs par an de traitement...

Ce n'est pas précisément le pot-de-vin, c'est le demi-septier, la régalade...
— Vous voterez ce projet, n'est-ce pas ? — C'est que... — Bah ! faites-le pour moi... Vous savez bien que je suis un ami, quand vous aurez besoin de 25 louis.
— Tiens précisément, aujourd'hui... — Comme cela se trouve ! tenez ! j'ai justement cette somme sur moi... Charmé de vous être agréable.

Cela sans doute ne vaut pas les beaux coups des Léon Say, des Léon Renault, des Granet, des Wilson, des Raynal, Bône et Guelma, les Conventions, mais cela aide à vivre et les politiciens subalternes s'en contentent... en attendant.

Il est bien entendu, en effet, qu'il n'y a qu'à attendre. Le pouvoir ressemble à ces maisons aux jalousies fermées des villes de garnison les jours de fête militaire ; tous les corps d'armée viennent à leur rang et l'on entend les voix avinées de ceux qui s'impatientent en bas. — Eh là-haut ! Avez-vous fini ? Est-ce bientôt mon tour ? hurle Clemenceau à Gambetta. — Et Clemenceau n'est pas plutôt dans l'escalier que Brousse lui crie de se hâter...

(p. 152-154, *passim*.)

VERS LE COLLECTIVISME

La propriété individuelle tend de plus en plus à disparaître. Les sociétés par actions et obligations représentent déjà la propriété collective. Un grand établissement mis en actions pourrait changer deux ou trois fois de maître, en une seule Bourse, sans que les ouvriers qui peinent sur le dur travail sachent même que les maîtres pour lesquels ils travaillaient à midi ne sont plus les mêmes que ceux pour lesquels ils travaillent à 4 heures. On peut jouer, perdre ou gagner des milliers d'ouvriers en quelques instants, comme un propriétaire d'esclaves ou un grand seigneur de Russie jouait des milliers de nègres ou de serfs sur un coup de dés ou sur une carte.

Ceux qui travaillent et ceux qui vivent du travail des autres sont absolument divisés en deux camps. Le monde du travail, à partir de l'ingénieur qui est le premier salarié jusqu'au dernier homme d'équipe, forme un tout complet et autonome. Chacun de ces petits mondes peut refuser de payer tribut au Capital, faire ce que feront bientôt le Canada et l'Australie, ce qu'ont fait les colonies d'Amérique, qui ont dit à la Métropole : « Nous nous suffisons parfaitement et nous ne voyons nullement la nécessité de vous payer la taxe ; nous coupons le câble. Déclarez-nous la guerre si vous voulez. » L'Angleterre a déclaré la guerre à l'Amérique, et cela ne lui a pas réussi.

Les catholiques, qui se sont intéressés à la question sociale, ont essayé de retarder ce dénouement. Ils ont dit aux ouvriers : « Acceptez avec résignation l'idée de travailler pour que des gens que, dans la plupart des cas, vous ne connaissez pas aient des châteaux historiques, des terres princières, des galeries pleines d'objets d'art et meurent de la moelle épinière comme le Juif cher à Renan "dans un hôtel des Champs-Élysées, au milieu des images d'un plaisir qu'il a épuisé". »

La vérité oblige à dire que les ouvriers, en général, n'ont montré qu'un médiocre enthousiasme pour ce discours.

Se tournant d'un autre côté, les socialistes chrétiens ont dit aux patrons : « Rapprochez-vous de vos ouvriers, occupez-vous davantage de leur bien-être matériel et moral. »

Quelques patrons ont fait ce qu'ils ont pu, mais, le plus souvent, ces paroles sont tombées dans le vide pour l'excellente raison que, les trois quarts du temps, il n'y a pas de patron, il n'y a qu'une Raison sociale représentant un certain nombre d'actionnaires. Dans ces circonstances, les exhortations les plus chaleureuses ressemblent aux violentes apostrophes qu'un prédicateur adressait à son bonnet ou à la légendaire conversation de Paul Foucher, l'invraisemblable myope, avec un bec de gaz qu'il prenait pour un passant qui l'avait heurté. Aux énergiques interpellations de Foucher le bec de gaz ne répondait rien et Foucher n'en était que plus véhément…

Je le dis et je le répète, en toute sincérité, aux ecclésiastiques, aux hommes de bonne volonté qui, en province plus encore qu'à Paris, suivent anxieusement la crise contemporaine, la première condition pour comprendre la question sociale c'est de bien se convaincre que les théories collectivistes et anarchistes ne sont pas des idées spontanées, écloses dans la tête de quelques agitateurs ; elles sont la résultante et la conclusion logique de faits existants que le système juif a créés, avec l'appui et l'approbation de la Bourgeoisie.

....

Cette association monstrueuse de spéculateurs, cette organisation de syndicats qui sont de véritables sociétés secrètes conspirant contre le travailleur légitiment les théories des collectivistes. L'absorption des grandes entreprises commerciales, des établissements industriels, des transports, de la Banque, des plantations même d'outre-mer par l'anonymat, qu'est-ce donc, si ce n'est du collectivisme pour le seul avantage de quelques privilégiés ?

Les conservateurs français trouvent tout simple que des Juifs allemands se réunissent pour s'enrichir aux dépens de centaines de milliers de natifs qui vivaient tranquilles avant eux sur la terre de France.

Les ouvriers, eux, trouvent tout simple de s'entendre pour arriver à vivre de leur travail, au lieu de travailler uniquement pour faire vivre dans le luxe et la débauche des parasites et des exploiteurs.

(p. 164-166, 170-171.)

GRANDEUR DE L'ANARCHIE
(VISION)

L'Anarchisme français est un cri violent et âpre de protestation contre le régime actuel exclusivement fondé sur la glorification du vol habile, du vol bien mis, du vol ganté. Il est la négation sauvage de cette civilisation où les Bichoffsheim, les Erlanger, les Hirsch portent le signe de l'honneur, sont reçus dans les salons les plus difficiles, étalent cyniquement le luxe conquis par d'effroyables déprédations.

En fait, l'Anarchiste est le vrai successeur de Rothschild et, sinon son légataire universel, du moins son héritier présomptif. Il procède du même principe que les Juifs, en ce sens qu'il supprime de son entendement tous les scrupules qui retenaient les hommes d'autrefois ; il se met en dehors des principes et des conventions qui liaient jadis les hommes entre eux et constituaient le pacte social. Quand un financier juif a envie de faire un coup, il n'interroge pas sa conscience ; il ne se demande pas davantage si cela dérangera les conditions d'existence d'autres êtres, causera des ruines ou des désespoirs ; il fait le coup ; l'Anarchiste prétend également faire le sien.

Ceci explique que, dans l'état de décomposition du monde actuel, on n'ait jamais essayé de réfuter les Anarchistes. La Société ne peut, en effet, leur répondre qu'une chose : « J'ai la force pour moi. » À quoi ils répliquent : « Cette supériorité de la force, nous l'aurons peut-être un jour. »

Remota justitia, dit saint Augustin, *quid sunt imperia nisi magna latrocinia*. Cette parole se vérifie à la lettre. Vous figurez-vous le juge qui vient d'acquitter Erlanger qui a volé 300 millions osant parler de conscience ou de morale à un Anarchiste ?

Les magistrats ont tellement le sentiment de la déchéance dont les frappent leurs prévarications qu'ils sont terrifiés, pétrifiés quand ils ont à juger des Anarchistes ; ils tremblent, en les voyant, comme de vieux chevaux de cirque quand ils aperçoivent la chambrière de l'écuyer.

....

Il convient d'ajouter, d'ailleurs, que les Anarchistes sont à peu près les seuls citoyens en France, en dehors des hommes de loi, à connaître le Code ; ils ont fait une reconnaissance dans cette Société qu'ils veulent détruire et relevé les plans de la place forte, de la citadelle, c'est-à-dire du Code. Or, ce Code si inique, si contraire à toute morale religieuse et sociale, si infâme qu'il soit, accorde aux Français beaucoup plus de droits qu'ils ne se l'imaginent.

Le mot de Guizot est profondément vrai : « Il y a en France plus de servilité que de servitude. » La Révolution a tellement avili ces Français jadis si fiers, si jaloux de leurs droits, si prompts à réclamer ce qui leur était dû, qu'ils n'osent même plus demander à vérifier le texte en vertu duquel on les frappe. Ils ne regardent pas plus les pièces de procédure que le Musulman ne regarde un firman, ils voient un griffonnage de greffier et se prosternent dans la poussière.

Les Anarchistes, libérés de tout respect pour l'ordre des choses existant, demandent à voir et discutent ce qu'ils ont vu.

(p. 172-174.)

LE CODE MONSTRUEUX

Le Code qui nous régit accorde à la propriété des droits comme il n'en a jamais existé dans aucune législation, même dans la législation romaine, si dure pourtant.

Cela s'explique aisément. Le Code n'a pas été rédigé peu à peu comme la Coutume d'autrefois par de braves gens, de bons prêtres, par des anciens de chaque corps d'état, par des vieillards et des sages, par des prud'hommes comme on disait jadis ; il a été bâclé, sous l'œil d'un César, par des juristes révolutionnaires qui avaient volé la propriété des autres ; par des régicides et des conventionnels comme Cambacérès et Merlin, qui écrivaient les lois nouvelles d'une main encore humide du sang des innocents qu'ils avaient fait égorger et dont ils s'étaient partagé les biens...

Nous insistons sur ce point, car il a une signification particulière. Le Code, tel qu'il est sorti de la Révolution, étant essentiellement une œuvre anti-sociale, n'est justement interprété et utilement consulté que par ceux qui, à des points de vue différents, sont des ennemis de l'ancienne société : les Juifs et les Anarchistes. Le Français traditionnel, l'homme de la vie d'autrefois, ne comprend absolument rien au Code et il en est perpétuellement victime.

(p. 177-178.)

VERS LE GRAND SOIR !...

L'hiver, les Anarchistes se mêlent aux réunions publiques, et leur présence, dès qu'on l'annonce, affole les politiciens. Les jeunes Anarchistes boivent les grogs préparés pour les membres du bureau, les vieux escaladent de vive force la tribune, tiennent des discours incendiaires et cassent les banquettes.

Il faut voir la tête des Anatole de la Forge, des Lockroy, des Mayer dans ces circonstances. Au meeting du Cirque d'Hiver, où le compagnon Soudey fut à moitié assommé, Lockroy n'était pas blême, mais livide et comme anéanti par l'épouvante. Il semblait que cet Albinos usé par tous les excès allait se décomposer, entrer en putréfaction, séance tenante, *coram populo*.

Dame, ces vaillants n'ont plus devant eux le pauvre prêtre sur lequel ils exercent d'ordinaire leur facile courage. Les Anarchistes sentent le mâle, crient, hurlent, tapent, jettent à travers la pourriture parlementaire la note faubourienne et brutale... Cette fois encore la police veille et, après avoir été un peu bousculés, beaucoup hués, fortement insultés, les exploiteurs de la République francmaçonnique et juive pourront regagner le coupé qui les attend. Mais qu'une catastrophe arrive, que les Anarchistes aient le peuple derrière eux, qu'ils soient les maîtres de Paris...

Alors une vision de ce que serait Paris apparaît à ces jouisseurs. Ce qu'ils éprouvent, ce n'est pas le remords d'avoir systématiquement corrompu ce pays, d'y avoir détruit toute croyance, tout respect, tout idéal ; ce n'est pas l'angoisse patriotique, c'est la peur... Puis le coupé du républicain gorgé sort de la bagarre ; les fuyards de tout à l'heure se retrouvent dans le luxe que nous payons, assis à un dîner officiel, au milieu des lumières et des fleurs ; ils y parlent du prochain pot-de-vin, de la nouvelle concession à accorder, de la société prête à se fonder et dont on leur a promis des actions libérées : ils se reprennent à trouver que la vie est belle et se disent que les soldats se feront tuer pour eux. Comptez là-dessus, mes enfants !...

Cette Société, si précaire et si fragile, dépend effectivement du moindre hasard. Une allumette suffira à déterminer l'explosion dans ce magasin plein de mélanges détonants, dans cet amoncellement de produits chimiques.

Chacun s'emploie à augmenter le désordre. Il n'est point douteux que la Police ne joue dans la plupart des circonstances un rôle provocateur très actif...

La caractéristique de la situation, je l'ai dit, c'est que tout le monde anarchise : le préfet de police anarchise contre le ministre, qui anarchise contre le président, mais certains commissaires anarchisent contre le préfet, tandis que d'autres agents anarchisent contre les commissaires ou les officiers de paix. Selon toute probabilité, quand l'atmosphère sera chargée d'électricité, l'étincelle qui fera tout sauter sera jetée par la police, qui voudra prouver qu'elle est indispensable et qu'elle seule peut sauver la Société. Un agent subalterne tirera un coup de pistolet ou lancera une bombe pour faire du zèle et obtenir une gratification. Alors tout partira à la fois...

Les Rothschild ont aussi leurs agents à eux dans ces réunions et l'on voit manœuvrer les Juifs, en toutes ces choses obscures, comme on voit manœuvrer une armée dans le brouillard. Maintenant que le Capucin ne sert plus de paravent et que les meneurs à la solde d'Israël ne peuvent plus détourner l'attention du peuple de la question sociale en l'épouvantant du fantôme clérical, les Juifs s'efforcent d'empêcher qu'on ne parle d'eux, qu'on ne les nomme, qu'on ne dise tout haut où demeurent les possesseurs de fortunes mondiales qui suffiraient à faire vivre des provinces entières. Au lieu de désigner les voleurs sociaux par leur nom, on cherche à donner au problème social une solution vague, confuse et trop générale pour être susceptible d'application.

Ainsi que cela est toujours arrivé, ces moyens se retourneront contre ceux qui les emploient. La Cour, elle aussi, au moment où la Révolution entra dans la phase violente, croyait avoir à elle beaucoup des hommes influents dans les faubourgs et ces hommes furent les plus acharnés contre elle dès que le courant populaire eut tout emporté. Les agents que les banquiers juifs soudoient seront les premiers à envahir leurs hôtels pour faire disparaître les preuves de leurs rapports avec eux. Le temps est passé où les Rothschild s'assuraient contre la Révolution en promettant à Caussidière de lui acheter un fonds de marchand de vins...

(p. 182-185.)

LE DÉCEVANT PROGRAMME DES CATHOLIQUES SOCIAUX

Retournez le programme sous toutes les faces, interrogez-le dans tous les sens, vous y trouverez, incontestablement, un très louable dévouement à la classe ouvrière, un très vif désir d'obtenir du législateur des lois qui améliorent la condition des travailleurs, mais, en définitive, tout se réduit à des paroles de résignation : « Ne vous révoltez ; prenez votre mal en patience ; le Bon Dieu vous attend là-haut, prêt à ouvrir la porte du paradis aux prolétaires qui auront été bien sages, qui n'auront pas demandé d'augmentation de salaires et qui auront toujours payé leur terme avant midi. »

L'ouvrier, je ne le nie pas, après avoir prié et chanté le dimanche se retrouvera le lundi l'âme plus contente, mais il n'aura pas obtenu la plus légère modification à la loi d'airain des salaires ; il n'en sera pas moins esclave et j'ajoute que le patron n'en sera pas plus libre. La concurrence contre laquelle il lutte l'empêcherait, en eût-il la volonté, de rien changer aux règlements sur le salaire et les heures de travail.

Les membres riches des Cercles catholiques ouvriers me font involontairement songer à ces oiseaux compatissants qui viennent voler autour de leurs compagnons en cage ; ils apportent aux captifs un peu de l'air du ciel, ils leur parlent, dans une petite chanson, de la campagne, des bois, des horizons bleus, mais ils ne peuvent pas leur ouvrir la porte et leur donner la clef des champs.

Pendant la première moitié de ce siècle, la Bourgeoisie, qui souscrivait au Voltaire-Touquet, chantait les chansons de Béranger et acclamait Paul-Louis Courier, n'a cessé de pervertir le Peuple, resté si longtemps croyant, et de lui prêcher le mépris de la religion. Aujourd'hui elle change de ton, mais le mal est fait, le Peuple est fixé et s'imagine que les classes dirigeantes vont tout simplement chercher les Sacrements comme on va chercher la garde, quand les choses commencent à se gâter...

Il faut ajouter, pour être complètement impartial, que beaucoup de catholiques raisonnent un peu comme cela et que la Charité se rencontre plus souvent chez eux que l'esprit de Justice.

Cette manière de voir s'explique aisément. La Charité est accessible à des esprits parfois très étroits qu'elle prend par l'orgueil ; la Justice demande des intelligences plus hautes : si de petites âmes peuvent être charitables, de grandes âmes seules peuvent être justes. Il y a, en outre, dans la Justice un désintéressement entier qui n'est pas toujours dans la Charité. L'être charitable est béni, remercié, comparé à une Providence terrestre, il goûte une véritable volupté personnelle ; l'homme juste ne goûte pas plus de satisfactions que celui qui paye ses dettes.

Beaucoup d'excellents catholiques ne se font pas scrupule d'exploiter ceux qu'ils emploient, quitte à prendre sur les bénéfices réalisés de quoi accomplir des œuvres de charité.

(p. 200-201, 204.)

« OUI, C'ÉTAIENT DE BELLES ÂMES... »

Oui, c'étaient de belles âmes que ces âmes vierges de barbares, ces fils du Nord qui croyaient à Odin, le dieu vaillant, qui, lorsque les Walkyries n'étaient pas venues les choisir pour la mort sur le champ de bataille, se tailladaient le corps avant d'expirer de vieillesse, pour ne pas arriver sans blessures dans le séjour des guerriers braves. C'étaient des cœurs tout disponibles pour la semence sacrée que ces Germains aux chastes mœurs qui, enthousiastes et ravis, écoutaient dans la forêt d'Arminius les récits de leurs prophétesses. Le bruit de la mer, le frissonnement mystérieux des chênes séculaires formaient comme un prélude d'orgue à la parole d'Espérance et d'Amour qui allait retentir à leurs oreilles ; ceux-là étaient préparés à la Bonne Nouvelle...

Est-ce donc l'état d'esprit, l'état physique et moral des malheureux qui ne peuvent travailler dans certaines industries qu'avec un flacon d'essence sous le nez pour ne pas tomber empoisonnés, de ces ouvriers de raffineries qui vivent dans une atmosphère de 50 degrés, de ces porions enfouis pendant des journées entières sous la terre ?

Qui de nous serait chrétien dans ces conditions ? Après une journée d'écrasante fatigue, un repas de corps où nous avons eu la tête cassée par les vins de quelque restaurateur fameux, un voyage seulement de vingt heures en chemin de fer, prions-nous bien ? Non ; les pures et ferventes prières par lesquelles nous touchons le ciel, par lesquelles nous communions véritablement avec le Maître des mondes, nous viennent dans la fraîcheur des impressions matinales ou dans le silence des soirs, quand nous pouvons méditer sur cette Nature qui est si surnaturelle, sur l'Homme, « le miracle des miracles, le grand et inscrutable mystère de Dieu ».

L'esclave antique lui-même était dans une meilleure préparation morale que l'ouvrier d'aujourd'hui. Les stoïciens au pouvoir, les Antonin et les Marc-Aurèle avaient adouci par des dispositions plus humaines le sort de l'esclave que l'Église seule devait définitivement affranchir. Les lois antiques avaient fini par faire de l'esclave presque un homme, tandis que les lois actuelles font de l'homme moins qu'un esclave...

L'esclave avait le pain assuré, il avait son pécule ; l'ouvrier, après avoir travaillé pendant cinquante ans, meurt à l'hôpital sans laisser de quoi se faire enterrer.

Regardez, dans les faubourgs de grandes villes, en quel voisinage vivent les ouvriers : des assommoirs, des filles battant le trottoir, des souteneurs attendant leur *prêt*… Quel ressort d'âme ne faudrait-il pas pour s'élancer de ce tremplin boueux vers le Beau infini, vers l'Idéal radieux !

(p. 207-208.)

POUR UNE SOLUTION DE SOCIALISME NATIONAL

On me demandera peut-être quelle est la solution que je propose pour mettre fin à une situation grosse de menaces.

De solution, je n'en découvre qu'une, et je l'ai toujours proposée sans ambages.

Français, j'ai un culte véritable pour ceux qui avaient créé cette France d'autrefois qui était la première nation de l'Europe, pour des rois comme saint Louis, pour des ministres comme Colbert.

Qu'a fait Colbert, à l'exemple de tant d'autres avant lui ? Il a arrêté ceux qui s'étaient enrichis aux dépens de l'État et il les a forcés à rendre gorge.

Qu'avait fait saint Louis pour organiser le monde du travail ? Il avait mandé Étienne Boileau, il l'avait installé au Palais et il avait appelé devant lui les anciens de chaque corps d'état. Après discussions, on fixait sur le parchemin ce qui semblait juste à tous et c'est ainsi qu'a été rédigé le code du travail qui a duré des siècles.

Imitons saint Louis et Colbert, mettons sous les verrous 300 individus juifs, catholiques ou protestants de naissance, mais qui se sont tous enrichis par le système juif, c'est-à-dire par des opérations financières. Forçons-les à nous restituer les milliards enlevés à la collectivité contre toute justice, puis convoquons une Chambre économique, une Chambre exclusivement composée de représentants du travail, et qui adoptera le régime qui lui semblera le mieux convenir aux intérêts de tous.

Une fois qu'ils auront à leur disposition un capital suffisant pour que le produit de leur travail leur arrive directement, les ouvriers n'auront plus à se plaindre et je suis convaincu qu'ils s'organiseront d'une manière très pratique et très sensée. Aucune révolution violente n'ayant eu lieu, la période de transition sera très courte et on finira toujours par avoir une paire de bottes…

Ce que je demande, en un mot, c'est une « révision de la Révolution », selon l'expression de Jacques de Biez. La liquidation qui a eu lieu en 1789 s'est faite aux dépens des honnêtes gens et au profit des coquins, des parasites et des exploiteurs étrangers ; faisons la liquidation de 1889 aux dépens des coquins et au profit des honnêtes gens, des Français et des travailleurs…

C'est une amère plaisanterie que de prétendre qu'en parlant ainsi j'attaque la Propriété. Je respecte la Propriété et je suis loin de vouloir pousser jusqu'à l'exagération la doctrine des Pères de l'Église. La Propriété n'a pas le caractère sacro-saint que lui attribue l'école bourgeoise, mais elle a du bon… pour ceux qui possèdent ? dira un homme d'esprit. Oui, sans doute, et même pour ceux qui ne possèdent pas. La plupart des ouvriers intelligents sont de mon avis. Malgré l'effroyable démoralisation qu'ont semée dans toutes les consciences les tripotages éhontés de ces dernières années, malgré les haines qui fermentent partout, les prolétaires, pris dans l'ensemble, ne sont ni des niveleurs, ni même des envieux ; ils acceptent très bien qu'il y ait des millionnaires. Les millionnaires sont comme des fleurs dans un paysage, il en faut quelques-uns ; ils permettent aux industries de se développer et ils ont leur raison d'être.

La question change lorsqu'on se trouve en présence de gens qui, comme les Camondo, les Cahen d'Anvers, les Lebaudy, les Bamberger, les Ephrussi, les Heine, les Mallet, les Bichoffsheim, ont 200, 300, 600 millions parfois, qui n'ont acquis ces millions que par la spéculation, qui ne se servent de ces millions que pour en acquérir d'autres, agiotent sans cesse, troublent perpétuellement le pays par des coups de Bourse.

Cela n'est plus une *propriété*, c'est un *pouvoir*, et il faut le supprimer quand il gêne. Le comte d'Armagnac était incontestablement propriétaire par droit d'héritage du comté d'Armagnac, et Louis XI n'a pas hésité une minute à lui confisquer son comté[8]. Louis XI n'admettrait pas plus que Rothschild ait trop de milliards qu'il n'admettrait qu'un seigneur féodal eût trop d'hommes d'armes chez lui. En ceci il raisonnerait parfaitement juste, car le pouvoir d'un financier qui a 3 milliards est autrement redoutable que ne serait le pouvoir d'un seigneur qui aurait 5 ou 600 hommes d'armes dans son hôtel.

Je ne sais si vous êtes comme moi, mais j'aperçois dans cette situation, en même temps qu'une usurpation odieuse, un côté burlesque et charivarique, et certainement il faut que les Français d'aujourd'hui soient aussi hébétés qu'ils le sont pour ne pas en être frappés.

Vous figurez-vous, sur un nouveau radeau de la Méduse, un monsieur qui a emporté une petite succursale de Potel et Chabot : jambons succulents, pâtés exquis, andouillettes savoureuses, dindes truffées, primeurs délicates ? « C'est ma propriété », murmure-t-il, et nos amis des Cercles catholiques, qui sont sur le radeau avec les affamés, vous disent : « C'est sa propriété ! Si vous le voulez bien, mes chers frères, nous allons nous mettre en prière afin d'obtenir que la digestion de ce monsieur soit heureuse... »

La vérité, encore une fois, est que le droit de propriété a des limites comme toutes les choses humaines. Quelque extension qu'on consente à lui accorder, il finit au moins quand un homme a pu se procurer personnellement toutes les satisfactions matérielles qu'il peut désirer en ce monde.

Je crois que, sous ce rapport, on se montrera fort large si, comme je l'espère, la liquidation sociale est faite, non par quelques groupes exaspérés et haineux, mais par tous les Français revenus au sens commun qui distinguait leurs pères.

---

[8] Les royalistes influents, je l'ai dit, sont absolument étrangers aux traditions de l'ancienne monarchie ; ils ne s'en doutent même pas et n'ont jamais compris l'admirable figure de Louis XI qui, à notre époque, noierait dans le sang la féodalité juive...
Encore une fois, tout ce qu'il y eut d'esprit de virile justice, d'amour du pauvre dans les répressions terribles de nos rois, tantôt contre les grands seigneurs, tantôt contre les financiers, échappe à la plupart des royalistes d'aujourd'hui.

On dira aux rois de la Finance : « Qu'est-ce que vous voulez ? Des filles, des chevaux, des chasses, des cuisiniers ? Qu'est-ce qu'il vous faut pour cela ? 20 millions ? Est-ce assez ? En voulez-vous 30 ? En voulez-vous 35 ? »

Je suis persuadé, d'ailleurs, qu'on aura les plus agréables surprises. Voilà, par exemple, Mlle Hélène de Rothschild qui, en se mariant, a retiré 372 millions de la banque des Rothschild. On les lui a offerts en Saragosse, mais, comme d'après la loi, les fonds de mineurs ne peuvent être placés qu'en rentes sur l'État ou en immeubles, elle a décliné la Saragosse, — ce qui prouve que c'est une personne d'esprit.

372 millions pour un jeune ménage, c'est beaucoup, quand il y a tant de gens qui meurent de faim...

Qu'est-ce qui vous dit que Mme Van Zuylen ne pense pas comme nous et qu'elle ne répondra pas quand on viendra lui redemander cette fortune : « Ah ! monsieur, il y a longtemps que je voulais la rendre, mais je ne savais quel moyen prendre. Vous m'en laissez trop ! Une voiture pour me promener, un cheval pour aller au Bois le matin ; un hôtel avenue des Champs-Élysées, une riante maison de campagne, des arbres, des chiens ! Je vais être heureuse comme une reine, et je n'aurai plus sur la poitrine ces millions qui m'étreignent comme les serres d'un gros oiseau noir, ces millions qui m'ont fait si longtemps douter de l'amour et qui m'empêchent encore de croire à l'amitié. »

La baronne James de Rothschild en aurait peut-être dit autant. Elle a laissé *six cents millions*, rien qu'en valeurs françaises, et elle ne mangeait que de la bouillie... Qu'on lui eût permis de manger cette bouillie dans une écuelle ornée de pierres précieuses, qu'on lui eût donné dix domestiques pour la lui servir, je le veux bien. Mais enfin, on n'a pas besoin de 600 millions pour manger de la bouillie, et cet argent aurait été plus utile aux Français, auxquels le baron James les avait évidemment pris, puisque les Rothschild possédaient 10 millions en tout quand ils sont arrivés en France...

Ces grandes reprises monétaires, auxquelles le Juif était habitué jadis, ne l'effrayent pas tant qu'on se l'imagine ; il est plus avide qu'avare et il sait trop par quels moyens faciles il a subtilisé cet argent, pour ne pas trouver tout simple qu'on le lui reprenne le jour où les Aryens jugeront que cette mystification a trop duré.

Par malheur, de Mun et les Catholiques influents tablent sur des apparences, sur des *semblants*, et ils ne comprennent pas que la puissance juive s'évanouirait le jour où un être de réalité et de raison saine irait droit à ces fantasmagories. Ils aperçoivent les princes d'Israël, insolents et maussades, dans les salons d'une aristocratie avilie, et ils ne se doutent pas que leur attitude sera déjà bien changée quand, pour aller à Mazas[9], ils auront traversé la place de la Bastille, au milieu de la foule attirée au-dehors par le galop des chevaux de l'escorte... Ils ne soupçonnent pas combien toutes les questions seront vite réglées, lorsqu'on montrera aux prisonniers, par la porte de la cellule entr'ouverte, un officier sûr

---

[9] Maison d'arrêt. [J. R.]

attendant des ordres et se promenant dans la cour devant un peloton de soldats, fusils chargés, l'arme au pied...

(p. 229-235.)

LA DÉBÂCLE FRANÇAISE

Le difficile pour l'historien, c'est d'exprimer le fantastique particulier de cette phase sociale qui ne ressemble à rien dans le Passé. En Turquie, le désordre financier a encore un côté gai, libre, naturel ; les impôts n'arrivent pas à destination, on ne tient aucune comptabilité ; chaque fonctionnaire attrape ce qu'il peut et, à l'heure nécessaire, l'Islam trouve encore le moyen, après avoir fait banqueroute à l'Europe, de mettre sur pied des régiments qui se défendent comme à Plewna.

La situation ici est différente ; elle se présente sous l'aspect de grands Guignols, non point joyeux, mais sombres, des Guignols d'encre qui incessamment noircissent du papier, établissent des bordereaux, dressent des états, et toujours, et toujours défilent, comme des ombres chinoises, à la Caran d'Ache, avec des dossiers sous le bras. Ces dossiers contiennent des papiers, et ces papiers ne servent à rien, ne correspondent à rien, *vana vanis*...

Ce monde vit dans le papier et meurt dans ce papier. Ce papier est comparable à des messages qu'on déposerait dans des boîtes à lettres condamnées et qu'on ne relève plus ; il n'arrive jamais à un être humain, à un homme en chair et en os qui, sur la vue de ce papier, ait le droit de se décider à un acte...

Qu'est-ce que cela peut faire, encore une fois, aux gens qui volent aujourd'hui que dans dix ans on constate que leur comptabilité est frauduleuse dans ce gros amas de papier qui est un numéro du *Journal officiel* ?

Dans un pays gouverné despotiquement on pourrait imaginer un autocrate ayant mal aux dents, ne dormant pas, prenant un rapport de ce genre sur sa table, par hasard, et disant : « Qu'on envoie demain en Sibérie ceux qui ont dépouillé l'État ! »

Il n'est pas absolument impossible qu'un derviche n'aborde le Commandeur des Croyants un vendredi, le jour où il va à la Mosquée, pour lui dénoncer un fonctionnaire prévaricateur, et que le Sultan ne dégrade, séance tenante, le pacha ou le bey coupable.

Rien d'analogue ne peut se produire en France. Le coût de l'impression de ce rapport dans le *Journal officiel* s'ajoutera aux autres frais de papier qu'a déjà nécessités cette affaire, et il n'en sera que cela... *Vana vanis*...

....

Ce qu'on ne vole pas, on le gaspille, et, comme pour la marine, on apprend cela par hasard...

Ce sont des fuites de vérité ; on se hâte de souder le tuyau et la France se rendort tranquille sur des monceaux de paperasses, convaincue qu'elle a une flotte sans pareille, des armées formidables, des arsenaux pleins, des magasins bourrés jusqu'au faîte.

C'est le côté curieux pour l'historien et, ajoutons-le, c'est la conclusion logique de la Révolution ; satanique elle est née, satanique elle est restée ; or Satan, nous apprend l'Écriture, « est le père du mensonge et il est homicide ». La Société issue de la Révolution est dévorée par les mensonges comme Sylla fut dévoré par les poux ; mensongère, elle est également meurtrière, elle tue, elle empêche tout germe vital de se développer autour d'elle.

La belle scène finale, au moment de la catastrophe, ce sera la *débâcle des mensonges* : toutes ces façades laissant apercevoir la réalité, tous ces vernis qui brillent craquant et montrant un bois pourri, toutes ces baraques qui s'étayent réciproquement s'écroulant les unes sur les autres...

Il ne faut point se le dissimuler, en effet, tout article du programme libéral, dès qu'on le soumet à l'expérimentation, donne comme résultat ce que Proudhon appelait « une blague ».

On a prétendu que la nation allait désormais contrôler ses dépenses, c'est pur mensonge. Ce qui est vrai, c'est qu'il existait un certain contrôle autrefois et qu'il n'en existe plus aucun maintenant. Ceux qui font semblant de contrôler volent l'argent qu'on leur attribue pour une fonction qu'ils ne remplissent pas.

En 1882 le Sénat a voté le budget en seize jours, en 1883 en dix-huit jours, en 1884 en onze jours. De quelques facultés dont la Nature vous ait doués, je vous défie de vous rendre compte d'un budget de 3 milliards en un si court espace de temps.

....

Trompée indignement sous le rapport financier, la France ne l'est pas moins au point de vue extérieur.

Jadis la France parlait, elle parlait, même vaincue ; elle parlait pour dire de nobles choses et sa parole était écoutée ; aujourd'hui elle ne parle plus. J'en appelle à tous vos souvenirs, avez-vous entendu à la Chambre une belle harangue sur la politique extérieure, un de ces discours que l'Europe lit, discute, médite ?

Pour parler, on n'a pas besoin d'insulter, ni de faire des fanfaronnades. Quand on est représentant du peuple dans un pays qui a dépensé 5 milliards pour son armement et qui peut mettre 5 millions d'hommes en ligne, on a le droit de discuter les affaires de ce pays.

Après le Pape, quoi de plus majestueux qu'un évêque ? *Posuit regere episcopos*, et, cependant, nos pères, épris d'indépendance, avaient fait une locution populaire de ce mot : « Un chien regarde bien un évêque. »

Si un chien a le droit de regarder un évêque, un Français a le droit de regarder M. de Bismarck, et, certes, s'il y a un homme intéressant à regarder, c'est celui-là. J'aurais trouvé tout naturel qu'un orateur rendît hommage à la tribune à ce que cet homme a de vraiment grand, aux services que ce puissant esprit a rendus à sa Patrie, à la condition que cet orateur parlât aussi de nous, qu'il dit : « Voilà ce que la France pense, le jugement qu'elle porte sur l'état de l'Europe, les raisons pour lesquelles elle veut la paix et les conditions dans lesquelles elle la comprend. »

Rien. Tous nos députés ont la bouche cousue ; ils se recroquevillent sur eux-mêmes, dans une sorte de peur frileuse ; ils se pelotonnent sous la couverture sans oser souffler, comme une vieille femme qui croit qu'il y a un brigand caché sous le lit et qui passe sa nuit à claquer des dents sans oser allumer la chandelle. Tous nos malheurs nous viendront de là...

C'est avec cette manie de ne jamais aborder nettement les questions qu'on est arrivé à vivre depuis tant d'années dans des alarmes perpétuelles, dans une espèce d'énervement permanent qui permet, il est vrai, aux Juifs de réaliser de fructueux coups de Bourse en troublant l'opinion à chaque instant par de fausses nouvelles, mais qui est désastreux pour un pays impressionnable comme le nôtre.

....

Le malheur aussi est que notre pauvre France ne puisse plus penser par elle-même ; elle est comme un ballon captif ; on la fait monter, puis on tire la ficelle et elle redescend. Il n'y a plus de nation et il ne peut en exister une sans le sentiment de la race, sans institutions fixes, sans traditions ; il y a des êtres atomisés, selon la très fine expression d'Yvan de Simony ; ils flottent comme une poussière impalpable dans l'atmosphère ; un coup de vent les soulève : ils tourbillonnent vers le ciel ; le vent s'arrête ; ils roulent à terre ; la pluie tombe : ils forment une boue stagnante...

Les Français, au fond, ne savent ni s'ils veulent la guerre, ni s'ils veulent la paix. Tout dépend du courant d'idées que la Presse organise tantôt dans un sens, tantôt dans un autre. Il y a un an le mot d'ordre à Vienne, à Berlin, à Londres était à la guerre ; les coups de Bourse faits, tout le monde est aujourd'hui à la paix, dans un mois peut-être on sera retourné à la guerre. La suggestion journalistique s'opère sous nos yeux sans que personne ne s'en aperçoive.

Au gré de leurs journaux, les Français passent de l'outrecuidance la plus grossière à l'aplatissement le plus incroyable.

....

Avec une Presse pareille, quelle opinion publique voulez-vous avoir ?

....

On songe devant cette pauvre France ainsi meurtrie au temps où Louis XIV mettait le feu à l'Europe parce qu'on avait osé discuter le pas à son ambassadeur, à la place que tenait encore dans le monde le vieux roi vaincu, à la veille de 89, où l'on signait à Paris le traité qui enlevait l'Amérique à l'Angleterre.

Allons, Carnot, c'est le moment d'attaquer le grand air de 89. « Jusqu'en 89 la France était la dernière des nations ; aujourd'hui, elle est glorieuse entre tous les peuples. »

....

Cette pauvre France qui va à sa ruine éloigne d'elle tous ceux qui pourraient la conseiller, la servir. L'homme éminent, qui m'a toujours annoncé ce qui allait se passer en Europe, a été obligé de quitter la diplomatie et l'on a pour ambassadeur à Berlin ce ridicule Herbette qui fait là-bas la figure d'un domestique, sans même savoir écouter aux portes comme n'y manquerait pas un domestique intelligent.

Quel est le mérite de cet Herbette ? Au mépris de tous les règlements, il cumulait les fonctions de directeur au ministère des Affaires étrangères et d'administrateur de la compagnie du canal de Suez... Selon le nombre de vaisseaux qui ont traversé le canal dans le mois, les actions montent ou baissent. Herbette prévenait Freycinet et lui faisait gagner de l'argent. Il n'en a pas fallu davantage pour que cet homme soit nommé ambassadeur à Berlin !

(p. 241-242, 244-252, 255, 257-258, 262, *passim*.)

VISION D'UNE EUROPE NOUVELLE
OU DRUMONT ET L'ALLEMAGNE

J'admire beaucoup l'Allemagne, le courage de ses soldats, le génie de ses penseurs et de ses poètes et je n'ai jamais consacré ma plume à attiser des haines de peuple. D'après les conversations que j'ai eues avec des Allemands appartenant à l'élite intellectuelle, ma conviction est que l'Allemagne ne désire pas la guerre autant qu'on le suppose : les esprits élevés, là-bas comme ici, voudraient que se réalisât, pour le bonheur de l'Humanité, le souhait que formulait Pattai, le député styrien au Reichsradt, dans une lettre adressée par lui aux étudiants de l'Université catholique de Lille, qui lui avaient envoyé une adresse de félicitations après un de ses beaux discours sur la question juive :

« Espérons, disait Pattai, qu'il arrivera enfin le temps où les deux nations qui ont recueilli l'héritage de Charlemagne oublieront leurs vieilles querelles pour réaliser, sur la base des principes chrétiens, la réforme sociale. C'est ainsi que nous inaugurerions une nouvelle croisade contre l'orientalisme, qui de nos temps a fait de nouveau victorieusement irruption dans notre Occident. »

Ce qui nous perd, c'est l'attitude lâche, veule, vile qu'a prise notre gouvernement devant l'Europe.

(p. 250-251)

DIALOGUE IMPROMPTU

— Oh ! ce Wilson ! ce Wilson !
— Qu'est-ce qu'il a fait encore ?
— Oh ! le misérable ! Vendre la croix, ce bout de ruban glorieux ! Quel pirate ! Vous avez vu son dernier tour ?
— Non !
— C'est trop fort !... Ce serrurier qu'on a nommé chevalier de la Légion d'honneur...

Ainsi s'exclament, s'indignent, interjectent, vocifèrent, protestent, écument *L'Intransigeant, Le Radical, La Lanterne, Le XIXe Siècle*.

— Ce serrurier, après tout, avait fait des serrures, mais pourriez-vous me dire ce qu'a fait M. Cornélius Herz pour être grand officier de la Légion d'honneur ?

À ces mots, les Rochefort, les Mayer, les Maret serrent tout à coup les fesses et, comme on dit à Soisy-sous-Étiolles, ils prennent tous leur *va-courir*.

— Voyons, qu'est-ce qui vous arrive ? Ne vous en allez donc pas si vite... On ne veut donc plus causer avec les camarades ? Et votre indignation de tout à l'heure ?

Impossible de rien tirer de ces messieurs, que des exclamations pudibondes où reviennent toujours les deux syllabes du nom de Wilson.

Pour des gens qui ont pris la moralité publique en régie et qui en tirent quelques mille livres de rente, le moment, cependant, semblerait opportun d'élucider cette question : Qu'a fait M. Cornélius Herz pour être grand officier de la Légion d'honneur ?

(p. 274-275.)

CE QUE DIRAIT JUGURTHA DEVANT PARIS...

N'est-ce pas que ce petit coin de fin de monde est piquant à contempler ? Que le monde change peu ! Comme ce Paris en putréfaction où toutes les races viennent mêler leurs convoitises et leurs vices ressemble à la Rome que vit Jugurtha lorsque, attendant son tour d'audience dans l'atrium de quelque sénateur influent, il se demandait : « À quel taux celui-là va-t-il se tarifer ? » « Oh ! ville vénale, s'écriait-il, s'il se trouvait quelqu'un assez riche pour t'acheter ! »

Les Juifs sont plus riches que Jugurtha, et les républicains d'aujourd'hui sont moins chers que ceux d'autrefois. Avec une année de ses revenus, Rothschild pourrait acheter bientôt Paris tout entier, avec ses sénateurs, ses députés, ses magistrats ; on lui donnerait, par-dessus le marché, les histrions, les mimes et les scribes, en un mot tout ce que Louis Veuillot appelle quelque part « la précieuse troupe des esclaves publics ».

....

Les Juifs, parfois, ont de ces exclamations où se trahit leur étonnement devant la richesse de la proie qui leur est dévolue. Après Alaric, après Genséric, il y avait encore quelques lames d'or à enlever aux temples de Rome. Après avoir enrichi tous les Juifs d'Allemagne, de Pologne, d'Italie, de Hambourg, de Francfort, de Vienne, de Wilna, la France a encore quelques débris de sa fortune d'autrefois et les Juifs qui, seuls, savent tout ce qu'ils nous ont pris, s'émerveillent à la pensée qu'il reste encore quelque chose à prendre.

Un jour, Thors, un des Sémites de la Société foncière de Tunisie, se trouvait avec un de mes amis.

— Que cette France est riche ! dit Thors tout à coup.

— Oui, certainement... répondit mon ami, sans bien comprendre.

— Oh ! s'écria Thors, dans un transport d'enthousiasme, dans un accès de lyrisme, vous ne savez pas, non vous ne savez pas ce que la France est riche !

Il semblait, me disait mon ami, que ce Juif eût eu comme la vision du trésor fabuleux devant lequel Ali Baba s'arrêta ébloui, de la caverne pleine, jusqu'au faîte, de lingots d'or, de pierreries et de diamants...
(p. 295-296, *passim*.)

DEVANT LE FLÉAU RÉPUBLICAIN

Les traîtres qui nous gouvernent ont mis dans tous les emplois des Juifs allemands ou des naturalisés pour nous livrer au moment de la guerre. Les scélérats qui sont au pouvoir ont compris que devant l'Europe, à peu près tout entière coalisée contre nous, notre seule chance de salut serait l'union ; ils ont organisé par tous les moyens, par leurs lois, par leurs journaux, la guerre civile dans ce pays ; ils se sont efforcés de diviser les Français entre eux sous prétexte qu'il y a des gens qui vont à la messe et d'autres qui n'y vont pas...
(p. 312.)

LA FRANCE EN MARCHE VERS LA DICTATURE

Sans doute, il est triste pour une nation comme la France d'en être arrivée à ne plus espérer de salut que dans un homme qui, jusqu'ici, n'a accompli aucun exploit extraordinaire[10]. Mais, quand un peuple a une espérance de ce genre, vous ne la lui ôterez jamais, car cette espérance, il ne l'a conçue qu'après avoir beaucoup souffert, après avoir acquis la conviction que le remède n'était que là. C'est la manifestation d'un état d'esprit. On souhaite, non pas seulement ce que Mercier a nommé le *généralisme*, mais l'*impérialat* ; on appelle un *impérator*, un maître, un chef.

Toutes les nations, à un moment donné de leur évolution, ont passé par cette phase. C'est une erreur de se figurer qu'un pays a le choix entre la Royauté et l'Empire : il est en Royauté ou il est en Empire, comme on est, selon le cours de l'année, en été ou en automne, comme on est, selon le cours de la vie, dans l'âge mûr ou dans la vieillesse.

Une Royauté qui n'est plus munie des organes essentiels à son fonctionnement, qui ne repose plus sur les lois d'une hérédité ininterrompue, qui n'a plus ni aristocratie, ni hiérarchie de classes, ni vie municipale, est un Empire, et la meilleure preuve c'est que les d'Orléans n'arguent pas d'un droit supérieur ; ils demandent l'investiture au peuple, au nombre.

....

Pour abattre la République actuelle, il faudra franchir un ruisseau comme César. Ce ruisseau, il est vrai, n'est pas le Rubicon qui roulait ses eaux claires vers l'Adriatique, c'est un ruisseau de boue, quelque chose comme le *cloaca*

---

[10] Il s'agit du général Boulanger. [J. R.]

maxima dont les miasmes pestilentiels chatouillent agréablement les nerfs olfactifs des hommes au pouvoir.

(p. 315-316.)

LES DROITES

En réalité, ce sont des gens médiocres que ces hommes de la droite. J'ai constaté déjà la pauvreté de ce qu'ils ont dit en ces quatre années remplies par tant d'événements faits pour inspirer l'éloquence humaine. Pas un éclair, pas une de ces paroles enflammées qui mettent le feu à tout, pas un de ces cris qui remuent une nation, pas un de ces outrages qui arrachent un hurlement de colère à un ministre prévaricateur, pas une évocation de la Patrie française d'autrefois devant cette France d'aujourd'hui, pillée, trahie, livrée aux Juifs. À part quelques discours de De Mun qui sont vraiment d'un beau souffle, tout a été pure rhétorique, verbiage, plaidoirie ; ils ont parlé tous comme parlent les avocats à la barre ; ils ont dit le contraire de ce que venait de dire celui qui avait oratoré avec eux, et puis voilà tout...

La vérité, c'est que ces politiciens ne croient pas à ce qu'ils défendent. Ils n'ont point le Verbe parce qu'ils n'ont pas la Pensée ; il ne faut point leur demander cette inspection des choses face à face et cœur à cœur qui seule est la caractéristique de toute bonne pensée en tout temps ; ils sont, comme dit Carlyle, « dans les insincères hypothèses, les plausibilités, les ouï-dire ». Ils estiment que la religion vaut mieux que l'irréligion, mais leur âme n'est point pleine de l'idée de Dieu.

Dans ces conditions on ne fait rien qui vaille et on ne touche personne, même lorsqu'on s'exprime en termes bien choisis. Le grand homme n'est pas un homme comblé de dons extraordinaires, c'est un homme ordinaire qui veut résolument accomplir tout ce que Dieu attend de lui ; il sait qu'il y a une volonté divine, une idée de Dieu sur le monde, et il s'efforce ingénument et simplement de correspondre à cette idée.

(p. 319-320.)

LA PEUR DE MOURIR

Ce que pèse dans la balance du Destin une vie volontairement donnée pour une idée, nul ne le saurait exprimer. Des individualités capables de s'arracher violemment du cœur l'amour de vivre deviennent rares. L'enfant brave le péril parce qu'il ne sait pas ; le vieillard prend d'infinies précautions pour se conserver ; à mesure que l'être a jeté de plus profondes racines dans l'humanité, il tient davantage à elle. Les peuples jeunes, ainsi que nous le constatons dans un des premiers chapitres de ce livre, produisent des martyrs, des héros, des êtres sacrificiels ; les peuples vieux en produisent peu.

C'est, qu'au fond, la détermination est dure à prendre et la lutte très dramatique. L'homme a un objectif superbe, glorieux : défendre ses croyances, combattre pour ses convictions, mais il a aussi un subjectif terrible, un subjectif de plomb qui le cloue au sol et l'empêche d'avancer. Comme le prisonnier du baron des Adrets, il s'avance sur le bord de la tour, il interroge l'espace du regard et il se rejette en arrière en murmurant : « Sapristi, quel saut ! »

La peur de mourir, voyez-vous, entrave singulièrement les mouvements humains. C'est la baguette d'arrêt du revolver : le revolver est tout chargé, il ne demande qu'à partir, mais la baguette d'arrêt empêche tout.

(p. 324-325.)

L'INSURGÉ

Le propre de l'insurgé est de se lancer dans l'inconnu, de forcer violemment la main à la Destinée et, par le seul fait de sa volonté, par l'extraordinaire puissance que lui donne le sacrifice qu'il fait d'avance de sa vie, de contraindre la Destinée à accoucher. Il est à la merci évidemment du hasard, mais il peut aussi être servi étrangement par ce hasard ; il a des chances de renverser des gens pris à l'improviste et qui ne sont pas sur le même plan d'idées que lui ; il se heurte à des résistances imprévues, mais, très souvent aussi, il rencontre des défaillances incroyables, des affaissements inouïs, des facilités à passer sur lesquelles il n'aurait pas osé compter ; une porte de bronze derrière laquelle il devait y avoir des hommes prêts à se faire tuer jusqu'au dernier se trouve être une porte de carton, et, quand on l'a enfoncée en pressant dessus, on aperçoit un vieux concierge débonnaire qui vous dit : « Donnez-vous donc la peine d'entrer. »

L'insurgé, au fond, ne sait jamais ce qui arrivera à la suite de ce qu'il fait, mais ce qu'il sait, c'est qu'il arrivera quelque chose. Il a produit de l'action et cette action crée des mouvements, des courants, opère des déplacements de situations et des troubles d'êtres qui seraient restés à l'état latent sans cette secousse.

(p. 327-328.)

UN CONSEIL DE SALUT PUBLIC

Vous êtes chez vous, encore une fois, et une bande judéo-maçonnique outrage ce que vous respectez ; outragez la bande, insultez ces hommes partout où vous les rencontrerez, coudoyez-les insolemment dans les salons et dans les cercles, divulguez les hontes de leur vie, publiez la liste des commerçants juifs, soulevez-vous, défendez-vous ! En admettant que vous receviez quelques horions en combattant, vous ne serez pas des martyrs pour cela, vous serez de vaillants soldats, de braves Français qui ont lutté pour leur indépendance, tandis qu'en subissant le joug ignominieux que vous subissez, vous êtes des mufles et des lâches.

(p. 335.)

L'OPPRESSION SOUS LA IIIᵉ RÉPUBLIQUE

Aujourd'hui l'opprimé ne peut trouver un homme quelconque à qui parler ; il ne sort pas d'une filière de paperasses et de règlements. Du haut en bas de l'échelle, il est convenu que tout est parfait, tous les abus s'arc-boutent, toutes les iniquités se solidarisent. On regarde comme une sorte d'attentat, d'excentricité, de folie, l'acte de celui qui se plaint. Une démarche de ce genre éveille toujours un mouvement de pitié jusqu'au jour où un énorme bloc de boue coagulée se détache subitement, écrasant un Président de République, son gendre, deux généraux, couvrant de souillures un procureur général, éclaboussant les robes de magistrats...

(p. 340.)

UNE ÉCHAPPÉE VERS LA NATURE

> Purifions notre imagination du spectacle de toutes les saletés républicaines en allant contempler la Nature et admirer l'œuvre de Dieu.

... M. de Mun me répondra sans doute que j'ai cent fois raison, mais que ses amis et lui sont trop bien élevés pour agir ainsi, qu'ils éprouvent d'insurmontables nausées à remuer le linge sale des Radicaux.

— Et moi donc ! mon cher de Mun, vous ne pouvez pas vous douter ce que ce chapitre m'a écœuré à écrire.

Quand la dernière ligne sur ces salauds de la gauche a été jetée sur le papier, j'ai dégringolé mon escalier avec la joie des enfants qui entendent sonner la cloche de la récréation, et qui sautent quatre marches à la fois pour être plus tôt hors de l'étude.

J'ai été, d'un bond, au bout de mon jardin. Il y a là un petit coin que j'affectionne : un mur en ruines, très bas, donnant sur un chemin creux. Devant soi on aperçoit des champs, puis un ruban d'argent très mince en été ; c'est la Seine ; au fond, sur l'autre rive, des masses épaisses de verdure avec des trouées de lumière et des dentelures faites sur le bleu du firmament par des arbres qui, de leur panache entreprenant, dépassent un peu la tête de leurs camarades.

Le jour commence à décliner et l'ombre gagne peu à peu les arrière-plans, tandis qu'au couchant le soleil jette ses derniers feux sous un ciel calme, point dramatique, sans aucun de ces nuages à silhouettes changeantes et bizarres qui évoquent parfois à l'imagination l'idée de caravanes fantastiques traversant des cités à l'architecture fabuleuse.

Le sol est tout rasé et d'un jaune foncé ; la moisson vient d'être terminée et, dans le lointain, à mesure que les ténèbres prêtent à tout des formes plus confuses, les *plongeons* font l'effet de tentes au milieu desquelles se dresserait une tente de général, une grosse meule qui domine les javelles voisines.

La sérénité d'une fin de journée enveloppe ce paysage apaisé qui vous communique comme une sensation de détente et de repos, devant cette splendeur des choses visibles : ce que Léonard de Vinci appelait la *Belleza del mundo*.

En m'enfonçant dans mes rêveries, je retrouvais une vision analogue, mais autrement vive, puissante et chaude. J'étais avec les miens dans une carriole qui s'était arrêtée à une montée, sur un chemin du Forez. Derrière les bois de Vollor, les Bois noirs, le soleil se couchait dans un flamboiement, avec des teintes d'un rouge d'incendie. Les moissonneurs achevaient leur tâche en entonnant une chanson du pays :

> *Mariez-vous, car il est temps,*
> *Belle Rose,*
> *Belle Rose,*
> *Belle Rose du Printemps.*

Le « Belle Rose », tantôt caressant comme une prière, tantôt pressant et presque impérieux comme un conseil, se prolongeait à l'infini à travers les vallons, se répercutait jusque dans la montagne ; puis des voix viriles lançaient, comme à la volée, la phrase finale :

> *Belle Rose du Printemps.*

Nous ne pouvions nous détacher de ce spectacle et nous décider à partir et, après six ans écoulés, je revois encore le même tableau.

Pourquoi certaines visions vous demeurent-elles aussi longtemps présentes, vous donnent-elles l'impression d'une heure de votre vie particulièrement heureuse, exempte de toute préoccupation même légère, d'une heure qui ne reviendra jamais pour vous, non plus jamais ?... Pourquoi éveillent-elles en vous le souvenir d'une sorte de dilatation, de complet épanouissement de vous-même, d'un harmonieux et vibrant accord de toutes vos facultés affectives et sensitives ? Ces choses-là ne s'expliquent pas et surtout ne se traduisent pas par des mots écrits...

Ce qui est certain, c'est que dans le même coin de terre et devant le même ciel, je ne me retrouverai plus le même... Quand j'ai de la peine à m'endormir, je n'ai qu'à fermer les yeux pour revoir la voiture arrêtée à la montée, ceux que j'aimais à la même place et pour entendre, dans son rythme pénétrant et doux, la chanson rustique, mêlant au cri de triomphe de la Nature estivale dans toute sa magnificence comme un avertissement que l'Automne n'est pas très loin.

> *Mariez-vous, car il est temps,*
> *Belle Rose,*
> *Belle Rose,*
> *Belle Rose du Printemps...*

(p. 298, 375-378.)

FARCE ET AGONIE DU MONDE DÉMOCRATIQUE

Si vous voulez bien juger cette fin de monde, le caractère dominant de tout, c'est le mensonge, la vaine apparence des choses qui furent réellement grandes et qui se terminent en comédies et en grimaces.

Prenez-vous au sérieux tous ces acteurs en scène, ces magistrats qui prononcent gravement des jugements et qui psalmodient d'une voix sourde des kyrielles d'*attendus* solennels, ces héritiers de noms glorieux qui, vous dit-on, incarnent l'antique honneur en face des hontes du présent, ces représentants des principes monarchiques qui n'attendent qu'une occasion pour mourir pour leur cause ?

Alors vous souffrirez réellement lorsqu'il vous sera démontré que ces magistrats vendent cyniquement leurs arrêts, que ces gentilshommes s'intéressent infiniment plus à une *garden-party* qu'à tout ce qui se passe en Europe, que ces défenseurs de la Royauté, non seulement ne sacrifieraient pas leur vie, mais ne risqueraient pas un écu pour leur foi. Vous avez commencé en badaud et vous finirez en misanthrope et en hypocondriaque, vous serez écœuré de l'universelle imposture qui est le signe des jours présents.

La vérité, étant saine par elle-même, attriste moins celui qui s'accoutume à envisager la société contemporaine d'un regard indépendant et ferme. Ce que nous voyons, en effet, c'est la période ultime d'une phase sociale, des finissements de choses, des achèvements d'êtres. Les choses se finissent dans la forme où elles ont été, les êtres s'achèvent dans la modalité où ils ont vécu. Le corps dans lequel la flamme vitale est en train de s'éteindre garde encore le contour général qu'il avait au moment où il était plein de force.

Sans doute, il serait intéressant de montrer tout à fait dans le détail comment disparaissait chacune de ces représentations du Passé, et il est regrettable que l'écrivain, incessamment mêlé à la vie mondaine du XVIIIe siècle, soit tenu aujourd'hui à une certaine distance de l'intimité des gens du monde.

Henri Fouquier, Paul Hervieu, Paul Bonnetain ont écrit des pages subtiles à ce sujet, mais n'ont point, selon moi, démêlé le motif exact de cette espèce d'hésitation que le monde témoigne à s'ouvrir à l'écrivain, tandis qu'il se livre tout entier au premier reporter venu.

Le cas est différent. On ne ment pas à un reporter, car il ne vous demande jamais que ce que vous voulez bien lui dire. Comme le tapissier, le fournisseur du buffet ou le jardinier fleuriste, il a son rôle dans l'organisation de la féerie mondaine ; il vous fournit les épithètes : « Les chrétiennes incomparables, les chefs héroïques du parti monarchique, les descendants des preux. » Cela ne tire pas à conséquence…

Vis-à-vis d'un écrivain, les gens du monde seraient plus gênés, car si la Société elle-même repose sur une imposture, les gens du monde sont moins hypocrites et moins fourbes qu'on ne le croit, pour l'excellente raison que l'hypocrisie suppose un travail, une fatigue, et que les gens du monde sont incapables de cet effort ; ils vivent sur une fiction, mais ne font rien personnellement pour tromper ceux qui sont en relation avec eux. Dès que vous êtes entrés chez eux, que vous vous êtes assis à la même table, que vous avez pris la tasse de thé en devisant, les vrais gens du monde se défont de la défroque dont les affublent les journaux distingués ; ils en reviennent aux traditions de spirituelle et libre causerie du XVIIIe siècle et vous livrent ingénument le secret de leur âme : « Charette et ses zouaves pontificaux, la haine implacable à la République, les martyrs dans le Cirque », tout cela, c'est bon à mettre dans les papiers, et, encore, ne voient-ils pas très bien pourquoi on l'y met.

Le véritable état d'âme chez tous, c'est un profond dédain pour ceux qui nous gouvernent aujourd'hui, un scepticisme immense, une bonté vague ou plutôt une absence complète de méchanceté, un désir unique, celui de s'amuser, et, pour résumer le tout, le mot du XVIIIe siècle : « Après nous, le déluge ! »

C'est le XVIIIe siècle lui-même, mais un XVIIIe siècle où le blasphème qui salit, l'athéisme qui dessèche est remplacé par une poésie religieuse qui imprègne l'être tout entier, qui ajoute du charme à l'existence, mais qui n'a aucune action sur la conduite morale.

Tous, remarquez-le, trouvent tout simple que vous les attaquiez, ils vous disent : « Comme c'est vrai, ce que vous avez écrit ! » Quant aux sentiments qu'ils ont pour les Juifs, ce n'est pas, comme vous, de l'indignation pour les exactions commises, pour la ruine du pays organisée. C'est une sorte de mépris indéfinissable, indicible que vous n'éprouvez pas vous-même, car vous avez de l'admiration intellectuelle pour les facultés spéciales de cette race ; ils vous racontent sur les Juifs mêlés au mouvement mondain des horreurs que vous ne voudriez pas écrire et ajoutent qu'ils dînent chez Rothschild ou chez Hirsch le lendemain...

(p. 380-382.)

ANECDOTE MONDAINE

Je crois ne pas manquer aux convenances en rappelant les difficultés qu'une dame, qui joint à beaucoup d'esprit un merveilleux talent de cantatrice, eut à se faire accepter dans les salons aristocratiques il y a quelques années. Elle avait beau être marquise par son mariage, elle n'en était pas moins fille d'un raffineur, et on le lui faisait sentir à chaque instant.

Il est vrai que la dame n'était pas embarrassée pour répondre et que plusieurs se mordirent les doigts de l'avoir attaquée.

Un jour elle tenait une tasse de thé lorsque M. de Choiseul Praslin lui dit ironiquement :

— Marquise, je crois que vous avez une tache de sucre sur votre robe...

— Cela n'est rien, répondit Mme de X... Il n'y a que les taches de sang qui ne s'effacent pas...

(p. 385.)

PAR LA CAMPAGNE ANGLAISE. — MÉDITATION SUR LES JÉSUITES

Je m'étonne qu'au prix de tant d'efforts, en mettant au service de leur œuvre, en même temps qu'une si héroïque abnégation, une si merveilleuse intelligence, les Jésuites n'aient pu obtenir davantage des jeunes générations qui ont passé par leurs mains.

Ces pensées me hantaient souvent en cheminant sur les routes du Kent, lorsque j'habitais Canterbury. Ces petites routes anglaises, entretenues comme des allées de parc, ont un pittoresque particulier et l'on s'arrête parfois rêveur devant ces cottages dont les fenêtres à carreaux minuscules sont ornées de l'inévitable pot de géranium. Je vois encore à la place où il était un indigène dont je n'ai jamais aperçu la figure. Le dos tourné à la route, appuyé, les bras croisés, à la barrière de bois qui fermait son jardinet, il était là, en contemplation devant son cottage ; je l'ai toujours trouvé à la même place et dans la même position. J'ai imaginé que c'était quelque voyageur qui avait fait cinq ou six fois le tour du monde et qui se reposait enfin...

Nul pays, d'ailleurs, n'est plus propre au repos, et à certaines heures cette atmosphère anglaise, qu'on dit désagréable et maussade, a je ne sais quoi de pénétrant et d'alanguissant qui n'est pas sans attrait. Le paysage semble plus romantique qu'en France. Lorsqu'on a longuement admiré ces tours de la cathédrale de Saint-Thomas-Becket, qui se détachent, imposantes, sur l'horizon, on aperçoit, en se tournant d'un autre côté, un coin de pays d'une physionomie toute différente, des habitations bien propres, tout à fait modernes, et, à quelques pas, une lande près d'un pont qui, sous les clartés de la lune naissante ou par un ciel d'automne, citronneux et aigre de ton, comme on en trouve souvent là-bas, prend un aspect fantastique.

Je songeais aux maîtres de ce collège de l'exil, à ces hommes d'élite qui ont renoncé à tout pour se consacrer à l'éducation de la jeunesse. Il y a là des individualités vraiment surprenantes pour nous, des hommes de trente ans, en pleine éclosion d'une intelligence remarquable, qui se privent même du plaisir de lire des livres qui les intéresseraient, de s'occuper de questions qui les attirent, pour servir de pions à des enfants, qui couchent avec eux dans les mêmes dortoirs, qui, nés riches, s'assujettissent aux tâches les plus arides, les plus rebutantes, les plus sèches.

À quoi cela sert-il ? est-on tenté de dire. En dehors des officiers qui feront honneur à leurs maîtres, les jeunes gens, qui auront coûté tant de peine à élever, conduiront le cotillon dans les bals donnés par quelque Juif enrichi avec des spéculations véreuses et des coups de Bourse éhontés.

À ceci le Jésuite ne peut rien et, au fond, l'état social tel qu'il est ne lui paraît peut-être pas aussi odieux qu'à nous-mêmes. Chaque ordre a une effigie particulière en même temps qu'une mission distincte. Les Jésuites sont arrivés quand le Moyen Âge était fini et n'ont point connu l'admirable ordre chrétien sur lequel reposait la société du Passé ; ils ont été les hommes d'un état social nouveau ; ils ont modelé et formé à leur image ce grand XVIIe siècle qui fut leur siècle à eux ; toutes leurs idées se rattachent encore à cette époque. Leur conception de la vie générale est un accommodement mutuel où tout s'arrangerait grâce à leur dévouement à eux, à leur connaissance du cœur humain, à un liant réciproque. Ils ne voient pas très nettement la nécessité d'institutions sociales garantissant le Travail contre l'exploitation du Capital ; s'ils avaient l'influence, tout irait bien, comme tout allait au Paraguay dont ils avaient fait un Paradis terrestre sans une organisation fixe, sans un système arrêté, uniquement parce qu'étant de braves gens ils conciliaient tout dès qu'ils pouvaient agir à leur guise.

Les Juifs détestent les Jésuites parce qu'ils sont par leur organisation le plus sûr rempart de l'Église, mais les Jésuites n'ont pas pour les Juifs l'aversion qu'éprouvent des ordres qui ont été mêlés à la vie du Moyen Âge. D'ailleurs, et c'est là la dominante de leur type, ces Jésuites si rudes pour eux-mêmes, si indifférents aux joies humaines, sont essentiellement sociables ; ils tiennent compte de tout ce qui a un rang dans la Société, sans s'occuper trop de la façon dont ce rang a été acquis ; sûrs d'eux-mêmes, ils ont l'optimisme un peu dédaigneux des êtres de haute vertu et ne demandent point l'impossible.

Sans doute un homme qui a le caractère assez fortement trempé pour devenir un Jésuite n'aurait pas épousé, même s'il fût resté dans le monde, la fille d'un usurier juif, mais il ne trouve pas mauvais qu'un élève des Jésuites fasse un tel mariage. Cet élève, le Jésuite le connaît à fond ; il sait la futilité de ces natures, leur besoin de luxe ; il comprend que le pauvre petit homme, dès qu'il aura mangé son patrimoine, n'est pas de taille à se faire une place dans la vie, et il se dit : « Une fois redevenu riche, il tiendra son rang dans le monde, il aura un beau train de maison, il fera du bien : après tout, c'est autant de repris sur l'ennemi ! Car si l'on compte sur les gouvernants modernes pour faire rendre gorge à Israël, on pourrait compter sans son hôte. »

Ceci vous explique que l'introduction du Juif dans la société française n'ait pas rencontré d'obstacles bien sérieux de la part du Jésuite dont l'action est cependant grande sur la haute Aristocratie.

(p. 413-415.)

DÉCADENCE FATALE DE L'ARISTOCRATIE FRANÇAISE

Les Jésuites avec leur influence, les écrivains chrétiens avec leur éloquence, les écrivains radicaux avec leur insolence ne peuvent rien contre l'irrésistible force qui pousse les classes privilégiées à se détruire elles-mêmes.

L'Aristocratie, dépaysée, déracinée par la Révolution, n'a pu reprendre pied dans le sol de France ; elle est restée une plante de serre. Au moment de la Révolution même, elle n'eut aucun sentiment de ses intérêts véritables : au lieu de se cramponner à la motte de terre française, elle crut à une sorte de Franc-maçonnerie du sang bleu ; elle se fia à l'Aristocratie européenne qui la berna, la railla, la trompa. Aujourd'hui encore, elle agit de même ; elle est victime d'un aveuglement semblable : elle espère pour la protéger dans une sorte de Franc-maçonnerie des intérêts, des plaisirs, de l'argent ; elle ne songe point à imiter les nobles Roumains, les Gerghel, les Cortazzi, les Butculesco, qui se mettent à la tête d'un mouvement national contre les Juifs, qui dépensent des sommes énormes pour exciter encore les paysans contre eux.

Tout au contraire, au lieu de faire cause commune avec les petits propriétaires ruinés, les petits fabricants retombés à l'état de salariés et qui constitueront bientôt le plus redoutable bataillon de l'armée socialiste, l'Aristocratie s'identifie de plus en plus avec la Juiverie, la Haute Banque, les gros exploiteurs ; elle s'éloigne de plus en plus des travailleurs, des Français autochtones dont un fond d'idées de même origine, une même conception d'un certain idéal dans la vie devraient la rapprocher ; sous prétexte que tous les écus sont frères, elle se solidarise avec les ennemis du pays. Pendant la Révolution le cœur de l'aristocratie n'était pas avec les paysans héroïques qui luttaient en Vendée, il était avec Coblentz ; — aujourd'hui il est avec Francfort... — Francfort ne lui réussira pas mieux que Coblentz.

(p. 415-416.)

VISION DE L'ENTERREMENT DE VICTOR HUGO

Vous revoyez d'ici le cortège : 100.000 hommes défilant, un fleuve humain, une forêt de fleurs en mouvement ; Anatole de la Forge, le vieux cabotin, voyant là une occasion de se faire remarquer et attrapant une insolation en s'obstinant à rester tête nue lorsque tout le monde était couvert ; à sept heures du soir, le dernier peloton de cavaliers harassés, à cheval depuis huit heures du matin, fermant la marche derrière les Beni-Bouffe-Toujours et les voitures-réclames et semblant dire : « Quand arriverons-nous ?[11] »

(p. 430.)

LE PAUVRE

La préoccupation de cacher le vrai Pauvre, le Pauvre en chair et en os, est un sentiment commun aux sociétés protestantes comme aux sociétés juives. Saint Labre, en Angleterre, eût été mis dans un *workhouse*. L'Église, au contraire, a voulu que l'être de renoncement qui, en ce temps de paganisme et de sensualisme, avait recherché la pauvreté volontaire en ce qu'elle a de plus rebutant, fût honoré sur les autels ; elle a célébré, au milieu de toutes les pompes,

---

[11] Cf. sur Victor Hugo l'étude si vivante de Drumont dans *Figures de bronze ou statues de neige*, p. 19-40, — et son jugement à la marque puissante et définitive dans *Sur le chemin de la vie. Souvenirs* (1914), p. 83-97. [J. R.]

dans l'éclat des lumières et des fleurs, la canonisation de celui qui avait vécu des débris jetés à la borne...

(p. 433-434.)

PARIS QUI S'ENDORT

La Préfecture de Police n'est point « une administration paternelle », selon l'expression d'un chef de cabinet, mais elle est une administration bourgeoise et veille, à sa façon, à la conservation de ce monde qui craque de toutes parts ; elle empêche, autant qu'elle le peut, que les secrets de cette société pourrie jusqu'aux moelles n'arrivent au peuple.

En dépit de la publicité, que de hontes, que de drames étouffés entre les murailles d'un cabinet de préfet de police !

Vers 2 heures du matin seulement, Paris a fini sa journée ; alors, comme à la marée pleine, une dernière vague arrive, une vague de boue, cette fois ; la soirée apporte son dernier scandale.

Un grand personnage, un homme influent, un gentleman de haute mine demande à être conduit directement devant le préfet ou son chef de cabinet. C'est un secrétaire d'ambassade, comme celui qu'on avait surpris habillé en femme dans une voiture avec de petits garçons... On déchire le procès-verbal et le malheureux se tire un coup de revolver sur le seuil même du cabinet du préfet...

Voici qu'accourt un commissaire éperdu, auquel on avait prescrit de faire une descente dans une maison où se passaient d'ignobles orgies et qui a trouvé, au milieu des Bacchantes, la femme même d'un des gonfaloniers de la République...

Après lui c'est le tour des amis de ce grand manieur d'argent d'Israël dont Macé nous a raconté l'histoire à mots couverts. Il avait un petit boudoir, à lui réservé, dans l'hôtel d'une célèbre proxénète, lorsqu'il expira affublé d'un corset en satin cerise et d'un jupon blanc. Il fallait nécessairement le sortir de là pour que la Presse pût, le surlendemain, manifester son chagrin d'une mort causée par l'excès du travail et consacrer au défunt le tribut de ses hommages.

Parfois c'est un grand seigneur qui fait réveiller le préfet et qui l'apostrophe, d'une façon hautaine : « En vérité, monsieur, il se passe de singulières choses dans ce pays ! Croyez-vous qu'on a eu l'audace de m'arrêter sur un banc, moi ! Passe encore pour cette fois, mais que cela ne se renouvelle plus ! »

Le préfet s'incline et reconduit jusqu'à la porte celui qui vient de lui parler ainsi, en exprimant ses profonds regrets...

Qu'auriez-vous fait ? Celui qui le prenait de si haut était le représentant d'une nation qui se dit vertueuse entre toutes. L'homme arrêté sur un banc portait la paix ou la guerre dans les plis de son veston, un peu fripé par la main des agents...

Les lampes commencent à pâlir. Les employés de la permanence vont se coucher. Les ivrognes boivent leur dernier verre dans les cabarets restés ouverts.

Les souteneurs se disputent avec leur *marmite* à propos de la recette du soir. Le lendemain tout le monde reprendra le grand air de bravoure sur la Morale et la Vertu.

(p. 434-436.)

CONFESSION DE L'AUTEUR

« L'art est un sacerdoce » n'est point une phrase ridicule, cela est absolument vrai. L'Art impose certains devoirs, il comporte une sorte d'eurythmie, de mesure qu'on ne peut dépasser sous peine d'être hors de l'Art...

J'ai rêvé parfois d'être poursuivi par 25 personnes à la fois, d'avoir des procès dans toutes les Chambres, d'être obligé de me retirer en Suisse, et, au lieu de m'en tenir au document banal, à ce qui est dans le débat public ou la conversation courante, d'écrire avec mes notes, avec ce que racontent sur les Juifs ceux qui vivent avec eux, un livre absolument vrai. C'est très difficile sans sortir de l'Art. C'est la besogne de ceux qui font des mémoires secrets sur ce temps-ci, tout en étant bien avec tout le monde, et Dieu sait s'il y a des gens qui s'emploient à ce travail en ce moment et qui se disent : « J'aurai vécu toute ma vie dans la convention et dans le mensonge, mais je parlerai après ma mort. »

(p. 436.)

LA COMÉDIE DE LA POLITIQUE

Les imbéciles sont ceux qui se sont échiné le tempérament à combattre cette loi maçonnique qui a fait tomber la France au-dessous des peuplades barbares où l'on a du moins la notion d'un Être suprême. Ils n'arriveront jamais à rien ; ils ne seront jamais de l'Académie ; ils n'ont pas compris que tout cela était comédie, tirade convenue, attitude scénique et qu'il ne fallait prendre ces feintes que pour ce qu'elles valent.

C'est la vie du théâtre. Accoudés à un portant les deux premiers rôles causent ensemble.

— Tu viens souper ?
— Non, pas ce soir !
— Je t'en prie.
— Voyons, en scène ! leur dit le régisseur, vous allez manquer votre entrée.

Vous entendez, tout à coup, venir de la salle ce bruit d'applaudissements qui produit un effet particulier quand on ne voit pas ceux qui applaudissent, le tonnerre de ces bravos qui vous arrive en bloc comme une salve de balles tirées en même temps.

Le premier rôle a foudroyé la femme de son mépris : « À genoux, misérable créature, je vais vous tuer ! »

Le rideau tombe et le couple revient bras dessus, bras dessous...

C'est la même chose sur le théâtre politique et sur le théâtre académique.

— Soyez maudits, vous qui nous avez tout enlevé, qui nous avez pris l'âme même de nos enfants...

C'est le final. L'orateur va se rafraîchir et son adversaire le congratule pendant qu'il s'éponge.

— Vous avez été vraiment très bien...
— Vous trouvez... Je vous assure cependant que je n'étais pas en train.
— On ne s'en serait pas douté à vous entendre.
— Vous êtes trop aimable.

(p. 442-443.)

INSANITÉ DE LA JUSTICE RÉPUBLICAINE

C'est au Palais de Justice qu'il faut aller si l'on veut voir les sacrifices humains offerts chaque jour à l'Idole mensongère à laquelle nul ne croit plus... C'est là que triomphe le Simulacre, sans qu'il soit même permis de sourire du culte solennel que lui rendent des gens qui ont pour la Justice actuelle plus de mépris que je n'en puis avoir moi-même.

Là seulement on éprouve bien la sensation de ce que peut être la fin d'une Société qui n'a plus aucun principe, aucune attache de conscience, aucune corrélation avec le Divin qui est dans toute la nature, aucun rapport avec cet idéal qui était dans tous les hommes autrefois, qui ne vit plus que sur des formules que modifient, selon l'argent versé, les faux prêtres chargés d'appliquer ces formules arides et vaines.

Le Juif, d'un mot prononcé dans un endroit, qu'il suppose sans écho, dit à chaque instant la vérité sur ce qui est présentement. M. Zadoc Khan, dans une brochure : *L'Esclavage selon la Bible et le Talmud*, a expliqué ce qu'était la Justice présente :

« Cet admirable Code civil romain, écrit-il, qui a inspiré tant de législateurs modernes, devait plaire à l'esprit fin et pénétrant des auteurs du Talmud. »

Et de fait, Byzance et Jérusalem fraternisent maintenant au Palais, sous les auspices de la Maçonnerie : ces deux villes mortes ont pris Paris tout vivant. Le Pharisien et le Juriste du Bas-Empire, qui étaient faits pour se comprendre, se sont retrouvés après des siècles et travaillent de compagnie. La ruse grossière du Juif se complète de l'astuce du Grec. Les subtilités du Talmud se sont greffées sur les arguties des rhéteurs byzantins. Le traité *Baba Kamina* ou le traité *Ha Gozel* s'est enté sur le Digeste. Les gloses savantes, dans lesquelles les enfants d'Israël apprenaient à tromper le *Goy*, se sont ajoutées aux commentaires fallacieux, aux artificieuses distinctions des scribes du Prétoire qui ont épilogué sur les Pandectes. R. Higa le Grand, bar Kippara ou bar Bethera sont des autorités égales à celles de Tribonien. Les Tosaphistes du Ghetto opèrent à côté des Sophistes de la Rome impériale. La toge et le taleth se sont accouplés et la simarre du conseiller laisse voir le Miszonophet du Cohen-Hagadol.

Tous ces gens-là s'entendent à merveille : ils vont le matin à la même synagogue, l'après-midi au même tribunal et le soir au même lupanar...

Le Code apparaît maintenant, non plus sous l'aspect d'un livre qu'un magistrat des temps anciens ouvrait pour y trouver un texte précis, mais sous la forme plutôt d'un immense rouleau de Thora qui se déploierait à perte de vue, d'un gigantesque papyrus funéraire comme on en découvre dans les mausolées d'Égypte. Des hommes à mine patibulaire déroulent ces palimpsestes qui sentent la pourriture et l'humidité glaciale du tombeau et, d'une voix chevrotante et cassée, ânonnent les fragments du rouleau qui leur paraissent s'appliquer plus ou moins bien avec le cas dont il s'agit. Ils appellent cela des *attendus*, des *considérants* et des *vus* : j'ignore pourquoi, car ces jugements sont généralement inattendus ; quant aux juges, ils ne sont pas considérés par eux-mêmes, ils n'ont rien considéré dans l'affaire et ils n'y ont absolument rien vu...

Il résulte de cette collaboration entre Hérode et Justinien, entre les Caïphes de Rullier et les Pilates de la conférence Molé, je ne sais quoi d'horrible, de scélérat et de convenable en même temps. Les gens reçoivent ces arrêts-là sans crier. J'ai suivi des couples, le mari et la femme, têtes de braves gens tous les deux, qui, frappés dans leur honneur et dans leurs biens, descendaient l'escalier côte à côte, sans parler. Ce n'est qu'une fois dehors, une fois le dernier municipal franchi, devant la grille, qu'ils se soulageaient, qu'ils disaient ensemble : « Quelles canailles ! Où en sommes-nous ? »

D'instinct, ils donnaient la note exacte sur la situation. Nous ne sommes plus dans l'ancien Droit français ; vaincus, nous sommes soumis à la loi du vainqueur.

....

Qui n'a rencontré, un jour ou l'autre, dans une justice de paix, le déclassé que le peuple désigne sous le nom de *Galope-chopine*. Le pauvre hère attend que la cause dont il est chargé soit appelée en buvant une absinthe au café d'en face et, parfois, on le voit passer la tête par la porte entr'ouverte et (faute de montre), regarder l'heure exacte au cadran de la mairie. Les Parisiens ne s'y trompent pas et connaissent cette figure, quelquefois marquée des stigmates de tous les vices, souvent aussi empreinte de la douloureuse tristesse des victimes de la Destinée...

Mettez la simarre de garde des Sceaux ou bien la toge bordée d'hermine et la toque au liseré d'or sur ce malheureux, et vous aurez un légiste qui vaudra tous les légistes officiels.

....

Sans doute, la magistrature a perdu depuis longtemps l'esprit de véritable justice, mais tant que l'élément français domina, elle resta, du moins, fidèle à la lettre de la loi. « C'est le texte de la loi », disaient les hommes noirs, et ils appliquaient le texte. Israël a vite eu raison de ces préjugés surannés. Quand la loi formelle gêne les Juifs ou les Francs-maçons, on la viole cyniquement.

Cette magistrature, qui pétrit les textes de la loi à son gré, comme on fait d'une cire molle, pour les modeler sur les intérêts d'Israël, qui dit blanc et noir, oui ou non, selon la consigne qui vient de la rue Saint-Florentin[12], qui condamne ou absout au doigt et à l'œil, est restée, elle aussi, très ancien régime, dans le mauvais sens du terme, très contemporaine de Montesquieu, qui allait assister à une séance de torture avant d'aller écrire une page du *Temple de Gnide* ; elle est absolument fermée à nos compréhensions plus humaines de l'existence, de la fatalité des milieux, de l'irresponsabilité relative de certains maléficiés de la vie, incapable des nobles anxiétés qui nous prennent devant certains actes, criminels certes, mais si naturels dans certaines conditions ! — très étrangère, en un mot, aux sentiments propres aux modernes.

Avant le plat de résistance, l'affaire importante, en guise de hors-d'œuvre, les juges de la correctionnelle abattent chaque jour une douzaine de victimes dont on n'écoute même pas une seconde les explications.

Ces déblaiements d'audience, dont Goncourt et Daudet ont tous les deux noté le caractère la fois grotesque et sinistre, sont la grande émotion du penseur qui entre au Palais dit de Justice. Il semble qu'une machine ferait la même besogne que ces trois hommes et qu'elle aurait le même bruit impitoyable, régulier et sourd. « Vlan ! Vlan ! Vlan ! » Un coup de doigt sur la balance à faux poids de Thémis ! Enlevez ! c'est pesé !

....

C'est un endroit qui éveille des pensées que ce Palais de Justice. En face de toutes ces Chambres, de tous ces antres où pas un mot de vérité ne s'entend jamais, où s'entassent toutes ces paperasses, ces fraudes avec timbre légal, cette poussière mortuaire dans laquelle le monde actuel s'enfonce peu à peu, la Sainte-Chapelle se dresse, toujours rayonnante de jeunesse et de poésie.

On ne voit plus dans la miraculeuse chapelle, incomparable chef-d'œuvre d'architecture, construit en cinq ans dans ce Moyen Âge que les Lockroy et les Proust appellent une époque de barbarie, la statue de la Vierge qui tenait d'abord la tête droite et qui la pencha, en 1304, pour donner une marque d'approbation à un discours de Jean Scott sur l'Immaculée Conception. Mais les arcs en ogive décorés de fines colonnettes, les pointes de clochetons où la couronne d'épines dominait la couronne de France, élèvent insensiblement l'esprit vers le ciel, vers l'azur, éveillent une impression de lumière, de saison claire, de jour qui naît.

> *Esté faisait bel et seri,*
> *Doux et vers, et cler et joli,*
> *Délectable en chans d'oisillons,*
> *En haut bos près de fontenelle*
> *Courant sur menue gravelle.*

Ainsi chante un ménestrel contemporain de saint Louis, Adam de la Halle, et l'on se plaît à rêver devant tous ces hommes au visage obscur, à la mine basse,

---

[12] Domicile de Rothschild. [J. R.]

à l'œil libidineux, qui passent avec de gros dossiers, en échangeant des plaisanteries boulevardières, au saint roi Loys qui rendait la justice sous son chêne.

Le chêne lui aussi a disparu. S'il avait résisté au temps, il eût été coupé dans l'immense abatage auquel se livrèrent, dans la forêt de Vincennes, les Isaac et les Gabriel Lévy, qui, avec la complicité d'Alphand, firent pour 300.000 francs de dégâts dans le bois pour leur vaste escroquerie du Centenaire des chemins de fer.

....

Si les conservateurs avaient été intelligents, il ne tenait qu'à eux de détruire une des créations les plus funestes de la Révolution, de briser cette magistrature qui est un si effroyable instrument de corruption, d'oppression et de démoralisation ; ils n'avaient qu'à mettre les radicaux au pied du mur et à les forcer de voter avec eux l'élection des juges que l'extrême gauche avait fait figurer dans son programme, sans avoir, bien entendu, l'intention de l'accorder.

Tout n'est pas d'essence aussi révolutionnaire qu'on le croit dans les programmes que l'opinion publique impose aux députés avancés. Quand un chien est malade, il va chercher tout naturellement l'herbe qui le guérira ; quand un homme étouffe, il ouvre la fenêtre ; quand un noyé sent qu'il coule à fond, il tente un dernier effort pour remonter à la surface. Les peuples ont ainsi des revendications en quelque sorte instinctives. Les classes ouvrières ont dû nécessairement et fatalement revenir, par les associations, les chambres syndicales, à ces corporations dont la destruction avait été, au dire des libéraux bourgeois, le plus glorieux exploit des hommes de 89. L'élection des juges est une aspiration du même ordre, un besoin de retourner, non seulement au-delà de la Révolution, mais au-delà des usurpations de la Monarchie absolue, vers les institutions populaires de nos pères...

Les conservateurs ont la vue trop courte pour comprendre cela...

Pour les conservateurs, le magistrat, qu'on l'ait pris dans un estaminet ou dans une loge maçonnique, qu'il s'appelle Loëw ou Canel, est toujours un monsieur qu'il faut respecter parce qu'il est assis sur une espèce d'estrade, qu'il est habillé d'une certaine façon, qu'il a un jupon noir, qu'il est coiffé d'une toque et qu'il porte à cette toque le ruban doré que les courtisanes de jadis portaient à leur ceinture...

Je suis à l'âge où l'on sait la valeur de ce que l'on écrit, et c'est en sociologue qui a étudié avant de parler, qui a eu même à sa disposition des documents qu'il ne peut pas publier, que je lègue à l'avenir cette affirmation : « La magistrature française est une prostituée. »

Ne croyez pas à une sorte d'indifférence, de laisser-aller de sceptique : ces gens-là sont implacables.

Ils ont besoin de frapper, car frapper est leur raison d'être, leur seule façon de faire admettre qu'ils servent un grand intérêt social ; ils ont besoin de frapper aussi pour se donner une satisfaction, une jouissance personnelle. Une joie mauvaise se lit sur leurs figures ricaneuses et blafardes quand ils ont frappé, quand ils ont sacrifié une victime de plus à cette Idole de justice, à cette Idole morte dans laquelle ils n'ont plus foi...

Voilà les juges actuels ! Et ces gens vous prennent des attitudes, posent pour la Vertu ! Ils se carrent, insolents et raides, sur des fauteuils que Cambyse aurait fait recouvrir avec leur peau. Jamais pays n'est tombé plus bas et c'est venger la conscience publique que de fouailler ces magistrats vendus, que de les outrager, comme je le fais, dans l'exercice de leurs fonctions... Oh ! dans l'exercice de leurs fonctions toujours ! Ce délit mène devant la cour d'assises, et, avec quelque soin qu'on choisisse les jurés, il pourrait s'y trouver des braves gens, des Francs-maçons même, dont je ne comprends pas la présence dans les Loges ; ceux-là ne me condamneraient pas. Pour m'envoyer en prison tandis qu'on renvoie Erlanger[13] indemne, il ne suffirait pas d'avoir un jury trié sur le volé, il faudrait encore un jury trié sur le voleur...

(p. 461-465, 468-469, 477-478, 480-481, 498, 500-501, *passim*.)

EN FORÊT[14]

Impression générale. — Le leitmotiv du drame social. — Les imperfections de ce livre. — L'influence alanguissante de la campagne. — Où l'on voit Bob tel qu'il est avec ses qualités et ses défauts. — Les Juifs au Bois. — Le discours que se tint l'auteur. — La première sortie de Bob. — La haine de Daudet pour la race chevaline. — Le vrai caractère du cheval. — Au bord de la Seine. — Grandeur et décadence des Syrènes. — Goûts classiques du cheval en littérature. — Dans la forêt de Sénart. — Les fils de fer de Cahen d'Anvers. — Tout est aux Juifs. — Les arbres du Domaine et les diamants de la Couronne. — *Super flumina Babylonis*. — Le collier de 67 perles. — Les arbres bleus de Watteau. — Un bonjour aux amis morts. — Albert Duruy et Raoul Duval. — Ceux qui sont partis sont heureux. — Le lis flétri.

Si j'ai réussi à me faire comprendre de mes lecteurs, je pense qu'à la fin de ce volume ils aperçoivent la situation sous le même angle visuel que moi.

Les sentiments mauvais ont existé à toutes les époques, mais autrefois les bons sentiments, qui s'affirmaient à côté des mauvais, étaient sincères et énergiques, allaient jusqu'à l'action. Le Bien avait sa logique comme le Mal ; l'Amour était aussi passionné que la Haine. Dans quelque camp qu'ils fussent, les hommes de partis opposés luttaient sérieusement, ils regardaient comme un devoir de faire tout ce qu'il était humainement possible de faire pour frapper ceux qui les attaquaient, qui attentaient à leurs droits, qui conspiraient contre la Patrie.

---

[13] Financier juif de la fin du XIXe siècle, escroc, acquitté par les tribunaux républicains. [J. R.]

[14] Nous reproduisons en entier ce chapitre final de *La Fin d'un monde*, si étincelant, profond, humaniste, où règne le grand Drumont, le penseur, l'ami, le poète de la nature, avec la marque du génie même. La dernière page notamment est, certes, une des plus belles qui soit jamais jaillie de la langue française. [J. R.]

Le Mensonge, l'écart entre la Réalité et l'Apparence, entre ce que les gens disent, font semblant de croire, de vouloir, d'espérer et l'état vrai de leur cœur et de leur esprit, une fictivité générale — telle est, au contraire, la caractéristique du temps présent, tel est le *leitmotiv* de la pièce bruyante qui se joue devant nous.

C'est une trouvaille de philosophe attentif et de psychologue profond que ce *leitmotiv* wagnérien qui, au milieu des complexités du drame, rappelle le type de chaque personnage et, en même temps, évoque une idée qui a déjà traversé les âmes, une impression déjà à demi effacée. Le *leitmotiv* apparaît ainsi, comme nous apparaissent à chaque instant des réminiscences, déjà très lointaines, qui tout à coup reconstituent l'intégralité de notre *moi*, relient l'être que nous étions au premier acte de la vie à l'être qui s'agite aujourd'hui, entraîné par des événements multiples et jeté dans des péripéties imprévues.

L'*insincère* de tout ce que nous voyons et entendons est le *leitmotiv* de ce livre, qui s'adresse moins à la foule qu'au petit groupe de Français de choix, âmes anxieuses, intelligences déjà réveillées, qui voudraient se ressaisir plus complètement, discerner clairement où nous en sommes.

Ce livre est un *Essai* encore, comme *La France juive*, car l'heure de l'histoire définitive n'est pas encore venue. Si cet *Essai* est aussi imparfait, la faute en est à moi sans doute, à ma paresse, et aussi aux champs qui exercent sur l'écrivain une influence alanguissante, endormante et berçante. La faute en est un peu également à Bob qui m'a fait perdre beaucoup de temps...

J'aime beaucoup Bob et je suis heureux de le présenter à ceux qui m'aiment.

C'est le sentiment de la discipline, de la hiérarchie, d'un ordre social où chacun serait à sa place qui m'a amené à m'attacher Bob.

Je n'ai jamais rien vu qui m'ait autant indigné que le spectacle de malheureux ouvriers français, couverts d'un bourgeron luisant et rapiécé, les pieds sortant de chaussures percées, les traits creusés par la faim, et qui regardaient passer, sur le chemin du Bois, les Youtres d'outre-Rhin à cheval allant faire un temps de trot pour gagner un peu d'appétit avant le déjeuner.

On aperçoit là des figures invraisemblables, comme l'illustrateur du *Jeiteles teutonicus* et les caricaturistes allemands s'amusent à en croquer, des têtes difformes et blafardes avec leurs yeux chassieux et leur mine abjecte, des personnages baroques avec de grands nez, — tout étonnés d'être là sur ces bêtes de race, saluant d'autres grands nez et, dans une mimique rapide, ayant l'air de dire, en présence de tous ces grands nez accourus de tous les points du monde : « Décidément, nous sommes tous là ! »

Sur l'horizon il semble qu'on entrevoit, comme dans le dessin de Regamey, le Génie du Sémitisme accroupi, avec sa longue barbe et son air triomphant et lugubre, sur l'arc de l'Étoile et regardant le défilé de Paris en murmurant : « Tout cela est à moi ! »

J'aperçois encore, à l'entrée de l'avenue, sous le premier soleil d'avril, les deux filles d'un financier arrivé sans un sou à Paris et qui nous a volé 60 millions. Elles s'en revenaient, au petit galop, avec cette jolie teinte rosée que met aux joues la promenade matinale, lorsque, tout à coup, le cheval de l'une d'elles fit un brusque écart... Devant les jeunes amazones se dressait une malheureuse femme couverte d'un caraco troué et d'un méchant jupon, pas vieille, et qui aurait été charmante si cette physionomie angoissée n'avait porté la trace de toutes les souffrances ; elle traînait après elle cinq enfants en loques et elle regardait vaguement, attendant pour passer...

De la bouche gracieuse des deux *sportwomen* sortirent quelques paroles violentes en hébréo-germain qui ne devaient pas être des noms de fleurs ; puis, l'une des cavalières, toisant le groupe minable qui entourait cette maternité douloureuse, dit, en français cette fois, à sa compagne : « Ah ! crois-tu, ma chère, quelle ventrée ! »

Et je pensais : « Si les ouvriers n'étaient pas lâches, si le matérialisme qu'on enseigne dans les écoles ne tuait pas d'avance en eux tout héroïsme, tout désir de sacrifier sa vie, nous reviendrions au temps où c'étaient les plus vaillants qui étaient les plus honorés. C'est nous, nous qui habitons depuis mille ans en terre de France, c'est nous dont les pères ont fait la France qui devrions être à cheval et non ces échappés de ghetto, bons tout au plus, dans une société bien organisée, à nous attacher nos éperons, tandis qu'avec notre cravache nous tambourinerions un petit air de marche sur leur dos respectueusement courbé devant nous... »

Ne pouvant reconstituer la société sur ses bases véritables, je voulus faire ce qu'il m'était possible de faire, et je me tins ce discours : « Tu n'as peut-être pas très longtemps à vivre, qu'il ne soit pas dit, au moins, que tu aies traversé la vie à pied tandis que tous les sales usuriers de Francfort, de Hambourg et d'Odessa ont eu des chevaux fringants entre les jambes. » C'est ainsi que je m'attachais Bob, en me disant que c'était toujours autant de reconquis sur le butin fait à nos dépens par l'envahisseur étranger...

« Il a sept ans, c'est le commencement de la sagesse pour les chevaux comme pour les hommes ; il est très doux, mais un peu gai », m'avait-on expliqué. La première fois que je sortis avec lui, ce bon Bob fut probablement offusqué par la vue de quelqu'un qui lui déplaisait sur un tramway ; il se mit à sauter comme un cabri et voulut se dresser tout debout dans l'avenue de l'Alma. Je me dis : « Décidément, on ne m'a pas trompé, il est un peu gai. »

Heureusement, j'avais pris les conseils d'un vieil homme de cheval, d'un honnête écuyer dont je ferai le portrait un jour ; il m'avait résumé l'expérience de toute sa vie en ces termes : « Il n'y a jamais de danger avec un cheval qui n'est pas vicieux, vous n'avez qu'à le laisser faire, à serrer vos genoux comme si vous teniez la selle dans un étau et à vous asseoir vigoureusement dans vos fesses. » Je serrai mes genoux, je m'assis vigoureusement dans mes fesses, et Bob reprit son allure. Il est resté le même : fantaisiste, un peu bizarre, mais sans méchanceté...

Par lui-même, le cheval est un animal curieux. Daudet l'abomine, le couvre d'injures, le traite de bête de l'Apocalypse et de créature imbécile ; il prétend que son idée fixe est de jeter son cavalier par terre. J'ajoute qu'il a contre Bob un grief personnel parce que le pauvre animal, le jour où je le présentais à Champrosay, pour faire admirer sa douceur, se mit à ruer comme un perdu en apercevant le monocle de Daudet, et à vouloir saccager les orangers de la cour en dansant entre les caisses. Tout ce que je pus faire, c'est de sortir précipitamment, en regrettant d'avoir conduit dans le monde un animal aussi impressionnable.

Daudet, cependant, a d'autant plus tort de soutenir ces paradoxes endiablés contre la race chevaline que la seule faiblesse du cheval est d'être un nerveux comme nous tous ; il a des inquiétudes soudaines qui l'effarent, des conceptions erratiques qui l'agitent violemment.

On ne peut imaginer promenade plus ravissante que de suivre les bords de la Seine de Ris-Orangis à Corbeil, à l'heure chantée par le poète,

À l'heure mélodieuse, odorante et vermeille.

Pour un animal qui raisonnerait, même d'après son instinct, cette route semblerait inquiétante. Le chemin de fer est à droite, la Seine est à gauche ; le train passe avec un vacarme infernal dans cette vallée à l'écho retentissant, et de temps en temps le rauque sifflement de la syrène des toueurs déchire l'air...

Vous rappelez-vous, par parenthèse, la rencontre de Virgile et des Syrènes dans l'Enfer du Dante ? Ces dangereuses enchanteresses des premiers âges du monde qui, la chevelure au vent, dressaient sur les eaux naissantes leurs beaux corps provocants, se sont changées en des vieilles hideuses, aux dents gâtées, à l'odeur infecte...

Voici qu'à son tour le chant mélodieux qui troublait les voyageurs est devenu ce bruit bizarre, ce gémissement strident et sinistre, grinçant et prolongé qui, dans les nuits tranquilles, produit un effet si singulier.

Un cheval serait excusable de s'effaroucher devant toutes ces manifestations diverses. Pas du tout. Bob est content ; il est, comme moi, dans l'émerveillement de cette vision radieuse qu'on aperçoit, en certains jours d'été très clairs, dans le lointain, du côté de Corbeil. Tandis qu'un rideau de peupliers cache un peu l'horizon à gauche, on entrevoit devant soi de l'eau qui scintille, des îles verdoyantes ; des arbres qui semblent être dans la rivière, des maisons blanches à peine indiquées et qui ont l'air d'être dans les arbres — tout cela, avec des lignes très indécises — flottant dans de la lumière dorée.

Voici Bob maintenant sur une grande route paisible, sans nul bruit ; il aperçoit sur le sol une branche d'arbre, une feuille, un rayon blanc qui forme arabesque sur une surface noire ; il éprouve, évidemment, une commotion dont il n'est pas le maître, il lève les oreilles, il se dresse tout debout ou il part à fond de train et je suis obligé pour l'arrêter de lui crier : « Bob ! je t'en supplie, sois raisonnable : j'ai encore deux chapitres à faire ! »

Ces bêtes-là ont incontestablement une compréhension particulière des choses. Bob a le sentiment des situations, comme on dit dans le monde. Mettez-le au milieu d'un troupeau de moutons, dans un sentier étroit où courent des vaches affolées traînant leur corde arrachée à la main de l'enfant qui les garde et qui crie après elles, dans un embarras de charrettes entrelacées, il ne bougera pas ; je n'ai qu'à le presser un peu entre les deux jambes, il sait que cela veut dire : « Soyons sérieux ; ce n'est pas le moment de faire des bêtises. » Il longera un talus sans faire l'écart d'un centimètre qui pourrait le précipiter dans une vallée, il comprend la plus légère indication qui lui est transmise par un imperceptible mouvement de la bride ou du filet, avec la délicatesse d'un être aimant qui devine, dans l'obscurité même, à un tressaillement de votre bras, le sentiment que vous venez d'éprouver.

Les seules explications difficiles ont toujours eu lieu dans des endroits isolés, à la vue, par exemple, d'un certain poteau blanc qui occupe le milieu d'un carrefour et qui miroite sous le soleil. Quoique je n'aime pas à frapper les bêtes, je donnai des coups d'éperon, des coups de cravache. L'animal résistait, soulevait sa croupe, tapait du pied ; sans doute il finissait par passer, mais il avait réellement souffert... Alors qu'il n'a pas un poil de mouillé après une promenade de trois heures, il apparaissait tout à coup couvert de sueur.

J'ai réfléchi et j'ai supposé que les animaux ont certains moyens de connaissance que nous n'avons pas et que cette antipathie pour ce poteau pouvait tenir à un motif quelconque. La forêt de Sénart a été jadis aussi mal fréquentée que la forêt de Bondy et un homme a pu être assassiné là et être enterré sans prières...

Je me souviens encore d'avoir vu, au bord d'une route du Forez, une vieille masure qu'on disait hantée ; ouverte à tout vent, les carreaux brisés, le toit crevé, elle était à vendre depuis cinquante ans et personne n'en voulait ; quand ils passaient là, les chevaux frissonnaient, refusaient d'avancer ou s'emballaient brusquement.

Un jour, un régiment traversa le village ; les paysans racontèrent la légende ; quelques soldats se mirent à rire, proposèrent de passer la nuit dans la masure ; on leur apporta de la paille et ils se couchèrent joyeusement. À minuit ils se précipitaient dehors, épouvantés, claquant des dents, et ils s'étendaient sur le revers du chemin pour y dormir tranquilles...

Quoi qu'il en soit, j'ai changé de système avec Bob. Dès que j'aperçois quelque objet de nature à le préoccuper, je lui chante une poétique chanson d'autrefois, comme le cantique qu'entonnaient aux Pardons les marins d'Arzon sur cette émouvante mélopée bretonne, fière et calme :

> *Nous étions deux cents gars d'Arzon*
> *Marins durs à la peine,*
> *Sur un vaisseau de vingt canons*
> *Avec monsieur Duquesnes.*
> ....
> *Les Arzonnais ne tremblent pas,*
> *Sainte Anne est leur patronne !*

Quand Bob a assez de chansons, je lui récite des vers et il ne prête plus attention à ce qui le troublait jadis.

Le cheval est classique, il est impossible de le dissimuler, soit qu'il ait été flatté d'avoir été si souvent appelé « coursier » par les poètes d'autrefois, soit que le rythme régulier des vers de l'ancienne école le berce agréablement ; il ne va pas plus loin que *Les Orientales* et les *Odes et Ballades*, qui sont, d'ailleurs, trop méconnues maintenant et qui contiennent des pièces bien supérieures à tout l'amphigouri de *L'Âne* et de *La Pitié suprême*. Bob témoigne de sa satisfaction quand je lui récite *La Douleur du pacha*, où les vers si colorés sont pourtant d'un balancement si égal :

> *Qu'a donc le doux sultan ? murmuraient les sultanes.*
> *A-t-il, avec son fils, surpris, sous les platanes,*
> *La brune favorite aux lèvres de corail ?*
> *A-t-on souillé son bain d'une essence grossière ?*
> *Dans le sac du fellah vidé sur la poussière,*
> *Manque-t-il quelque tête attendue au sérail ?*

Il se remue déjà un peu quand je lui déclame un sonnet de José-Maria de Heredia (celui qui n'est pas député et qui par conséquent n'a fondé aucune société financière). Le dernier sonnet cependant est vigoureusement ciselé :

> *Le choc avait été très rude ; les tribuns*
> *Et les centurions, ralliant leurs cohortes,*
> *Humaient dans l'air du soir, qu'emplissaient leurs voix fortes,*
> *La chaleur du carnage et ses âpres parfums.*

Ces vers, d'une sonorité déjà plus âpre, ne vont qu'à demi à Bob, et il ne remet ses oreilles en place que lorsque j'attaque *Le Vallon*, de Lamartine ; il goûte aussi beaucoup Brizeux.

N'importe, j'ai passé d'heureux moments à rêver, à penser, à réciter des vers, à galoper sur Bob dans cette merveilleuse forêt de Sénart.

Rien de bizarre comme cette forêt quand j'y entrai pour la première fois.

Le regard était, tout d'abord, surpris par la vue d'une incroyable quantité de fils de fer. La forêt était comme enveloppée dans un immense réseau aux mailles plus serrées que celui que Vulcain jeta sur Vénus et sur Mars.

— Pourquoi tous ces fils de fer ? demandai-je à un garde. À qui sont tous ces fils de fer ?

— Ces fils de fer, me dit le garde, sont à M. Cahen d'Anvers.

J'avoue qu'en rencontrant encore un Sémite possesseur souverain de ce bois, je ne pus me défendre d'un rire bruyant qui fit envoler, d'un vol pesant et lourd, cinq ou six gros faisans.

— Faut-il que votre maître nous en ait pris de ce bon argent pour pouvoir acheter tant de fil de fer que ça ! dis-je au garde en continuant mon chemin.

Ces fils de fer, d'ailleurs, ne manquent point d'éloquence dans leur symbolisme. C'est bien là l'œuvre juive, le réseau qui, peu à peu, s'étend sur tout et qui, à un moment donné, empêche les hommes, comme les idées, de passer. Le Juif est partout le même ; sa première pensée est de confisquer le domaine.

Après les fils de fer, ce qu'il y a de plus dans la forêt, ce sont des écriteaux. À chaque carrefour, au carrefour Charmant comme au carrefour de la Grange, des pancartes que la pluie d'hiver a noircies se balancent en l'air pour défendre quelque chose : *Défense de s'asseoir* ; *il y a des pièges à loups, défense d'entrer dans les taillis.* Les chiens eux-mêmes sont dûment avertis de ne point circuler. On aurait pu croire que, le Juif, qu'on pendait jadis entre deux chiens aurait conservé un souvenir attendri de son compagnon d'infortune. Il n'en est rien. Hirsch faisait abattre par ses gardes les chiens des officiers d'artillerie de Versailles. Cahen interdit aux chiens de Champrosay et de Soisy-sous-Étiolles de se promener dans le royaume qu'il s'est adjugé.

Je dois dire que, depuis un an, s'il y a toujours autant d'écriteaux il y a beaucoup moins de fils de fer, et je ne saurais trop insister près du garde général chargé de l'inspection de la forêt pour qu'il veille avec soin à ce qu'on n'empiète pas sur le domaine public.

Comme celles qui se sont produites à Meudon et dans les bois de Rocquencourt, ces usurpations sont absolument illégales[15].

La forêt appartient à tous et M. Cahen, concessionnaire du droit de chasse, n'a, en aucune façon, le droit de supprimer, pour son usage particulier, une route forestière classée, la route, par exemple, qui va du Chêne-d'Antin à Champrosay. Le poteau sur lequel on lit cette indication est prisonnier maintenant entre les fameux fils de fer, mais il n'en atteste pas moins qu'il y avait là un chemin public dont M. Cahen s'est permis à tort de faire un chemin privé.

Malgré tout, du côté de Mainville où est le château des Bergeries, qui ressemble à un hôtel de Suisse, cette forêt, devenue un fief sémitique, ne manque pas d'originalité ; elle est machinée comme une forêt de théâtre : le télégraphe et le téléphone y fonctionnent, et quand, dans le silence des bois, un faisan a caressé sa faisane, Cahen en est immédiatement informé à la Bourse ou chez lui…

---

[15] Au moment où je corrige les dernières épreuves de ce livre, la Ligue des Bois de Paris, organisée par Yves Guyot, vient d'obtenir un éclatant triomphe. Moyennant une redevance annuelle ridiculement minime, 7.900 francs, Bamberger avait confisqué, à son profit, tous les bois de Clamart, de Meudon, de Sèvres, de Chaville et de Vélizy. Sur l'appel d'Yves Guyot et de M. Léon Angevin, conseiller municipal de Meudon, les Parisiens sont venus manifester et le ministre Viette s'est hâté de résilier le bail avec Bamberger.
Cela n'a pas pesé lourd. Il en sera de même de tous les privilèges féodaux que les financiers juifs ont usurpés. On a repris le bois de Meudon, on reprendra, un autre jour, les bois envahis par Hirsch, et je ne désespère pas de voir, un matin, Guyot venir délivrer la forêt de Sénart. Il y a un train de 9 h 44, gare de Lyon, qui est très commode pour les excursionnistes. On arrive à Ris à 10 h 37 et à 11 h on peut être attablé devant une omelette au lard sous les tonnelles de l'Ermitage. Une autre fois, je l'espère bien, les Parisiens pousseront jusqu'à Ferrières…

Tout est à eux. Nos beaux arbres nés en terre française sont à eux et ils nous défendront bientôt de nous reposer à leur ombre ; à eux les diamants de la Couronne de France mis aux enchères sur la proposition de Lockroy, vendus par des Juifs, Vanderheym et Bloche, achetés par des Juifs...

Ils ont pris jusqu'à Babylone. La Babylone du *super flumina Babylonis* est à eux.

« Le sol, nous disent les *Archives israélites* du 5 juillet 1888, le sol où s'élevait la contrée qui a été le théâtre de ce merveilleux développement de la dynastie babylonienne et qui s'appelle aujourd'hui Hilleh, tout ce pays enfin est aujourd'hui la propriété de deux Israélites : Menachem Suleiman Daniel (effendi) et Menachem Salah Daniel, deux cousins qui se sont donné le luxe d'acquérir ce grand lot de terrain. »

Quel horizon de pensées ces simples lignes vous ouvrent ! On revoit par l'imagination ces captifs que nous montrent les bas-reliefs d'Assur-nazir-habal à Nimroud ou ceux d'Assur-bani-pal à Koyoundjik. Les Hébreux sont représentés là apportant à genoux la corbeille des offrandes ou poussés sur les chemins, comme un vil bétail, par les Argyraspides qui précèdent le monarque.

Assur-nazir-habal et Assur-bani-pal, les conquérants terribles, dorment dans la poussière et, sur les ruines de ces civilisations écroulées, le Juif est debout. Les Daniel Menachem ont remplacé Assur-bani-pal dans les jardins de Babylone comme Hirsch a remplacé le Roi-Soleil dans les tirés de Versailles...

C'est une race funeste, assurément, mais bien intéressante à étudier...

Tandis que Cahen chasse dans les bois qui virent les élégantes cavalcades du XVIIIe siècle, Mme Cahen étale sur elle, avec le mauvais goût des parvenues, les joyaux qui ont appartenu aux reines et aux princesses d'autrefois.

Ce fut une brillante entrée que celle que fit la comtesse Cahen, un dimanche de mai, à la réception de la princesse Mathilde. Chargée de bijoux d'ordinaire, la Juive n'avait ce jour-là qu'un collier : le collier de 67 perles acquis par elle la veille ; pour mieux narguer celle qui la recevait la comtesse avait choisi une parure impériale, le collier acheté par Napoléon en 1810.

La chose causa quelque scandale dans le groupe intelligent qui est resté fidèle à celle qui fut accueillante aux artistes pendant les jours fortunés. La pauvre princesse, elle, sentit à peine l'outrage ; elle s'était rappelé qu'elle était de la famille de César pour témoigner son mécontentement à un vieil ami de la maison comme Taine, qui avait usé de sa liberté d'écrivain pour juger Napoléon Ier : elle ne protesta pas contre la grossière insolence d'une banquière plus riche qu'elle.

D'ailleurs, ce salon de la rue de Berry qui faisait souvenir des petites cours italiennes d'autrefois est devenu un ghetto en réduction. On y a d'abord laissé entrer un Camondo et un Strauss, tous les remisiers ont suivi et, au dire des intimes, il ne subsiste plus qu'une ombre de ce salon qui fut jadis un rendez-vous d'esprit et d'art.

Que voulez-vous ? Les Juifs ont la presse et l'on redoute la dénonciation de chaque jour, la campagne de délation et de calomnie. « Accueillez-nous ou l'on vous attaque ! Si l'on vous attaque on vous expulse. »

C'est si facile ! « Est-il vrai que de mystérieux conciliabules se tiennent rue de Berry ? que les bonapartistes militants se donnent tous rendez-vous là ? Nous savons que le gouvernement est informé de ces menées. Pourquoi les tolère-t-il ? » Il n'en faut pas plus à un Freycinet quelconque pour expulser tout ce qu'on voudra.

La princesse aime Paris, la France, ses amis, et pour éviter cet exil dont elle a une peur effroyable elle recevrait les douze tribus si elles pouvaient tenir dans son salon...

Le reste de la forêt est demeuré propice aux longues rêveries, aux bonnes prières, aux méditations graves qui naissent d'elles-mêmes dans ces avenues profondes où l'on s'enfonce peu à peu, dans la solitude que rien ne trouble, dans le silence que rien n'interrompt. À certains jours, après la pluie, les arbres ont bien la coloration bleuâtre des arbres de Watteau et l'on comprend combien fut vrai ce peintre sincère des spectacles de son temps, qu'on nous représente comme un fantaisiste, un historiographe complaisant d'un monde artificiel et factice.

C'est bien une vapeur bleue qui flotte l'été au bout de ces longues allées et les arbres, enveloppés de cette brume, sont véritablement bleus.

La note sombre ne vient que plus tard, et très tard dans l'automne, quand les arbres ont pris la couleur d'or bruni des feuilles que balayera bientôt le vent d'hiver. Jusqu'à la fin la forêt reste jeune, pensive sans être triste, comme certains êtres qui, vivant loin des agitations de la foule, se sont conservés vigoureux, puissants et calmes.

Rien n'est doux comme d'évoquer, sous ces voûtes verdoyantes qui ont des solennités de cathédrales, les années écoulées, les amis disparus. Je cause là avec mon pauvre Albert Duruy, avec mon cher Raoul Duval, et je me souviens de leur joie quand ils ont vu que *La France juive* prenait, était lue, trouvait un public enthousiaste. J'étais convaincu qu'on découvrirait un joint, un expédient, un prétexte pour saisir l'ouvrage et j'en avais mis, à tout hasard, vingt-cinq exemplaires chez Duval, pour qu'il les couvrît de son écharpe de représentant.

Aujourd'hui, ces morts déjà à demi oubliés par les hommes me disent : « Parlez un peu de nous, rappelez notre mémoire aux bons Français qui vous lisent, que l'Avenir voie, à côté de tous les traîtres et de tous les tripoteurs que vous démasquez, des figures de braves gens qui ont passionnément aimé la France... »

C'étaient de braves gens en effet. Quelle vie fut plus simplement belle que celle d'Albert Duruy qui se sacrifia toujours aux causes vaincues ? Quelle originale physionomie que celle de ce don Quichotte, aux allures d'homme du monde, qui cachait sous des dehors de froideur l'ardent foyer qui brûlait en lui pour tout ce qui était la justice, qui haïssait d'une haine si âpre les cosmopolites et les mercantis qui vendent notre pays ! Ce fut un homme, c'est-à-dire un bon aimeur, pour employer le mot de Montaigne, et un bon haïsseur, *good hater*, disent les Anglais.

De celui-là je puis parler, car nul ne le connut mieux que moi. Nous étions sur les mêmes bancs à Charlemagne et je venais canoter avec lui et déjeuner gaiement, à deux pas d'ici, dans cette maison de Villeneuve-Saint-Georges où je l'ai retrouvé agonisant.

Quand il revint de la captivité d'Allemagne, après sa brillante conduite pendant la guerre, il n'eût tenu qu'à lui d'être avec les vainqueurs. Il avait dîné avec Gambetta, chez Laurier, la veille de son départ pour l'armée, et Gambetta, très au courant, lui avait annoncé tout ce qui allait arriver : il n'est pas d'offre qu'il ne lui fit au retour pour le décider à marcher avec les Républicains à l'assaut du pouvoir. Duruy se donna à celui que toute la France continuait encore à appeler, avec un accent de naïve affection, le petit Prince impérial, alors même que l'adolescent était devenu un homme ; il se dévoua corps et âme à ce régime pour lequel il n'avait ressenti qu'un médiocre enthousiasme quand il était debout et qu'il défendait de toute son énergie maintenant que tout le monde l'attaquait.

Il fut le confident des pensées les plus intimes du Prince ; il aurait été le premier à ses côtés au jour de l'action ; il tenta, sans y réussir, d'accompagner le jeune héros au Zoulouland. Puis, au mois de juillet, c'était, je m'en souviens, sur le pont Solferino, je rencontrai mon Duruy vieilli, frappé au cœur... C'était fini ! Celui qui peut-être aurait sauvé la France, qui, au moins, aurait certainement réhabilité les rois en risquant quelque entreprise audacieuse, était tombé sous la sagaie des sauvages, au fond d'une clairière d'Afrique...

L'Impératrice, du reste, ne fut pas ingrate envers le fidèle ami de son fils. Quand Duruy la revit, quelque temps après, à Arenenberg, dans cette demeure pleine des reliques de l'Empire, elle lui dit : « Je sais quelle affection Louis avait pour vous : je tiens à ce que vous ayez un souvenir de lui. » Et elle lui offrit une de ces photographies qu'on tirait par millions d'exemplaires pour la propagande et qu'on envoyait, par ballots, aux gendarmes et aux gardes champêtres...

Lorsque Duruy me raconta cet épisode, j'avoue que j'eus encore un moment de bon rire.

— Que veux-tu, mon vieux, lui dis-je, il paraît que nous avons des têtes à ça. Encore, on t'a donné une photographie... Quant à moi, il est possible que mon livre réussisse et que les Républicains m'épargnent, mais je t'affirme que si les conservateurs arrivent jamais au pouvoir, ils ne me manqueront pas et me mettront prestement en prison.

Cette âme chevaleresque avait la vocation du dévouement. Nul n'a oublié avec quel talent Duruy prit la défense des religieux que la Maçonnerie juive jetait hors de leurs cellules, et l'impression que produisirent ces articles signés d'un tel nom.

J'aperçois encore mon ami m'attendant sur le dur pavé de la rue des Postes, un matin où je devais le présenter aux Pères, que, d'ailleurs, j'avais vus pour la première fois la veille. Considérez si les légendes sont tenaces ! Duruy éprouvait une sorte d'appréhension à l'idée de franchir le seuil d'une maison de Jésuites. — Comment entres-tu là dedans, toi ? me demanda-t-il. — Mais, mon ami, par la porte... Il entra et subit, comme tant d'autres, la séduction de la vertu souriante du Père Du Lac. Il était venu pour défendre un droit odieusement violé, en se plaçant uniquement au point de vue humain, et, sans s'en douter, il avait fait le premier pas vers la Vérité divine...

Une après-midi d'août, j'étais de nouveau devant cette maison de Villeneuve où je n'étais pas retourné depuis le collège. Une existence d'homme s'achevait là. Adieu le beau livre, élaboré avec tant d'amour ! Adieu les espérances, les amitiés sûres, les ambitions permises ! Tout avait trompé celui à qui tout semblait devoir réussir : la maladie avait terrassé ce corps d'athlète, les rêves politiques s'étaient écroulés, les projets littéraires étaient brisés à jamais... Dieu seul ne manqua pas à cet être de générosité et de droiture qui était fait pour le connaître...

L'admirable compagne d'Albert Duruy savait quelle était la pensée secrète de cette âme. Quand le P. Du Lac, qui avait tout quitté pour accourir au chevet de celui qui l'avait défendu, arriva d'Angleterre, il trouva ouverte la porte de la petite chambre du premier étage. Notre pauvre ami était là, assis dans un grand fauteuil, ayant devant lui les épreuves d'un dernier article que le mourant avait tenu à corriger lui-même et où tout parlait encore de la France et de l'armée ; il tendit au visiteur une main amaigrie et lui dit : « Je vous attendais. »

Sans doute, la mélancolie vous étreint devant cette destinée si brève, mais ces souvenirs douloureux ont leur douceur. C'est une digne fin après une vie qui est un exemple.

Duruy avait été estimé de tous pendant sa vie ; il s'en alla pleuré de tous, accompagné des représentants les plus qualifiés du parti qu'il avait servi.

Le dimanche des obsèques, je m'en souviens encore, le train du matin s'allongeait à perte de vue dans la gare de Lyon. On ne voyait que d'anciens ministres, des grands dignitaires, des sénateurs, des magistrats de jadis. On entendait : « la princesse » par ci, « madame la maréchale » par là, « madame la présidente » ailleurs. Tout ce monde d'officiers et de commandeurs de la Légion d'honneur avait encore la mine haute, l'attitude officielle du personnel de l'Empire, mais dix-huit ans avaient passé sur lui ; les tailles étaient voûtées, les traits tirés, le regard atone ; il semblait qu'en menant le deuil d'un des siens, ce monde, appartenant désormais au Passé et dont toutes les espérances avaient été déjouées par la Fatalité, fît comme la répétition de ses funérailles à lui, assistât d'avance à son propre enterrement...

Quand tout fut terminé, on monta, sous un soleil éclatant, derrière le vieillard illustre que tant de douleurs avaient déjà touché sans l'abattre, la route qui conduit au cimetière, entre une double haie de fleurs et d'arbustes embaumés ; puis on redescendit vers le village.

Le plus prochain train ne partait qu'à 3 heures, et les dignitaires d'autrefois, la maréchale et la princesse, les excellences, les ministres plénipotentiaires entrèrent chez un traiteur où les couples joyeux, les canotiers et les canotières, les calicots et les demoiselles de magasin viennent, le dimanche, manger de la friture.

Beaucoup, parmi ces personnages considérables, mangèrent de la friture, et j'en mangeai aussi à côté d'une grosse dondon aux appâts robustes, toute à la joie de sa villégiature dominicale et qui regardait curieusement ces hommes et ces femmes aux manières distinguées qui formaient un saisissant contraste avec son compagnon et avec elle-même.

Je laissai partir le train et je restai longtemps, dans ce restaurant de banlieue, à méditer sur ce que c'est que de nous, à refaire en imagination le chemin que nous avions parcouru côte à côte avec Duruy, à me rappeler les confidences, les amours, les plans de livres, les discussions sur les chances qu'aurait un coup d'État de réussir, les généraux qu'on croyait prêts à marcher, les plaisanteries qui nous faisaient rire et qui n'auraient peut-être pas semblé drôles à d'autres, le charme profond de pouvoir penser tout haut, devant un ami.

Je levais le siège en m'apercevant que les larmes commençaient à se mêler à la cendre de mon troisième cigare tombant dans ma tasse de café — pendant que, perdu dans un passé à jamais disparu, j'évoquais tous ces souvenirs où les gaietés de notre jeunesse traversaient les événements tragiques de notre temps, pendant que je songeais à toutes ces choses d'autrefois, à toutes ces choses maintenant enfermées dans un tombeau sur la colline qui domine Villeneuve...

Ce fut un vaincu encore que Raoul Duval. Sans doute il eut de plus que Duruy la joie des triomphes oratoires, mais au fond, quelle désillusion chez ce patriote en songeant que toutes les forces qu'il portait en lui n'avaient pu être employées au service de la Patrie ! Il était monté à la tribune douze fois dans une seule séance : il avait décidé le succès du 24 mai, et les conservateurs qui avaient sous la main, à l'heure de son entier développement, cette mâle individualité, cet être plein de résolution, de tempérament, de santé physique, allèrent prendre Beulé pour ministre de l'Intérieur !

Ce Beulé avait découvert quelques plâtras dans un coin ; il avait fini par faire croire aux badauds que c'étaient les ruines de l'Acropole, et le duc de Broglie déclarait que ces titres étaient suffisants pour être ministre de l'Intérieur, pour tenir tête à la conspiration maçonnique. Quelle misère ! Ce qu'il faut se dire, c'est que ce sera toujours la même histoire. Les conservateurs n'auraient pas pris Beulé qu'ils auraient pris Astier-Réhu ; ils prendraient demain un autre académicien momifié. Ce qui les caractérise, c'est la haine de tout ce qui a une valeur, une nature, une effigie précise et distincte.

Gambetta fit aussi tout ce qu'il put pour s'attacher Raoul Duval, mais ce protestant, fort tiède même dans sa foi protestante, refusa de s'associer aux persécutions. Blasphémer contre l'Église qui avait fait la France, c'était blasphémer contre la France pour laquelle il avait un immense amour. Il resta en dehors de toute action effective, souffrant au fond de son inutilité, sachant combien il était supérieur à tous les polichinelles qui se succédaient au pouvoir, apercevant aussi plus clairement que d'autres, avec ses qualités d'homme pratique, le gouffre financier dans lequel nous roulions.

Celui-là aurait-il eu sa revanche ? Je n'en sais rien. Le guignon est sur nous : tout ce qui représente un mérite exceptionnel, une conscience, une honnêteté, est condamné d'avance...

Raoul Duval avait bien l'intuition de cette situation et une ombre de découragement voilait souvent cette physionomie ouverte et loyale. Quand il était seul à Paris, avec son fils qui terminait ses études au lycée Bonaparte, il venait me prendre parfois, au sortir de la Chambre, au moment où j'allais dîner.

— Marie, j'emmène votre maître, criait-il du bas de l'escalier, de sa bonne voix cordiale et bien timbrée qu'il me semble entendre toujours.

— Mais, monsieur, la soupe est sur la table.

— Cela ne fait rien...

— Pourquoi ne restez-vous pas plutôt à dîner ?

— Mon fils revient du collège à six heures et nous attend à la maison.

Et nous partions, faisant le grand tour pour aller avenue de l'Alma sous ces vieux arbres qui donnaient au quai d'Orsay, de ce côté, quelque ressemblance avec un *cours* de ville de province, avant que tous les exploiteurs de tour Eiffel n'aient installé là leurs bâtiments en charpente pour cette Exposition ridicule à laquelle tous les peuples refusent d'assister avec une unanimité touchante.

Nous causions gentiment, moi plus gaiement que lui, qui, sans rien en dire à ceux qui l'entouraient, sentait la mort prochaine, me rappelait que sa mère était morte toute jeune de la même maladie de cœur que lui.

Quelle tendresse et quelle virile franchise dans cet homme bâti en Hercule, à la moustache fière, au clair regard qui toujours fixait l'interlocuteur en face ; un guerrier gaulois, a-t-on dit, et c'était vrai ! Autour du Vaudreuil chacun l'adorait. Quand les paysans étaient embarrassés pour manier une nouvelle machine, comme la sarcleuse aux pommes de terre, il soulevait lui-même la sarcleuse et leur apprenait la manière de s'en servir. Il arrangeait les affaires de chacun, donnait à tous le conseil utile, et tout cela aisément, simplement, en revenant de prononcer quelque superbe discours à la Chambre. C'était un homme, encore, celui-là...

Ne croyez point que je sois triste quand je cause avec tous ces amis disparus dans les allées mystérieuses de la forêt. Au fond je les trouve très heureux d'être partis. Ils ne verront pas ce que nous verrons : l'état de plus en plus misérable où tombera cette France qui fut si grande.

Chère France ! Avoir monté si haut parmi les nations et tomber si bas, recevoir tous les outrages et ne pouvoir répondre, perdre chaque jour quelque fleuron de son étincelante couronne, quelque débris de sa gloire passée et écouter encore, d'un air déjà bien morne et bien désabusé, il faut le reconnaître, les paroles des rhéteurs qui nous tromperont jusqu'à la dernière heure !

Pourquoi cette chute ? Quelle cause dominante assignera l'Histoire à cette fin ? Une déviation du sens de l'Idéal — un faux chemin pris en 89, un chemin au bout duquel on croyait trouver Salente et dans lequel on s'est obstiné, après n'y avoir rencontré que des désillusions, des catastrophes et des hontes...

Par-dessus tout, la France fut la nation éprise d'Idéal, de Justice, de Progrès. Bonald a écrit quelques lignes émues sur le choix des symboles qui figuraient dans les enseignes de chaque peuple. Les uns prirent l'aigle, d'autres le léopard, et ce fut derrière des images de bêtes, et de bêtes de proie, que marchèrent les hommes. La France choisit une fleur, la fleur mystique et suave par excellence, le lis sans tache, et lui prêta encore une forme à elle, en fit une fleur qui ne ressemblait à rien, une fleur chimérique qui paraissait éclose dans un rêve...

Tant que le lis éblouissant eut ses racines dans la forte terre des traditions et des croyances, il s'éleva majestueux et poétique sous le ciel ; aujourd'hui le sol est aride et le lis, déjà flétri sous les exhalaisons impures des envahisseurs, se penche, prend les teintes jaunâtres de ce qui va mourir.

Bientôt le passant verra jeté sur le pavé, décoloré et flétri, le beau lis d'autrefois, le beau lis dont la tige était droite comme une lance guerrière. Et le passant dira ce que disent tous les étrangers : « Quelle noble fleur ! Quel pays magnifique ! Quel peuple comblé des dons de Dieu ! Quel dommage de finir ainsi ! Seigneur ! épargnez-nous un tel sort ! Préservez-nous des Sophistes, des Francs-maçons et des Juifs, *Miserere mei, Domine* !... »

(p. 509-530.)

IV

LA DERNIÈRE BATAILLE
(1890)

SINCÉRITÉ ET INTENTION DE L'AUTEUR

La sincérité, c'est notre héroïsme à nous. C'est par là uniquement que se révèle une œuvre d'art. Si mes livres ont fait quelque bien, s'ils ont éveillé des pensées dans quelques intelligences, s'ils ont raffermi quelques âmes, c'est qu'étranger à toute ambition personnelle, dégagé des considérations multiples qui enlèvent leur liberté aux hommes d'aujourd'hui, j'ai peint la vie de mon temps telle qu'elle m'apparaissait.

Des milliers d'êtres ahuris ou désorientés par tous les mensonges de la Presse juive, assistant sans y rien comprendre au spectacle de la dissolution actuelle, m'ont su gré de les aider à voir clair.

Pour les générations qui grandissent, ce sont des instruments de travail intellectuel que ces livres où j'analyse les événements d'une plume toujours véridique, où je montre les causes cachées de faits qui semblent obscurs, où je démonte les ressorts de la machine afin d'expliquer à tous comment l'organisme social fonctionne en mode subversif.

Un homme racontant cette fin de siècle qu'il a vue, traduisant sans esprit de parti, sans déclamation vaine, l'impression qu'il a ressentie de tout ce qui se passait autour de lui, — voilà mon œuvre, voilà comment la Postérité le jugera.
(Préface adressée au marquis de Morès.)
(p. VII.)

LE JUIF DÉMASQUÉ EST PERDU

Démoralisé par la République juive qu'il subit depuis dix ans, le pays semble n'avoir plus d'énergie pour réagir et tout se réduit à des manifestations scripturaires ou verbales. Le Juif triomphe, mais il ne peut plus agir dans l'ombre, faire mouvoir comme autrefois les marionnettes du fond de la coulisse, se dissimuler derrière des paravents ou des écrans ; il est visible à l'œil nu pour tout le monde, il est directement mis en cause, en un mot il est dépouillé du mystère qui faisait sa force, ce qui veut dire qu'il est perdu…

(p. VIII-IX.)

LA QUESTION JUIVE N'EST PAS UNE QUESTION RELIGIEUSE, MAIS UNE QUESTION ÉCONOMIQUE ET SOCIALE

Nous n'avons jamais poursuivi contre les Juifs une campagne religieuse.

Tout ce que nous pourrions dire n'empêchera jamais les journaux dévoués à Israël de reproduire la même accusation mensongère. Quand on est gêné pour répondre à ce que dit un adversaire, il est tout indiqué de répondre à ce qu'il ne dit pas ; c'est l'ABC de la polémique. Guerre religieuse, c'est l'argument classique, inévitable, obligatoire contre nous, et nous pourrions réciter d'avance l'article que les feuilles soi-disant libérales publient imperturbablement toutes les fois qu'il s'agit de nous. « Intolérance, fanatisme, préjugés d'un autre âge. »

Cette argumentation, que je connais par cœur et qui ne repose absolument sur rien, n'a guère le don de m'émouvoir. J'avoue cependant que j'ai un serrement de cœur lorsqu'un homme comme Cornely, dans son désir de complaire aux Juifs, emploie de pareilles armes ; mais ici c'est une affaire de sentiment. Quand on a eu plaisir, jadis, à serrer la main d'un camarade, c'est toujours avec tristesse qu'on le voit commettre un acte bas ; et c'est commettre un acte bas que d'attribuer à un écrivain ou à un parti des idées que démentent tous les livres de cet écrivain et toutes les déclarations de ce parti.

....

Si vous voulez toute ma pensée, je ne vous cacherai pas que cette plaisanterie juive me paraît parfois amusante ; c'est d'un comique assez grossier, sans doute, mais qui dilate quand même la rate. Nous n'avons ni écrit ni prononcé un mot contre la religion d'Israël ; le Juif se campe devant nous et vomit sur notre culte toutes les abominations imaginables ; il couvre de boue nos Sœurs de Charité, qui sont des Françaises après tout, les sœurs ou les cousines de beaucoup d'entre nous ; il les attaque dans les sentiments les plus délicats de la femme, dans leur pudeur de vierge ; il les accuse faussement d'accoucher en wagon ; il poursuit nos vieux prêtres des plus immondes calomnies ; il regrette qu'on n'en ait pas fusillé assez…

Quand il a fini, quand il a vidé son panier à ordures, le Juif se tourne vers nous qui, encore une fois, n'avons rien dit ni sur les rabbins, ni sur les fêtes juives, ni sur Pessa'h, ni sur Souccoth, ni sur Roch Hachana, ni sur Roch

Hodech, ni sur quoi que ce soit qui touche aux croyances des Israélites, et il s'écrie avec l'accent de la plus vive indignation : « Vous voilà intolérants, ennemis de la foi des autres, persécuteurs ! »

La République française, *L'Estafette*, le *Paris*, tous journaux qui vivent en bonne intelligence avec les banques et les banquiers, se mettent à faire chorus...

Si nous vivions au temps où les polémiques étaient loyales, où l'on vérifiait les textes avant de rien affirmer, j'aimerais à ce qu'un critique sérieux, M. Sarcey, par exemple, dont la bonne foi est universellement reconnue, prît la peine de vider définitivement cette question qu'il a traitée sans la connaître bien.

Que M. Sarcey consulte mes livres, il constatera que je n'ai jamais parlé de M. Zadoc-Khan qu'avec déférence et qu'il ne m'est jamais arrivé d'appeler les officiers juifs : *Pierrots de synagogue* ou *Polichinelles de kehilah*.

Que M. Sarcey ouvre la collection d'une feuille dirigée par un Juif, *La Lanterne*, il y rencontrera à chaque instant des insultes ignobles contre nos évêques ou nos curés qu'on appelle des *Ensoutanés*, des *Vobiscum*, des *Pères omnia*, sur lesquels on piétine quand ils sont morts ; il verra avec dégoût comment on injurie nos officiers qu'on nomme des *Cléricafards*, des *Pierrots d'église*, des *Polichinelles de sacristie*.

La conviction de M. Sarcey sera vite faite ; il dira après cet examen : « Ce ne sont pas les Antisémites qui attaquent la religion des autres, ce sont, au contraire, les Sémites... »

Sans doute, malgré l'autorité de son nom, M. Sarcey aura peine à faire passer dans un journal républicain l'article où il proclamera cette évidence, mais cet article nous le ferons imprimer à nos frais et placarder sur les murs et tout le monde dira : « Décidément, ce Sarcey est un homme droit, quand il lui est démontré qu'il s'est trompé il reconnaît franchement son erreur. »

La vérité est qu'à aucune époque, dans aucun pays, la question juive n'a été une question religieuse, mais toujours et partout une question économique et sociale.

Quand vous écoutez les turlutaines que vous racontent les Jules Simon et les Renan, vous n'avez pas plus l'idée de l'histoire que vous n'auriez l'idée de la structure du corps humain en regardant les toiles peintes des baraques foraines sur lesquelles sont représentés des monstres et des phénomènes.

Les faits sont là pour éclairer tout homme d'un esprit probe qui voudra sincèrement être éclairé.

À quel moment de l'histoire l'autorité de l'Église fut-elle le plus unanimement acceptée ? À quel moment son influence fut-elle universellement reconnue ? À quel moment la foi fut-elle la plus vive ? À quel moment l'Église toute-puissante aurait-elle pu s'indigner qu'on tolérât à côté d'elle une religion qui niait la divinité de Jésus-Christ ?

Évidemment ce fut au onzième et au douzième siècle, alors que les rois de France comme Robert le Pieux chantaient au lutrin, à cette heure

Où, sous la main du Christ tout venait de renaître,

> *Où le palais du prince et la maison du prêtre,*
> *Portant la même croix sur leur front radieux,*
> *Sortaient de la montagne en regardant les cieux.*

Quelle était la situation du Juif en ce temps-là ? Il suffit, pour le savoir, d'ouvrir la *Vie de Louis le Gros*, écrite par Suger lui-même.

En 1134, le pape Innocent II vient à Paris et célèbre les fêtes de Pâques dans l'abbaye de Saint-Denis dont Suger était abbé.

Tous les corps de métier, toutes les communautés figurent dans le cortège royal, image d'une société sévèrement hiérarchisée où chacun avait son rang. Les Juifs avaient leur place dans cette fête. Y figuraient-ils en parias, en proscrits, en citoyens dont le culte est à peine toléré et qui sont contraints de cacher leur foi ?

Nullement.

Les Juifs sont immatriculés dans les cadres de la Patrie française. La Synagogue marche avec le rabbin à sa tête et celui-ci, loin d'être obligé de dissimuler sa croyance dans cette cérémonie d'un caractère tout religieux, devant tous ces Chrétiens réunis, porte les rouleaux de la Thora enveloppés dans un voile précieux...

Que dit le Pape ? Il adresse, avec une paternelle douceur, un vœu affectueux à ce représentant d'une autre religion : « Que le Dieu tout-puissant enlève le voile qui vous cache la vérité : *Auferat Deus omnipotens velamen a cordibus vestris* ! »

Il est donc absolument faux que les mesures prises contre les Juifs aient jamais été inspirées par des considérations confessionnelles. Peu à peu ils avaient tout monopolisé, tout accaparé ; comme nous l'apprend Rigord, l'historien de Philippe-Auguste, ils avaient conquis la moitié de Paris : *Fere medietatem totius civitatis sibi vindicaverunt.*

Les Juifs exaspérèrent les indigènes ; pour me servir d'un mot un peu gaulois de la *Satire menippée*, « ils firent caca dans leur panier ».

C'est de la colère de ces spoliés et de ces victimes que naquit l'antisémitisme d'alors comme celui d'aujourd'hui.

Il est regrettable que le phonographe n'ait pas été inventé à cette époque. On entendrait la voix d'un marchand ou d'un travailleur du XIIe siècle qui dirait identiquement ce que disent les marchands et les travailleurs du XIXe siècle : « Les Juifs nous prennent tout, ils sont partout, ils s'entendent tous entre eux contre nous. Cela ne peut pas durer comme cela ! »

Gogo, dans ces siècles lointains, n'existait pas, l'actionnaire résigné que nous connaissons n'était pas encore créé. Les hommes de cette époque étaient moins amollis, moins veules que les hommes d'aujourd'hui ; quand on les écorchait ils criaient. Ils crièrent, ils frappèrent. Pendant deux cents ans, la Royauté fit tout pour essayer de décider les Juifs à s'assimiler au reste de la nation, à ne pas exploiter le malheureux Chrétien, jusqu'à l'épuisement. Tout échoua ; on finit alors par reprendre ce qui avait été volé et par expulser ceux qui avaient volé.

Quant à l'Église, représentée par son chef suprême, elle n'intervint jamais que pour essayer de protéger les Juifs, pour blâmer les actes de violence exercés contre eux, pour prêcher la modération à des gens mis hors d'eux-mêmes par les mauvais tours des Juifs et qui répondaient souvent : « Très Saint-Père, ce que vous dites est très beau, mais enfin laissez-nous vivre dans un pays qui est le nôtre. Vous défendez une minorité au nom de l'humanité, c'est fort bien ; mais laissez la majorité défendre son droit à la vie. »

Sans l'Église il n'y aurait plus de Juifs ; les Juifs d'Europe auraient disparu comme les Peaux-Rouges d'Amérique. Il n'y a pas un écrivain qui se soit occupé du Moyen Âge qui ne soit convaincu de ce fait.

Nous avons de ceci un témoignage irrécusable, le témoignage des Juifs eux-mêmes. Dans une heure de justice et de reconnaissance, les Juifs proclamèrent solennellement ce qu'ils devaient à la Papauté, c'est-à-dire à l'Église.

Dans la séance du 5 février 1807, le Sanhédrin réuni à Paris par Napoléon Ier adopta l'adresse suivante proposée par M. Avigdor :

« Les députés israélites de l'Empire de France et du royaume d'Italie au Synode hébraïque décrété le 30 mai dernier, pénétrés de gratitude pour les bienfaits successifs que le clergé chrétien a rendus dans les siècles passés aux Israélites de divers états de l'Europe ;

« Pleins de reconnaissance pour l'accueil que divers pontifes et plusieurs ecclésiastiques ont fait dans différents temps aux Israélites de divers pays, alors que la barbarie, les préjugés et l'ignorance réunis persécutaient et expulsaient les Juifs du sein des sociétés ;

« Arrêtent :

« Que l'expression de ces sentiments soit consignée dans le procès-verbal de ce jour, pour qu'elle demeure à jamais comme un témoignage authentique de la gratitude des Israélites de cette Assemblée pour les bienfaits que les générations qui les ont précédés ont reçus des ecclésiastiques des divers pays de l'Europe. »

Vous voyez de quel extraordinaire aplomb sont douées les feuilles sémitiques qui prétendent que c'est l'Église qui a commandé les persécutions contre les Juifs.

Le souvenir du déicide a été si peu la cause déterminante des mesures de salut public, prises contre les Juifs dans le passé, que nous voyons les Musulmans poursuivre de la même haine ou plutôt se défendre avec la même énergie contre un peuple auquel ils n'avaient pas à reprocher, je crois, d'avoir crucifié Mahomet.

Ce qui précisément est intéressant pour les sociologues, pour ceux qui s'occupent de questions sociales, c'est de voir la crise juive se renouveler dans une société où la différence de religion ne joue aucun rôle et se renouveler identiquement dans les mêmes conditions qu'au Moyen Âge, sur le terrain économique et social.

La vérité encore est que la race juive ne peut vivre dans aucune société organisée ; c'est une race de nomades et de Bédouins. Quand elle a installé momentanément son campement quelque part, elle détruit tout autour d'elle, elle coupe les arbres, elle tarit les sources et on ne trouve plus que de la cendre à la place où elle a dressé ses tentes.

Le Juif n'a pas le cerveau fait comme nous. Dans son cerveau il n'y a pas de place pour l'idée du Prochain, pour la pensée qu'il existe d'autres hommes qui aient des droits, des intérêts légitimes. Une fois qu'une convoitise s'est emparée de ce cerveau, le Juif va tout droit, il a une espèce d'hypertrophie du *moi*. Emporté par ce *moi* inexorable dont parlait Renan, alors que les Sémites n'étaient pas tout-puissants, il n'est gêné par aucun scrupule, il obéit à une sorte d'impulsion de névrosé servie par une merveilleuse subtilité pratique.

On comprend la puissance que cette façon de concevoir la vie a donnée aux premiers Juifs qui sont entrés dans une société ouverte, confiante, détendue par toute la phraséologie humanitaire ; on s'explique qu'en moins d'un siècle ils aient fait passer dans leurs poches presque toute la fortune du pays.

Malheureusement pour le Juif, une société n'est pas un concours d'habileté ; c'est un organisme complet où tout se tient, c'est un édifice complexe où tout s'appuie, s'étaye, s'équilibre réciproquement.

Au premier abord il paraît très joli de pratiquer en grand l'exécrable science de faire des pauvres, de ruiner des milliers de petits épargnistes avec des sociétés, de troubler des milliers de travailleurs avec des spéculations sur tout ce qui sert à la vie ou à l'industrie : spéculations sur les grains, sur les cuivres, sur les sucres, sur les pétroles, sur les nitrates, sur les huiles, sur les cafés.

Encore, lorsque tous ces gens-là sont dépossédés, déracinés, déplantés, expropriés, obligés de changer de métier, réduits à l'état errant, faut-il savoir où les mettre…

S'ils se tuaient tous, le problème serait simple, mais il en est qui ont le mauvais goût de tenir à la vie, et ils restent.

Avec un article du Code, on démontre aux premiers qui se plaignent que tout a été parfaitement régulier, et, pour les réconforter, les journaux opportunistes leur débitent quelques calembredaines et leur prouvent que le triomphe du Juif est une des plus précieuses conquêtes de 89, une éclatante victoire sur les préjugés d'autrefois. Ils trouvent la plaisanterie un peu forte, mais ils n'osent rien dire… D'autres viennent, ils se reconnaissent entre eux, ils se racontent leurs malheurs… Un écrivain, inconnu la veille, flétrit ces actes anti-sociaux, il est célèbre le lendemain. Un orateur parle d'un châtiment nécessaire, on l'acclame…

Le Juif, en un mot, retrouve devant lui ce Prochain qui n'existait pas pour lui ; qui n'entrait pas dans son entendement, ce Prochain dont il n'a tenu aucun compte, ce Prochain qu'il a foulé aux pieds pour arriver au million…

— Vous êtes acariâtre, dit le Juif à ce Prochain. N'auriez-vous pas lu de mauvais livres : *La France juive*, par exemple ?

— J'ai lu *La France juive*, mais je n'ai pas besoin de livres pour savoir que vous m'avez tout pris, et je trouve assez singulier de ne pas pouvoir manger dans un pays qui est le mien... Il serait peut-être temps de restituer un peu...

Que peut répondre le Juif à ces revendications ?

Il s'est mis en dehors du pacte social pour s'enrichir, il ne s'appuie sur aucun principe moral puisqu'il sait bien que les manœuvres grâce auxquelles il a constitué en quelques années sa monstrueuse fortune sont des attentats à toute morale divine et humaine. Il dit :

— Nous sommes les plus rusés, c'est à nous que doit appartenir le monde.

Les autres répondent :

— Nous sommes les plus forts.

Or, on a vu des conquêtes fondées exclusivement sur la Force.

On n'a pas vu de conquêtes fondées exclusivement sur la Ruse.

Les Juifs, ces éternels recommenceurs, auront, une fois de plus, essayé d'établir, sur les autres peuples, cette domination anormale et factice qu'ils conçoivent en dehors de toutes les lois naturelles ou sociales ; ils se heurteront, une fois de plus, aux lois primordiales qui sont antérieures à tous les codes, et qui ont pour raison d'être d'assurer à chacun le droit à la vie.

À la moindre étincelle on voit la flamme des colères publiques s'élancer jusqu'au ciel et la foule crier : bravo ! On jette de l'eau sur le feu, on achète le silence des journaux et le feu couve plus terrible sous la cendre...

À l'heure de la crise suprême, quand il y aura de l'électricité dans l'air, rien ne pourra sauver les Rothschild. Les Juifs auront peut-être réussi à détruire la France, mais ils mourront sous ses ruines...

(p. IX, X-XIX.)

VISION DE LA NATURE

Mois de mai qui est arrivé,
C'est aujourd'hui qu'il faut chanter !
Un beau bouquet pour saluer !

....

En revenant dedans les champs,
Nous avons trouvé les blés grands,
Les avoines en avoinant,
Les aubépines en fleurissant.
(Vieille chanson populaire.)

I
Retour aux champs

En route. — Philosophie de Bob. — Vue de quais. — Nous déjeunons. — La joie de Thos.

Me voilà réinstallé dans mon petit ermitage de Soisy. Quand j'ouvre les yeux, je revois le spectacle accoutumé : l'immense jardin avec ses portes cintrées ouvertes sur des clôtures qui donnent à l'endroit l'air d'un jardin de couvent, l'allée des tilleuls, les champs encore noirs frangés par le ruban d'argent de la Seine.

Juste en face, voici Grand-Bourg. C'est là que vécut un agioteur triomphant, c'est là que l'on ramena, il y a deux mois à peine, le cadavre mutilé de l'agioteur vaincu, dont la tête, fracassée par le pistolet, avait été raccommodée avec de la cire pour cacher le trou de la balle...

Je me trouve bien. J'ai eu du beau temps pour venir et j'ai fait un charmant trajet. Au premier moment, Bob était folâtre et dansait... « Danse, mon vieux, lui ai-je dit, tu ne sais pas ce qui t'attend. » Quand il a vu que l'on n'allait plus au Bois et qu'on s'engageait le long de toutes sortes de quais inconnus, Bob a compris vaguement de quoi il s'agissait et il s'est fait une allure de circonstance.

Je vous assure que c'est très agréable de cheminer ainsi, *liber cura*. Quand on a foulé le pavé de Paris depuis l'âge le plus tendre, en roulant des pensées de toutes les couleurs, on est content d'être ainsi un peu au-dessus de la chaussée. En même temps, on a la satisfaction de se diriger soi-même, de n'être pas comme un colis dans une voiture ; on va lentement, on trotte, on s'arrête et on regarde les maisons...

Que de maisons il y a dans ce Paris !

En ai-je grimpé de ces étages dans ces maisons et que de souvenirs, d'idées, de chagrins éveille ma promenade à travers la ville ! Ici, j'ai habité avec des peintres et des poètes de l'avenir, et là, avec des maçons, à la table desquels je mangeais le soir. J'ai aimé, j'ai été aimé, j'ai souffert, j'ai pleuré dans cette mansarde du quai Bourbon, d'où l'on a une vue admirable sur la Seine.

Quand on a eu Paris sur le dos pendant si longtemps, quand on y a tant travaillé, tant peiné, c'est un bon moment, encore une fois, que celui où l'on s'en va vers la tranquillité des champs. En s'interrogeant, on ne se méprise pas trop ; on se dit : « J'ai fait ce que j'ai pu ; je n'ai rien de grave à me reprocher ; je n'ai rien volé à personne. Il n'y a pas, dans cette ville de deux millions d'hommes, un être qui pleure ses économies perdues dans quelque société fondée par moi. Je n'ai jamais attaqué que des forts, des puissants et des riches, et j'ai offert ma vie pour défendre mes idées, quoique je sois enchanté, après tout, qu'on ne l'ait pas encore prise. Sans savoir très exactement ce que j'ai, j'ai du pain sur la planche, c'est-à-dire du loisir devant moi pour écrire le livre qui me plaira. Je vous remercie, mon Dieu, de m'avoir accordé tous ces bienfaits : *Gratias tibi ago, Domine, pro universis beneficiis tuis...* »

Voilà maintenant le côté ennuyeux de la route ; les quartiers d'usines et d'entrepôts où l'on n'aperçoit que cheminées qui fument, charrettes pesantes ou haquets grinçant sur le dur pavé de Bercy à Charenton. « Allons, mon vieux Bob, si tu veux que nous déjeunions aujourd'hui, il faut te décider à marcher un peu. Enlevons Maisons-Alfort et allons nous reposer à Villeneuve-Saint-Georges ! »

Une fois à Villeneuve, nous sommes chez nous, à deux pas de notre forêt de Sénart. Voilà le grand caravansérail en marbre rose qui ressemble à un hôtel de Suisse et l'écusson gigantesque qui annonce la présence du fils des preux, le noble comte Cahen d'Anvers.

Saluons de loin la demeure de ce gentilhomme et entrons dans le bois. Nous n'avons qu'à obliquer à gauche pour retrouver notre joli petit sentier, ce sentier presque caché l'été sous la verdure, qui coupe de Mainville à l'Ermitage ; un temps de galop et nous voilà rendus...

Thos, qu'on a laissé au logis tout l'hiver, ne peut contenir ses transports joyeux en revoyant le cheval qui lui a jadis cassé la patte d'un coup de pied et il n'interrompt ses aboiements de bienvenue que pour se livrer à des gambades folles. Marie, ma vieille bonne, m'affirme que les assiettes campagnardes destinées à orner la muraille sont arrivées intactes. Tout va bien...

II
Chansons de printemps

Ce que disent les oiseaux. — Une grande horloge de la Forêt noire. — Le rossignol et Littré. — Un ténor fourbu. — Le silence. — Corbeaux et corbillards.

Que la vie est singulière ! Il a fallu que j'atteigne quarante-cinq ans pour connaître le Printemps. J'en ai beaucoup entendu parler, j'ai lu beaucoup de vers admirables là-dessus, je me suis trouvé à la campagne dans des mois qui correspondaient à la saison printanière, mais enfin je n'ai jamais éprouvé cette joie d'être dans un grand jardin, avec du temps à moi pour voir renaître la Nature. C'est vraiment très joli...

Au début, on est un peu troublé par tous ces bruits d'oiseaux. Tout ce monde gazouillant, sifflant, pépiant, remuant, voletant à la fois vous cause une impression d'agacement ; on se dit : « Qu'est-ce qu'ils ont tous à faire *couic, couic*, comme ça ? » Peu à peu, on s'aperçoit que tout est admirablement organisé et l'on a comme l'idée d'une gigantesque horloge de la Forêt noire où les heures seraient annoncées par des oiseaux différents, où les mois qui se succèdent seraient représentés par des saints à grande barbe : saint Pierre, saint Jean, saint Michel.

Tout ce petit monde des arbres finit par emménager, se caser, s'installer. On distingue bientôt les habitudes de chaque oiseau ; il y a les matineux comme le merle ou l'alouette, les couche-tôt comme les frileuses hirondelles qui ont peur de la fraîcheur, les artistes du soir comme les rossignols et les noctambules comme les hulottes.

Au bout de quelques jours, tout fonctionne régulièrement. Il y a bien quelques querelles entre ménages, quelques coups de bec sous la feuillée, mais c'est à peine une fausse note dans l'universelle harmonie. Vous arrivez à déchiffrer cette musique aérienne comme une partition ordinaire et à distinguer l'air de flûte auquel succède une rentrée de basson. Tout cela vous a troublé d'abord par je ne sais quoi d'espiègle et de désordonné, tout vous frappe, vous pétrifie presque par le côté fatidique, et peu à peu vous charme et vous prend doucement par le côté de régularité et d'habitude.

Il n'est pas jusqu'au coucou qui ne finisse par tenir une certaine place dans votre vie. Rien de bizarre en commençant comme ce cri : *coucou ! coucou !* qui, jeté brusquement dans l'espace à des intervalles fixes, vous arrive des bois lointains. On s'y accoutume et une émotion vous saisit quand, vers le 18 juin, ce cri cesse brusquement. Vous pensez à cet oiseau que vous n'avez jamais vu et qui vous parlait du fond de la forêt. Pourquoi s'arrête-t-il ? Vous sentez que quelque chose vient de finir et vous vous dites : Déjà !

La Nature va devenir plus belle que jamais, elle va prendre les teintes glorieuses de l'été, elle va porter les fruits d'or de la maturité, mais elle ne sera plus juvénile, fraîche, pimpante, chantante comme au printemps.

Le grand ténor, « le chantre des nuits heureuses », se tait bientôt, lui aussi.

C'est bien le vrai compagnon et l'ami de l'écrivain que ce mélodieux rossignol.

Comme Diderot a bien exprimé cela !

« Le pinson, l'alouette, la linotte, le serin jasent et babillent tant que le jour dure ; le soleil couché, ils fourrent leur tête sous l'aile et les voilà endormis.

« C'est alors que le génie prend sa lampe et l'allume, et que l'oiseau solitaire, sauvage, inapprivoisable, brun et triste de plumage, commence son chant, fait retentir le bocage et rompt mélodieusement le silence et les ténèbres de la nuit. »

Je ne sais rien de touchant comme la page où Littré raconte les émotions que lui donnaient les roulades du rossignol qui était son voisin au Mesnil… Depuis 9 heures du soir jusqu'à 4 heures du matin, Littré travaillait à son dictionnaire et l'artiste ailé venait tenir compagnie à ce bénédictin, penché sur ses arides travaux, cherchant péniblement des origines de mots, des étymologies et des acceptions.

Il n'appartenait qu'à notre poétique Zola de vilipender le rossignol et de l'appeler « un gueulard ».

Au milieu de la nuit paisible, au fond d'une solitude où, comme dit Bossuet, « on ne voit pas de vestiges d'hommes du monde, de curieux et de vagabonds », ce chant nocturne est d'un charme inexprimable.

Le grand virtuose s'essaie vers onze heures, presque timidement, puis il s'assure, il égrène ses notes perlées et, peu à peu, il semble qu'il se monte lui-même, que le silence qui se fait de plus en plus intense exerce sur lui l'effet excitant que la foule produit sur les acteurs ; on dirait qu'il se sent écouté par un public invisible et muet d'admiration… Vers une heure, il est véritablement le roi de la nuit, et à la fin on éprouve un sentiment d'angoisse, on devine que ce nerveux se surmène, qu'il se livre tout entier, et l'on tremble que quelque chose ne se brise dans ce frêle gosier…

Quelques mois après, vous apercevez un petit oiseau brun et laid, qui sautille d'arbre en arbre et fait entendre un cri inarticulé : c'est votre rossignol ; il croit chanter encore, il essaie de filer un son qui ne sort pas. C'est le vieux ténor, c'est

Capoul, c'est Renard, après les soirées triomphales de l'Opéra, venant finir à l'Eldorado...

À mesure que l'automne s'avance, le silence se fait dans le jardin, comme le silence des passions se fait dans l'âme à mesure que la vie s'achève. Vous trouviez que c'était un peu bruyant au commencement, vous trouvez maintenant que c'est un peu morne.

Ce n'est que plus tard que les corbeaux, les oiseaux de la mort, suivis de leurs fils, les corbillards, viennent remplir l'air de leurs croassements.

À certains jours, vous apercevez une immense tache noire dans un champ, une tache qui semble remuer un peu, comme un vêtement de deuil que le vent agiterait. Ce sont des corbeaux qui se rangent en cercle pour juger un des leurs. Par une sorte d'identité bizarre avec les magistrats vêtus de noir comme eux, les corbeaux sont les seuls oiseaux qui se jugent entre eux. Les : *couac ! couac !* que vous entendez sont des réquisitoires, et peut-être des plaidoiries d'avocats. Après quoi le coupable, qui est généralement le plus faible, est exécuté, tué à coups de bec sur la tête...

Au printemps de l'année, comme au printemps des sociétés, on aime et on chante ; l'hiver venu, on ergote, on plaide et on juge...

(p. 1-8.)

CONFESSION DE L'AUTEUR SUR SON ŒUVRE

Mon œuvre ne sera comprise que plus tard. Quand on aura toutes les pièces entre les mains, quand on pourra se rendre compte de ce que les Juifs ont pris à la France de toutes les manières et sous toutes les formes, grâce à la complicité d'affiliés ou d'hommes de leur race qu'ils ont fourrés dans tous les emplois importants, on s'expliquera qu'il y ait des lacunes dans mes livres ; sur un point même de très minime importance, il faut entreprendre un véritable siège pour arriver à la vérité.

(p. 15.)

JUIFS DE GRANDE-CEINTURE
(SCÈNES DE MŒURS)

Tous ces Juifs, ou Judaïsants de grande ceinture, semblent parfaitement heureux et les foudres de la justice ne paraissent guère les inquiéter.

J'ai failli être avalé par un employé du chemin de fer de Lyon parce que je voulais m'introduire dans un train qui se dirigeait sur Corbeil.

— C'est un train spécial...

— Quel train spécial ?

— Vous ne savez donc rien ? Mme Pinart marie son fils avec Mlle Hollander, et l'on a commandé un train spécial pour les invités.

— Avouez, mon ami, que Mme Pinart aurait mieux fait de mettre l'argent destiné à ce train spécial aux actionnaires du Comptoir d'Escompte, ruinés par son gendre, Denfert-Rochereau.

L'employé se détourna pour sourire. Tout ce petit personnel, en effet, honnête et travailleur, est de cœur avec nous, mais il est terrorisé par les gros bonnets alliés à tous les financiers véreux. Que voulez-vous qu'ils comprennent à tous ces événements, ces hommes droits ? Ils lisent dans un journal le détail de quelque méfait commis par les représentants de la Haute Banque, ils apprennent qu'une instruction est ouverte, que des arrestations vont avoir lieu et, huit jours après, ils voient apparaître, radieux, superbes, ceux qui ont dépouillé leur prochain.

Les femmes ont des toilettes plus originales que jamais ; elles échangent entre elles de petits saluts ironiques et semblent dire : « Cela passera comme le reste ! » Les équipages ont été renouvelés et les pur-sang qui attendent à la gare emportent en quelques minutes les faiseurs triomphants vers l'opulente demeure qui les attend.

Parfois une paysanne, quand la voiture est partie dans un nuage de poussière, hasarde une réflexion, comme la vieille que j'entendis murmurer : « Ma fine, si notre homme avait fait un coup comme ça, je ne serais pas si fringante tout de même. »

(p. 16-18)

GRANDES CHASSES JUIVES

Les protestations de l'opinion publique n'inquiètent pas beaucoup les Laveissière et ne les empêcheront pas de chasser dans la forêt de Sénart.

Si Laveissière nous manque, nous aurons toujours Cahen d'Anvers. Nous reverrons ces petits torchons sales qu'on étend sur les grillages. Au premier abord, cette lessive, exposée en plein bois, produit un singulier effet ; on s'approche et l'on aperçoit sur tous ces petits torchons les initiales R. C., surmontées d'une vaste couronne comtale.

À quelques pas, on distingue un groupe haillonneux et triste à regarder. Ce sont les rabatteurs. En hiver, ils frissonnent sous leur blouse et attendent, en battant la semelle, l'arrivée du seigneur... Le voilà lui-même, le teint coloré par un bon déjeuner, vêtu de chaude flanelle sous son costume de chasse. Autour de lui se rangent des gardes à la figure martiale et à l'attitude digne, qui ont l'air d'être des invités, puis des gentilshommes à la mine si obséquieuse et si humble qu'on les prendrait pour des domestiques...

Un jour de cet automne, je regardais le départ du train pour Fontainebleau. Soudain, je vis une main qui trahissait son origine esquisser par une portière un petit geste protecteur : « Montez, mon cher, disait Michel Ephrussi à un grand seigneur qui porte un des plus beaux noms de la vieille France, *je vous prends dans mon compartiment.* »

Quand on ne chasse pas, les rabatteurs peuvent encore gagner quelques sous en exerçant la profession de *siffleurs pour faisans*.

....

Vous entendez d'ici, dans les Loges maçonniques, les Sémites nantis qui tonnent contre l'ancien régime : « Oui, messieurs, avant notre glorieuse Révolution de 89 (triple salve d'applaudissements), on voyait des paysans réduits à battre les étangs pour protéger contre les coassements des grenouilles le sommeil de leur seigneur. »

Le *siffleur de faisans* pour chasses sémitiques me paraît remplacer, avec avantage, les batteurs d'étangs pour grenouilles qui, d'ailleurs, n'ont jamais existé...

Plus j'avance d'ailleurs et plus j'ai la sensation d'écrire la suite directe de l'ouvrage de Taine : *Les Origines de la France contemporaine*. Il est parti avant moi, mais comme il travaille lentement, je le rejoins. 1789 et 1889 se confondent tellement, la féodalité industrielle et financière s'est tellement reconstituée dans les cadres mêmes de l'ancienne que si nos livres étaient composés dans la même imprimerie, certains faits d'aujourd'hui pourraient entrer dans le volume de Taine intitulé : *La Fin de l'ancien régime*, sans que personne s'aperçût qu'il y a eu substitution de paquets...

Il n'y a plus de seigneurs cependant ? Tous les citoyens sont égaux devant la loi ?

....

Le petit a peur de son terrible voisin. Ce n'est pas lui qui a commencé la guerre mais c'est lui qui demande la paix ; il est bien modeste dans ses désirs, comme nous l'écrivait un paysan en envoyant son adhésion à la Ligue antisémitique, il voudrait « qu'on eût le droit de tuer un faisan sur moi-même ». Non ! un vilain n'a pas le droit de posséder, fût-ce un lopin de terre, dès qu'il porte ombrage au très haut seigneur, M. de Rothschild.

....

[*Ici Drumont cite la protestation d'un maire de Seine-et-Marne*] qui lève un coin du voile et qui laisse deviner, plus encore qu'il n'attaque, l'effroyable tyrannie que les Juifs possesseurs de *Latifundia* font peser sur tout le département avec la complicité de préfets qu'ils désignent eux-mêmes et la connivence des hauts fonctionnaires de l'administration des forêts, qui se vantent publiquement de ne recevoir d'ordres que des Rothschild.

Allons, les Francs-maçons, âmes de boue et cœurs de valets, allons, les sportulaires de la gauche qui vivez aux crochets des banques juives, allons, la Clémente Amitié, vomissez quelques injures contre un vieux prêtre français et battez un triple *houzé* en l'honneur du suzerain de Seine-et-Marne, le Rothschild de Francfort.

(p. 21-26, *passim*.)

LE JUIF, SUJET DE ROMAN

On vous dit qu'il n'y a plus de sujets de roman : il y en a trop... Voilà un petit commerçant qui a travaillé toute sa vie ; il ne veut pas spéculer, il place son modeste avoir en actions du Comptoir d'Escompte qu'il regarde comme un placement de tout repos ; il se réfugie à la campagne, à Montfermeil ou à Nogent, et il dort tranquille, convaincu qu'avec des administrateurs aussi décorés son saint-frusquin est en sûreté. Patatras ! Un Sassoon venu des bords du Gange tombe dans ce bonheur et enlève à ce vieillard le fruit de ses économies...

N'est-ce pas, d'ailleurs, le roman fait homme que ce Juif toujours en mouvement, toujours en train de préparer quelque mauvais coup au prochain, toujours suspendu au fil du télégraphe pour bouleverser le pauvre monde ?

Le Juif évidemment voit tout autrement que nous ; il se détermine par d'autres mobiles que ceux qui nous font agir.

(p. 28.)

TACITE IMMORTEL

Ne vous y trompez pas, ce qui a fait de Tacite le plus grand historien de tous les temps, c'est que cet homme, dont le nom signifie silence et dont l'œuvre parlera éternellement, a introduit pour la première fois l'âme des foules et des corps constitués dans l'histoire. Dans la peinture de la cour de Tibère ou de Néron, ce n'est ni l'Empereur, ni Séjan, ni Pallas qui m'intéressent le plus, c'est Rome elle-même, c'est le Sénat, cet être collectif dont j'aperçois les transes et les lâchetés, dont je surprends en quelque façon les coliques à chaque mouvement du Prince, dont je devine les flux de ventre dans le laticlave.

(p. 33-34.)

LA SOUMISSION DES VICTIMES

Dans l'ancienne France, tout ce qui blessait le sentiment de la justice innée dans l'âme de nos pères, tout ce qui attaquait les intérêts des natifs, tout ce qui était même une simple atteinte aux usages et aux traditions était une occasion de manifestations bruyantes, de protestations indignées, de chansons et de charivaris. À l'heure actuelle, cette nation que l'on nous représente comme perpétuellement en ébullition est devenue plus facile à conduire qu'un troupeau. C'est Rothschild lui-même qui l'a dit : « Les Français sont comme les moutons, ils aiment à être tondus, cela les rafraîchit. »

Après ce coup du Comptoir d'Escompte dont tout le monde parlait à Paris, il n'est pas venu à 200 personnes l'idée qui serait venue de suite à des Parisiens d'autrefois, l'idée d'aller faire du tapage rue Saint-Florentin, d'aller siffler et chansonner le Juif allemand. Les ouvriers de l'usine Cail, menacés d'être jetés sur le pavé, n'ont jamais songé une minute à manifester devant l'hôtel de Bamberger.

Sans doute, en pareille occurrence, toute la mécanique gouvernementale, qui reste inerte devant les faits d'accaparement, se serait mise en mouvement. Rothschild a le droit de saccager un établissement national, vous n'avez pas le droit de briser une vitre à son palais. On vous aurait dit : « Vous troublez l'ordre », comme si lui-même ne l'avait pas troublé bien davantage en jetant la panique sur le marché de Paris. En tout cas, on n'a eu à dire cela à personne, car personne n'a caressé, un seul instant, un aussi criminel projet ; pas un groupe ne s'est formé devant cet hôtel de l'Infantado qui, depuis Talleyrand jusqu'à Rothschild, semble voué par destination à abriter toujours la Trahison...

En voyant la façon dont les volés acceptent tout aujourd'hui, on est tenté de répéter avec Sieyès : « J'en veux à la lâcheté, à la bassesse des victimes, je les méprise, je vois qu'elles ne souffrent pas tout ce qu'elles méritent, qu'elles n'en ont pas encore assez, je vois qu'elles s'enorgueillissent de leur abjection, de leur malheur, et je ris non de gaîté, mais de mépris. »

(p. 34-35.)

LE FLEUVE DE BOUE

Que de boue ! que de boue ! Le fleuve fangeux roule avec l'impétuosité du Rhône en temps d'inondation. Toutes les digues sont rompues, tous les quais sont enlevés et la boue envahit les villes et les campagnes. Des gens de Paris arrivent chez moi tout fumants, tout vibrants, convaincus que le pays entier va être transporté d'indignation devant tant de hontes accumulées. Ce qui me démontre que j'ai fait de grands progrès dans les études sociales, c'est que je suis certain d'avance que tout cela sera absolument inutile.

Ce qui constitue précisément le côté saisissant, le côté étrangement pathétique de certaines périodes historiques, c'est l'impuissance de tous contre la situation générale, contre la force invincible des choses. C'est ce qui rend le spectacle de la mort si dramatique : ni les efforts de la science ni les chaudes caresses, ni les moxas brûlants ne peuvent empêcher l'œuvre de destruction de s'accomplir.

....

Le Centenaire de 89 devait trouver au pouvoir un Badois[1], chargé des Affaires étrangères, un associé de Jacques Meyer à la place de d'Aguesseau et un ancien entrepreneur de vidanges[2] comme ministre de l'Intérieur.

....

Comme il advient quand on touche à la fin, les dernières transformations de la société française se sont accomplies en effet avec une effrayante rapidité. Ce qui aurait été jadis l'affaire d'un siècle est aujourd'hui l'affaire de quelques

---

[1] Spuller. [J. R.]
[2] Constans qui, de fait, avait dirigé l'entreprise en question à Barcelone. [J. R.]

années. Il y avait déjà un abîme entre l'état de conscience, les idées, les conceptions morales des hommes de 1871 et la manière de voir des hommes de 1848 ; les hommes de 1889 semblent d'un autre âge que les hommes de 1871.

(p. 50-51, 53, passim.)

LA RÉPUBLIQUE MAÇONNIQUE

Les Loges ont encore la direction du suffrage universel et la République répond complètement à la conception qu'ont les Maçons du Bien et du Mal, à l'idée qu'ils se font de l'accomplissement d'un mandat public. Le Dieu vague qu'on affublait du nom de grand Architecte de l'univers a été biffé du programme ; d'une autre vie, il n'en est plus question ; celui qui parlerait de l'âme ferait rire ; il reste donc un animal plus ou moins bien doué qui doit profiter de l'intelligence qu'il peut posséder pour se procurer par tous les moyens le plus de jouissances possibles[3].

Sans doute, quelques Maçons honnêtes, qui avaient entrevu dans la Maçonnerie je ne sais quel idéal d'émancipation humanitaire, ont compris qu'ils étaient tombés dans un piège, ils se sont lassés d'être les jouets de la Juiverie et ils sont entrés dans la Ligue antisémitique, mais leur nombre est malheureusement bien restreint encore.

Quant à la foule des électeurs, elle obéit aux mêmes mobiles que l'Élite que nous venons de voir accourir rue Saint-Florentin pour féliciter Rothschild après la razzia du Comptoir d'Escompte.

C'est la folie des représentants des classes dirigeantes que de vouloir demander aux autres des sacrifices auxquels ils se refusent. « Je suis de votre avis, vous diront-ils, notre attitude devant les Juifs est honteuse, mais je fais passer avant tout mes habitudes mondaines, le désir qu'a ma femme d'assister aux belles

---

[3] La déliquescence absolue du sens moral se rencontre parfois dans des épisodes d'une fantaisie lugubre et particulièrement basse. Connaissez-vous rien de plus singulier que l'enterrement civil d'un patron de maison de tolérance à Épernay, au mois de janvier dernier [1889] ?

Les pompiers viennent avec le drapeau chercher le corps devant la maison au gros numéro. Le cortège se met en marche ; les clairons s'avancent en tête en sonnant aux champs, derrière eux vient le drapeau voilé d'un crêpe comme à l'enterrement d'un colonel ou du Chef de l'État, autour du corbillard les pompiers en uniforme avec leur lieutenant et quatre pupilles de la compagnie. Les dames pensionnaires de la maison marchaient ensuite.

Toutes les phrases ici seraient inutiles. Cela s'appelle : l'enterrement d'un leno au dix-neuvième siècle, c'est un document sur les mœurs républicaines, une note aiguë sur les sentiments qui ont cours aujourd'hui ; cela est loin de La Fille Élisa et rentre dans les turpidités tristes que peint Huysmans — voilà tout ce que vous pouvez écrire. Il y a là l'indicible, une multiplicité de pensées qui viennent confusément à l'esprit devant ce drapeau tricolore arboré à l'enterrement d'un teneur de maison publique.

Que voulez-vous que fassent à ces gens-là des indignations contre les prévarications des ministres ?…

fêtes que donnent les princes d'Israël. » La masse électorale agit de même, avec des motifs plus légitimes, et fait passer avant tout le désir d'avoir des bureaux de tabac, des bourses pour les enfants jeunes, des dispenses militaires et des congés pour les enfants devenus grands et des places pour tous les hommes de la famille.

(p. 66-68.)

LA CORRUPTION BOURGEOISE

Toute la Bourgeoisie peignante, la Bourgeoisie sculptante, la Bourgeoisie écrivante, la Bourgeoisie chantante salue Constans comme un grand homme ; il voudrait se faire représenter en Caton avec une statue de la Vertu, le couronnant d'un laurier civique, que Mercié et Falguière tailleraient le marbre complaisant et que Gailhard chanterait une cantate pour l'inauguration du monument.

Ils sont comme cela. Nous disons : « Ils sont comme cela » et il faut vraiment avoir l'esprit mal fait pour nous appeler pamphlétaire alors que nous prenons simplement acte de ce qui se passe devant nous.

Nous n'avons jamais conçu le noir dessein d'écrire *Les Petits Mystères de la Bourgeoisie*, nous n'allons pas regarder au trou des serrures, ni fouiller au fond des alcôves... Nous voulons montrer comment meurt une classe sociale et, pour cela, nous n'avons qu'à la laisser se confesser elle-même, se révéler telle qu'elle est dans l'inconscience presque naïve de ses actes.

Nous ouvrons un volume que tout le monde a lu, *Le Disciple*, et nous y voyons Bourget célébrer la grande Bourgeoisie : « Ah ! la brave classe moyenne, la solide et vaillante Bourgeoisie que possède encore la France ! » Là-dessus l'auteur brode quelques variations sur cette Bourgeoisie héroïque qui a tout subi, qui a laissé insulter toutes ses croyances plutôt que renoncer à émarger au budget. Nous sommes fixés sur la sincérité du psychologue.

....

Que voulez-vous imaginer de plus caractéristique, de plus symptomatique pour l'histoire sociale d'une époque que ce tableautin qui se compose tout seul devant vous et qui réclame, non le large pinceau d'un Couture mais le crayon parisien d'un Forain ?

....

C'est un sentiment tellement général dans le monde bourgeois qu'il serait ridicule d'insister. Tout le monde vous dira que Bourget a raison, il se prépare en effet une existence très douce. Petit monsieur devient grand ; grâce à l'appui des salons juifs, il sera officier de la Légion d'honneur et membre de l'Académie française avant la quarantaine — ce qui est charmant. Albert Wolff se chargera de faire l'article de tête pour créer ce qu'on appelle « le mouvement d'opinion ». Le nouvel académicien ira prononcer des discours devant les statues et inaugurer des télescopes plus ou moins tudesques en parlant du « relèvement de la Patrie ».

Un jour, il verra arriver dans son petit hôtel un vétéran des journaux de province, un vieil homme de lettres qui lui racontera son histoire.

— J'ai défendu des vaincus, j'ai combattu les forbans financiers, je suis sans ressources et je viens voir si l'Académie pourrait me donner un petit prix.

— Un petit prix... un petit prix... dira Bourget ; ce n'est pas si facile que cela... Enfin, nous allons tâcher de vous faire obtenir la moitié du prix Latour-Landry : 1.500 francs pour les hommes de lettres âgés et tombés dans le dénuement...

Ce qui gâte cette physionomie de moderniste, qui, après tout, n'est pas sans quelque grâce, c'est l'inévitable tirade sur le relèvement de la Patrie. Tous ces bourgeois de parole et de plume qui ont élevé dans leur cœur un autel au Vol triomphant, qui acceptent toutes les escroqueries à la condition qu'elles soient réussies, ont la manie de la phraséologie patriotique.

C'est le côté odieux du Bourgeoisisme, du *Burgethum*, comme disent les Allemands. Le Pharisaïsme révolte plus encore que le Vice cynique et bon garçon. Un coquin de bonne humeur vous dégoûte infiniment moins qu'un imposteur écrivant comme Jules Ferry après 1870 : « Nous entrons dans une période de grandeur austère succédant à une époque de corruption et d'asservissement. »

....

La Bourgeoisie, d'ailleurs, s'est réfugiée dans l'hypocrisie comme dans une forteresse. « Toi, tu n'as qu'une qualité, dit une femme de Gavarni à son mari, tu es hypocrite. » Cette légende d'un dessin pourrait être la devise de la Bourgeoisie française.

....

Ce qu'il faudrait pouvoir faire, ce serait de rendre à la Bourgeoisie les vertus un peu étroites, l'honnêteté un peu raide, mais réelle cependant, qu'elle avait au commencement de ce siècle et qu'elle n'a plus.

(p. 70-71, 74-77, 80, *passim*.)

DIALOGUE SUR LA FRANCE MALADE

Que voulez-vous que fasse la France ? Voilà un malade qui est atteint jusqu'aux moelles, qui croupit dans des excréments qu'il n'a pas la force de retenir. Vous venez lui dire : « Mon ami, vous sentez mauvais. — Il vous répond : Je le sais bien. — Vous ajoutez : Il faut vous lever, vous laver à grande eau, faire de l'exercice, escalader une montagne pour respirer l'air pur, courir à cheval dans le vent frais du matin... — Hélas ! vous réplique ce grabataire, si je pouvais faire tout cela, vous ne me trouveriez pas dans cet état-là. »

(p. 84-85.)

VISION JUIVE DE 89 !
(À PROPOS DE L'EXPOSITION DE 1889)

Une vraie fête juive que cette Exposition ! Et comme on comprend le concert d'enthousiasme qui de tous les coins du monde s'est élevé dès qu'elle a été ouverte ! Cette Exposition, le Juif l'a faite à l'image même de ses pensées ; c'est un bazar gigantesque, une tente plus magnifique qu'un palais ; c'est le Nomadisme ruisselant d'or et couvert de pourpre ; c'est le dernier mot du Modernisme avec la tour qui rappelle l'origine et la Babel de Mésopotamie ; c'est la Magie basse avec ses fausses lueurs, ses fantasmatiques évocations, ses clartés phosphorescentes qui décomposent les objets ; c'est l'apothéose des féeries, les secrets arrachés à la Nature pour envelopper de rayons éblouissants une gourgandine qui montre ses mollets ou un pitre qui débite des coq-à-l'âne.

Le Juif, au Champ-de-Mars, goûte la joie profonde de n'être plus le seul à marcher toujours ; tous les gens qui sont là ont été arrachés à leurs foyers comme il le fut jadis, secoués jusque sur leur base. De l'Inde immobile, de la mystérieuse Java, du fond de la Chine, des êtres dont les ancêtres avaient vécu pendant des siècles à la même place sont entrés en mouvement, se sont mis en chemin. Les voyageurs qui par centaines de mille défilent sans cesse à travers cette foire incomparable ont eux-mêmes l'allure de Juifs ; ils sont sur la grande route, ils semblent faire partie d'une immense invasion. Le Juif n'est donc plus l'éternel errant dont l'arrivée jadis agitait une ville paisible, il est devenu chef de caravane et des multitudes le suivent sans savoir où elles vont.

Voilà qu'à son tour arrive par les trains de plaisir celui dont la stabilité a longtemps horripilé le Juif, le paysan qui semblait installé à jamais sur le champ qu'avaient cultivé ses pères, le paysan qu'on apercevait le soir assis sur le seuil de sa maison et qui abritait sa vie près de la vieille église ou les siens, de génération en génération, avaient reçu le baptême, étaient venus prier, avaient été enterrés... Quand il retournera chez lui, il emportera avec lui la troublante vision de ces merveilles accumulées ; il reviendra tout chargé de miasmes de corruption, les yeux allumés par des convoitises inconnues ; il trouvera triste désormais le village qui lui était si cher jadis, qu'il aimait même sous la neige de l'hiver : il est perdu pour la terre et conquis pour le Juif ; il est tout amorcé pour le papier que les courtiers juifs lui passeront en faisant miroiter devant lui le fallacieux espoir du gagner quelque gros lot ; une fois ruiné, d'homme libre qu'il était aux champs il deviendra esclave ; il aura commencé par être la dupe du Juif financier, il finira par être l'instrument du Juif industriel et il travaillera pour faire gagner des millions à des commanditaires d'usine qu'il n'aura jamais vus.

C'est la fête du Juif encore une fois ; il voit au Champ-de-Mars la société telle qu'il la conçoit. Pas de prêtres pour bénir le travail des hommes mais partout, au premier rang, les obligatoires servants de la vie parasitaire et prostitutionnelle : l'hôtelier, le cabaretier, le *leno*, la fille, le guide. Le Juif a traîné là toutes les juives d'Algérie, tous les marchands de babouches et de pastilles de sérail, il a la main dans toutes les exploitations du vice ou de la malsaine curiosité, dans les concerts, les cafés suspects, les exhibitions de danseuses qui remuent leur ventre ou d'indigènes de pays lointains qui grimacent pour quelques sous ; il a formé toutes sortes de petits Kahals, de commissions étrangères où quelques Iouddis inconnus chez eux sont censés représenter la Russie ou la Roumanie.

Il a d'autant plus raison d'être heureux, le Juif, que ce rêve qui était le sien n'a pas été réalisé par lui. S'il eût opéré lui-même, il aurait édifié je ne sais quoi de criard et de baroque, un palais des *Mille et une Nuits* bâti à sa manière, avec des fausses pierreries et du clinquant partout ; il eût laissé la Prostitution s'étaler dans tout ce qu'elle a de repoussant et de vil. Les ouvriers français ont relevé l'exécution par leur génie ; ils ont mis au point le projet délirant du Sémite ; la police a fait régner là un peu d'ordre apparent et l'ensemble intéresse et plaît...

À tous les orchestres, aux Lautars, aux Tziganes, aux agitateurs de gongs, aux racleurs de kasbas de Tunisie et du Maroc, le Juif mêle sa musique humanitaire et entonne un hosanna en l'honneur de 89.

Le Centenaire de 89 c'est le Centenaire du Juif. M. Zadoc Khan célèbre la grande date dans une harangue. Alexandre Weil, transporté d'allégresse, prend le ton des Prophètes pour déclarer que la Révolution qui nous a donné pour maîtres une poignée d'Hébreux qui croupissaient jadis dans les ghettos d'Allemagne est le plus glorieux événement que la terre ait jamais contemplé.

Quant aux *Archives israélites* pour lesquelles 1789 est « une nouvelle Pâque », elles constatent que la Révolution française *a un caractère hébraïque très prononcé*[4]. On nous a accusé de parti pris quand nous affirmions les origines juives de la Révolution. Maintenant qu'Israël reconnaît le fait lui-même, on finira peut-être par admettre que nous avions raison.

Pourquoi Israël dissimulerait-il plus longtemps ? Il apparaît maintenant comme l'unique héritier et le bénéficiaire unique de cette Révolution qui a coûté tant de sang. Tous ceux qui ont travaillé pour le Juif sont aujourd'hui hors d'état de lui disputer sa conquête. La Bourgeoisie se meurt dans la corruption et l'intrigue ; le Prolétariat n'a même plus la force de rompre sa chaîne ; sur les débris de ce qui fut la France le Juif se dresse triomphant.

....

En dehors des personnages connus, on voyait à ce rendez-vous de toutes les nations des apparitions de Juifs véritablement saisissantes et qui rendaient rêveur.

Je me rappelle m'être amusé à suivre un type absolument étonnant. Je l'ai encore présent à l'esprit : haut d'un mètre quatre-vingts, énorme, suant la richesse dans toute sa personne, vêtu d'étoffes solides et cossues, drapé, lui aussi, dans la vaste houppelande ; les semelles gaufrées, larges, débordent le pied d'un bon centimètre ; on dirait de petits trottoirs que ce Juif en voyage a fait annexer à ses pieds pour marcher plus sûrement.

---

[4] *Archives israélites*, 6 juillet 1889.

Il entre au milieu des statues. Il ne regarde rien. Il embrasse d'un coup d'œil cette salle à ferrures bleues, et passe rapidement, le vent tournoyant dans son ulster ample.

Aucune hésitation dans son allure. Peu lui importe où il pose ses pas. Il va, il va ; tout ce qui est là est mis là pour lui, pour sa satisfaction. Le détail l'importunerait. La vue de cet ensemble abondant, varié, chaotique le ravit. C'est à son argent, à la puissance de sa caisse qu'on doit l'organisation de cette Exposition qui a attiré tous les Juifs de l'Univers.

Lui est venu par l'Orient-Express, et dans son esprit le voyage continue comme il a commencé. Une locomotive semble entraîner cette puissante personne de Juif.

Les arrêts sont rares et courts comme dans l'Orient-Express.

À peine est-il dans le jardin qu'il a déjà tout vu, parcouru tous les coins de l'Exposition. Cinq minutes à peine, et je l'aperçois là-bas, sortant d'un pavillon lointain où l'on n'avait pas eu le temps de le voir entrer.

Où va-t-il ? Peu importe. Il va. Ne cherchez pas à le suivre. Pour le voir efforcez-vous de le rencontrer. N'en demandez pas davantage ! C'est déjà bien joli de le croiser deux fois pendant qu'il visite son Exposition, qui va du Trocadéro à l'École Militaire. Tout cela est à lui, entendez-vous bien ? Les gens qui ont mis leurs noms sont ses employés, ses correspondants. Il est impossible qu'il pense autrement, tant il a l'air de tout connaître ici sans daigner examiner rien.

Voyez-le, là-bas, allant, venant, tournant sur lui-même, écrasant le sable sous ses pieds, soufflant, se prenant la barbe, dénouant un bouton de son ulster, s'ébrouant dans le vent, la tête haute comme un grand nageur dans la vague. Qu'a-t-il aperçu ? Que cherche-t-il ? Comme un ouragan pressé, le voilà faisant hâte vers le restaurant russe de son coreligionnaire Hirsch, Léon pour les habitués du « Café de Paris ».

Il traverse les tables, semble les faire tourner en les frôlant ; et soudain son immense personne se pose sur une chaise de café.

Se sent-il regardé ? A-t-il changé d'avis ? Le fait est que, lorsque le garçon vient prendre la commande, notre Juif somptueux se lève comme mu par un ressort, laissant brusquement les serviteurs ébaubis, et reprend sa course interrompue. Une dernière fois on entrevoit sa silhouette opulente du côté de la rue du Caire et puis c'est fini... Son voyage est un arrêt d'Orient-Express : cinq minutes dans les capitales.

What is he? Quel est-il ? C'est un grand Juif ; il est mêlé à beaucoup d'affaires que vous n'avez pas à connaître : il fabrique des ministères, organise des émeutes, il prépare des mouvements de peuple ; il fait en un mot ce qu'il a à faire, et il ne vous dit pas ce qu'il fait...

Voici maintenant, cheminant avec des airs moins vainqueurs, le pauvre petit Juif exotique venu de très loin pour voir toutes ces merveilles chantées par ses journaux, *Pester Loyd, Neue Free Press, Berline Tagblatt*. On lui a dit : « Tu seras chez toi. » Il en est convaincu. Sa personne amiable se tend sous ses habits étriqués, tout juste assez larges pour dissimuler quelqu'une de ces difformités comme il s'en rencontre tant à Brody, ville galicienne où tout un chacun est difforme.

Son pardessus à pèlerine descend un peu bas sur ses chevilles. Il est tout froissé, à peine sorti de la valise, une valise toute neuve en carton, recouverte d'une toile grise très pareille à du papier, mais grande et encombrante au possible, presque une malle. Dans le wagon, les voyageurs ne savaient où fourrer leurs jambes. Toujours cette valise du Juif que personne ne reconnaissait. Enfin on a porté plainte au chef de train, et notre Juif en fut quitte pour envoyer sa valise aux bagages, non sans de grands gestes de protestation et quelque résistance. Encore une économie qu'il voulait faire.

Dans le Champ-de-Mars, il a oublié tout cela. Il est fier de tous les Lévy, de tous les Meyer, de tous les Jacob et de tous les Hirsch dont les noms s'étalent pompeusement sur des vitrines avec des mentions au palmarès. Il circule lentement, regardant droit devant lui, traînant ses bottines de mauvaise façon dont le talon s'empêtre de temps en temps dans un bas de pantalon effiloqué. Il n'est pas riche. Il le deviendra.

Pour l'instant, il est persuadé que tous les passants ont les regards sur lui. Il se sent le centre du monde. Son nez dépasse de beaucoup les bords de son chapeau comiquement étroit, un chapeau melon, fané, versé en avant, sur deux gros yeux étonnés et féroces.

Aussi bien ce chapeau semble-t-il moins tenir sur la tête qu'il couvre à peine qu'être soutenu par les deux oreilles hautes et solides comme des cariatides.

Il ne connaît pas grand monde à Paris. Il est venu un matin présenter son visage chez le grand rabbin, comme on va chez le consul faire viser son passeport. Il a prié qu'on l'inscrive pour une position de citoyen français ; on lui a dit : « C'est bien... on verra... Laissez votre adresse... Allez... »

Et il est allé devant lui, vers l'Exposition où des inscriptions dans sa langue l'avertissaient qu'il ne faut sortir « ni tête, ni jambe » lorsqu'on voyage dans le Decauville. Il a vu l'Exposition, il a admiré.

Parfois quand, venu le soir pour les fontaines lumineuses, il s'est bien extasié devant ce Trocadéro qui forme comme un immense cirque tout en or, il a des moments de tristesse. Il pense à part lui que ce serait bien dur de s'en retourner au fond de son village galicien où ils sont vingt-cinq Juifs pour plumer un chrétien...

Il n'aura pas ce chagrin. Ainsi que le disent les *Archives*, « il est permis de supposer que parmi ces milliers d'étrangers attirés à Paris par les merveilles de notre Exposition et où l'élément israélite a largement figuré, il en est qui, les portes du Champ-de-Mars fermées, ne reprendront pas le chemin de leur pays et se fixeront dans une ville dont les ressources sont si multiples et si variées[5] ».

---

[5] On se souvient des gorges chaudes que fit Sigismond Lacroix, dans *Le Radical*, à propos d'un article dans lequel Henri Rochefort affirmait qu'on avait fait venir toute une bande de Juifs étrangers au moment des élections. Les *Archives israélites*, le journal officiel du

Notre jeune Juif est compris dans la promotion. On a pris des renseignements : on sait qu'il n'est pas très expert en science talmudique ; il ne saurait pas dire dans quelle année le mois d'Adar est embolismique ; il ignore si la touffe de laine écarlate qu'on attachait au bouc d'Azazel pesait un *sela*, comme l'affirme R. Samuel B. Nahanan, ou dix *zouz*, comme le soutient R. Simon B. Halafta. Il pratique d'instinct, cependant ; il ne manque jamais son *goy*.

On va lui avancer de quoi fonder un modeste magasin et il aura bientôt ruiné tous les commerçants de la rue ; on lui dira à quel Kahal il doit s'affilier et de quelle Loge il doit faire partie ; le Kahal lui donnera de bons conseils pour son commerce et la Loge le soutiendra s'il a des démêlés avec la justice. Il se fera passer pour Alsacien-Lorrain, et, petit à petit, tout doucement, il s'installera ; on l'initiera graduellement ; aux prochaines élections, il entrera dans un comité, il s'essaiera dans une réunion, il dira : « Vrançais, nos vères ont été gouvernés par des malfaiteurs ou des imbéciles comme saint Louis, Henri IV et Louis XIV ; nous sommes délivrés heureusement, grâce aux principes de 89, et nous avons à notre tête d'honnêtes gens comme Constans et Rouvier. » On l'applaudira, il deviendra membre du bureau de bienfaisance, adjoint au maire, conseiller municipal. Il nous secourra, nous mariera, nous administrera...

Ne vous y trompez pas, en effet : avec son air de chien perdu, ce petit youtre sale, couvert de défroques dépareillées, est malin comme un singe, averti comme un espion, ironique comme la mort.

Voici enfin le plus émouvant de tous les Juifs : il passe avec sa figure douloureuse aux teintes bleuies ; il promène au hasard ses yeux noyés de tristesse, ses yeux de gazelle mouillée. À quoi pense-t-il ? Il n'est pas difficile de le deviner et, s'il vous demandait de le lui dire, vous pourriez lui répondre sans hésiter : « Vous pensez à vous suicider. »

C'est le désespéré, en effet ; il déambule sans but précis, accompagné de l'idée fixe de partir ; il a des maladies affreuses, des maladies que les médecins juifs connaissent seuls : des névroses spéciales, des cancers d'estomac d'une forme particulière, des décompositions du sang, une viscération déplorable, une moelle épinière entamée ; il a, par-dessus tout, l'insondable lassitude, le dégoût de cette richesse qui ne lui sert à rien ; il y a dix-huit cents ans qu'il erre à travers le monde, il a assez de la planète, il voudrait bien se désagréger et aller dormir dans le *scheol*.

Celui-là aimerait à causer avec moi et cela lui arrive parfois.

— Êtes-vous heureux, me dit-il avec son sourire mélancolique, d'avoir encore une telle passion, un tel *stimulus* de vie ? Vous comptez continuer longtemps ainsi ?

— Oh ! non... Si on m'apporte de l'argent pour fonder un journal, je m'immolerai à cette besogne épuisante. Si les événements se précipitent et que mon

---

Judaïsme français, constataient précisément, à la même date [1889], que l'invasion des Juifs était tellement rapide, que le Consistoire était sur les dents et ne savait comment organiser le service religieux.

pays fasse un suprême effort pour se ressaisir et me demande mon concours, je me sacrifierai. Autrement j'irai me reposer tout à fait à la campagne... J'ai fait mon devoir en éclairant mes concitoyens, et vous le savez, je n'ai dit que la vérité.

— Oh ! certes ! Ce n'est pas moi qui défendrai les Juifs... Je les connais mieux que vous...

(p. 92-96, 103-110.)

DIALOGUE AVEC UN JUIF
(CONFESSION DE L'AUTEUR)

J'aurais pu, je l'ai dit déjà, faire des livres autrement documentaires, mais je n'ai pas voulu.

J'ai gardé le souvenir de la visite d'un Juif d'une physionomie particulière. Il avait fait le Kahal buissonnier, contrecarré les opérations de ses frères, et on l'avait, paraît-il, exécuté durement comme on fait en pareil cas.

— Ils m'ont tout pris, monsieur !

— Tout pris ? Ils vous ont bien laissé quelques millions ?...

— Cinq ou six tout au plus, monsieur ; je devrais avoir six cents millions comme Hirsch... C'est moi qui aurais dû faire telle affaire... et telle autre.

En parlant il se montait vraiment comme un poète, comme un général qui rêve de bataille.

— J'ai perdu trente millions en un seul coup de Bourse... Ils se sont tous mis contre moi...

— Je n'y puis rien... Qu'est-ce qui vous amène ?

— Voilà... vous avez du talent...

— Vous êtes bien bon.

— Beaucoup de talent...

— Vous êtes excellent.

— Seulement... Vous ne connaissez pas les Juifs... Voilà des notes d'une rigoureuse exactitude sur tous les Juifs en vue, suivis pas à pas de capitale en capitale depuis trois générations, sur toutes ces existences mystérieuses pleines de dessous que personne ne soupçonne. Arrangez cela, mettez votre nom sur un volume de cent ou deux cents pages seulement, je me charge de le faire imprimer à l'étranger. Voilà cent cinquante mille francs, je vous en remettrai autant à la livraison du manuscrit. Vous aurez servi votre cause et moi je me serai vengé...

Je dis à ce visiteur bienveillant : « Mon ami, ce n'est pas dans mon esthétique. Je suis chez moi, dans mon pays, je veux y parler à haute voix, mais je ne veux m'appuyer que sur des faits qui, en réalité, sont du domaine public, qui appartiennent à la discussion courante... Laissez-moi toujours votre adresse, si on me prive du pain et du sel dans ma Patrie, si on veut m'interdire de traiter les Juifs comme les Juifs traitent les Chrétiens qu'ils appellent généralement dans leurs journaux : "Cafards, idiots, lâches et sodomites", je deviendrai peut-être *outlaw* et j'agirai en *outlaw* ; alors j'irai vous trouver... Autrement je continuerai à circuler librement, à regarder les événements et à en dire mon sentiment. »

(p. 112-114.)

L'ORGUEIL DU JUIF LÉGITIMÉ PAR LE JUIF

Je me suis convaincu que le principe unique qui guidait les Juifs et qui les rendait si forts était l'idée fixe imprimée dans leur cerveau par le travail des siècles, enfoncée dans leur tête par le Talmud, qu'ils appartiennent à une race supérieure à la nôtre.

Il y a un peuple prédestiné, béni par Jéhovah, auquel la conquête de la terre est promise, et en dehors de ce peuple il y a des *goym*, c'est-à-dire la semence de bétail.

Cette semence de bétail n'a aucun droit parce que, pour avoir des droits, pour aspirer à la dignité humaine, il faudrait être au moins un homme et qu'un Chrétien n'est pas un homme ; c'est comme si vous prétendiez qu'un Juif peut commettre un adultère avec une Chrétienne ; ainsi que vous l'explique le Talmud, les Chrétiens sont en dehors du mariage ; il n'existe entre eux qu'une copulation comme entre animaux.

— C'est bien là votre principe ? Le principe moteur de tous vos actes, ai-je demandé à quelques Juifs en veine de sincérité.

— Parfaitement ! Et, quoique vous en disiez, ce principe doit nous sembler toujours vrai puisqu'il a été justifié par les faits, puisque, sans avoir eu la peine de combattre, nous avons vos biens et que nous vous avons privés de tous vos droits.

(p. 114-115.)

LE CITOYEN « CONSCIENT ET ORGANISÉ » !

Au fond, avec ses prétentions, sa vanité de fils de 89 et ce qu'il appelle ses « lumières », l'actionnaire n'est guère plus malin qu'un paysan galicien ; il n'a certes pas le bon sens, la clairvoyance, l'esprit éveillé d'un paysan du temps passé. Quand nous causons avec des Juifs, qui se déboutonnent devant nous parce qu'ils savent que nous les possédons à fond, nous nous faisons des bosses de rire de tout ce qu'on peut faire croire à un Français d'aujourd'hui qui se prétend trop éclairé pour croire en Dieu.

(p. 118.)

VISION SOCIALISTE NATIONALE DE L'ANTISÉMITISME TRIOMPHANT

Comme la société est déplorablement organisée ! Quel malheur que les Antisémites ne puissent pas occuper le pouvoir pendant six mois seulement ! Avec les milliards repris aux voleurs de la Haute Banque, nous réorganiserions la vie sociale et tous les travailleurs, affranchis, libérés, heureux, béniraient notre œuvre...

(p. 120.)

LES JUIFS ENVAHISSEURS DES FRANÇAIS

Ils sont venus d'Allemagne pour mettre tous les Français hors de chez eux, hors de leurs frontières naturelles, hors de leur droit, hors de la vie même, avec le café en tablettes.

....

C'est la race qui veut cela. Ces « Jean sans terre », comme Schopenhauer appelait les Juifs, ces forains commencent par demander, au nom de l'humanité, libre accès sur le terrain du natif, du citoyen patenté ; ils l'exproprient ensuite, ils le chassent de chez lui, au nom de leur droit à eux.

À Paris, même dans les journaux spéciaux où l'on voit Israël faire en famille sa petite popote politique et préparer les lois que les Loges imposeront à la Chambre, les Juifs se gênent encore un peu, ils mettent quelques formes. En Angleterre, ils proclament inexorablement leur droit à posséder la terre, à traiter les indigènes de chaque pays en intrus.

(p. 131-134)

L'ENVOÛTEMENT JUIF
(VISION DU DRAME DE MAYERLING ET DE L'ÉCROULEMENT DE L'AUTRICHE)

Ce qui demeure le plus saisissant, pour moi, de ces études sur le Sémitisme, c'est l'attraction irrésistible qui pousse dans les bras du Juif ceux qui doivent périr par le Juif. Évidemment il y a là une sorte d'hypnotisme, d'envoûtement, d'ensorcellement.

....

C'est le même spectacle partout. Des hommes qui n'auraient qu'à être eux-mêmes pour intéresser, pour rallier des consciences et des cœurs, pour représenter quelque chose de vivant, en un mot, vont se jeter dans le Juif pour y mourir.

Willette, ce Parisien de Montmartre en qui se retrouvent des conceptions des Primitifs, ce peintre de la Pierrette qui a parfois des visions dignes d'Albert Dürer, cet artiste d'une si étrange, d'une si troublante, et parfois d'une si puissante fantaisie, pourrait seul peindre cette Danse macabre moderne. On y verrait, comme dans les fresques de Bâle ou dans le cimetière des Saints-Innocents de Paris, défiler les Empereurs, les Rois, les grands seigneurs et les bourgeois. Chaque personnage, jadis, avait près de lui sa Mort. Chaque personnage a près de lui son Juif...

Ces gens-là ne peuvent aller tout seuls, penser seuls, agir seuls ; il leur faut leur *hause-judd*, ce Juif de maison sans lequel un grand seigneur autrichien n'oserait vendre un sac de blé. Ce Juif les trompe, les égare, les mène à l'abîme : ils le savent et ne peuvent s'en passer.

....

Voilà, Willette, l'œuvre qui devrait être le Panthéon-Nadar de cette fin de siècle, le défilé de tous ces êtres qui cheminent allègrement avec leur Juif — avec leur Mort.

Dans les Danses macabres, la Mort apparaît rarement sous l'aspect menaçant ; le plus souvent, au contraire, elle est d'allure engageante, elle passe son bras décharné autour du bras de ceux qu'elle visite, elle leur tend sa main osseuse en les invitant à sauter le pas. En revanche, qu'elle soit ricanante et gambadante comme une fille d'amour ou grave comme un magistrat sur son siège, cette Mort donne toujours d'avance à ceux qu'elle a marqués pour être sa proie, à ceux dont elle s'est fait le garde du corps, le rictus grimaçant, l'aspect caricatural et grotesque qu'ont ordinairement les cadavres.

Le Juif agit de même envers ceux dont il prend possession ; il n'exerce sur eux aucune violence apparente, mais il trouble la coordination de leurs mouvements ; il dissocie leurs éléments vitaux, il les décompose, il les cadavérise, il leur donne une contorsion d'agonisants.

En attendant l'œuvre de Willette, nous avons entrepris, à la Ligue antisémitique, un travail qui n'a pas été tenté encore et qui aura un grand intérêt pour l'avenir, une sorte de statistique sociale et morale. Nous prenons les grands seigneurs qui s'affichent le plus cyniquement avec les Juifs, dont les noms reviennent sans cesse dans les descriptions de fêtes sémitiques : « la grande liste », comme on dit chez les baronnes ; nous leur ouvrons un compte moral et nous notons, au fur et à mesure, ce qui leur arrive. Dans dix ans, vous verrez que le tiers au moins de ces familles aura alimenté la chronique scandaleuse des journaux boulevardiers et les comptes rendus des tribunaux, ce qu'on appelle le « drame parisien ». La Ruine, le Suicide, la Névrose auront décimé les rangs de cette aristocratie. Les femmes auront trompé bruyamment leur mari, les maris se seront fait sauter la cervelle, les enfants naîtront difformes, ils aboieront, ils auront des tics bizarres, comme ces malheureux petits êtres que soigne Charcot. Ce sont des familles maudites en un mot.

En ceci, il n'y a rien d'extraordinaire. Tout ce monde est au fond un monde suicidaire ; il ne se tue pas, si vous voulez, « il se détruit » pour employer l'expression dont se servent les ouvrières lorsqu'une de leurs compagnes a allumé un réchaud de charbon ; en brisant les liens qui l'attachent aux idées françaises, il anéantit peu à peu tout ce qui constitue un être complet.

Un être, en effet, n'est pas si simple qu'on le croirait ; c'est un ensemble ; il se compose de traditions qui le rattachent à ceux qui ont vécu avant lui, de sentiments qui l'unissent aux gens qui sont du même pays que lui. Dès qu'il s'est dépouillé de tout cela, qu'il s'est mis hors de sa religion, hors de sa race, hors de sa patrie, il n'a plus de support, plus de racines, plus de place à lui dans l'organisation sociale ; il est étranger partout, étranger dans son pays, puisqu'il a pris parti pour les ennemis, étranger chez les Hébreux, puisqu'il n'est pas de leur sang ; il ne lui reste que son enveloppe matérielle, sa pauvre guenille humaine qui finit par lui peser et dont il se débarrasse comme il peut, en l'usant dans les excès ou en la trouant d'un coup de pistolet.

Le monde a vu un effroyable exemple de ce que j'avance dans la mort de l'archiduc Rodolphe.

Quelques personnes sont stupéfaites en constatant que les pages de *La Fin d'un monde*, dans lesquelles les catastrophes qui menaçaient l'Autriche étaient si clairement annoncées, ont été écrites avant le drame de Mayerling.

D'autres vous disent : « Vous êtes prophète. »

Non, nous ne sommes ni des prophètes, ni des vaticinateurs, nous sommes des médecins sociaux et, en regardant les gens, nous leur disons : « Vous suivez un régime qui vous mène au tombeau et, si vous continuez, vous n'en avez pas pour longtemps. »

Pour tout ce qui touche aux questions étrangères, les Français, malheureusement, sont continuellement trompés par la presse maçonnique et juive qui a centralisé le service des informations et qui ne laisse pas une lueur de vérité pénétrer jusqu'à nous.

Après la publication de *La Fin d'un monde*, quelques jours à peine avant que l'Europe n'apprît l'horrible fin de l'héritier de la couronne d'Autriche, le *Journal des Débats* affirmait que l'archiduc Rodolphe était le « modèle des époux ».

Pour me démentir, pour nier ce que chacun savait, le correspondant du journal de Léon Say prenait même un ton indigné :

« Deux mots pour finir : on a prétendu faire croire aux naïfs que la mauvaise intelligence régnait dans le ménage du prince ; ceux qui approchent l'archiduc Rodolphe et son épouse d'assez près pour bien juger peuvent affirmer *qu'ils vivent heureux et unis. Nous voulons admettre encore qu'on a été chez vous victime d'une mauvaise plaisanterie* ; même pour ceux qui auraient pu la trouver piquante, il est temps qu'elle cesse. »

Il y eut même à ce sujet un détail presque amusant. Ces notes d'origine juive, une fois munies du visa de la Synagogue, font, on le sait, le tour de tous les journaux du monde ; elles sont soulignées au crayon bleu dans les agences de publicité qui appartiennent toutes à Israël et l'on sait ce que cela veut dire. Telle information partie des bureaux de la *Neue Free Press* reçoit, un mois après, l'hospitalité d'un journal de Pézenas, sans qu'on ait jamais su comment. La note des *Débats* avait été particulièrement recommandée et en province le même numéro de journal donnait à la fois les premiers détails sur le drame de Mayerling et l'affirmation que l'archiduc Rodolphe et la princesse Stéphanie étaient parfaitement unis.

Le malheureux prince a été une des plus émouvantes victimes de l'envoûtement juif. Il était presque aussi juif de cœur que ce Frédéric III que le peuple de Berlin avait surnommé « Cohen Ier » et qui finit, lui aussi, de la misérable façon que l'on sait. La Presse juive avait également partagé ses réclames entre les deux cousins vivants, elle unit leurs noms dans la même oraison funèbre.

« La fin tragique du prince héritier d'Autriche-Hongrie, disent les *Archives israélites*, qui a produit une si vive impression, évoque dans les cercles israélites les mêmes regrets émus que la mort prématurée de l'empereur Frédéric III.

« Avec l'archiduc Rodolphe, Israël perd un puissant ami. »

Ce fils d'Empereur ne vivait entouré que de Juifs ; il avait pris pour ami un petit reporter de la *Nouvelle Presse*, Élie Weil, et il en avait fait le chevalier Weilen, conseiller aulique, confident du Prince, directeur de sa conscience, collaborateur de ses travaux et compagnon de ses plaisirs.

Il est mort comme il devait mourir, dans l'interlopie juive, dans l'extravagance, dans le mystère. Cette dernière nuit passée sur la terre par le descendant des Habsbourg ressemble à une aventure de cabinet particulier.

« Britfisch a admirablement sifflé toute la nuit. »

Voilà la dernière parole qui soit venue aux hommes de cette solitude qui fut témoin de si terribles scènes.

C'est la note : Les Juifs appellent cela une « opérette dramatique ». Avec eux, le *De profundis* a le rythme capricant du quadrille d'*Orphée*. À Carthage, les Sémites devaient jouer des airs pareils en célébrant les sacrifices humains.

Vous croyez que ce vieil Empereur, si impitoyablement frappé, va comprendre qu'il expie quelque chose, qu'il va se rapprocher de son peuple ? Non, il aime les Juifs plus qu'avant. On ne veut pas d'un artiste chrétien pour reproduire les traits de l'archiduc mort, c'est un Juif, le petit David Mosé, qui s'assied près du lit funèbre et qui exécute le dessin destiné à l'Empereur. Impressionné par ce travail, le petit Mosé profite de l'occasion pour devenir fou ; — ce qui est bien en situation.

Les Autrichiens se décident à réagir. Un courageux journal, le *Deutsch Volkblatt*, se fonde pour combattre les Sémites envahisseurs. Le prince de Liechtenstein prononce cet admirable discours sur la Juiverie qui soulève des applaudissements universels et semble soulager la conscience de l'Europe. Le parti des Chrétiens unis s'organise. Les Antisémites entrent triomphants au conseil municipal de Vienne ; l'Autriche va être sauvée...

....

L'Empereur alors se déclare hautement contre les hommes de cœur qui veulent délivrer leur Patrie.

Avec leur arrogance habituelle, les Juifs ont menacé de s'entendre pour ne pas prendre part au marché des céréales qui se tient à Vienne au mois d'août. Devant une pareille coalition, un souverain qui aurait compris son devoir aurait fait arrêter immédiatement les meneurs.

L'Empereur d'Autriche, au contraire, s'humilie et il envoie à ces insolents un de ses ministres, le marquis de Bacquehem. Un homme qui aurait eu quelque dignité dans le caractère n'aurait pas accepté une telle mission. Bacquehem accepta : il remplit l'emploi de Rouvier près du baron de Rothschild ; il est reçu avec une impertinence inouïe par les Juifs, puis on finit par recevoir les excuses qu'il apporte au nom de son maître, et on lui fait même un petit cadeau.

L'Empereur ne s'en tient pas là. Il se fait près du prince de Liechtenstein l'avocat des Juifs, il abuse de son influence morale, du prestige qui reste encore à son titre de souverain pour décider le prince à renoncer à l'œuvre de salut qu'il avait entreprise.

Le prince de Liechtenstein en a assez, il est écœuré, il jette à l'Empereur sa démission de membre du Parlement et il rentre dans la vie privée.

Le meilleur général de l'armée autrichienne, l'archiduc Jean, agit de même ; il veut fuir à tout prix cette cour où tout sent la Ruine, la Trahison et la Mort ; il renonce à son titre, à ses droits, à ses honneurs, à son apanage, il renvoie dédaigneusement à l'Empereur le collier de la Toison d'or, il répudie jusqu'à son nom... Il ne sera plus l'archiduc Jean, il sera Jean Orth, capitaine au long cours ; il affrontera la tempête sur le vaste océan, il vivra entre le ciel et la mer, indépendant, pauvre et fier...

De cette monarchie qui croule, tout le monde veut s'en aller. Peuples et princes craignent d'être ensevelis sous les décombres ; Allemands et Slaves, Tchèques et vieux Tchèques, Croates et Hongrois, chacun tire de son côté.

L'Empereur assiste à cette désorganisation générale avec une imperturbable philosophie. Il a Rothschild et celui-ci lui suffit, il l'embrasse et lui dit : « L'héritier du trône est mort en écoutant siffler un cocher de fiacre, en guise de prière des agonisants ; ma femme est folle, elle a trois mille vélocipèdes dans ses appartements et elle a voulu se jeter dans la mer à Corfou ; mes peuples m'abandonnent ; Bismarck se joue de moi, il cherche à faire la paix avec le Czar sur mon dos ! Vous me restez... Je suis heureux. »

Ils éprouvent tous le même vertige ; ils sont tous attirés vers le Juif. C'est l'histoire des petites bouteilles d'eau miellée que je mets l'été dans mon jardin afin de protéger mes raisins ; au bout d'une heure elles sont noires de mouches et les arrivantes se battent pour entrer.

....

Notre statistique sociale, encore une fois, sera intéressante à consulter dans dix ans. Ceux qui s'obstinent à répudier la cause de la France pour pactiser avec les Juifs allemands n'ont pas l'excuse de l'ignorance ; ils savent que la catastrophe les attend, qu'ils sont voués d'avance au ridicule, à l'indigence et au déshonneur.

....

Tous et toutes auront leur tour. La partie saine, la partie française de l'aristocratie qui a manifesté si clairement, au moment de la réunion de Neuilly, son intention de rompre avec les Juifs, n'obéit pas seulement à des sentiments généreux et nobles, elle agit dans l'intérêt même de sa conservation.

Quant à l'aristocratie qui ne pense qu'à jouir, elle sera cruellement punie. Nous en sommes sûrs, nous le voyons, nous apercevons déjà l'ombre que projettent en avant d'eux les événements qui approchent. Si nous le voyons, pourquoi ne le dirions-nous pas ? Que nous importe qu'on nous accuse de vaticiner ?

« Celui qui a la vérité de son côté, écrivait Daniel Defoe, l'auteur de *Robinson Crusoé*, est un sot aussi bien qu'un lâche quand il a peur de la confesser à cause du grand nombre des opinions des autres hommes. Certainement, il est dur à un homme de dire : "Tout le monde se trompe excepté moi, mais si, en effet, tout le monde se trompe, qu'y peut-on faire ?" »

« Rien, ajoute Taine, qui cite cette fière parole, rien, sinon marcher tout droit à travers les coups et les éclaboussures... »

(p. 136-137, 140-149, 152, 153-154, *passim*.)

EN FORÊT, AUX USSELLES

Les Usselles sont un des jolis coins de la forêt de Sénart, un coin qui ressemble un peu à Fontainebleau ; le chemin est couvert d'un épais tapis de mousse et le terrain tout semé de petites mares, de fondrières, de rochers recouverts de verdure. Les fougères commencent à jaunir, mais les bruyères ont conservé leurs belles teintes violettes ; sous un petit vent frais, les bouleaux blancs remuent leurs feuilles tremblantes.

(p. 155.)

CONFESSION DE L'AUTEUR

Supposez que je sois resté à l'Hôtel-de-Ville, j'aurais été retraité comme chef de bureau et j'aurais tout simplement vécu. Si, après *La France juive*, j'avais accepté un million pour ne plus rien écrire contre les Juifs, je me serais fait un sort. En consolant des âmes, en éclairant des intelligences, j'ai accompli ma destinée ; j'ai fait tout ce que j'avais à faire. Je puis être tué, trébucher dans une loi Reinach quelconque, mourir empoisonné dans une prison, ce que j'ai créé d'immatériel, mon œuvre vivra... Si je ne tombe pas dans le vice sur mes vieux jours, si je continue à essayer de monter sans cesse vers la Justice et vers la Vérité, je puis espérer, avec la miséricorde de Dieu, aller au Ciel, c'est-à-dire entrer dans de l'azur, dans de la lumière, dans la sérénité des sphères éthérées vers laquelle j'aspire. Si, au contraire, je cherchais ma voie vers le monde d'en bas, j'irais dans l'Enfer, c'est-à-dire dans le centre de la terre, l'endroit où il y a des choses noires, des volcans en formation, de la vapeur d'eau en ébullition...

(p. 161-162.)

VIVENT LES AVENTURIERS !...

Quand on écrit l'histoire d'aujourd'hui, on a l'air de raconter des romans. Les Français actuels sont tellement hébétés, en effet, qu'il leur semble très simple qu'un aventurier bavarois[6], ancien élève en pharmacie, quitte l'Amérique sans un sou avec des créanciers hurlant après ses chausses et qu'il se retrouve quelque temps après remuant des millions sur le pavé de Paris, et grand officier de la Légion d'honneur à quarante-deux ans, sans qu'on ait jamais pu

---

[6] Cornélius Herz. [J. R]

savoir ce qu'il a fait pour mériter cette haute distinction. « C'est tout naturel ! disent les Républicains payés par les Juifs, ceux qui protestent contre cela sont des énergumènes !... des gens qui ne veulent pas des principes de 89. »

(p. 163-164.)

LE STUPIDE XIXᵉ SIÈCLE FINISSANT
(« TOUS PENDUS À LA MÊME SONNETTE... »)

Le point à voir encore, c'est la stérilité absolue du XIXᵉ siècle finissant ; il a affiché des prétentions énormes, il a remué beaucoup d'idées, il a produit dans tous les camps des orateurs, des tribuns, des utopistes, des faiseurs de systèmes, des réorganisateurs de sociétés ; il a fait éclore des théories et des philosophies. Rien que dans le parti républicain, il a eu les Saint-Simoniens, les Phalanstériens, les Fouriéristes, compté des hommes comme Saint-Simon, Enfantin, Auguste Comte, Cabet, Proudhon, Pierre Leroux.

Aujourd'hui, ce siècle agonise dans la navrante indigence, il est réduit à sa plus simple expression. Le terrain de la discussion est un petit jardin anglais des environs de Paris : un kiosque au milieu, une apparence d'allée qui fait semblant de se perdre dans la campagne, un simulacre de monticule, cinq ou six arbres qui figurent le lointain... Chacun tire de son côté et va à la découverte, et, au bout de cinq minutes, tout le monde se retrouve nez à nez devant le petit kiosque.

Prenez les trois personnifications de choses grandes par elles-mêmes : l'homme qui représente le gouvernement de la France ; l'homme qui incarne la protestation de la nation contre les tripotages et les infamies du présent ; l'homme qui est le porte-drapeau de la vieille France, de la France monarchique et chrétienne foulée aux pieds par la Franc-maçonnerie juive.

Chacun fait son petit boniment, sa petite profession de foi. « Je représente ceci ou cela. La France m'entendra... » Ils partent tous dans des directions différentes.

Laissez écouler un quart d'heure et regardez ! Vous les retrouverez tous au même endroit, devant la même porte, faisant le même geste, tendant la main pour agiter la même sonnette ; ils sont tous devant l'hôtel de M. de Rothschild...

Ils y allèrent tous : le comte de Paris, Constans et Boulanger.

(p. 186-187.)

LES JUIFS TERMITES DE LA VIE POLITIQUE FRANÇAISE

Ainsi que tout le faisait prévoir, Rothschild fut le Grand Électeur de 1889 ; ce fut lui, en réalité, qui triompha seul, et vous avez pu voir que, pour obtenir ce résultat, il n'eût ni à intriguer, ni à conspirer : c'est la force des choses qui fit de lui le maître de la situation.

Il n'y a plus que lui qui soit debout en France ; il a renversé tous les établissements qui auraient pu le gêner ; l'Union générale a été étranglée, le Comptoir d'Escompte saccagé de fond en comble. Au point de vue financier, rien ne fait plus obstacle à la puissance juive.

En politique, les Juifs ont agi de même, ils ont tout détruit autour d'eux, ils ont fait le néant. Il y a quelques années à peine, il existait des royalistes, des bonapartistes, des républicains, des radicaux ; il existait un parti socialiste qui comptait à sa tête des hommes de valeur. Tout cela s'est volatilisé, pulvérisé, atomisé. Nous assistons à ce spectacle étrange ; un pays où tous les citoyens sont divisés et où l'on n'aperçoit plus ni partis, ni chefs de parti. Nous avons la discorde dans l'impuissance et la haine dans le vide.

C'est la dissolution propre à tous les pays où les Juifs sont arrivés à disposer de tous les ressorts de l'État, à dominer absolument la situation économique. C'est par cette phase que passa la Pologne avant de disparaître du rang des nations.

(p. 191-192.)

VISION PROPHÉTIQUE DE L'EFFONDREMENT DE LA FRANCE PAR LES JUIFS

L'œuvre juive va suivre son *processus* régulier. La destruction de la France est préparée avec une sorte de précision mathématique. Toutes les étapes sont marquées à l'avance et l'on sera frappé plus tard de la netteté avec laquelle j'ai indiqué tout ce qui devait arriver.

J'ai toujours déclaré qu'avant la guerre il y aurait encore un grand emprunt dont le produit sera gaspillé comme le reste. Au moment de l'entrée en campagne, il faut en effet que ce pays, qui a été si riche, ne puisse pas faire un dernier appel au crédit, il faut que, selon l'expression malpropre mais pittoresque, et en tout cas authentique employée par un banquier allemand fort bien posé à Paris : « La France ne trouve pas à emprunter une crotte de chien. »

....

Ceux qui voudront avertir le pays, au moment de la déclaration de guerre, trouveront devant eux une loi Reinach quelconque, qui sera votée juste à point pour empêcher les chiens fidèles d'aboyer et de défendre la Patrie. Raynal, lui, souhaitait davantage ; il a essayé, sans succès d'ailleurs, de faire accepter à la Chambre un projet limitant le droit d'interpellation de façon à ce qu'un débat important, un débat sur la question de paix ou de guerre, par exemple, puisse toujours être renvoyé à la semaine des quatre jeudis.

M. Laisant[7], qui est un patriote, a eu la vision de la France ainsi livrée pieds et poings liés ; il a déclaré, dans une réunion publique, qu'il s'opposerait de toutes ses forces à la trahison qu'on voudrait accomplir, et il a confirmé ses paroles dans une lettre qui fut publiée dans les journaux.

....

Ces préoccupations, sans doute, font honneur à M. Laisant...

---

[7] Le type du « bon modéré ». [J. R.]

Au fond, M. Laisant et les citoyens qui l'applaudissaient dans cette réunion publique n'agiront pas davantage que les Zouaves pontificaux n'ont agi au moment des expulsions... Qui donc oserait les blâmer de s'abstenir dans d'aussi terribles circonstances ? Qui oserait prendre sur soi de leur donner le conseil d'agir ?

La foule circonvenue serait, d'ailleurs, hostile à tout acte de ce genre.

Pour une opération comme la prochaine guerre, les Juifs constitueront un syndicat de journaux, comme pour toutes les grosses entreprises, et vous entendez l'antienne d'ici : « Tout va bien ! Nous sommes prêts, archi-prêts, nous sommes trop prêts, serrons-nous autour de Léon Say ! Acclamons M. de Rothschild qui nous aime comme ses petits boyaux et ne nous occupons de rien ! »

Quand on songera à réfléchir, il sera trop tard. Les Juifs auront enfin mené à bien « la grande affaire », celle dont on parle depuis tant d'années dans les plus sordides bourgades de la Galicie ou de la Roumanie, l'écrasement de la France, la mise en régie du pays entre les mains des financiers d'Israël, et l'expropriation des Français par tous les Hébreux du monde.

....

Les Républicains de la Chambre ne voient pas les choses sous ce jour. M. Waddington n'est pas d'origine française ; il a pris la défense des Juifs de Roumanie au Congrès de Berlin, cela suffit. Qu'importe à ces êtres vils que la France périsse pourvu que les Juifs roumains aient le droit de tenir les cabarets !

Pour d'autres raisons, les députés de la Droite gardent le même mutisme que ceux de la Gauche. Les Nègres de l'Afrique eux-mêmes discutent leur politique étrangère et s'occupent de leurs rapports avec les tribus voisines. On en est tombé, en France, à ne plus oser cela. Chacun a peur, en remuant, de faire un malheur sans le vouloir, et les plus honnêtes se disent : « À quoi bon s'agiter ? Ce qui doit arriver arrivera toujours ; j'aime autant n'y être pour rien. »

....

Fin d'année... Combien fut triste cette fin de 1870 dans notre Paris sans lumière et sans feu... Mais l'Espérance survivait alors au désastre matériel. Aujourd'hui l'impression qui domine est celle que je constatais tout à l'heure ; on a comme la sensation d'une universelle impuissance de tous et pour tout.

Involontairement il vous revient à l'esprit une très suggestive parole de l'abbé Lemann, un Juif converti, qui connaît bien ses coreligionnaires, dans son curieux volume : la *Prépondérance juive*.

« Le jour même où l'Assemblée constituante décréta l'entrée des Juifs dans la société française, elle reçut l'hommage du livre de Volney : *Les Ruines*. »

C'est une coïncidence prophétique.

« Toute ville où tu auras couché sera détruite le lendemain », dit Quinet à son Ahasvérus.

Ce sont des ruines spéciales que celles que laisse le Juif, des ruines qui n'ont jamais la poésie du souvenir, des ruines qui n'évoquent que l'image d'un bazar en déconfiture, ou d'un établissement de plaisir en liquidation.

J'eus très nettement la sensation de ces choses en traversant, le 1er janvier, l'Esplanade des Invalides pour aller dîner chez Daudet.

L'Esplanade si animée et si criarde il y a quelques mois, apparaissait lugubre et morne, détachant sous un ciel d'hiver où crépitait le vent d'Est les fantômes déchiquetés de ses palais de carton.

La pioche du démolisseur a mordu dans ces plâtras à belles dents, en hâte. On lui avait signifié des délais. Vite, vite, qu'on en finisse avec cette fête qui devait durer éternellement ! Une bonne fois, qu'on nous débarrasse de la carcasse de ce champ de foire !

Et la carcasse est partie par morceaux. Quelques débris subsistent : çà et là on aperçoit des cornes de pagodes, des terrasses de minarets, des toits historiés de maisons orientales, où la lune froide de janvier allume encore, par endroits, des parcelles d'ors flétris.

Là il y avait… On ne sait pas ce qu'il y avait. Les palais éphémères ont roulé, s'entassant pêle-mêle, dans les ornières des chemins. À fleur de terre, un morceau d'affiche danse sous la rafale. C'est un « avis important » signé Berger. Plus loin, sur un coin de mur encore debout, on lit : « Construction à vendre. » Là-bas, sur le montant brisé de la porte du Kampong Javanais, devenu tas de paille, on lit encore le prix de l'entrée : 0 fr. 50.

On a devant les yeux le spectacle sinistre de l'Exposition Universelle de 1889 aboutissant à une photographie d'Ischia après le tremblement de terre.

Le vide est partout, le vide déchiré, crispé, crevassé, plus navrant que la solitude. L'Esplanade des Invalides est une sorte d'hypogée sans momie. Elle est le Chaos planant sur l'ombre du délire, un délire de six mois. Les ostentations et les sottes glorioles de cette Exposition sont enfouies ici, affaissées sur elles-mêmes, expirées dans un hoquet d'orgueil, attendant, pour disparaître à jamais, l'entrepreneur de démolitions, le marchand de décombres, fossoyeur naturel de cet enterrement civil.

Tous ces monuments en simili, ces restaurants, ces cafés exotiques, nombreux comme les vices, gisent là, les uns à ras de terre, les autres debout encore, mais éventrés, dépouillés de leurs portes et de leurs fenêtres, hantés seulement par le spectre du vent qui entre en sifflant et semble sortir en ricanant.

Là-haut, tout là-haut, dans la frise solennellement prétentieuse du « Palais de la Guerre » formant une grosse tache noire sur le blanc cru de cet édifice de plâtre, un trophée de drapeaux en éventail. Le nuage léger qui flambe à ce moment en passant devant la lune n'a pas un rayon pour donner à ces drapeaux un peu de ces couleurs qui sont leur vie. À cette heure du soir, c'est la couleur de la mort qui est partout, la mort de la matière, l'horrible mort des choses.

Dans le lointain, par-dessus les quais, Paris où l'on meurt en masse brille d'un éclat polaire, sous le dais de brouillard que janvier porte au-dessus de sa tête.

Plus près de moi, la longue façade des Invalides, dont les fenêtres luisantes courent sous l'élégante coupole de Mansart, tellement plus haute que la fausse gloire du Centenaire. Ce palais des vieux troupiers raconte de belles histoires malgré tout, des histoires vraies de bravoure, dont rêvent les petits enfants le soir au coin du feu. La Vraie France est là.

La Fausse France est ici ; dans ces bâtisses fragiles de la Place des Invalides. Que disent-ils, ces palais d'une féerie politique ?

Ils commentent le Centenaire à leur façon. Ils rappellent les fausses splendeurs, les faux triomphes, les fausses sécurités, les fausses idées, les faux principes, les faux grands hommes auxquels a cru la France qui jadis mêlait à d'admirables enthousiasmes un si merveilleux bon sens. Ils racontent le mensonge de tous les programmes, la faillite de tous les systèmes, l'hypocrisie de tous les prétendus amis du peuple, l'inanité de tous les efforts. Ils nous annoncent que cette apparente richesse qui n'existe que sur le papier s'en ira comme ce lambeau d'affiche que la tourmente hivernale fait tournoyer devant vous.

Comme il faut qu'on s'arrache aux spectacles qui vous émeuvent le plus, vous achevez de traverser l'Esplanade et vous suivez l'étroit sentier qui remplace les larges avenues d'autrefois. Vous apercevez, près d'un maigre brasier fait de planches et de détritus, de pauvres mercenaires emmitouflés de laine qui se chauffent en se pressant les uns contre les autres. Un vieil ouvrier que ce vent funeste fouette au visage est tenté et dit : « Peut-on s'approcher, camarades ? »
— Comment donc !

Tous ces miséreux, avec leurs mains calleuses étendues sur le feu comme pour capter la chaleur et l'empêcher de s'aller perdre dans l'espace, forment un groupe pittoresque dans un coin de ce Paris si bruyant il y a quelques mois, et que la Peste, tardive voyageuse, est venue remercier d'avoir attiré chez lui le genre humain afin de le corrompre encore un peu plus.

L'hôtel construit par la duchesse de Bourbon est illuminé *a giorno*. Les équipages pénètrent avec fracas dans la cour, et, dans un coupé irréprochable, j'aperçois, blotti dans ses fourrures, un député républicain auquel jadis on prêtait quarante sous pour aller dîner...

Nous sommes au 1er janvier. M. Floquet reçoit aujourd'hui...

(p. 194-197, 200-205, *passim*.)

MÉDITATION POLITIQUE ET VISION DU SECOND EMPIRE

Dès le bas âge je marchais dans le sillon lumineux de l'Empire, assistant de loin à toutes ses fêtes, vivant de sa vie : j'ai été le témoin assidu d'un règne, témoin obscur et perdu dans la foule, témoin presque toujours présent aussi aux sorties, aux rentrées, aux solennités, aux galas, aux cortèges.

Je crois que peu d'hommes au monde auront autant détesté l'Empire que mon père. La République, en ce temps-là, était pour beaucoup un Idéal de justice, de désintéressement, de liberté ; elle ne ressemblait pas plus à la République de voleurs, de mercantis, de Juifs, d'escrocs, de tripoteurs, à la République des Wilson, des Cazot, des Raynal, des Constans, des Thévenet qu'une vierge ne ressemble à une fille de la rue. Mon père, avec son âme droite, scrupuleuse jusqu'à l'exagération, avait un mépris profond pour l'homme de Décembre, pour l'homme qui avait manqué à sa parole.

Tout ceci est bien loin et je vous le donne comme une note sur un état d'esprit qui alors fut celui de beaucoup parmi les meilleurs. J'ai trouvé ce tableau curieux : ce souverain regardé ainsi chaque jour par un voisin qui le hait, qui se dit : « Quand cela finira-t-il ? » qui, mêlé aux badauds accourus à la vue des cent gardes de l'escorte, pense : « C'est peut-être aujourd'hui qu'on va tirer ?... »

Ce souhait, j'en suis sûr, mon père l'a formulé intérieurement plus d'une fois et je me rappelle que le soir où eut lieu un attentat sur la place du Théâtre-Italien il ne manifesta aucune indignation. Nous étions là tous ensemble comme nous étions toujours à tout, car chaque soir nous allions faire une promenade en famille : au moment où les premières voitures de la cour débouchaient sur la place, on entendit un coup de pistolet, mais l'Empereur n'arriva que quelques minutes après et la foule l'acclama. Ma mère, je m'en souviens, nous entraîna vers la rue Saint-Roch dans la crainte que mon père ne tînt quelque propos séditieux.

Ma pauvre maman aimait tant mon père, elle était si pénétrée de sa supériorité qu'elle était encore plus républicaine que lui, mais elle avait toujours peur que mon père ne perdît sa place à l'Hôtel de Ville.

C'était une crainte chimérique, à vrai dire. Jamais on ne vit souverain plus débonnaire que ce despote que l'opposition comparaît couramment à Tibère. J'ai indiqué déjà le contraste de la douceur de ce règne avec les persécutions, les délations, les infamies sans cesse renouvelées qui constituent le fond du gouvernement présent. Napoléon III était un gentleman, il avait risqué sa vie pour réussir le coup d'État ; il avait fait sentir un peu la poigne et puis la bonne vie sociale française faite d'indulgence et de tolérance avait repris son cours. Les gouvernants d'aujourd'hui, au contraire, sont des laquais, sans pitié comme les lâches, toujours à l'affût du mal à accomplir, enlevant son pain à un facteur ou à un cantonnier qui veut faire élever ses enfants chrétiennement, ou qui se permet d'aller à la messe, ne reculant même pas devant le ridicule, refusant, par exemple, comme on l'a vu en Normandie, à un homme qui ne pense pas comme les Francs-maçons du canton, le droit d'acheter une charge de notaire.

Mon père et ses camarades de l'Hôtel de Ville tenaient, à deux pas des Tuileries, sous les galeries de Rivoli, à la musique, des propos énormes sur Badinguet, sur l'Impératrice, sur Plon-Plon, sur Mlle Sellier et Haussmann. Le fidèle Alessandri et les Corses du château qui nous rencontraient à chaque instant connaissaient certainement la situation d'employé de mon père. Jamais, pendant tout le Second Empire, le chef du personnel de la Préfecture de la Seine ne fit une observation aux employés sur leurs opinions. Nous voilà loin des circulaires odieuses adressées aux fonctionnaires de tout grade pendant les dernières élections, loin de Poubelle qui, après un brillant concours, refuse d'admettre à un emploi de la ville un jeune chimiste suspect d'avoir conservé des croyances religieuses, tandis que Mme Poubelle va faire des mômeries chez les

Pères et déchire les affiches anticléricales en se disant sans doute : « On ne sait pas ce qui peut arriver... Je me garde à carreau. »

Quand je passe devant la planche de bois blanc qui ferme le guichet de la rue de l'Échelle, je revois mon Badinguet. Derrière les grilles du poste ou sur le trottoir, on apercevait des voltigeurs, des grenadiers ou des zouaves de la garde, on appelait aux armes, on battait aux champs ; les Corses se rapprochaient un peu et l'Empereur passait en saluant. Pour l'ouverture des Chambres, avant qu'il y eût une salle des États, ou pour les revues, il traversait à cheval, à la tête de son état-major, la grande allée des Tuileries.

Je me rappelle un matin d'hiver où j'avais été piétiner aux Tuileries et patauger dans la neige, en sortant du catéchisme. Je m'aperçus qu'on sablait l'allée et je m'installai, pour voir défiler le cortège, sur la terrasse en fer à cheval du côté des Champs-Élysées. J'étais là à l'avant-scène, appuyé à la grille, lorsqu'apparut le premier escadron des Guides. À ce moment, une vieille Anglaise qui était derrière moi me saisit le poignet, m'arracha de ma place et me jeta brutalement en arrière pour se mettre sur le devant et crier à tue-tête : « Vive l'Empereur ! »

Il m'est arrivé des événements plus importants dans ma vie ; je ne sais pas pourquoi je me rappelle cet incident. La mémoire, encore une fois, offre des phénomènes bien bizarres. Les souvenirs sont comme des arbres espacés dans un désert ; on ne sait pas pourquoi certains arbres ont survécu tandis que d'autres sont morts.

L'histoire de l'Empire se résume pour moi en quelques images.

J'ai parfaitement le souvenir d'un matin de décembre où l'on me mettait mes bas devant la cheminée ; ma mère était descendue pour acheter un petit pain et racontait à mon père ce que contenaient les affiches blanches qui annonçaient le coup d'État. Mon père paraissait consterné en prenant son café au lait.

Plus tard, mes jeunes années furent pleines de visions de bal deviné de la rue : le château brillamment éclairé, des officiers en grand uniforme, superbes, heureux de vivre, se croyant invincibles et faisant sonner leurs pas sous les arcades de la rue de Rivoli, des rangées de voitures aux lanternes de cristal, attendant leur tour et laissant apercevoir des toilettes de bal, des épaules couvertes de diamants, des broderies, des dorures ; au milieu de la chaussée des équipages de ministres et d'ambassadeurs passant, rapides, en soulevant une fine poussière.

Pour la clôture, j'aperçois, par une matinée de septembre, le jardin fermé, les troupes bivouaquant sous les arbres, les soldats lavant leur linge dans le bassin octogone ; sur le mur, en face du ministère de la Marine, on voyait déjà des caricatures suspendues par des ficelles : Napoléon III sur un pot de chambre, Napoléon III embrassant les bottes de Guillaume... Je me rappelle ce matin-là avoir rencontré, sur la place de la Concorde, un des Lefèvre-Pontalis, je ne sais plus au juste lequel. Ce dernier détail n'a rien d'intéressant pour vous, mais cela me sert de point de repère...

LA DERNIÈRE BATAILLE

Mon dernier souvenir des Tuileries est du mois d'octobre 1888. On avait installé une kermesse sur les ruines et, parmi les écussons R. F. et les drapeaux tricolores flottant au vent, s'étalait tout le personnel baroque des fêtes foraines. À l'endroit où était la salle des Maréchaux s'élevait le salon de la belle Zoraben-Angelina-ben-Babazoun ; à droite étaient Lérida, sujet hermaphrodite, et l'Homme merveilleux ; plus loin, la nouvelle enchanteresse, Armide.

Un bossu, habillé de jaune, faisait la parade à côté d'un marchand d'oiseaux, et des chevaliers casqués, couverts d'un manteau rouge, entouraient un charlatan qui débitait je ne sais quel produit. Puis c'étaient les Montagnes russes, Pezon, le cabaret des Trois-Tonneaux et tout le déballage des faux Arabes et des filles juives qui ont encombré plus tard l'Exposition.

Là-dessus un vacarme affreux ; toutes les musiques de carrefour déchaînées, des raclements d'airs d'opérettes, des hurlements, des boniments, des appels. C'était véritablement sinistre à faire pleurer.

Quelques conseillers municipaux à mine ignoble regardaient cela, la bouche ouverte dans un rictus difforme, heureux de voir qu'on souillait encore quelque chose, qu'on outrageait les gloires de la France qui avaient tant de fois traversé ce palais, et qu'on manquait de respect aux ombres illustres qui, peut-être, viennent encore errer autour de cette demeure.

Trois Allemands, à l'allure d'officiers, contemplaient ce spectacle avec un visage singulier, exprimant à la fois la mélancolie et le dégoût.

Je pris une chope au café des Tuileries, j'allumai un cigare et, au bruit lointain de ces musiques stridentes, je songeai à la brièveté de la vie. « Comme cela va vite, pensais-je ; voilà tout ce qui reste d'un régime que tu as vu commencer et qui a eu un moment l'éclat éblouissant d'une féerie ; le père, l'enfant, le palais lui-même, tout a été balayé. Le régime actuel se traîne déjà comme un moribond, et finira sans doute dans une catastrophe aussi terrible que celle de 1870. Toi-même, il te semble que tu sois né d'hier et déjà tu descends le coteau ; tes jambes, quand tu fais des armes, n'ont plus la belle élasticité d'autrefois, et tu tends mollement cette jambe gauche qui devrait, comme un ressort d'acier, donner l'impulsion au corps tout entier ; si tu vois un troisième régime jusqu'à la fin, tu auras de la chance. »

Alors les paroles de Moor, dans *Les Brigands* de Schiller, me revinrent à l'esprit :

« Frère, j'ai vu les hommes avec leurs soucis d'abeilles et leurs projets de géants, avec leurs plans divers et leurs affaires de souris, avec leur étrange course à la poursuite du bonheur. Celui-ci se fie au galop de son cheval, celui-là au nez de son âne, cet autre à ses propres jambes. Loto bigarré de la vie, où beaucoup jouent leur innocence, d'autres leur part de ciel pour gagner un lot. Mais il n'en sort que des zéros et, à la fin, pas de lot. C'est un spectacle, frère, qui peut au même instant tirer les larmes des yeux et chatouiller le diaphragme au point de le faire rire. »

(p. 221-228.)

LES FAUSSES GLOIRES JUIVES

Pour bien juger un homme en vue de notre temps, il faut faire la part d'une sorte de mot d'ordre de narquoiserie et d'ironie auquel obéit la Presse à peu près tout entière entre les mains des Juifs. Les Juifs éprouvent une joie intellectuelle bizarre à attester leur puissance par des créations de fausses gloires ; ils sont heureux lorsqu'ils ont représenté un traître comme un patriote éminent, lorsqu'ils ont fait acclamer un corrompu et un vénal comme la personnification de l'homme intègre. Ce sont de ces tours de force auxquels se complaisent ces cerveaux hantés toujours par l'amour de ce qui est de travers, anormal, biscornu. C'est le sabbat d'autrefois, la messe lue à rebours, le signe de la croix fait de la main gauche.

(p. 338.)

LE BÉAT LECTEUR DES JOURNAUX

Le public français, dans l'état de débilité intellectuelle où il est tombé, ne voit que ce qu'il y a dans les journaux. Trente mille êtres humains mourant dans un coin du monde pour faciliter des émissions, la chose n'existe pas pour le lecteur ; en revanche, il est plein d'émotion lorsqu'il apprend qu'un Juif du nom de Loewy est arrivé de Vienne en fiacre pour visiter l'Exposition ; il va trouver sa famille, son journal à la main ; il redresse sa tête d'imbécile et dit : « Hein ! mes enfants... il a fait le voyage dans un fiacre... c'est dans le journal... Comme l'Europe doit nous admirer ! »

(p. 352.)

VISION DE LA PRESSE ACHETÉE ET POURRIE PAR LES JUIFS

Le cercle se resserre de plus en plus. De plus en plus ceux qui voudront dire la vérité ressembleront à ces martyrs inutiles dont une Russe me parlait : ils n'ont même pas la consolation de lutter en plein jour ; on les achemine vers le Kamtchatka ou vers Tobolsk ; ils traversent des villages, des villages, des villages ; de la neige, de la neige et encore de la neige, et, peu à peu, ils disparaissent dans l'inconnu ; ils entrent sous une immense cloche pneumatique. C'est fini... qu'ils parlent ou qu'ils ne parlent pas, c'est absolument la même chose.

Il en sera de même bientôt pour ceux qui voudront parler en France. Aujourd'hui, vous trouvez encore par-ci par-là des hommes de votre race, des hommes de lettres comme vous, des camarades ; ils bataillent pour placer dans leurs journaux une ligne pour votre défense, ou bien ils vous disent : « Mon directeur va à la chasse demain, je collerai ta lettre ; il criera comme un perdu en revenant, mais ça m'est égal, il a besoin de moi : il ne sait écrire qu'en allemand. »

Cela ne durera qu'un temps. Une nouvelle promotion de Juifs est en préparation. Dès qu'ils seront un peu débarbouillés, les Galiciens qui sont en train de secouer leurs poux sur leurs casaques graisseuses viendront occuper des situations à Vienne, y devenir *Pressjude*, Juifs de presse. Les journalistes de Francfort et de Vienne, déjà brillamment représentés ici, passeront dans la presse parisienne, et il n'y aura plus moyen à un Chrétien de se mettre en rapport avec l'opinion. Toutes les avenues seront gardées.

(p. 404-405.)

CONFESSION DE L'AUTEUR

Il n'y a plus que M. de Rothschild et moi qui puissions nous permettre des procès comme ceux-là : lui parce qu'il tient tout l'argent, et moi parce que je n'y tiens pas du tout. C'est un luxe de garçon ; je goûte d'exquises jouissances d'artiste à regarder tous ces hommes de bazoche mentir, falsifier les textes ; je me gaudis, comme Pantagruel, aux choses de jugerie et aux exploits de Chicquanous.

(p. 408-409.)

LES CORPS CONSTITUÉS

Jamais les Autorités sociales, pour employer l'expression de Le Play, n'ont été en situation d'exercer une influence plus considérable ; en ce temps d'individualisme et d'émiettement général, en effet, tout ce qui ressemble à un corps constitué, à une puissance morale collective, prend de suite une importance exceptionnelle. Une Magistrature honnête, un grand homme honnête, une Académie honnête serviraient comme de centre aux braves gens pour se rallier ; toutes ces forces-là ont passé à l'ennemi et sont avec les faiseurs d'affaires.

(p. 418.)

LE PANAMISTE OU GOGO CHEVALERESQUE

Le Panama fut vraiment une entreprise de suggestion par la Presse, et les victimes tombèrent peu à peu dans une sorte d'état magnétique qui leur ôtait toute force pour penser, pour raisonner, pour se défendre.

Il est juste de reconnaître que les sujets avaient des prédispositions particulières.

L'actionnaire de Panama est, en effet, un type tout spécial. C'est Gogo sans doute, mais Gogo avec la bosse de l'idéal ; c'est le descendant des Français qui ont fait les Croisades, les fils de ceux qui ont émerveillé le monde par leur enthousiaste initiative et accompli les *gesta dei per Francos*.

Il y a seulement une nuance légère. Pour accomplir les *gestes* merveilleux d'antan, il faut opérer soi-même et y aller de sa personne. Le Panamiste se contente de se faire représenter par son argent.

Le Panamiste souhaiterait planter notre étendard sur des terres lointaines et, chemin faisant, acquérir un petit fief comme le bon chevalier d'autrefois, seulement il aimerait que cela eût lieu sans quitter ses pantoufles. Le petit bourgeois qui avait souscrit s'éveillait bien la nuit, plein d'un juste orgueil, en rêvant qu'il domptait le Chagres, mais il n'avait nulle envie d'aller le dompter lui-même, et il se rendormait en pensant avec allégresse que trente mille hommes allaient crever sur des tranchées pestilentielles, afin qu'il pût toucher de brillants dividendes.

Dans ce personnage coexistent en réalité deux êtres distincts : l'un est un être d'imagination et de fiction, plein d'aspirations hardies et d'instincts aventureux, l'autre est un être très prosaïque et très pot-au-feu, il a perdu les humeurs martiales qu'avait la race au temps jadis, et les a remplacées par des qualités de Chinois : l'aptitude au travail et l'habitude de l'économie.

Un de ces deux êtres passe sa vie à ruiner l'autre. Dès que le Chinois a réalisé quelques économies, l'être d'imagination les lui prend en lui disant qu'il est nécessaire d'étonner l'Europe...

L'actionnaire du Panama n'étonnait guère l'Europe que par sa bêtise et son incommensurable crédulité, mais, comme tous les êtres en proie à une idée fixe, il ne s'apercevait de rien et il écartait systématiquement de ses pensées tout ce qui aurait pu le troubler dans sa satisfaction de gloriole et de vanité.

Au travail qui devrait l'enrichir, s'il ne gaspillait pas les bénéfices qu'il en retire, ce Français qui a donné successivement son argent à toutes les escroqueries de ce temps, depuis le Honduras jusqu'au Panama, est incapable d'ajouter une heure de travail intellectuel. Négociant ou modeste industriel, il fait ce qu'il a à faire avec beaucoup d'attention, avec une ingéniosité qui lui permet de lutter encore avec les nations étrangères, il sait organiser adroitement sa petite affaire. En dehors de cela, ne réclamez pas de lui cinq minutes d'introspection, de circumspection, de réflexion ; ne lui demandez pas d'étudier une question, de réunir deux idées, de peser des arguments ; il imite le Chinois qui, sa journée terminée, court à la maison d'opium.

Une fois que les gens sont entrés là, hébété et bercé à la fois par les stupéfiantes vapeurs du mensonge, le cerveau ne fonctionne plus, il est tout au Rêve qu'on a évoqué devant lui à l'aide de moyens factices.

Quand il est impossible de supprimer certains faits, on fait apparaître un nouveau fantôme devant ces hallucinés ; à l'espoir du gain immédiat on substitue la peur d'être dépouillé par d'autres d'un gain problématique ; on dit aux actionnaires du Panama : « Prenez garde ! les Américains vous guettent, les Allemands n'ont qu'un désir : celui de s'emparer de l'affaire. »

Si l'intelligence de ces infortunés fonctionnait régulièrement, ils se diraient : « Comment ! voilà des Américains qui ont accompli des tours de force industriels, qui ont de l'argent à ne savoir où le mettre, qui prodiguent des milliards pour tout ce qui a une ombre de probabilité, et M. de Lesseps n'a pu placer une seule action chez eux pas plus que chez les Anglais et les Allemands. On nous raconte décidément des histoires à dormir debout. »

C'est le contraire qui se produit. À l'idée qu'on va leur arracher le bénéfice escompté déjà, les pauvres naïfs prennent l'attitude de ces fous qu'on voit blottis en des coins de cour, dans des asiles, serrant un caillou sur leur poitrine et tremblant, dès que quelqu'un entre, à la pensée d'être dépouillés de leur trésor.

La fin ressemble tout à fait à la sortie d'une maison d'opium ou d'un mauvais lieu. Quand le jour vient, quand il n'y a plus rien dans les pipes ou dans les verres, on jette tous les assistants dans la rue, et personne ne proteste, personne ne crie...

(p. 421-424.)

COURT TABLEAU À LA TACITE...

De Lesseps avait la Presse, il voulait avoir la Chambre, mais, cette fois, lui, l'homme habitué aux *bakchichs*[8] de l'Orient, lui, le grand corrupteur, il éprouva un mouvement de recul et de dégoût quand il aperçut ces caïmans plus avides que ceux auxquels Mme de Lesseps s'amusait à jeter de la viande pendant son séjour dans l'Isthme[9]. « Ils sont trop et ils ont trop faim ! » murmura-t-il en voyant toutes ces mâchoires ouvertes.

(p. 425.)

SIGNIFICATION DERNIÈRE DU PANAMA OU VISION D'UN MONDE ET D'UN PAYS QUI FINISSENT...

L'affaire du Panama est un microcosme où l'on voit en action tout ce qui a un rôle social : Parlement, Magistrature, Presse, Corps savants depuis l'Académie jusqu'au corps des Ponts et Chaussées, Haute Banque, Petite Épargne.

Parmi toutes ces forces mises en mouvement, il ne s'est pas trouvé un seul homme pour empêcher la ruine, pas un ministre n'a éclairé le pays... pas un actionnaire, sortant de la foule, n'a organisé un meeting pour dénoncer la situation.

Vous constaterez là le délabrement, la vétusté, le fonctionnement incohérent de tous les ressorts sociaux : un nombre effrayant de journaux ayant pour résultat de mettre absolument la vérité sous séquestre, des ingénieurs des Ponts et Chaussées infatués d'eux-mêmes, exclusifs, se regardant comme les premiers moutardiers du Pape et incapables de dire un mot utile dans une question de travaux, — un gouvernement de prétendue discussion, de lumière, de contrôle se résumant dans un ministre qui soutient un projet de loterie de 600 millions en disant : « Le gouvernement n'a aucun renseignement, il ne veut pas en avoir, son devoir est de ne pas en avoir[10]. »

---

[8] Nom turc des *pots de vin*. [J. R.]
[9] Celui de Suez. [J. R.]
[10] Discours du ministre des Finances, séance du 27 avril 1888.

LA VISION DE DRUMONT

Ce qui dominera, je crois, dans vos réflexions, c'est le sentiment de l'irresponsabilité complète de tous ceux qui font les grands coups. Au-delà d'un million, il semble être de jurisprudence qu'on ne doit pas poursuivre ; comme aux époques de crise profonde, il y a une sorte de *carence* de la justice. La machine sociale est tellement usée, tellement détraquée qu'elle recule devant les gros ouvrages.

Les victimes se rendent compte de cette situation, elles ne se plaignent même pas. Nous avons rappelé déjà, en parlant de la catastrophe du Comptoir d'Escompte, qu'il n'y eut pas l'ombre d'une manifestation sous les fenêtres de Rothschild. Les victimes du Panama allèrent plus loin et *Le Gaulois* nous raconte « qu'avant de se séparer, les actionnaires réunis rue Caumartin votèrent une adresse de félicitations à M. de Lesseps ».

Il n'y avait vraiment pas de quoi[11].

Est-ce exquis en tout cas ce détail ? On n'inventerait pas cela...

Ce dernier point : la résignation, la passivité de ces malheureux tondus, est intéressant à noter ; c'est une des formes du combat pour la vie. Les faibles disparaissent d'eux-mêmes devant les forts, ils reconnaissent qu'ils ont tort d'être faibles ; ils ne montrent nulle velléité de vindicte, ils se suppriment spontanément ; ils n'ont pas eu d'énergie pour se défendre, ils n'en ont pas pour se venger.

En raisonnant d'après la simple logique, il semblerait qu'un homme qui a tout perdu et qui a tellement peur de la misère qu'il est résolu à se tuer dût se dire : « Puisque j'ai fait le sacrifice de ma vie, je vais, avant de me tuer moi-même, tuer les auteurs de mes malheurs, ceux qui m'ont enlevé le pain de mes vieux jours, les empêcher de jouir en paix, au sein du luxe de l'argent qu'ils m'ont volé. »

Il n'en est jamais ainsi. Les gens se tuent comme on se tuait à Rome, sous les Césars, loin du Prince, que la vue d'un suicide aurait dérangé ; ils se tuent dans des coins comme ce petit père Joseph Bavoux, que tout le monde aimait à Saint-Denis et que tout le monde appelait : « le gai petit père Joseph ». Il alluma un réchaud dans son logement de la rue Brise-Échalas, n° 21, après avoir fixé sur sa poitrine une courte lettre dans laquelle il disait :

« J'avais mis tout mon avoir sur le Panama, le Canal craque, moi je sombre... Adieu à tous. Prévenez la police[12]. »

---

[11] M. de Cherville a publié, dans *La Vie à la campagne*, une étude sur le mouton, qui peut être regardée comme une physiologie assez exacte de l'actionnaire français, qui en est arrivé à un abandonnement complet, à une sorte d'oblitération intellectuelle, qui lui enlève toute faculté de résistance et même tout désir de protestation.
La seule différence est que l'actionnaire se tue quelquefois et que le mouton attend qu'on l'égorge.

[12] *Le Figaro*, 10 avril 1889.

Au réchaud, d'autres préfèrent une mort plus terrible, mais plus prompte, comme le malheureux Miolane qui se coucha sur les rails dans la gare du Trocadéro et se fit broyer par la locomotive[13].

Miolane avait tendrement embrassé son fils avant de partir et, quand on ramassa le vieillard tout pantelant, on trouva dans sa main crispée la lettre qu'il adressait à son enfant.

« Mon cher fils,

« Mes dernières pensées sont pour toi. Espérons que des âmes charitables prendront soin de ton existence.

« J'ai possédé un petit avoir de douze mille francs qui a été englouti.

« Les malheureux Panama sont entre les mains de mon patron.

« Je voulais acheter un revolver et me brûler la cervelle. J'y ai renoncé : j'aurais pu seulement me blesser. Par le chemin de fer, c'est plus sûr.

« Adieu, mon cher fils, adieu pour toujours. Je t'embrasse. »

Les journaux ne nous ont rien épargné sur Mme de Lesseps, ils nous l'ont montrée dans la *Nursery*, à l'église, mettant ses gants et accusant les députés de félonie ; ils ne nous ont pas dit si cette femme de cœur avait envoyé vingt francs au petit Miolane...

Mme la comtesse de Lesseps n'a peut-être pas eu le temps ; elle avait du monde à dîner, des gens considérables, des administrateurs très décorés et, dans ce cas, une maîtresse de maison doit avoir l'œil à tout et veiller à ce que, même en plein hiver, les convives trouvent des fleurs dans tous les salons. L'été, c'est autre chose ; il convient d'imiter l'innovation charmante mise à la mode par M. Alphonse de Rothschild dans le dîner qu'il donna pour fêter la catastrophe du Comptoir d'Escompte. Au fond de la salle à manger, on admirait un bloc de glace gigantesque sur lequel miroitaient les feux des lustres, et ce bloc de glace, en fondant lentement, faisait constamment régner dans la pièce une fraîcheur délicieuse.

Les journaux continuent imperturbablement à rendre compte de ces fêtes et leurs récits donnent bien la note de contraste que cherche l'observateur social... Ici quelque vieux Panamiste qui agonise sous les vapeurs asphyxiantes d'un réchaud... quelque noyé qu'on retire de la Seine tout verdâtre... Là-bas, en quelque coin de banlieue, une affiche oubliée, un peu détrempée par la pluie, mais qui tient encore : *Compagnie universelle du Canal interocéanique... Émission... Actions... Le directeur président...*

(p. 454-459.)

FAILLITE DES ÉLITES

Notre Clergé est profondément honnête, mais il ne peut guère aller au-delà.

Si le Clergé allait au-delà de cette moyenne, si les évêques étaient de la taille des grands évêques qui civilisèrent et organisèrent le monde barbare, il est clair

---

[13] *La Bataille*, 8 mars 1889.

que le pouvoir leur appartiendrait dans un temps très rapproché. Il est clair de même que si les socialistes avaient le mépris de la mort, l'esprit de sacrifice, la combativité des révolutionnaires d'autrefois, ils renverseraient presque instantanément un ordre de choses qui est incapable de se défendre. Il est clair que si nous étions 500 Antisémites déterminés, ceux qui ne seraient pas morts seraient les maîtres de Paris d'ici à un an et distribueraient au peuple l'argent volé par les Juifs.

(p. 468-469.)

LE CHANT DE L'ALOUETTE

Je réfléchissais sur cette question[14] en me promenant un matin dans une de mes excursions de vacances.

Je m'étais assis sur le revers d'un fossé, près d'un chemin, le long de la lisière d'un bois, face à la plaine, et je contemplais le lumineux paysage pendant que le chant des alouettes saluait le beau soleil levant.

Ces chants de l'oiseau matinal me rendaient tout joyeux. Cette terre était bien la vieille terre gauloise... et les Gaulois de la légion de *l'Alouette*, ces rudes soldats de César, traversaient ma pensée...

[*Suit un entretien sur la décadence de l'armée avec un capitaine qui amène à l'exercice sa compagnie, réduite à une poignée d'hommes. Et Drumont termine :*]

Et je suis resté rêveur, assis sur le revers de la route, le long du bois, devant le paysage lumineux. Les alouettes ne chantaient plus dans le ciel du matin.

Je suis rentré, mélancolique... et j'ai écrit, à la hâte, sur mon cahier de notes tout ce que je venais d'entendre, pour redire un jour, à mes concitoyens, ces vérités simples et rudes sorties de la bouche d'un brave et obscur capitaine...

(p. 470-471, 479.)

DRUMONT DEVANT LA GUERRE FATALE

La grande préoccupation du personnel [*militaire*] c'est *de mettre à couvert sa responsabilité* ! Tout le monde se *couvre*. — Personne ne *commande*... Hélas ! n'est-il pas temps que chacun prenne sa place au grand jour et coopère, *dans la mesure de son intelligence*, à la préparation du drame sanglant et gigantesque qui se prépare ?

(p. 486.)

« UNE ÉPOQUE DE BRIGANDS »...

Voilà la vie contemporaine et c'est elle que j'ai constamment essayé de peindre... en résumé, une époque où l'on nomme d'anciens banqueroutiers Chevaliers de la Légion d'honneur, sans que personne se permette de protester.

---

[14] La question militaire en France. [J. R.]

La vie des honnêtes gens, aujourd'hui, quand ils dépendent à un titre quelconque de l'État, et tout le monde dépend plus ou moins de l'État, c'est la vie des brigands autrefois. Grâce à une habileté particulière ou à certaines circonstances favorables, certains brigands réussissaient à ne pas être pris et quelques-uns mouraient dans un âge avancé. Il en est ainsi des honnêtes gens à l'heure présente ; les plus heureux sont oubliés dans des coins, d'autres parviennent à se maintenir parce qu'ils ont des connaissances spéciales et qu'on ne pourrait pas les remplacer.

Quelques-uns, comme certains royalistes sous la Terreur, se sauvent en ne se cachant pas ; ils ont connu un ministre ou un personnage influent, ils vont le trouver, ils lui disent : « Tu sais, vieille canaille, je te connais depuis l'âge de douze ans, tu as tout fait, tu passais ta vie, jadis, dans les antichambres cléricales, on ne voyait que toi à l'église : dans ce temps-là, je n'y allais pas parce qu'il y avait trop d'hypocrites, trop de cafards de ton espèce toujours accrochés aux soutanes des prêtres ; aujourd'hui, j'y vais, à l'église, parce que cela me plaît ; si ton sale gouvernement m'enlève mon pain pour cela, je me paye sur ta peau et je te joue un tour. »

Le ministre ou le personnage influent veille à ce qu'on n'irrite pas ce patient solliciteur. De loin en loin, le brave homme vient trouver son ancien ami : « C'est à mon tour d'avancer, j'ai déjà vu passer sur mon dos deux Juifs allemands et trois espions prussiens qui parlent allemand toute la journée et qui enlèvent peu à peu tous les documents du ministère ; je commence à en avoir assez...

— Tu l'auras, ton avancement ! Ne te fâche pas, c'est l'époque, que veux-tu ? Crois-tu que je ne souffre pas ?

— Blagueur ! »

C'est là une exception. Sur la masse, quelques habiles arrivent, en se faisant tout petits, à atteindre l'âge de la retraite ; d'autres, malgré toute prudence, se trouvent obligés de choisir entre leur intérêt et leur conscience ; ils obéissent à leur conscience et ils sont jetés dehors ; ils sont « pris », c'est le mot consacré qui précise bien la ressemblance avec les brigands du temps passé. Vous entendez à chaque instant ce mot dans les conversations : « Comment va monsieur votre père ? Est-il toujours au ministère ? — Non, il a été pris ; il avait résisté jusqu'au ministère Floquet, mais là il a fallu s'en aller. »

Je n'aurais qu'à fouiller mes notes pour vous raconter des histoires de victimes jusqu'à demain ; elles se terminent toujours de la même façon : la défaite de l'honnête homme.

....

On cherche en vain, en dehors des vaines polémiques de journaux, une apparence de révolte. La vieille France terrienne et paysanne si résistante, d'où sortaient jadis, aux heures de crise, des individualités inattendues, semble tout à fait en sommeil.

Ceux qui essaient quelque chose sont ridicules, ratent lamentablement, on les conduit au poste, on déclare qu'ils ne jouissent pas de la plénitude de leurs facultés, et c'est tout.

....

Le réveil ne paraît pas prochain. Les êtres de droite conscience et de modestie supérieure qui forment les réserves de la France ne se mettent pas en mouvement tous les dix ans ; ils attendent pour se connaître eux-mêmes.

Peut-être existe-t-il encore des âmes héroïques, des âmes d'or, dans le tréfonds de la France ; mais elles ne sont pas mûres.

....

La Monarchie, essentiellement conservatrice et créatrice de trésors, avait laissé s'accumuler dans toutes les couches sociales des valeurs intellectuelles et morales, de l'or qui mûrissait lentement. La Révolution a trouvé tout cela, en remuant un peu le sol, et c'est ce qui explique qu'on ait pu suffire à une effroyable consommation d'hommes supérieurs dans tous les genres ; aujourd'hui, on ne trouve plus rien : de la houille, du poussier de charbon... des larves humaines comme celles que vous voyez à la Chambre.

(p. 494-499, 501-502, *passim*.)

LE CŒUR DES DÉSABUSÉS

Aujourd'hui le chrétien n'a qu'à tendre l'oreille, il entend de tous les côtés s'élever un cri de réprobation contre ce Juif que le libéral de 1830 portait dans son cœur.

— Ah ! les bandits ! les sales Iouddis ! les Youtres maudits ! s'écrient les négociants, ils ont ruiné et déshonoré un commerce que jadis nous exercions honorablement.

— Ils nous empêchent de vivre ! exclament les petits boutiquiers sur le seuil de leurs magasins déserts ; ils nous étranglent avec leurs syndicats et leurs coalitions ! Qu'on nous en débarrasse à tout prix ! Qu'on les renvoie en Palestine et qu'on n'en entende plus parler !

— Les misérables ! vocifère un ouvrier, ils nous ont mis sur le pavé avec leur accaparement des cuivres ; maintenant ils veulent faire fermer l'usine Cail pour plaire à Bismarck.

Et l'ouvrier, comme me le racontait le colonel de Bauge, montre des boulons qu'il a mis de côté pour assommer, quand le moment sera venu, ceux qui veulent l'empêcher de manger.

On entend un coup de revolver ; c'est un désespéré qui, après avoir travaillé quarante ans de sa vie, avait mis toutes ses économies dans le Comptoir d'Escompte que Rothschild a fait sauter, et qui se tue en criant : « À bas les Juifs ! »

— Décidément, se dit le chrétien, nos pères n'étaient pas tout à fait imbéciles et, quand ils mettaient bon ordre aux méfaits des Juifs, ils avaient leurs raisons pour cela.

(p. 504-505.)

DÉCRÉPITUDE DE L'HÉRÉSIE DE 89

Il se produit pour l'Hérésie de 89 ce qui se produit pour toutes les Hérésies. Quand l'Hérésie est jeune elle a toujours la beauté du Diable — son père en effet ne peut lui refuser cela — et Manès, on le sait, était le plus beau des enfants des hommes. Dès qu'elle est vieille, l'Hérésie devient horrible à regarder, une fétide odeur de mensonge s'exhale de sa bouche pourrie ; les oripeaux éclatants dont elle s'était affublée pour séduire les faibles se changent en guenilles ; sa face hideuse porte le stigmate de tous les vices qu'elle a encouragés.

C'est ainsi que nous apparaît l'Hérésie de 89. Elle n'est plus entourée comme jadis des brillants généraux, des orateurs éloquents, des penseurs enthousiastes qui lui faisaient cortège aux heures de la jeunesse ; elle est flanquée de deux acolytes à face patibulaire, le Thévenet de Jacques Meyer et le Constans de Puig y Puig[15] ; elle est fagotée comme une marchande à la toilette d'Israël, elle exhale à plein nez le vin qu'elle a bu dans tous les pots ; un saucisson sort de sa poche et empoisonne le voisinage ; elle a trouvé moyen de faire 38 milliards de dettes et elle n'a plus le sou...

Comme la vieille femme de la Salpêtrière qui, centenaire, se souvenait encore de son ancien métier et passait son temps à la fenêtre à faire des appels du doigt et à lancer des *psitt ! psitt !* à ceux qui traversaient la cour, elle s'imagine qu'elle est encore belle et, mêlant la folie des grandeurs à la monomanie luxurieuse, elle croit, comme certains aliénés, qu'elle est le soleil et entonne des chants de victoire dans lesquels elle brave Dieu.

(p. 506-507)

LES FRANÇAIS DE LA IIIe RÉPUBLIQUE SONT DES CONQUIS...

Ce sont des *conquis*, et l'on retrouve en eux la situation d'esprit de ces Gallo-Romains qui déjà avaient sur la poitrine le talon du Barbare et qui, entre deux invasions, savouraient, avec une sorte de mélancolie douce, le bien-être d'une civilisation expirante.

Ce n'étaient plus les compagnons de Néron et les convives des soupers de Pétrone, les voluptueux et les orgiaques de la Rome des Césars ; c'étaient de braves gens, déjà convertis pour la plupart, moralisés en tout cas par l'influence du christianisme, attendris par les événements terribles auxquels ils avaient assisté. Avec la sensibilité d'êtres très affinés, ils subissaient l'impression de ce crépuscule, qui est si triste pour ceux qui ne sont pas sûrs de voir l'aurore le lendemain.

(p. 522-523.)

---

[15] Deux bas politiciens de l'époque de Drumont. [J. R.]

LA PRESSE JUIVE

La Presse juive aura-t-elle assez berné depuis vingt ans cette France si facile à dindonner aujourd'hui, et qui jadis eut cependant quelque finesse ! Dire qu'il faut se garder encore d'écrire tout ce qu'on sait sous peine d'être accusé d'exagération et de parti pris !

(p. 527.)

VISION DE LA DÉBÂCLE FINANCIÈRE

Le châtiment des conservateurs qui, franchement, jouissent un peu trop mollement de la vie, sera la débâcle financière. Par peur du socialiste, ils se sont mis avec le Juif, et ils s'apercevront, lors du grand krach, que le Juif a opéré plus radicalement que n'auraient pu le faire des milliers d'énergumènes déchaînés sur la France.

Alors, comme au jour du Jugement, le *quidquid latet apparebit*, et l'on verra à la fois ce qu'il y a dans l'armoire du paysan et dans le coffre-fort des banques.

Le paysan, peinant, économisant toute sa vie pour acheter un lopin de terre, est un type suranné et qui appartient déjà à un temps lointain ; il s'est lassé de s'épuiser en efforts pour faire porter des épis à cette terre qui ne livre rien à l'homme qu'au prix d'un labeur acharné. La Juiverie s'est livrée à l'opération géminée qui lui est habituelle. Lévy, agiotant sur le blé, a mis le paysan hors d'état de vivre de son travail, et le paysan s'est alors rejeté sur Jacob qui l'attendait au débouché et qui lui présentait des obligations et des actions de sociétés financières.

....

Ce que le paysan a acheté, dans ce genre, de valeurs fantastiques est inimaginable, et ceux-là seuls le soupçonnent qui ont vécu de la vie des champs. Des courtiers financiers ont ravagé certains départements ; des notaires se sont chargés de centraliser les souscriptions au Panama. Le paysan est trop cachottier pour se plaindre ; il craindrait de diminuer son crédit et surtout de faire rire de lui en révélant sa bêtise ; il se cache d'avoir pris du Honduras ou du Panama comme d'avoir attrapé la gale.

Le citadin, déjà échaudé, évite ces valeurs un peu trop problématiques et se dit : « Au lieu de prendre des actions de telle affaire douteuse, comme le canal de Corinthe, par exemple, je vais placer mon argent dans une banque de dépôt et je le reprendrai quand je voudrai. »

Que font les administrateurs de ces banques pour toucher des remises, courtages et commissions ? Ils emploient l'argent que l'homme prudent leur a confié à souscrire aux affaires dont cet homme n'a pas voulu.

Quand, dans un moment de crise, cet homme viendra pour reprendre son argent, on lui dira : « Nous n'avons plus votre argent, mais il est représenté par cinquante mille actions des chemins de fer dans la lune.

— Mais j'ai précisément refusé avec obstination, malgré les plus alléchants prospectus, de souscrire à ces chemins de fer dans la lune ; rendez-moi mon argent.

— Nous ne l'avons plus. »

....

Ce sera, malgré tout, un pittoresque moment que celui où tous ces Français qui ont prêté au monde entier, à la Turquie, au Brésil, à la République Argentine, au Pérou, au Chili, au Venezuela, au Guatemala, dévaleront avec leurs papiers multicolores, leurs actions de toute espèce et leurs titres de rente sur des pays invraisemblables. On les verra se présenter tous ensemble à des guichets qui ne s'ouvriront plus et dans les grands halls on entendra des pleurs et des grincements de dents.

Au milieu des huées arrivera un personnage à la fois lamentable et grotesque, un être dont les yeux seront inondés de larmes et dont le désespoir cependant fera rire tout le monde : le porteur de rentes italiennes.

— Mon fils ! mon fils unique !

— Qu'est-ce qu'il a, ton fils ?

— Mon fils a été tué hier par les *bersaglieri*...

— Misérable ! C'est par toi qu'il a été tué. C'est toi qui avais payé la balle et le fusil. C'est tes pareils et toi qui avez fourni la flotte pour bombarder nos ports, les obus pour incendier nos villes. C'est vous qui étiez les complices de Rothschild, le banquier de la Triple alliance ! Soyez maudits...

Et dans le hall égayé par cette douleur si méritée, on se mettra à danser en rond autour de ce rentier stupide pleurant son fils d'un œil et son coupon de l'autre ; on lui chantera la vieille chanson de Joseph Kelm.

Tu l'as voulu,
Tu l'as voulu,
Tu l'as voulu, ne te plains pas !

Parmi les conservateurs, quelques-uns se doutent de ce qui les attend. Mais que voulez-vous qu'ils fassent ? Ceux qui possèdent quelque bien et qui ont compris *La France juive* s'arrangent pour avoir quelques milliers de francs en or au moment du cataclysme, — ce qui leur permettra de rendre service à leurs frères dans les temps d'épreuves. Quand tout le papier mis en circulation aura juste la valeur des assignats, la pièce d'or et la pièce de terre seront réhabilitées, et celui-là sera glorieux qui pourra disposer d'un louis.

Les gens de condition plus humble sont résolus à se lever de bonne heure le jour où la débâcle commencera, pour tâcher de retirer au moins quelques sous de leur dépôt à la caisse d'Épargne.

Les autres auront le loisir, en mangeant de l'herbe, de méditer les discours de M. Zadock Khan sur le Centenaire de 89 et les bienfaits de la Révolution.

(p. 533-536, 543-545, *passim*.)

VISION DE MORT

Cœurs honnêtes mais sans flamme et sans élan, âmes timides mais voulant sincèrement le Bien, esprits exempts du doute qui a agité la génération précédente et installés tranquillement dans des croyances religieuses plus solides et moins superficielles qu'on ne l'imagine...

Voilà les conservateurs.

De cette masse grise d'honnêtes gens qui constituent le meilleur de la France, on ne voit sortir aucun dévouement exceptionnel ; on ne voit se former nulle part non plus un de ces courants qui emportent tout ; on ne voit se dessiner aucune de ces personnalités éclatantes qui semblent désignées par la Destinée pour tout sauver...

La France, la grande génératrice de généraux, de politiques, de penseurs, ne produit plus d'hommes ; comme les astres dont le foyer s'éteint graduellement, elle semble entrer dans la période glaciaire...

Peut-être est-ce une loi inévitable et à laquelle nulle nation n'échappe ?...

(p. 545.)

PLACE AUX JUIFS !
LES FRANÇAIS AU CANADA !
(VISION APOCALYPTIQUE)

Quand les Juifs auront fait de la France ce qu'ils ont fait de la Pologne, nous suivrons le courant magnétique ; nous franchirons l'Atlantique, nous irons au Canada. Les Canadiens français sont restés fidèles aux mœurs de la vieille France ; ils ont conservé la foi de leurs ancêtres, et ils prospèrent. La natalité, qui s'affaiblit chez nous d'une manière effrayante, augmente sans cesse chez eux ; la population double tous les vingt ans... Dans cent cinquante ans, le Canada aura à peu près la population de la France actuelle. Tout le monde, là-bas, vit dans la paix et dans l'union.

Le pays est magnifique, arrosé par des fleuves immenses. Ceux d'entre nous auxquels les Juifs auront laissé de quoi payer la traversée, iront se réfugier sur cette terre qui portait jadis le nom peut-être prophétique de *Nouvelle-France*. Les Juifs, maîtres de la France, joueront l'opérette toute la journée et se vendront des lorgnettes réciproquement, pendant que les peuples s'égorgeront ; puis ils finiront par se battre entre eux et brûleront Paris, leur moderne Jérusalem, comme ils ont brûlé l'ancienne.

Alors, quand nous serons bien installés là-bas, au bout du Saint-Laurent, accomplissant nos devoirs de chrétiens, groupés autour de nos pasteurs, exerçant nos droits paisiblement, tranquilles dans une société à peu près organisée, où le riche ne sera pas très riche, mais où les pauvres seront rares et où personne ne mourra de faim, nous verrons arriver un Juif en haillons, échappé à l'incendie de Paris.

— Ayez pitié du Juif infortuné ! Soyez tolérant ! La tolérance est une vertu chrétienne.

Malgré la résistance des hommes raisonnables, un curé trop bon fera donner à ce vagabond une culotte et un abri… Le lendemain, il y aura cinquante Juifs ; au bout de dix ans, ils seront cent mille. Le curé qui aura insisté pour qu'on accueille le premier mourra de chagrin, après une affaire d'attentat aux mœurs que les Sémites auront montée contre lui, à l'aide de faux témoins.

Au bout de cinquante ans, il n'y aura plus de Canada, plus de société, plus de famille ; il n'y aura que des prostituées, des cabotins, des pornographes, des maîtres chanteurs, des financiers véreux, des directeurs de théâtre, des politiciens tripoteurs, des Sarah Bernhardt, des Wolff, des Jacques Meyer, des Arthur Meyer, des Eugène Mayer, des Bischoffsheim, des Erlanger, des Reinach, des Raynal et des Naquet. Enchantés d'avoir accompli une nouvelle œuvre de destruction, les Sémites voudront célébrer leur victoire, et ils arracheront encore 300.000 francs aux indigents pour reprendre l'*Ode triomphale* de Mlle Augusta Holmès[16]…

(p. 549-551.)

---

[16] Ode débitée sur le Triomphe de la République, au centenaire de la Révolution, en 1889. [J. R.]

V

LE TESTAMENT D'UN ANTISÉMITE
(1891)

LA PRÉFACE D'UN GRAND POLÉMISTE
(VISION DU SOCIALISME NATIONAL)

Le présent volume clôt momentanément la série de mes livres, consacrée à l'étude psychologique et sociale de l'époque actuelle. Il y a temps pour tout, en effet, et il faut se hâter de publier ces sortes de livres, très modérés au fond, mais parfois un peu vifs dans la forme, lorsque l'on a encore la main solide et le pied ferme, à l'âge où l'on vous cherchera d'autant moins de mauvaises querelles que l'on vous sait mieux en état de répondre de tout ce que vous avez écrit.

J'ai voulu, cette fois, souligner d'une plus énergique manière des points sur lesquels je n'avais pas suffisamment insisté, compléter d'un trait plus appuyé et plus précis ce qui me semblait trop sommairement esquissé dans mes précédents volumes.

Avant tout, je me suis efforcé de mettre bien en relief ce fait qui me paraît dominer la situation où nous nous débattons : le tarissement de toute source de vérité à laquelle les hommes de ce temps se puissent abreuver.

C'est à ce signe que Satan, le père du Mensonge, l'être des ténèbres, se révèle clairement comme le maître de l'heure présente. L'organisation actuelle est bien le chef-d'œuvre de ce roi de l'imposture et de la malfaisante ironie. Il a machiné cette société de façon à ce que l'homme semble avoir toutes les apparences de la liberté et, qu'en réalité, il ne puisse entendre lui-même ou faire entendre à ses frères une parole de vérité.

Pour les superficiels, ces innombrables journaux qui paraissent tous les matins et tous les soirs sont absolument libres. Il faut avoir vécu comme nous dans les coulisses de la Presse pour savoir que tout ce monde qui gambade, qui s'agite, qui gesticule est condamné à ne point sortir d'un certain cercle d'idées, pour connaître que les plus démonstratifs ont un fil à la patte qu'on tire à un moment donné et qui les empêche d'écrire ce qu'ils n'hésitent pas à nous dire dans les conversations.

Ces milliers de prêtres qui, chaque dimanche, gravissent les marches d'une chaire dans une église petite ou grande semblent libres, eux aussi ; matériellement ils ne sont point couverts de chaînes ; ils ne sont point obligés de soumettre leurs sermons à une censure. Et cependant le peuple fidèle, qui aurait tant besoin d'être guidé et informé en détail des manœuvres maçonniques et juives, n'entend jamais un mot qui touche aux préoccupations aiguës du moment.

Avec les sermonnaires du Moyen Âge, on reconstituerait la vie des générations disparues, on aurait une sincère et vivante peinture des sentiments qu'ont éprouvés nos ancêtres, on retrouverait les joies, les douleurs, les travers et jusqu'aux modes de chaque époque. En mettant bout à bout tous les sermons qu'on prononce en France pendant douze mois, on ne saurait absolument rien de ce qui s'est passé pendant l'année : on aurait une paraphrase plus ou moins éloquente du catéchisme, — et voilà tout.

Ceci explique que nos idées, tout en pénétrant dans les esprits, n'aient pu prendre encore une des formes sous lesquelles les hommes d'aujourd'hui conçoivent le succès...

Beaucoup, malheureusement, ne peuvent parvenir à coordonner toutes ces idées, ils ne peuvent arriver à comprendre que c'est la Juiverie cosmopolite qui mène le mouvement. Il faudrait que les journaux se chargent de leur expliquer la situation, et les journaux, presque tous à la solde d'Israël, s'efforcent, au contraire, de tout embrouiller et de tout cacher...

Notre œuvre n'en aura pas moins été féconde, et un avenir qui n'est pas éloigné se chargera d'en montrer la portée.

Les jours de la Haute Banque cosmopolite sont comptés. Grâce à nous, les noms des ploutocrates dans lesquels s'incarne la Juiverie accapareuse et tripoteuse sont imprimés dans la trame même des cerveaux populaires et rien ne les pourrait effacer. Il ne dépendrait même pas de nous de détruire ce que nous avons fait. Demain les princes d'Israël nous couvriraient d'or et nous décideraient à célébrer leurs louanges du matin jusqu'au soir que ce qui est écrit resterait écrit, que ce que nous avons semé demeurerait au fond de toutes les intelligences, incorporé, en quelque sorte, à l'âme de nos concitoyens.

« Les œuvres d'un homme, dit Carlyle, quand vous les enseveliriez sous des montagnes de guano, sous les obscènes ordures des plus malpropres oiseaux, ne périssent pas et ne peuvent pas périr. Ce qu'il y avait de lumière éternelle dans un homme et dans sa vie, cela précisément est ajouté aux éternités ; cela subsiste pour toujours, comme une nouvelle et divine portion de la somme des choses : *A new divine portion of the sum of things.* »

Quand l'heure a sonné, l'idée devient acte. Les Juifs n'empêcheront pas cette heure de sonner, et ce qui doit se faire se fera.

Les conservateurs n'ont pas eu le courage de s'unir à nous pour essayer de reconstituer la société française sur les bases de la justice ; ils ont préféré associer leur cause à celle de la Juiverie moribonde ; ils s'effondreront avec elle.

Le parti boulangiste qui, pendant un moment, parut personnifier le réveil de l'esprit national, n'a pas voulu être avec nous ; il s'est mis entre les mains des Meyer et des Naquet... Dès qu'il s'est enjuivé, ce parti qui, la veille, était radieux et plein d'espérance, a été perdu et il est devenu, en quelques mois, la loque qu'on rencontre aujourd'hui sur le chemin sans savoir au juste ce que c'est...

Ces enseignements serviront peut-être à d'autres.

Un homme du peuple, un chef socialiste, qui aura refusé d'imiter ses camarades et de se laisser subventionner, comme eux, par la Synagogue, reprendra notre campagne ; il groupera autour de lui ces milliers d'êtres réveillés, instruits par nous, ces spoliés de toutes les classes, ces petits commerçants ruinés par les Grands Magasins, ces ouvriers de la ville et des champs écrasés sous tous les monopoles, auxquels nous avons montré où était l'ennemi...

Voilà, mon cher ami[1], une perspective qui console de bien des attaques et qui fait envisager l'Avenir avec la sérénité que donne la certitude d'avoir accompli fidèlement son devoir de Français et rempli dignement la haute fonction d'écrivain...

(p. VI-XI, passim.)

PAROLES TESTAMENTAIRES

« J'ai vu un homme passionné et vaillant s'affirmer comme le représentant de l'idée de Revanche, écrire les *Chants du soldat*, rêver un moment de fonder avec la Ligue des Patriotes une généreuse association comme ce Tugend-bund qui releva la Prusse après Iéna... J'ai vu depuis cet homme, qui se nomme Paul Déroulède, mettre sa main dans la main de Naquet et imposer comme vice-président à ses Ligueurs ce Juif infâme qui, pour enrichir une société financière, avait vendu à nos ennemis le secret de la poudre sans fumée...

« J'ai admiré et aimé Albert de Mun, le soldat du Christ, le successeur de Montalembert, l'éloquent champion de la France catholique. J'ai vu ensuite cet homme, qui semblait l'honneur même, figurer dans un comité organisé pour rétablir la grande monarchie française côte à côte avec Arthur Meyer qui, au su de tout Paris, avait été le Mercure d'une femme galante qu'on appelait Blanche d'Antigny...

« J'ai vu le Nonce du Pape, Rotelli, baiser sur la bouche Léo Taxil, l'auteur des *Amours secrètes de Pie IX*. À l'exemple de Jésus, mon divin Maître, j'avais pris la défense des opprimés contre les voleurs et les exploiteurs du pauvre peuple.

---

[1] Drumont adresse cette préface à Jacques de Biez, délégué général de la Ligue nationale antisémitique de France.

« En haine de moi, j'ai vu le représentant du Vicaire de Jésus-Christ s'unir à celui qui a couvert d'immondices Notre-Seigneur et la Très Sainte Vierge Marie, qui a écrit que les prêtres de notre Église étaient tous des pédérastes et qu'il fallait les châtrer ; qui a raconté que Pie IX, de sainte et douce mémoire, se faisait livrer par les Jésuites des vierges qu'il souillait...

« Quand un psychologue a vu tout cela dans le court espace d'une année, il n'a plus grand'chose à voir encore et il ne lui reste qu'à faire son testament avant la catastrophe finale... »

(Édouard Drumont, *Lettre à un ami*.)

Ce livre n'est point le testament de l'Antisémitisme. Jamais le système juif n'a été plus menacé, jamais le Juif n'a été l'objet de haines plus justifiées et de malédictions plus unanimes, jamais le désir de mettre fin à sa malfaisante exploitation n'a été plus ardent chez tous. Ce livre est purement et simplement le testament personnel d'un Antisémite, le journal des pensées et des luttes d'un homme qui a été en France l'initiateur d'un grand mouvement et qui se rend compte que l'inévitable exécution se fera probablement par d'autres que par lui.

....

Mon erreur fondamentale a été de croire qu'il existait encore une vieille France, un ensemble de braves gens, gentilshommes, bourgeois, petits propriétaires, fidèles aux sentiments d'honneur, aux traditions de leur race, et qui, égarés, affolés par les turlutaines qu'on leur débite depuis cent ans, reprendraient conscience d'eux-mêmes si on leur montrait la situation telle qu'elle est et se réuniraient pour essayer de sauver leur pays...

J'étais l'homme le plus réformateur, le plus avancé, le plus épris de justice sociale qu'il y eût en France ; cette erreur m'a fait passer pour un rétrograde, elle m'a enlevé toute action sur la masse. La masse, en effet, plus sûrement guidée par son instinct que nous le sommes par nos connaissances, a horreur du parti conservateur ; elle s'éloigne de lui comme les chevaux d'un endroit où il y a un mort...

Pour être juste, il faut ajouter qu'il m'était bien difficile d'éviter ce malheur. C'est en vain, effectivement, qu'on se tient l'esprit en éveil pour regarder de près et porter un jugement indépendant sur ce qui se passe autour de soi ; on subit involontairement l'influence de l'atmosphère ambiante.

Depuis vingt ans nous avons vécu sur cette idée qu'il y avait deux partis ; d'un côté les vrais Français, honnêtes, généreux, épris de la grandeur de la Patrie ; de l'autre, des exploiteurs, des Républicains cyniques, des tripoteurs éhontés, persécutant et opprimant les vrais Français honnêtes. Beaucoup de naïfs se sont dévoués pendant ces vingt ans, ont combattu de toutes leurs forces, ont prié de toute leur âme dans l'espoir qu'à un moment, qu'on annonçait toujours être proche, la Droite représentant les Français honnêtes réussirait à l'emporter sur la Gauche, qui semblait personnifier toutes les infamies.

Cette conception est absolument erratique. En réalité, il n'y a pas deux partis politiques, il y a un régime général, il y a un système, le système capitaliste et juif auquel sont également affiliés les représentants des partis qui se disputent le pouvoir. À ce système les Républicains plus avides, parce qu'ils sont plus besogneux, demandent peut-être des satisfactions plus immédiates ; ils font preuve peut-être de plus d'âpreté et d'impudence, mais les Conservateurs sont aussi attachés à ce régime que les Républicains : ils ont peut-être plus d'intérêt qu'eux à sa durée et ils n'entendent pas qu'on y touche...

À ce que l'on m'a affirmé de sources diverses et sûres, le Père Monsabré, un des Dominicains du Havre que les « grands Sémites » prétendaient flanquer à la porte, est d'une âme plus française et plus virile. S'il est résigné à tout comme religieux, il doit souffrir comme patriote et comme citoyen français de ce qui se passe aujourd'hui.

N'est-ce pas honteux, en effet : un Youtre de Cologne[2] traînant après lui toutes les hontes, d'une famille presque exclusivement composée de récidivistes, d'une existence personnelle ignominieuse, traitant d'« individu » le grand orateur de Notre-Dame et demandant impérieusement qu'on le jette hors de sa cellule ?

Proposez donc à un député conservateur de demander qu'on pénètre dans le domicile de cet « individu » qu'on appelle le baron de Rothschild. Vous verrez la tête du député. « Appeler le baron de Rothschild un "individu" ! À quoi pensez-vous ? »

Flaubert avait raison lorsqu'il écrivait sur un dictionnaire : « *Synonymes* : il n'y en a pas. »

Il faut toujours se servir des mêmes mots pour exprimer la même idée. Lâches ! lâches ! lâches ! faut-il répéter à tous ces catholiques qui se laissent humilier de cette façon dans leur pays et qui désavouent ou qui s'efforcent de frapper par derrière ceux qui osent attaquer l'ennemi !

Aux Dominicains comme aux Jésuites, il faut répéter aussi : « Voilà la génération que vous avez faite. »

....

Il serait injuste de me reprocher de ne pas avoir vu clair. Il s'est rencontré à toutes les époques de décadence des politiques qui ont échoué dans leurs généreux desseins parce que le milieu était tellement corrompu que le salut n'était plus possible. Il y a des gens qui viennent trop tôt et des gens qui viennent trop tard.

Il se trouvait probablement à la bataille de Rosbach un sergent qui avait le génie de Hoche et qui voyait distinctement comment on aurait pu gagner la bataille ; il a battu en retraite avec ses camarades et il est allé mourir dans un coin de la France sans que personne ait jamais entendu parler de lui. Tolstoï, dans quelques lignes d'une très fine psychologie, nous a très bien montré que Bismarck n'avait rien d'exceptionnel. L'unité de l'Allemagne avait été rêvée bien longtemps avant lui par des gens qui sont morts très inconnus ; le seul

---

[2] Eugène Mayer (*La Lanterne*, 21 août 1890).

mérite de Bismarck fut d'arriver dans des circonstances particulièrement favorables.

À une autre époque, j'aurais pu trouver d'ardents concours et sauver la France en la débarrassant de l'exploitation de la Juiverie. Je n'ai rencontré aucun appui chez les représentants des classes dirigeantes.

....

Nous n'avons jamais trouvé un brave homme qui aimât assez sa Patrie pour seconder nos efforts. Ce n'est pas nous qu'on embarrasserait en nous disant : « D'où vient l'argent ? » Il ne vient pas…

....

Cahen, par exemple, aurait tort de tirer de ce fait une preuve que les Juifs sont aimés : ils sont universellement détestés partout ; seulement les Français amollis d'aujourd'hui n'ont pas l'énergie nécessaire pour faire ce qu'il faudrait pour s'en délivrer.

....

Quant à nous, nous avons fait notre devoir :
Nous avons indiqué aux Conservateurs où étaient la Voie, la Vérité et la Vie. Nous leur avons dit : « Appuyez-vous sur votre race, reprenez votre force comme Antée en embrassant la terre natale ; avec une telle base, vous êtes invincibles… Au commencement on ne comprendra pas très bien, car l'instinct de race est momentanément submergé et noyé sous les idées du cosmopolitisme juif, mais ce sentiment permane au fond des âmes comme le granit au fond de la mer. Les escroqueries, les exactions, les coups de Bourse des Juifs allemands travaillent pour vous ; à chaque méfait commis, montrez du doigt le coupable, le financier, le Juif, et l'on finira par regarder dans la direction de votre doigt. Tous ceux qui souffrent du système juif se grouperont autour de vous, qui représentez l'idée de Patrie, et une explosion se produira, qui jettera les corrupteurs et les envahisseurs hors de la frontière. »

(p. 1-6, 23-24, 39-41, 45, *passim*.)

LA FORCE, MÈRE DU DROIT

Il est avéré désormais qu'il n'existe pas en France de parti décidé à combattre par tous les moyens le régime maçonnique et juif, un parti catholique et français décidé à ne pas se laisser opprimer.

Quand les conquérants germains et francs qui, unis aux purs Gaulois et aux Celtes, constituèrent véritablement la France, eurent perdu leur vigueur, l'élément gallo-romain l'emporta, la race latine reprit le dessus ; or, cette race est faite pour la tyrannie, puisqu'elle n'a aucun ressort de conscience ; elle adore une idole imbécile, une idole de marbre ou de plâtre qu'on appelle la Loi, et, au nom de cette Loi, elle subit tout.

La Loi, c'est le licteur qui vient de la part de César annoncer au citoyen romain qu'il est condamné à mourir, mais qu'on lui laisse le choix du supplice ; c'est le gendarme de la Révolution qui vient parfois tout seul arrêter cinq ou six personnes et qui les conduit au Luxembourg ou à la Conciergerie, où un autre gendarme vient les chercher pour les conduire à la guillotine. Jamais il n'est entré dans la cervelle de ceux qu'on arrêtait ainsi l'idée de commencer par tuer le gendarme. C'est là un spectacle extraordinaire et il n'y a jamais qu'en France qu'un gouvernement ait pu s'appeler, comme par une désignation constitutionnelle : la Terreur.

....

Jamais Bismarck n'a dit : « La Force prime le Droit » ; il a dit : « La Force crée le Droit » ; et il a entendu ce mot Force dans le sens étymologique et véritable : *vis* ou *virtus*, la virilité, la vertu virile, l'énergie de l'homme.

C'est en matière religieuse surtout que le principe est juste. Quel est le *criterium*, la mesure à laquelle des gens qui ne croient pas peuvent mesurer la croyance des autres ?

— Vous me dites que vous croyez... Pourquoi voulez-vous que je m'en rapporte à vous ; car enfin vous me parlez d'une abstraction, d'une chose que je ne vois pas ? Croyez-vous vraiment ?

— Je crois assez pour être prêt à mourir, mais naturellement, avant d'en arriver à cette extrémité, je commencerai par vous tirer des coups de fusil.

— À la bonne heure ! voilà une affirmation palpable, une base pour discuter.

C'est ce qu'ont fait les Vendéens qui n'étaient pas des Gallo-Romains, mais des Celtes. Quand ils ont eu tué un millier de bleus, qu'on a eu tué autant des leurs et qu'on a vu que ce serait toujours à recommencer, il s'est trouvé un homme sensé qui a dit : « Il serait peut-être plus simple de laisser ces gens-là aller à la messe, puisqu'ils y tiennent... »

Il en est de tout ainsi. Les Francs-maçons, avec leurs insignes, les Républicains, avec leurs drapeaux, vont en cortège rendre hommage à Baudin. Cela ne fait de mal à personne. Pourquoi les Catholiques n'auraient-ils pas le droit de traverser la ville en procession avec leurs bannières et le Saint-Sacrement ?

Il est bien certain que si, sans recourir aux coups de fusil, 1.500 Catholiques venaient, aux environs de la Fête-Dieu, siffler régulièrement Rothschild ou Carnot toutes les fois qu'ils sortent, on finirait par dire à ces catholiques : « Faites votre procession tranquillement et laissez-nous la paix ! » Les libres-penseurs s'entendraient avec les croyants pour ne pas encombrer la voie publique le même jour. En un mot, cela se passerait comme en Amérique, où Catholiques, Protestants, Chevaliers du Travail, Presbytériens, Weslelyiens organisent tous les cortèges qui leur conviennent sans que personne songe à s'en plaindre.

(p. 12-14, *passim*.)

BIENFAIT DE L'ANTISÉMITISME
(COURT DIALOGUE)

Du jour où l'Antisémitisme eut affirmé son existence, les attaques contre les prêtres et les religieux cessèrent presque complètement. Les Juifs avaient le feu aux fesses et, naturellement, ils ne pensaient qu'à l'éteindre...

On ne pouvait ouvrir un journal sans y lire un article sur la tolérance, la nécessité de mettre fin aux guerres de religion ; on en trouvait partout de ces articles-là : il y avait l'article pathétique, l'article indigné, l'article pleurard...

Vous aperceviez un camarade qui courait...

— Où vas-tu si vite ?

— Ne me retiens pas... Je vais te flétrir... J'ai un article à faire sur la tolérance qui m'a été expressément commandé par X. Il y tient beaucoup...

— Comment ! cette vieille crapule qui voulait qu'on étripe nos prêtres !

— Précisément ! Il est devenu la tolérance même... Pas de guerre religieuse... la liberté pour tous, la paix entre les citoyens français... Tu vois le sujet d'ici... Bonjour !

(p. 21.)

LES HOBEREAUX GRANDS SÉMITES

Les millionnaires juifs pressent le petit paysan français comme dans un étau. On l'assiège, on l'investit, on met des grillages autour de lui ; emprisonné dans ce réseau de fer, il n'a même plus le droit de se mouvoir chez lui ; on tue devant sa porte ses animaux domestiques, son chien ou son chat, et il ne lui est pas permis de se plaindre. Si le malheureux s'aventure à la lisière d'un bois de Juif pour y faire pipi, au nom des principes de 89, cela lui coûte vingt francs.

— Vingt francs ?

— Parfaitement... c'est le système féodal. Le Juif a le droit de haute et basse justice, et le garde du Juif met le vilain à rançon. Si le paysan résiste, on ira au juge qui est le complaisant et le parasite du châtelain, et le récalcitrant en aura pour cent francs ; il aime mieux verser vingt francs tout de suite.

Tout meurt, encore une fois, autour de ces hobereaux sémitiques ; ils ont absolument dénaturé la propriété qui, dans le droit chrétien, était tempérée par la Coutume, par les tolérances et les droits d'usage, grevée d'une sorte d'hypothèque de la Pauvreté sur la Richesse.

Au hameau de la Denicherie, grâce à la faculté qu'avaient les femmes du pays d'aller couper de l'herbe dans le bois, il y avait trente vaches dont le lait nourrissait les enfants et qui aidaient les pauvres gens à vivre ; il y en avait encore une en 1889, au moment du Centenaire ; il n'y en a plus en 1890...

La dernière vache ! quel joli sujet pour une fantaisie sociale !

Vous entendez d'ici le dialogue de la vache et du Juif.

La pauvre vache française veut manger un peu d'herbe et le Juif, venu en haillons en France et propriétaire maintenant, grâce à ses vols, de châteaux historiques, de chasses princières et de parcs immenses, dit à la vache : « J'ai des gardes à ma livrée, tu n'as pas le droit de paître en mon herbage. »

La femme du paysan s'obstine et va couper de la verdurette à la dérobée. Alors le juge intervient.

Vous le connaissez ce juge des environs de Paris ; c'est à la fois le bouffon attitré et le bourreau gagé du château.

Quand Michu, le paysan indépendant, la mauvaise tête du village, manifeste l'intention de faire respecter ses droits, on envoie une invitation à dîner au juge. Sur son siège le juge pense au bon dîner qu'il fera dans la belle salle à manger seigneuriale ; il est implacable pour le moindre délit commis contre la sacrosainte propriété du Juif. Au dîner, il se vante de sa férocité à la vieille baronne peinte jusqu'au nombril, gantée jusqu'au coude : « Votre Michu ! je l'ai salé, celui-là... Il en a pour un mois. Ah ! le gaillard ! nous le reléguerons s'il le faut. »

Et le juge rit bruyamment... La baronne, plus distinguée, ne rit que du bout des dents ; elle regarde amoureusement un jeune gentilhomme encore plus distingué qu'elle. Le jeune homme, lui, ne rit pas du tout. Il est venu pour tirer la forte carotte au baron, mais il s'aperçoit que la baronne lui fait des yeux doux, et il se dit qu'il faut en passer par là. Il se console en pensant qu'un peu plus tard, quand il en aura assez de la mère, il aura la ressource d'épouser la fille...

(p. 32-34)

PROMENADE D'AUTOMNE AUX VAUX DE CERNAY

Il ne suffit pas de lire, il faut voir. Si Jeanvrot[3] veut venir causer avec moi dans un de ses voyages à Paris, je l'emmènerai aux Vaux de Cernay[4].

C'est là que la baronne Nathaniel de Rothschild est installée dans l'abbaye fondée par Simon de Montfort, connétable de France, et qui fut habitée par Blanche de Castille.

Naturellement les Juifs ont agi là comme partout et apporté la mort et la ruine avec eux. Il y avait là des moulins qui tournaient joyeusement depuis cinq ou six cents ans ; les Rothschild ont voulu les acheter, les meuniers ont refusé. Qu'ont fait les Rothschild ? Ils ont installé d'autres moulins qui travaillèrent à moitié prix et les meuniers ruinés ont dû partir.

Par une splendide journée d'automne comme celle où j'écris, Jeanvrot aurait là un intéressant spectacle.

Dans une propriété immense, une masse de graisse presqu'inerte, une montagne de chairs œdémateuses est vautrée dans une espèce de palanquin ; derrière le palanquin on promène une chaise percée... L'homme ne peut guère se retenir, il craint, s'il s'accroupissait, de s'effondrer et il chasse avec sa chaise

---

[3] Fameux conseiller anticlérical et haineux à la Cour d'appel d'Angers, vers 1890. [J. R.]
[4] Sur les Vaux de Cernay, cf. *La France juive*, t. II, p. 237. [J. R.]

percée derrière lui ! Car cet homme chasse, il presse d'un doigt tremblant la détente d'un fusil et il abat dans le tas des bestioles, des créatures du Bon Dieu. Cet infirme a un tressaillement de joie quand il a supprimé une de ces petites vies ailées.

Quel tableau saisissant pour ce puissant et étrange visionnaire de Villette ! Le paysage dramatique des Vaux de Cernay, des jeux de lumière autour des arbres, de ces amusantes arabesques de lumière qui, dans les taillis, à l'automne, donnent des tons singuliers aux bruyères lilas et aux fougères déjà jaunies !... et Arthur de Rothschild à moitié mort dans son palanquin avec sa chaise percée derrière lui...

Dans le lointain, au bout de ces allées de parcs qui, en cette saison, vertes encore à l'entrée, prennent des teintes orangées dans les fonds, on pourrait mettre un groupe de radicaux, de ces faux amis du Peuple qui attaquent toujours les Sœurs de Charité et ne parlent jamais des Rothschild : Brisson, Clemenceau, Pelletan, Lockroy, Maret. Insensibles à la beauté du site, ils n'ont de regards que pour cet homme qui pourrait leur donner un peu d'or ; ils ont bien envie de s'offrir pour torcher ; seulement, on n'en veut pas : on trouve qu'ils n'ont pas les mains assez propres...

(p. 34-35)

L'HISTOIRE DE LA BARONNE JUIVE

La baronne en question, d'ailleurs, a la spécialité de recevoir de semblables leçons. C'est elle qui s'attira cette jolie repartie qui a le ton du dix-huitième siècle. Elle arrive un jour chez une amie du Faubourg et lui dit : « Ma chère, je suis désolée, je ne suis pas contente de mon concierge, je viens de le mettre à la porte. Ne connaîtriez-vous pas un vieux gentilhomme à qui cet emploi conviendrait ? »

— Ne faites pas cela, baronne, répondit la dame à laquelle elle s'adressait, tout le monde s'arrêterait à la loge et personne ne monterait plus chez vous.

(p. 37.)

ALBERT DE MUN ET LE MONDE JUIF

Il y a quinze ans, de Mun est jeune, éloquent et beau, il est l'incarnation même de l'honneur, un chevalier de la Foi, un gentilhomme sans tache, prenant la défense du peuple, au nom de ce Christ qui a tant aimé les pauvres et les souffrants.

Quinze ans après, le voilà recommandant à ses électeurs de Lorient, appuyant près de Lambilly, un aventurier du dernier étage !

....

Le seul là-dedans qui sera juste pour moi, c'est Albert de Mun. Au fond, il trouvera que j'ai raison... C'est par cette sincérité que cette âme généreuse et belle se révèle toute différente des êtres pharisaïques qui l'entourent. C'est sous cet aspect qu'apparaîtra, voilée de plus en plus de mélancolie, cette physionomie attachante et toujours noble même dans ses faiblesses. De Mun sait mieux que personne combien je l'admire et je l'aime et combien aussi, par tant de côtés, il mérite cette admiration et cette affection qu'il inspire à tous ; il jugera tout naturel que, voulant faire des livres véridiques, j'écrive toujours sous l'impression de ce que je vois et de ce que je ressens.

En réalité, de Mun est resté ce qu'il était il y a quinze ans ; il ne s'est pas vendu, il ne s'est mêlé à aucune opération financière ; c'est le milieu, « l'environnement », disent les Anglais, qui ont changé et qui lui font accepter ce qu'il aurait jadis rejeté avec indignation. Il n'a pas fait de chute, il est descendu progressivement avec tout le monde, à mesure que le sol s'effondrait et que la France descendait ; il a dégringolé avec la maison.

Les Juifs nous ont fait une société à l'image de leur âme, et cette société de laquelle toute notion de pudeur ou d'honneur a disparu, devait être la société que nous voyons. Il faut être avec nous où avec eux. Les Conservateurs, de Mun en tête, ne veulent pas être avec nous et réagir contre ce qui triomphe : il faut bien qu'ils soient avec les Juifs, et en conséquence qu'ils s'adaptent à un régime qu'ils refusent de combattre ouvertement. Du moment où l'on vit avec les gens, il est nécessaire d'accepter leurs conceptions, leur mentalité, leur façon de juger les questions de conscience, autrement la vie sociale serait un enfer.

(p. 47, 48-49.)

LE BOULANGISME AUX MAINS DES JUIFS

En définitive, ce sont les Juifs qui ont fini par tout conduire dans cette campagne boulangiste, qui est une des plus admirables opérations d'Israël. Les Juifs ont compris que l'époque était climatérique, qu'il allait fatalement se produire un mouvement de réaction, de protestation nationale contre l'exploitation judéo-germaine qui dévore la France depuis quelques années. Si, au lieu d'être un Mecklembourgeois, le comte de Paris avait eu du sang français dans les veines, il se serait mis à la tête du mouvement ; il lui aurait donné le sens d'une reprise de conscience de l'âme gauloise contre la tyrannie sémitique. Il n'y a pas songé une minute et les Juifs, très habilement, se sont emparés de ce mouvement qui au fond était dirigé contre eux ; ils en ont fait une immense spéculation cosmopolite, interlope et boulevardière.

La fin répond au commencement : Israël sort couvert de gloire de cette aventure.

(p. 49.)

« FIN DE FRANCE... »

Naturellement, les Conservateurs qui se sont salis dans le Boulangisme ne voient pas tout cela ; ils ne se doutent pas du rôle qu'on leur a fait jouer, et au fond, ils trouvent qu'ils se sont bien amusés. Cette promiscuité avec toutes sortes de gens bizarres les a divertis.

C'est le ton des salons actuels : on y rit de tout. Un soir, on avait fait venir chez une fort grande dame la fameuse dompteuse de lapins, qui est la maîtresse d'un jeune duc.

— Présentez-moi donc à ma belle-sœur, dit en riant la sœur du petit duc.

— N'est-ce pas, mon cher, que c'est tout à fait *fin de siècle* ? disait un marquis à un Russe de ses amis, en lui contant l'anecdote.

— Excusez-moi, mon cher, répondit le Russe, je suis étranger, je ne puis juger exactement ; pour moi, je trouve que c'est un peu *fin de France*...

(p. 50-51.)

ENJUIVEMENT DU COMTE DE PARIS

Il y a cinquante ans d'histoire là-dedans[5]. C'est la défaite de l'Épicier ; l'Épicier, le Philistin, comme on appelait le Bourgeois du temps de Louis-Philippe, a vaincu Cabrion, mais il a été vaincu par le Juif, ce qui du reste était arrivé déjà aux Philistins de Palestine.

Le prince aux yeux d'azur, le duc d'Orléans, qui avait une minute éveillé les sympathies autour de lui par un coup de tête juvénile[6], est maintenant enjuivé comme les autres. Il s'exprimait jadis sur le compte des Juifs en termes particulièrement grossiers. « Je vais écrire aux Juifs » était son mot quand il allait au lieu secret. Il y a quelques mois, il promenait les Rothschild dans sa voiture et tout Londres s'est amusé de lui quand il courait dans les coulisses après les jupes de la vieille Sarah Bernhardt.

(p. 54)

SA MAJESTÉ LA PRESSE

Une des causes qui ont le plus contribué à entraver les Antisémites dans leur œuvre de salut est la résistance qu'ils ont trouvée dans une Presse qui, sauf des exceptions bien rares, vit des subventions d'Israël.

Cette question de la Presse revient toujours sous notre plume, et, par le fait, elle est la question vitale. Les Français ne pensent plus, n'ont plus le temps de penser, ne savent plus penser ; ils ne pensent que par leur journal, ils ont un cerveau en papier. Si les hommes qui fournissent ce papier sont vendus, qui ne devine le désordre intellectuel et moral qui s'ensuivra ?

---

[5] Il s'agit du Boulangisme. [J. R.]

[6] En venant en France se présenter à la conscription, malgré le décret d'exil. D'où le surnom populaire de *Gamelle* donné au Prince. [J. R.]

Quand vous aurez bien compris l'organisation de la Presse, c'est-à-dire le fonctionnement de la Pensée générale en France, vous saurez sur votre temps tout ce qu'il est nécessaire d'en savoir.

(p. 58.)

LE TRIOMPHE DU « CHAND D'HABITS... »

C'est le triomphe du *chand d'habits*...

L'avez-vous entendu, ce *chand d'habits* ! dans certains quartiers, à certaines époques, au commencement de l'hiver par exemple, au bord de nuit, quand tous les bruits de la rue sont d'un retentissement particulier et semblent avoir pour accompagnement la plaintive mélopée du vent glacé ou le grelottement des vieillards près du foyer sans feu... Ce cri prend alors des intonations qui remuent, il est éploré d'abord comme un gémissement, psalmodié d'une voix traînante : *chand d'habits* ! puis clair, glorieux presque, lancé comme une provocation : *chand d'habits* !

On s'arrête pour écouter et l'on suit l'homme qui s'en va dans le lointain ; indifférent à tout comme le croque-mort, excepté au gain, il chemine, la tête un peu basse, sous un ciel blanchâtre et laiteux ; il commente ironiquement le néant de la vie par le disparate assemblage des effets hétéroclites qu'il a ramassés dans sa course et porte, pêle-mêle, des voiles de deuil et des souliers de bal, une robe d'été au corsage de laquelle une fleur desséchée est parfois restée attachée, des uniformes sur lesquels brille encore un bout de galon.

C'est ainsi qu'apparaît Arthur Meyer, fils de *chand d'habits*, *chand d'habits* lui-même... À mesure que la bise souffle et que la nuit se fait autour de nous plus épaisse, cette silhouette semble grandir, prendre du relief, atteindre des proportions presque fantastiques. Cette marche à travers Paris ressemble à une ballade de Henri Heine illustrée par le crayon réaliste de Raffaëlli.

Avec sa tête de chemisier, son œil vitreux et rond, son immobilité de mannequin, cet homme devient comme un symbole ; il disparaît à l'horizon tout chargé de dépouilles, pliant sous les défroques, il a en sautoir la trompe de Bonnelles, et sur la tête le chapeau gris de la Trémoille ; de cette main gauche, qui lui rendit tant de services, il traîne tant bien que mal, attachés avec une jarretière de prostituée, le sabre de Martimprey, la cuirasse d'Albert de Mun, le manteau de pairesse de la duchesse d'Uzès ; dans la main droite il porte la couronne de France...

En s'éloignant, il répète, par la force de l'habitude, son éternel *chand d'habit* ! mais il ne racole pas les passants, il ne s'arrête plus devant les maisons ; il a l'air satisfait d'un homme dont la journée est faite. Que voudrait-il de plus ? Il est entré dans l'histoire comme il entrait autrefois dans les cours, en levant la tête pour regarder à quel étage on l'appelait, et le comte de Paris lui a fait signe de monter. On pourrait écrire un livre intitulé : *Arthur Meyer*, et ce serait un livre d'histoire. Aussi heureux que ses collègues qui, en décousant de vieilles houppelandes, y découvrent parfois des fortunes, il a trouvé des millions dans un parti de fesse-mathieux où j'ai vu refuser quinze louis à un journaliste royaliste de 70 ans qui mourait littéralement de faim.

Il n'a pas dit, d'ailleurs, son dernier mot : il compte bien découdre encore quelques houppelandes. Il a une belle clientèle et il pense qu'il y a encore à emporter de quelque demeure illustre quelque chose qui aura été grand. Il ne se trompe pas et si le Prince aux yeux d'azur[7] réussit à taper Rothschild et prend la succession de Boulanger, Meyer est sûr d'être de la fête. C'est donc d'un ton gaillard et plein d'espoir que le Youtre triomphant lance dans la nuit qui commence à donner à tout des formes vagues le dernier *chand d'habits !... chand d'habits !... Habits galons !*

(p. 55-56.)

CREDO-CRÉDIT ET CE MONDE DE VOLEURS

Le Juif a créé pour la société singulière qu'il a fondée un vocabulaire tout spécial, il a dénaturé le dictionnaire comme il dénature tout, il a fait de la fausse monnaie avec les mots comme avec les finances. Le *Credo* est devenu le Crédit exploité par des escrocs aux dépens des naïfs ; le mot *action* qui exprime l'effort d'un homme agissant s'applique maintenant à un morceau de papier inerte qui reste entre les mains d'un homme qui compte toucher sans rien faire. Un cheval qui a de « belles actions » est un animal élégant et vigoureux qui relève bien la tête et galope avec grâce ; un homme qui a de « belles actions » est très souvent un impotent dont les moelles sont à moitié vides et qu'on promène dans une petite voiture.

Les Juifs ont inventé pour leurs vilaines négociations des mots-jetons, des mots à la fois insignifiants comme valeur intrinsèque et brillants comme les fiches nacrées des cercles, des mots qui n'ont qu'une signification conventionnelle et qui ne compromettent personne. Avec le mot « sympathie », qui est un joli mot, on peut exécuter les opérations les plus sales.

Un Panama quelconque vient de se fonder. Le représentant d'un journal arrive chez le secrétaire général chargé de la publicité.

— Je viens causer avec vous et établir un peu nos rapports avec le journal. Je dois vous dire tout d'abord que nous vous sommes très sympathiques...

— Croyez bien que c'est réciproque... Vous n'avez pas un tirage considérable...

— Est-ce que vous croyez encore au tirage ? Nous ne tirons pas autant que *Le Petit Journal*, c'est certain, mais nous représentons une force... la force de l'honnêteté... C'est quelque chose par le temps qui court... Notre directeur a eu récemment une très belle attitude...

— Enfin, mon cher ami, je suis obligé de me mouvoir dans les limites de mon budget, je ne puis pourtant pas vous traiter sur le pied de journaux comme *Le Figaro* ou *Le Petit Journal*.

---

[7] Le duc d'Orléans. [J. R.]

— Dans ces conditions-là, nous aimons mieux conserver notre indépendance...

Quelques jours après paraît dans le journal une note vaguement inquiétante. « La nouvelle entreprise ne semble pas justifier toutes les sympathies qui l'avaient accueillie au début. Nos lecteurs nous écrivent de tous les côtés pour nous demander des renseignements à ce sujet. Selon notre habitude, nous ne voulons rien affirmer qui ne soit absolument exact... Que nos lecteurs patientent ! Nous leur dirons bientôt la vérité, toute la vérité, rien que la vérité. »

Le directeur de l'entreprise rencontre le directeur du journal.

— Qu'est-ce que vous avez donc contre nous ?

— Mon cher, nous vous étions très sympathiques, mais votre secrétaire général n'a pas de sympathie pour nous.

— Nous arrangerons cela.

Le directeur de l'entreprise dit à son secrétaire général : « Donnez-leur ce qu'ils demandent. »

Le surlendemain le journal publie une *interview* avec le sympathique secrétaire général.

« Nous avons trouvé le sympathique secrétaire général dans ce cabinet de travail qui est un musée, entouré de cartes et de plans (suit la description de la pièce). Il suffit de voir la figure rayonnante de celui qui nous reçoit pour comprendre que tout va bien (suit la description du secrétaire général).

« En prenant congé de celui qui nous avait si cordialement reçu, nous lui avons fait part des attaques dont avait été l'objet l'entreprise à laquelle il donne le concours de son dévouement... "Ah ! s'est-il écrié, si je vous disais tout... Tous les journaux ne sont pas aussi désintéressés que le vôtre... Qu'importe ! le public ne s'y trompe pas... Il sait qui nous sommes et, pour nous défendre, nous n'avons qu'à dire la vérité..." »

Des deux formes du journalisme actuel, la Réclame et le Chantage, chacune, d'ailleurs, a ses partisans et ses théoriciens.

Un directeur de journal, appartenant à une famille honorable entre toutes, brillant causeur et fort aimé dans les salons, a fait souvent entre intimes sa profession de foi à ce sujet. « Il y a deux systèmes, disait-il, la Réclame et le Chantage. Je trouve pour ma part abominable et surtout honteux d'abuser le public à l'aide de réclames mensongères, de tromper et de ruiner de pauvres pères de famille qui ont eu confiance en moi, qui ont cru à ce que j'écrivais. Quant au Chantage, il ne m'inspire pas les mêmes répugnances ; je regarde comme parfaitement naturel de forcer des forbans à me donner une part de leurs prises. »

Notre confrère agit comme il parle. Ce fut lui qui fit une opération restée légendaire ; il contraignit le Panama à lui verser 160.000 francs d'un seul coup.

Les lâches, les bas intrigants, les lèche-fesses font de la réclame ; les impudents, les hardis, les gens de tempérament font du chantage.

En réalité, j'incline à admettre que le dernier procédé vaut mieux. Notre journaliste aux 160.000 francs n'a pas trompé les petits ; il a dit à de Lesseps et à sa bande : « Vous êtes des aigrefins et des chevaliers d'industrie (ce qui était absolument exact). Vous avez volé quatorze cents millions au public, faites-moi ma part ou je tombe sur vous. »

Arthur Meyer, lui, c'est le réclamier. Il savait, à n'en pas douter, la situation du Panama et il annonçait l'inauguration prochaine ; il louait de Lesseps sur tous les tons ; il engageait les pauvres diables à apporter là leurs économies ! Voilà l'homme que la bonne duchesse[8] recevait dans son intimité et que de Mun et Martimprey traitaient en ami !...

Les Juifs ont installé chez nous leurs mœurs de Bédouins, et, si vous voulez bien voir la situation de la Presse actuelle, il faut vous figurer une série de scènes qui feraient, d'ailleurs, une admirable pantomime sociale pour le théâtre du Chat-Noir.

Le financier, faiseur de razzias, a surpris les moutons du prochain grâce aux réclamistes qui ont fait tomber les propriétaires dans une embuscade.

Il se met en route avec son butin, mais il n'est pas sans inquiétudes, car il lui faut traverser les gorges de l'Atlas, c'est-à-dire les parages du Boulevard.

Il aperçoit un nuage de poussière qui s'élève à l'horizon... Plus de doute ! C'est la contre-razzia...

Au moment où le convoi défile avec les toisons d'actionnaires, le journaliste s'avance et dit au financier : « Halte-là ! Il me semble que vous avez fait un joli coup. Il faut faire la part aux amis ou j'attaque... » En parlant, il fait claquer la batterie de son fusil damasquiné et il laisse parfois son chien aboyer un peu. « Est-il vrai que ?... Qu'y a-t-il de fondé ? »

Le faiseur de razzias capitule, on rappelle le chien et le convoi continue sa route.

Dans le lointain on entend des clameurs confuses, des cris : « Arrêtez-le ! » Ce sont les propriétaires des moutons qui courent après le voleur...

On finit par arriver jusqu'au cadi.

Le cadi n'opère pas sur les grands boulevards ; vêtu de noir ou de rouge et plein de dignité, il est tranquillement installé sur la rive gauche et il attend les événements. Quand les possesseurs de moutons ont fait irruption dans le prétoire, il interroge sévèrement le ravisseur.

— Vous avez beaucoup de moutons, monsieur ?

— Monsieur le président, j'en ai quelques-uns, mais j'en aurais bien davantage si ces coquins de journalistes ne m'en avaient pas enlevé un bon tiers dans le trajet du faubourg Montmartre à la Madeleine... Il y en avait notamment un grand, avec des petits yeux en vrille, qui trouvait que je ne lui donnais jamais assez...

— Ce sont des gens qui manquent de sens moral... Que comptez-vous faire de tous ces moutons ?

— Le plus louable usage, monsieur le président ; j'en ai déjà offert une partie aux corps constitués de notre belle Patrie : à Son Intégrité le garde des Sceaux, aux Illustrissimes sénateurs, aux Honorables députés. Les plus beaux, ceux dont

---

[8] La duchesse d'Uzès. [J. R.]

la toison est la plus souple sous la main qui caresse, sont chez vous, monsieur le président. D'autres, moins gras, mais luisants encore, sont chez vos dignes acolytes...

— Ces procédés vous font honneur... Nous vous acquittons avec éloges et je ne doute pas qu'une distinction honorifique...

— Merci du fond du cœur, monsieur le président, mais c'est ma troisième opération et je suis déjà commandeur.

— Eh bien ! restez-le. C'est un grand honneur pour l'Ordre.

L'homme à la razzia s'en va dans son château ; il vit là dans un luxe seigneurial, chasse à courre, donne des fêtes ; un jour il dit à sa femme : « Mets notre enfant chez les Pères. C'est très distingué... Tu leur porteras un mouton de ma part. »

Le bon religieux, qui est généralement assez bien informé de ce qui se passe dans le monde, n'est pas sans quelque inquiétude sur l'origine de ce mouton, mais il se dit : « Après tout, je n'étais pas là quand ce mouton a été pris ; d'ailleurs il y a un bref papal qui recommande d'être réservé sur les questions de restitution pour ne pas alarmer inutilement les consciences ; n'alarmons pas la conscience de cet homme ! Somme toute, je préfère encore un homme qui m'offre poliment un mouton à ceux qui m'accablent chaque jour d'injures dégoûtantes et imméritées. »

Quand arrive la distribution des prix, le Père place sur l'estrade ce financier qui fait très bien avec sa cravate de commandeur.

Quant aux volés, ils sont toujours là-bas au Palais de justice. Ils ont été trouver un autre cadi ; ils ont fait de la procédure, ils ont dépensé leurs derniers sous pour faire écrire sur du papier qui coûte très cher des choses spécieuses qu'on ne lit jamais ; ils ont payé des hommes en robe pour venir faire devant le tribunal des gestes de pantin que les magistrats ne regardent pas ; ils sont ruinés, ils meurent à l'hôpital, leurs filles se prostituent pour manger... Quelques-uns de ces malheureux reviennent devant un troisième cadi, mais cette fois entre deux gardes municipaux.

— Vous vagabondez ?...

— Je n'ai plus rien...

— Et la loi du travail, vous la méconnaissez ?

— J'ai travaillé, monsieur le président, et le fruit de mon travail m'a été volé par des financiers que vous avez acquittés parce qu'ils vous ont payé.

— Ah ! mon gaillard, vous outragez la Magistrature. Nous allons vous coller deux ans de prison : quinze jours pour vagabondage et deux ans pour outrage. Ces deux peines ne se confondront pas entre elles.

(p. 69-74.)

ENJUIVEMENT DE LA PRESSE

Un petit Juif, qui n'est pas méchant et qui est riche de quarante millions, prend la direction effective d'un journal que je connais ; il s'empresse naturellement de flanquer à la porte, pour les remplacer par des Iouddis venus de différents pays, des écrivains qui étaient là depuis de longues années et qui se croyaient assurés du lendemain ; puis il fait venir le critique musical, qui s'occupe en même temps des nouvelles théâtrales. C'est un musicien de talent, qui a eu de grands succès et quelques chutes et qui, dans un délai très court, sera membre de l'Institut.

— Voyez-vous, mon cher, il faut que les théâtres *rendent*. Vous dites du bien d'une petite actrice, elle vous donne 200 francs ; une autre lit cela, est alléchée et vous en donne 500... Vous y avez votre avantage et le journal aussi.

Vous devinez l'effroi que jette dans les bureaux de rédaction cette soudaine intervention du Capital qui a sa névrose et qui tombe brusquement sur le dos de *minus habentes* qui ne s'attendent à rien... L'exécution se fait toujours à l'orientale, à la sémitique, car le Juif ne peut admettre qu'un Chrétien ait un droit quelconque.

(p. 79)

RASTIGNAC ET POPULO

Toute cette cuisine étrangement pimentée[9] ravit le jeune parti conservateur. Cet Épigone de Balzac, ce Rastignac de basoche dont l'éducation fut ébauchée par Thiers et achevée par Clemenceau, semble à beaucoup la personnification du vrai moderne, du hardi pirate aiguillonné par les appétits qui, libre de tout préjugé, exempt de tout scrupule, s'élance à la conquête du Pouvoir, de la Célébrité et de l'Argent.

Sans doute, au premier abord, on est tenté de s'amuser de la belle impudence avec laquelle ces gens-là bafouent leurs électeurs, trahissent leurs serments, mentent à leurs promesses, exploitent et mystifient tour à tour chaque parti pour se procurer un peu plus de plaisir et de luxe. Au fond, la nausée vient bien vite, on ressent autant de mépris pour ceux qui se vendent ainsi que pour ceux qui les achètent ; on a la sensation d'un bal masqué dont les fenêtres donneraient sur un cloaque. Quand on a regardé quelque temps toute cette foule bariolée se trémousser fiévreusement, on en a assez et l'on cherche un coin pour vomir.

Les seuls intéressants là-dedans, ce sont les ingénus, les naïfs qui ont cru à la parole des autres avec la candeur d'êtres sincères. Connaissez-vous rien de plus touchant que ce vulgaire fait divers ?

« Un débit de vin de la rue de Frémicourt a été, vendredi soir, le théâtre d'un drame étrange. Le patron de l'établissement, un sieur L..., âgé de trente et un

---

[9] La basse politique électorale. [J. R.]

ans, en revenant, vers onze heures, de la réunion Laguerre, au théâtre de Grenelle, avait invité quelques habitués à prendre un verre. Tout à coup il se leva et leur dit :

« *J'ai une grave communication à vous faire. Je vous prie de l'écouter en silence ; ce sont mes dernières volontés. Je fus autrefois fervent boulangiste, car j'ai cru au général, à son désintéressement, à son courage, j'ai cru aussi en Laguerre. Aujourd'hui toutes les révélations m'ont désabusé.*

« *Mais je n'ai pas le courage de survivre à la ruine de mes illusions et de mes espérances. Je ne veux plus qu'on puisse me reprocher d'avoir été boulangiste et m'appliquer cette outrageante épithète. J'en ai assez.*

« Tirant de sa poche un long couteau, il se le plongea dans le ventre. La mort a été instantanée[10]. »

Cet homme du peuple, qui se tue comme un Japonais parce qu'il désespère de la République comme Caton, a cru à ce que le philosophe anglais appelle « le grand sérieux de la vie ». Cette farce électorale qui fait tant rire les politiciens de profession était pour lui une œuvre grave, il y apportait évidemment une âme droite et loyale. Il est mort de sa désillusion, mort d'avoir vu la vie telle qu'elle était, à l'heure où, dans un salon, les prétendus honnêtes gens faisaient fête au rhéteur vénal, à l'être prostitutionnel qui, se gaudissant de sa propre infamie, s'applaudissait d'avoir encore une fois mis dedans cette « vieille bête de Populo »...

(p. 105-106.)

FACE AU MENSONGE JUIF

« Apprenez à lire les journaux, échappez par l'effort de la réflexion libre à la manipulation, à la trituration que le Juif opère sur vos cervelles ! »

Tel est le conseil que nous ne cesserons jamais d'adresser aux Français.

Ce n'est pas là seulement un conseil philosophique, c'est encore un conseil pratique.

Ceux qui nous écouteront, ceux qui auront assez d'énergie pour réagir contre les stupidités qu'on débite contre nous, ceux qui mettront les livres antisémitiques à la place où ils doivent être dans toute maison française, c'est-à-dire à la place d'honneur, non seulement en seront récompensés moralement, mais encore matériellement : ils éviteront les pièges dans lesquels tomberont leurs voisins.

L'effort que nous demandons est plus difficile qu'on ne croit.

On ne résiste pas à la parole constamment répétée par le journal.

On montre encore à Padoue, dans une riante villa entourée de verdure, la chambre de torture. L'Italie du XVIe siècle avait épuisé là tous les raffinements de son cruel génie. Il y avait des brodequins et des chevalets perfectionnés, un mannequin merveilleusement exécuté qui ouvrait ses bras pour vous embrasser

---

[10] *Parti national*, 3 novembre 1890.

et qui, soudain, vous pressait entre une triple rangée de pointes de fer... De tous ces supplices, cependant, le plus horrible était la goutte d'eau... une simple goutte d'eau qui, de minute en minute, jour et nuit, tombait inexorable, à la même place, sur le crâne du patient enchaîné ; elle perforait ce crâne, le trouait plus sûrement qu'un vilebrequin.

C'est l'image de la Presse juive et de ce perpétuel mensonge qui tombe goutte à goutte, toujours, sur les mêmes localités du cerveau.

Je me rappelle un jour l'étonnement de deux jeunes Américaines, deux ravissantes Japhétiques aux yeux clairs et regardant bien en face ; elles avaient lu mes livres, elles avaient désiré me voir et on avait arrangé un dîner.

En causant avec mes voisines, je comprenais bien qu'elles avaient une arrière-pensée.

— Eh, mademoiselle, qu'avez-vous ? demandai-je à ma voisine de droite.

— Vous voulez que je vous parle franchement ? me répondit-elle avec un rire limpide.

— Certainement.

— Eh bien, voilà... je suis tout étonnée en causant avec vous de vous trouver si sensé et si doux... On m'avait dit que vous étiez un énergumène et...

— Vous attendiez un accès, n'est-ce pas ? Que voulez-vous ? J'aime le Bon Dieu, la France, les pauvres... et la beauté quand elle est rayonnante et pure comme la vôtre ; or, ceux qui écrivent l'histoire d'aujourd'hui, ceux qui sont les maîtres des journaux sont des Juifs de Hambourg ou de Wilna ; il n'est pas étonnant qu'ils nous représentent, mes amis et moi, sous de mensongères couleurs.

(p. 107-109.)

L'ÉGYPTE FRANÇAISE LIVRÉE AUX ANGLAIS PAR LES JUIFS

Ce n'est qu'en France que les Juifs osent négocier des affaires comme cette vente des actions de Suez traitée dans le cabinet de Rothschild et qui livrait pour toujours à l'Angleterre cette Égypte qui devait sa renaissance à nos capitaux et où l'influence de la France était jusqu'alors dominante.

(p. 137.)

LES DÉGÉNÉRÉS

À la fin comme au début de ce livre, nous retrouverons comme symptôme caractéristique la débilité mentale, l'atrophie du cerveau. Parmi les Français d'aujourd'hui, beaucoup, hélas ! correspondent à ce qu'on appelle en médecine des Dégénérés ; ils sont incapables de l'effort qu'il faut faire pour fixer son attention sur un point, impuissants à comparer deux idées, à suivre un raisonnement, à se former une opinion personnelle. Ils sont dressés au travail, ainsi que certains animaux auxquels on arrive à faire faire des exercices surprenants, mais ils n'ont pas la notion de la valeur de l'argent que leur rapporte ce travail ;

ils sont comme les enfants auxquels on a fait cadeau d'un louis et qui sont enchantés de l'échanger contre une image.

Sur les milliers de Français qui ont échangé des louis contre des images portant ces mots : « Emprunt de la République Argentine, emprunts du Guatemala, de l'Uruguay, de Costa Rica ou du Honduras », il n'y en a pas dix qui auraient été en état de vous dire où sont exactement situés ces pays bizarres dans lesquels éclate une insurrection tous les quinze jours.

— Connaissez-vous la province de Corrientes ?
— Non.
— Et la province de Mendoza ?
— Pas davantage.
— Et la province de Catamarca ?
— Pas plus...
— Et sur l'appel d'un prospectus vous prêtez aux habitants de ces provinces un argent que vous refuseriez certainement à votre meilleur ami ?
— Parfaitement.

Tous ces emprunts en effet ont été souscrits. Les Juifs ont donné quelques fonds à ces Républiques singulières, ils ont gardé le reste pour eux et ils ont acheté les hôtels magnifiques dans lesquels vous les voyez trôner aujourd'hui. Nous le répéterons toujours ; puisqu'ils n'avaient rien quand ils sont venus chez nous, il a bien fallu qu'ils prennent quelque part l'argent qu'ils ont...

(p. 138-139.)

PSYCHOLOGIE DE LA FRANCE DÉCADENTE

Les Parisiens ont réélu la plupart des conseillers municipaux convaincus d'avoir trempé dans ces malpropretés. Ils les ont réélus très librement, avec des urnes très surveillées par des représentants de tous les partis, par des gens de comités experts dans toutes les rouéries électorales et qu'on ne met pas facilement dedans.

Tout vient se briser contre une indifférence absolue, contre une sorte d'ataraxie, d'impassibilité générale, qui n'est point l'ataraxie stoïque dont parle Proudhon, mais plutôt une inertie maladive, une prostration sur laquelle rien n'agit.

Les physiologistes connaissent bien ces phases passagères où le cœur est inexcitable. L'organe où l'humanité puise sa flamme a soudain des moments de repos, d'hébétude, de torpeur après lesquels il reprend son fonctionnement.

À l'heure actuelle, malheureusement, ce n'est plus par saccades, c'est toujours que le cœur ne répond plus aux excitants. Et comme ce bourdon, qui rythme nos artères, nos expansions et nos violences, dépend lui-même du cerveau, c'est toujours au cerveau qu'il faut chercher la cause des défaillances et des sommeils.

Il y a eu trop d'efforts ce dernier siècle, trop de hâte trépidante, trop de connaissances fragmentaires, dispersées, illusoires. Il semble que l'on ait vécu dans un kaléidoscope. Obligée de s'appliquer à la fois aux théories sociales, aux découvertes de la science, aux essors des lettrés, la vision papillote et fatigue. Il faudrait ce regard à facettes des insectes, cet œil-mosaïque dû peut-être à des morcellements infinis de choses, pour comprendre tant de mouvements heurtés, tant de couleurs criardes.

Comment s'étonner alors que la lassitude saisisse ces entendements secoués, non plus la saine lassitude du travail, où se puisent des forces nouvelles, mais la dépression atonique où l'on a l'illusion de la vigueur ?

La Mort gagne le monde par l'insensibilité, par l'anesthésie. Cette anesthésie sociale, que l'on appelle l'ataraxie, envahit les masses, comme sa sœur envahit les êtres. Elle débute d'ici, de là, par plaques qui se rejoignent et couvrent bientôt le corps tout entier. Certaines régions intermédiaires jouissent d'une fausse excitation que l'on retrouve avant tous les désastres. Celui qu'attend la congestion bâtit des projets bienheureux. Nous autres, au bord du gouffre, nous affirmons le Progrès indéfini, une ère joyeuse et libre. Au fond, nous ne croyons même pas à demain, et nous nous en occupons très peu.

On a donné bien des noms à cet état particulier, que chacun constate. Weiss a parlé d'une maladie des moelles, d'un affaiblissement du *vis vivendi* ; d'autres d'insensibilité volitive, d'aboulie, d'impuissance de la volonté.

Personne, en tout cas, ne conteste la dégénérescence de cette race qui eut jadis une si débordante vitalité.

Il faut ajouter, cependant, que cette dépression intellectuelle, que les Français avouent eux-mêmes, ne se traduit pas chez eux par le Pessimisme.

Le Pessimisme est particulier aux natures supérieures. Dès qu'on touche aux profondeurs de l'être, qu'on se penche sur l'énigme du monde, qu'on s'unit de cœur à la souffrance de ceux qui nous entourent, il est impossible de ne pas éprouver une impression d'anxiété et d'amertume devant l'impénétrabilité de cet impassible univers, qui s'obstine à ne pas répondre à nos interrogations, à ne rien nous révéler de ses secrets... Les frivoles rient jusqu'à la mort ; les esprits moins légers, ceux qui réfléchissent sur les spectacles que la vie déroule devant eux et qui s'irritent de ce qu'elle leur cache, ne peuvent se défendre de la tristesse qui se dégage de tout... *Cor sapientium ubi tristitia...*

Les Français modernes n'ont rien de tout cela. Les troublantes théories de Schopenhauer comme les belles désespérances de Tolstoï, vastes et désolées comme des steppes, les laissent parfaitement indifférents. Intellectuellement, c'est trop fort pour eux, trop étendu d'horizon, trop intense de pensée ; cela les obligerait à trop de méditation.

La conception que les Français contemporains ont de la vie n'a d'analogue dans aucun temps, elle est tout à fait particulière à notre époque. Notons tout d'abord que si la vie moderne s'est compliquée au point de vue des faux besoins et des raffinements du bien-être, elle s'est singulièrement simplifiée au point de vue moral ; comme une espèce de peau de chagrin, elle se rétrécit tous les jours sous ce rapport.

Si elle avait toujours le ciel comme finalité et comme but, la vie jadis était, même au point de vue terrestre, chose importante et sérieuse ; elle se rattachait par des racines solides à des traditions de familles habitant depuis des siècles sur un même coin de terre, elle se prolongeait par-delà le tombeau par le désir qu'avaient les plus pauvres de laisser d'eux un bon souvenir, de léguer aux leurs de beaux exemples à suivre, un héritage d'honneur à garder à leur tour.

Tout cela a été élagué peu à peu, et l'on a mis ce qui restait en viager. Pour les privilégiés, pour les fils d'enrichis, la vie est une occasion de faire la fête ; pour les déshérités du sort, pour les forçats du travail, elle est un douloureux et monotone trimage, afin d'arriver à manger à peu près régulièrement et à mourir à l'hôpital. Pour les représentants des classes moyennes, pour ceux qui donnent l'idée la plus juste du pays, pour les bien doués, les bien portants, les bien armés, c'est une bagarre dans laquelle on est tombé on ne sait comment, et au milieu de laquelle il faut tâcher de se débrouiller et de se faire jour à coups de poing.

Il y a évidemment des touches cassées dans le clavier humain, des notes qui ne rendent plus. On ignore également la Gaieté franche des ancêtres et la tendre, la poétique Mélancolie. On ne sait plus ce que c'est que le Bonheur, ce présent des Dieux à quelques privilégiés, ce Bonheur qui avait un caractère presque sacré et dont Bonald disait : « Je salue le Bonheur parce qu'il est rare. » On peut dire même qu'à part peut-être chez quelques mères qui ont perdu leurs enfants, on ne connaît plus la Douleur, j'entends la Douleur religieuse et grave d'autrefois. C'est fini et des enthousiasmes ardents et des généreuses angoisses d'un cœur déchiré par le Doute.

Il existe seulement des satisfactions et des embêtements, des chances et des guignons qui dépendent presque tous de circonstances matérielles. Tout cela rentre plus dans l'ordre des accidents, des faits divers, des catastrophes que dans l'ordre des sentiments, et l'âme n'en est affectée que très indirectement par les dérangements et les troubles que l'être physique en éprouve dans les habitudes et le train ordinaire de sa vie.

L'homme du Passé, en un mot, avait de nobles motifs pour vivre ; l'homme d'aujourd'hui a seulement quelques prétextes plausibles pour ne pas se tuer et accomplir jusqu'au bout sa corvée.

Cette corvée, le Français contemporain la subit avec un certain entrain, qui est un don qui lui reste de sa race ; il tâche de gagner le plus possible pour nocer davantage, pour se procurer plus de jouissances matérielles, pour faire honneur à ses affaires.

Le régime moderne a créé, on peut le dire, un type d'être spécial que l'on serait tenté d'appeler le contribuable ; car, en réalité, si on demandait à beaucoup d'hommes de ce temps pourquoi ils sont sur la terre, ils seraient bien embarrassés de répondre et finiraient par vous dire :

— Ma foi, pour faire notre service militaire, pour acquitter nos contributions et pour payer notre terme.

Le gendarme, le percepteur, le propriétaire sont, pour la plupart, la forme visible du Devoir et, dès qu'on est en règle avec eux, on a l'esprit en paix.

Aussi, remarquez-le, ces contributions le Français les paye avec une certaine joie ; il ne se sert pas du tout de ses droits de citoyen pour obtenir la diminution des impôts. Il en est de même du propriétaire : le Français est heureux quand il a rempli ses devoirs envers lui. Chez ce peuple, qu'on prétend livré à toutes les théories subversives, il n'y a pas d'exemple d'assassinat d'un propriétaire. Les insurgés de la Commune, maîtres absolus de Paris, ont tué de vénérables ecclésiastiques qui ne leur avaient fait aucun mal ; ils n'ont tué ni un des propriétaires implacables qui avaient augmenté sans pitié le loyer des pauvres ménages, ni un des huissiers qui avaient saisi jusqu'à la cendre des foyers.

Les Français sont admirablement dressés à toute cette organisation fiscale ; ils sont comme les méharis qui s'agenouillent pour qu'on puisse les charger plus facilement, ou comme les chevaux de renfort d'omnibus qui, leur besogne faite, vont tous seuls rejoindre leur place au bas de la montée et attendent là qu'on les attelle de nouveau.

Ces hommes si dociles à rendre à César ce qui est dû à César se regardent, en revanche, comme absolument affranchis de toute obligation envers Dieu.

Ce qui frappera plus tard l'observateur, quand il étudiera les générations présentes, c'est la facilité avec laquelle un peuple peut se passer de toute religion. Dans les départements qui entourent Paris, il y a des villages où les hommes ne mettent jamais les pieds à l'église. Je ne parle pas ici des hommes affichant des opinions anticléricales. En beaucoup d'endroits la période d'anticléricalisme militant est close. Les paysans et les ouvriers du pays saluent le curé parce que c'est un notable, mais ils n'éprouvent pas une seconde le besoin de penser à Dieu, d'élever leur cœur vers le Créateur, de s'unir par la prière à la Divinité. En dehors des dimanches, ils n'ont aucune notion des fêtes de l'Église et des événements qu'elles commémorent. C'est là tout un ordre de préoccupations radicalement aboli chez eux et, à leur point de vue, ils vivent très bien comme cela.

Quand, par hasard, ils entrent à l'église pour un mariage ou un service quelconque, ils s'y ennuient à avaler leur langue. Ce Sacrifice du Corps et du Sang de Notre-Seigneur Jésus-Christ, sous les espèces du pain et du vin, ce drame si magnifiquement émouvant de la Messe, où chaque parole, chaque geste du prêtre a une signification si profonde, les laisse totalement indifférents ; ils ne le comprennent pas plus qu'ils ne comprendraient une cérémonie dans une pagode. Ils sont tout à fait revenus à l'état sauvage, très au-dessous, au point de vue du sentiment religieux, de ce qu'étaient nos pères au moment où le christianisme pénétra dans les Gaules ; pour les ramener, il faudrait les évangéliser à nouveau, il faudrait des apôtres comme saint Denis ou saint Éleuthère, qui aillent prêcher sur les chantiers ou dans les champs.

Ce sera, je le répète, un sujet de stupéfaction pour ceux qui écriront définitivement l'histoire de ce temps, que de voir avec quelle rapidité ce peuple, qui fut si croyant, qui resta si longtemps idéaliste, en est arrivé à être étranger à toute inquiétude sur l'âme, sur le mystère de la destinée, sur le Divin en un mot, à vivre de la vie seule des instincts, dans un matérialisme tranquille qui, chez beaucoup encore une fois, n'a plus rien d'agressif contre les ministres du culte.

Il en est de même, d'ailleurs, pour tout ce qui touche au domaine moral. Je n'ai pas l'intention de déclamer contre la corruption des mœurs, ce qui serait parfaitement inutile ; je veux noter simplement à quel degré sur ce point encore les opinions se sont modifiées en quelques années. Ceux qui appartiennent à ma génération seront incontestablement frappés de l'exactitude de ce constat.

Il y a vingt ans, les mots : *un failli, un voleur, un condamné pour escroquerie* étaient des mots-épouvantails ; une condamnation pour vol était la mort sociale pour un homme. Aujourd'hui ces termes n'ont plus qu'une importance très secondaire.

Sans doute, on s'écarte encore du voleur classique, couvert de haillons, armé d'un gros bâton, mais ce n'est pas parce qu'il est voleur, c'est parce qu'il est mal mis. Les voleurs habillés comme tout le monde sont les bienvenus partout.

....

Tout est singulier d'ailleurs, en ce temps. Jadis ceux qui avaient eu des relations plus ou moins difficiles avec la Justice cherchaient à se faire oublier ; aujourd'hui ce sont ceux-là, au contraire, qui courent après toutes les occasions pour se mettre en avant, à qui tout prétexte est bon pour attirer l'attention sur eux.

....

Franchement, devant des mascarades pareilles, devant de si indécentes parades, est-ce qu'il n'est pas heureux que, de temps en temps, la voix d'un Antisémite s'élève pour crier : *À la chienlit !*

Ce changement radical dans la façon d'envisager certains actes est la conséquence de l'entrée triomphale des Juifs dans la société parisienne et c'est aux représentants des hautes classes, uniquement, que revient la responsabilité de cette corruption de la conscience française.

Il est clair que, dès que les plus illustres familles ouvraient leurs bras à des financiers enrichis par la ruine des naïfs et des gogos, la France devait modifier ses anciens concepts sur le Bien et le Mal et les adapter aux idées des Sémites pour lesquels l'Argent est tout, aux yeux desquels la probité et l'honneur ne sont que des expressions vides de sens. Quand le duc de La Rochefoucauld-Doudeauville reçoit chez lui les Rothschild et les Ephrussi ; quand la duchesse d'Uzès, la première duchesse de France, conduit le mail de M. Hirsch et descend chez lui quand elle va à Londres ; quand le duc de Chartres sert de parrain au financier bavarois[11] qui fut le lanceur des lots turcs, ils déclarent implicitement que certaines idées sur l'honnêteté sont tout à fait surannées.

On mit un certain intervalle dans la descente. On commença d'abord par dire : « Sans doute, ce baron a fait des tours pendables à Vienne, cet autre a la spécialité des sociétés véreuses et des coups de Bourse éhontés, ce troisième est le filou notoire, mais enfin il n'y a pas le fait matériel de la condamnation. »

---

[11] Cornélius Herz. [J. R.]

Quand on vit fonctionner la nouvelle Magistrature, on s'aperçut vite que ceux qu'elle condamnait de loin en loin étaient généralement moins coupables que ceux qu'elle acquittait et l'on en arriva à passer l'éponge sur tout, à admettre que le vol était une industrie comme une autre...

Le relâchement est universel et l'on peut dire qu'à Paris ce qu'on entendait autrefois par la moralité publique a complètement cessé d'exister.

....

C'est un état d'esprit général. L'âme française a été absolument transformée, retournée depuis vingt ans. Il y a un siècle, un artisan de nos anciennes corporations, un garçon ou une fille de ferme de Vendée avaient, en ce qui concerne l'honneur, la probité, la pudeur, des délicatesses, des impressionnabilités que n'ont plus la plupart des gens du monde aujourd'hui.

Au fond, en bien des moments, cette vie si basse et bornée à de si vulgaires réalités semble à beaucoup une chienne d'aventure ; ils y sont, ils y restent et ils s'y débattent avec une certaine vaillance, une certaine bonne humeur française, mais ils ne se soucient pas de faire cadeau à d'autres d'une existence dans laquelle il faut se donner tant de mal.

L'idée de famille n'a plus, nous l'avons dit, le caractère qu'elle avait autrefois. Les Français modernes n'éprouvent pas pour leurs parents les sentiments de respect innés chez les générations précédentes, mais enfin ils les enterrent encore convenablement ; ils achètent une couronne pour mettre sur leur cercueil. Ils ne se réjouissent pas davantage de se survivre dans leurs enfants, ils ne se préoccupent nullement au point de vue supérieur de ce que seront ces enfants dans la vie, mais quand il leur en tombe un, ils le nourrissent, ils l'élèvent comme ils peuvent, selon leur rang.

C'est là pourtant une corvée nouvelle pour laquelle ils n'éprouvent qu'un médiocre enthousiasme.

Si vous voulez, je puis vous fournir la cinq centième dissertation sur la dépopulation : « le Code Napoléon, la loi sur les héritages, le service militaire obligatoire... comme remède : un impôt sur les célibataires... » On a répandu des flots d'encre à ce sujet. Malheureusement, ce n'est pas avec une émission d'encre que l'on fait des enfants ; si ce système de procréation était susceptible d'un résultat pratique, les enfants qui naîtraient seraient peut-être noirs, mais enfin il y en aurait beaucoup en France.

(p. 171-178, 181-182, 186-187.)

FOND DE TABLEAU

Dans le fond un ministre républicain quelconque, le Rouvier de la *Compagnie auxiliaire des Chemins de fer*, par exemple, glorifiant la France moderne. « La France, messieurs, elle n'a jamais été plus grande, elle vient encore de prêter 75 millions à la Banque d'Angleterre pour dégager M. de Rothschild qui s'était un peu avancé sur les valeurs argentines. Heine de Francfort et Cahen d'Anvers viennent de partir pour représenter la France dans la commission argentine. Il y a des pots-de-vin pour tout le monde, mais, si vous le voulez bien, pour éviter l'encombrement aux guichets des banques juives, les sénateurs toucheront à dix heures et les députés seulement à onze... »

(p. 190-191.)

L'ÉGLISE ET LA QUESTION FINANCIÈRE

À partir du jour où l'Église a réhabilité l'Usure qu'elle avait combattue pendant quinze siècles, le règne social du Christianisme a été terminé et le règne du Judaïsme a commencé. Proudhon, avec sa terrible puissance de logicien, a très bien discerné que le nœud de la question était là.

Léon XIII aura beau remettre cent fois sur le chantier sa célèbre encyclique sur la question sociale, il ne peut pas sortir de ce dilemme, et il sera forcé de s'en tenir à des déclamations plus ou moins oiseuses, à des banalités plus ou moins prudhommesques sur la nécessité de se bien conduire.

(p. 201.)

LA IIIe RÉPUBLIQUE ET L'AVILISSEMENT DE LA MAGISTRATURE

Ce serait une expression impropre que de qualifier de scandaleux les jugements récents qui ont acquitté d'illustres voleurs uniquement parce qu'ils étaient riches. Ces jugements n'ont pas fait scandale, à parler littéralement, parce que l'état moral des juges est adéquat à l'état moral du pays.

Ces juges ne sont pas, comme il est arrivé en d'autres temps, des individualités à part exceptionnellement perverties. Ce ne sont même pas des bohèmes de la République ; ceux-là se portent plutôt vers d'autres carrières. Ce sont des bourgeois de bonne bourgeoisie ; ils ont, à côté des châteaux de financiers, des maisons de campagne confortables qui leur viennent de famille. Quelques-uns vont à la messe et leurs femmes y vont presque toutes. Ce sont elles qui, souvent, excitent les maris à s'entendre avec les voleurs millionnaires en insistant, quand leurs conjoints hésitent, sur la nécessité de faire faire des mariages convenables aux filles.

Ces considérations rendent au fond la Bourgeoisie indulgente. Vous remarquerez que la plupart des journaux conservateurs n'ont pas eu un mot de blâme pour les jugements rendus dans l'affaire des Métaux.

Vous prendriez au hasard dans la rue cent personnes de la classe moyenne, vous les chargeriez de remplacer les juges actuels et vous leur offririez deux ou trois cent mille francs pour acquitter un financier qui aurait eu des malheurs que soixante-dix sur cent accepteraient.

Encore une fois, on commente ces jugements sans colère et, la plupart du temps, on les annonce d'avance.

Un des administrateurs du Comptoir d'Escompte disait en déjeunant avec un de nos confrères : « La Presse n'est vraiment pas chère ; pour 200.000 francs, j'ai obtenu qu'elle ne parle pas de moi et la Magistrature ne me coûtera pas davantage. » Sur la ligne de Corbeil, dans le train du samedi soir, on se racontait les propos d'un des agioteurs les plus compromis dans l'aventure : « Cela me coûtera chaud, mais je suis sûr d'être acquitté. »

C'est dans le peuple seulement que vous retrouverez encore un certain sentiment de la Justice abstraite, une certaine puissance d'indignation qui est tout à fait éteinte chez les représentants des classes élevées.

Je me rappelle encore, par une matinée ensoleillée, avoir écouté quelque temps sur la route des ouvriers qui devisaient. C'était à la hauteur du pavillon d'Étioles, à un angle du chemin d'où l'on a une vue ravissante sur la Seine. Bob avait très chaud et, tout en admirant le paysage, je laissais, comme Hippolyte, flotter les rênes sur mon coursier.

Ces ouvriers s'étaient mis à deux pour acheter *Le Petit Journal* et ils le lisaient ensemble. La ruine du Comptoir d'Escompte ne leur avait certainement causé aucun dommage direct et cependant ce cynique acquittement les rendait furieux. Je comprenais à leur langage ce que sème de haine dans les âmes populaires ce sans-gêne des classes dirigeantes à braver, à outrager, à meurtrir ces instincts de droiture qui furent si longtemps dominants chez nous.

(p. 208-209)

LA JUSTICE FÉODALE DE MESSIRE ROTHSCHILD
(OU UN FRANÇAIS TUÉ POUR UNE FLEUR)

À tout seigneur tout honneur : Rothschild, comme un féodal d'autrefois, a le droit de haute justice. Quand on touche à ses fleurs il condamne les gens à mort et il les fait tuer.

Qui de vous n'a lu, avec un serrement de cœur, l'histoire de ce malheureux sur lequel, le 27 mars dernier, on a tiré impitoyablement parce qu'il s'était introduit dans la propriété de M. de Rothschild à Boulogne ?

L'homme était sans travail, les siens avaient faim et, la nuit, il se glissa dans le parc seigneurial pour y cueillir des feuilles de magnolia qui se vendent quelques sous aux Halles.

Vous voyez le contraste d'ici. Voilà des étrangers qui, sortis d'une *Judengasse* de Francfort, ont réussi à prendre trois milliards aux Français. Ils ont ramassé sur notre sol une gerbe d'épis d'or si lourde que leurs bras ne la peuvent étreindre. Ils ont tout, ils peuvent satisfaire leurs fantaisies les plus extravagantes, ils peuvent acheter tout ce qui leur fait envie, les chefs-d'œuvre de l'art, les merveilles du passé, les filles les plus jeunes et les ministres les plus vieux.

Franchement, quand on a tout cela, est-ce qu'on ne devrait pas être pitoyable pour le pauvre hère, pour le traîne-misère qui se permet de dérober quelques fleurs poussées sous le soleil de la France ?

Non. La consigne est formelle ; le garde était sûr de faire plaisir à Rothschild et d'avoir une bonne récompense en tuant « un chien de Français ». Il fit feu et le Français, un nommé Laval, un ouvrier marié, parvint à faire encore quelques pas, puis il tomba pour ne plus se relever. On le retrouva mort le lendemain sur le bord de la Seine, en face de la propriété de M. de Rothschild, à Boulogne...

Il y a un an, un maraîcher d'Argenteuil tua un rôdeur qui lui enlevait ses asperges ; il fut mis en prison et comparut en cour d'assises. Tout en restant très blâmable, l'acte de ce rural exaspéré était néanmoins plus excusable que l'autre. Ce paysan avait semé lui-même ses asperges ; il avait eu de la peine à les faire pousser, et il en vivait. Je vous demande le mal que peut causer à des milliardaires le vol de quelques branches de magnolia ?

Séguy, le garde du baron de Rothschild, n'a pas fait une heure de prévention, il n'a jamais été jugé et, quand il est venu déposer comme témoin, il n'a pas eu à subir le plus léger blâme du président. Le fait, cependant, ressemblait à un assassinat pur et simple. Il n'est nullement démontré, en effet, que, dans une propriété où les domestiques sont nombreux, ce garde fût en péril puisqu'aucun des rôdeurs n'était armé et qu'il a tiré précisément sur celui qui fuyait et qui, par conséquent, ne le menaçait pas.

Pas un seul de ces députés républicains qui tonnent chaque jour contre les crimes de la féodalité n'a soufflé mot de cet incident à la Chambre. On comprend, d'ailleurs, que ce n'est pas Laguerre qui, après avoir reçu un fort subside des Rothschild, aurait pu lever ce lièvre-là. Quant aux catholiques de la Chambre, il leur semble tout naturel qu'on tue une créature humaine pour une fleur, lorsque cette fleur appartient au baron de Rothschild.

On a bien raconté à ces gens-là que l'antiquité avait le mépris de la vie humaine et que le Christ était descendu sur la terre et avait souffert un supplice ignominieux tout exprès pour attendrir les cœurs et rendre les hommes moins durs, mais ils n'ont pas très bien compris.

Quoique les deux actes soient également abominables, j'avoue que je préfère encore Pollion faisant jeter aux murènes un esclave qui a brisé un vase précieux à Rothschild faisant tuer un citoyen français pour quelques feuilles d'arbre. Le vase brisé par l'esclave était peut-être une coupe murrhine d'une incomparable beauté ou quelque chef-d'œuvre de Lysippe, de Scopas ou de Praxitèle et la colère de l'amateur d'art peut, non pas excuser, mais faire comprendre cette monstrueuse cruauté. Quelle excuse trouvez-vous au meurtre de ce malheureux Laval ?

Un mois après, à quelques pas de l'endroit où l'homme était venu expirer, un autre Rothschild donnait une *garden-party*, une fête Louis XV dans une ferme normande.

« Une ferme, vous m'entendez bien, s'écrie *Le Gaulois*, une ferme avec veau, vache et couvée. Oui-da, une ferme, mais j'ai ajouté : dix-huitième siècle et l'on ne peut pas décemment supposer que dans une ferme dix-huitième siècle il y ait autre chose que des Watteau et des Lancret. »

Puis viennent la description obligatoire des bibelots et la liste des invités.

Remarqué : baronne de Mohrenheim, comtesse Hoyos, baronne de Beyens, comtesse et marquise de La Ferronnays, duchesse de Luynes, duchesse d'Uzès, duchesse de Doudeauville, duchesse de Maillé, princesse de Ligne, princesse

Radzivill, comtesse Greffülhe, comtesse de Riancey, comtesse de Kersaint, marquise d'Hervey, comtesse de Monteynard, vicomtesse de Trédern, marquise de Mortemart, comtesse de Caraman.

Vous devinez l'entrain glacial de cette fausse kermesse où se rencontrent des gens qui détestent les Rothschild plus que nous ne les détestons nous-mêmes, mais pour des causes infiniment moins nobles. Vous voyez aussi le côté grotesque de cette fête Watteau à Boulogne, au pays des blanchisseuses.

Heureusement qu'il y avait là des tirs à la carabine et au pistolet. « Les femmes, nous dit Meyer, n'y étaient pas les moins adroites. » Les Rothschild ont pu leur montrer comment on abattait un chrétien lorsqu'il s'avisait de dérober quelques brins d'herbe...

Imitons Carlyle. « Faisons une pause en silence et en douleur sur les ténèbres qui sont dans le cœur de l'homme. » Tous ces gens-là, en effet, sont destinés à finir mal ; les uns sont trop scélérats et les autres sont vraiment trop bêtes...

(p. 217-220.)

VISION D'AGONIE

Ceux qui étudieront nos livres plus tard y trouveront un document qu'aucune époque ne nous a légué dans de semblables conditions : la phase ultime d'une société saisie en plein travail de dissolution, un monde en quelque sorte photographié dans les spasmes de son agonie. Ils seront frappés de ce fait que cette œuvre de désagrégation de tous les éléments qui constituent une nation s'opère sans que personne y prête attention. L'anarchie s'est installée dans ce pays comme la nuit s'installe sur la terre, sans qu'on s'aperçoive du moment où il a cessé de faire jour.

En dehors de phrases déclamatoires, il n'y a rien qui ressemble à une société dans le sens qu'on donnait à ce mot autrefois.

....

Le seul mot juste qu'il ait été dit depuis longtemps sur cette situation est le mot qui revient sans cesse, ce mot qui ravit tant de gens parce qu'il répond aux perplexités vagues de leur intelligence, aux timides protestations de leur conscience :

« Cela va tout de même ! »

Si beaucoup de rouages sont cassés, si l'appareil rend un bruit de ferraille, la grande roue tourne toujours. Cette constitution de l'an VIII, que Taine nous montre à son premier fonctionnement dans son plus récent volume, a été installée par une main si puissante qu'elle dure encore.

L'organisation actuelle a, d'ailleurs, cette force pour elle qu'elle ne peut être ni restaurée ni améliorée, il faut la jeter bas ou s'y abriter comme on peut.

Où voulez-vous qu'une idée élevée puisse prendre appui dans une société aussi pourrie ? Essayez de planter un clou dans une masure lézardée et rongée par l'humidité et le salpêtre, vous n'y réussirez pas ; en enfonçant le clou vous ferez tomber des monceaux de plâtras et votre clou ne tiendra jamais.

Vous l'avez vu par la Presse, vous le voyez par la Magistrature : tout ce qui est Autorité intellectuelle et sociale est impuissant, corrompu, hors d'état de rendre aucun service à la collectivité. La domination de l'Argent est absolue.

(p. 220, 224-225.)

L'HISTORIEN ERNEST LAVISSE
OU BASSESSE D'UN MANDARIN DE LA IIIe RÉPUBLIQUE

Nous n'avons qu'à suivre dans la vie nos camarades arrivés pour connaître au juste la fierté intellectuelle, la dignité de caractère des hommes qui vont servir de guides à la nouvelle génération.

Voilà Lavisse sur le seuil de l'Académie. Cette fois, en bon courtisan, il s'est effacé devant Freycinet, mais il entrera la prochaine fois. J'en suis ravi ; c'est un de mes condisciples, il était à Charlemagne avec moi sous Boissier ; il a une claque bien organisée dans la Presse, c'est le favori de la jeunesse et, au dire d'un certain cénacle, il travaille ferme au relèvement de la Patrie...

Avant de songer à relever la Patrie, Lavisse aurait mieux fait de ne pas se laisser tomber lui-même. Ses livres, en effet, ne donnent point l'idée d'un homme qui se respecte beaucoup...

Dans les premières éditions de son *Histoire de France*, Lavisse avait écrit à propos de Napoléon : « L'orgueil a fini par le perdre ; il a été l'artisan de sa propre ruine, et, après tant de victoires et de conquêtes, il a laissé la France plus petite qu'il ne l'avait trouvée, montrant ainsi qu'une nation commet une irréparable faute quand elle s'abandonne à un homme, alors même que cet homme *a reçu de Dieu le don du génie*[12]. »

À partir de la vingt-quatrième édition, Lavisse a bien conservé la phrase, mais il a biffé Dieu ; il a mis simplement : *lorsqu'un homme a reçu le don du génie*[13].

Il faut vivre à notre époque pour voir d'aussi étonnants exemples de bassesse intellectuelle. Sans doute, on a le droit d'être athée, d'expliquer par le hasard l'origine du monde, de rester indifférent à ce surnaturel qui nous enveloppe de tous côtés, mais que penser d'un écrivain qui rature Dieu de sa phrase pour plaire à un ministre de l'Instruction publique ?

Avec Bardoux, qui est un homme conciliant et doux, il y avait encore un Dieu. Avec Lockroy, il n'y a plus de Dieu du tout.

Remarquez que celui qui témoigne ainsi aux maîtres du jour une servilité qui sent un peu le pied plat n'est pas un pauvre diable crotté, c'est un mandarin universitaire ; il est agrégé d'histoire, docteur ès lettres, maître de conférences à l'École normale supérieure, professeur à la Faculté des lettres de Paris ; il a tous les boutons du Tchnin, le bouton de jade et le bouton de lapis-lazuli ; il est,

---

[12] *La Première année d'Histoire de France avec récits*, par Ernest Lavisse (librairie classique Armand Colin, page 310).

[13] *Deuxième année (ancienne première année) d'Histoire de France*, page 316.

comme Gréard, palmé de violet, décoré de rouge, il sera bientôt habillé de vert ; il voyage à l'étranger pour représenter la Jeunesse et il s'est donné pour spécialité de travailler, comme dit M. de Vogué, « à refaire une âme collective à la France ».

Vous voyez ce gros personnage littéraire, s'en allant au ministère de l'Instruction publique demander à voir Bobèche[14], qui remplace Salvandy, Guizot et Cousin... Bobèche n'y est pas ; il est en train de négocier une affaire avec son ami Mayer, de *La Lanterne*. C'est à l'huissier du cabinet que Lavisse s'adresse :

— Pensez-vous que j'aie le droit de prononcer le nom de Dieu ?
— Gardez-vous-en bien ! Dieu ! nous ne voulons plus de ça ici...

En feuilletant les livres de Lavisse, on y trouverait encore plus d'une preuve de cette mâle vertu qui convient aux éducateurs chargés d'apprendre à nos enfants à être des hommes.

Quoi de plus poétique, même humainement parlant, que cette figure de sainte Geneviève qui apparaît à l'origine de notre histoire, comme dans une clarté d'aurore ? Quoi de plus propre à frapper les jeunes imaginations et à élever les âmes que la vision de cette bergère animant de sa foi dans l'avenir cette petite Lutèce qui sera le grand Paris ? Quelle plus touchante statue à faire saluer par les enfants, au moment où ils vont entrer dans cette histoire de France où la Femme, qu'elle prie comme Geneviève, ou qu'elle combatte comme Jeanne d'Arc, a joué toujours un si beau rôle ?

Lavisse avait compris cela, et, dans les premières éditions, il avait consacré quelques lignes à sainte Geneviève ; mais si Bobèche n'aime pas Dieu, Goblet n'aime pas les humbles filles du peuple qui font leur prière en travaillant. Si sainte Geneviève avait vécu de son temps, il l'aurait fait tuer comme Henriette Bonnevie, la douce orante de Châteauvillain... Lavisse a donc enlevé sainte Geneviève de son livre et l'a remplacée par autre chose. Quel piquant chapitre à écrire sous ce titre : *La Bergère et le Lettré* !

La Bergère n'a pas ouvert beaucoup de volumes, elle lit seulement au grand livre de la Nature, elle apprend à connaître Dieu en méditant toute seule, au milieu des champs, sur les splendeurs de la Création et la magnificence des deux. Quand le péril est là, quand on entend dans le lointain le bruit formidable des hordes d'Attila ou les cris de victoire des bandes anglaises, elle obéit à l'inspiration de son bon petit cœur ingénu et vaillant et elle sauve la Patrie...

Le Lettré a une bibliothèque dans le cerveau, il a lu tout ce qu'ont écrit sur l'héroïsme les rhéteurs de tous les temps à Rome et à Byzance, — et à Rome comme à Byzance il est toujours le même, lâche et trembleur devant les tyrans, quelque vils que soient ces tyrans.

(p. 226-229, *passim*.)

---

[14] Surnom du ministre d'alors, Simon, dit Lockroy. [J. R.]

PRÉLATS DE LA IIIe RÉPUBLIQUE

C'est en tout ce qui touche la question religieuse que se manifeste le plus l'imposture générale, le parti pris de rester toujours dans une certaine convention. Il y a là une consigne universellement acceptée de mentir constamment.

Les prélats français sont tous des saints, d'intrépides confesseurs de la Foi qui bravent les persécutions de Dioclétien et qui, sans le secours d'en haut, ne pourraient pas résister à toutes les souffrances que le pouvoir leur fait endurer.

Voilà le thème adopté. Les journaux religieux le traitent avec la discrétion de gens bien informés parlant à des lecteurs qui savent à quoi s'en tenir. Les journaux boulevardiers, les journaux de coulisses et de cocottes n'y mettent pas tant de façons et se jettent dans le dithyrambe avec un zèle qui n'a point d'égal.

Or, pour tout catholique sincère, les prélats contemporains ne ressemblent en rien à ce portrait. Sauf quelques rares exceptions, l'évêque est un brave homme, un digne prêtre, absolument servile envers l'autorité, et qui n'a jamais eu une minute dans sa vie l'intention de braver la persécution et d'opposer aux attentats commis contre l'Église autre chose qu'une protestation toute platonique. Il y a à ceci une excellente raison, c'est que le Gouvernement se renseigne soigneusement avant de nommer un évêque et qu'il ne nommerait pas un évêque capable de le gêner.

(p. 239.)

L'ÉGLISE DEVANT LA SOCIÉTÉ MODERNE

La vérité est que l'Église, en perdant le Peuple, a perdu son trésor de dévouements toujours disponibles ; elle s'est mise de plus en plus avec les riches ; elle les trouve encore lorsqu'il s'agit de donner un peu d'argent, mais elle ne peut compter sur des êtres esclaves de leurs intérêts et de leurs plaisirs, pensant avant toute chose à leurs commodités, à leurs convenances personnelles, préoccupés uniquement de ne rien déranger dans leur vie.

(p. 243.)

LA RÉVOLUTION OU LE RÈGNE DU RICHE

Le résultat le plus clair de la Révolution a été de rendre plus dure la situation des petits et de fortifier au contraire la situation des grands et des riches en la délivrant de toute responsabilité morale. D'après ce principe, « on ne s'appuie que sur ce qui résiste » ; l'ancien régime mettait chacun en état de résister à l'injustice, assurait à tous des droits qui leur permettaient de se défendre contre l'arbitraire. Le régime moderne, qui entend ne trouver partout que des âmes d'esclaves, s'efforce par tous les moyens de mettre les humbles dans l'impossibilité de tenir tête aux gros.

Il a fallu cinquante ans de luttes aux ouvriers pour briser les chaînes si admirablement forgées que la Bourgeoisie triomphante de 1789 leur avait attachées aux pieds et aux mains pour exercer l'exploitation industrielle à son aise ; c'est à peine si aujourd'hui ils se trouvent, au point de vue du droit d'association, à peu près au même point qu'à la veille de la Révolution. Jamais la propriété, nous l'avons constaté à maintes reprises, n'a eu des droits semblables à ceux qu'elle exerce aujourd'hui avec une si jalouse âpreté...

(p. 252.)

PRÊTRES PERSÉCUTÉS PAR LEURS ÉVÊQUES

On écrirait un chapitre d'un poignant dramatisme sur les douleurs secrètes de tous les êtres qui sont allés vers l'Église, le cœur enflammé par l'amour de Jésus-Christ, l'âme dévorée du désir de se dévouer, et qui ont reçu pour toute récompense de leurs efforts quelque coup de crosse épiscopale, quelques-uns de ces coups de crosse solidement assénés au moment où l'on s'y attend le moins et qu'il faut accepter sans crier.

(p. 287.)

JUIFS MARCHANDS DE « BONS DIEUX »

Des centaines de milliers d'êtres humains s'en vinrent vers cette petite ville de Lourdes qui tout à coup se transforma et eut le mouvement d'une capitale...

Les descendants des marchands juifs que Jésus avait chassés du temple s'installèrent dans la ville de la Vierge. On revit là ces marchands d'objets de sainteté juifs qui pullulent dans le quartier Saint-Sulpice.

Dans ces tribus on se partage la besogne en famille. Les uns éditent en livraisons ces ouvrages obscènes que l'on envoie dans toute la France avec des prospectus immondes. (Exposez cette gravure à la lumière et vous verrez.) Vous savez bien ce que je veux dire ; le tribunal d'Orléans s'est prononcé dans ce cas dernièrement, et, comme l'éditeur était juif, il a déclaré que c'était bien.

Les autres vendent des chapelets bénits, des médailles et des scapulaires. C'est pour enrichir ces gens-là qu'on a bâti l'église du Sacré-Cœur, autour de laquelle on peut rencontrer toutes les variétés de Juifs connues.

Le samedi on se réunit à la table de famille où la mère procède comme la mère d'un de nos confrères qui dit à ses fils voués à des occupations diverses : « Qu'est-ce qui a gagné le plus d'argent cette semaine ? »

— C'est moi, maman.

— Eh bien ! mon fils, mets-toi à ma droite.

Des employés qui ont vécu là-dedans m'ont donné des détails inouïs sur ces boutiques juives. Toute la journée on n'y entend que des paroles trop doucereuses, des voix caressantes comme des prières, qui chuchotent : « Monsieur l'abbé, rien n'est trop beau pour le bon Dieu, c'est ce que me disait encore l'autre

jour le Révérend Père X... Ah ! quel saint homme que le Révérend Père X... »
(Ici on s'incline en joignant légèrement les mains.)

Le soir, quand les volets sont posés, la haine juive contre le Christ se dégonfle à son aise et la bouche d'égout longtemps fermée vomit son flot d'ordures. Quand la vente n'a pas marché, on montre le poing aux pauvres saints coloriés du magasin qui n'en peuvent mais ; on engueule la Sainte Vierge : « À quoi es-tu bonne, tu ne nous as pas fait vendre seulement pour un sou aujourd'hui ! »

Ceci n'est même pas arrangé pour l'impression, c'est sténographié d'après la conversation de braves gens, d'ouvriers et d'ouvrières chrétiennes qui ont travaillé dans ces maisons.

Il faut ajouter que plusieurs conciles, le concile de Tolède notamment, ont formellement interdit d'acheter un objet de sainteté quelconque à un marchand d'origine juive. Il ne tiendrait qu'à nos évêques de rappeler cette décision des conciles, dans leurs *Semaines religieuses*, et d'éviter que le quartier Saint-Sulpice et les environs du Sacré-Cœur ne soient chaque jour les témoins de plus de sacrilèges et de blasphèmes qu'il ne s'en commet dans Paris tout entier ; mais les évêques, quand il s'agit des Juifs, ne s'occupent guère des décisions des conciles ; ils s'assoient dessus...

(p. 296-298.)

ENJUIVEMENT ET INGRATITUDE DU PARTI CATHOLIQUE

Il semble, en effet, et c'est là le premier point que je me permettrai de vous signaler, si vous le voulez bien, qu'il n'y ait rien dans le monde de la pensée en dehors des amours de cabotines juives et des œuvres de Juifs plus ou moins Prussiens. Grâce à son système d'oppression basse, à l'impudent sans-gêne avec lequel elle revient sans cesse sur tout ce qui la touche, à son obstination à ne parler que de cela, la Juiverie écrivante, d'accord avec la Juiverie barbouillante et musiquante, est parvenue à nous persuader que tous ceux dont les pères n'avaient pas habité des ghettos étaient indignes d'attirer l'attention publique.

Il convient donc, tout d'abord, de secouer cette tyrannie qui est pesante et irritante à la fois, comme toutes les tyrannies de domestiques, et de bien vous convaincre que tout ce qui touche aux écrivains catholiques appartient à l'histoire du mouvement intellectuel.

Ce premier point considéré, l'autre point à regarder est celui-ci : Les écrivains catholiques ne sont pas plus bêtes que les fils de Iouddis. Les plus grands succès de ce temps, au point de vue de la vente, ont été *Notre-Dame de Lourdes* et *La France juive*. Aucun ouvrage de Victor Hugo n'a été traduit en trente-huit langues comme *Notre-Dame de Lourdes*.

Dès que nous parlons, la foule accourt et nous écoute.

Malheureusement, loin de se glorifier eux-mêmes en glorifiant les écrivains catholiques, les grands seigneurs, les chefs du parti conservateur et même certains prélats qui veulent paraître dans le mouvement réservent leurs amabilités aux écrivains prostitutionnels qui se sont servis de leur plume pour corrompre les âmes et démoraliser le pays. Trop souvent, ainsi que vous avez pu le constater, l'écrivain catholique est abreuvé de chagrins par ceux qui devraient, au contraire, l'encourager et l'appuyer.

....

Ceci vous explique que les gens un peu avisés qui ne sont pas hostiles à l'Église, mais pour lesquels le bonheur temporel n'est pas indifférent, s'éloignent d'un pareil parti et, comme on dit, se tirent des pattes avec un empressement que je comprends.

Le devoir de tous les êtres de droite conscience est donc de réagir contre l'influence, la pression presque matérielle qu'exercent sur le cerveau certains noms constamment répétés, de s'intéresser aux écrivains catholiques, aux hommes de leur race et de leur religion, de créer autour d'eux comme un courant de fraternelle sympathie et d'affectueuse attention.

Sans doute, il est déjà trop tard pour la génération qui est entrée dans la vie vers 1870 ; pour elle, le pli est pris. C'est la Presse juive qui lui fait ses modes et ses mots, ses enthousiasmes et ses admirations, ses idées et ses grands hommes.

Il est temps encore pour la nouvelle génération de ne pas prendre ces mauvaises habitudes ; elle sera déjà très grande, comparée à la précédente, si elle s'accoutume à penser par elle-même et surtout à ne pas rougir des siens.

L'exemple de ceux qui l'ont précédée est fait pour instruire cette génération qui commence. Les conservateurs ont eu honte de leurs frères les écrivains catholiques ; ils ont réservé leurs sourires pour les messieurs de l'autre côté ; aujourd'hui, ils servent de risée à tous. Où sont-ils ? Que sont-ils intellectuellement et politiquement ? De pauvres chiens sans maître qui flairent le vent, s'élancent tout à coup dans une direction et reviennent la queue entre les jambes. Ils ont suivi Boulanger jusqu'à la mer qu'ils n'ont pu franchir parce qu'il y avait trop d'eau ; aujourd'hui ils courent sur les talons de Constans avec le regard triste du chien errant qui dit : « Emmène-moi, veux-tu ? »

(p. 317-320.)

DANS LE SILLAGE DES DOMINICAINS

Nous ne demandons pas mieux que d'admirer le Dominicain libéral, partisan des idées modernes, mais nous ne pouvons oublier que les Dominicains d'Espagne furent d'ardents patriotes, des patriotes à notre façon, et que, pour sauver leur pays, ils n'hésitèrent pas à supprimer tous les Juifs qui voulaient livrer l'Espagne à l'ennemi et exploiter le pauvre peuple pour s'enrichir à ses dépens.

On montrait encore, au commencement de ce siècle, sur la place de Séville, des pavés noircis, littéralement calcinés par la flamme des bûchers qu'on avait dressés là pendant des siècles. Pendant trois cents ans, les multitudes assemblées avaient pu apercevoir là, à certains jours, drapés dans leur robe blanche, des

Espagnols à la fière et énergique figure, qui n'étaient pas précisément tendres pour ceux que le Père Didon appelle « les grands Sémites ».

Beaucoup de ces Dominicains, saint Dominique en tête, ayant été canonisés, il s'ensuit qu'il n'y a rien de mieux à faire qu'à imiter leurs mâles vertus et à défendre comme eux notre Patrimoine, notre Patrie et notre race.

(p. 320-321.)

LE JUIF DANS L'ÉVOLUTION DE L'HUMANITÉ

À mesure que l'univers s'agrandit, nous pouvons, en effet, contempler tels qu'ils étaient il y a des milliers d'années les états primitifs de l'humanité et embrasser comme dans un tableau synoptique les stades de l'évolution humaine. Tandis que certains aînés de la famille touchent à force de progrès à la sénilité, c'est-à-dire à la seconde enfance, les cadets sortent à peine de la première enfance. Beaucoup mangent leurs semblables comme aux premiers jours du monde et en sont encore à l'anthropophagie qui est la forme rudimentaire du *struggle-life*, le premier degré d'une échelle dont les entreprises des Erlanger, des Bischoffsheim ou des Rothschild représentent le sommet.

(p. 323-324.)

LES GRANDS JUIFS DEVANT LA PLEUTRERIE DE L'ÉGLISE MODERNE

Je comprends qu'un tel spectacle [*celui de l'Église pleutre*] doive inspirer quelque orgueil à ces grands Youtres des capitales dont, les pères croupissaient dans la squalidité des ghettos et qui, maintenant, maîtres du monde matériel, voient l'Église elle-même reculer devant eux.

« Quoi, se disent-ils, c'est là cette Église à qui Dieu a donné pouvoir de lier et de délier sur la terre et dans le ciel, cette Église qui se prétend dépositaire de la Vérité immuable et qui parle au Temps au nom de l'Éternité !

« Voici qu'elle n'ose plus avouer ce qu'elle affirmait jadis d'une si solennelle façon. Elle semble avoir honte maintenant des Saints qu'elle a désignés jadis au culte des fidèles et, si elle ne les renie pas tout à fait, elle les relègue dans un coin comme des Saints qui ont cessé de plaire.

« Aux siècles passés, elle ne craignait pas d'émouvoir la foule avec des pèlerinages au tombeau de ces enfants martyrs, elle promenait leurs ossements par les villes.

« Le Juif, alors, était le paria, l'être honni et repoussé de tous, et proclamer ainsi par l'hommage rendu aux victimes que des crimes avaient été commis, c'était, en bien des circonstances, non seulement vouer les bourreaux, mais leurs frères au massacre et à la mort. La seule excuse de l'Église, pour agir ainsi, c'était de croire que ces crimes étaient réels.

« Aujourd'hui, les plus hauts dignitaires de l'Église bafouillent lugubrement quand on les met au pied du mur et protestent qu'ils n'entendent pas blesser "les susceptibilités" des Juifs. Qu'a-t-il fallu pour motiver un tel changement d'attitude, pour amener l'Église à admettre que les enfants d'Israël avaient droit d'avoir des "susceptibilités" ? Il a fallu que les Juifs triomphent, qu'ils aient les millions et les châteaux, qu'ils soient barons, ministres ou lords-maires. »

Je comprends l'espèce de tristesse ironique, de désenchantement amer que j'ai constatés en causant avec quelques Juifs de la grande espèce, le dégoût dont ils sont saisis au milieu de cette victoire qui leur montre le néant de tout, l'agenouillement devant l'or d'autorités qui enseignent au nom de Dieu lui-même.

(p. 331-332.)

LA HAUTE ÉGLISE ENJUIVÉE

Quelle raison peut avoir le haut clergé de se faire le complaisant des Juifs ? Quels avantages même y trouve-t-il ? On a beau chercher, on ne comprend pas...

Cette soumission se produit sous toutes les formes. J'ai déjà parlé des Juifs qui avaient à peu près monopolisé le commerce des objets de sainteté ; ce qu'on aura peine à croire, c'est que dans la plupart des villes de province les Congrégations et la plupart des catholiques influents, à leur exemple, ne se fournissent que dans les magasins juifs.

On ne peut s'imaginer le tort que le clergé s'est fait ainsi. Il existait une classe intermédiaire de braves gens de vieille souche française, point bigots toujours, mais catholiques comme ils sont Français, dans les moelles. Ceux-là n'avaient aucune haine pour le prêtre, ils accueillaient bien les Sœurs quêteuses et leur remettaient de bon cœur leur obole.

Les Congrégations sont parvenues à s'aliéner ce bon monde, à l'agacer, à l'exaspérer par le mépris qu'on faisait de lui, tandis qu'on réservait toutes les préférences pour des youtres arrivés tout à coup d'Allemagne pour y faire à la fois du commerce et de l'espionnage.

À Nantes, c'est un mot d'ordre imposé aux catholiques de n'acheter que chez les Juifs.

....

À Lille, c'est une habitude et les grandes dévotes n'achèteront jamais un objet un peu coûteux que dans le magasin d'objets de fantaisie que tient là-bas un Juif fort connu.

On ne peut pas tout dire, sous peine d'être accusé d'exagération, mais il y a évidemment des traîtres dans les hautes sphères de l'Église, des prélats affiliés aux arrière-Loges de la Maçonnerie qui, avec une habileté infinie, suggèrent au clergé tout ce qui, dans les petites choses comme dans les grandes, peut lui nuire dans l'esprit de tous, empêcher l'opinion de lui revenir.

Il n'est pas naturel, en effet, d'être aussi maladroit que l'est le parti clérical. Depuis dix ans, les Congrégations ont gâché la plus belle occasion qu'elles puissent jamais avoir. Après les Décrets, elles n'étaient pas encore populaires, mais elles avaient cessé d'être impopulaires ; la persécution leur avait fait un bien infini.

Si les Religieux avaient su tirer parti de l'élément dont je parlais plus haut, s'ils s'étaient intéressés à l'existence, aux travaux, aux soucis de tous les Français de la classe moyenne, victimes du système juif, écrasés par les Grands Magasins, s'ils avaient mené une active campagne contre le Juif allemand, ils auraient eu bien vite regagné le terrain perdu.

C'est ainsi qu'agissaient les moines d'autrefois, intimement associés à la vie de leurs contemporains. Les moines d'aujourd'hui ont laissé passer le moment. Quand un politicien à bout d'expédients demandera l'expulsion définitive[15], à la suite d'un scandale que la Franc-maçonnerie aura organisé dans un couvent, les Religieux ne retrouveront même plus le mouvement d'opinion qui s'est produit en leur faveur il y a dix ans : « Qu'est-ce que vous voulez que nous fassions ? diront les moins hostiles ; ils nous embêtent, à la fin… »

(p. 333-336, *passim*)

L'ÉGLISE AU SERVICE DE L'ARGENT

Le triomphe de l'Argent incarné dans le Juif a visiblement enlevé tout sang-froid à une certaine partie du monde catholique, qui n'est pas la partie la moins agissante et la moins remuante. Devant cette instauration d'une Force nouvelle, l'Église semble, par moments, perdre le sentiment d'elle-même et oublier ses doctrines d'autrefois.

....

Le Riche, qu'il ait forme de Juif ou de Chrétien judaïsant, tente visiblement le haut clergé, il va à lui, il se fait petit devant lui, il désire ne pas connaître que cet or, que le Juif lui donne, est teint de sang humain, et quand on s'offre à l'instruire, il préfère ne pas être instruit. Quand on lui parle, à propos de certains hommes, de catastrophes qui ont retenti dans le monde entier, il feint l'étonnement, il dit : « Ne seraient-ce pas des bruits qu'on fait courir ? J'aime mieux absoudre et marier sans rien savoir ; si je savais, je serais obligé de parler de restitution et on me laisserait peut-être mon absolution pour compte. »

....

Dans cette voie-là, les curés des paroisses riches ne s'arrêtent plus et chaque jour ils livrent quelque chose de plus moyennant finance.

Tout Paris a parlé du scandale qui s'est produit au printemps dernier à l'occasion du mariage du fils d'un grand banquier juif avec une jeune fille de l'aristocratie.

Pour le grand monde catholique, ce fut encore une date dans la descente. Jusque-là les mariages de cet ordre étaient précédés de l'abjuration du Juif ou de la Juive, et le monde, dans son scepticisme aimable, dans son désir d'être toujours content, prenait l'événement du bon côté. C'était un marché sans

---

[15] Notons le caractère prophétique de cette vue de Drumont, qui se réalisera dès les premières années du XXe siècle. [J. R.]

doute, on le savait bien, mais, somme toute, un hommage qu'on rendait au catholicisme.

« L'argent qu'on prend aux Juifs, c'est de l'argent qui rentre. »

Dans ce cas-là, le mariage pouvait être célébré à l'église. Les *Archives israélites* se sont égayées, au sujet de ce mariage, de la facilité du clergé catholique à faire fléchir les règles canoniques devant les billets de banque.

....

Cette fois on donna la forte somme et le mariage d'une Catholique avec un Juif resté Juif fut célébré, non plus à la sacristie, mais dans l'église même dont on avait retiré le Saint-Sacrement et qu'on avait transformée en synagogue pour la circonstance.

Sans ostentation de mauvais goût, les Juifs prirent acte du marché. Un Juif fort connu du Paris mondain entra le chapeau sur la tête.

— Pardon, monsieur, lui dit le suisse, on se découvre dans une église.

— Je ne suis pas dans une église, répondit fermement le Juif sans se livrer à aucun éclat de voix. Il garda son chapeau sur la tête quelques minutes pour bien marquer le droit qu'un des siens avait payé et l'ôta ensuite, en homme qui désire ne pas faire de scandale.

Le suisse ne se formalisa pas, il était dans le ravissement et criait à tout venant : « Il nous faudrait des mariages comme cela tous les jours. »

Le dégoût vint à beaucoup devant ce spectacle, devant ces prêtres si accessibles à l'argent... Le prêtre vendait la maison de Dieu au Juif et le père lui livrait sa fille...

C'était un peu écœurant tout de même et, quelque accommodant qu'il soit, le monde élégant avait, malgré son hypocrisie et sa légèreté, comme la sensation d'une profanation ; il lui semblait qu'il assistait à un sacrilège et que cela ne porterait pas bonheur à ceux qui avaient été là.

Les hommes, sans doute, se disaient que l'affaire était bonne, et néanmoins quelque réminiscence leur revenait de leur éducation première, de leurs croyances d'autrefois. En remontant dans leur coupé, les femmes se rappelaient les impressions du couvent, les ferveurs juvéniles, la veillée faite à tour de rôle devant le Saint-Sacrement, la courte prière qui jaillissait du cœur, si ardente et si spontanée, devant la statue de la Vierge qui ornait le vestibule ou le jardin, les heures où l'âme s'était sentie comme ravie en Dieu... On en parla partout pendant huit jours.

Quant au curé, depuis ce temps il est devenu bizarre, un peu loufoque ; il semble étonné de ce qu'il a fait. Il a reçu cent mille francs, dit-on ; peut-être regrette-t-il, comme les magistrats qui ont jugé le dernier procès des financiers, de ne pas avoir demandé davantage. Il a un peu raison. Au prix où en est la vie, en effet, vendre le Bon Dieu pour cent mille francs seulement, ce n'est vraiment pas payé...

(p. 336-338, 340-342, *passim*)

LA FRANCE JUIVE À SAINT-PHILIPPE-DU-ROULE

L'abbé Frémont a consacré tout un demi-sermon à un éreintement de *La France juive*.

C'était à Saint-Philippe-du-Roule. Il y avait là toutes ces petites Juives qui se partagent entre la Synagogue et l'Église, filles, femmes ou sœurs de tous les Juifs allemands, faiseurs de coups de Bourse, fondateurs de sociétés véreuses. Il y avait là des flots de dentelles qui avaient coûté la vie à des malheureux qui s'étaient tués en se voyant ruinés, des diamants achetés avec l'argent de vieilles gens indignement trompés par des prospectus mensongers comme ceux du Honduras et des mines de Bingham et qui avaient donné les économies de vingt ans contre quelques chiffons de papier qu'on négociait maintenant à 40 sous.

Devant une telle assistance, le prêtre à la mode du jour était dans son élément et il fit pour ces belles dames un discours si bien en situation que les *Archives israélites* le publièrent intégralement en s'écriant : « Voilà ce que pense l'Église du livre de M. Drumont ! »

....

Pour les desservants, pour les prêtres de campagne, *La France juive*, je puis le dire sans fausse modestie, a été un grand acte de charité intellectuelle.

Connaissez-vous supplice comparable à celui d'un malheureux qui est enfermé à fond de cale pendant que le navire qui le porte se débat contre la tempête ? Il est ballotté terriblement, il entend les vagues qui mugissent, et perçoit au-dessus de lui un mouvement inaccoutumé, mais il ne distingue rien de ce qui se passe, il ignore pourquoi le navire est ainsi secoué par de furieuses trépidations.

Sous bien des rapports, cette situation fut celle de nos prêtres pendant bien des années. Au moment où commença le *Kulturkampf* français, ils ignoraient quels étaient leurs véritables ennemis, ils ne s'expliquaient pas les motifs de l'acharnement déployé contre eux. On leur avait parlé des Francs-maçons, des impies, des ennemis de l'Église, mais personne ne leur avait dit que c'était le Juif qui menait tout.

Grâce à *La France juive*, le clergé put remonter sur le pont, observer l'état du ciel, voir la tête des pilotes malfaisants qui conduisaient le navire sur des écueils, se rendre compte de la manœuvre ; si vous le préférez, il put saisir tous les fils du grand complot organisé par les Juifs allemands pour la destruction de tout ce qui représentait les traditions nationales, la Patrie française en un mot.

Tel fut le premier résultat de notre livre.

La France juive eut un autre résultat. Elle apprit aux pauvres prêtres à relever la tête en prouvant à tous, par d'irrécusables témoignages, l'indignité morale, l'ignominie de ceux qui les attaquaient.

....

S'il y a eu quelque mérite à publier *La France juive*, ce mérite tient pour beaucoup à mon âge.

M. Maurice Barrès, malgré toute l'acuité de son talent délicat et fin jusqu'à en être pointu, n'aurait pu écrire un livre pareil ; il en aurait été empêché par le bonheur qu'il a de ne compter que vingt-huit ans.

Pour écrire un livre semblable, il faut avoir été d'une génération à cheval, en quelque sorte, sur la fin de l'Empire et le commencement de la République ; il faut avoir vu commencer l'invasion juive ; avoir vu naître, se développer et grandir le monde judéo-germain qui nous opprime à l'heure actuelle. Les hommes de la génération de Barrès n'ont vu que la marchandise en place ; nous, nous avons assisté au déballage.

Tous ces Juifs triomphants d'aujourd'hui arrivaient à la fin de l'Empire en fourriers de la Prusse ; ils touchaient, pour l'espionnage, de petites sommes de l'Allemagne, qui n'était pas très riche alors, et ils greffaient là-dessus toutes sortes d'industries louches ; ils circulaient énormément, causaient avec ceux qu'ils rencontraient, se liaient, par les femmes, avec des maîtresses d'officiers ou d'artistes...

Aujourd'hui ils sont citoyens français, présidents de tous les comités électoraux, organisateurs de toutes sortes de sociétés pour le relèvement national, patriotes jusqu'à la racine des cheveux, mais il y a encore des gens qui se souviennent de les avoir connus sous des aspects différents.

Quand défilent, dans les cérémonies publiques, ces messieurs au long nez, couverts de décorations, gonflés de leur importance, faisant ballon, les jeunes officiers de paix sont saisis de respect, mais parfois il y a dans la foule un vieux commissaire de police qui, retiré maintenant, taille des rosiers à la campagne. Il passait par là par hasard, il n'a pas pu traverser la rue, il regarde et il se dit : « Tiens ! je connais ce particulier-là ! J'ai perquisitionné chez lui à la suite d'une plainte en escroquerie ; j'ai interrogé cette dame pleine de majesté avant d'ordonner son transfert à Saint-Lazare. »

(p. 357-360, passim.)

AUTRE CONFESSION DE L'AUTEUR

La France juive reste aux yeux du prêtre ce qu'elle a été, une belle charge de cavalerie qui déblaya le terrain. Notre campagne prépara la voie à cette politique de réconciliation qui seule peut sauver la France et qui eût réussi si Boulanger avait été un autre homme, s'il ne s'était pas vendu aux Juifs. Le Sémite fut moins hardi dès qu'il eut été déshabillé, mis à nu, fouetté, exposé aux regards de tous dans toute sa hideur.

(p. 364.)

L'ÉDIFICE QUI S'ÉCROULE...

À quoi servirait-il de mentir et de dissimuler une situation que chacun aperçoit très distinctement ?

Tout l'édifice social replâtré par Napoléon Ier avec des débris de l'ancien régime et des matériaux révolutionnaires s'en va en morceaux... Les fragments de l'ancien régime étaient solides ; la poigne de l'ouvrier qui cimentait cela était vigoureuse et la bâtisse a pu durer près de cent ans. Mauvaises et bâtardes par elles-mêmes, les institutions valaient par les hommes, par ce qui restait dans ces hommes des qualités de l'ancienne race française. Avec les hommes d'aujourd'hui vous avez l'Épiscopat et la Magistrature que vous voyez : des évêques qui ne défendent pas l'Église à la condition qu'on les laisse tranquilles, des magistrats qui acquittent les gros voleurs à la condition qu'on les fasse participer aux razzias.

Vous avez ces évêques et ces juges parce que vous ne pouvez pas en avoir d'autres dans les conditions actuelles.

....

Sans doute tout est encore à l'état latent et c'est à peine si l'on entend un imperceptible murmure... La force des choses agit malgré tout...

L'évidence, d'ailleurs, est là, et nous autres, historiens sociaux, la voyons distinctement. C'est en vain que vous affirmez au médecin que le sujet qu'il a examiné a tous les signes de la bonne santé. Il a mis son oreille au dos de ce malade, il sait qu'il y a des cavernes de formées dans les poumons, il connaît qu'il existe dans le cerveau des lésions qu'on ignore encore, il est au courant des décompositions secrètes de l'organisme.

Malgré les théâtrales déclamations, la décadence de la nation apparaît à ce signe que la France ne fait plus d'enfants. Malgré les grandiloquentes déclarations des prétendants, l'impuissance du principe monarchique se révèle à ce signe que depuis cent ans aucun pouvoir héréditaire n'a pu se transmettre du père au fils, qu'aucun de ces pouvoirs n'a pu se défendre. Ce sont des pouvoirs qui ne peuvent plus...

....

La Révolution, ce fut le martyre avec sa grandeur : le régime actuel c'est l'internement dans une situation indéfinissable, pleine d'un morne et blafard ennui où l'on souffre de mille façons avec le sentiment que cette souffrance ne sert à rien.

....

Haut Clergé recruté et constitué par l'Opportunisme, Haute Banque, Magistrature, tout cela probablement tombera à la fois, tout d'un morceau. Ce sera un gros bloc qui se détachera un jour qu'il fera beaucoup de vent, un jour de tempête...

(p. 372-374, 376, 379.)

UN TOUR PAR LA RUE DE L'UNIVERSITÉ AVEC ÉDOUARD DRUMONT

Je vais vous faire faire un tour dans mon quartier. Le monde entier l'a traversé au moment de l'Exposition et personne ne l'a vu.

C'est un quartier mi-parti, comme on disait de certains vêtements au Moyen Âge. Il est à la fois aristocratique et populaire ; c'est un mélange de Ménilmontant ou de Montrouge et de faubourg Saint-Germain ; il est aristocratique avec l'avenue de Latour-Maubourg et l'avenue Bosquet où s'élèvent de somptueux hôtels modernes, presque campagnard dans le haut de la rue de l'Université avec ses maisons basses, ses terrains vagues, ses enclos où l'on étend du linge à sécher, ses poules qui picorent sur la chaussée, ville de garnison avec l'avenue Lamotte-Piquet et les environs de l'École militaire, toujours sillonnés d'officiers et de soldats.

Il y a là des cabarets pleins de pittoresque avec des tonnelles et des enseignes peintes : *Au rendez-vous des mariniers* ou *À la bonne matelote* qui datent du temps où le Gros-Caillou était presque la banlieue et où l'on allait dans ces parages manger une friture comme à Asnières aujourd'hui ; des rues attirantes par leur solitude même, cette rue Surcouf, par exemple, humide, fraîche en plein été, où le pas retentit dans le silence comme dans certaines rues du Marais où il ne passe pas dix voitures dans une journée.

Engagez-vous, au contraire, dans les rues avoisinantes, vers midi ou vers six heures ; vous êtes en plein quartier d'usine. Vous voyez défiler les ouvriers du campement, anciens troupiers pour la plupart, qui ont encore une allure militaire ; puis c'est la sortie de la manufacture de tabac, de ces cigarières vieilles ou jeunes, jolies comme un cœur ou bien usées et flétries de bonne heure par la double fatigue de la maternité et du travail. Les marchands des quatre-saisons guettent l'ouverture des portes et l'on se presse autour des petites voitures pour acheter de quoi préparer le repas du mari qui va rentrer à la maison de son côté. Toutes ces langues de femmes sur lesquelles pesait la consigne de l'atelier se délient à qui mieux mieux et pendant un quart d'heure la rue s'emplit d'un mouvement joyeux.

Faites quelques pas en dehors de tout ce bruit, prenez le quai d'Orsay, le long duquel passait le Decauville, et vous vous croirez transporté à cent lieues de Paris, sur un mail, un cours, un boulevard de province, et vous vous arrêterez à rêver sous ces grands arbres qui vont disparaître. C'est la question des Moulineaux, dont j'ai entendu parler si souvent dans les réunions électorales. Nous voulons tous que la tête de ligne du chemin de fer des Moulineaux soit au pont de l'Alma ; la compagnie de l'Ouest, pour se faire une amorce et intervenir dans le Métropolitain futur, prétend à toute force, et malgré les protestations unanimes des habitants, installer cette gare à l'esplanade des Invalides ; à force de pots-de-vin, elle obtiendra ce qu'elle désire et saccagera ce quartier de Paris.

Un peu plus loin, vous trouvez le dépôt des marbres. C'est un endroit tranquille et ombragé, merveilleux pour le travail avec toutes sortes de statues de grands hommes : les unes attendent leur prochaine inauguration ; les autres ont cessé de plaire et on les a remisées là jusqu'au jour où leur tour reviendra de reparaître sur les places.

J'ai été bien souvent voir là Clésinger. Il avait un atelier grand comme une halle, mais la porte était trop étroite pour qu'il y pût faire entrer un cheval et il se plaignait avec amertume du gouvernement. Le propre du sculpteur, d'ailleurs, est de se plaindre. Je n'ai jamais vu un sculpteur qui ne protestât pas contre quelque chose ou contre quelqu'un ; les sculpteurs s'entraînent ainsi et ils se battent ensuite avec plus d'entrain avec la terre et le marbre.

(p. 384-386.)

DRUMONT ET SON CURÉ

Je m'en fus trouver mon curé. Je n'ai pas, d'ailleurs, loin à aller ; mon mur est mitoyen avec celui du presbytère et mes fenêtres donnent sur le jardin. Je vois, le jour, le gros chien ravager les plates-bandes et, la nuit, j'entends la voix sonore du fidèle animal qui défend la maison du pasteur.

C'est un digne homme que mon curé, un curé du Paris d'autrefois plus que du Paris d'aujourd'hui.

Nous avons à Paris des curés très compliqués ; le curé financier, comme celui de Saint-Honoré, qui sauta comme un simple coulissier ; le curé collectionneur, comme l'abbé Lerrebours, qui arrivera devant le tribunal de Dieu comme devant un jury d'exposition rétrospective, avec une collection de bibelots à faire envie aux célébrités de la curiosité... Mon curé, lui, est simplement curé...

Le mobilier du presbytère est celui d'un prêtre de campagne ; le cabinet de travail a pour tout meuble un vieux bureau d'huissier et le salon n'est guère élégant.

Mon curé, issu de bonne famille bourgeoise, avait cependant un patrimoine assez considérable quand il est entré dans les Ordres, mais il a tout donné, simplement, sans tapage, sans musique.

Nul n'est moins bruyant, en effet, que mon pasteur ; nul n'est moins « fin de siècle ». Dans le *high life* catholique de son quartier il est regardé comme une bête. C'est l'opinion des beaux messieurs et des belles madames ; ce n'est pas la mienne. Avec moi, il cause volontiers, car nous avons un côté peuple qui nous rapproche, et je l'ai toujours trouvé très spirituel, très fin, comme les vieux prêtres qui ont beaucoup vu et beaucoup observé, et d'une conversation tout à fait instructive et profitable. En chaire, il est admirable de simplicité et d'onction, et quand il dit le *Pater noster* il remue vraiment, car on sent qu'il prie avec tout son cœur.

Il faut bien néanmoins que le pauvre curé vive un peu avec le grand monde. Sa paroisse, je l'ai dit, a deux aspects ; elle est tout à la fois aristocratique et populaire.

L'élément juif a même déjà mordu un peu le quartier et il est représenté avenue Bosquet par les Cahen d'Anvers, qui me poursuivent partout. Je croise leurs équipages quand je suis à la ville et je retrouve leurs fils de fer quand je suis aux champs.

J'imagine que si l'on avait l'idée de dédoubler la paroisse et de donner à choisir à mon curé, son choix ne serait pas long ; il choisirait le quartier des travailleurs et des pauvres et laisserait le quartier *selected* à quelque curé mondain qui s'y ferait rapidement une jolie pelote. En fait, c'est toujours du côté des rues où l'on souffre que l'on rencontre ce prêtre selon le cœur de Jésus-Christ ; il va là faire le bien, mais presque en cachette et toujours sans bruit.

L'excellent homme a eu ses épreuves. Les marquises et les comtesses du voisinage ont bien essayé de le mettre dans le train et de lancer dans *Le Gaulois* un mois de Marie quelconque, où des femmes plus ou moins séparées et divorcées auraient chanté les louanges de la Vierge immaculée sur un air d'Offenbach ; il n'a rien dit, car il n'aime pas la lutte ouverte, mais il a éludé et, sans en avoir l'air, il a découragé tout ce beau monde par une attitude d'inertie apparente qui cache un esprit très aiguisé. Le beau monde a vu qu'il n'y avait rien à faire avec lui et il a été porter ailleurs son cabotinage religieux.

Donc je viens voir mon pasteur et je lui dis : « Mon cher curé, vous savez que je me présente comme candidat au Conseil municipal dans le quartier du Gros-Caillou. »

— Ah ! mon pauvre enfant, comme vous allez avoir du mal !

— Que voulez-vous ? Voilà les premiers lilas qui bourgeonnent, et j'aimerais mieux seller Bob et m'en aller à Soisy ; mais il faut combattre pour ses idées.

— Que Dieu vous accompagne ! Je sais que vous êtes bon chrétien et je voterai pour vous. Celui-là aussi, ajouta-t-il, en me reconduisant et en me montrant le suisse qui vaquait aux travaux de jardinage.

— C'est entendu, dis-je à cet excellent suisse, vous voterez pour moi ?

— Ah ! monsieur, comment ne voterais-je pas pour vous ? De tous les candidats qui se présentent vous êtes le seul que je rencontre, chaque dimanche, à l'église, quand je fais résonner ma hallebarde en disant : « Pour les besoins de la fabrique, s'il vous plaît ! »

Cet honnête homme venait de résumer la situation et ce mot restera comme la définitive leçon donnée au baron Reille et à ses méprisables amis ; il indiquait où était le devoir à tous ces membres du Conseil de fabrique, à tous ces Tartufes qu'on voit, à certains jours, cheminer derrière le dais avec des cierges allumés qu'ils laissent goutter sur les habits des fidèles.

Vous voyez la situation d'ici ; il n'y avait plus qu'une conduite à tenir pour les catholiques du quartier : s'employer de leur mieux pour soutenir un candidat qui était, par sa vie comme par ses écrits, le représentant de leurs idées.

Les petits ne faillirent pas à ce devoir et je vis le trésor de dévouement qu'il y a encore dans ce bon monde qui s'en va peu à peu, mais dont les débris subsistent çà et là comme l'image de générations en train de disparaître.

(p. 390-392.)

DRUMONT PARMI LE PETIT PEUPLE

Je ne me suis pas trouvé, dans une seule occasion, en présence d'un être appartenant au vrai peuple sans rencontrer de l'aménité et de la sincérité. Dieu sait pourtant si j'ai vu des hommes de conditions différentes ! J'ai causé avec les représentants de tous les corps d'état : des charbonniers et des épiciers, des grainetiers et des lampistes, des marchands de vin et des ébénistes...

Je me rappelle même avoir causé avec un charcutier d'une taille gigantesque et qui, son couteau à la ceinture, donnait l'impression d'un sacrificateur antique. J'aurais fini par le rallier à mes opinions si je n'étais pas arrivé à un mauvais moment. Il venait justement de faire ses « petits gras », et de toutes sortes de pâtés fumants sortaient des odeurs appétissantes ; c'était comme une fête de cochonnaille fraîche. On lavait partout à grande eau, et, pour causer, il m'introduisit dans un petit coin où se préparaient des andouilles. Je lui dis civilement : « Je ne veux pas abuser de votre temps, car je vois que vous êtes occupé à des choses utiles. J'ai voulu simplement vous rendre mes devoirs comme candidat, je me présente, vous le savez, comme antisémite — ce qui n'a rien pour vous déplaire — et je prends la liberté de vous laisser mon programme. » Il me répondit : « Je ne dis pas non ! »

Cet homme bienveillant était très aimé des candidats. De temps en temps, au milieu d'un discours, on entendait une voix profonde qui s'écriait avec un accent de conviction : « Il y a du bon là-dedans ! » Il répétait cela un certain nombre de fois par soirée, mais avec un louable éclectisme, quel que fût le candidat, et vous ne pouvez vous douter, quand on est sur le tremplin, dans une salle publique ou dans un préau d'école, comme cette parole d'encouragement fait plaisir.

Parmi ceux que je vis ou qui vinrent me voir, beaucoup, sans doute, étaient séparés de moi par des abîmes, ou du moins ils croyaient en être séparés, grâce aux calomnies répandues contre moi par la presse républicaine aux gages des Juifs, mais ils avaient une certaine sympathie quand même pour l'honnête homme qui combattait pour ses idées.

En revanche, je n'ai pas trouvé un appui, un renseignement, une poignée de main chez les catholiques riches qui habitent les grands hôtels du quartier. Il y a là force élèves des Jésuites, pas un seul ne s'est souvenu que j'avais jadis défendu ses maîtres.

Parmi ces fils de famille inutiles et oisifs, il ne s'en est pas trouvé un seul pour venir à moi, pour me dire : « La campagne que vous menez avec Morès doit être bien fatigante ; peut-on vous être utile, peut-on vous aider un peu ? Vous devez dépenser beaucoup, avez-vous besoin d'un peu d'argent ? Je serai un mois sans faire la partie au cercle ou je ne parierai pas aux prochaines courses. »

Tous ces petits lâches sont restés chez eux.

(p. 396-398.)

UN MOT D'ESPRIT DE VILLIERS DE L'ISLE-ADAM

On se souvient de la réponse de Villiers de L'Isle-Adam, au moment même où il se trouvait dans la plus extrême misère. On lui proposa d'écrire un livre pour réfuter *La France juive*.

— On vous donnera ce que vous voudrez, lui dit-on.

— Oh ! fit-il dédaigneusement, le prix est fait depuis 1800 ans ; c'est le salaire de Judas : trente deniers...

(p. 408.)

L'HISTOIRE DU « COMMODORE »

C'est l'histoire de cet Anglais qui avait fait un voyage à Paris ; il avait été tellement malade pendant la traversée de Douvres à Calais qu'il ne voulut plus repasser le détroit, il se fixa chez nous ; un plaisant l'appela un jour « le commodore ». Ce nom lui resta ; pendant cinquante ans il fut pour tout le monde « le commodore X »... À la fin il était absolument persuadé qu'il avait commandé des escadres et fait dix fois le tour du monde. Quand au cercle on n'était pas d'accord sur une question maritime, on disait : « Adressons-nous au commodore » ; et il donnait gravement une consultation.

Ces petits travers ne nuisent à personne. Les gens d'esprit se contentent de sourire. Chez certains hommes ces illusions, à la longue, font si bien corps avec la personnalité vraie, que toucher à l'être imaginaire serait blesser l'être réel au plus douloureux de lui-même.

(p. 411.)

AUTOUR DE LA PETITE MAISON DE SOISY

Mes droits de traduction ont payé ma maison de campagne de Soisy-sous-Étiolles[16]... Or, ma maison de campagne n'est pas ma propriété.

Cette maison est une véritable chaumière, comme l'ont pu constater les innombrables *reporters* qui sont venus me visiter ; elle est connue dans le pays sous le nom de « la maison sans fenêtres » ; elle tourne sans façon le dos à la route, comme si elle méprisait le vain mouvement du monde qui passe, pour se placer en face de la Nature et contempler l'œuvre de Dieu...

Cette chaumière, que les *Archives israélites* appellent pompeusement « mon manoir de Soisy-sous-Étiolles », contient trois pièces, une pour travailler, une pour manger, une pour dormir, une chambre d'ami, une écurie pour Bob et un vaste jardin à moitié sauvage. Je loue le tout 800 francs par an, à M. le comte de Vandeul, qui habite 116, avenue des Champs-Élysées, et près duquel on peut se renseigner.

Il n'est pas de jour que cette maison ne me soit reprochée par des journalistes français à la solde d'Israël, qui trouvent tout simple que des Juifs allemands possèdent, grâce à leurs spéculations éhontées, des domaines immenses et des châteaux princiers.

Vous voyez le pauvre métier de chiens dressés à aboyer contre le Français que font ces malheureux esclaves de la plume ? Ils s'indignent qu'un des leurs

---

[16] Calomnie lancée contre Drumont par ses ennemis. [J. R.]

se permette d'avoir un toit ! Où veulent-ils que je couche cependant ? Je ne peux pourtant pas prendre mon sac de nuit à la main et venir frapper à la porte de l'hôtel de la rue Saint-Florentin, en disant à Rothschild : « Avez-vous une chambre à me donner ? »

(p. 416.)

L'ALLEMAGNE ET *LA FRANCE JUIVE*

Quant aux droits de traduction... les Allemands furent les seuls dont je parvins à tirer quelque chose. Ils eurent la loyauté de me verser 1.500 francs pour mes droits d'auteur et personne, je crois, ne me blâmera d'avoir accepté ce léger acompte sur nos 5 milliards.

(p. 416, 418.)

VI

LE SECRET DE FOURMIES
(1892)

LA GRANDE PEUR DES BIEN-PENSANTS

... Devant ces cadavres de Français[1], il semblait que des hommes qui se vantent d'être chrétiens devaient réclamer à grands cris que la lumière fût faite complètement.

On peut dire que le jour où la question fut portée à la tribune, l'âme des conservateurs se révéla tout entière.

Ce sont des êtres à la fois poltrons et féroces ; ils n'ont plus l'énergie des hommes de main qui frappent personnellement ; ni au 24 mai, ni au 16 mai ils n'ont trouvé parmi eux un gaillard qui eût le tempérament d'un Morny ou d'un Saint-Arnaud. Leur Fourton n'a jamais osé faire arrêter Gambetta qui se serait enfui comme Boulanger, quand il s'est agi de lutter contre les 363, il n'a même pas eu le courage de bandit que Constans montra contre le parti boulangiste.

Ce manque d'énergie chez les conservateurs provient uniquement de la peur qu'ils ont de risquer leur personne ; il ne s'explique pas par une bonté naturelle, par ce sentiment de belle pitié qui animait les Bourbons, qui les empêcha toujours de se défendre et qui faisait dire à Louis XVI, dans la lettre à son frère qu'on a publiée dernièrement : « Dumouriez m'a proposé divers plans pour déjouer les complots des Jacobins, des Robespierre et des Danton, mais cela ne se pouvait faire sans une grande effusion de sang. J'aime mieux être la victime des méchants que de souiller ma vie par la mort d'un seul Français. »

---

[1] Les neuf ouvriers et femmes et enfants, tués par la troupe, sans sommations, en pleine panique, sous la responsabilité du sous-préfet d'Avesnes, Isaac Seligman, le 1er mai 1891. C'est ce drame qui fait l'objet du *Secret de Fourmies*. [J. R.]

S'ils sont trop pusillanimes pour verser le sang pour leur compte, les Conservateurs aiment le sang versé par les autres ; ils s'approchent de la flaque, y trempent leurs doigts et disent à ceux qui ont tué : « Voulez-vous me permettre de goûter ? »

Au fond, quelques-uns de ces gentilshommes semblent avoir été conçus dans des soupentes ; ils ont des âmes de portiers... Vous vous rappelez le portier après la Commune ? J'en vois encore un dans l'avenue des Champs-Élysées...

Les exécutions sommaires avaient cessé mais les arrestations continuaient et les soldats conduisaient entre deux haies de baïonnettes un groupe de fédérés...

Soldats et fédérés se ressemblaient beaucoup ; les soldats étaient harassés, ils avaient des uniformes tout usés, les fédérés étaient encore plus mal en point ; ils avaient l'air de s'emmener réciproquement sans qu'on sût au juste quels étaient les vainqueurs et les vaincus ; ils semblaient se dire : « Allons boire un coup et que cela finisse ! »

Derrière eux marchait, en gesticulant, un gros concierge dodu et bien portant, qui montrait le poing aux captifs et qui criait aux soldats : « Tuez-les tout de suite ! Tuez-les donc ! Ne les emmenez pas jusqu'à Versailles ! »

C'est avec de pareils sentiments que les hommes de l'Assemblée de Versailles gâtèrent la plus belle situation qu'on pût voir. Il semblait que Dieu eût fait vraiment pour le rétablissement de la monarchie ce miracle qu'on avait tant annoncé. Les députés de la Droite arrivaient dans des conditions exceptionnellement favorables à leur cause ; ils étaient luisants comme des sous neufs ; étrangers aux fautes de l'Empire, ils avaient la chance que ce fussent les traîtres du 4 septembre, les Simon, les Favre, les Picard qui eussent présidé eux-mêmes aux hécatombes sans exemple qui suivirent la Commune, qui fussent les Syllas bourgeois de ces massacres sans pitié. Les hommes de la Droite n'avaient qu'à répudier ce balai sanglant qui venait de faire la besogne, à envoyer les hommes du 4 Septembre à la Nouvelle-Calédonie, à proclamer l'amnistie et à ramener le Roi en lui faisant faire son entrée par Belleville. Dans ces conditions, le roi aurait été reçu comme le bon Dieu et il n'est guère supposable qu'on eût trouvé dix Parisiens disposés à se faire tuer pour des avocats qui venaient de leur tirer dessus...

Les conservateurs n'ont pas eu de repos qu'ils n'aient fait leur chose de cette répression impitoyable, qu'ils n'aient tiré la couverture à eux et concentré sur leurs têtes les malédictions des orphelins et des veuves. C'est ce qu'ils sont en train de faire pour Fourmies ; dans quelques années — s'il ne lui arrive pas malheur d'ici là — Constans dira : « Moi ! je ne demandais pas mieux que de laisser ouvrir une enquête sur Fourmies ; ce sont les conservateurs qui n'ont pas voulu et je n'ai pas osé les contrarier. »

Ceci dit, regardons nos amis de la Droite à l'œuvre.

Vous souvenez-vous de la campagne des décrets[2] et des imprécations qu'on vomissait contre le ministre de l'Intérieur, contre le Constans qui, avec son cynisme ordinaire, avait accepté cette répugnante besogne afin de pouvoir tripoter quelque temps dans les fonds secrets ?

« Le bagne ! oui, monsieur, vous irez au bagne ! c'est dans le Code. Pénétrer sans mandat dans une maison habitée, cela est puni des travaux forcés. Déshonorer l'armée en l'employant à ces œuvres ignominieuses, faire de nos soldats les complices des bandits qui crochètent des serrures !... Prendre au collet de saints religieux, les maîtres de notre jeunesse, et le respectable vieillard[3] qui est resté vingt ans chez les sauvages qui, eux du moins, l'aimaient et le considéraient ! Et cet aumônier de 1870 qui portait sur sa poitrine la croix qu'il avait gagnée sur les champs de bataille ! Ah ! scélérat ! mécréant ! excommunié ! argousin ! casseur de portes ! vous n'échapperez pas au châtiment ! »

Dix ans après, le vieux malfaiteur apparaît tout à coup couvert de sang. On vient de tuer sans rime ni raison de malheureuses créatures humaines, des femmes, des enfants !...

L'assassin tend aux hommes de la Droite la main qu'il n'a pas même pris la précaution de laver et il leur dit : « Eh bien ! mes enfants, il paraît qu'on a fusillé le petit Pestiaux et le petit Cornaille[4]. Vous n'avez pas envie, n'est-ce pas, de savoir comment cet accident est arrivé ? »

— Ma foi non, disent les Baudry d'Asson, les Du Bodan, les Kergariou, les La Ferronnays, les Doudeauville, les de Lorgeril, les Montsaulnin et les Reille.

— Vous allez me donner un blanc-seing en refusant l'enquête ?

— Comment donc[5] !

Je ne crois pas qu'il existe dans notre histoire politique, pourtant féconde en étonnantes palinodies, un spectacle plus écœurant que celui de l'homme des

---

[2] Les décrets contre les Congrégations (1881), suivis des expulsions, à main armée. [J. R.]
[3] Par ce singulier collectif, entendre les missionnaires en général. [J. R.]
[4] Noms de deux jeunes et infortunées victimes de la fusillade de Fourmies. [J. R.]
[5] Plus loin (*Le Secret de Fourmies*, p. 130-131), Drumont écrira : « Il se trouva 84 députés de la Droite pour déclarer qu'il était absolument inutile de s'éclairer davantage. Isaac étant Juif, on ne pouvait vraiment voter une enquête qui aurait montré les Juifs sous un jour fâcheux. Le mot, raconte-t-on, fut dit par le duc de La Rochefoucauld-Doudeauville : "Isaac est un coreligionnaire du baron de Rothschild ; une enquête désobligerait le baron ; il n'y aurait pas de fête au printemps prochain et la baronne serait froide pour la duchesse." Un autre droitier influent, membre du conseil d'administration de nombreuses sociétés, fut du même avis : "On nous assomme avec les ouvriers de Fourmies ! On a tiré dessus... tant pis pour eux ! Fallait pas qu'ils y aillent !" »
— Cf. plus loin encore, p. 132-133 : « Le vote sur Fourmies est précieux, car, je le répète, il nous montre le fard de l'âme de certains catholiques de la Chambre ! — Les Juifs insultent tout ce que nous adorons, ils accablent nos prêtres sous les plus ignominieuses calomnies, et ces Droitiers, que les prêtres toujours dévoués ont contribué à faire élire, n'ont qu'une préoccupation ; sauver un petit sous-préfet juif de tout ennui ! » [J. R.]

décrets, soutenu par tous ces catholiques et tous ces grands seigneurs, dans une question où il semble que des êtres au cœur généreux auraient donné tort même à leurs amis.

(p. 110-116.)

TOUS CES COQUINS ET CE RÉGIME FINIRONT MAL...
(VISION)

Malgré tout, je ne crois pas à la chance de Constans : je suis convaincu qu'il est réservé à quelque fin atroce qui sera une grande leçon.

On dirait parfois que cette pensée apparaît dans le sourire des passants que l'on rencontre le matin en train de lire leur journal : « Attendons la fin ! »

Tout a réussi aux malfaiteurs qui nous gouvernent. Ces hommes, qui traînent après eux un passé fangeux, qui ont comparu en police correctionnelle pour outrages aux mœurs, qui ont été mêlés à toutes les escroqueries de ces temps, semblent jouir d'une mystérieuse protection. On se sent confondu d'étonnement devant cette interruption absolue du fonctionnement de toute justice supérieure. Et dans ce Paris qui a vu tant de révolutions, dans ce Paris où chaque rue, chaque place vous rappellent l'écroulement de quelque régime qui se croyait affermi pour toujours, une voix semble dire de patienter, d'espérer, promettre qu'on verra des choses qui soulageront la conscience oppressée.

Il y a du fil encore sur les quenouilles que filent les Parques, il y a des années encore à compter même dans ce siècle et dans ces années il y aura un événement que nous ne parvenons pas à découvrir et qui changera tout. Les ruffians qui sont aujourd'hui dans des palais se réveilleront tout à coup au fond d'une prison, livrés à toutes les angoisses, en proie à toutes les terreurs, s'attendant aux plus affreux supplices.

C'est une certitude que l'on a et, à vrai dire, de cette certitude on ne pourrait dire ni le *pourquoi* ni le *comment*, et cependant on est sûr que cela sera, et l'on en est si sûr que c'est une idée qui rattache à la vie ; on serait fâché de partir avant d'avoir vu la fin de tous ces coquins...

Fin du Secret de Fourmies.
(p. 177-179.)

VII

DE L'OR, DE LA BOUE, DU SANG
(1896)

LES YEUX QUI S'OUVRENT...

Les yeux de tous les Français s'ouvrent peu à peu ; ils voient à quoi a abouti la Révolution ; ils aperçoivent des Juifs vomis par tous les ghettos, installés maintenant en maîtres dans les châteaux historiques qui évoquent les plus glorieux souvenirs de la vieille France ; ils trouvent des Rothschild partout : à Ferrières et aux Vaux-de-Cernay, dans l'abbaye fondée par Blanche de Castille ; ils trouvent Hirsch, à Marly, à la place de Louis XIV ; Ephrussi, à Fontainebleau, à la place de François Ier ; le Dreyfus des guanos, à Pont-Chartrain. En cheminant le long de nos avenues, ils constatent que les plus magnifiques hôtels sont occupés par des Juifs, et que chacune de ces demeures raconte un vol, une escroquerie, un pouff, un krach, une banqueroute, un coup de Bourse, des désespoirs et des suicides.

(p. VII.)

LA COMÉDIE DE LA IIIe RÉPUBLIQUE

Vous voyez, n'est-ce pas, la sombre et cruelle ironie de ces spectacles contemporains, et l'illusion de ces malheureux Français bernés par les puissances occultes qui gouvernent aujourd'hui ? Il existe une Chambre des Députés et un Sénat qui tiennent beaucoup de place et qui coûtent très cher... Tous les matins paraissent cinquante journaux différents qui renseignent leurs lecteurs sur le moindre incident du moment.

« Sommes-nous assez bien informés ! » s'exclame Homais.

« C'est la conséquence du *self-government*, répond Prud'homme, le fruit des conquêtes de Quatre-vingt-neuf, le résultat du régime démocratique qui, à ceux qui paient l'impôt, ne laisse rien ignorer de ce qu'ils doivent connaître. »
Un Juif véreux, un ancien marchand de denrées coloniales failli, a acheté tout le Parlement français pour le compte de deux Juifs allemands, sans que personne s'en soit aperçu.

(p. 29)

RÉFLEXIONS D'UN PRISONNIER
(DRUMONT À SAINTE-PÉLAGIE)

Je sens que je suis envahi par des pensées ; je me dis : « Mon pauvre Drumont, ne trouves-tu pas extraordinaire de te voir là dans ce vieil escalier de couvent avec un panier qui contient du vermicelle et des choux de Bruxelles ? Pourquoi sommes-nous au monde ? Qui a créé le monde ? Quelle étrange et indéchiffrable énigme que la vie ! Et dire qu'il y a des millions et des millions d'êtres humains qui ont passé ainsi sur la terre, qui se sont tous entre-dévorés, qui ont troublé leurs contemporains de leurs passions et de leurs haines et qui sont disparus sans qu'aucune nouvelle d'eux vous arrive, en dehors de ces bruits vagues qu'on entend parfois dans la solitude des nuits et qui semblent comme l'appel d'une âme qui demande des prières. »

(p. 33-34.)

UNE BELLE SOCIÉTÉ !

Tous ces événements[1] mélodramatiques, bizarres, extravagants, se passent dans une Société où il y a des gardiens de la paix à chaque coin de rue, dans une Société alignée, tirée au cordeau, réglementée et administrée à outrance, dans laquelle il n'est pas permis, sous peine d'un procès-verbal, de secouer un tapis par la fenêtre après une certaine heure.
C'est ce côté de la civilisation actuelle qui, dans l'avenir, excitera une gaîté énorme.
C'est par là aussi que souffriront cruellement tous ces candides, tous ces naïfs, tous ces benêts qui ne veulent pas nous croire et s'imaginent niaisement être garantis par une organisation très compliquée, très coûteuse et purement décorative. Quand il leur sera démontré qu'il n'y a là qu'une apparence, un mensonge, un leurre, une fiction, une fantasmagorie, ils seront foudroyés par l'évidence, terrassés par la réalité.
Cet édifice de carton, que représente la Finance juive, écrasera plus de malheureux en s'étalant piteusement sur le sol que ne le ferait, en s'écroulant, un monument de granit.

---

[1] Les scandales financiers de la fin du XIXe siècle. [J. R.]

On verra qu'il n'y a rien dans ces caisses que l'on déclare être pleines ; on connaîtra que des Sociétés qu'on croit indestructibles, comme le Comptoir d'Escompte, ne résisteront pas plus que lui à une alerte, que des banques qui ont un capital de cent ou de deux cents millions seraient incapables de rembourser vingt millions si on les leur demandait demain.

Les Juifs auront maintenu les cours jusqu'au dernier moment pour réaliser leurs titres en or, en opérant peu à peu pour ne pas donner l'éveil, et les *Goym* s'en iront avec du papier qui vaudra juste ce que valent les actions à vignettes de Panama.

— À quoi sert d'écrire cela ? Vous savez bien qu'on ne sauve jamais les hommes malgré eux ?...

Ainsi parleront les sceptiques.

— Sans doute ; mais pour la satisfaction de sa conscience, il faut tout de même prévenir les gens. Après tout, au moment du déluge, il s'est trouvé quand même une famille raisonnable qui a été sauvée en se réfugiant dans l'Arche...

(p. 72-74.)

À PROPOS D'UNE BOMBE LANCÉE DANS LE PALAIS-BOURBON

Il s'est trouvé encore un scélérat de plus, qui n'a rien compris aux enseignements que la Société nouvelle lui avait prodigués. On lui avait enseigné qu'il n'y a pas de Dieu, qu'il n'y a rien au-delà de cette vie éphémère de la terre, que l'homme est, comme un chien, un assemblage de matières chimiques qui se désagrègent à un moment donné.

On lui avait dit que le vol méritait les plus hautes distinctions de la Légion d'honneur quand il atteignait un chiffre considérable de millions. On lui avait montré des coquins qui avaient trafiqué cyniquement de leur mandat, rentrant triomphalement au Palais-Bourbon pour y faire des lois.

Les lois ainsi faites n'ont pas paru respectables à cet homme insuffisamment intelligent. Toutes ces notions, un peu bizarres, se sont embrouillées dans la cervelle de cet être rudimentaire. Un choc s'est fait dans le chaos de cette tête et, hier, il jetait une bombe du haut d'une tribune.

(p. 101-102.)

PROTESTATION CONTRE LE CYNISME DE LA BOURGEOISIE

La Bourgeoisie jacobine n'a même pas eu assez de sens moral pour chercher à faire l'oubli autour des hommes qui, par leur grandiose scélératesse, avaient assuré le triomphe de leur caste ; elle n'a point versé à flots l'eau lustrale pour effacer la trace des crimes de 93 ; elle a, au contraire, fait fumer l'encens devant l'image des coquins audacieux qui ont égorgé des milliers de créatures humaines ; elle a élevé solennellement une statue à Danton, l'auteur de ces massacres de septembre, que jamais les attentats anarchistes ne dépasseront en horreur.

....

Il est joli l'exemple que vous donnez d'en haut à ce monde d'en bas qui, désespéré de ne plus croire et furieux de ne pas jouir encore, s'agite en proie à toutes les haines, dévoré par toutes les convoitises... Les déshérités autrefois étaient encore des hommes qui se souvenaient d'avoir été créés à l'image de Dieu ; vous en avez fait des fauves et vous vous étonnez niaisement de les entendre rugir...

(p. 115, 116.)

LES VRAIS FRANÇAIS SE RÉVEILLENT...

On rencontre encore en province, et même à Paris, force braves gens qui vivent selon les mœurs chrétiennes. Abêtis longtemps par la lecture des journaux conservateurs rédigés par des boulevardiers et des Juifs, ces vrais Français commencent à réfléchir sur tout ce que nous leur avons dit. Ils n'en causent pas avec leur évêque quand il est opportuniste, mais ils s'en entretiennent avec quelque digne prêtre de campagne ou quelque religieux qui aime la France et Jésus-Christ. Ils sentent bien que rien ne peut empêcher le cataclysme imminent, mais ils se disent aussi qu'après le cyclone il sera possible aux natifs de se grouper pour reconstituer une vraie France, d'où seront rigoureusement éliminés les éléments dissolvants : les Juifs et les cosmopolites.

(p. 148.)

LA BOURGEOISIE SANGLANTE

Ce qui est certain, c'est que la Bourgeoisie terroriste, pour se substituer à la Noblesse comme classe dirigeante, commit des crimes monstrueux, des crimes qui dépassent ce que feront jamais les Anarchistes.

Nous avons protesté et nous protesterons toujours au nom de la morale éternelle, au nom du Décalogue, contre les attentats des Anarchistes ; mais nous ne pouvons nous défendre d'une impression de dégoût en voyant les bourgeois révolutionnaires s'indigner bruyamment contre les forfaits dont ils ont donné l'exemple. Si vous n'aviez pas corrompu le peuple, si vous ne l'aviez pas perverti par le spectacle de chenapans couverts d'honneurs, si vous n'aviez pas élevé des statues à des assassins, il n'en serait peut-être pas où il en est.

....

Je ne crois commettre aucun délit en constatant que la Bourgeoisie révolutionnaire, qui doit tout à des insurrections et à des crimes, n'est véritablement pas tendre. Je souhaite comme homme qu'elle ne paye pas cruellement, plus tard, la froide férocité dont elle fait preuve ; mais j'avoue, comme historien social, que j'éprouve quelque effroi pour elle en pensant à ce que seront peut-être un jour les représailles.

(p. 210-211, 216.)

À PROPOS D'UNE ÉLECTION À LA PRÉSIDENCE DE LA RÉPUBLIQUE[2]

Demain, tous ces gens-là s'en iront au Congrès. Des sénateurs nommés au suffrage restreint, des députés qui n'ont eux-mêmes été élus qu'à des majorités dérisoires se substitueront au pays pour imposer un chef à la France... Étonnez-vous que l'angoisse soit partout et que cette nation, ainsi livrée à des politiciens plus ou moins chéquards, sente flotter sur elle je ne sais quoi de sinistre, d'énigmatique et de sombre...

(p. 227.)

LE PHARISAÏSME DE LA BOURGEOISIE

— Mais non, mais non... Vous vous obstinez à ne pas saisir les nuances. Tant que la Bourgeoisie n'a pas triomphé, ceux qui commettaient des crimes politiques étaient des espèces de héros ; les scribes et les poètes bourgeois leur faisaient une sorte de légende ; maintenant qu'ils dérangent la Bourgeoisie, les assassins politiques sont des monstres vomis par l'Enfer.

Pour nous, le mal est toujours le mal, et nous le flétrissons toujours ; mais, pour la Bourgeoisie issue de 89, le mal n'existe que lorsqu'il ne lui profite pas. C'est la moralité de ces gens-là !

(p. 242.)

LÂCHETÉ DES CATHOLIQUES FRANÇAIS SOUS LA IIIe RÉPUBLIQUE

Si les Catholiques belges ont reconquis leurs droits, c'est à la Liberté qu'ils le doivent, et c'est la Liberté seule qui leur permettra de lutter contre de nouveaux adversaires. N'est-ce point au nom de la Liberté de la Presse que fut commencée la Révolution de 1830 à Bruxelles comme à Paris ?...

Si les Catholiques belges avaient besoin d'un exemple pour être réconfortés et confirmés dans leur inébranlable confiance dans la Liberté, ils le trouveraient dans le lamentable spectacle de ces Catholiques français qui sont impuissants, hors d'état d'arriver à rien, traités comme des parias dans leur pays, uniquement parce qu'ils sont rongés par un vieux virus réactionnaire qui est chez eux à l'état de syphilis constitutionnelle.

Ils ont eu tout : l'influence terrienne, le prestige mondain, l'argent, l'incommensurable puissance de ces traditions qui sont imprimées dans les âmes françaises depuis des siècles ; ils ont les moyens de défendre dans l'actualité du Temps, par le livre, par le journal, par l'affiche, par la réunion publique, cette Église qui a les paroles de la Vie éternelle.

Toutes ces représentations de pouvoirs intellectuels et moraux pâlissent, pour les Catholiques, devant le gendarme. Dès qu'ils voient poindre le gendarme, ils sont comme fous d'enthousiasme ; ils s'accrochent à ses buffleteries,

---

[2] À la suite de l'assassinat de Sadi Carnot (juin 1894). [J. R.]

ils se prosternent avec toutes sortes de génuflexions viles devant ce Saint Sacrement d'un nouveau genre...

Gendarme ! Gendarme ! crient les de Mun, les Reille, les Vogüé, les Plichon, les d'Elva[3]. Le gendarme est déjà loin et c'est à peine s'il a laissé sur son passage une brise sortie de ses bottes odoriférantes. C'est un gendarme intermittent et bizarre qui, sous prétexte d'apporter l'ordre, ne fait généralement qu'ajouter au désordre ; il vient à des intervalles très espacés et il s'évanouit plus vite qu'il n'est venu. Vers 1877, il s'appelait Mac-Mahon et il avait juré aux hommes du Seize-Mai « qu'il irait jusqu'au bout ». Il a réapparu en civil sous le nom de Casimir-Perier vers le mois de juin 1894 et, tout en roulant des yeux de croquemitaine, il n'a rien promis du tout et il s'est tiré les pattes encore plus vite que le premier.

(p. 318, 319, 320.)

CONFESSION DE L'AUTEUR

Il y a trois ans, j'habitais ma petite maison de Soisy, en hiver, avec la Seine à l'horizon, qui charriait de lourds glaçons le long de ses rives si gaies l'été.

Il y a deux ans, à cette même date à peu près, le 3 février, je sortais de Sainte-Pélagie ; j'ai encore, par une matinée humide et glaciale, la sensation de la rue tout à coup ouverte devant moi. Aujourd'hui me voilà en route pour Paris, après avoir logé dans une maison meublée à la mode de 1830, et dans laquelle il y avait, sur toutes les consoles, des oiseaux empaillés.

Où serai-je l'année prochaine, à pareille époque ?

Peut-être serai-je dans un *in pace*, sans air et sans communication avec les vivants, où les Juifs m'auront fait jeter par quelque magistrat à la Toutée, sous prétexte que j'aurai indirectement provoqué au pillage en disant que les Juifs qui ont tant pillé feraient peut-être bien de restituer un peu.

Peut-être, au contraire, serai-je au pouvoir avec tous nos amis, occupés à restaurer le règne des lois en signant des ordres pour faire arrêter les flibustiers de la Haute Banque qui se sont emparés du bien du prochain ?

C'est la vie, et elle intéresse toujours. « Tout homme, dit Montaigne, porte en lui la forme entière de l'humaine condition. » Tout écrivain qui raconte sincèrement ce qu'il a éprouvé trouve un écho dans l'âme des autres.

(p. 324-325.)

---

[3] Célèbres catholiques conservateurs de la fin du XIXe siècle. [J. R.]

DE L'OR, DE LA BOUE, DU SANG

LES COQUINS DE LA BOURGEOISIE

La Bourgeoisie révolutionnaire n'a dû le pouvoir qu'à des violences, des complots, des insurrections, des meurtres sans nombre et des forfaits monstrueux. L'homme[4] qui a signé l'ordre d'exécution de Vaillant est le petit-fils d'un tueur de 93, d'un membre de ce Comité de salut public qui félicitait Carrier et encourageait Joseph Lebon. Si Casimir-Perier, un autre petit-fils, est quelque chose, c'est que son grand-père a profité d'une émeute faite contre ces *Ordonnances* qui étaient infiniment plus douces que les lois qu'on vient de voter contre la Presse.

Sans doute, il y a quelque crânerie à ces parvenus de la rébellion et de l'assassinat à dire au Peuple : « Nous nous sommes servis de toi pour renverser la noblesse et le trône ; nous avons pu escalader le sommet grâce au marchepied que nous ont fait les insurgés du 10 Août, des journées de juillet [*1830*], des journées de février [*1848*] et même des journées de mai [*1871*], dont nous avons été les seuls à profiter. Maintenant que nous sommes arrivés et que nous tenons la fameuse assiette au beurre, gare à toi si tu bouges : nous ferons tirer sur toi comme sur un chien. »

La question est de savoir si une telle politique a des chances de réussir et, à vrai dire, nous ne le pensons pas. Le geste est beau ; mais, pour employer un mot du président de Brosses[5], « il faudrait des reins pour pousser cela ». Or, la Bourgeoisie opportuniste, judaïque et maçonnique n'a visiblement plus de reins ; elle est pourrie jusqu'aux moelles ; elle a été à demi asphyxiée par la boue des scandales récents ; elle traîne après elle cette casserole du Panama, dont elle ne peut se débarrasser...

....

Chacun, après tout, a sa fonction dans la vie. Le rôle du Bourgeois révolutionnaire, qu'il s'appelle Bailly, Casimir-Perier l'ancien, Thiers, Godefroy Cavaignac, Jules Simon, Ferry, Dubost, Chaudey, a toujours été un rôle de coquin. Il excite le Peuple avec de grandes phrases, il le débauche de l'atelier, il le grise avec des périodes sonores, il détruit en lui toute croyance et toute foi. Puis, quand les ambitieux et les faméliques de la Bourgeoisie ont obtenu ce qu'ils voulaient, ils s'allient aux Pharisiens de la Droite, à peu près aussi coquins qu'eux. Rabagas[6] met sa main dans la main de Tartufe pour égorger les prolétaires à son aise comme aux journées de juin et aux journées de mai.

Notre œuvre à nous est différente. Nous aimons le Peuple tendrement ; nous savons ce que souffrent les ouvriers, car nous nous souvenons d'avoir été plus

---

[4] Le Président de la République Sadi Carnot. — L'anarchiste Vaillant avait jeté une bombe en plein Palais-Bourbon. [J. R.]
[5] Célèbre voyageur français en Italie du XVIIIe siècle, président au Parlement de Bourgogne. [J. R.]
[6] Personnage d'un drame de Victorien Sardou. [J. R.]

pauvres que les plus pauvres d'entre eux, mais nous ne les flattons pas bassement. Nous ne cracherons jamais sur le Crucifix pour entrer à la Chambre, comme faisaient les marchands hollandais pour entrer au Japon. Nous réprouvons les crimes de l'Anarchie, mais nous plaignons le pauvre Vaillant, et nous avouons qu'il nous semble infiniment moins coupable que les tueurs bourgeois de la Terreur auxquels on a élevé des statues...

(p. 168-169, 173-174.)

LE BONJOUR DE L'EXILÉ

Bonjour, Paris ! C'est le cri que je poussais à Pélago[7] en montant sur une chaise pour apercevoir un bout de cheminée et un lambeau du ciel. C'est le cri qui sortait de ma poitrine le jour de ma libération, alors que la police, qui n'a pas mis un seul agent autour de la voiture de Carnot, avait mis quatre roussins à mes trousses pour savoir où j'allais me faire couper les cheveux.

Bonjour, Paris ! C'est le cri que je pousse sous les ombrages du parc[8], après avoir été faire un tour dans les Galeries de la Reine.

Je t'ai aimé, je t'ai chanté, mon vieux Paris, je t'ai décrit dans un volume que l'Académie française a couronné jadis, et dont Flammarion a fait, avec Coindre[9], un bijou typographique.

Je suis ton fils, je suis indépendant comme toi ; sans être bégueule, j'ai, comme toi, l'horreur instinctive de tous ces écumeurs de la Haute Banque qui ont élevé leurs monstrueuses fortunes sur la ruine d'infortunés qui avaient travaillé toute leur vie pour amasser quelques sous.

Et me voilà à Bruxelles regardant passer les chiens qui, ici, traînent les voitures de laitiers...

Les cosmopolites, les espions, les flibustiers, les Juifs baragouineurs de tout poil et de toute tribu, les Rothschild et les Erlanger, les Ephrussi et les Stern, les Bischoffsheim et les Camondo sont tranquillement installés chez nous... Et voici qu'un Parisien de Paris, qui n'a jamais rien volé à personne, est obligé de quitter sa maison sous peine d'aller à Mazas.

C'est un peu fort ! Mais il faut en rire. Ceci ne coûte guère, car notre courage est fait de bonne humeur et de gaieté comme notre œuvre est faite, au fond, de générosité et de bonté.

....

Bonjour, Paris, excuse-moi de ne pas t'en écrire plus long. J'espérais être plus tranquille ici qu'au boulevard Montmartre et, depuis deux jours, je passe mon temps à expliquer ces énormités à ces Belges, si hospitaliers et si habitués aux mœurs de la Liberté qu'ils ne peuvent comprendre qu'on ait versé des flots

---

[7] La prison Sainte-Pélagie. [J. R.]
[8] À Bruxelles. [J. R.]
[9] Le dessinateur qui a illustré « *Mon vieux Paris* ». [J. R.]

de sang pour en arriver à imposer à un pays, qui a fait la Révolution de 89, un régime à peine digne des nègres de l'Abyssinie...

(p. 257-259, 262-263.)

« POUSSIÈRE ET BOUE !... »

Poussière et boue... Jaurès a résumé l'histoire de ces vingt dernières années lorsqu'il a dit : « La poussière, à certains moments, devient de la boue. »

Depuis vingt ans, la Franc-maçonnerie juive a réduit en poussière tout ce qui consolait et rafraîchissait l'âme des hommes... Poussière, les vieilles traditions et les antiques croyances... Poussière, les grands sentiments d'autrefois : le culte du drapeau, l'intégrité des magistrats, la fidélité aux convictions, le respect du nom honorablement porté de père en fils...

Poussière, vous dis-je, que tout cela... Le magistrat qui condamne impitoyablement le pauvre diable qui a volé des pommes de terre dans un champ acquitte, avec toutes sortes de politesses, le financier qui a volé des millions. Les représentants de la vieille aristocratie française recherchent, pour les marier à leurs fils, les filles des Juifs les plus déshonorés en se disant que les plus malpropres doivent être les plus riches.

Il n'y a rien, plus rien que la poussière, la poussière glorieuse que soulève dans la grande avenue des Champs-Élysées le landau de quelque flibustier de la Haute Banque qui a réduit des milliers de braves gens à la misère, au désespoir ou au suicide, avec les Bons turcs, les emprunts argentins ou les emprunts du Honduras...

Un beau jour, l'orage a grondé et la poussière s'est changée en boue, la boue de Wilson, qui, en comparaison de ce qu'on a vu depuis, était simplement de la crotte.

On a fait semblant de balayer, et la poussière est redevenue la poussière triomphale qui enveloppe d'un nuage léger les beaux retours de courses et le défilé devant la foule badaude de tous les filous célèbres et de toutes les prostituées bien cotées.

Le ciel s'est assombri de nouveau et nous avons eu la boue du Panama, la vraie boue noire, collante et tenace que nulle brosse ne peut faire disparaître et dont la benzine des Non-lieu de complaisance n'efface pas la trace ignominieuse... Nous avons vu patauger là-dedans, pendant près d'une année, les ministres et les députés, et nous les y verrons, dans quelque temps, barboter plus éperdument encore avant de se noyer définitivement...

Voilà ce qu'a indiqué merveilleusement Jaurès en montrant les origines de l'état d'esprit anarchique. Poussière et boue... Tous ces programmes déchirés, toutes ces promesses trahies, toutes ces espérances trompées ont laissé au peuple la sensation de dégoût que laisserait une poignée de cendres dans la bouche... Tous ces scandales, ces marchés honteux ont produit sur les plus difficiles à émouvoir l'impression d'un cloaque pestilentiel, dont les exhalaisons méphitiques corrompraient tout le voisinage.

Poussière et boue... Mensonge et corruption, désillusion et vénalité, lâcheté ou trahison, imbécillité ou scélératesse : voilà le bilan du régime actuel.

Ce que Jaurès a dit, d'autres auraient dû le dire ; mais, dans ce qui fut le parti catholique, il n'y a plus que des approbateurs de Rouvier et des amis de Reinach. Nous avons eu, nous aussi, notre poussière, la poussière des vains discours et des déclamations vides, et cette poussière, elle aussi, s'est changée en boue.

Puis de la boue du Panama sont nés des hommes de sang, des êtres fantastiques et difformes comme les monstres qui sortirent des alluvions du déluge, des gens qui, pris d'une névrose affreuse, ont tué pour tuer, ont détruit pour détruire.

Le régime actuel qui, dans les Assemblées et les Académies, glorifie les Terroristes de 1793 a été pris d'une sorte de frénésie, d'épouvante en voyant surgir tout à coup devant lui les Terroristes de 1893 et de 1894.

C'est cette histoire-là que vous lirez dans ces pages qui vous montreront le monde bourgeois en face de la Société qu'il a faite, les bénéficiaires sanglants de la Révolution aux prises avec des héritiers qui réclament leur part, les Jacobins nantis en face des Anarchistes qui veulent se nantir.

C'est un spectacle très saisissant et très beau pour ceux qui sont capables de penser.

(p. 265-269.)

ACTE DE FOI VERS UN MONDE NOUVEAU

La belle journée[10] que celle où j'ai remonté notre escalier du boulevard Montmartre pour rentrer dans cette maison de *La Libre Parole*, cette maison vouée en naissant aux orages et où nous avons tant lutté, tant remué de questions, tant dénoncé de scandales. Quelles tempêtes nous ont assaillis ! N'est-ce point là la destinée des phares ? Ils ont des vagues grondantes à leurs pieds et ils portent une éclatante lumière à leur sommet !

Elle aura sa place, quoi qu'on en dise, dans le mouvement intellectuel et social de ce temps, cette chère et vaillante *Libre Parole*, et beaucoup d'idées sont parties de là pour aller réveiller les hommes encore endormis dans une ignominieuse résignation. Elles courent par les villes et les hameaux comme autant de messagères ailées criant aux Français : « Debout ! L'heure est proche ! » Elles ont un accent à elles dans ce bruit formidable et mystérieux qui annonce qu'un monde finit et qu'un nouveau monde va naître...

À ne considérer que ma faiblesse, j'éprouve quelque embarras devant ces témoignages d'affection, qui me récompensent au centuple des persécutions, des calomnies et des attaques viles dont j'ai été abreuvé.

---

[10] L'auteur revenait de son exil en Belgique, et Paris lui fit un accueil triomphal. [J. R.]

Si j'ai mérité un peu de cette sympathie qui m'est prodiguée par des hommes qui, souvent, ne partagent pas toutes mes opinions, c'est par ma bonne volonté, par une bonne volonté que tous les êtres droits savent réelle.

En combattant la néfaste influence des Juifs, en signalant leurs méfaits, leurs exactions et leurs rapines, j'ai conscience de n'avoir jamais obéi à aucune haine particulière. J'ai combattu uniquement pour la Patrie, pour la Justice et pour la Vérité. Je n'ai jamais été l'homme d'aucun parti politique, et ceux qui me connaissent savent que je n'ai absolument aucune ambition personnelle.

Merci ! est la seule parole qui puisse résumer tout ce que j'ai éprouvé aujourd'hui.

Merci à cette généreuse population de Paris, qui me sait gré de lui avoir révélé l'œuvre maudite accomplie par les Juifs chez nous !

Merci à nos anciens et nouveaux amis !

Merci à mes bien-aimés collaborateurs dont le dévouement ne s'est jamais démenti un instant au milieu de toutes nos traverses et qui, indissolublement unis autour de moi, auront la joie, dans un temps qui n'est pas éloigné, de voir triompher notre programme :

LA FRANCE AUX FRANÇAIS !

(p. 327-331.)

★ ★ ★

VIII

LES JUIFS CONTRE LA FRANCE (1899)

VISION DE LA RÉVOLUTION DU XXᵉ SIÈCLE

Nous sommes dans une situation de révolution, et cette situation coïncide avec un mouvement plus prodigieux encore que celui que vit le XVᵉ siècle finissant au moment de la découverte de l'Amérique. Le monde va changer d'axe. Le partage de la Chine et de l'Afrique va bouleverser le plan sur lequel vivent maintenant les nations.

(p. 6-7.)

LE JUIF ET LA LIQUIDATION DE LA FRANCE

Le Juif qui, pour employer une expression des *Archives israélites*, est « d'un inexorable universalisme » n'a aucune raison de se placer à notre point de vue exclusivement national. Comme nous l'expliquerons plus loin, il ne juge pas qu'il y ait intérêt pour lui à laisser se prolonger, par un replâtrage plus ou moins brillant, l'apparence de prospérité et de puissance relative qui nous fait illusion depuis quelques années. Il trouve, en un mot, que le moment est venu de supprimer la France comme on a supprimé la Pologne.

(p. 8-9.)

L'IDÉAL NATIONAL SAPÉ PAR LES JUIFS

Après avoir usé dans la corruption ce personnel de politiciens qui a fait du régime républicain ce que nous voyons aujourd'hui, les Juifs ont démoli aussi, et la chose n'a été ni longue ni difficile du reste, ce décor universitaire et patriotique, la phraséologie des manuels scolaires et des discours de distribution de prix qui nous montrait des maîtres d'élite refaisant une âme et un cerveau aux générations nouvelles, préparant la revanche dans l'école, remplissant la noble mission des instituteurs allemands après Iéna.

(p. 12.)

LES MÉTÈQUES ET L'AFFAIRE DREYFUS

L'affaire Dreyfus a permis à tous les huguenots, à tous les Juifs allemands ou hongrois qui s'étaient entassés dans l'Université de jeter le masque qu'ils avaient cru devoir garder quelque temps, de se soulager publiquement, de cracher le venin qui était en eux, de nous livrer le fond de leur âme.

Dans un élan instinctif, tous ces cosmopolites se sont attelés à la fois à l'œuvre d'infamie et de trahison, et l'on a vu se manifester au dehors tout ce qu'il y avait en eux de haine contre la France, sa gloire, ses traditions...

Je me suis efforcé de bien faire comprendre ce qui était en jeu dans cette extraordinaire affaire Dreyfus, qui n'est qu'un paravent cachant un essai de mobilisation des forces juives, je me suis proposé, je le répète, de faire penser les Français et de leur montrer, une fois de plus, la plaie dans laquelle il faut porter le fer rouge...

Quelle est la signification exacte de la campagne frénétique organisée par la Juiverie du monde entier pour affoler la France, déshonorer l'armée française et nous mettre ainsi hors d'état de jouer un rôle en Europe ?

Cette campagne signifie tout simplement que l'ensemble des intérêts qui composent la Juiverie a pris parti contre la France, trouve avantageux que la France cesse d'être une grande Puissance européenne.

(p. 13, 26, 37.)

DISRAÉLI, PROPHÈTE JUIF DU XIXe SIÈCLE

Dans les livres si étrangement prophétiques, dans *Coningsby*, dans *Endymion*, dans *Lothair*, il nous a montré, pendant la première moitié de ce siècle, des personnages que l'on ne croyait pas juifs, s'installant dans les grands emplois et préparant le triomphe de leur race. Il nous a annoncé que les Juifs jetteraient bientôt le masque et que, las de régner sous l'anonymat ou derrière des hommes de paille, ils réclameraient officiellement le droit de gouverner le monde, le droit d'être nos maîtres.

(p. 23.)

LA FRANCE FACE À L'ASSAUT JUIF DES DREYFUSARDS

Il n'y a pas de pays où l'on trouverait des êtres assez crapuleux pour aider volontairement, comme les Brisson et les Waldeck, à l'abaissement de l'armée qui défend la Patrie.

Il n'y a pas un pays non plus qui serait en état de supporter, comme la France l'a fait, la crise affreuse que nous traversons depuis deux ans.

En réalité, la façon dont la France a résisté à la campagne forcenée que la Juiverie a déchaînée sur nous est le plus éclatant et le plus magnifique hommage qui puisse être rendu à la conscience avec laquelle nos officiers ont rempli leur devoir.

(p. 30.)

VISION DE LA FRANCE ABATTUE PAR LES JUIFS

Les Juifs avaient jadis une nationalité, ils l'ont perdue par leurs divisions et leur manque absolu de tout instinct de hiérarchie et d'ordre. Grâce à leur génie de conspirateurs et de trafiquants, ils se sont reconstitué un Pouvoir d'argent qui est formidable, non point seulement par la force propre que possède l'argent, mais parce que les Juifs ont surbaissé ou détruit les autres Pouvoirs pour que le leur restât seul debout ; parce qu'ils ont modelé, façonné, pétri une société où l'Argent est le véritable maître de tout.

Cette Puissance d'argent, comme toutes les puissances, s'inspire uniquement de ses propres intérêts ; elle se porte dans le sens qui lui paraît le plus profitable. Au moment de la Révolution, elle a été pour nous ; elle a appuyé ensuite Bonaparte ; en 1815, elle était nettement contre lui, et, au moment de Waterloo, elle a combattu avec Rothschild aussi énergiquement que Wellington.

Elle était pour le Second Empire, au début, et elle était contre lui à la fin. Elle travaillait pour l'Allemagne, elle subventionnait les journaux républicains de la nuance Ferry comme elle subventionne aujourd'hui les journaux internationalistes et anarchistes ; elle préparait notre écrasement comme elle le prépare aujourd'hui.

Après nos désastres, cette Puissance s'est remise avec nous. Elle nous a donné une apparence ou une illusion de relèvement et de prospérité par le mouvement financier, et elle en a profité pour faire de la France une proie sur laquelle se sont rués tous les Juifs du monde entier. Les financiers ont raflé nos économies ; les autres ont envahi les places, les grandes situations mondaines, et se sont partagé les honneurs et les décorations.

Aujourd'hui les Juifs pensent qu'il n'y a plus rien à tirer de nous, en dehors peut-être des derniers hochets honorifiques de l'Exposition. Ils savent que nos caisses sont vides, que la Caisse d'épargne serait incapable de rembourser les milliards qu'on lui a confiés ; ils connaissent la profondeur du gouffre que cache le décor imposteur de nos budgets ; ils se préparent à liquider la France comme on a liquidé l'Espagne.

Si les Antisémites n'arrivent pas à sauver la France par les moyens qu'a employés Danton, la liquidation se fera très rapidement en deux temps quatre mouvements.

Jamais l'heure ne fut plus grave, en effet ; nous allons assister, nous assistons déjà, à un nouveau partage du monde. La question était de savoir si nous interviendrions dans ce partage ou si nous en serions exclus. Au moment où a été conclue l'Alliance russe, il était décidé que nous en serions ; aujourd'hui on ne voit plus la nécessité de nous faire notre part.

Le vrai but de la campagne organisée par les Juifs, pour lesquels Dreyfus n'a jamais été qu'un prétexte, a été de détruire la force ou l'apparence de force que nous donnait une armée qui, il y a quelques années, semblait vraiment être un élément avec lequel l'Europe devait compter.

Les Juifs ont fait ce qu'ils avaient annoncé, et il faut reconnaître qu'ils ont procédé à cette destruction morale de l'armée française avec une virtuosité sans égale.

Ceci vous explique que nos rivaux, nos alliés ou les alliés que nous aurions pu avoir aient jugé à propos de nous laisser nous dépêtrer de l'affaire Dreyfus et qu'ils aient préféré employer leur temps à se nantir vigoureusement.

L'Angleterre s'est taillé un empire qui va d'Alexandrie au Cap. Elle nous a signifié que nous n'avions plus rien à faire dans cette Égypte que nous avions ressuscitée à la vie de la civilisation, fécondée par notre activité et nos capitaux.

La Russie s'est créé un empire asiatique au moins aussi formidable : elle s'est annexé la Mandchourie et elle a occupé Port-Arthur.

L'Amérique s'est affirmée comme nation conquérante : elle prendra, quand elle le voudra, celles de nos colonies qui pourront être à sa convenance, comme elle a pris Cuba, et elle dira à M. Cambon :

« Au lieu de protester, vous avez été assez gentil pour négocier le traité qui a consacré la prise de possession de Cuba, et vos journaux ont été assez *snobs* pour représenter comme un hommage rendu à la France votre incompréhensible intervention dans le dépouillement d'une nation latine. Vous ne pouvez mieux faire que de continuer en ce qui concerne vos possessions à vous. »

Quant à l'Allemagne, elle attend l'événement que toute l'Europe escompte déjà et auquel M. Deschanel a été le seul à faire allusion dans un discours de rentrée à la Chambre : la mort de l'Empereur d'Autriche qui sera le signal de la dissolution de l'empire austro-hongrois et qui amènera le retour assez naturel des provinces allemandes à l'empire d'Allemagne.

Sans doute, tous ces gens d'un formidable appétit trouvent que l'appétit de leur voisin n'est pas mince, mais ils finiront par s'arranger entre eux, par arbitrer aux dépens des nations faibles les différends qu'ils pourraient avoir.

Quant à nous, que voulez-vous que nous fassions ?... Quand il a raconté son histoire de Fachoda, Delcassé a été plus applaudi par la Chambre que s'il avait déposé sur la tribune les drapeaux de Sedan ou de Metz reconquis sur l'ennemi.

Un député modeste, dont le nom ne me revient pas, obtint aussi un vif succès. Il avait annoncé qu'il interpellerait là-dessus ; il annonça qu'il renonçait à son interpellation et on lui sut gré de ne pas avoir usé du droit qu'il avait d'attrister le monde en évoquant des images pénibles. Il n'eut pas le triomphe comme Delcassé, il eut ce qu'on appelait à Rome le petit Triomphe, c'est-à-dire l'Ovation, ainsi nommé parce qu'au lieu de sacrifier des bœufs on sacrifiait seulement des brebis, *oves*.

Ce fut véritablement touchant. Chacun semblait dire à cet homme de bonne compagnie : « Voilà un homme qui pourrait nous faire de la peine et qui s'abstient, qu'il soit loué ! »

C'est comme cela. Rien ne pourrait traduire l'accent pas méchant, mais plutôt paternel et affectueux, avec lequel M. Deschanel me dit, quand je vins à prononcer le mot de Fachoda : « Monsieur Drumont, vous froissez le sentiment de la Chambre ! »

C'était moins un président qui intervenait qu'un maître de maison bien élevé qui aurait vu la conversation s'engager sur des sujets affligeants pour la société et qui aurait dit : « Si nous parlions d'autre chose ? »

Si la situation est déjà ce qu'elle est à l'heure présente, que sera-ce lorsque des nations comme l'Angleterre et l'Allemagne auront atteint leur maximum de développement, seront devenues véritablement énormes ? Ce serait folie de penser même à lutter contre elles avec une marine confiée à ce Lanessan qu'on a appelé le Chevalier de la haute industrie, avec une armée où les Juifs seront absolument les maîtres, lorsque l'acquittement de Dreyfus aura prouvé que la trahison est un commerce licite, lorsque Picquart nettoyé, restauré et promu aura repris sa place à l'état-major.

C'est alors que les Puissances regarderont la France avec les yeux luisant de convoitises qu'eurent l'Autriche, la Russie et la Prusse en regardant la malheureuse Pologne.

Dans les pays où règne une anthropophagie organisée, on ne se précipite pas d'une manière désordonnée sur la viande humaine. Chacun vient à son tour et marque au crayon sur la peau des victimes les morceaux sur lesquels il a fixé son choix ; on abat quand tout est retenu. Il en fut ainsi pour la Pologne. Dieu veuille qu'il n'en soit pas de même pour la France !

(p. 38-45, *passim*.)

LE VIEUX NABI ET LA « POLONISATION » DE LA FRANCE

Dès 1875, un Juif un peu oublié aujourd'hui, mais qui alors était presque célèbre et qui était, en tout cas, un esprit très intéressant et très curieux, Alexandre Weill, m'expliquait que la France devait avoir le sort de la Pologne et qu'il serait bon, dans l'intérêt supérieur de l'Humanité, que les Français, dispersés et sans patrie comme les Polonais, aillent répandre à travers le monde des vérités d'ordre général sur la civilisation et le progrès.

Alexandre Weill, qui est mort tout récemment, était déjà très âgé à cette époque. C'était un vieux Nabi qui avait des lueurs de prophétisme et de génie. Il avait une peur terrible de l'Antisémitisme français, qui, alors, n'existait qu'à l'état latent dans le cerveau d'un écrivain qui attendait son heure et dans le cœur de milliers d'êtres qui attendaient qu'un écrivain qu'ils ne connaissaient pas parlât pour eux.

Alexandre Weill habitait à cette époque à l'entrée du faubourg Saint-Honoré, et il s'en allait vers midi promener sous les arcades, libres alors, qui s'étendaient sous le Garde-meuble et le ministère de la Marine, des petits chiens blancs frisés, qui étaient habitués, paraît-il, à ne descendre qu'à une certaine heure.

J'ai toujours été désireux de m'instruire et, en revenant de mon journal, j'échangeais quelques idées avec lui. Devant cette place tragique je pensais que ce n'était peut-être pas la peine d'avoir coupé le cou au descendant de quarante rois pour être gouvernés par les Rothschild qui occupent, à quelques pas de là, l'hôtel de l'Infantado, et pour s'entendre dire que la France finirait comme la Pologne, par un vieux Juif qui promenait des petits chiens blancs frisés.

C'est ainsi qu'à mon insu même, l'œuvre libératrice germait peu à peu dans mon cœur.

(p. 46-47.)

LA VÉRITÉ PERSÉCUTÉE

Tous les événements qui se sont produits depuis un siècle ont toujours été nettement et intelligiblement annoncés par des écrivains perspicaces. Et toujours ce que disaient ces hommes clairvoyants a été regardé par les prétendus sages comme des visions d'extravagants.

Quand Donoso Cortés expliquait dès 1852 comment l'Empire finirait, personne n'y prêtait attention.

Imaginez qu'un orateur se fût avisé de dire à la tribune du Corps législatif, vers 1867, que la France se verrait arracher cette Alsace-Lorraine qui était la chair de notre chair. Il n'aurait peut-être pas été hué, car les députés d'alors étaient mieux élevés que ceux d'aujourd'hui, et ne chahutaient pas ceux qui leur déplaisaient ; il aurait été considéré, en tout cas, comme une espèce de fou sinistre.

Proudhon fut le seul alors à prédire ce qui allait arriver, et l'on sait le succès qu'il obtint.

Pendant que l'Empire mettait à Sainte-Pélagie l'auteur de *La Guerre et la Paix*, les futurs républicains de gouvernement, les chéquards en herbe et les Panamistes de l'avenir l'accusaient d'être vendu aux Jésuites, quoiqu'il ne se fût pas marié à l'Église et qu'il n'eût pas fait baptiser ses enfants.

C'est absolument la tactique qu'emploient les socialistes affiliés à la Synagogue contre des écrivains comme Rochefort qui, après avoir blasphémé toute sa vie, se voit traité de « calotin » parce qu'il trouve abominable qu'un capitaine juif[1] ait livré à l'ennemi les secrets de la défense nationale.

(p. 49-50.)

LA MORT DES NATIONS

La vérité est que les Nations grandissent, se développent, s'affaiblissent et meurent comme les hommes, et qu'aux Nations comme aux hommes la mort semble toujours une chose inattendue, une chose improbable à laquelle il leur serait pénible de penser d'avance.

Ce dut être une stupeur quand la Mort entra pour la première fois dans le monde et que les fils d'Adam virent disparaître le premier homme ; au fond, la surprise est toujours la même.

On a plaisanté souvent de cette parole d'un orateur qui, aussi accommodant que Deschanel, qui ne veut pas laisser prononcer le nom de Fachoda, désirait avant tout ne contrister personne : « Messieurs, nous sommes presque tous mortels. »

Croyez bien que cette parole ne parut pas aussi bizarre qu'il vous le semble et que, dans l'assistance, beaucoup surent gré à l'orateur de l'avoir dite. Au plus intime d'eux-mêmes, ils éprouvèrent, en entendant ce propos, un chatouillement agréable, une sensation indéfinissable, stupide, irrationnelle, informulable, imprécise comme une espérance folle et qui, si elle avait pu se traduire par des mots, se serait résumée en ceci :

« Après tout, c'est bien possible. Il y aura peut-être des hommes qui ne mourront pas et ce *presque tous mortels* s'applique peut-être à moi. »

Les Nations sont de même, elles éprouvent une invincible répugnance à s'arrêter à cette idée que des peuples vaillants, puissants, ayant rempli le monde du bruit de leurs exploits, soient morts dans le passé et qu'il puisse leur arriver de mourir à leur tour.

Il en a été ainsi cependant. Le démembrement définitif de la Pologne ne date que de 1795, c'est-à-dire de 104 ans, — la vie d'un homme dont la vie aurait été exceptionnellement longue. On a vu, en effet, des macrobites, rares il est vrai, vivre ce nombre d'années.

(p. 51-52.)

VISION DE LA FRANCE MENACÉE DE MORT...

Que voulez-vous que nous y fassions ? Nous sommes les médecins qui prévenons la France, qui la pressons de veiller sur elle. Nous lui disons qu'elle a de mauvais germes en elle, que la maladie dont elle souffre présente des symptômes plus alarmants qu'on ne le pense ; que l'affaire Dreyfus, en prouvant que

---

[1] Dreyfus. [J. R.]

l'étranger était le maître chez nous, indique un état semblable à celui qui fut celui de la Pologne avant qu'elle ne disparût du rang des Nations.

Nous disons à la France que, si elle ne fait pas appel à toutes les forces de résistance qui sont encore en elle, elle est menacée de mort... Quand la mort sera venue, vous entendrez les exclamations, les lamentations, les cris d'étonnement que l'on entend dans les maisons en deuil et chez les nations en ruines...

« Est-il possible ? Quelle catastrophe ! Comme c'est venu vite ? Qui se serait attendu à un pareil dénouement ? »

Qui s'y serait attendu ? Les médecins qui vous ont prévenus à temps et que vous n'avez pas voulu écouter...

(p. 56-57.)

LES PUISSANCES D'ARGENT CONTRE LA FRANCE

Comment les Juifs ont-ils pu abattre une si formidable besogne en si peu de temps ? Comment ont-ils obtenu en deux ans ce résultat véritablement inouï de détruire momentanément cette puissance militaire, si solide encore d'apparence, cette armée pour laquelle la France avait donné 25 milliards, pour laquelle elle n'avait pas hésité à accepter ce service obligatoire qui pesait si lourdement sur tous ?

Ils ont eu la force de l'argent. Quand on écrit cela, certains dreyfusards prennent des airs effarouchés ; d'autres font semblant de hausser les épaules.

Que peuvent espérer les dreyfusards en prenant ces attitudes ?

À quoi riment ces protestations ridicules, que peuvent-elles signifier pour ceux qui connaissent l'histoire et qui ont l'habitude de réfléchir ?

Les choses se sont toujours passées de la même façon. Entrez dans un de nos dépôts d'archives, demandez à propos d'un événement historique quelconque un de ces dossiers jaunis où dorment les secrets, les passions, les mystères des générations écoulées.

Dans toutes les négociations internationales, le premier personnage que vous rencontrerez, c'est l'agent qui paye. Les premières pièces sont relatives à des demandes à satisfaire, à des indications sur la façon de faire passer les fonds, ce qui, avec l'organisation un peu rudimentaire des comptabilités d'autrefois, exigeait toujours des formalités compliquées et longues.

Quand Louis XIV était le maître de la politique anglaise et de la politique allemande, comme les Anglais et les Allemands sont les maîtres de la politique française, les ministres de Charles II, les plus minuscules dignitaires des plus petites cours de l'Allemagne, recevaient des subsides réguliers de la France...

Il en a toujours été ainsi depuis que le monde est monde...

Pourquoi ce qui se pratiquait autrefois ne se pratiquerait plus aujourd'hui ?

Un nouveau principe de vertu, un nouvel idéal moral est-il donc entré dans le monde ? Les doctrines matérialistes auraient-elles donc pour conséquence d'élever le niveau des âmes ? Le plus simple raisonnement démontre le contraire.

Les hommes du passé qui n'avaient pas de doute sur l'existence d'une autre vie, qui croyaient à des peines et à des récompenses éternelles, devaient opposer aux tentations une résistance dont sont certainement incapables nos *struggle for lifeurs* modernes qui croient que l'homme n'est qu'un assemblage de molécules chimiques et qu'il n'existe aucune différence entre l'être humain et le chien que l'on trouve au coin d'une borne le ventre ballonné et les pattes rigides.

Tout ceci est l'évidence même.

Les personnages qui touchaient l'argent de Louis XIV pour trahir l'Angleterre étaient des lords dont le nom était écrit au Livre de la Conquête de Guillaume et qui vivaient encore sur les immenses domaines dont ils étaient possesseurs depuis cette conquête.

Le duc de Guise est une des figures les plus intéressantes de son temps.

Si de tels gens cédaient à la puissance de l'argent, pourquoi voudriez-vous que les présents de l'Allemagne et de la Juiverie trouvent intraitables ces Panamistes, ces Sudistes, ces chéquards, ces *non-lieu* que l'on découvre dans toutes les turpitudes de ce temps-ci ?

Écrire ceci, ce n'est pas faire œuvre de pamphlétaire, c'est faire de l'histoire sociale, c'est, encore une fois, constater des évidences...

J'entends d'ici l'objection que me feront peut-être ceux qui lisent sans parti pris ces études qui sont, comme je l'ai dit, écrites à un point de vue exclusivement historique et social :

« Si l'argent, comme il est facile de le constater, a toujours joué un rôle considérable pour troubler les nations, comment se fait-il que, dans le passé, les nations, et la France surtout, aient pu résister à des moyens semblables à ceux qu'on emploie aujourd'hui ? »

La réponse est toute simple. L'argent a toujours été une force, mais aujourd'hui il est la Force.

Des traditions très lointaines, des croyances, de puissantes organisations de corps constitués ayant un honneur collectif, le sentiment de l'honneur individuel très vivace dans certaines familles, l'attachement profond au sol natal qui faisait du patriotisme, de la défense du territoire, une passion violente et âpre un peu analogue à l'amour de la propriété, la jeunesse d'une race pleine de ressources, de réserves, d'enthousiasmes, de dévouements disponibles, servaient jadis de contrepoids à l'influence de l'argent, neutralisaient ses ravages. Aujourd'hui, l'argent a facilement raison d'une nation atomisée, émiettée, réduite, selon, l'expression de Rivarol, à n'être plus que de la charpie.

C'est une question d'âge. Un jeune homme, à la chasse ou à la guerre, sera trempé jusqu'aux os pendant trois jours et n'en ressentira aucun mal ; un vieillard restera six mois sur le flanc ou mourra d'une pleurésie parce qu'il aura reçu une ondée ou qu'il aura été mis dans un courant d'air.

C'est l'état de dissolution où se trouve la société française qui seul a permis aux Juifs de mener à bien l'œuvre abominable à laquelle ils travaillent depuis

deux ans et qui leur permettra, si un réveil ne se produit pas, de faire de la France une nouvelle Pologne et de la livrer à l'étranger...
(p. 59-60, 62-64, 67-68.)

PASSÉ ET PRÉSENT

C'est ceci précisément qui différencie le Présent du Passé.

Autrefois on envoyait les traîtres à l'échafaud et, sous ce rapport, le Comité de salut public, nationaliste jusqu'à la frénésie, n'a fait que continuer purement et simplement les traditions de la Monarchie.

Il y a deux choses distinctes, en effet, dans les exécutions de la Terreur.

Il y a l'affirmation d'un nationalisme exaspéré ne reculant devant rien pour défendre la Patrie contre l'étranger.

Il y a le mouvement, la poussée d'une classe, la classe bourgeoise, qui profite de l'occasion pour exproprier une autre classe et qui tue les gens dont elle prend les biens parce qu'à ses yeux c'est le seul moyen d'empêcher des réclamations gênantes.

La situation d'aujourd'hui est la situation d'alors inversée. Les Juifs, qui ont dépouillé la Bourgeoisie comme la Bourgeoisie avait dépouillé la Noblesse, combattent avec acharnement les Nationalistes et font alliance avec l'étranger pour conserver ce qu'ils ont volé et pour éviter qu'on ne leur demande des comptes.

Les Jacobins repoussaient l'ennemi avec une fureur héroïque parce qu'ils étaient intéressés à défendre cette propriété qu'ils venaient de conquérir.

Les Juifs appellent l'ennemi pour qu'il leur garantisse la paisible jouissance de leurs déprédations. Ils dénoncent les Nationalistes parce qu'ils sentent que l'instant est proche où l'on va leur demander quelques explications sur l'origine des milliards qu'ils possèdent aujourd'hui sans pouvoir arguer d'aucun travail ou d'aucun service justifiant une prælibation aussi monstrueuse aux dépens de la collectivité.

Par la logique même de la situation, c'est donc nous qui nous trouvons être les véritables continuateurs de la Révolution, c'est nous qui sommes, sinon ses héritiers effectifs, du moins ses héritiers légitimes.

En rendant compte de mon mandat, j'ai expliqué cette situation à mes électeurs d'Alger qui, du reste, étaient depuis longtemps de cet avis.

« Que représentons-nous, citoyens ? leur ai-je dit. Nous représentons la continuation de la Révolution, ou plutôt la révision et la rectification de la Révolution. Lorsqu'ils ont guillotiné les nobles qui pouvaient avoir leurs vices et leurs travers, mais dont les familles, somme toute, avaient combattu pendant des siècles pour la France, avaient versé leur sang sur tous les champs de bataille, nos aïeux, ceux qui ont fait la Révolution, n'ont pas prétendu se donner pour maîtres des Juifs infects sortis de tous les ghettos du monde...

« M. Dupuy, dans sa réponse à mon interpellation, semblait vouloir mettre les Antisémites en opposition avec ceux qu'il appelait "les héritiers de 89". Ce peut être un mouvement oratoire heureux devant une Chambre sympathique aux Juifs, mais c'est là un argument qui ne soutient pas la discussion.

« En réalité, nous sommes tous les héritiers de 89. En ce qui me concerne, je suis aussi plébéien que M. Dupuy, j'ai gagné ma vie par mon travail depuis l'âge de dix-huit ans, et nous en sommes tous un peu là.

« Ainsi que je l'écrivais à l'un des présidents les plus dévoués de nos Comités, ce qui précisément nous distingue des Juifs, c'est que nous sommes des héritiers d'un genre particulier, des héritiers qui ont été frustrés, des héritiers qui n'héritent pas. Les Juifs, les derniers arrivés, les Tard-Venus de la Patrie française, ont tout pris pour eux ; ils ne nous ont rien laissé.

« Nous trouvons qu'ils se sont fait la part trop belle. Nous demandons qu'on nous fournisse des comptes, qu'on nous apporte un inventaire, et qu'on nous en donne enfin notre part. Héritiers de 89, nous le sommes, mais nous trouvons que Rothschild, qui a des milliards, a vraiment trop hérité et que nous n'avons pas hérité assez. (*Rires et applaudissements.*) »

C'est pour éviter le douloureux moment où il faudra rendre des comptes que les Juifs ont créé cette affaire Dreyfus.

Ils avaient amusé, occupé et même troublé artificiellement le pays avec la question cléricale. Le thème étant usé, ils ont créé la question militaire, le péril militaire, la conspiration militaire. Cette fois ils se sont appuyés sur l'étranger, tout prêts à lui livrer la France, si la France, tondue jusqu'au sang, s'obstine à crier : *À bas les exploiteurs et les voleurs ! À bas les Juifs !*

(p. 72-75.)

PROLÉTAIRES, OUVREZ LES YEUX !

Ce sont là des fariboles et des calembredaines que les rhéteurs comme Jaurès peuvent essayer de faire avaler à des prolétaires insuffisamment instruits qui, pliant sous le rude labeur, n'ont pas le loisir nécessaire pour penser.

Les ouvriers intelligents ne croient pas un mot de ces ridicules histoires ; ils savent que c'est nous qui avons raison lorsque nous montrons à tous le fonctionnement de cet État dans l'État qu'est la Juiverie et les mille moyens qu'emploie la Ploutocratie juive pour faire prévaloir sa volonté.

Ils savent que c'est nous qui sommes dans le vrai en affirmant que si le Juif, grâce à l'or qu'il nous a volé, peut se payer les plus belles filles de Paris, il peut se payer aussi les hommes dont il a besoin pour exercer une influence plus ou moins réelle et plus ou moins durable sur l'Opinion.

(p. 85.)

POLITIQUE ET SPÉCULATION

S'il est vrai qu'on ne fasse pas d'omelette sans casser des œufs, il est encore plus vrai que, pour faire une omelette, il faut avoir des œufs.

Il est bien clair qu'on ne remue pas tout un pays, qu'on ne détruit pas à moitié la puissance militaire d'une nation comme la France, qu'on n'organise pas de réunions, qu'on ne fonde pas de journaux, qu'on n'inonde pas le territoire de brochures et de caricatures, qu'on n'accumule pas des ruines morales et matérielles, qu'on ne désorganise pas un État-major, qu'on ne démolit pas 24 officiers et généraux sans avoir le nerf de la guerre.

Pourquoi Cornély tient-il à toute force à abuser de la candeur du dernier abonné non circoncis qui reste au *Figaro*, au point de lui faire croire que des Panamistes, des pornographes, des écumeurs du pavé parisien, des sceptiques, des *riennistes*, auraient été pris tout à coup d'une subite et violente passion pour un officier juif dont le crime, très banal en lui-même, n'était relevé d'aucun de ces détails dramatiques ou romanesques que l'on trouve dans certaines aventures ?...

Cornély spécule là assez habilement, je le reconnais, sur l'ignorance profonde où sont les malheureux Français de la valeur de l'argent, des grands maniements d'argent familiers à Israël. Les Français, en dehors de ceux qui sont mêlés au mouvement juif, en sont toujours à l'époque où le billet de mille francs signifiait quelque chose. La plupart d'entre eux n'ont jamais vu un million et n'en verront jamais.

(p. 87-88.)

LE NERF DE LA GUERRE MODERNE

Ces chiffres sont pleins de cliquetis, de tumulte et d'épouvantes, ils ont des bruits d'armées formidables en marche, des roulements de convois interminables se succédant sur les chemins de fer et sur les routes : il semble, à les regarder, voir la vieille Europe secouée sur sa base et se ruant à des luttes comme en ont vu les âges qu'on a appelés barbares parce qu'on n'avait pas encore perfectionné les engins de destruction.

Savez-vous à quel chiffre se monteraient pour l'Allemagne les frais d'une entrée en campagne ? Les dépenses s'élèveraient à vingt-cinq millions par jour.

Or, quel est le but d'une guerre, c'est de démoraliser l'armée ennemie. C'est Gouvion-Saint-Cyr, il me semble, qui a dit : « Celui qui a perdu la bataille est celui qui croit l'avoir perdue. »

Le moulin, la colline, la redoute que l'on se dispute à coups de canon en versant des flots de sang n'ont, la plupart du temps, aucune importance par eux-mêmes. Leur occupation signifie que la poussée en avant a été plus forte d'un côté que de l'autre. La Ferme de la Belle Alliance et la Haie Sainte pour lesquelles on s'est battu furieusement le jour de Waterloo sont tout à fait voisines.

C'est l'effet moral qui est tout. Or, il est incontestable que le moral de la France a été plus atteint par la campagne Dreyfus qu'il ne l'aurait été par une bataille perdue.

Après une défaite, en effet, le souvenir des actes héroïques accomplis pendant la lutte, le désir de venger les morts maintiennent un pays dans une sorte d'exaltation généreuse... Que reste-t-il après ces deux années où l'on a vu nos meilleurs généraux traînés dans la boue, nos officiers traités de faussaires, chassés de l'armée ou frappés de disgrâces qui leur ôtent toute autorité ?

Il suffit, pour se rendre compte de la situation, de réfléchir une minute. Si Guillaume était entré en campagne depuis une semaine, à raison de vingt-cinq millions par jour, il aurait déjà dépensé pas mal d'argent. Il serait à la veille d'une bataille, et cette bataille serait soumise à tous les hasards des batailles, à tous les caprices de la Fortune. Elle aurait pu être gagnée par Négrier ou par un autre général dans lequel l'armée espère, et que je me garderai de nommer, car si l'Allemagne savait que la France a confiance en lui, elle le ferait immédiatement révoquer par Galliffet. Grâce au Syndicat, Guillaume, au contraire, a tous les bénéfices d'une victoire sans avoir couru les risques du combat.

Admettez que Guillaume ait versé quarante millions pour sa part à la cagnotte alimentée par les Anglais et les Juifs. Vous avouerez qu'il aurait fait là un placement de premier ordre, un placement de père de famille.

Si elle ne révèle pas une âme très magnanime et très haute, cette façon de comprendre la guerre moderne et de faire déshonorer les généraux de l'armée ennemie par des scribes et des mercenaires, au lieu de se mesurer avec eux sur un champ de bataille, révèle chez l'Empereur allemand un homme supérieurement intelligent...

(p. 90-92.)

L'ÉCOLE ET LE PATRIOTISME

L'attitude courageuse de cet agrégé, hier inconnu, sauve l'honneur de l'Université ; elle nous console des défections et des palinodies de tous ces gros mandarins de l'enseignement qui, pour faire leur cour aux rois de l'or et aux dispensateurs de prébendes, ont si ignominieusement trahi leur devoir et oublié leur noble mission d'éducateurs nationaux...

Il a été de mode, après la guerre, de répéter que c'était le maître d'école allemand qui nous avait battus. Les cosmopolites, que nous avons vus depuis à l'œuvre, ont même joué tant qu'ils ont pu de cet aphorisme pour exiger que la France fût inondée des lumières de la Science et pour nous imposer cette prétendue réforme de l'enseignement, qui a eu pour conséquence d'établir leur domination sur une partie de la jeunesse et de leur permettre de déformer, dans une certaine mesure, la mentalité française.

La vérité est que, si l'instituteur allemand ne nous a point battus, comme on l'a dit, par sa science d'école primaire, il n'en a pas moins largement contribué à préparer nos défaites par la façon patriotique dont il a compris son rôle d'éducateur, d'éleveur de générations.

Le maître d'école allemand a été un nationaliste ardent, intelligent et pratique. Depuis Iéna, son but incessant, sa tâche de tous les jours fut de faire germer et de développer dans l'âme des petits Germains l'admiration de la grande

Allemagne, de leur inculquer l'amour du sol natal, de verser en eux, comme un puissant levain de vengeance, la haine du vainqueur et de l'étranger.

C'est ainsi que l'on prépare des soldats, c'est ainsi que l'on sème des revanches futures. Les Allemands ne nous auraient probablement pas battus en 1870 s'ils avaient remplacé ces leçons de patriotisme par une distribution de manuels scolaires dans le genre des nôtres, où les doctrines philosophiques d'Homais servent de passeport aux tirades humanitaires imbéciles et déprimantes.

(p. 93-95.)

LES MÉTÈQUES DANS L'UNIVERSITÉ

Est-ce à dire que nos instituteurs, que nos professeurs soient moins capables que leurs émules d'outre-Rhin de donner à nos enfants cette éducation virile et forte sans laquelle une nation ne saurait se maintenir à la hauteur de ses destinées ?

Je pense tout le contraire. Les maîtres de notre jeunesse appartiennent à cette démocratie rurale, robuste d'âme et de corps, qui est restée aujourd'hui, comme au temps de Sully, la réserve et l'espoir de la France.

Ils sont du peuple, et dans le fond de leur cœur ils gardent pour la Patrie cette affection naïve et matérielle qu'un professeur de la Sorbonne, M. Marcel Dubois, décrivait avec une éloquence communicative dans une des conférences données par la Patrie française. Ils aiment la Patrie « en enfants de la Terre, amoureux des champs, des prés, des fleuves, des monts et des plaines de France ».

D'où vient donc que l'attitude d'une partie de ces jeunes hommes semble donner un démenti aux sentiments intimes qui n'ont pas cessé d'être les leurs, j'en ai la conviction profonde, en dépit des apparences ? D'où vient que dans la terrible lutte qui met aux prises depuis deux ans les traîtres et les cosmopolites avec les bons Français qui ne veulent pas que la France périsse, une fraction notable du corps enseignant ait paru se ranger du mauvais côté ?

Lisez le plaidoyer de M. Syveton, vous y trouverez le secret, d'ailleurs peu mystérieux, de cette anomalie qui déconcerte et inquiète les bons citoyens. Ce jeune professeur, qui n'a pas cessé d'aimer l'Université d'un amour filial, vous apprendra que l'Université n'a pas plus échappé que les autres catégories sociales aux ravages de la pourriture ambiante.

Il vous dira que les prétendus réformateurs de l'Enseignement sont des hommes absolument étrangers à la culture et à l'esprit français et qui n'ont d'admiration que pour ce qui n'est pas de chez nous.

Vous voulez des exemples et des noms ?

En voici :

Quand il fut question d'établir sur des bases nouvelles notre enseignement national, on fit appel à trois pasteurs protestants plus ou moins défroqués qui revenaient d'évangéliser la Suisse. Le premier, Buisson, fut bombardé directeur de l'Enseignement primaire, et il l'est resté jusqu'à l'avènement du dernier cabinet Méline. Le second, M. Pécaut, reçut mission, comme inspecteur général de l'Instruction publique, de réorganiser nos Écoles normales. Le troisième, Steeg, qui, à sa qualité de pasteur joignait celle de fils de Prussien, fut tour à tour directeur du Musée pédagogique et de l'école de Fontenay, qui est l'une des plus importantes écoles normales de filles.

Si vous désirez maintenant connaître la mentalité de ces trois réformateurs de notre enseignement, au point de vue patriotique, philosophique et religieux, je puis vous mettre sous les yeux quelques-unes des maximes qui leur ont valu une légitime notoriété.

Voici d'abord un spécimen des conseils que Buisson donnait aux mères de famille :

« Quand on ne verra plus des milliers de badauds assister aux revues militaires ; quand, au lieu de l'admiration du titre et de l'épaulette, vous aurez habitué l'enfant à dire : "Un uniforme est une livrée et toute livrée est ignominieuse, celle du prêtre et celle du soldat, celle du magistrat et celle du laquais", alors vous aurez fait faire un pas à l'opinion. »

L'onctueux Pécaut, qui mourut de douleur parce qu'on ne réhabilitait pas Dreyfus assez vite et qui versa ses dernières larmes le jour de l'arrestation du « Divin Piquart », se félicitait d'avoir été plus roublard que Calvin et d'avoir enfin à peu près réalisé l'œuvre ébauchée par les vieux Huguenots. Il écrivait en 1879 :

« L'œuvre de sécularisation morale que les sociétés catholiques n'ont pas accomplie au XVIe siècle par voie de réforme ecclésiastique ou religieuse, les sociétés catholiques tentent de la faire par voie de réforme scolaire. »

Le Prussien Steeg se chargeait de compléter cette confidence et de la préciser. Il projetait un nouveau flot de lumière sur la véritable portée de la réforme de l'enseignement quand, à la veille d'entreprendre le grand œuvre de la « laïcisation », il laissait échapper cet aveu suggestif : « *Je me sens plus que jamais, à travers tout cela et en tout cela, pasteur protestant...* »

Rien ne me serait plus facile que de multiplier ces citations édifiantes.

Je pourrais vous parler, avec M. Syveton, de ce Gabriel Monod, chef de l'innombrable tribu des Monod, qui, après Sedan, après le bombardement de Paris, après le démembrement de notre territoire, n'a pas honte de répéter à tout propos que « tout homme a deux Patries : la sienne et l'Allemagne ».

Je pourrais vous rappeler le cas de cet autre Monod qui exprimait, il y a quelques années, toute sa satisfaction de voir « l'influence anglaise l'emporter à Madagascar sur celle de la France, et le christianisme évangélique sur celui de Rome ».

Mais à quoi bon particulariser à l'excès et multiplier les personnalités ?

Vous connaissez tous ces Français d'occasion venus chez nous on ne sait d'où pour cracher sur nos gloires et déformer l'âme nationale. Vous les jugez aujourd'hui à la lumière de la Vérité que les événements ont fait briller ; vous savez jusqu'à quel point ces « religionnaires » échauffés justifient le mot profond de Toussenel : « On est de sa religion avant d'être de son pays... »

Les libres-penseurs sincères n'ont plus que haine et mépris pour ces prétendus champions de l'Humanité que l'affaire Dreyfus a démasqués et qui se sont montrés enfin sous leur vrai jour. Ils les tiennent pour des sectaires et des fanatiques, ou tout au moins pour de dangereux impulsifs qu'une poussée d'atavisme inconscient transforme en agents de l'étranger.

À ces gens qui depuis vingt ans ne cessent de nous vanter Londres et Berlin, la France entière est prête à répondre comme le vieux Blanqui qui n'était pas, j'imagine, un Jésuite de robe courte :

« Oui, messieurs, vous avez raison ; la race anglo-saxonne nous écrase de sa supériorité. *Elle a un mètre de tripes de plus que la nôtre !...* »

(p. 95-99.)

LA PAIRE DE BABOUCHES...

Après la tentative d'assassinat dont avait été victime notre ami Paul Irr, les Antisémites d'Oran, on le sait, démolirent, en moins de trois quarts d'heure, la synagogue de Mostaganem qui contenait des objets du culte d'une certaine antiquité.

Quelques-uns de nos camarades de là-bas se firent faire des caleçons, des bretelles et des blagues à tabac avec les rouleaux de la Thora.

Avec une obligeance dont je fus touché, on m'offrit de me faire confectionner une paire de babouches dans les mêmes conditions.

Je refusai en disant :

« Que voulez-vous ? J'ai encore des préjugés ; si je combats les Juifs dans leurs déprédations, leurs trahisons, leur malfaisance de tous les instants, il me répugnerait de mettre mes pieds dans des textes qui inspirent à d'autres hommes des sentiments de vénération. »

Maintenant que les millionnaires Juifs payent de pauvres diables, dont la misère a fait leurs esclaves, pour aller saccager nos églises, j'accepterais volontiers la paire de babouches...

Croyez bien, d'ailleurs, que ce qui s'est passé hier n'empêchera pas les élèves de nos religieux et les jeunes filles sorties de couvents *chic*, qui appartiennent à l'aristocratie, de faire des politesses aux princes d'Israël qui font souiller et profaner nos temples et jeter sur le pavé les hosties du tabernacle...

(p. 105-106.)

IX

LES TRÉTEAUX DU SUCCÈS
I. FIGURES DE BRONZE OU STATUES DE NEIGE
(1900)

RETOUR VERS LA JEUNESSE ET VERS LA FRANCE

Plus favorisés que la génération qui est venue après nous, nous avons, lorsque nous sommes entrés dans la vie, aperçu encore dans toute leur gloire des écrivains, des penseurs et des poètes comme Lamartine, Michelet, George Sand qui ont sans doute payé largement leur tribut à l'argile grossière dont nous sommes tous pétris, mais qui n'en ont pas moins laissé une trace ineffaçable dans la mémoire des hommes...

À quinze ans nous savions par cœur une partie des vers de Victor Hugo et ces vers, célébrant l'immortelle épopée accomplie par nos pères, chantent encore en nous quand nous sommes prêts à désespérer devant les hontes d'une époque où l'on ne connaît plus d'autre dieu que l'Argent.

Sans nous dissimuler les erreurs et les fautes, nous ne pouvons nous empêcher de penser que la France d'alors, où de si éclatantes clartés illuminaient les sommets, était un peu différente de la France que nous ont faite les Juifs.

Ce changement vous frappera sans nul doute. À mesure que l'élément purement français disparaît devant l'invasion des cosmopolites le niveau s'abaisse, les caractères diminuent et, peu à peu, on voit arriver au premier plan cet étrange personnel qui va du Panamisme au Dreyfusisme... À nous qui avons vu autre chose, cette période de trente ans semble une perpétuelle dégringolade.

....

Nous avons fait notre œuvre quant à nous, et poussé à temps le cri d'alarme qui a empêché la France de s'endormir dans un sommeil précurseur de la mort. Le pays a été averti ; il sait maintenant où est l'ennemi ; il discerne les causes précises de ce mal longtemps invisible qui a rongé lentement cette France autrefois si vivante, si prompte à se relever de ses chutes et à prendre une revanche glorieuse de ses défaites.

C'est à la génération nouvelle qu'il appartient de puiser à la vraie source, c'est-à-dire à l'instinct de la nationalité et de la race, les énergies nécessaires pour préserver ce pays qui fut si grand du sort de la malheureuse Pologne.

Malgré tant d'héroïsmes, malgré tant de qualités brillantes et charmantes, la Pologne est morte de ses querelles intérieures que fomentaient les ennemis qui allaient être bientôt les dépeceurs et les bourreaux, elle est morte de l'étranger comme nous mourons de l'étranger et du Juif.

(p. II-IV.)

1830 COMPARÉ À NOTRE TEMPS

Quel rapport, même lointain, notre mouvement intellectuel a-t-il avec celui de cette brillante période ? Remarquez que Victor Hugo n'était pas le seul à passionner ainsi l'opinion. Dans tous les genres, des personnalités éclatantes surgissaient en ces belles années qui suivirent 1830.

Quelle trentaine pour un siècle que ce 1830 ! Partout la jeunesse et l'enthousiasme : la nature donne double moisson d'hommes comme la terre donne double moisson de blé en certains pays aimés du soleil. Des génies partout, des talents à remuer à la pelle ; quelque chose de plus beau aux premières célèbres que le parterre des rois de Dresde : un parterre de royautés intellectuelles. Deux poètes chantent, c'est Victor Hugo et Lamartine. Deux peintres sont en présence, c'est Ingres et Delacroix. Deux historiens s'en vont remonter la source du Passé jusqu'aux sources où naît notre histoire, et ces deux historiens sont Michelet et Augustin Thierry. Deux romanciers se disputent la faveur du public et ces romanciers sont Honoré de Balzac et George Sand. Deux journalistes se heurtent, et ces deux journalistes sont Carrel et Émile de Girardin. Au pied de cette tribune, deux hommes attendent leur tour de parole, c'est Thiers qui va se mesurer à Berryer, et l'homme qui occupe la tribune est Guizot. Sur cette scène, c'est Frédéric et Bocage ; sur cette autre, c'est la Dorval et c'est Georges qui causent d'une petite fille que l'on nommera Rachel. Ces généraux d'hier et ces jeunes officiers, c'est Bugeaud, Pélissier, Changarnier, Lamoricière, Bedeau ; ils saluent ces survivants du Premier Empire qui s'appellent de ces noms retentissants : duc de Dalmatie ou duc de Trévise.

Un auditoire plein de foi, de candeur, de bonne volonté vaillante, se presse aux réunions où les Saint-Simoniens développent les plus généreuses idées de réforme sociale. De tous les côtés, le même éclat de parole, la même avidité de progrès. Les droits de la conscience humaine étaient défendus à la Chambre des pairs par un Montalembert, proclamés dans la chaire de Notre-Dame par la grande voix d'un Lacordaire.

On est pris d'une insurmontable tristesse lorsqu'on compare cette profusion d'hommes à notre lamentable indigence actuelle, lorsqu'on rapproche ces nobles désirs de liberté et de justice, cette chaleur, cette ampleur d'âme, à toutes les tracasseries honteuses de l'heure présente. L'événement de ces lointaines années, c'était un beau drame, un livre inspiré, un discours admirable ; aujourd'hui, c'est un *potin*, un *potin* qui change de nom et de costumes, et qui revient toujours comme certains personnages de pièces à tiroirs. Les yeux tournés vers l'Avenir, les hommes d'État s'efforçaient de découvrir des Icaries et des terres promises ; le regard penché sur le passé, nos contemporains remuent la poussière de tous les codes pour y découvrir quelque vieille loi qui puisse opprimer un Français qui a le malheur de ne pas penser comme eux.

La France manque d'hommes ! tel est le cri éploré que pousse, à la fin de ce siècle, la nation dont les flancs toujours féconds ont porté jadis tant de généraux, de politiques et d'écrivains.

(p. 36-38.)

À PROPOS DE BALZAC

C'est par ce côté surtout que Balzac est absolument moderne. Le propre de la plupart des chefs-d'œuvre est de vous arracher à la réalité, de vous transporter dans une atmosphère différente. Avec Balzac, rien de semblable. La plupart de ses livres ont la trépidation du mouvement parisien ; ils sont montés au diapason de notre existence. Ce ne sont point des portraits que le romancier nous montre, c'est une immense glace où nous voyons les personnages remuer, s'agiter, grimacer comme dans la vie elle-même.

Ceci explique que jusqu'ici on ait beaucoup écrit sur Balzac sans qu'on n'ait jamais publié une étude complète sur son œuvre. On nous a raconté les projets, les enfantillages, les manies, les illusions naïves de l'hôte des Jardies. On a mis en circulation d'innombrables anecdotes sur son compte ; mais le monument qu'il a élevé n'a jamais été apprécié dans son ensemble, ni même décrit dans ses détails. Pour analyser Balzac, en effet, il faudrait, en quelque sorte, le recommencer, reprendre un à un les mille éléments qui ont constitué l'édifice, peindre à nouveau les mondes divers dans lesquels il a été chercher ses modèles.

Prenez ce pandémonium gigantesque dans lequel se rencontrent, se croisent, se heurtent, se combattent, se coalisent les honnêtes gens, les coquins, les amoureux, les courtisanes, les débauchés, les débutants, les vieillards, les notaires, les médecins, les usuriers, les Nucingen, les Maxime de Trailles, les Gobsec, les Vautrin, les Vandenesse, les Finot. N'éprouvez-vous pas un peu de confusion dans l'admiration, un peu de fatigue physique et de lassitude cérébrale en regardant cette œuvre telle qu'elle est, touffue, grouillante, bruyante, bariolée, inextricable ? Ne trouvez-vous pas cette sensation qui vient à tous en regardant Paris du haut d'un pont, d'une fenêtre, de quelque lieu élevé : l'étonnement de voir entassés sur un si étroit espace tant de maisons, tant de palais, tant d'églises, tant de bouges, tant de richesses, tant de misères, tant de hontes, tant de splendeurs ?

Ne pouvant juger le prodigieux romancier, on a tenté de le définir ; on l'a appelé : « Molière médecin » ; on a dit que son œuvre était « un musée Dupuytren moral ». Taine s'est contenté d'écrire : « Avec Shakespeare et Saint-Simon, Balzac est le plus grand magasin de documents que nous ayons sur la nature humaine. »

Par sa nature, Balzac me semble se rapprocher davantage de Saint-Simon que de Shakespeare. Comme Saint-Simon il écrit dans le bouillonnement même des passions qu'il met en jeu. Son cabinet de travail est au milieu de la fournaise parisienne comme la table de Saint-Simon était dans ce Versailles troublé du soir au matin par les brigues, les servilités, les compétitions, les ambitions en éveil. Comme l'homme de Saint-Simon, l'homme de Balzac est surpris dans le feu même de ses convoitises, dans l'ardeur de ses désirs enflammés, en pleine lutte pour le plaisir, le bien-être, la jouissance matérielle.

De telles conditions de travail mettent Balzac en dehors de tous les maîtres du passé. On a fait très justement remarquer qu'il ne s'était pas contenté de peindre les mœurs de son temps ; qu'il semblait avoir peint d'avance les mœurs du temps qui a suivi ; qu'il avait moins été un observateur attentif et scrupuleux qu'un précurseur et un voyant. Rien n'est plus juste, et le phénomène qui s'est produit en cette circonstance est un des plus curieux de l'histoire littéraire et sociale.

Tout un monde qui a existé, qui a vécu réellement, est sorti de la cervelle de ce Jupiter. Les hommes de la Révolution s'efforçaient — sans y réussir beaucoup d'ailleurs — d'être les hommes de Plutarque. Les hommes du Second Empire ont voulu être des hommes de Balzac. Le type de ces hardis aventuriers nés dans les vagues de l'océan parisien comme les cormorans dans l'écume des flots ; de ces jeunes gens spirituels, braves, sans scrupules, s'élançant à la conquête de la Toison d'or sans se laisser embarrasser par aucun préjugé, a fait d'effroyables ravages dans la génération qui est maintenant près de disparaître. Balzac est devenu le livre de chevet de tous les étudiants pauvres d'argent et riches seulement d'appétits auxquels Rastignac apparaissait comme un idéal. Toute la *Comédie humaine* a passé successivement aux affaires ; les personnages ont avancé à l'ancienneté, et après avoir eu de Marsay pour Premier ministre, nous avons été gouvernés par Gaudissart.

....

À ce point de vue, Balzac n'est comparable à aucun de ceux qui sont venus avant lui ; il n'a rien de commun avec ceux qui croient le continuer. Il est de la douzaine de génies exceptionnels qu'a enfantés l'humanité ; il est la personnification du XIXe siècle matérialiste et jouisseur, comme Homère est la personnification du cycle épique ; Eschyle, le représentant du cycle tragique ; Dante, le poète du cycle religieux. Son œuvre à lui aussi mérite de porter le nom d'épopée ; c'est l'épopée de la civilisation, la bataille de la vie se livrant dans une capitale au lieu de se livrer dans une forêt...

....

Ces héros si vivants et si vrais qui servirent de modèles aux hommes du Second Empire sont remplacés par des types nouveaux. L'ère balzacienne est close, la tradition est rompue ; mais il a fallu, pour que l'influence de Balzac sur les générations nouvelles fût abolie à peu près complètement que la France faillît disparaître dans un cataclysme, que toutes les habitudes de la vie sociale fussent modifiées et que Paris, envahi par les cosmopolites et les Juifs, cessât d'être Paris pour devenir un lieu quelconque.

La chose est faite aujourd'hui, et, dans la transformation générale, dans la dissolution de tout ce qui constituait la vieille France, tous les types que Balzac avait marqués de sa géniale empreinte ont été à peu près effacés.

Mais quel livre admirable on pourrait écrire, quel superbe pendant on pourrait donner à l'œuvre du puissant romancier, en montrant en leurs activités dernières les êtres-types, les figures représentatives dont il avait peuplé ses récits !

Observez-les aujourd'hui, les héros de Balzac, et voyez ce qu'ils sont devenus.

Les fières grandes dames, la duchesse de Langeais, et la marquise de Maufrigneuse, la touchante Mme de Mortsauf et la vicomtesse de Beauséant montent l'escalier d'un Hirsch quelconque qui, en échange de quelques heures de présence dans ses salons, paie les notes de couturière en retard. La ravissante baronne de Listomère est entretenue par un Juif allemand qui pue d'une façon inconsidérée.

Maxime de Trailles et Rastignac ont figuré sur la liste des chéquards, et ils n'ont dû leur salut qu'à la complaisance d'un juge d'instruction qui n'avait rien de l'austérité de Popinot.

Desplein porte un nom juif, et, moitié entremetteur et moitié médecin, exploite une maison de santé interlope. D'Arthez est toujours catholique, mais il est rallié, et ne sait trop quelle attitude il doit prendre à la Chambre. Lousteau a passé en police correctionnelle pour affaire de chantage, Camille Maupin est obligée de mettre ses bijoux en gage pour nourrir Saint-Alphonse.

....

Les héros de Balzac ne sont plus que des fantômes errant sur des ruines, à l'exception d'un seul toutefois, de Nucingen, qui leur survit à tous et qui semble régner, comme un mauvais Génie, sur ces décombres. Nucingen règne, en effet : il est le roi véritable, non seulement des générations balzaciennes disparues, mais de celles qui leur ont succédé et que le grand manieur d'argent tient encore plus complètement asservies.

C'est par ce côté de son œuvre que Balzac a mérité surtout d'être appelé « voyant ».

Avoir prophétisé le cycle de l'Argent, avoir prévu que ce « vil métal », tant méprisé par les poètes et les philosophes, allait devenir le tout-puissant maître du monde, c'est vraiment avoir eu du génie. Nucingen est immortel comme Shylock, et il est plus grand que Shylock de toute la hauteur qui sépare la Haute Banque d'aujourd'hui de la vulgaire usure de jadis...

(p. 45-48, 50, 53-56.)

MICHELET

La vie ! telle fut la pierre philosophale que rechercha et que trouva Michelet. Quand il eut infusé, en quelque façon, cette vie retrouvée à tous ces morts qui avaient rempli la scène humaine de leurs ambitions ou de leurs victoires, de leurs succès ou de leurs souffrances, il ouvrit sa fenêtre toute grande et se mit à regarder la Nature. Il avait causé avec Annibal, avec César, avec Charlemagne, avec Louis XI, avec Luther ; il voulut causer avec le brin d'herbe qui tremble au vent, avec le coquillage que la mer polit amoureusement, avec la libellule qui bat des ailes au-dessus des nénuphars de l'étang. Il avait écouté la sédition hurlante sous les rostres où parle Cicéron, la clameur des mêlées frénétiques, le susurrement plus implacable encore des courtisans qui comptent les heures d'agonie d'un monarque ou qui échangent entre eux le mot d'ordre de quelque intrigue de cour ; il en avait assez. Il s'assit au bas d'un sentier pour bien comprendre la voix éloquente de la montagne ; il prêta l'oreille sur le sable des grèves, aux multiples harmonies de cet Océan qui, pareil à l'Humanité, porte en lui tant de tempêtes et tant de bonheurs, tant de drames de destruction et de violence et tant d'existences végétatives et paisibles.

(p. 67.)

CONFESSION PERSONNELLE

Le nom de George Sand est encore vivant dans beaucoup d'âmes ; il a été mêlé aux plus douces émotions de notre jeunesse ; il rappelle tout un monde d'impressions printanières, de fraîches visions, de poétiques souvenirs. *La Mare au Diable*, *La Petite Fadette*, *Mauprat* ont été les compagnons de nos promenades juvéniles, avec *Les Feuilles d'automne*, les poésies de Musset, les volumes de Michelet. Effacer cette charmeresse de notre mémoire serait déchirer du livre de notre vie les feuillets les plus enchantés, ceux qui sont colorés encore par un reflet des feux de la vingtième année.

(p. 83.)

GEORGE SAND

Que restera-t-il de George Sand en 1950 ? Je vois ses romans alors dans une bibliothèque de province. Quelque visiteur furetant dans les rayons, cherchant un ouvrage pour l'aider à s'endormir, prend un volume au hasard ; il est saisi par ce parfum particulier aux vieux livres ; il retrouve peut-être quelque feuille desséchée mise jadis en guise de signet et il est la fois surpris et ravi de ce rococo demeuré jeune par endroits...

(p. 98.)

L'HISTOIRE VRAIE

Le Homais qui vous déclare que, jusqu'aux jours fortunés où nous avons eu un Parlement et un Sénat comme ceux que nous possédons, les Français ont croupi dans l'ignorance et la barbarie, vous fait hausser les épaules. Nous savons parfaitement que les villageois d'autrefois avaient d'autres occupations que de battre les étangs pour empêcher les grenouilles de coasser. Lorsque quelqu'un nous raconte cette histoire, nous disons : « Voilà un imbécile », et nous passons. Combien nous remue davantage, dans son action dissolvante, celui qui évoque devant nous les âges d'héroïsme et de foi dans toute leur candeur et toute leur poésie : les cathédrales et les châteaux, les paladins et les saints et nous dit : « Voyez, tout cela est devenu une vaine poussière : ces trésors de l'âme humaine sont dissipés ; c'est un cycle de l'évolution humaine à jamais fermé ! »

(p. 134-135.)

À PROPOS DE ZOLA

Quel tableau du prolétariat français à l'heure actuelle ! Que nous voilà loin du *Meunier d'Angibault* ou du *Compagnon du Tour de France* ! Vous en souvenez-vous de ces plébéiens de George Sand, qui avaient toutes les noblesses et toutes les élégances ? Ils s'en allaient par les chemins semant des paroles d'espérance, inspirant l'amour aux filles de famille, personnifiant je ne sais quel idéal démocratique. Ils représentaient bien cette République généreuse, libérale, pure de mœurs et vierge de tripotages, dont la décevante chimère nous a conduits où nous en sommes.

(p. 177.)

VISION D'AVENIR ET DE RÉVOLUTION

Malgré les formidables obstacles auxquels ils se sont heurtés, les Antisémites ont fait de la besogne.

Ce mouvement qu'on déclarait éphémère, superficiel et factice, prépare tranquillement une des plus fécondes, une des plus bienfaisantes, une des plus grandioses révolutions que l'Histoire ait jamais contemplées... Les Juifs peuvent se démener tant qu'ils voudront, ils peuvent même rire de nos efforts, ils riront moins lorsqu'ils se rendront compte plus tard de l'intensité et de la profondeur de notre œuvre.

(p. 195.)

LES GONCOURT DEVANT LE MONDE MODERNE

Une des causes qui empêche cette œuvre d'un si considérable mérite d'atteindre à la grandeur, c'est l'absence absolue d'une foi quelconque. En dehors d'un dévouement très touchant à l'Art, compris surtout par son côté formel, dévouement qu'on pourrait nommer l'héroïsme du dilettantisme, les Goncourt demeurent étrangers à toutes les inquiétudes et à toutes les préoccupations qui sont le noble souci de notre humanité. Ils ne sont ni d'aujourd'hui, ni d'hier, ni de demain.

En faisant abstraction de la foi religieuse, notre époque a une foi qui est très réelle en dépit de beaucoup de déclamations ; elle croit au Progrès, aux transformations de la société, au nombre moralisé et instruit. Les Goncourt ne sont dans aucun de ces courants. Ils saluent la Religion en gens bien élevés, ils devinent en artistes la puissance des cérémonies sur l'âme ; ils ne raillent pas le monde moderne, ils témoignent du respect à ce qui est beau et sont incapables de complaisance pour ce qui est bas ; ils n'ont ni ironie, ni sarcasme, ni scepticisme affiché, mais aucun souffle d'opinion n'agite ces pages chaudes, colorées, mouvementées en apparence, et qu'on est tout étonné de trouver immobiles et glacées.

Or, tout en prêchant l'impartialité à l'écrivain, nous voulons que de ces feuilles de papier sortent, sinon des oracles comme des feuilles d'arbre de Dodone, du moins des murmures, des gémissements, des chants d'espérance ; nous ne comprenons rien à cet état qui est une sorte de nihilisme doré. Nous n'admettons pas qu'on regarde toujours et qu'on nous invite à regarder sans nous offrir une conclusion, un exemple au moins, qui appuie une théorie. Il en est des étudiants en psychologie sociale comme des étudiants en médecine et en droit ; un moment vient où l'on attend la thèse...

(p. 206-207.)

VISION DU PRODIGIEUX ESSOR DU JAPON

On ne peut oublier le Japonisme dans le mouvement que les Goncourt ont dégagé autour d'eux.

Vous voyez la tête qu'on aurait faite au quai d'Orsay du temps des Walewski et des Thouvenel si on avait dit : « Avant cinquante ans, les Japonais alliés aux Chinois viendront peut-être nous livrer bataille sous les murs de Paris. »

Flaubert disait cela et on en riait comme d'un paradoxe un peu gros. Goncourt s'occupa toujours, avec une sorte de curiosité inquiète, de ce monde de l'Extrême-Orient. On le regardait comme une manière de maniaque aimable et, cependant, il entrevoyait l'action qui se préparait derrière ce rêve que l'art japonais traduisait en ces créations d'une si troublante et d'une si poétique fantaisie. Dans ces *samouraïs* à deux sabres, moitié terribles et moitié grotesques, on eût dit qu'il apercevait déjà ces soldats disciplinés qui, sous les ordres du feld-maréchal Yamagata, ont conquis, en quelques mois, un empire vingt fois plus grand que la France.

La vérité est que les artistes, les penseurs, les écrivains dignes de ce nom en savent plus que toute cette tourbe de mandarins abrutis, de fonctionnaires, d'ambassadeurs, d'ingénieurs panamisants, d'hommes politiques qui ont tous les stigmates de la médiocrité malfaisante. Le grand malheur de ce pays est qu'au lieu d'être gouverné par les Brahmines il est gouverné par les Soudras, par la caste inférieure qui n'a ni les dons charmants des véritables aristocrates, ni le sublime dévouement du peuple. Il a à sa tête, au lieu d'une élite, cette basse pègre de députés vendus, de robins, de manieurs d'argent qui ne voient le merveilleux univers que sous l'aspect d'un chèque immense ou d'un gigantesque pot-de-vin...

(p. 212-213.)

LA PRÉTENDUE « GRANDE RÉVOLUTION » ET TAINE EXCOMMUNIÉ PAR LA IIIe RÉPUBLIQUE

Quelques années après, lorsque Taine, poursuivant son magnifique ouvrage sur *Les Origines de la France contemporaine*, qui sera son titre le plus sérieux à la renommée, traça un navrant tableau des émeutes locales, de la désorganisation effrayante, des assassinats, des incendies, des excès sans nombre qui avaient rempli les années de 1790 et 1791, annoncé et préparé la Terreur, ce fut un *tollé* épouvantable.

Après *La Conquête jacobine*, l'écrivain ne fut plus bon à jeter aux chiens.

L'auteur était resté fidèle à sa méthode ; il n'avait pas avancé un fait sans en fournir dix preuves pour une. C'étaient, en réalité, les contemporains eux-mêmes qui parlaient dans son livre ; c'était l'enquête commencée sur le moment, signée des témoins qui ont assisté à la scène, qui arrivait au grand jour de l'histoire.

Personne n'envisagea la question à ce point de vue, et en une minute tout changea pour Taine. Le libéral qu'on louait hier devint un affreux réactionnaire. On ne lui dit pas : « Est-ce que dans telle liasse il n'y a pas une pièce qui contredit vos affirmations ? Êtes-vous certain de ne pas avoir accordé trop d'importance à tel témoignage ? » On lui dit simplement : « Nous voulons que les choses se soient passées comme cela. Vous osez prétendre qu'elles se sont passées autrement ; conséquemment vous êtes un réactionnaire, et vos assertions ne sont dignes que du plus souverain dédain. »

Je ne comparerai pas ce sommaire décret à l'excommunication. L'excommunication est précédée d'enquêtes, de remontrances, de débats contradictoires. Ce serait plutôt la justice enfantine du sauvage qui supprime naïvement tout ce qui le gêne. « Vous prétendez qu'il fait jour ; je ferme le rideau de ma cabane : vous voyez bien que vous êtes un imposteur. »

On agit de même avec Taine. On ne lui donna pas de raisons ; mais on constata qu'il avait déplu, *displacuit nasus tuus*. Toutes les intolérances se ressemblent. Une certaine démocratie imite Napoléon, qui voulait faire fusiller un directeur de *L'Esprit public* parce qu'il avait permis d'imprimer qu'on avait évacué Moscou.

Cette sorte de sans-gêne inconscient à nier purement et simplement tout ce qui est la liberté de l'écrivain, le droit de la vérité, la mission de l'histoire est nécessaire à noter comme un signe des temps. Mais il est plus instructif encore de remarquer la conception bizarre que certains fétichistes se sont faite de la Révolution, conception à laquelle ils ne consentent pas qu'on touche, et qui, cependant, diminue, au lieu de la grandir, l'idole qu'ils adorent sans la comprendre.

Outre qu'elles ont l'avantage d'être absolument exactes, d'être appuyées, nous le répétons, par des documents authentiques, les affirmations des écrivains de l'école de Taine pourraient au contraire servir d'arguments plus concluants en faveur de la Révolution que tous les récits romanesques et toutes les déclamations vides qui, d'ailleurs, commencent à montrer la corde.

Il est certain que l'écroulement d'une société vieille de 800 ans a causé un trouble épouvantable, fait monter à la surface toutes les ambitions, toutes les envies, toutes les scélératesses, tous les instincts pervers, toutes les haines longtemps comprimées ; il est manifeste qu'une perturbation aussi violente a mis au premier plan des Marat, des Fouquier-Tinville, des Carrier.

La dissolution a été complète, l'anarchie effroyable et néanmoins, malgré tant de désordres, la France a triomphé de la coalition, un monde est sorti tout organisé de cette tempête ; il n'a pas duré longtemps, puisqu'il est en train de finir, mais il a duré cent ans tout de même. Les êtres valables, les réserves disponibles, les forces intellectuelles que la Royauté avait économisées pendant des siècles ont fini par prendre la tête du mouvement. Ce pourrait être, jusqu'à un certain point, un argument en faveur de ce qu'avait d'inévitable la Révolution.

La plupart de nos sectaires, étrangers à la philosophie de l'histoire, ne comprennent point de cette façon. Pour eux, la Révolution reste comme une pièce à grand spectacle, où les Girondins s'asseyent, en chantant, à des banquets qui n'ont jamais eu lieu, et écrivent de belles sentences dans une prison qu'ils n'ont pas habitée[1].

Pour ceux-là, ce sont les victimes égorgées qui ont toujours eu tort, depuis de Launay qu'on assassine après lui avoir promis la vie sauve dans une capitulation formelle, jusqu'à cette pauvre vieille de quatre-vingt-dix ans qui arrivait souriante devant le tribunal révolutionnaire, en ouvrant ces yeux interrogateurs qu'ont les sourds, et à laquelle Fouquier-Tinville disait : « Très bien ! citoyenne, le tribunal est convaincu maintenant ; il sait que vous conspirez sourdement... »

Il s'est passé pour l'histoire de la Révolution française ce qui s'est passé pour l'histoire des Mérovingiens contée par les moines de Saint-Denis. Les excellents moines arrangeaient les événements à leur façon et ne se gênaient pas pour attribuer un miracle à quelque roi qui avait été généreux pour l'abbaye.

Les bourgeois vainqueurs qui ont écrit l'histoire de la Révolution ont agi à peu près de même ; ils nous ont confectionné une espèce de légende en action qui tient de la pièce du Cirque et de la Tragédie. On aperçoit là des personnages

---

[1] La prison des Carmes où Lamartine fait loger ses Girondins, et dont il commente pathétiquement les inscriptions qui auraient été laissées par ses héros sur les murailles, alors que les Girondins n'y ont jamais été enfermés. [J. R.]

surhumains, des changements à vue, des scènes épiques, des conventionnels et des généraux agitant leur grand chapeau à plumes...

L'emphase orientale du Juif aidant, la Révolution est devenue quelque chose d'apocalyptique, un nouveau Sinaï, une seconde création du monde, « une nouvelle Hégire », s'écriait solennellement, il y a quelques années, un conseiller municipal de Paris qui ne connaissait pas le sens du mot Hégire.

C'est grâce à Taine que le public, un public déjà instruit, il est vrai, put comprendre pour la première fois ce qu'avait été la Révolution française.

Dans l'œuvre de Taine, composée comme une mosaïque de milliers de petits détails, la Révolution se révèle ce qu'elle fut vraiment : une immense expropriation opérée par la bourgeoisie.

Pendant quatre ans, il y eut ce que Taine a appelé « l'anarchie spontanée », un chaos comparable à celui que rêvent les anarchistes.

La bourgeoisie n'était pas usée en ce temps-là comme elle l'est aujourd'hui : elle était encore pleine de tempérament, elle avait de grosses mains solides et elle en profita pour se nantir vigoureusement. Les procureurs, les hommes de loi de province, les robins de tout poil, les fermiers cossus, les intendants, les domestiques de grande maison savaient où étaient les bons endroits ; ils prirent la direction des comités ; ils firent guillotiner les maîtres sous prétexte d'incivisme et ils achetèrent des domaines considérables avec quelques poignées d'assignats.

Au bout de quatre ans l'opération était terminée, et ceux qui venaient de devenir propriétaires par des moyens un peu violents s'occupèrent de réorganiser la société pour protéger la propriété.

Les nobles, dont les descendants dégénérés s'étaient laissé dépouiller sans essayer de résister, avaient opéré de même au temps où ils représentaient la force ; ils s'étaient installés par la conquête sur les terres qui leur convenaient, et, une fois la conquête définitive, ils avaient établi un système d'institutions destinées à régulariser le tout.

Le régime constitué par les féodaux avait duré des siècles ; le régime fondé par la bourgeoisie victorieuse tombe en lambeaux au bout de cent ans.

La raison de cette différence est simple. Le monde féodal, guidé par un certain instinct de race, avait éliminé le microbe juif. Le monde bourgeois, obligé à cela d'ailleurs par les théories humanitaires dont il avait argué pour arriver au pouvoir, dut accepter le Juif, et il en est mort rapidement.

C'est le peuple qu'on avait fait tuer pour aller cueillir les marrons ; c'est la bourgeoisie qui les a tirés du feu, et c'est le Juif qui les a mangés.

Le Juif a confisqué la Révolution à son profit ; il en a été le seul bénéficiaire, il est le seul riche au milieu de la ruine générale, il est le maître absolu de la société issue de 89... Seulement, voilà... Le Juif, qui est l'être antisocial par excellence, ne peut être qu'un dissolvant ; il a recommencé son éternel rôle de destructeur : il a mis le feu à la nouvelle Patrie qu'on lui avait faite, comme il avait mis le feu à Jérusalem.

La Révolution, accaparée par les Juifs, apparaît à tous comme une partie à la fin de laquelle on découvre qu'on a triché : on demande à grands cris qu'on annule le coup ; on réclame la *révision de la Révolution* afin que chacun soit content.

C'est à ce point de vue que l'œuvre de Taine offre un caractère tout à fait curieux. Taine a été dans la situation d'un peintre qui, ayant commencé le portrait d'un enfant, verrait tout à coup son modèle donner prématurément les signes de la décrépitude et finalement expirer de vieillesse sous ses yeux.

Il s'était proposé de retracer les *origines* de la société contemporaine, et c'est la *fin* de cette société qu'il faudrait maintenant raconter ; il avait pensé nous montrer un berceau, et c'est une tombe qu'il conviendrait de décrire.

(p. 218-225.)

TAINE ET RENAN

Au fond, tous ces échappés d'université ou de séminaires sont un peu les mêmes. Ce sont des studieux nés malins. Ils s'en vont en emportant des lieux d'étude où ils ont séjourné quelques années une liste de bons ouvrages que le public ne connaît pas ; ils en extraient tout ce qu'on en peut extraire ; ils habillent cela avec des formules scientifiques en dosant le tout d'une nuance de modernisme ; grâce à ce système, ils passent pour des demi-dieux de la Pensée.

Toute l'originalité de Taine venait de Carlyle ; toute la science de Renan était faite avec des exégètes allemands dont personne en France ne soupçonnait l'existence, avec des renseignements donnés par quelques Juifs comme Nenbauër. Dans un volume de théologie pure, cela aurait paru assommant. Renan paraît la marchandise, il l'ornait de quelques faveurs roses, comme les étaliers ornent les viandes d'animaux primés au concours. Et le boulevard était plongé dans l'admiration...

Une différence existait, cependant, entre Renan et Taine. L'un était un être intellectuellement très bas, un sophiste et un menteur de profession. Taine était un homme droit, probe, sincèrement épris de la vérité, un homme qui « voulait voir clair », selon l'expression de Barrès, et qui n'affirmait un fait que lorsqu'il était convaincu qu'il était exact.

(p. 228-229.)

« GUERRE À LA GUERRE »

Les diplomates de la vieille école qui rédigèrent ces fameux traités de 1815, qu'on a tant maudits, n'étaient pas des humanitaires déclamateurs comme ceux que nous avons connus et qui, en bêlant toujours, ont fait tuer tant de milliers d'hommes et finalement obligé l'Europe à vivre depuis plus d'un demi-siècle dans un état de paix armée qui est un véritable retour à la barbarie et qui épuise et ruine financièrement et socialement les nations.

Très peu illusionnaires sur le fond de la nature humaine, exempts de toute sensiblerie vaine, ils avaient puisé cependant, dans le spectacle des hécatombes de l'Empire, l'horreur du sang versé. Ils ne disaient pas : « Guerre à la guerre », « Il faut tuer la mort » ; ils ne rêvaient pas des *États-Unis d'Europe* ; mais ils estimaient que des gens malins pouvaient enchevêtrer tellement les intérêts, équilibrer si bien les forces qu'ils diminueraient dans des proportions considérables les chances de conflit armé.

Ils ont réussi, somme toute, puisque jusqu'à la campagne de Crimée l'Europe est restée à peu près tranquille, et que les peuples, en cultivant leurs jardins et en buvant sous les tonnelles, ont pu chanter paisiblement les vers de Béranger contre l'infâme Sainte-Alliance.

Sous ce rapport, encore une fois, la Confédération germanique était une conception très habile. C'était une sorte de canon d'un modèle bizarre et rassurant : il fallait, pour le charger, le consentement d'une douzaine d'intéressés ; quand la poudre était prête, les boulets manquaient ; on délibérait ensuite longuement sur la nécessité de le tirer, sur la direction à donner au tir.

Enfin, lorsque tout semblait terminé, les deux artilleurs, la Prusse et l'Autriche, ne se trouvaient pas d'accord ; on rédigeait des mémorandums et l'on envoyait des notes que des personnages très graves, chamarrés d'innombrables croix, pesaient minutieusement dans des balances à diamants, pour en arriver à supprimer une virgule, sauf à en référer à leurs souverains respectifs pour l'acceptation définitive. Grâce à tous ces délais, les pauvres paysans avaient le temps de mourir de vieillesse en conservant leurs bras et leurs jambes...

(p. 270-272.)

« LE COUP DE PANAMA ! »

Pour moi, j'ai une profonde reconnaissance intellectuelle à Proudhon, car il m'a appris à bien regarder ces grands coups montés qui s'appellent tantôt l'unité de l'Italie, tantôt le Panama, tantôt l'affaire Dreyfus, à bien saisir l'appareil complexe qui met ces grosses opérations en mouvement, la combinaison d'éléments divers qui est nécessaire pour échauffer l'opinion et la tenir à la même température pendant des années.

Allez trouver un concierge qui tire le cordon une partie de la nuit, un cordonnier qui s'échine à faire des chaussures, une cuisinière qui se brûle le visage au feu du fourneau. Dites à ces braves gens : « Vous allez verser à vous tous quinze cents millions pour creuser un canal et, sur cet argent, deux cent cinquante millions à peine seront consacrés aux travaux, le reste ira à Arton, à Reinach, à Hugo Oberndœrffer, à Floquet, à Baïhaut, aux sénateurs, aux députés, aux journaux. »

Vous n'obtiendrez certainement aucun succès.

Il faut amener le public à accepter cette conception profondément déraisonnable, il faut étourdir les victimes avec de la musique.

Il en est de même pour la politique extérieure. Ces traités de Vienne, qui donnèrent cinquante ans de paix à l'Europe, avaient fait à la France une situation exceptionnelle.

La Confédération germanique était une machine très compliquée qu'il fallait graisser et préparer longtemps avant de la faire fonctionner. L'Italie, divisée en petites principautés, était incapable de gêner personne, et la Vénétie était une cause permanente de difficultés pour l'Autriche, un boulet attaché à son pied. La France unie, centralisée, libre de ses mouvements, avait en Europe un rôle qu'elle ne retrouvera jamais, même si elle était victorieuse de l'Allemagne.

Pour amener la France à commettre cette folie de constituer à ses portes une nation unitaire de trente millions d'hommes, pour la décider à laisser démolir la Confédération germanique et affaiblir l'Autriche qui faisait contrepoids à la Prusse, il a fallu un immense *consortium*, un syndicat gigantesque. Ceci n'a pu se faire qu'avec l'aide des Loges, de la Banque juive et de la Presse.

(p. 319-320.)

FAISONS RENDRE GORGE AUX VOLEURS !...

Quand ils réfléchissent, les ouvriers intelligents se rendent parfaitement compte qu'il n'y a que les Antisémites qui aient une conception lucide et précise de la question sociale. Ils voient bien que les Juifs comme Rothschild qui possède dix milliards, ou qui, comme Hirsch, peuvent, sans s'appauvrir, faire un cadeau de cent millions à leurs coreligionnaires, ont prélevé des tributs monstrueux sur la collectivité. Ils sont bien convaincus que la première mesure à prendre serait de constituer un Jury national pour faire restituer ce qui a été indûment perçu. Les meneurs détournent les naïfs de ces pensées pratiques et raisonnables, et leur tourneboulent l'entendement avec les formules scientifiques de Karl Marx.

Il y a des gogos parmi les prolétaires comme parmi les actionnaires...

(p. 331-332.)

LA DÉCOMPOSITION DU RÉGIME JUDÉO-MAÇONNIQUE

Le régime judéo-maçonnique, après avoir eu l'apparent éclat que donne la jeunesse, est en train de finir dans toutes les hontes et dans toutes les boues.

Ce que nous voyons agoniser sous nos yeux, c'est le monde de Gambetta, car enfin Gambetta — si humiliant que cela paraisse pour la France — a été le représentant d'un monde, d'un groupe d'hommes si vous le préférez, qui a été le maître de ce pays pendant de longues années. Et ce monde des batailles du 16 Mai, ce monde des 363 qui luttait soi-disant pour la République et qui posait pour les principes, est devenu presque sans transition le monde des concessionnaires et des chéquards, le monde de von Reinach, de Cornélius Herz et d'Arton...

(p. 340-341.)

LA FIN DE GAMBETTA OU L'ÉCROULEMENT D'UN MONDE

Que restera-t-il de cet homme qui a tenu quelque temps une place si considérable dans le monde ? Rien.

Le triomphe des Juifs, qu'il a contribué à assurer momentanément, touche à son terme, et les fureurs populaires grondent déjà autour des hôtels d'Israël.

Le monde dont il a été le guide et qu'il a mené à l'assaut de toutes les caisses et de toutes les jouissances s'effondre sous la réprobation publique.

Qui s'avisera d'aller chercher le souvenir du démagogue devenu plus tard l'ennemi du peuple dans l'immense hypogée de papier que lui a élevé Joseph Reinach, gendre et neveu de von Reinach ? Comme tout ce qui est d'essence juive, cette existence d'homme d'État ne représente aucune action réelle ; elle se résume dans des boniments et des prospectus électoraux qui n'ont jamais été suivis d'effet, dans des monceaux de papier qui avaient une certaine valeur au moment de l'émission et qui maintenant ne sont bons qu'à donner au chiffonnier...

(p. 344-345.)

DÉFENSE DES PROLÉTAIRES DE LA COMMUNE DE 71

Il fut un temps — et ce temps n'est pas encore très éloigné — où l'on n'aurait pu parler en ces termes de la Commune sans soulever de violentes protestations et sans s'exposer à passer soi-même pour un vulgaire pétroleur. Mais la vérité est la vérité : elle finit toujours par prévaloir, par vaincre les passions, les préjugés et les erreurs.

Vous regretterez les Communards et vous ne retrouverez plus, parmi les générations nouvelles élevées par la laïque, des prolétaires maîtres absolus de Paris pendant des mois, disposant de tout dans une ville surexcitée par un long siège, libres de tout faire, puisque les hommes d'ordre étaient partis, et qui ne feront pas plus de mal que les Communards n'en ont fait.

Votre sale bourgeoisie opportuniste et maçonnique est autrement corrompue que le Prolétariat de 1870. Il y a une différence, au point de vue du désintéressement, entre les hommes comme Camélinat, comme Benoît Malon, comme Jourde, dont la femme allait laver le linge de la famille au lavoir public pendant que le mari était ministre des Finances, — et des Rouvier, des Wilson, des Floquet, des Léon Renault, des Roche, des Burdeau qui ont été mêlés à toutes les escroqueries financières, qui ont pris leur part de tous les tripotages de ce temps.

(p. 350-351.)

LA VISION DE DRUMONT

LA PHRASÉOLOGIE MAÇONNIQUE

C'est le Maçon par excellence[2], non point peut-être parce qu'il a le secret des arrière-Loges, mais parce qu'il représente à merveille le je ne sais quoi d'incolore, de vide, de creux et de spécieux cependant qui est le fort de la phraséologie maçonnique.

Avez-vous lu des discours d'orateurs de Loges ? Il y a là des improvisateurs de tænias plus extraordinaires que Spuller.

Ces discours se ressemblent tous : les mots y sont à leur place ; les idées semblent s'enchaîner dans un certain ordre, et, quand vous essayez de tirer quelque chose de ces colonnes de phrases qui se succèdent, vous êtes stupéfaits de ne trouver ni un mot qui vous frappe, ni une idée qui vous arrête, ni un trait d'esprit, ni une belle vision, ni même un blasphème original. Tout cela roule dans un flot de verbosités inutiles, dans un courant de banalités ternes et grises.

Cette littérature donne l'impression de ces viandes que l'on mange dans certains restaurants à la mode où l'on réussit à m'entraîner tous les six mois : viandes molasses, exsangues, bien présentées parfois et bien servies, mais qui ont l'air d'avoir déjà été mangées une fois.

M. Bourgeois a porté ce genre à sa perfection ; il en a fait l'instrument de sa fortune politique, et tous les F. de la Chambre se retrouvent là-dedans avec amour et se complaisent à la vue de leur propre néant.

Cette éloquence spéciale est faite à l'image de ces âmes fermées à toute passion généreuse, étrangères à tout ce qui n'est pas la convoitise d'une ambition immédiate, pressée et subalterne, la préoccupation d'un *moi* à pousser hâtivement aux jouissances et aux honneurs.

(p. 363-364.)

★ ★ ★

---

[2] Il s'agit de Léon Bourgeois. [J. R.]

X

LES TRÉTEAUX DU SUCCÈS
II. LES HÉROS ET LES PITRES
(1900)

MÉDITATION À TRAVERS LA NATURE

La campagne me fut toujours inspiratrice, encourageante et consolante, et ce n'est pas sans quelque émotion que j'ai revu cette chaumière de Soisy, la « Maison sans fenêtres », comme on dit là-bas, parce qu'elle n'a point de fenêtres sur la route et qu'elle semble se détacher de tout ce qui passe pour regarder uniquement les lointains horizons. C'est là que j'ai écrit *La Fin d'un monde*, *Dernière Bataille*, *Le Testament d'un antisémite* et *Le Secret de Fourmies*.

Je me souviens des bonnes soirées de travail que j'ai eues là lorsque je restais seul, en plein hiver, dans ce pays déserté par tous les Parisiens qui habitent l'été les villas du voisinage. Quand, vers une heure du matin, j'ouvrais ma fenêtre pour contempler le paysage, j'avais une saisissante impression de noir, de froid, de solitude et de silence.

La Nature, par la tranquille autorité avec laquelle elle affirme sa durée, est évocatrice de figures disparues et fait involontairement songer à tant d'êtres que l'on a rencontrés sur le chemin de la vie, qui ont exercé une influence plus ou moins profonde sur votre intelligence et qui sont partis pour le voyage d'où l'on ne revient pas.

L'automne, surtout, semble fait pour accentuer cet état d'âme. Je ne sais pas comment Dumas fils a pu écrire que l'automne était la saison la plus décolorée de l'année. C'est la saison, au contraire, où les moindres plis de terrain, où les moindres détails prennent un relief plus précis et une couleur plus nette, où tout est mis en valeur, pour employer l'expression des peintres.

Il y a, dans ces verts encore vifs, dans ces jaunes clairs ou foncés, dans ces roux dorés, des variétés de tons infinies, des multiplicités de teintes merveilleuses, toute une gamme de sensations.

L'automne, c'est bien la vie à un certain âge, avec ses mille nuances, ses complexités, ses complications, ses souvenirs, ses regrets et l'indestructible espoir, l'espoir stupide et doux quand même, que l'hiver et la mort ne viendront jamais. C'est la saison pathétique par excellence, où l'âme tantôt vibrante, tantôt alanguie, semble s'associer à la lutte de la Nature, une saison à la fois exaltante et déprimante, avec des alternatives de belle mélancolie et de gaieté juvénile.

On a des matinées si radieuses, d'un charme si magnétique et si pénétrant qu'on voudrait en retenir la vision dans les yeux, qu'on commande à son cerveau de ne pas les oublier... Le lendemain tout est sali, aigre, morne, désagréable à regarder. Ces feuilles rousses, qui étincelaient sous le soleil et qui craquaient joyeusement sous vos pieds, sont noirâtres et délayées dans la boue. Deux jours après cela reprend et l'on se reprend aussi à espérer et à se raconter à soi-même que le temps était mauvais lorsqu'on est arrivé et qu'il y a eu d'admirables journées après...

La Forêt, la vraie Forêt, est particulièrement émouvante et dramatique. Si c'est là que la Nature berce le plus poétiquement les rêves, c'est là aussi qu'on peut avoir le mieux l'impression de ce que la Nature a d'inexorable, d'implacable et de dur.

Quand on vit aux champs, on ne s'aperçoit pas plus que l'année vieillit que l'on ne s'aperçoit à la ville que nos amis vieillissent et que nous vieillissons nous-mêmes. On s'en va vers quatre ou cinq heures faire sa promenade accoutumée. Absorbé dans ses pensées, on ne regarde pas devant soi, on reviendra à la clarté du jour finissant. On sait bien que les jours raccourcissent, mais on n'y prête pas grande attention.

À la fin d'une journée d'octobre, plus maussade et plus grisâtre que les autres, on sent, après quelques minutes d'un crépuscule pluvieux, la nuit se faire tout à coup et on se dit : « Sapristi ! mais où suis-je ? »

Je vous assure que lorsque l'on a été un peu loin, que l'on est au plus épais d'une forêt, comme celle de Fontainebleau, il y a là un moment intéressant. Tout a changé d'aspect autour de vous. Cette forêt on la possède, on vit dans une sorte de familiarité et d'intimité avec elle ; on a mille points de repère, des clairières, des dessous de bois avec des jeux de lumière qui font des arabesques sous le feuillage, des touffes de fougères ou de bruyères que l'on a suivies dans leurs changements de couleur successifs, des chênes mêmes auxquels on dit bonjour en passant.

Il n'y a plus rien de tout cela, rien que des arbres qui paraissent démesurément grandis et dont les masses épaisses et sombres semblent former autour de vous une muraille muette comme celle d'un tombeau.

On a envie d'interpeller cette Nature, de lui dire : « Je suis un ami, tu me connais bien ? C'est moi qui viens ici le matin dialoguer avec toi et rendre hommage à ta beauté. » On sent que rien ne vous répondrait, et l'on est comme écrasé par ce silence et ce noir.

On est pris un peu de ce beau frisson que quelques-uns cherchent vainement. Il n'y a pas le côté fantastique ni la peur de l'enfant perdu qui craint d'être mangé par le loup. Il y a là quelque chose de plus tragique, de plus intense, de plus remuant pour l'être humain. Ce sentiment du peu que l'on est devant l'éternelle Nature, le sentiment de l'indifférence hautaine que cette Nature a pour vous, ce mépris superbe et froid s'abat sur vous comme un manteau de plomb. On est comme déraciné de ce *moi* qui semblait tenir une certaine place dans le monde et qui s'affirmait au bas d'un article plus ou moins réussi qu'on avait relu le matin. On est comme submergé dans l'infinité de tout ce qui a été et de tout ce qui sera...

On a cheminé par là à maintes reprises, respirant à pleins poumons, vivant, chantonnant, remuant des idées, méditant sur les événements auxquels on est mêlé et l'on se retrouve tout petit et tout chétif devant ces géants qui élèvent leurs rameaux vers le ciel et ne prêtent pas attention à cet éphémère voyageur sur la terre qui tâtonne et ne sait même pas se guider dans l'obscurité !

C'est un sentiment différent de celui que vous inspire la mer. La mer vous menace, elle gronde, elle mugit, mais enfin elle vous parle. La Forêt, à certaines heures et dans certaines circonstances, vous terrasse par je ne sais quoi d'impassible, ou, si vous le préférez, par le changement des rapports où vous étiez vis-à-vis de la Nature un instant auparavant et votre situation actuelle... Vous avez alors la notion bien distincte que votre vie à vous n'est qu'un accident passager et que la Nature subsistera puissante, tranquille et forte, alors que vous ne serez plus.

Quand vient à tomber une pluie fine et silencieuse comme tout le reste, on touche au désespoir, mais à un désespoir qui a quelque attrait, car c'est un désespoir sans abîme, un désespoir qui a des bords. On se dit qu'après tout si, par une malchance incroyable, on était forcé de passer la nuit dans la forêt on n'en mourrait pas.

On se fait rire en pensant à l'amère bêtise de farceurs comme Pelletan qui disent à des hommes qui errent dans les solitudes de l'Afrique, à sept ou huit cents kilomètres de toute civilisation et qui sont entourés de serpents, de bêtes fauves, de Touareg et d'anthropophages : « Vous avez la main trop lourde. Il ne faut pas vous défendre comme cela. »

Nulles conditions, du reste, ne sont plus propres à faire de la psychologie et à apprécier l'inanité des jugements humains.

Un duel, surtout lorsqu'il s'annonce comme devant être un peu sérieux, excite toujours une certaine émotion dans votre entourage.

Il est certain, néanmoins, que l'idée d'un duel à vingt pas, même avec un adversaire tirant bien, trouble infiniment moins l'équilibre, inquiète infiniment moins que l'idée qu'il est déjà huit heures du soir, que personne ne passera plus de ce côté, que vous pataugez sous la pluie, que vous vous êtes trompé de route, que tout dépend de l'usage que vous ferez de votre libre arbitre et de la direction que vous allez prendre... Si vous tombez bien, vous serez assis dans une heure devant une bonne flambée, lisant votre courrier et vos journaux à la clarté de votre lampe. Si vous vous trompez, ce n'est pas une catastrophe, mais c'est une sale affaire... La différence d'inquiétude entre l'idée du duel et l'idée de ne pas trouver le bon chemin est à peu près ce que 1 peut être à 10.000.

On goûte je ne sais quelle joie expansive et chaude lorsque, en apercevant un disque de chemin de fer ou une lanterne de village, on constate qu'on est parti du bon pied. On sort du royaume des ombres pour rentrer dans l'humanité avec une certaine satisfaction.

Pour comprendre cela, il faut avoir vécu dans la forêt de Fontainebleau. Ceux qui ne l'ont parcourue que dans des voitures de touristes n'admettront jamais qu'on puisse se perdre dans un pays qui est à une heure et demie de Paris et dans lequel il y a une sous-préfecture avec un sous-préfet dedans.

En réalité, il y a quelques années surtout, rien n'était plus facile que de s'égarer dans une forêt qui a 16.000 hectares de contenance et 20.000 kilomètres de routes et de sentiers et dont le personnel de gardes est très peu nombreux.

En pleine nuit on pourrait marcher cinq heures sans rencontrer personne. Le malheur est que lorsqu'on a pris le mauvais chemin on n'y persévère pas, car il vous conduirait quand même quelque part. On change, on tourne sur soi-même et l'on est perdu.

Une fois, à Franchard, j'ai bien cru que ça y était.

J'ai vu, là, le plus prestigieux coucher de soleil de ma vie, une magie, un éblouissement de pourpre et d'or, et j'ai voulu comme boire des yeux à l'horizon la dernière étincelle, la dernière lueur, la dernière note de couleur. Puis, soudainement, la nuit est venue, l'ombre a grandi autour des arbres tout à l'heure flamboyants, et je me suis demandé si, à force d'aller et de venir, de m'exclamer et de regarder au fond des sentiers des effets de lumière, je ne m'étais pas complètement mis dedans, et si je n'allais pas tout droit aux gorges d'Apremont.

Je vous assure, quoique cela puisse sembler ridicule, que j'eus un moment d'anxiété et que je piétinai avec une certaine impatience sur le sable, fin comme celui des grèves, que l'on trouve dans ce coin de la forêt.

Ce n'est pas gai, croyez-le, les gorges d'Apremont. En 1868, il est vrai que cela date de loin, un Parisien demeura là deux jours en tournant toujours sur lui-même et il serait peut-être mort de faim si les gendarmes n'étaient pas venus le chercher.

C'est par ce côté mystérieux, farouche et profond, que la forêt de Fontainebleau, tant qu'on ne l'aura pas saccagée, tentera les écrivains et les artistes.

La forêt de Sénart n'a pas de telles prétentions. C'est un grand bois plus qu'une forêt, un bois où, grâce aux coupes sombres pratiquées un peu partout, il n'y aura bientôt plus d'arbres.

On est sûr, là, d'aboutir très rapidement à un village et l'on a toujours la chance de rencontrer un garde. J'ignore combien les plus grands seigneurs avaient de gardes à leur service au moment de la Révolution, qui fut faite, on le sait, au nom de l'égalité. Ce qui est sûr, c'est que Cahen d'Anvers avait *trente-neuf* gardes à lui tout seul, et que ce n'était pas encore un des premiers numéros de la noblesse du Golgotha.

Il est vrai que les nobles d'autrefois, s'ils jouissaient parfois de privilèges excessifs, appartenaient à des familles qui avaient versé leur sang sur tous les champs de bataille où la France avait combattu. Les grands Juifs, qui maintenant ont des gardes aussi nombreux que les princes du sang de jadis, se sont bornés à dépouiller les Français à l'aide de razzias financières...

(p. I-XI.)

CE QU'EST LA VÉRITABLE ANGLETERRE

« Ce que voulait Morès, mes chers concitoyens, vous le savez. Il voulait que la Patrie fût grande dans le monde. Voilà pourquoi il a combattu l'égoïste et féroce Angleterre, cette Angleterre implacable qui l'a fait assassiner par le Juif Arbib. Cette Angleterre, vous la connaissez ; elle a hérité des traditions impitoyables de Carthage ; quand un adversaire la gêne, elle le fait tuer par des mercenaires ; quand elle fait des prisonniers, elle les attache à un bûcher enflammé, comme Jeanne d'Arc, ou à un rocher brûlant, comme Napoléon. »

(p. 17-18.)

UN COMPAGNON DE LUTTE : LE MARQUIS DE MORÈS[1]
(VISION D'UN IDÉAL)

« Il [*Morès*] voulait que tous les enfants de cette Patrie redevenue grande fussent heureux, qu'ils aient le droit à la vie, qu'ils ne fussent pas condamnés à

---

[1] Nous lisons dans un article de Henri Poulain, intitulé « Une Épopée et ses héros » (*Je suis partout*, du 18 décembre 1942) :
« La figure d'Antoine de Morès mériterait aujourd'hui un hommage plus ample. Camarade de promotion de Charles de Foucauld et de Philippe Pétain à Saint-Cyr, il avait lutté en Amérique contre la banque juive, mis sur pied des projets gigantesques au Tonkin et en Chine, partagé le combat d'Édouard Drumont et puis, un jour, son espérance tarie, il s'était embarqué pour l'Afrique. Sa fin dans un monde qui n'était pas pour lui, il l'avait rêvée grandiose : équiper une caravane, rallier les Senoussis et les Touareg et à leur tête foncer vers le Nil, à la barbe des Anglais. L'Intelligence Service paya les assassins nécessaires.
« Le 5 avril 1896, le marquis de Morès écrivait à un ouvrier tunisien ce billet lourd de sens :
Mon cher Monsieur,
Tout a été préparé et proposé en France à propos des Juifs. Il faut commencer, avant d'arriver à un résultat, par réformer le cœur du public qui ne bat plus que pour la pièce de vingt francs.

nourrir de leur travail une poignée d'exploiteurs, de parasites et de mercantis. Voilà pourquoi il a combattu la Juiverie.

....

« Qu'a vu Morès lorsque, ayant l'âge d'homme, il voulut étudier la société présente ? Il a vu des Français pliant sous un labeur sans trêve, sans pouvoir espérer avoir du pain pour les vieux jours. Il a vu des étrangers venus chez nous en haillons posséder maintenant les plus beaux hôtels de Paris, les châteaux historiques, les chasses princières ; il les a vus écraser de leur luxe ceux qu'ils avaient dépouillés. Il s'est demandé ce qu'avaient fait les cosmopolites pour avoir tout cet or, et il a constaté qu'ils avaient exploité ceux qui travaillaient, organisé des escroqueries financières, opéré de fructueuses razzias à la Bourse.

« Il n'a pas trouvé que cela fût bien. Il n'a pas trouvé que cela fût conforme aux lois de l'Évangile auquel ce chrétien croyait comme moi, en laissant aux autres la liberté de ne pas croire. Il n'a pas trouvé que cela fût conforme à la Déclaration des Droits de l'homme qui, en proclamant que tous les citoyens étaient égaux, ne prévoyait pas que cent ans après nous aurions les Juifs pour maîtres, et que ces maîtres seraient plus arrogants et plus durs que les anciens.

« Voilà pourquoi Morès a combattu la Juiverie, voilà pourquoi il s'est efforcé de briser les monopoles, d'empêcher les accaparements, de délivrer le paysan, l'ouvrier, l'employé, le petit commerçant du joug qui pesait sur eux.

« Nous resterons fidèles, quant à nous, à la cause que Morès a servie.

« Nous ne nommons personne, mais nous déclarons qu'il est inique, antihumain, antisocial, antichrétien qu'un Juif de Francfort puisse posséder à lui tout seul dix milliards (dix mille millions) alors que des Français sont réduits à se suicider parce qu'ils n'ont pas un morceau de pain à donner à leurs enfants. »

(p. 18-20, *passim*.)

VERS UN MONDE NOUVEAU !

« La société présente, rongée par toutes les hypocrisies, livrée à toutes les corruptions et à tous les vols, sera remplacée par une société plus fraternelle et plus juste. Ce jour-là, mon pauvre Morès, j'aurai peut-être été te rejoindre dans la tombe ; mais parmi ceux qui sont ici il s'en trouvera un pour venir t'annoncer la bonne nouvelle.

Étant ennemi des bavardages inutiles, j'attends que cette question soit mûre pour une action sérieuse.
Il ne faut pas un *homme, il faut* des *hommes et un peuple.*
Le peuple français est bien malade, c'est pourquoi, à l'aide des Arabes, je cherche à lui donner le temps de se réveiller.
Remerciements et amitiés. — MORÈS.
« Nous voilà loin, n'est-ce pas ?, d'un Empire qui à l'écran s'incarnait ici pour une foule abaissée sous les traits de M. Yonnel Schachman et de Pépé-le-Moko. » [J. R.]

« Il frappera à la porte de ton sépulcre et il te dira : "Écoute, Morès, bon serviteur du peuple de France, ami des opprimés et des pauvres, la France s'est ressaisie, elle a retrouvé les fières audaces et l'indépendance d'autrefois. Elle a brisé hier cette Féodalité financière plus cruelle et plus orgueilleuse que l'ancienne, sans avoir comme elle l'excuse d'avoir combattu pendant des siècles pour défendre le sol du pays.

« "Ton programme est réalisé ! La France est rendue aux Français. La France ne tremble plus devant l'Angleterre. Les travailleurs sont heureux en travaillant et l'on ne voit plus des hommes tomber d'inanition, tandis que d'autres possèdent des milliards." »[2]

(p. 22.)

PASSIVITÉ MILITAIRE

Ce qui fait la grandeur du métier militaire, c'est l'obéissance, l'admirable abnégation de soi-même ; mais il va de soi que l'homme qui a obéi toute sa vie est incapable d'aucune initiative, d'aucune idée personnelle. Les organes qu'on n'exerce pas s'atrophient et n'accomplissent plus les fonctions auxquelles ils étaient destinés. L'homme qui ne marche pas n'a plus de jambes au bout d'un certain temps. Le soldat qui n'a plus droit de penser, d'agir par lui-même, qui toujours attend, au port d'armes, le commandement qui le mettra en mouvement, ne peut plus penser, avoir une volonté, se déterminer tout seul à un acte.

Vous avez vu des héros d'Afrique, des hommes comme Cavaignac, comme Lamoricière, comme Changarnier, avec des pistolets chargés sur leur table de nuit, des sabres sous leur traversin, se laisser arrêter tranquillement par un monsieur qui pénétrait chez eux à cinq heures du matin, contrairement à la loi, et qui leur présentait un petit papier, sous prétexte qu'il était commissaire de police... Boulanger n'a même pas attendu qu'on lui montrât le petit papier ; il s'est enfui parce qu'un agent de police à la solde de Constans[3] est venu lui dire qu'il l'avait vu, le fameux petit papier...

(p. 30-31.)

LA BOURGEOISIE POURRIE

Cette Bourgeoisie révolutionnaire qui devait régénérer le monde n'est point seulement pourrie moralement ; elle est aussi atteinte d'une dégénérescence intellectuelle à peu près complète ; elle a détruit dans les cœurs tous les nobles sentiments qui sont la sauvegarde de l'ordre social, et elle ne sait même plus se défendre matériellement.

---

[2] Pages 16 à 23 : Discours prononcé par Édouard Drumont au cimetière Montmartre le 19 juillet 1896, jour des obsèques de Morès. [NdÉ]
[3] Ministre de l'Intérieur. [J. R.]

(p. 89.)

PROGRAMME D'ÉDUCATION FRANÇAISE

Nous aimerions voir nos enfants apprendre les vieux poètes français de préférence aux vieux poètes latins, déchiffrer, au lieu de Tite-Live, de Quinte-Curce, Villehardouin, Joinville ou Commines. Ils liraient là les exploits de leurs aïeux et s'intéresseraient davantage, sans nul doute, aux coups d'épée de quelque chevalier qu'aux batailles de Rome contre les Samnites. Ils connaîtraient les origines de leur race, ils sauraient les traditions dont ils relèvent. La France ne serait plus seulement pour eux la terre où l'on est né, ce serait la Patrie, la terre des pères.

(p. 172-173.)

DERNIERS REGARDS SUR LE PANAMA

Si le canal de Suez n'a guère été utile qu'à l'Angleterre, le Panama demeurera pour la France un sujet d'inépuisables et instructives études. Panama a rendu visibles les *invisibilia* qui dévoraient lentement ce pays ; par les éléments dont il a précipité la dissolution, par les corruptions latentes qu'il a étalées au grand jour, Panama a avancé de cinquante ans la révolution sociale.

La vue des Reinach, des Cornélius Herz, des Arton, des Hugo Oberdœrnffer, acharnés sur la même proie, a fait plus pour l'Antisémitisme que tout ce que nous aurions pu écrire. À Suez, de Lesseps a fait passer des bateaux, à Panama il a fait passer des idées...

L'affaire du Panama, nous l'avons dit, est un microcosme où l'on voit en action tout ce qui a un rôle social : Parlement, Magistrature, Presse, Corps savants depuis l'Académie jusqu'au corps des Ponts et Chaussées, Haute Banque, Petite Épargne.

Parmi toutes ces forces mises en mouvement, il ne s'est pas trouvé un seul homme pour empêcher la ruine ; pas un ministre n'a éclairé le pays..., pas un actionnaire, sortant de la foule, n'a organisé un meeting pour dénoncer la situation.

Vous constaterez là le délabrement, la vétusté, le fonctionnement incohérent de tous les ressorts sociaux : un nombre effrayant de journaux ayant pour résultat de mettre absolument la vérité sous séquestre, des ingénieurs des Ponts et Chaussées infatués d'eux-mêmes, exclusifs, se regardant comme les premiers moutardiers du Pape et incapables de dire un mot utile dans une question de travaux — un gouvernement de prétendue discussion, de lumière, de contrôle se résumant dans un ministre qui soutient un projet de loterie de 600 millions en disant : « Le gouvernement n'a aucun renseignement, il ne veut pas en avoir, son devoir est de ne pas en avoir. »

On a souvent comparé de Lesseps à un conquérant et, de fait, il a laissé à Panama autant de morts qu'il en tombe dans une grande journée militaire !

Les ouvriers qui mouraient sur place étaient simplement jetés dans le remblai ; un train de décharge arrivait et les cadavres avaient du coup cinquante mètres de terre sur la figure. L'Isthme est devenu, grâce à ces cadavres anonymes, un gigantesque ossuaire, un cimetière qui donnera plus tard l'idée d'un immense champ de bataille, où l'on retrouvera tous les types de la race humaine : des Nègres et des Chinois, des Européens et des Asiatiques.

De ces malheureux qui étaient venus braver un climat pestilentiel pour augmenter un peu leur chétif salaire, on n'entendra plus parler jamais ; mais les cadavres que le Panama a laissés à Paris : les Prévarications, les Concussions, les Trafics de votes seront plus récalcitrants.

Brisson a dit sur eux les dernières prières d'une commission franc-maçonnique et laïque. Franqueville les a enveloppés dans le suaire de papier d'une instruction dérisoire. Loubet a versé dessus le fumier de négociations malpropres dont le livre de Dupas nous a donné un échantillon. Vallé a déposé sur eux trois gros volumes en guise de pierres tombales. Le socialiste Rouanet y en a ajouté quelques autres.

Sous cet amas énorme, l'Histoire retrouvera quand même ces cadavres accusateurs. Un jour, on les verra sortir du sépulcre des commissions, se débarrasser du linceul des instructions, briser les cartons verts qui leur servent de cercueil et venir flétrir à haute voix les hommes politiques qui se sont vendus ainsi que le régime inavouable qui a toléré et encouragé toutes ces hontes...

....

Cette extraordinaire histoire du Panama prend, de plus en plus, le caractère d'un de ces événements fatidiques qui annoncent la fin d'un régime et l'écroulement d'une Société...

....

Le déballage de cette affaire du Panama est la fin de tout un ordre de choses. C'est la faillite de toute une littérature, de tout un régime qui reposait sur l'hypocrisie, la déclamation et le mensonge, c'est l'écroulement, sous les risées et sous les huées, de toute une théorie philosophique et sociale.

La société d'autrefois, vous racontait-on, était profondément corrompue. Une nouvelle classe d'hommes allait faire régner des principes sévères.

L'idée avait été symbolisée dans une des fêtes les plus curieuses de la Révolution : la *Fête de la Régénération*, où les Conventionnels allèrent les uns après les autres tendre leur coupe à l'eau pure qui jaillissait des mamelles de la Révolution.

On retrouve l'idée sous la même forme dans la phrase inoubliable de Jules Ferry : « La France, débarrassée de la corruption de l'Empire, va entrer dans la période des austères vertus. »

Eugène Pelletan disait à peu près la même chose à Pontmartin : « Laissez-nous faire la République, vous verrez, vous verrez comment nous moraliserons la France. »

Ce n'était pas seulement un changement de régime, c'était une nouvelle conception de la nature humaine. L'homme, dans le passé, était corrompu parce qu'il était l'esclave de toutes les superstitions et de tous les préjugés, parce qu'il était courbé sous le joug de la tyrannie. L'homme émancipé, le nouvel Adam, n'acceptait pas la fatalité du péché originel ; il n'avait besoin d'aucun frein religieux ; il était vertueux pour le seul amour de la Vertu. La morale élevée, qui était la sienne, était indépendante de tout dogme, il la puisait dans sa propre conscience ; c'était le pur, le bon citoyen, Aristide ou Caton.

C'était la morale maçonnique, et beaucoup de Maçons, autrefois, y crurent de très bonne foi.

Le résultat, vous le voyez, tout le monde le voit. Dès que l'action dissolvante du Juif a pu s'exercer en toute liberté, la France est devenue un cloaque, le Parlement s'est transformé en bazar. On ne peut plus toucher le corps social sans faire crever un abcès, sans voir jaillir un flot de pus, sans apercevoir quelque ulcère affreux.

Les Francs-maçons, eux-mêmes, quand ils sont dans le commerce, dans les affaires pour de vrai, savent parfaitement qu'on ne peut obtenir le vote d'une loi d'intérêt général, d'un tarif, d'une entreprise quelconque, sans donner des pots-de-vin.

....

Une fois de plus, l'homme a voulu se dresser dans son orgueil ; il a dit : « Ni Dieu, ni maître », il s'est réveillé au milieu de la plus profonde abjection.

....

Le Christianisme seul a pu décider des privilégiés de la Destinée qui avaient tout à renoncer à tout. Ce n'est que grâce à lui que l'on a vu des hommes, assez riches pour se donner toutes les jouissances, coucher sur la dure, jeûner toute l'année, martyriser leur corps par le cilice. C'est la Foi seule qui pousse des patriciennes à quitter le velours et la soie pour la robe de bure et à soigner, avec une tendresse filiale, les plaies dégoûtantes de vieillards indigents qui puent considérablement.

C'est une constatation embêtante pour les Francs-maçons, mais c'est bien embêtant aussi pour un pays de voir tous les consuls, tous les gonfaloniers, tous les podestats de la République maçonnique et juive, les anciens présidents du Conseil et les anciens présidents de la Chambre être si parfaitement convaincus d'être des concussionnaires et des voleurs que ceux de leurs collègues qui n'avaient pas volé étaient obligés d'envoyer des émissaires à Arton pour le prier de se taire.

C'est là le point de conjonction où la morale fait un angle aigu avec l'intérêt social. Les malheureux, qui ont été réduits à la misère, sont bien forcés de reconnaître, en effet, que le désastre qui les frappe provient de l'absence de toute notion morale chez ceux qui gouvernent, et ils en arrivent à se demander si la morale d'autrefois n'avait pas une base moins chancelante et moins fragile que la morale d'aujourd'hui.

(p. 214-217, 226, 253-258, *passim*.)

LES NOUVEAUX BARBARES...

Ce sont vraiment des types extraordinaires que ceux de ces grands Juifs qui, partis de rien, arrivent à tout et qui, en quelques années, s'imposent à tous dans un pays où ils n'ont nulle attache, nulle assise, nul point d'appui...

Ces gens-là n'ont vraiment pas le cerveau conformé comme nous. Leur évolution est différente de la nôtre, et tout ce qui vient d'eux est exceptionnel et bizarre... Ils arrivent on ne sait d'où, ils vivent dans un mystère, ils meurent dans une conjecture... Ils ne parviennent pas, ils surgissent tout à coup en éblouissant les capitales de millions dont on ignore l'origine ; ils ne meurent pas, ils s'écroulent brusquement dans un drame...

Ils attirent le drame, ils l'apportent avec eux dans les pays qu'ils bouleversent et dans les intérieurs qu'ils envahissent. Le krach, le coup de théâtre ou le coup de Bourse, l'imprévu dans l'interlope semblent être leur naturel élément.

Quand de pareils gaillards sont lâchés dans une société, comment voulez-vous que les natifs puissent continuer à vivre de la bonne vie tranquille d'autrefois ? Ils entraînent tout le monde dans la trépidation de leur mouvement ; ils troublent tout autour d'eux par le trouble de leur propre esprit... En réalité, ces Modernes et ces ultra-civilisés, avec leurs outrances, leurs fièvres, leurs convoitises toujours allumées, causent plus de désordre partout où ils passent que les Barbares d'autrefois.

....

La force du Juif est d'aller tout droit devant lui avec l'inconscience de certains névrosés, de certains déments possédés par une idée fixe.

Étranger à tout sens moral, incapable de tout scrupule, convaincu que les autres ne comptent pas et qu'il n'y a pas à se gêner pour eux, le Juif n'a même pas la préoccupation des responsabilités qu'il pourrait encourir ; il compte sur le Kahal pour le protéger si cela est possible, et, pour le reste, il se confie au *Mazzal*.

Qu'est-ce que donc que le *Mazzal* ?

Ce n'est ni le *fatum* antique, ni la Providence chrétienne ; c'est le bon sort, la chance, l'étoile, le chapitre heureux du roman. Regardez de près la vie de tout Juif de marque, elle vous apparaîtra comme un roman réalisé.

Que voulez-vous, encore une fois, que fassent les autochtones, les naturels du pays que traversent ces bandes de Bédouins mis à la dernière mode ?

Violemment arrachés à leurs traditions, déshabitués de tous les sentiments héréditaires qui constituent une race, un peuple, une Patrie, ces pauvres gens éprouvent cette espèce d'ahurissement qui caractérise les jours présents ; ils se prennent la tête à deux mains et cherchent en vain à quoi se raccrocher.

Il n'y a plus rien, en effet : ni foyer, ni mœurs familiales, ni principes sociaux, ni religion, ni constitution fixe de la propriété. La propriété, c'est du papier qui, aujourd'hui, vaut mille francs et qui, demain, aura la valeur d'une feuille d'arbre quand le Juif qui aura fait monter fictivement ce papier se sera brûlé la cervelle comme Jacques Meyer, ou aura avalé une fiole d'aconitine comme Reinach.

Dans quel temple chercher un asile au milieu de la tempête ? Le temple de Dieu ? Pour la nouvelle génération, c'est une vieille masure que le gouvernement déclare bonne à être démolie. Le temple des lois ? C'est un antre où l'on acquitte les flibustiers fameux qui ont volé beaucoup de millions, tandis qu'on condamne impitoyablement le miséreux qui a volé pour manger. Le temple de la représentation sociale ? Les Juifs, au temps du Panama, en avaient fait un bazar où l'on achetait des votes à beaux deniers comptant.

Il semble, cependant, que cette période soit prête à finir et que le réveil ait déjà commencé.

Dans un de ces dessins de Forain qui, avec leurs légendes qui sont parfois des essences d'idées, constitueront une si admirable contribution pour l'histoire sociale de ce temps, on aperçoit deux Juifs effondrés sur les ruines du Syndicat.

« Nous n'avons plus d'hommes ! dit la légende ; pour réussir, il nous aurait fallu Cornélius Herz ou Reinach. »

En réalité, ni Cornélius, ni von Reinach, avec leur prodigieuse rouerie et leur infernale habileté, n'auraient fait triompher le Syndicat Dreyfus. L'époque était changée, l'atmosphère s'était modifiée. Dès que la France a compris la signification, la portée, l'avenir de l'Antisémitisme, elle est entrée dans la voie de la guérison.

Cornélius, qui a rejoint aujourd'hui von Reinach dans le *scheol*, était le dernier représentant d'une phase définitivement close. Ce personnage énigmatique et mystérieux qui offrait un composé de traits si divers et apparaissait comme un mélange du docteur Faust, de Balsamo et de Vautrin, s'est obstiné à vivre tant qu'il a eu quelque espoir de revanche. Quand il a vu que tout était terminé, il a donné une dernière preuve de son intelligence en s'en allant assez à temps pour ne pas assister aux désastres prochains de sa race, à l'écroulement définitif du régime juif...

(p. 237, 238, 240-242.)

LES PROVINCIAUX À PARIS

C'est une observation fort juste que l'on fit au moment du Panama : ce sont les provinciaux qui ont les appétits les plus féroces ; c'est sur eux que Paris exerce le plus terriblement cette démoralisante influence à laquelle échappent plus facilement les Parisiens qui, comme Mithridate, se sont habitués tout jeunes au poison. Qu'il est vrai ce cri de la provinciale, ce cri qui termine *Sapho* : « Paris ! voilà ce que la province te donne et voilà ce que tu lui rends ! »

(p. 250.)

LE JUIF DEPUIS TOUSSENEL

Sans doute, dans ces *Juifs, rois de l'Époque,* bien des traits ont vieilli, bien des chapitres semblent démodés.

Toussenel nous a peint le Juif en marche : nous avons devant nous le Juif arrivé. Il a vu le Juif s'essayant à la conquête de la France ; aujourd'hui, grâce à la guerre de 1870, la conquête est faite et le Juif nous tient râlants sous son talon.

C'est par ce côté que l'œuvre, lorsqu'on la relit, a je ne sais quoi d'archaïque qui plaît comme la reconstitution, dans certaines pièces de théâtre, des costumes de nos grand'mères. Les mœurs de la Haute Pègre financière ont encore, à ce moment, un aspect ingénu et patriarcal. On ne parle, là-dedans, que de quelques millions volés de temps en temps.

Qu'est ceci à côté des grands coups contemporains comme ceux du Honduras, de l'Union générale, du Comptoir d'Escompte, des Mines d'Or, des Conventions qui coûteront un milliard à la France ?

Cela fait songer à ces descriptions de mœurs des viveurs qu'on rencontre de loin en loin dans de vieux romans oubliés. On vous y montre des lions, des dandys, des fashionables qui donnent cinquante louis par mois à leur maîtresse et qui éblouissent Paris avec un tilbury et un tigre monté sur le siège.

Quel étonnement éprouveraient les gens d'alors en pénétrant dans ces palais somptueux élevés sur des cadavres, en constatant que les plus beaux domaines de France, les châteaux historiques les plus fameux appartiennent maintenant à des Juifs allemands venus en haillons chez nous ?

Le grand mérite de Toussenel a été précisément d'être un précurseur, d'avoir indiqué, avec une prescience inouïe, une incroyable puissance d'intuition, ce qu'était dans son essence et ce que serait dans son fonctionnement cette Féodalité financière qui, à l'époque où il écrivait, commençait à peine à se constituer.

S'il est de son temps en nous peignant les escroqueries qu'il a pu voir et qui sembleraient des jeux d'enfants à nos grands Sémites d'aujourd'hui, Toussenel est d'aujourd'hui et de demain par la conscience très nette que ce vrai Français a du péril juif. Comme Balzac, il a su deviner tous les Rothschild, tous les Reinach et tous les Barnato qu'il y a dans Nucingen.

C'est par ce côté encore que le livre de Toussenel intéresse et impressionne. S'il n'est exempt ni de dangers, ni d'épreuves, notre rôle, à plus d'un égard, est plus enviable que le sien. Nous sentons que l'Opinion publique est avec nous. Tous ceux qui nous lisent ont souffert des iniquités que nous flétrissons. S'ils n'en n'ont pas l'énergie, tous, au moins, ont le désir de secouer le joug ignominieux.

Connaissez-vous, au contraire, supplice comparable à celui qu'endurent des précurseurs comme Toussenel ? Ils ont la notion claire d'une situation que personne n'aperçoit distinctement autour d'eux ; êtres d'intuition, ils s'adressent à des hommes qui ne sont pas organisés comme eux et qui ne les comprennent pas... *Vox clamantis in deserto.*

Que de merveilleuses divinations, cependant, dans ces pages ! Toussenel a discerné le premier l'action secrète de cette rapace et dévorante Angleterre, qui peut s'appuyer sur le Juif parce qu'elle a son contrepoids dans la puissance terrienne de ces lords, immuablement installés sur la conquête de 1066. Il nous l'a montrée se préparant déjà à tout ce qu'elle a réalisé depuis, s'emparant de Suez, tandis que la France illusionnaire songe à Panama ! N'est-elle point prophétique cette phrase écrite en 1845 :

« Quand l'Angleterre pousse à la démolition de la vice-royauté de Méhémet-Ali pour mettre la main sur l'isthme de Suez, à la faveur de l'anarchie et des troubles, le Gouvernement français détache un ingénieur vers l'isthme de Panama pour faire pièce aux Anglais. Le *Journal des Débats* tient son style napoléonien en réserve pour ces grandes occasions. »

Les *Débats*, citadelle de la bourgeoisie censitaire, furent la bête noire de Toussenel. Aujourd'hui ils sont doublés par *Le Temps* et par d'autres journaux de même nuance, mais alors ils étaient seuls et ils jouissaient d'une autorité incontestable ; ils constituaient un véritable pouvoir.

Ce sont eux qui présidèrent au mariage de la Ploutocratie philippiste avec la Juiverie encore modeste. Toutes deux marchèrent longtemps unies dans une même campagne pour l'exploitation générale du pays et fraternisèrent dans une haine commune pour le Peuple. Aujourd'hui la Bourgeoisie est reléguée au second plan, et depuis la guerre, grâce aux recrues venues d'Allemagne, le Juif a tout mis sous ses pieds. Il étale sans vergogne les dépouilles conquises dans ces razzias gigantesques qui laissent bien loin derrière elles les petits gains du bourgeois millionnaire d'autrefois, devenu un besogneux d'aujourd'hui.

....

Toussenel, qui avait toujours annoncé qu'il vivrait cent ans, s'éteignit au mois d'avril 1885 dans ce joli coin de France qu'on appelle la Plâtrerie, et qui donne d'un côté sur la Seine, tandis que de l'autre il touche à la forêt de Fontainebleau. Il expira oublié au moment où les Juifs étaient dans une sorte d'apothéose... S'il avait vécu une année de plus, il aurait assisté à l'explosion d'enthousiasme et de joie que souleva cette *France juive* qui parut juste un an après sa mort, au mois d'avril 1886.

Il en est des idées comme de ces bois dont Toussenel a célébré si souvent la mystérieuse poésie et l'impressionnante grandeur. Tout paraît morne, lugubre, endormi, enseveli dans la tristesse et le deuil... Soudain, les nids se remettent à chanter, l'alouette gauloise reprend son vol, les luxuriants épanouissements du renouveau attestent l'énergie de la sève qui coulait à travers ces branches qui semblaient épuisées et stériles.

Le modeste monument que, sur l'initiative de M. de Grandmaison, des mains amies ont élevé il y a trois ans à Toussenel, dans le petit village de Montreuil-Bellay[4], est déjà un commencement de réparation pour le grand pen-

---

[4] Maine-et-Loire, arrondissement de Saumur. [J. R.]

seur français qui nous a frayé la voie. Nous lui rendrons un hommage plus complet après la définitive victoire, quand la France, enfin rentrée en possession d'elle-même, saura reconnaître, parmi tant de réputations surfaites ou de gloires usurpées, ceux qui ont vraiment honoré le XIXe siècle.

(p. 266-270, 272-273.)

MONSIEUR JOSEPH PRUDHOMME[5]

Ce n'est pas le premier venu, allez, que Joseph Prudhomme, et si les superficiels en rient, le penseur peut s'arrêter longtemps à considérer ce personnage qui a exercé sur les choses de notre époque une si décisive influence. Il a pesé d'un rude poids dans la balance des événements, ce sabre destiné à défendre nos institutions et, au besoin, à les combattre...

Prudhomme est terrible, effectivement, en ceci qu'il est étranger à tous les nobles sentiments qui fondent ou conservent les États. Il est aussi incapable d'enthousiasme que de respect ; il est aussi bien l'ennemi de ceux qui veulent créer une société nouvelle que de ceux qui veulent maintenir la société ancienne. Quand une main de fer tient le pouvoir, il provoque une émeute à propos d'un chien sur la queue duquel on a marché. Quand on est en République, il crie : « Au feu ! » aussitôt que flambe à côté de lui l'allumette d'un fumeur.

Nous l'avons entendu, exaspéré et hideux, hurler après des prisonniers et des vaincus[6], vociférer : « Tuez-les tous ! Arrachez-leur les ongles ! » À peine les prisonniers étaient-ils partis qu'il s'agitait pour qu'on allât les rechercher...

On peut soutenir sans paradoxe que si ce siècle qui a remué tant d'idées, qui a vu s'affirmer tant de théories magnifiques et fécondes, qui a produit tant d'éminents esprits, si ce siècle n'a point donné tout ce qu'il était susceptible de donner, c'est à Prudhomme qu'il faut s'en prendre. On achète ou on persuade une conscience, on dompte une volonté, on écrase une raison d'État par une autre raison d'État. Quelle prise a-t-on sur cet être-là ?

Tous les gouvernements se sont heurtés à cette masse de chair adipeuse, flasque, et active seulement pour empêcher les autres d'agir. Je ne veux point calomnier ce colossal révolté qu'on nomme le Diable. Mais la signification du mot *diabolos* fait songer à Prudhomme. *Dia bouleuo, je veux en travers.* Prudhomme veut toujours en travers.

....

À cette heure oscillante et perplexe où une minute suffit à tout perdre ou à tout sauver, cet imbécile de Prudhomme est, avec son sabre, l'arbitre de la situation. Le sort de toute une génération dépend d'un homme qui ne sait pas ce qu'il veut. Des milliers d'êtres de valeur changeront de voie parce que

---

[5] Au XXe siècle, M. Joseph Prudhomme est devenu Ballandard. [J. R.] (Cf. *Bella*, de Jean Giraudoux.)

[6] Ceux de la Commune de 71. [J. R.]

Prudhomme, qui n'a ni idéal, ni respect, ni discipline, ni intelligence, ni croyance, ni espérance, hésite s'il doit attaquer nos institutions ou les défendre. Voilà pourquoi ce fantoche comique atteint par moment au tragique ; voilà pourquoi il est éternel ; voilà pourquoi Joseph Prudhomme est installé à tout jamais dans cette galerie de caractères et de types qui tous les cent ans, s'enrichit à peine de deux ou trois figures…

(p. 289-291, 293-294, *passim*.)

XI

VIEUX PORTRAITS, VIEUX CADRES
(1903)

LE XVIIIᵉ SIÈCLE, SIÈCLE ENCORE FRANÇAIS...

L'âme a peut-être subi une transformation plus profonde encore. Le XVIIIᵉ siècle, malgré ses travers et ses vices, eut cette qualité d'être français avant tout, d'être suprêmement français. Sans mêler les préoccupations du jour à ces promenades dans les milieux d'autrefois, il est bien certain que l'idée française a diminué. Nous sentons que Paris n'est plus Paris, mais *cosmopolis* ; nous avons bien la notion de n'être plus chez nous parmi tous ces Juifs, ces Métèques et ces étrangers...

(p. IV.)

VIE PROVINCIALE D'AUTREFOIS
(XVIIIᵉ SIÈCLE)

Cette existence provinciale du temps passé, vous en avez parfois comme une vision en traversant quelque vieille ville, en parcourant les quartiers solitaires, en cheminant dans ces rues mornes bordées d'anciens hôtels dont nul ne vient plus soulever le heurtoir sculpté.

À cette époque, cependant, où le mot *décentralisation* n'était pas inventé, chaque ville avait encore une vitalité intellectuelle qui lui était propre. On dînait à midi, et, l'été, après une promenade sur le cours, on se réunissait à l'évêché ou dans quelque grand jardin de couvent pour y deviser des *belles-lettres*, comme on s'exprimait alors. On cultivait les Muses, on se communiquait le fruit de ses veilles. Le chanoine récitait quelque ode latine, le théologue lui signalait un *anapeste* défectueux ; on demandait au président à mortier des nouvelles de sa traduction d'Horace...

(p. 255-256.)

ANDRÉ CHÉNIER MÉCONNU

Quelques heures avant le 9 Thermidor, par un radieux soleil de juillet, Chénier montait à l'échafaud après Roucher, qui avait été guillotiné le premier, le deuxième d'une fournée de vingt-cinq victimes.

Il mourait pour avoir défendu la cause de l'humanité, et c'est à peine, il convient d'insister sur cette iniquité, si ce côté de sa personnalité avait été mis en relief avant M. Oscar de Vallée[1]...

Donnez aux partis extrêmes une individualité comme celle-là, une figure qui, en dehors du mérite littéraire, a tout ce qu'il faut pour parler à l'imagination. Supposez un homme de génie, beau, jeune, irréprochable, supplicié par un roi qu'il aura bravé jusque sur les marches d'un échafaud. Rien n'aurait été de trop pour immortaliser cette pure mémoire ; le marbre et le bronze auraient été mis à contribution ; on organiserait chaque année des fêtes en son honneur ; on ferait réciter ses strophes par les enfants. Chénier a défendu la société sans l'ombre d'une arrière-pensée d'intérêt personnel, et aucun de ceux qui pensent comme lui n'a jamais eu l'idée de rendre un public hommage à son héroïsme.

Courier, styliste raffiné, mais intelligence étroite, sans enthousiasme et sans flamme, a un monument pour avoir ciselé quelques épigrammes contre les prêtres. Chénier, l'interprète sublime de la pensée de tous sous la Terreur, n'en a pas, et si un comité s'organisait pour lui élever une statue place du Trône, il est probable qu'il ne recueillerait pas deux mille francs.

Les partis que l'on s'obstine à appeler conservateurs, bien qu'ils n'aient jamais rien pu conserver, pourraient trouver dans ce contraste l'explication de leurs perpétuelles défaites et des continuels succès de leurs adversaires...

(p. 280-282.)

LA FRANCE COLONISATRICE[2]

On a dit que les Français n'avaient pas la tête épique, et la France a produit, aux heures de la jeunesse, cette *Chanson de Roland* et ces chansons de geste qui ont inspiré tous les poètes de l'Europe ; elle a enfanté, en notre siècle matérialiste, cet épique prodigieux qu'on nomme Victor Hugo. Il n'est guère plus exact de prétendre que les Français ne sont pas colonisateurs.

Ce qui est vrai, c'est que si les conceptions de Richelieu et de Colbert avaient trouvé, au XVIIIe siècle, des hommes d'État capables de les apprécier et de veiller à leur exécution, le monde était à la France.

---

[1] Auteur d'un livre : *André Chénier et les Jacobins*. [J. R.]
[2] À propos de Dupleix. [J. R.]

Ce qui est vrai encore, c'est que la colonisation de la France et celle de l'Angleterre ne se ressemblent pas.

Par l'ascendant de son génie essentiellement sociable, par le charme qui était en elle, la France d'autrefois avait conquis moralement, subjugué tous les peuples chez lesquels elle avait fondé des établissements. L'Inde a longtemps regretté la France ; le Canada est resté français par la langue, par l'esprit, par le cœur.

(p. 301-302.)

L'ANGLETERRE COLONISATRICE

L'Angleterre ne conquiert pas, elle occupe solidement, vigoureusement, tenacement, mais à la surface seulement ; elle ne prend racine nulle part. La poussée des Russes, portant toute leur force de ce côté, chasserait les Anglais des Indes, que les Indous auraient oublié au bout de dix ans ces occupants peu agréables et ne se souciant pas de l'être. Après tant de siècles, l'Irlande ne s'est pas encore assimilée et conserve l'espoir de reprendre son autonomie. La mère-patrie est si peu tendre que le premier soin des colons d'Amérique a été de se séparer de leur mère et de se créer une autre patrie...

Les Anglais ont fini par avoir raison de ces admirables Boers dont l'héroïsme, soutenu par une foi profonde, a fait l'étonnement du monde.

Les héros du Transvaal ont été obligés quand même de succomber sous le nombre...

Tous les hommes qui ont conservé une conscience sont unanimes à flétrir cette hypocrite Angleterre qui a toujours le mot de philanthropie a la bouche et qui fusillait des prisonniers de guerre et condamnait à mourir de faim les femmes et les enfants entassés dans les camps de concentration.

(p. 302-304, *passim*.)

VISION D'UNE FRANCE DIMINUÉE

Autrefois, la France savait se reprendre comme on le vit au moment de la conquête d'Alger.

Mais nous sentons que l'heure de ces aventures est passée. Les grandes saignées des guerres de la Révolution et de L'Empire semblent avoir débilité à jamais ce peuple qui ne fait plus d'enfants. À quoi bon coloniser quand on n'a pas un trop-plein de population à faire émigrer au-dehors ?

Restons chez nous, alors, tâchons de ne pas nous y dévorer mutuellement, et dressons des statues tardives aux hommes [*comme Dupleix*] que nous n'avons pas su comprendre quand ils vivaient !

(p. 305-306.)

★ ★ ★

XII

VISION DE PARIS...

VISION DE PARIS

Paris est au fond de toutes mes pensées, il fait partie de mon être même ; mais je ne sais comment exprimer la façon dont je l'ai dans le regard et dans le cerveau. Il me suffit de m'asseoir une minute, de fumer une cigarette et de fermer les yeux pour voir des pans de maisons, des devantures de magasins, des ponts à certaines heures avec leurs paysages et leur perspective, des coins de rue absolument tels qu'ils sont, — et cela me plonge dans des abîmes d'idées et m'emporte peu à peu loin du rivage, comme au large, dans des lointains infinis.
(*La Dernière Bataille*, p. 207-208.)

LES RUES DE PARIS
(RÊVERIE)

Lassé de sonder ces problèmes et comme fatigué de cet agrandissement démesuré de la pensée, on s'éloigne de la contemplation de cet immense univers où s'agitent tant de points noirs et l'on revient vers ce Paris qui est aussi un monde à lui tout seul.

On s'aventure dans ces rues où s'est inspiré tour à tour le roman de Balzac, des Concourt, des Daudet. Rues dormantes, rues trépidantes, rues calmantes, rues religieuses, rues laborieuses, rues paresseuses, rues fiévreuses, rues amoureuses, toutes vous rappellent une étape parcourue, toutes ont pour vous une allure bien distincte.

Parfois, au fond de quelque village perdu, vous fermez les yeux et vous entrevoyez ces rues telles qu'elles sont avec la foule spéciale qui les traverse incessamment, vous franchissez en imagination la porte des maisons, vous montez les escaliers et vous trouvez chacun à sa place.

Ici l'agitation règne toujours ; là un apaisement immuable enveloppe les êtres et les choses. Voici le journal où chacun se presse, parle haut, écrit vite, et là-bas ces paisibles demeures de l'autre côté de l'eau où les années se succèdent monotones sans qu'on les entende s'enfuir. En ce café, il vous souvient d'avoir ri de bon cœur, aux heures insouciantes de la jeunesse, alors que des mains maintenant glacées par la mort se renvoyaient de l'une à l'autre, comme un volant ailé sur une raquette d'or, quelque paradoxe sur l'Art. En ce couvent, vous avez trouvé, en ces crises où le cœur brisé désespère, les paroles qui décident à vivre ; et lorsque vous entendez tinter par-dessus les grands murs ces cloches qui rythment la vie monastique, vous songez aux hommes meilleurs et plus forts que vous qui ont tout quitté pour l'humble cellule où l'on prie pour ceux qui ne prient point.

Ainsi se dresse devant vous, à chaque pas que vous faites sur le pavé, ce Paris où chaque rue, chaque maison, chaque étage a une signification pour vous...

(*Mon vieux Paris* : 1re série, p. VII-VIII.)

PARIS L'INDÉFINI ET L'INDÉFINISSABLE...

Le Paris réel est l'indéfini et l'indéfinissable comme qui dirait un infini relatif. Il est précis par le détail, vague, brumeux, insaisissable dans son étendue démesurée. Sa hauteur se perd dans les nues, sa profondeur s'enfonce dans les abîmes, sa largeur va plus loin que tout horizon. De lui tout est vrai, et de lui tout est faux : tout est vrai parce qu'il n'est pas un trait magnifique ou odieux qui n'appartienne à sa kaléidoscopique physionomie ; tout est faux, car toute esquisse que l'on en trace, toute carte qu'on en dessine, tout livre qu'on en écrit le limite à quelque particularité. Son immensité dépasse toutes les toiles, sa variété défie tous les pinceaux.

Ce qu'Ésope disait de la langue s'applique à Paris. Il est bon, il est mauvais. C'est un ascète, c'est un cynique, il se roule dans les délices comme Sardanapale et il est sobre comme un Spartiate ; il est croyant, il est athée ; il est Héraclite ou Démocrite ; spirituel ou stupide.

Écrire un livre, même exact, sur Paris, c'est remplir un verre d'eau de la mer et vouloir par cet échantillon donner une idée de l'Océan. Que peut-on faire ? Se promener dans Paris, se promener dans ses rues ou dans ses souvenirs...

(*Ibid.*, p. XVII-XVIII.)

MÉDITATION AUX CATACOMBES DE PARIS
(VISION DE LA MORT)

C'est aux Catacombes qu'il nous faut aller si nous voulons saluer une dernière fois dans la mort ces aïeux qui, après avoir attaché aux distinctions de caste, aux témoignages extérieurs qui attestaient la différence de rang une importance que nous ne comprenons plus, reposent dans un pêle-mêle absolu, où rien ne distingue maintenant le grand seigneur du vilain.

Vous plaît-il d'abandonner pour une heure les régions d'en haut pour descendre aux régions d'en bas, de quitter l'agitation de la vie et le bruit de la ville pour entrer tout à coup dans le silence des nécropoles ?

Suivez cette foule qui, tous les premiers samedis de chaque mois, descend aux Catacombes, et, à défaut de violentes émotions, vous aurez l'impression profonde que laisse cet ossuaire immense où reposent d'innombrables générations d'ancêtres.

On descend par la rue d'Enfer, *via infena*, un vrai nom prédestiné pour cette descente aux Enfers parisiens où Dante, le vieux Gibelin, est représenté par des bandes d'étrangers, où Virgile, qui guidait le Dante, apparaît sous la figure d'un agent voyer ou sous le costume d'un gardien de la paix.

Devant le pavillon de l'octroi, la caravane, successivement accrue par les voitures qui arrivent chargées de retardataires, stationne rieuse, folâtre, bruyante. Si, par quelque prodige, on pouvait tout à coup mettre à nu ces cervelles et en apercevoir le fonctionnement, on verrait que presque toutes accomplissent le même travail, c'est-à-dire s'efforcent de se donner peur.

Chacun, selon sa faculté d'imagination, évoque quelque chemin subitement perdu, quelques instants d'horrible anxiété et, au détour d'une galerie, un cadavre qui s'est rongé le bras dans les effroyables fringales de l'agonie. L'homme est ainsi bâti. Il éprouve un tel besoin d'entendre battre son cœur qu'il cherche partout non des leçons, mais des impressions. Il demande à l'Amour de le faire mourir en faisant semblant de le faire vivre ; il demande à la Terreur de faire semblant de le faire mourir, c'est-à-dire de lui prouver qu'il est vivant.

Quand on a compté tout le monde, quand chacun a allumé sa bougie, on s'engage dans un escalier en colimaçon, et l'on se met à suivre un couloir où il est impossible de marcher deux de front.

Ce chemin à travers les carrières est bien la plus pittoresque partie du voyage. N'est-ce point l'image de la vie mortelle que cette marche précipitée où l'on s'avance avec le sentiment qu'il y a des gens devant vous et des gens derrière vous ? Cent visiteurs sont descendus déjà et on ne les distingue plus. Cent personnes courent sur vos traces et l'on court sur les talons de ceux qui vous ont précédé et on est aiguillonné en quelque sorte par la pensée de ceux qui vous emboîtent le pas.

Une lumière brillait devant vous tout à l'heure, voici qu'elle a disparu au tournant d'une galerie et que maintenant c'est la lumière que vous portez qui guide vos compagnons. Cette carrière ne fait-elle pas songer — sans équivoque — à tant d'aînés entrés dans la carrière avant vous et qui soudainement s'éteignent et glissent dans l'ombre du tombeau au moment où vous vous apprêtiez à suivre leur sillon lumineux ? Ces vivants qui se hâtent racontent éloquemment la vie à ces trépassés qui les regardent défiler ; ils apportent en quelque sorte le spectacle de l'existence à ceux qui leur offrent le spectacle de la mort.

Pourquoi tous ces visiteurs prennent-ils le galop ? Pourquoi ne s'accordent-ils pas le loisir de respirer ? Nul ne les contraint à aller si vite. C'est ainsi pourtant. Un homme pressé a imprimé le mouvement, et tous le subissent et l'exagèrent, et il vous serait impossible de le modérer sous peine de recevoir dans le dos toute l'arrière-garde qui se dépêche sans savoir pourquoi.

À l'Ossuaire, on s'arrête un peu.

On est dans un lugubre et vaste chantier, et de chaque côté se dressent des piles de bois, c'est-à-dire des piles de tibias, de fémurs. Au sommet des piles sont alignés des crânes. Parfois l'humidité des voûtes suinte à travers les ouvertures de ces crânes et semble mettre une dernière larme dans ces yeux qui n'ont plus de regard.

Des inscriptions indiquent la provenance de ces ossements. Tous les cimetières de Paris ont apporté leur funèbre contingent à cette cité des Morts, plus peuplée que ne fut jamais aucune des cités géantes, aucune des Babylones, des Memphis et des Ecbatanes qui jadis firent un bruit retentissant sous le ciel. Huit millions d'êtres humains dorment là...

L'aspect de l'ossuaire n'est ni poétique, ni religieux. La décoration architecturale composée avec des ossements laisse froid comme ces petits tableaux que certains industriels confectionnent avec des cheveux de parents défunts.

Une littérature effrénée enlève, d'ailleurs, à l'âme la possibilité de se recueillir dans cet asile de recueillement. De quelque côté que l'on se retourne on trouve des vers latins, français et anglais. Les vers poursuivent partout ces morts. La Fontaine et Lemierre, Malfilâtre et Baour-Lormian, Gilbert et Santeuil, Lamartine et Rousseau ont été mis à contribution. C'est une véritable anthologie de la Mort, quelque chose comme un bouquet de fleurs noires...

Ces beaux vers, ces strophes émues, ces stances attendrissantes quand on les lit sur la terre, produisent là l'effet de devises de mirlitons. On ne se persuade bien que là du néant de l'homme, même quand le génie l'a visité. Les vers de Lamartine semblent aussi ridicules devant le formidable entassement de ces milliers d'ossements que le nom qu'un badaud grave avec son couteau sur les murs de ce colossal hypogée.

Et l'on reprend la course un moment ralentie. Des chaînes de fer ferment les passages défendus, et c'est justement dans cette direction qu'on voudrait s'aventurer. Le Béant et le Noir attirent. Du regard on sonde ces espaces confus. Où mènent-ils ? On n'en sait rien. Sous le Luxembourg ou sous les rues du faubourg Saint-Germain, probablement. C'est là qu'on pourrait se perdre et crier de longues heures sans que le Paris des vivants, occupé de ses plaisirs ou de ses affaires, entendît votre appel désespéré.

C'est là peut-être que quelques fédérés qui, dit la légende, avaient cherché un refuge dans les Catacombes, s'égarèrent et moururent après une épouvantable agonie.

L'entrée a eu lieu par la barrière d'Enfer, la sortie s'opère rue Dareau, à Montrouge. Le grand soleil vous aveugle après cette excursion, pourtant bien courte, dans ces parages souterrains. Les rues de Montrouge, toujours pleines d'enfants, paraissent gaies à regarder comme tout ce qui respire sous la douce lumière des régions supérieures.

Malgré la désillusion relative que vous a causée cette excursion, ce souvenir vous accompagne longtemps, non point comme une vision macabre, comme un cauchemar qui effraye, mais plutôt comme un philosophique enseignement, comme un mélancolique rappel du *Memento quia pulvis es*.

Certains crânes aperçus en passant vous regardent encore. Celui-ci avait la bosse de la vénération, c'était sans doute quelque moine dont les jours se sont écoulés paisiblement à l'ombre d'un cloître. Celui-là avait les proéminences qui indiquent le courage et la passion des aventures : sans doute il appartenait à quelque batailleur frappé dans un duel ou tombé dans l'herbe du Pré-aux-Clercs ou sur le pavé de quelque rue du vieux Paris. Ce crâne de femme a peut-être été couvert d'idolâtres baisers ; ce crâne d'homme a peut-être contenu les plus hautes et les plus généreuses pensées. L'Amour et la Politique, l'Ambition et le Dévouement, la Débauche et la Vertu, l'Amitié et la Haine, l'Intelligence et l'Esprit, la Joie et la Tristesse, l'Abnégation et l'Orgueil ont animé tous les milliers d'êtres humains dont les ossements s'étagent les uns sur les autres, comme les bûches dans un magasin de bois gigantesque.

Ainsi l'on va ; dans le Luxembourg, on aurait envie d'arrêter le jeune homme qui passe, étudiant ou artiste, poursuivant quelque rêve d'avenir, le vieux professeur qui chemine le nez penché sur un livre, la Parisienne qui trottine accorte et souriante. On frappe à la porte d'un atelier du voisinage pour parler du prochain Salon, pour admirer l'œuvre commencée, pour entendre vivre, en un mot, le Paris qui travaille, qui lutte, qui espère, afin de chasser l'obsession de ce Paris des Catacombes dans lequel des générations sans nombre dorment de l'éternel sommeil...

(Fin de *Mon vieux Paris* : 1re série, p. 370-378)

CONTRE LES EXPOSITIONS

... C'est le plus clair bénéfice des Expositions universelles. Les industriels français se sont laissé prendre peu à peu leurs modèles et les secrets de leur fabrication, et maintenant on n'a plus recours à eux. Qui expose... s'expose.

Une Exposition universelle est un prétexte à se faire donner des décorations pour les gros fabricants qui sont arrivés et qui n'ont plus besoin que de hochets pour amuser leur vieillesse ; ce sont les petits qui pâtissent.

En réalité, les industriels français ont agi comme les sauvages qui coupent un arbre pour avoir un fruit ; ils ont tué la poule aux œufs d'or. Ils ont pris pour de la santé la fièvre passagère que produit une Exposition.

Les commerçants parisiens, les hôteliers, les restaurateurs se sont rués sur les étrangers comme sur une proie ; ils ont augmenté leurs prix et ils se sont bien gardés de les remettre au chiffre primitif, même pour les indigènes, une fois l'Exposition finie.

Qu'est-il arrivé ? C'est que Paris est devenu la Ville de l'Europe où la vie est la plus chère, et que Paris a perdu en même temps cette physionomie particulière qui en faisait une ville à part, une cité privilégiée, un séjour original et charmant, dont chacun subissait involontairement la mystérieuse séduction.

En 1878, au moment où parut la première édition de *Mon vieux Paris*, on pouvait encore douter de ce résultat. Il semblait que le parti qui, après une lutte acharnée, venait de s'emparer du pouvoir, allait appliquer ces magnifiques programmes qui avaient enthousiasmé nos jeunes intelligences et faire régner partout la fraternité et la justice.

L'épreuve est faite aujourd'hui et l'histoire de ces dix-huit années n'a été qu'une longue suite d'humiliations, de turpitudes et de scandales...
(*Mon vieux Paris* : 2ᵉ série, p. IX-XI : Avant-propos.)

XIII

DRUMONT PRÉFACIER

EXPROPRIÉS DU CIEL ET DE LA TERRE...[1]

Les Juifs et les Francs-maçons qui nous gouvernent ne se sont pas contentés d'organiser la plus odieuse exploitation financière que jamais la terre ait contemplée ; ils ont, avec une habileté infernale, cherché à détruire dans les âmes ces sentiments de foi, ces généreuses pensées, cet idéal qui seuls rendent une nation invincible. Ils nous ont expropriés à la fois du ciel et de la terre.

ANARCHISTES DE LA BANQUE ET ANARCHISTES DE LA RUE[2]

Évidemment, les façons d'agir des anarchistes de la rue sont plus brutales, mais, avec des procédés plus adroits, les ravages des anarchistes de la banque sont plus terribles.

VERS UNE FRANCE ANTI-JUIVE[3]**...**

Je suis heureux de constater que d'une extrémité à l'autre de la France un immense mouvement se produit contre les Juifs blasphémateurs, parasites et pillards qui détruisent nos traditions, outragent tous nos souvenirs, nous volent

---

[1] Extrait de la préface à Jean BRISECOU : *La Grande Conjuration organisée pour la ruine de la France* (1887), p. I.
[2] *Ibid.*, p. II.
[3] Extrait de la préface à Roger LAMILOT : *La Fille de la France Juive, ou l'École sans Dieu* (1887), p. 8.

notre argent, et, pour mieux nous livrer à l'ennemi, s'efforcent de détruire dans les âmes les croyances qui seules rendent les nations invincibles.

MALAISE SOCIAL[4]

Ah ça ! qu'est-ce qui est arrivé ? Ce pays laborieux, ce pays dont la prospérité faisait jadis envie à l'Europe, est réduit à la mendicité. On voit ce qui ne s'était jamais vu depuis que le monde est monde : les paysans ne trouvent plus à vivre en cultivant la terre ; les ouvriers ne travaillent plus assez pour manger ; on met impôt sur impôt sans pouvoir parvenir à combler le déficit. Les uns piaillent, les autres pleurent ; ceux-ci gémissent, ceux-là vocifèrent. Au-dessus de tout cela on aperçoit, planant dans des gloires de papier, dans des apothéoses à la Meyer, toutes sortes d'êtres baragouinants et exotiques, des Cahen d'Anvers, des Camondo de Constantinople, des Bichoffsheim de Bruxelles, des Erlanger de Francfort, qui possèdent des centaines et des centaines de millions. Que se passe-t-il ?

La conclusion que formulent tous les Français c'est qu'on aimerait bien avoir quelques éclaircissements sur l'immense déplacement monétaire qui s'est accompli depuis quelques années. Les plus modérés seraient heureux de consulter quelques pièces de comptabilité aidant à comprendre comment ceux qui n'avaient rien il y a cinquante ans se trouvent à présent avoir tout, tandis que les autres n'ont plus rien.

C'est un mouvement très intéressant encore une fois pour le sociologue. Tout ce qui pense, écrivains indépendants, artistes, ouvriers, sait parfaitement que le dénouement est inévitable et que ce pays famélique ne se saignera pas toujours aux quatre veines pour permettre aux Rothschild d'augmenter leurs milliards…

LA PROPRIÉTÉ ET LE VOL[5]

Le système juif — le fait de s'emparer du bien d'autrui en organisant des sociétés financières qui sont de véritables escroqueries — n'a rien de commun avec le principe de la propriété.

Le Juif commence par dérober la propriété des autres au nom des instincts de sa race, et il place ensuite le produit de son vol sous l'égide de l'institution sacrée de la propriété. Même parmi nos amis il ne manque pas de gens pour dire : « Erlanger a enlevé trois cents millions à l'épargne française avec des entreprises comme les mines de Bingham qui n'ont jamais contenu un filon de minerai, c'est incontestable ; mais demander qu'il restitue ces trois cents millions c'est ébranler les bases mêmes de la société. »

---

[4] Extrait de la préface au Père Georges DE PASCAL : *La Juiverie* (1887), p. VI-VIII.
[5] *Ibid.*, p. IX-XII

Les bases de la société sont ailleurs... Si vous voulez le fond de ma pensée, je suis convaincu que si nous parvenions à guérir les chefs du parti conservateur du respect aussi incompréhensible que profond qu'ils éprouvent pour les voleurs, tout finirait très gaiement. Tous les Français se réconcilieraient dans un éclat de rire où se retrouverait tout le bon sens de notre race et aussi son ardent amour de la justice.

Satan est terrible sans doute, mais il est aussi très polisson et très lâche. Pour un Robert le Diable qui brave la puissance divine il y a beaucoup de Robert Macaire que la vue d'un tricorne suffirait à mettre en fuite.

Pour moi, je vois l'explication suprême très joyeuse, avec un scintillement de baïonnette dans le lointain, et, pour présider la chose, un brave officier résolu, malgré des yeux bleus très doux...

— Qu'est-ce que vous aviez quand vous êtes arrivé en France ? dira-t-on aux Juifs allemands.

— J'avais... j'avais une balle de colporteur sur le dos.

— Qu'est-ce que vous avez maintenant ?

— Cent cinquante millions tout au plus.

— Quel travail avez-vous fourni pour gagner cela ?

— Mon Dieu... j'ai lancé quelques affaires dont les actions valent aujourd'hui zéro, mais qui, par un hasard singulier, m'ont enrichi et ruiné les actionnaires.

— Cent cinquante millions... Gardez-en un... Restituez le reste... et bon voyage !

La France est réveillée, voilà l'essentiel et le principal. Que Dieu permette seulement que ce pays, jadis si plein de belle humeur et aujourd'hui si morose et si lugubre, puisse se remettre à rire un peu et le maléfice sera rompu, le cauchemar sera dissipé. La sinistre caravane se remettra en marche, suivant les cigognes et marchant dans les ronces pour regagner la Palestine et l'Égypte. Dieu n'aura pas tort, et la France aura eu encore une fois raison.

LE JUIF ENFIN DÉMASQUÉ[6]

... Le Juif sans doute n'est pas vaincu, mais il est à découvert ; ... le cas échéant, on pourrait le trouver pour lui poser quelques questions avant le déménagement final. C'est là, ne vous y trompez pas, l'événement capital de cette fin de siècle. Le Juif est tout-puissant : c'est ce qui doit éloigner de nous ceux qui veulent le succès rapide, les places, les missions à l'étranger et les palmes académiques ; il est assez malade cependant pour que la lutte ne soit pas sans espérance pour ceux dont la vie commence à peine, pour ceux qui ont de l'estomac et qui n'oublient pas que c'est à propos de notre siècle que Talleyrand a dit : « Tout arrive ! »

---

[6] Extrait de la préface à August ROHLING : *Le Juif selon le Talmud* (1889), p. XVI.

FRANÇAIS, RÉVEILLE-TOI !...[7]

... Il semble, encore une fois, que la pourriture engendrée par le système juif soit pour lui une sorte de préservatif et qu'il trouve un élément de vitalité pour lui-même dans les germes de corruption et de mort qu'il a semés dans tous les pays.

En France, la prostration morale semble complète. Aucun scandale ne remue l'opinion, aucune honte, aucun affront venu de l'étranger n'a le pouvoir de réveiller la conscience publique... — On aurait pu supposer que des catastrophes matérielles toucheraient au moins des gens qui, étrangers à tout sentiment de l'idéal, ne pensent plus qu'à l'argent. Les Français d'aujourd'hui acceptent ces coups avec la résignation de moutons habitués à être tondus.

Beaucoup d'entre eux ont travaillé toute leur vie pour prêter leurs économies à des pays bizarres comme la République Argentine, le Chili, le Guatemala ou le Honduras. Les Juifs qui ont négocié ces emprunts vivent heureux dans leurs somptueux hôtels des Champs-Élysées ou dans leurs châteaux de Seine-et-Oise. Quant aux indigènes, maintenant qu'ils ont mangé le peu d'argent qu'on leur a remis sur ces emprunts, ils se battent entre eux avec entrain. Les souscripteurs restent avec leurs actions qui auront bientôt la valeur du papier ; mais ils sont résignés et ne pensent qu'à travailler davantage et à amasser un nouveau pécule pour le confier à quelque province de Maracaibo...

À une de nos dernières expositions on voyait un lapin entrer vivant dans un appareil et en sortir à l'état de chapeau... [*Nous verrons*] le Français entrer riche, bien portant de corps et d'âme, dans le système juif, et en sortir aminci comme s'il avait passé au laminoir, réduit à sa plus simple expression monétaire, épuisé par l'exercice auquel on l'a soumis, malade d'esprit, affaibli de corps, désespéré...

Où donc, encore une fois, dans la situation actuelle, pourrait aller ce malheureux Français pour échapper au Juif omniprésent et omnipotent partout où il est présent ? Il s'adresse au Journal pour avoir une parole de vérité, il y trouve le Juif qui le trompe ; il confie ses dernières économies à une société financière, il y retrouve le Juif qui le vole ; il se retourne vers la Magistrature qui est aux ordres du Juif et qui le bafoue ; il lève les yeux vers le Gouvernement, il n'y rencontre que des agents des Juifs.

Il n'a donc qu'à se résigner et à tendre le dos ?

Non, ce Français, si cruellement traité par le Sémite envahisseur, a autre chose à faire. Ce qu'il a à faire ?... Il a à se relever, à combattre, à *faire face aux Juifs*.

À toutes les époques, dans tous les pays, le Juif, grâce à son astuce, a momentanément conquis des situations prépondérantes comme celle qu'il occupe aujourd'hui en France. À toutes les époques et dans tous les pays, il a

---

[7] Extrait de la préface à FORE-FAURÉ : *Face aux Juifs. (Essai de psychologie sociale contemporaine.)* (1891), p. 11-17, *passim*.

soulevé l'indignation générale par son insolence et ses exactions, et les peuples qu'il avait réussi à tromper pendant quelque temps ont violemment jeté leur ennemi intérieur hors de la frontière.

L'histoire d'hier sera celle de demain !...

DRUMONT ET LA JEUNESSE[8]

... J'ai trouvé la plus douce récompense du peu que j'ai essayé de faire pour éclairer mon pays dans la sympathie constante qui m'a été témoignée par la jeunesse. C'est la génération à laquelle vous appartenez qui aura l'honneur de faire passer dans les faits les idées que mes amis et moi nous efforçons de répandre pour sauver notre malheureuse France qui se débat sous l'invasion sémitique...

DÉCADENCE DE L'ESPRIT RELIGIEUX[9]

... Ce que je ne comprends pas, je l'avoue, c'est l'étonnement que témoignent certains de nos confrères devant les paroles prononcées à Notre-Dame par le P. Ollivier. On ne peut imaginer preuve plus évidente de l'ignorance presque générale des Français actuels sur tout ce qui concerne la religion.

Les Français d'aujourd'hui sont à peu près au point où nos aïeux en étaient quand saint Denis vint évangéliser les Gaules. Les lettrés eux-mêmes connaissent le Bouddhisme mieux que le Christianisme.

Que le sang innocent expie des crimes sans nombre, qu'il ait le pouvoir de racheter un pays si bas qu'il soit tombé, c'est l'essence de la doctrine catholique, et le P. Ollivier ne pouvait pas dire autre chose.

Chaque matin, dès l'aube, dans tous les coins de la terre, sous les huttes de bambous de l'Afrique, dans les paillotes qui servent de chapelles en Extrême-Orient, près du désert brûlant ou sous les glaces du pôle, dans les églises de village et dans les plus merveilleuses cathédrales, on célèbre le sacrifice de la messe et la plus sainte des victimes s'immole pour le salut du monde...

---

[8] Extrait de l'article de Drumont sur le discours du R. P. Ollivier, article paru dans *La Libre Parole* du 11 mai 1897 et reproduit dans le livre du R. P. Marie Joseph-Henri OLLIVIER : *Après la terrible catastrophe du Bazar de la Charité. Oraisons funèbres et discours...* (1897) p. 9-12, *passim*. — Citons, à ce propos, les curieuses lignes d'Albert Thibaudet dans son livre *Les Idées de Charles Maurras* (N.R.F., 1919), p. 117 : « Anticlérical, il faut que l'État laïque et républicain lutte contre l'Église, sur son terrain, avec des armes comme les siennes. C'est ainsi qu'au moment de la catastrophe du Bazar de la Charité, le P. Ollivier ayant dans un discours prononcé à Notre-Dame rappelé les doctrines de la théologie catholique sur le péché et l'expiation, l'État fit afficher dans toutes les communes de France une réfutation de ces théories, composée par le président Brisson, et lue par lui sur le siège élevé d'où il présidait aux débats de la Chambre des députés... »

[9] Extrait de la préface à Joseph MAURAIN : *L'Élu du peuple, mœurs d'à présent* (1892).

Adoremus... Nous adorons... N'adorez pas si ce n'est pas dans vos idées, cela ne nous empêchera pas, à l'occasion, de prendre un bock ensemble, en causant littérature, mais, par scrupule intellectuel, ne parlez pas inexactement de questions que vous ne connaissez pas.

On ne peut pas forcer les gens qui n'ont pas la foi à croire au mystère de la Rédemption, mais je le répète, ce qui étonne précisément c'est qu'il se trouve des écrivains pour s'étonner que le P. Ollivier ait tenu à Notre-Dame un langage qu'il ne pouvait pas ne pas tenir. Tant qu'il y aura une église et un prêtre, il tiendra ce langage-là...

C'est à Notre-Dame même que le P. Beauregard, en 1760, à une époque où les grands acteurs de la Révolution étaient à peine nés, annonça qu'une prostituée monterait sur le maître-autel de Notre-Dame et y serait adorée comme une déesse. Le discours du P. Ollivier prédisant de nouveaux châtiments à un pays qui foule aux pieds toute justice a eu, lui aussi, comme un accent prophétique.

Il serait de mauvais goût, toutefois, de féliciter le fils de saint Dominique de son courage et de sa hardiesse. Il a parlé simplement, comme un prêtre doit parler, et je suis sûr qu'il ne croit pas lui-même avoir été audacieux en développant une thèse qui est depuis tant de siècles celle de l'Église.

Ce qui est intéressant, ce qui indique l'affaissement des caractères et la débilité des esprits, c'est de voir des journaux comme *Le Figaro*, qui ont une clientèle de gens allant à la messe, trouver mauvais que le P. Ollivier ait dit devant le gendre de Belluot, devant Brisson, le protecteur des Panamistes, devant Hanotaux, le valet de l'Allemagne, ce que Bossuet, Massillon ou Bourdaloue auraient dit devant Louis XIV.

Dans la chapelle même de Versailles, en présence de cette cour pour laquelle le Roi-Soleil était comme un demi-dieu, le plus humble prêtre désigné pour prêcher le Carême reprochait au maître de l'Europe le scandale de ses amours adultères.

Et vous voudriez que, devant le ramassis de pleutres et de mercantis qui constituent le gouvernement actuel, le P. Ollivier, parlant au nom de Celui qui a créé le ciel et la terre, prît des précautions oratoires et délayât la vérité dans de l'eau de rose ! Comme on sent bien qu'en dehors du Christ tout est servilité et bassesse ; comme on sent bien que c'est du Christ seul que viennent à l'homme le sentiment de sa dignité de citoyen, le courage et l'éloquente fierté du Verbe !...

RÉFLEXION SUR VICTOR HUGO[10]

... Victor Hugo, cet Homère qui jouait de temps en temps les Homais...

---

[10] Extrait du même article, p. 10.

DRUMONT ET LE FÉMINISME[11]

... La femme est faite pour le foyer ; la maternité constitue sa mission spéciale, et cette mission est tellement belle par elle-même, elle intéresse si essentiellement l'avenir d'une race et les destinées d'un pays qu'on ne peut imaginer fonction plus haute... — La crise économique générale, qui cause dans le monde de si profondes perturbations, a contraint la femme à se poser en concurrente de l'homme, malgré l'évidente infériorité de ses forces physiques.

Dans la société d'aujourd'hui, qui se prétend égalitaire et qui n'est qu'une oligarchie despotique où les Juifs et les Francs-maçons règnent et gouvernent, la femme n'est plus qu'un instrument de plaisir ou un outil de travail plus facile à manier et moins coûteux que les autres ; elle est une bête de somme ou le gentil petit animal des philosophes du XVIIIe siècle, un être qui s'habille, babille et se déshabille...

Il a fallu que cet être frêle, secoué par tant de nervosités, abattu par tant de misères physiologiques, suppléât par son énergie morale à la faiblesse de ses muscles pour entrer à son tour dans cette bataille si âpre de la vie, où les sexes aujourd'hui se confondent comme les âges, et qui menace de devenir un jour semblable à quelque vaste champ de carnage...

Que la femme soit ou ne soit pas l'égale de l'homme, elle se trouve maintenant dans l'impérieuse nécessité de l'égalité en force, en énergie, en résistance, car l'heure a sonné pour elle où elle doit vivre seule, se suffire à elle-même, gagner par son travail de quoi se loger, se vêtir et manger à son apaisement...

LES JUIFS AUX ABOIS[12]

Les Juifs se sentent perdus ; ils savent, à n'en pas douter, que l'heure se rapproche de plus en plus où la France, maintenant réveillée, va leur demander compte de leurs méfaits et leur reprendre les milliards qu'ils nous ont extorqués... Ils recommencent ce qu'ils ont toujours fait dans le passé, ce qu'ils ont fait pour l'Espagne ; ils vont chercher l'étranger et lui disent : « Garantissez-nous la paisible possession de ce que nous avons volé et nous vous livrerons la France. »

---

[11] Extrait de la préface à Camille ROUYER : *Les Chemins de la Vie. La Femme dans l'administration* (1900), p. 8-10, *passim*.
[12] Extrait de la préface à Albert MONNIOT : *Les Gouvernants contre la Nation...* (1900) p. VIII.

L'AVENIR EST À LA QUESTION JUIVE[13]

L'idée antijuive a atteint, à peu de choses près, son complet épanouissement. Il est de toute évidence que si l'on pouvait soumettre cette question à un *referendum* national, la cause de l'Antisémitisme obtiendrait l'immense majorité des suffrages.

Si cette cause, qui est acclamée par tous ceux qui ont le sens français, qui est devenue la cause vraiment nationale, n'a point encore vu le triomphe effectif, c'est uniquement parce que les Français, qui ont toujours l'intelligence assez ouverte pour comprendre, n'ont plus l'énergie qu'il faut pour vouloir et pour agir !

En d'autres termes, cela tient à la veulerie générale ; mais cette veulerie n'est point spéciale à la question juive : elle s'applique à tout.

Je ne vois pas, au surplus, qu'il y ait lieu de désespérer ni même de trouver que le dénouement se fait attendre.

Le *Contrat social* est de 1762, la Révolution de 1789. *La France juive* ne date que de 1886.

On voit que nous avons encore de la marge.

....

Le détraquement est visible et s'accentue de jour en jour.

Il faudrait être aveugle pour ne pas apercevoir aujourd'hui le résultat du travail séculaire du Juif dans la société française.

Le Juif a confisqué la Révolution à son profit ; il en a été le seul bénéficiaire, il est le seul riche au milieu de la ruine générale, il est le maître absolu de la société issue de 89... Seulement, voilà...

Le Juif, qui est l'être antisocial par excellence, ne peut être qu'un dissolvant ; il a recommencé son éternel rôle de destructeur ; il a mis le feu à la nouvelle Patrie qu'on lui avait faite, comme il avait mis le feu à Jérusalem.

La Révolution, accaparée par les Juifs, apparaît à tous comme une partie à la fin de laquelle on découvre qu'on a triché : on demande à grands cris qu'on annule le coup ; on réclame la *Révision de la Révolution* afin que chacun ait sa part et que tout le monde soit content...

Les Français comprennent admirablement tout cela. Ils le comprendront mieux encore dans quelques années, quand de nouvelles exactions, de nouvelles escroqueries, de nouveaux krachs auront achevé de les mettre sur la paille.

C'est alors qu'ils viendront trouver les Antisémites et qu'ils leur diront : « Il est temps, décidément, de faire rendre gorge aux Juifs et de nous refaire une France. »

Quand cette heure sonnera, les Antisémites sauront accomplir leur devoir. Ils deviendront forcément un peu Jacobins à leur tour, en ce sens qu'ils devront opérer la reprise du sol et de l'argent, non plus conquis, mais volé.

---

[13] Extrait de la préface à Octave TAUXIER : *De l'Inaptitude des Français à concevoir la question juive* (1900), p. 7-11, *passim*.

On peut compter qu'ils exécuteront sans faiblir cette expropriation nouvelle, infiniment plus légitime encore que celle de 89. Ils invoqueront, s'il le faut, la raison d'État, mais non plus comme les Jacobins, au bénéfice d'une oligarchie de profiteurs et de jouisseurs.

Notre raison d'État sera vraiment la raison du peuple : *Salus populi suprema lex…*

LES JUIFS, CES NOUVEAUX VENUS…
(LA VRAIE QUESTION JUIVE)[14]

… Il y a quelques années encore, beaucoup de gens se figuraient de bonne foi que nous étions des espèces d'énergumènes hantés par l'idée du Juif, voyant le Juif partout, *voyant jaune*, comme ils disaient, et poursuivant je ne sais quelle campagne anarchique et moyenâgeuse.

Selon d'autres, nous étions des fanatiques entreprenant une nouvelle guerre de religion et rêvant d'exterminer les Juifs parce qu'ils ne priaient pas comme nous, parce qu'ils allaient à la synagogue au lieu d'aller à l'église.

Aujourd'hui, bien des yeux se sont dessillés. Tous les hommes d'intelligence et de bon sens, tous les Français qui se sont donné la peine d'ouvrir les yeux pour voir et les oreilles pour entendre savent que l'Antisémitisme n'a jamais été une guerre religieuse.

C'est précisément le contraire qui est vrai.

Des journaux rédigés par des Juifs venus généralement d'Allemagne ont pendant des années versé des tombereaux d'injures sur nos prêtres et nos Sœurs de charité. Nous n'avons jamais, quant à nous, insulté un rabbin. Nous estimons qu'en notre temps de scepticisme, tout homme qui croit, quelle que soit sa croyance, a droit au respect de tous. En conséquence, nous n'avons jamais cessé de réclamer pour le Juif la liberté pleine et entière de pratiquer toutes les cérémonies de son culte, de même que nous avons réclamé pour les Catholiques le droit d'aller à la messe, pour les Protestants le droit d'aller au temple, pour les Arabes le droit d'aller à la mosquée.

Qu'ont fait les Juifs pour égarer l'opinion et pour exciter la méfiance du peuple contre nous ?

Ils ont usé d'un « truc » qui n'est pas nouveau, qui n'a rien de génial, mais dont ils jouent, il faut en convenir, avec une incontestable maestria. Ils ont tout simplement évité de répondre aux questions embarrassantes que nous leur posions, ou plutôt ils ont répondu à côté, pour essayer de créer une diversion.

Quand nous leur avons demandé des explications sur leurs exactions, sur leurs coups de bourse, sur des emprunts tels que les emprunts argentin et du Honduras, qui n'étaient que de vulgaires escroqueries, sur les catastrophes de l'Union générale, du Comptoir d'Escompte, du Panama, des Chemins de fer du

---

[14] Extrait de la préface à Léon FAURIETTE : *Drumont* (1902), p. II-IV, IX-XI. Datée du 18 mars 1902.

Sud, des Mines d'or, tous les Hébreux de la création se sont mis à lever les bras au ciel et à pousser des cris aigus :

— Les voilà bien, les fanatiques ! Ils veulent nous empêcher de célébrer le Yom Kippour, de fêter Pessa'h ou Souccoth ! De quel droit nous empêcherait-on de faire Souccoth ?...

Nous n'avons jamais songé, je le répète, à empêcher les Juifs de fêter Pessa'h ou Souccoth ; nous avons simplement essayé de les empêcher de nous voler et de nous trahir, ce qui est bien différent.

Les Juifs, ces nouveaux venus dans la nation française, ces étrangers d'hier que nous avons eu l'imprudente générosité d'accueillir à notre foyer, ont-ils le droit de fouiller dans nos poches quand il leur en prend fantaisie ? Jouissent-ils du privilège spécial de pouvoir trafiquer de nos secrets nationaux et de les livrer à l'ennemi sans que la justice s'en mêle et les châtie, comme elle châtierait, en pareil cas, les citoyens français dont les pères sont nés sur la terre de France au lieu d'avoir vu le jour dans quelque ghetto d'outre-Rhin ?

Toute la question juive est là, et pas ailleurs. Et c'est ainsi qu'elle s'est toujours posée, dans tous les pays du monde, partout où il y a eu des Juifs, car les Juifs ont toujours procédé de la même façon : ils ont toujours commencé par dépouiller les peuples qui leur avaient donné l'hospitalité, et ils ont toujours fini par les trahir.

....

Les Juifs, qui sont nos maîtres aujourd'hui, agissent-ils envers les catholiques avec la même générosité [*que les papes et les catholiques envers eux*] ? Ils s'en gardent bien ; ils s'unissent aux Francs-maçons pour faire interdire les processions : ils poussent l'intolérance et le fanatisme jusqu'à empêcher la fille ou l'épouse de faire accompagner par un prêtre au cimetière le corps de son père ou de son époux.

Voilà l'éternelle différence entre l'âme juive et l'âme aryenne !...

Il est absolument faux, je le répète, que les mesures prises contre les Juifs au Moyen Âge aient été inspirées par des considérations confessionnelles. Ce fut une question exclusivement économique et sociale. Peu à peu, ils avaient tout monopolisé, tout accaparé ; comme nous l'apprend Rigord, l'historien de Philippe-Auguste, ils avaient conquis la moitié de Paris : *Fere medietatem totius civitatis soli vindicaverant.*

C'est de la colère de ces spoliés et de ces victimes que naquit l'Antisémitisme d'alors, comme celui d'aujourd'hui.

Il est regrettable que le phonographe n'ait pas été inventé à cette époque. Nous entendrions la voix d'un marchand ou d'un travailleur du XIIe siècle qui dirait identiquement ce que disent les petits commerçants et les travailleurs du XXe siècle : « Les Juifs nous prennent tout, ils sont partout, ils s'entendent tous entre eux contre nous. Cela ne peut pas durer comme cela. »

Gogo, dans ces siècles lointains, n'existait pas encore ; l'actionnaire n'était pas encore inventé. Les hommes de ce temps-là avaient plus de tempérament que nous ; ils avaient des muscles et du sang dans les veines ; ils ne pouvaient imaginer que des étrangers eussent le droit de les empêcher de vivre dans leur patrie, dans la terre de leurs pères ; ils défendirent leur droit à la vie et forcèrent les Juifs à déguerpir...

L'HISTOIRE, PERPÉTUEL RECOMMENCEMENT...[15]

... S'il est exact, comme on l'a dit souvent, que l'Histoire, à certains points de vue tout au moins, n'est qu'un recommencement perpétuel, cela est vrai surtout en ce qui concerne l'histoire des Juifs. Cette race parasitaire est perpétuellement occupée à se gorger des dépouilles des autres peuples et à les rendre ensuite, comme disait Michelet, « avec laide grimace ». Quand elle a fini, elle recommence, et il en sera ainsi, vraisemblablement, jusqu'à la consommation des siècles.

À l'heure actuelle, les Juifs en sont chez nous à la période de la pléthore et de l'indigestion. Arrivés en France pour la plupart il y a moins d'un siècle, derrière les grandes invasions de 1814 et de 1815, et sans posséder un sou vaillant, ils sont aujourd'hui nos maîtres. Ils entassent les millions et les milliards dans leurs coffres ; nous les voyons installés dans les plus beaux hôtels de Paris, dans les plus magnifiques châteaux historiques de la vieille France ; les vignobles les plus renommés, les chasses princières appartiennent à ces youddis dont les pères grouillaient dans la crasse et la vermine des ghettos d'outre-Rhin.

Et, non contents d'avoir moissonné sur la terre de France cette immense gerbe d'or, ces Hébreux insatiables ont l'intention d'enlever aux Français, aux indigènes, aux autochtones le peu qui leur reste. Ils sont plus que jamais embusqués à la Bourse, où ils continuent, par des flibusteries nouvelles, à drainer le fruit du travail national au fur et à mesure qu'il se constitue à l'état d'épargne. Ils opèrent toujours dans les Bourses de commerce où, par des spéculations, par des agiotages incessants sur le blé, sur les farines, sur les huiles, sur le sucre, sur le café, sur le charbon, sur les métaux, sur tout ce qui est nécessaire ou utile à la vie ou à l'industrie, ils trouvent moyen de prélever une dîme universelle, payée non seulement par le producteur, mais en même temps par le consommateur.

NOUS AVIONS RAISON !
(CONFESSION DE L'AUTEUR)[16]

Donnez à un homme toutes les qualités que je n'ai pas : la vigueur d'O'Connel, l'éloquence de Berryer, l'esprit de Voltaire, la verve de Paul-Louis Courier, il sera absolument impuissant à créer de lui-même un de ces grands courants d'idées qui transforment une Société.

Songez que *La France juive* ne date que de 1886, et considérez le chemin parcouru déjà !

---

[15] Extrait de la même préface à L. FAURIETTE, p. XVI-XVIII.
[16] *Ibid.*, p. XIX-XXIII.

LA VISION DE DRUMONT

Si j'avais été un être paradoxal et chimérique, on aurait pu dire : « Ce Drumont ne manque pas de talent », mais on aurait ajouté : « Malheureusement, c'est un esprit faux », et personne ne m'aurait suivi. On nous a suivis, au contraire, parce que les idées que nous exprimions étaient dans l'air ambiant, parce que nous nous sommes bornés à leur donner une forme, à leur faire prendre corps. On a marché derrière nous parce que tout ce que nous disions correspondait à des réalités concrètes et tangibles, touchait à des intérêts multiples, aux intérêts les plus respectables et les plus nobles.

Qu'avons-nous dit, en effet, dans *La France juive* et depuis ?

Nous avons répété ce qu'avaient dit avant nous, à travers les siècles, les historiens, les sociologues, les penseurs de tous les pays ; nous avons dit aux Français :

« Français, les Juifs nous volent, les Juifs nous pillent, les Juifs nous ruinent, comme ils ont volé les Égyptiens au temps des Pharaons ; comme ils ont volé les Romains à l'époque de Cicéron et sous les Césars ; comme ils volaient nos pères au XIIe, au XVe, au XVIIIe siècles.

« Faites attention, ouvrez l'œil, car le Juif est ainsi fait qu'il apporte fatalement la désolation et la mort à tous les pays où il campe ; il est le passant, l'étranger qui ne s'attache à rien et qui n'a d'affection pour rien que pour son or ; il a l'âme du nomade, du Bédouin qui brûlerait sans sourciller toute une ville pour faire cuire son œuf à la coque...

« Soyez donc en garde contre cette race d'errants dont la légende du vieil Ahasvérus n'était que le symbole ; soyez en garde non seulement pour vos intérêts privés, mais aussi pour vos intérêts nationaux, car le Juif qui n'a pas votre conception de la probité n'a pas davantage votre conception du patriotisme. L'idée de patrie est pour le Juif quelque chose d'incompréhensible et d'absurde ; il vous trahira sans même se rendre compte qu'il commet un acte criminel... »

Vous savez comme moi ce qui est arrivé. Les Juifs nous ont volés, un Juif nous a trahis, et tout à coup, après avoir dit que *La France juive* était le « Bottin de la diffamation », on a déclaré que *La France juive* était un livre prophétique.

Je crois, pour ma part, que c'est surtout le livre d'un bon Français, d'un Français qui ressemblait un peu aux Français d'autrefois, qui avait le cerveau pas trop mal équilibré, et qui ne se payait pas aisément de la monnaie des fariboles et des calembredaines à la mode.

J'ai été d'ailleurs aussi heureux qu'un écrivain peut l'être.

Sans doute, j'ai été abreuvé d'injures, et je pourrais répéter avec Thiers : « Je suis un vieux parapluie sur lequel il a beaucoup plu. » Mais tous les outrages qu'on m'a prodigués et que j'ai d'ailleurs rendus sans parcimonie ne sont rien auprès des sympathies ardentes, auprès des marques de touchante affection que m'ont données des milliers de braves gens qui me sont reconnaissants d'avoir traduit leur indignation, leurs souffrances et leurs révoltes.

J'ai goûté cette joie si profonde et si rare d'assister, vivant, au triomphe de mes idées. Quand je mesure du regard la route parcourue, toutes les fatigues, toutes les amertumes et tous les déboires de la lutte disparaissent devant cette pensée consolante, qui est aujourd'hui une certitude : « Tu peux disparaître demain, tes amis, tes collaborateurs de la première heure peuvent disparaître en même temps que toi... Cela n'empêcherait pas notre cause d'être victorieuse un jour... Rien ne peut faire désormais que les Juifs et les cosmopolites n'expient pas un jour d'une manière terrible tout le mal qu'ils ont fait à la France... »

DRUMONT ET JEANNE D'ARC[17]

... En vain les Anglais ont jeté au vent les cendres de la bonne Lorraine. L'âme immortelle s'est envolée au-dessus du bûcher de Rouen. C'est elle qui a commencé à parler à ceux qui, jeunes comme l'héroïque bergère de Domrémy, avaient l'enthousiasme des premières années de la vie. La voix de la Jeunesse, à son tour, a secoué et réveillé ce Paris qu'on disait si sceptique, si indifférent, si exclusivement préoccupé des plaisirs, si endormi dans le bien-être, si résigné à toutes les turpitudes du régime abject que nous subissons. Le nom de Jeanne d'Arc a la même signification pour tous les vrais Français. Nous fraternisons dans les triomphes et dans les gloires de la sublime plébéienne, qui fut glorieuse comme l'a été notre Patrie, qui a souffert comme a souffert, comme souffre encore notre chère Patrie. C'est Jeanne d'Arc qui rapproche dans une généreuse et patriotique étreinte les hommes d'opinions différentes... Vous connaissez mes idées et celles de mes amis, et vous savez de quel nom nous appelons l'Ennemi qui a remplacé chez nous l'Anglais envahisseur du XVe siècle, et qui essaye de nous asservir par la puissance corruptrice de l'or, comme l'Anglais voulait nous asservir par la force brutale du fer. Cet Ennemi s'appelle pour nous le Juif et le Franc-maçon...

LA QUESTION DE LA PRESSE[18]

... Cette question de la propagande des idées saines par la diffusion de la presse libérale et patriote est, à mon avis, la question capitale de notre temps, celle qui domine toutes les autres, celle à laquelle toutes les autres sont subordonnées...

[*Malheureusement*] les conservateurs — et sous ce qualificatif générique de « conservateurs » j'englobe tous les libéraux, tous les patriotes, tous les indépendants, tous ceux en un mot qui ne sont pas enrégimentés dans le Bloc judéo-maçonnique — n'ont jamais compris le sens profond de cette parole de

---

[17] Extrait (p. 10-11) de la lettre d'excuse adressée par Drumont à la réunion tenue salle de la Société d'Horticulture, le 5 décembre 1904, pour protester contre les insultes de Thalamas à Jeanne d'Arc, et à laquelle Drumont, empêché, n'avait pu assister. À cette réunion participaient François Coppée, Jules Lemaître, Léon Daudet, Longnon, Dimier, etc.

[18] Extrait de la préface à Paul SOLEILHAC : *Le Grand Levier, ou de la Presse et de son influence politique et sociale à notre époque.* (1906), p. V, VII et VIII, *passim*.

Mgr Ketteler : « *Si saint Paul revenait de nos jours, il se ferait journaliste.* » ... Ils n'ont pas la moindre idée de ce que coûte un journal, de la somme de labeur et d'efforts qu'il exige pour être intéressant et bien fait. L'impression, le papier, les articles, les interviews, les correspondances de tous les pays du monde, tout cela, pour eux, a l'air de pousser sous les choux...

[*Et pourtant ! quelle n'est pas*] l'influence énorme, capitale, dominante qu'exercent aujourd'hui ces humbles feuilles de papier imprimé qui ne coûtent qu'un sou, mais qui n'en sont pas moins les principaux véhicules de la pensée et de l'opinion, les instruments tout-puissants de la domination politique !...

LA GRANDE FORCE DU JUIF[19]

C'est là qu'est la grande force du Juif : il se met à crier comme un brûlé dès qu'on manifeste une velléité quelconque de voir dans ses affaires, et les gens aux oreilles sensibles s'épouvantent à ce bruit qui leur déchire le tympan.

LES JUIFS ET MOLOCH[20]

L'existence du peuple d'Israël n'est qu'une lutte constante contre l'instinct de la race, l'instinct sémitique qui attire les Hébreux vers Moloch, le dieu mangeur d'enfants, vers les monstrueuses idoles phéniciennes.

DERNIÈRE VISION PROFONDE...[21]

... Un effroyable châtiment est annoncé pour les Juifs et les Publicains, mais il paraît que cet événement ne sera que la conséquence et le dénouement d'une crise d'une violence véritablement extraordinaire. Nous verrons bien...

---

[19] Extrait de la préface à Albert MONNIOT : *Le Crime rituel chez les Juifs*. (1914), p. VIII.
[20] *Ibid.*, p. IX.
[21] Extrait de la préface à Gaston MÉRY : *La Voyante de la rue de Paradis* (sans date), p. VI.

XIV

GALERIE DE PORTRAITS

DRUMONT ET LES PORTRAITS

J'ai dédaigné les faciles artifices. N'en déplaise à M. de Pontmartin, qui m'a reproché, dans un article légèrement morose, de n'avoir pas essayé de faire des portraits à la La Bruyère, j'avoue que le temps me semble trop rude pour ces études souvent exquises, mais toujours un peu perfides, bonnes seulement à émoustiller jadis la curiosité d'une époque qui avait du loisir pour deviner les énigmes.

(*La France Juive devant l'opinion*, p. 39-40.)

CIVILISATION DE TOC

On ne peut faire un pas dans cette société vermoulue sans que des impostures et des mensonges ne se mettent à courir sous vos pieds, comme ces rats qui détalent devant vous quand vous vous promenez dans le magasin de décors de quelque vieux théâtre. Tout est faux. Vous croyez avoir devant vous un temple, un palais, une chaumière, c'est un châssis peint avec un balai. Vous croyez être en présence d'un homme représentant une idée, ayant réellement le caractère qu'on lui attribue, scrutez non point seulement la vie privée, mais les actes publics et vous découvrez que ce n'est qu'un bouffon qui joue un rôle, qui n'a qu'un désir : être réélu député, et qui se déshonorera mille fois pour arriver à ce résultat.

(*La France juive*, II, p. 218.)

LA VISION DE DRUMONT

GALERIE DES ROTHSCHILD

Au milieu de tous ces hommes qui se prosternent devant eux, mais qui leur sont supérieurs encore par l'élégance native, les Rothschild sont mal à l'aise quand même. Vous les connaissez. Aucun d'eux ne paye de mine.

Le baron Alphonse a 54 ans, il en porte 70, ou plutôt il a peine à les porter ; il est tout petit, avec des favoris blanchâtres, des cheveux rares d'une nuance indéfinissable ; il personnifie la décrépitude prématurée de sa race.

Ce qui frappe dans cette physionomie, c'est l'absence de regard, le clignotement perpétuel des yeux. Un diplomate étranger me faisait un jour remarquer cette particularité : « Il semble, me disait-il, que le reflet métallique de l'or que cet homme a contemplé toute sa vie ait éteint, usé ce regard, comme il arrive aux ouvriers qui brodent des étoffes d'or ou d'argent. »

Très rogue dans le monde, Alphonse a des instincts populaires ; il aime à parcourir Paris en dissimulant sa royauté et en se faisant passer pour photographe près des petites lingères ou des fleuristes, avec lesquelles il cause volontiers.

Edmond est le classique marchand de lorgnettes, il a une barbe roussâtre et braque un lorgnon sur ses yeux avec un tic nerveux qui voudrait être impertinent : il a toujours l'air fureteur de quelqu'un qui cherche quelque chose qu'il ne trouve pas.

Gustave, avec sa barbe châtaine déjà poivre et sel, sa haute taille, aurait l'air relativement distingué s'il savait marcher, entrer et sortir ; il affecte d'être encore plus sec que les autres membres de sa famille ; sa femme est d'une insupportable arrogance.

Tout ce monde est plus ou moins maussade et quinteux. Les uns ont la moelle épinière entamée ou un épanchement de la synovie, comme Edmond ; les autres deviennent aveugles de bonne heure, comme Nathaniel qu'on promenait dans une petite voiture à travers ces appartements magnifiques dont le luxe n'existait plus pour lui. On les trouve mal élevés, ils sont surtout moroses, ressentant, comme la plupart des autres Juifs, au sein d'une scandaleuse opulence, ce qu'on a appelé « la grande misère de tout ». Ils n'ont aucun stimulant, aucun mobile d'action, ils ont voulu conquérir la France, ils l'ont conquise et ils sentent qu'elle meurt sous leur souffle délétère, qu'ils n'ont à eux qu'un cadavre.

Alphonse a de l'esprit ou plutôt une sorte d'humeur anglaise tournée à l'aigreur et à l'ironie qui, maintenue par le besoin de ménager la haute société qu'il méprise, s'épanche parfois en saillies fantasques, en allusions désobligeantes et taquines. À ces brusques incartades, les convives rient jaune, les valets s'esclaffent en dessous et le baron ajoute en gouaillant : « Voulez-vous du Romanée ? »

(*La France juive*, II, p. 108-110.)

GALERIE DE PORTRAITS

UNE HISTOIRE JUIVE AUTOUR DES ROTHSCHILD

Un jour qu'il causait avec une dame, le préfet de police, pour expliquer les faveurs qu'il accordait aux Rothschild, coupe-file et autres agréments, affirmait que le banquier de la rue Saint-Florentin était très généreux pour la caisse de secours des anciens employés de la Préfecture de police ; tout à coup il eut un accès de sincérité : « Après tout, s'écria-t-il, cet animal-là peut bien faire quelque chose pour nous, voilà quinze jours qu'il me prend la moitié de mon personnel. »

Rothschild n'était pas encore rassuré avec tous ces agents de police, il aurait voulu une division pour le garder. Sans crainte de déshonorer l'armée, Freycinet fit cette chose sans nom : il envoya un régiment de dragons camper autour de la demeure d'un banquier de Francfort. Les dragons passèrent là deux nuits. Dans la nuit du 1er au 2 mai [*1890*], toutes les troupes avaient depuis longtemps regagné leurs casernes qu'on apercevait encore les dragons rue Saint-Florentin. « Je ne comprends pas, disait un maréchal des logis à un camarade, qu'on nous parle d'aller combattre les Prussiens puisqu'on nous force à leur servir de gardes du corps quand ils sont chez nous. »

Si cet homme s'était senti traqué partout, attaqué sur tous les points, il est certain qu'il aurait transigé au nom de la Juiverie et offert aux catholiques un *modus vivendi* acceptable, une sorte de reconnaissance de leurs droits analogue à celle qu'obtinrent les Huguenots avec l'édit de Nantes.

(*Le Testament d'un antisémite*, p. 15-16.)

LE PETIT YOUTRE DE COLOGNE
(EUGÈNE MAYER, DIRECTEUR DE *LA LANTERNE*)

Examinez bien ce petit youtre de Cologne. Il a tout contre lui, il porte un nom déshonoré, il n'a aucun talent littéraire : il se retourne quand même sur le pavé de Paris, il trouve moyen, avec les fonds conquis comme vous savez, d'organiser une grosse affaire comme *La Lanterne*, de remuer l'opinion. Contemplez maintenant certains de nos catholiques : leur famille est en France depuis des siècles, ils possèdent deux cent mille livres de rente, ils n'ont ni galériens, ni pendus parmi les leurs et, même avec de la bonne volonté, ils sont impuissants, anéantis. « Certainement, il faudrait quelque chose, mais quoi ? Quelle époque que la nôtre, mon bon monsieur ! »

Comment voulez-vous qu'avec des gaillards de la trempe de Mayer, toujours en travail d'une affaire, d'une combinaison, d'un scandale pour agiter les autres, un pays reste à vivre la bonne existence d'autrefois ? Laissez-les libres encore vingt ans et ils feront sauter Paris, la France, l'Europe.

Si encore on pouvait s'en tenir à ceux qui sont dans la maison ! Hélas ! ils sont plusieurs millions sur la terre qui arrivent successivement plus affamés, plus remuants, plus ardents que ceux qui sont déjà à moitié repus.

(*La France juive*, II, p. 214-215.)

LA FEMME DU FINANCIER

La femme du financier, contrairement à la plupart de ses pareilles, était une brave femme ; elle faisait du bien sans ostentation, sans chercher à figurer dans les gazettes ; au milieu d'un luxe mal acquis elle regrettait parfois la simplicité des débuts... En voyant en face d'elle, en chair et en os, une victime des spéculations de son mari, elle eut pour la première fois l'intuition de ce qui s'était passé ; elle comprit que la splendeur qui l'environnait était faite de la ruine de milliers de pauvres diables ; elle entrevit brusquement la réalité affreuse que cachait ce mot vague : *les affaires*. Elle tomba malade en arrivant à son château, traîna quelques mois et mourut, très sincèrement regrettée dans le village qu'elle habitait...

En faisant une promenade matinale, j'ai rencontré les Sœurs qui pleuraient en revenant du service célébré pour elle, et j'ai dit un *Pater* et un *Ave* pour le repos de cette âme, tout en espérant bien qu'on pendra un jour le mari...

(*Le Testament d'un antisémite*, p. 193.)

ABAISSEMENT DE LA FEMME FRANÇAISE

Ce qui est plus inquiétant que tout le reste, peut-être, c'est cet abaissement de la femme française. Aux époques de décadence, on l'a constaté, la femme monte tandis que l'homme descend ; cette fois il ne s'est rien produit de pareil. On aurait pu espérer qu'après la guerre il se serait formé un groupe de Françaises, exerçant une influence active comme femmes, comme sœurs, comme amies, s'efforçant d'inspirer à tous des idées patriotiques, se servant de leur beauté, de leur sourire, de leur charme pour relever les cœurs, pour éveiller le désir de nobles actions. Quelle magnifique mission dans un pays où la femme a toujours joué un si grand rôle ! La duchesse de Chevreuse semble avoir eu un instant cette généreuse ambition, elle a essayé de réunir toutes les femmes dans le culte de Jeanne d'Arc, de faire de la pure héroïne le symbole du relèvement national ; c'est pour cela que les journaux francs-maçons et juifs se sont acharnés après elle, mais sa voix, d'ailleurs, est restée sans écho.

« Courtisane ou ménagère, disait Proudhon, pour la femme il n'y a pas de milieu. » Sœur de charité ou cocodette, tel est, dans les classes supérieures, le dilemme de la femme française actuelle. Beaucoup, riches, belles, ayant tout pour être heureuses, quittent tout pour se donner au divin Époux, pour se consacrer à une vie de dévouement et de sacrifice ; mais, sauf quelques exceptions, on n'aperçoit, parmi celles qui demeurent dans le monde, aucune image de ces femmes charmantes et fortes, intelligentes et vaillantes dont nous esquissions le chimérique portrait tout à l'heure, de ces femmes ayant le sentiment de l'honneur de la race, de la fonction sociale à remplir par les privilégiées de la fortune, résolues à communiquer à ceux qu'elles aiment l'horreur de tout ce qui est avilissant ou dégradant.

(*La France juive*, II, p. 179-180.)

LE CATHOLIQUE ENJUIVÉ

Il est précisément l'opposé du Catholique tel que je le comprends. C'est par excellence le Catholique mêlé aux affaires financières, s'accommodant très bien du régime social actuel si monstrueux et si inique qu'il soit, en bénéficiant tant qu'il peut, vivant en bonne intelligence avec la Ploutocratie juive et n'affichant des sentiments chrétiens que par une sorte de pose et d'ostentation mondaine.

On se demande, encore une fois, de quel droit ces gens-là se permettent de traiter les Républicains d'affamés et de jouisseurs. La comparaison entre eux et les Républicains serait, au contraire, tout à l'avantage de ces derniers.

(*Le Testament d'un antisémite*, p. 403.)

LE VIEUX BEAU

On connaît ces situations dans la vie parisienne. Le vieux beau de cinquante-cinq ans lutte toujours, il promène à travers les salons ses allures de vainqueur et sa barbe d'un inexorable noir ; il tend la jambe, il piaffe encore, il feint d'aller à des rendez-vous imaginaires. On rit de lui...

Puis arrive la grande maladie qui guette les hommes vers cet âge ; le brillant viveur cloué au lit disparaît de la circulation pendant quelque temps. Au bout de trois mois il revient ; il est tout blanc ; il a profité de l'occasion pour éviter les transitions désagréables et pour entrer aux Invalides ; et, vu ainsi, il plaît et ne fait plus rire... Il avoue.

(*Le Testament d'un antisémite*, p. 11.)

INACTUALITÉ DES PRÉDICATEURS

Aujourd'hui, les prédicateurs remontent en sens contraire le courant qui porte les écrivains vers une étude plus sincère et plus serrée des hommes et des choses de leur époque. Ils évitent les questions à l'ordre du jour, l'actualité vivante ; ils se contentent de défendre des dogmes que nul ne songe même à discuter parmi ceux qui fréquentent les églises. À écouter ce qu'ils disent, il semble qu'ils prêchent pour des gens qui sont morts depuis trois cents ans. Je n'ai entendu affirmer qu'une fois, avec éloquence, les devoirs des privilégiés de la fortune et flétrir les imbéciles excès du luxe, et c'était dans une église du quartier Mouffetard !

(*La France juive*, II, p. 175-176.)

LE LÉGISTE

Ce ne sont pas des hommes, c'est un homme particulier, le légiste. Il se cache longtemps, honteux et poltron, dans les plis du manteau royal pour échapper à la correction manuelle de quelque seigneur ; puis, avec le temps, il finit par tout manger : le roi, le seigneur, le prêtre, le soldat. Il est lui-même l'Avocat-Roi de l'Élysée, qui personnifie si bien cette France s'éteignant dans l'imbécillité sénile au milieu des paperasses administratives et des procédures parlementaires, qu'on ne conçoit pas là un autre que lui...

(*La France Juive devant l'opinion*, p. 187.)

LES ROIS DE FRANCE, PÈRES DES FRANÇAIS

Pour ce peuple qui est la chair même de sa chair, le roi a des entrailles de père. Les Thiers, les Favre, les Simon transforment Paris en un abattoir, sans l'ombre d'une hésitation ; les Ferry, les Constans, les Rouvier feront tuer, s'il le faut, trente mille hommes pour conserver le pouvoir une minute de plus. Le roi de France ne le peut pas ; il ordonne aux Suisses de cesser de tirer comme Louis XVI, il s'éloigne sans combattre comme Charles X, il reste au coin de son feu comme Henry V.

(*Le Testament d'un antisémite*, p. 10.)

LES POLITICIENS

Point méchant, accessible, aimable et désireux de plaire en société, mais capable d'être dur et froid, sans remords aucun, si cela devait garantir son repos ou servir ses intérêts personnels : c'est la marque encore, non point seulement de Bourgeois, mais de tous les politiciens de son équipe. Ils sont incapables de ressentir quelque noble sentiment de pitié humaine, incapables aussi de se hausser à la notion de cette terrible raison d'État qui sacrifie tout au salut et à la gloire du pays. Comme les damnés que Dante aperçut errants entre le Purgatoire et l'Enfer, ils n'ont ni haine ni amour.

Ils sont à la fois indifférents et implacables, blasés et cruels, sceptiques et féroces par lâcheté, par désir de s'épargner un ennui. Une diversion leur paraît-elle de nature à les tirer d'un embarras ou à leur éviter une contrariété, ils n'hésitent pas à plonger de pauvres diables dans les bas-fonds du Dépôt, à leur faire subir toutes les horreurs des révoltantes promiscuités, toutes les souffrances physiques, toutes les tortures qui brisent un homme pour la vie. Mais ceci, ils le font sans esprit de vindicte personnelle, sans jouissance particulière de tortionnaire. Une heure auparavant ils se seraient diligemment employés à être agréables ou utiles aux malheureux qu'ils martyrisent, qu'ils forcent à passer des nuits au milieu des fous ou d'agonisants qui râlent.

Le jour même où il avait ordonné l'arrestation de son collègue au Sénat, Trarieux pressait Magnier dans ses bras et lui disait avec des larmes dans la voix : « Cher ami, cher ami, pouvez-vous croire que j'aie la moindre intention de vous causer du chagrin ? »

Ce détail me vient de source absolument authentique. Il est ignoble, me direz-vous ? Pour vous, peut-être, mais pas pour ce monde-là.

Le portrait de Bourgeois est plus que le portrait d'un homme, c'est le portrait d'un groupe, le portrait d'un « bateau », comme on dit dans l'argot d'aujourd'hui.

De ce bateau, Bourgeois n'est peut-être ni un des plus vicieux, ni un des plus bêtes ; il est l'égal de tous ses compagnons de voyage par une sorte d'égoïsme impitoyable et souriant. Il est comme eux l'homme de tous les A primitifs, l'homme de l'Amoralité, de l'Asensibilité et de l'Athéisme...

(*Figures de bronze ou statues de neige*, p. 364-365, 366-367.)

CROQUIS DE SÉNATEUR DE LA IIIe RÉPUBLIQUE

Quelques pères conscrits prennent la chose[1] plus philosophiquement. Je connais un vieux sénateur de la gauche qui m'accable de reproches toutes les fois qu'il m'aperçoit. C'est une figure étonnante, une tête de squelette de musée d'anatomie, du parchemin en guise de peau sur les os, et, pour éclairer ce masque funèbre, deux yeux encore brillants et beaux. Je le recueillis un jour dans mes bras au moment où il allait se briser le crâne en tombant sur le trottoir ; il m'offrit ses bons offices, mais il comprit vite que tout son crédit serait impuissant à me faire obtenir même une place de consul. Je le rencontre de temps en temps accompagné d'une jeunesse qu'il fait passer pour sa nièce et il me crie du plus loin qu'il me voit :

— Qu'est-ce que c'est que vos livres ?... De l'orgeat... De l'orgeat... Vous ne connaissez pas ces brigands-là... Si vous saviez tout...

— Dites-moi le...

— Non... non... je mettrai cela dans mes *Mémoires*... Ce sera pour Aglaé...

Il s'en va en riant et en s'agitant... Je lui crie : « Prenez garde au trottoir ! » En entendant ce rire fêlé, je songe aux vers de Verlaine :

> *Hélas ! en ce temps léthargique*
> *Sans gaieté comme sans remord,*
> *Le seul rire encore logique*
> *Est celui des têtes de mort.*

(*La Dernière Bataille*, p. 91-92.)

LE PARASITE OU LE BOURGEOIS RÉPUBLICAIN

Le républicain bourgeois est convaincu que la nation doit lui faire des rentes à perpétuité, le nourrir sur un chapitre quelconque du budget. Les députés de la majorité, quand le suffrage universel les a vomis pour avoir manqué à toutes

---

[1] Il s'agit de la pourriture du régime républicain. [J. R.]

leurs promesses, réclament comme un droit des sièges de magistrats, des trésoreries générales, des recettes particulières bien rétribuées.

(*La Fin d'un monde*, p. 132.)

LES BIEN-PENSANTS

Leur foi, qui est sincère, n'a pu cependant leur donner un tempérament qu'ils n'ont pas, en faire des citoyens toujours prêts à défendre leurs droits, résolus à se faire tuer plutôt que de se laisser opprimer par les Juifs et les Francs-maçons. Les meilleurs sont des hommes d'œuvre et non des hommes d'action ; ils n'ont aidé en rien les malheureux qui avaient perdu leur situation en obéissant à leur conscience au moment des décrets ; ils ne prêtent qu'un très faible concours à ceux qui défendent leur Patrie contre l'invasion sémitique ; ils se dérobent toutes les fois qu'on leur parle d'une organisation quelconque qui nous permettrait de frapper ceux qui nous frappent ; en revanche, ils ont toujours la bourse ouverte pour les quêtes, pour les écoles libres, pour les *œuvres*, en un mot.

(*La Dernière Bataille*, p. 518.)

LES « HONNÊTES GENS »

Impuissance totale et résignation douce des honnêtes gens. Ils ont l'air d'être étrangers dans leur pays.

Ce qui frappe chez tous ces hommes, c'est qu'ils n'ont pas l'air d'être chez eux ; ils n'ont ni le ton, ni l'allure de gens qui seraient sur leur sol, sur la terre de leurs pères ; ils semblent croire qu'ils sont tombés dans un pays barbare, qu'ils y pratiquent un culte nouveau, et que les avanies qu'on leur fait subir leur vaudront les bénédictions de Dieu s'ils les supportent patiemment.

Les Antisémites, même lorsqu'ils sont absolument étrangers à toute foi religieuse, ont une autre notion de leur dignité de citoyens.

....

Ce qui leur manque, c'est d'avoir la fierté de leur race, la volonté ferme de ne pas se laisser opprimer et déshonorer dans une patrie qui est la leur, et de riposter directement aux Juifs assez grossiers pour se conduire ainsi dans le pays qui leur donne l'hospitalité.

(*La Dernière Bataille*, p. 502, 519, 520.)

LES CONSERVATEURS

Vous connaissez mal les conservateurs catholiques ; ils sont habiles avant tout, ils n'osent déplaire à Rothschild, proclamer la vérité, montrer les choses telles qu'elles sont. Ils souriaient déjà d'un air malin dès cette époque [*1871*] et semblaient dire : « Laissez-nous faire ! » Encouragés par le succès de leur habileté, ils sourient encore aujourd'hui et, différents des braves gens d'autrefois qui sont morts en affirmant leur opinion, ils souriront encore d'un air de plus en plus malin sur la charrette qui les emmènera au supplice. « Le fin sourire » d'un politique conservateur ! Quel poème !

(*La France juive*, II, p. 28.)

....

Il est inutile de discuter là-dessus et il n'y a qu'à constater une évidence. Vous ne rencontrerez chez la plupart des Conservateurs influents que des menteurs, des fourbes, d'éternels chercheurs de voies obliques... Mettez-les sur la grande route de Versailles, sur cette route large à faire défiler une division de front, qu'on appelle le *Pavé du roi* ; dites-leur : « Vous voyez, c'est tout droit, il n'y a qu'à marcher, vous apercevez le palais d'ici. » Au bout de quelques instants, vous les retrouverez dans d'infâmes petites ruelles, perdus, crottés, embourbés, gémissant...

Ils ne se doutent même pas de ce que c'est qu'un droit. Tout le monde a des droits, le tout est de savoir les défendre. Les cent peuples que Xerxès et Darius traînaient à leur suite, les Lydiens, les Ioniens, les Mèdes avaient autant de droits que les Grecs. Seulement, les Grecs étaient vaillants, robustes, assouplis par la vie du gymnase, et ils ont prouvé qu'ils avaient des droits par le seul fait qu'ils les ont défendus...

Les Conservateurs, au lieu de combattre, capitulent en rase campagne comme Dupont à Baylen — et pour les mêmes raisons que lui ; ils ont la dysenterie et ils veulent sauver leurs bagages...

Elle est toujours émouvante cette capitulation de Baylen. Dupont a dix fois les moyens de se faire jour à travers l'armée espagnole, malheureusement il traîne après lui six cents fourgons remplis par le pillage de Cordoue. Alors il négocie : « Nous livrerons tout, mais à une seule condition, vous ne visiterez pas nos fourgons. »

Le général Vedel, qui n'a pas de bagages, arrive avec sa division ; il attaque Castaños, il le bat. Pendant la nuit il envoie un émissaire à Dupont en lui disant : « Faites un effort de votre côté, j'en ferai un du mien et certainement nous enfoncerons les lignes ennemies et nous nous donnerons la main. »

Dupont répond toujours : « Et mes fourgons ? »

Bref, Vedel, qui continue à ne pas avoir de bagages, prend le parti de filer. Il s'en va musique en tête, tambour battant... Les Espagnols essaient bien de l'arrêter, mais ils sont repoussés. Il est à quinze lieues de Baylen, libre, assuré de ses communications avec Cadix lorsqu'arrive un officier qui lui apporte l'ordre de revenir sur ses pas et de se constituer prisonnier avec ses soldats. Castaños avait exigé cet ordre et Dupont l'avait donné, toujours pour sauver ses fourgons...

Bien entendu, les fourgons ne furent pas sauvés ; la capitulation fut violée. Les soldats allèrent mourir dans l'horreur des pontons anglais ; d'autres furent jetés sur des rochers dans des îles désertes, et l'on retrouvait, il y a quelques mois, les ossements blanchis de ces malheureux qui, pendant cinq ans, agonisèrent dans les tortures de la faim, se nourrissant d'herbes et de coquillages.

C'est l'histoire des Conservateurs ; ils veulent sauver leurs fourgons ! Les grands-pères se sont enrichis par les Biens nationaux ; pendant les cinquante années où la Bourgeoisie gouverna sans contrôle, les fils ont exercé sur les ouvriers la plus monstrueuse exploitation qu'ait vue le monde ; les petits-fils ont des titres de rente, des obligations, ils songent avant tout à garantir cela contre des revendications indiscrètes... Volontiers ils agiraient comme Dupont avec Vedel, avec les braves gens qui, en se ruant sur les Juifs, ont réussi un instant à les mettre en déroute ; ils leur ordonneraient de jeter leurs armes et de capituler devant Israël. Ce qui retient les chefs du parti conservateur de formuler cette injonction saugrenue, c'est la certitude qu'on les enverrait promener...

On sait comment les Conservateurs nous ont écoutés. Les mieux disposés d'entre eux, tout en nous aimant, nous déclaraient compromettants et, pour ne pas se compromettre avec des gens auxquels on n'a jamais pu rien reprocher contre l'honneur, ces hommes circonspects se mirent avec le Boulangisme, ils s'unirent publiquement à tous les aigrefins, à tous les sacripants, à tous les marlous de Paris !...

(*Le Testament d'un antisémite*, p. 12-13, 16-17, 45.)

L'AMIRAL COURBET

Au milieu de toutes ces hontes se détache seule la glorieuse et pure figure de l'amiral Courbet. Ce stoïque qui, esclave du devoir, sacrifie sa vie pour obéir aux ordres d'hommes qu'il méprise profondément, semble comme l'incarnation de la France militaire ; ce grand chrétien qui porte au cou, comme le dernier de ses matelots, la médaille bénite de la Sainte Vierge, apparaît comme la vivante antithèse du Franc-maçon persécuteur et tripoteur personnifié dans Ferry. Cette France, pour laquelle il est mort, l'héroïque marin la sert encore au-delà du tombeau, *defunctus adhuc loquitur*. Ces lettres, où déborde un tel mépris pour les républicains au pouvoir, ces lettres qui sont comme autant de soufflets sur ces joues infâmes, raniment une dernière étincelle dans les âmes, et, quand le scrutin s'ouvre, décident enfin le pays à vomir les députés qui osent encore s'avouer opportunistes.

(*La France juive*, I, p. 516.)

ALBERT DE MUN OU L'HOMME AU LABARUM[2]

Comme ce gentilhomme était ferré sur les codes ! Quelle facilité chez ces hommes qui prétendent détruire la Révolution et son œuvre à tenir compte de tous les arrêtés, de tous les règlements qu'ont accumulés, pour complaire aux compagnies, les représentants successifs de régimes plus ou moins révolutionnaires ! Quelle funeste tendance chez un Français de vieille race à prendre au

---

[2] Il y a, dans *La Fin d'un monde* (p. 210-214), un autre portrait, plus appuyé, d'Albert de Mun. [J. R.]

sérieux des Juifs comme Raynal ou Millaud, des nègres comme cet Heredia qui n'était pas Français en 1873 et qui tirait la langue quand on lui confia un ministère !

L'entretien, cependant, avait bien commencé.

Quel accueil j'ai reçu ! Voilà de ces choses qui consolent !

— Je sais, mon cher député, combien vous êtes dévoué quand il s'agit...

— Le combat !... je ne connais que cela... C'est ce que je disais encore dernièrement dans une réunion de province : « Nous sommes la Légion fulminante, prenons le Labarum, et en avant ! »

— Mon cher ami, je suis excessivement modeste et je serais désolé que vous sortiez le Labarum pour moi.

....

Mon ami au Labarum est un homme sans fiel ; il sait bien que je l'aime quand même et je suis sûr qu'il me le rend. Il est évident seulement que nous n'avons pas tous les deux la même notion du droit. Il est le descendant de ces grands seigneurs qui, sous la Terreur, s'allongeaient sur la planche en disant poliment : « Suis-je bien comme cela, monsieur le bourreau ? » Je tiens de ces paysans bretons qui, lorsqu'on est venu démolir leur clocher, se mettaient derrière une haie et tiraient jusqu'à ce qu'on les tuât...

Ce sont les plébéiens qui triomphent toujours. Les Bretons n'ont déposé les armes que lorsqu'on leur a rendu leur église et leurs prêtres ; les soldats de la Commune eux-mêmes ont fini par avoir la République — il est vrai que cela ne leur a pas beaucoup profité, mais ceci est une autre question.

(*La Fin d'un monde*, p. 89-90, 91-92.)

CHOCQUARD OU GEORGES CLEMENCEAU[3]

Il est bien fini, bien vidé, ce Clemenceau, et, cependant, je crois qu'il faut le peindre tout de même. Il m'a intéressé parce qu'il était le commandité, l'homme lige de Cornélius Herz, et c'est ainsi que j'ai été amené à prendre quelques notes sur lui pour un croquis. Des socialistes, que j'ai rencontrés au Palais de Justice, m'ont tourmenté aussi à ce sujet ; ils m'ont dit : « Vous avez troussé un Gambetta tout à fait réussi, faites-nous donc un Clemenceau ! »

Ce qu'il y a de curieux, en effet, c'est qu'à une époque comme la nôtre, où l'outrage n'épargne même pas la cornette de la Sœur de charité ou les cheveux blancs d'un vieux prêtre, le député de Montmartre ait pu s'arranger, grâce à ses attitudes de matamore, pour attaquer tout le monde et n'être insulté à fond par personne.

---

[3] Au temps de l'Affaire Dreyfus, le 26 février 1898, devait avoir lieu au Parc des Princes le mémorable duel au pistolet entre Drumont et Clemenceau. — Sur les rapports des deux hommes, cf. Léon DAUDET : *Études et milieux littéraires* (Grasset, 1927), p. 218-219. — Léon Daudet a brossé un fort portrait de Clemenceau, au tome I de ses *Souvenirs* (1931), p. 24-27. [J. R.]

La vie sociale est pleine d'incroyables anomalies. À quoi tient parfois la réputation d'une femme dans le monde ? À un rien. Certaines femmes, comme la *Dame au rastaquouère* dont je parlais dans *La France juive*, ont eu à maintes reprises les aventures les plus bruyantes ; elles s'affichent avec leurs amants jeunes ; elles doivent leur luxe, chacun le sait, à leurs amants vieux ; elles peuvent tout faire... elles n'en seront diminuées en rien dans leur situation mondaine ; on les trouverait au lit avec un galant que personne ne s'en scandaliserait. D'autres, au contraire, ont payé de leur considération une amourette sans conséquence, un *flirt* parfois très innocent...

À quoi cela tient-il ? Questionnez à ce sujet les plus merveilleux psychologues qui soient, ces femmes intelligentes et fines, déjà revenues de toutes les illusions, qui savent tout, qui jugent le spectacle qui se passe sous leurs yeux avec une verve qui n'est pas encore aigrie ; elles vous répondront :

« Ces choses-là ne s'expliquent pas. Mme de X... vit comme une fille ; c'est à peine si elle a 10.000 livres de rente, elle en dépense 100.000 et elle n'a pas un sou de dettes ; elle est désagréable au possible et elle est admirablement reçue partout, elle entre partout la tête haute. Mme de Z... est une adorable petite femme ; on dit qu'elle a chanté un duettino d'amour avec son cousin, l'officier de chasseurs, mais l'anecdote n'a jamais été tirée au clair et tout le monde chuchote quand elle arrive ; elle le sait, elle en souffre — et voilà la vie. »

C'est un peu l'histoire de M. Clemenceau. Il a succédé, au su de tout le monde, dans l'alcôve d'une cocotte célèbre, à une Altesse académicienne ; il passe sa vie dans les coulisses de l'Opéra ; il a mangé sa légitime et même écorné le bien d'un vieux père qui habite à Sainte-Hermine — comme il convient au père d'un républicain aussi immaculé que le chef de l'extrême gauche. Il en est aux expédients et sa cavalerie, puisque c'est ainsi qu'on appelle les billets difficiles à escompter, commence à courir. Il a, par surcroît, le plus coûteux des vices : un journal qu'on s'obstine à ne pas lire et dans ce journal les Cornélius Herz et autres financiers ont versé des sommes énormes. Personne, cependant, n'a écrit un mot sur Clemenceau à propos des scandales derniers.

Dans l'immense clameur qui s'est élevée autour des faiseurs depuis quelque temps, le nom de Clemenceau, s'il a été prononcé par tout le monde, n'a été imprimé par personne.

Ce n'est pas à force d'hypocrisie que Clemenceau est arrivé à ce résultat.

Ce n'est pas un hypocrite à proprement parler. Il est fier d'avoir bu dans le même verre qu'une Altesse ; il étale sa liaison avec cette vieille hétaïre qui servait de hors-d'œuvre à la Montille avant l'entrée de Pranzini. Dans une maison du Bois de Boulogne, où *La France juive*, paraît-il, compte une chaude admiratrice, Clemenceau a son fauteuil : *le fauteuil de monsieur le duc* ; il a son sobriquet : *monsieur le duc* ; et il se prête, avec une sorte de fatuité prudhommesque, à cette plaisanterie peu démocratique.

Encore une fois, Clemenceau ne rend même pas à la Vertu l'hommage de l'hypocrisie. L'été dernier, ce représentant de l'austérité républicaine, ce mari d'une femme sans reproches, paradait dans une loge, à l'Hippodrome, avec

Erlanger, les Berthier et des filles, et il osait se montrer publiquement en compagnie de ce banquier allemand acquitté, grâce à lui autant probablement qu'avec l'aide de Dauphin, mais flétri quand même et tout chargé des malédictions de milliers de Français réduits au désespoir et à la ruine.

Ce n'est pas davantage un bon vivant, un méridional exubérant et se moquant du *qu'en-dira-t-on* comme Gambetta qui, sans s'être permis la dixième partie des tripotages de Clemenceau, quoiqu'il ne fût pas novice en ce métier, eut toute la Presse à ses chausses.

Ce serait un cynique plutôt, mais un cynique de l'espèce grave, un cynique à froid. Dans ce faux Vendéen insultant toutes les croyances de son pays, il reste, comme chez Grévy, un côté paysan, un côté madré, retors. Chez Grévy la ruse était pateline et sournoise ; la fourberie chez Clemenceau a les allures brutales, des gestes de casseur d'assiettes.

C'est par là qu'il a terrifié tous ses collègues à la Chambre. Il leur apparut comme Chocquard lui-même. Vous savez, Chocquard, le légendaire garde du corps, la terreur des estaminets et l'admiration des dames de comptoir. « Jeune homme, prenez garde, vous avez failli me marcher sur le pied. — Je vous jure que je n'avais pas cette intention. — Très bien, j'accepte vos excuses, mais ne recommencez plus. » Et la dame du comptoir frissonnait, subjuguée.

Paysan notre gaillard est resté, mais il est surtout provincial, malgré ses allures viveuses, comme tous les gens de son groupe. Il y a du Pourceaugnac chez tous ces avocats et ces carabins radicaux déserteurs de quelque honnête lit qui mangent le bien conjugal à courir après toutes les gueuses connues.

À *La Liberté*, du temps de Girardin, nous avions des amis qui étaient *finisseurs d'heures de voitures*.

Girardin, fort serré pour le traitement de ses rédacteurs, n'était prodigue que pour les voitures. La voiture était pour lui le symbole de l'activité dans le travail. « Prenez des voitures ! » nous répétait-il sans cesse.

Nous prenions des voitures pour aller chercher un cigare et, sur le numéro du cocher, on nous remboursait le lendemain.

Les républicains ont toujours été ingénieux ; des camarades qui venaient du Quartier latin pour savoir, dans les bureaux d'un journal bien informé, où en était l'Empire, nous dirent : « C'est insensé ! Vous n'avez qu'une demi-heure et vous payez une heure. Laissez-nous finir l'heure pour retourner au Quartier latin. » D'autres firent de même et l'industrie des *finisseurs d'heure de voiture* fut créée...

Les Radicaux, eux, sont finisseurs de courtisanes.

Celle à laquelle la protection de Clemenceau épargna l'ennui de venir témoigner en cour d'assises, au moment du procès Pranzini, eut vraiment son heure de radieuse beauté. Elle avait, vers 1867, l'éclat nacré, la blancheur transparente de la perle, elle éveillait moins le désir qu'une joie de lumière, une réverbération de clarté diaphane qui égayait le regard. « C'est une statue de bergère-déesse de Coysevox », a dit d'elle Banville ; c'était plutôt une statuette de Pradier, mais avec je ne sais quoi d'indépendant et de sauvage dans la grâce.

Pour l'instant, la fête des yeux est un peu passée et, pour finir cette voiture, il ne faudrait pas avoir besoin d'aller plus loin qu'aux Invalides...

Qu'importe ! Elle possède pour un gentleman provincial, comme est, au fond, l'ami de Cornélius Herz, le grand charme de la femme qui a été en vedette, l'indéfinissable et bas attrait de la Sapho de Daudet. Si Marion Delorme, qui mourut centenaire, avait pu se prolonger jusqu'à nous, c'est elle que notre homme aurait aimée. Maîtresse d'Altesse ! songez donc !

La belle, dit la Chronique, avait compris la force de ce sentiment et fait fabriquer un duc en cire d'une ressemblance telle qu'il aurait pu figurer au musée Grévin. Le chef des Radicaux, lorsqu'il entrait, apercevait le duc penché sur la carte de l'état-major, il s'en allait sur la pointe du pied et sa passion s'en trouvait accrue...

....

Le prince d'Hennin, vous raconteront tous les habitués de l'Opéra, ne rougit pas de se montrer avec Clemenceau...

Sans doute on est libre de n'avoir aucune croyance, mais le prince d'Hennin n'est pas sans compter parmi les siens quelque religieux qu'on a chassé, quelque prêtre qu'on veut proscrire. N'est-ce point honteux, dans de pareilles conditions, de vivre de pair à compagnon avec ce démagogue vicieux qui n'a point, comme les révolutionnaires plébéiens, l'excuse d'un amour sincère du peuple, avec ce persécuteur des pauvres et cet ami des financiers, qui garde à propos des Rothschild le plus respectueux des silences et qui ne se lasse pas de réclamer qu'on enlève leur pain aux malheureux vicaires à 900 francs !

Avec plus ou moins de tenue, d'ailleurs, selon leur caractère, tous les députés de droite vivent sur ce pied d'abandon et d'amitié avec le commandité de Cornélius Herz. Non seulement ils sont à rot et à pot avec lui, mais ils sont très honorés de cette familiarité. Les couloirs de la Chambre sont le triomphe de Chocquard ; il fait belle jambe, il déploie des élégances de clown, il roule des yeux blancs, il hérisse sa moustache de guerrier japonais, puis il s'humanise ; il a épouvanté, médusé, sidéré tous ces gens à l'imagination desquels il apparaît comme un personnage terrible auquel il ne ferait pas bon de se frotter. « Vous savez qu'au pistolet il tire à un et qu'il trace un anneau parfait dans une pièce de 20 centimes qu'on lance en l'air. » Ainsi parlent, à voix basse, les anciens aux nouveaux et les nouveaux regardent Chocquard avec admiration...

....

Puisque de ton propre aveu, ô citoyen Clemenceau, il n'y a pas de Dieu, il n'y a pas de droit et que l'insurrection est le plus saint des devoirs toutes les fois qu'on croit avoir à se plaindre de quelque chose, avoue que je serais bien naïf de me retenir à ton endroit, et même à ton envers, et de brider la fantaisie qui m'a hanté de te traiter comme tu traites les Catholiques et même les Opportunistes, quand tu n'as pas peur de Boulanger ? Pourquoi ma molécule cosmique ne prendrait-elle pas quelques libertés vis-à-vis de la tienne ?

Je serais blâmable comme Chrétien, et repris par mon confesseur, si j'obéissais vis-à-vis de toi à un sentiment de haine personnelle, mais je n'ai aucune haine pour toi ; j'entends simplement te montrer ce que c'est qu'un homme libre.

(*La Fin d'un monde*, p. 265-269, 270-271, 285-286.)

MADAME BOUCICAUT

Il serait injuste de ne pas reconnaître que l'élan spontané d'un être né foncièrement bon vient parfois rétablir un peu l'équilibre.

Les journaux socialistes n'ont pas été tendres pour Mme Boucicaut et je ne puis m'associer à leurs dures paroles.

Le côté qui me frappe là-dedans, c'est l'anarchie profonde de cette Société où nulle organisation sérieuse ne fonctionne plus, où nulle autorité sociale n'apparaît. Rien ne garantit la maison d'ordre secondaire que le gros capital jette par terre. Comme un fleuve détourné de son cours, l'argent, qui aurait rétribué équitablement l'activité d'innombrables petits patrons, vient se verser sur un point unique ; il arrive aux mains d'une personnalité tout à fait inférieure et c'est cette illettrée qui se trouve investie de la redoutable fonction de répartir la richesse.

Le testament d'une si magnifique générosité de Mme Boucicaut semble une légende des temps barbares transportée dans le Paris de la rue du Bac. On dirait la fin de l'histoire d'une bergère qui aurait épousé un chef quelconque, grand ravageur des terres d'autrui et grand exterminateur de petits.

Mme Boucicaut n'était point bergère, mais blanchisseuse, lorsqu'elle épousa Boucicaut auquel elle apportait du linge chaque semaine, et, toute sa vie, elle resta confuse et comme effarouchée de cette prodigieuse fortune qui vint à elle sans qu'elle la désirât. Les *Premières*, qui formaient le sérail du mari, s'amusaient bien à jouer quelques tours à la vieille dame ; on n'ignorait pas qu'elle savait à peine lire et on lui tendait le journal à l'envers, mais, au fond, chacun l'aimait parce qu'elle était bonne et la bonté fit presque grande cette simple d'esprit. Quand elle se sentit près de partir pour le grand voyage, elle manda des hommes d'affaires pour compter tous ces millions qu'elle n'aurait pu compter elle-même et elle donna tout, très sensément, très pratiquement, sans viser à l'ostentation comme les Rothschild, qui tirent le canon lorsqu'ils envoient la moindre obole aux journaux.

Peu s'en fallut, il est vrai, que la presse juive ne parvint à ridiculiser cette femme honnête et modeste. Ce misérable Meyer, que la plus élémentaire pudeur devrait obliger à ne plus se mettre en avant, osa parler au nom de la Presse et demander une statue !

Deux personnes seules eurent le triste courage de faire campagne publiquement avec le directeur du *Gaulois*.

Mézières, de l'Académie française, s'il vous plaît, qu'on aurait cru incapable de se compromettre avec Meyer, répondit le premier à l'appel.

Après lui accourut Simon dit Lockroy, ce qui étonna moins, Simon-Meyer, Meyer-Lockroy, c'est le même type ; c'est le même camelot juif toujours pressé de déballer dès qu'il se présente un emplacement vide où l'on puisse poser un tréteau ; l'un opère dans le Conservatisme, l'autre dans la Révolution : tous deux se valent...

La Presse qui, d'ordinaire, obéit au doigt et à l'œil dès que *Le Gaulois* propose de lancer quelque entreprise de puffisme, eut, cette fois, assez de tact pour envoyer promener les Meyer et les Simon.

Imaginez-vous quelque chose de plus ridicule qu'une statue à Mme Boucicaut, un monument de faste et d'apparat à cette femme dont le grand mérite fut d'être humble et aussi de sentir vaguement, avec son cœur d'ouvrière, d'habitante du quartier, l'excessif de cette fortune échafaudée sur la ruine de tant de petits commerçants du voisinage...

(*La Fin d'un monde*, p. 103-105.)

GEORGE SAND

C'était bien la ruminante pour laquelle le travail intellectuel, si dur pour d'autres, était sans fatigue et qui, après avoir terminé un roman à minuit moins le quart, en recommençait immédiatement un autre pour ne pas perdre le reste de la veillée. C'était Io elle-même, la belle génisse du Berry ; quand elle était seule avec le petit secrétaire, elle se plongeait dans sa rêverie intérieure, elle remuait les mâchoires, elle ruminait, comme les bêtes ; elle gniaquait, si vous aimez mieux.

— Ce n'est pas joli, madame, lui disait l'enfant.
— Tu crois, mon petit ?
Elle s'interrompait et reprenait son gniaquement quelques minutes après.

(*Le Testament d'un antisémite*, p. 110.)

L'« ONCLE » SARCEY

Le plus typique là-dedans, c'est cet excellent Sarcey. Il a découvert brusquement qu'il y avait une question sémitique par des lettres que des lecteurs lui ont écrites, et il a manifesté à ce sujet une surprise extrême et qui, d'ailleurs, n'était pas feinte. C'est l'histoire d'un brave homme, entré au théâtre à sept heures par un temps superbe, et qui, tout à coup, s'aperçoit qu'il neige à gros flocons. Pendant vingt ans Sarcey a été exclusivement occupé à voir marier Anatole avec Victorine, et il est ébahi lorsqu'on lui raconte que pendant ces vingt ans les Juifs ont conquis Paris, accumulé les désastres et les ruines et excité des haines qui n'attendent qu'une occasion pour se manifester de la plus terrible façon.

(*Le Testament d'un antisémite*, p. 81-82.)

ZOLA

Zola, avec son tempérament d'Italien, c'est-à-dire de politique, a vu très bien qu'il triompherait un jour, sans avoir besoin de faire aucune concussion, qu'il serait l'académicien désigné, comme Constans était le ministre nécessaire. Cette candidature est discutée partout avec des considérations plutôt favorables qu'hostiles. L'auteur de *Pot-Bouille* et de *La Terre* entrera à l'Académie avec ses personnages qui rotent, qui fientent, qui vomissent, qui crachent des mots ignobles à bouche que veux-tu, qui se livrent publiquement aux actes les plus immondes. Dans l'art des peuples, comme dans leur existence politique, les latrines ont leur jour...

(*La Dernière Bataille*, p. 52.)

LE JEUNE LÉON DAUDET PRIS SUR LE VIF[4]

Pendant que j'écris, on sonne violemment à la porte de ma chaumière.
— Qu'est-ce qu'il y a, Marie ?
— Monsieur, je ne vois personne...
— C'est bizarre.
On sonne encore.
— Qu'est-ce que c'est que cette histoire-là ?
— Monsieur, je n'y comprends rien : on sonne, je vais ouvrir, mais j'ai beau regarder sur la route, je n'aperçois rien...
— *Sufficit* ! ma journée est faite et je n'userai pas beaucoup de papier aujourd'hui.

Je sors, je m'avance doucement, et, dans l'angle que fait le mur, je trouve mon sonneur ; je sais que c'est là qu'il se cache toujours...
— Vous n'avez pas honte ! Léon, un élève en médecine de troisième année, un interne de demain, un jeune homme de votre valeur, qui discute avec nous les problèmes philosophiques, vous livrer à de pareils exercices !

Léon Daudet n'a pas honte ; son père vient de s'installer à Champrosay, Léon est venu me l'annoncer, et mis en liesse par l'air des champs, il a débuté par une bonne farce, la farce classique par laquelle il inaugure la saison d'été.

Quand j'ai vu pour la première fois ce grand gaillard, on allait le mettre au collège, il avait de longs cheveux blonds tout bouclés et ressemblait à une fillette...

(*La Dernière Bataille*, p. 309-310.)

LÉON DAUDET JEUNE HOMME
(CROQUIS)

J'ai connu Léon Daudet à peine adolescent, je lui ai fait répéter ses examens pour le volontariat dans les bois ; j'ai vu grandir cette intelligence. Je lui ai demandé bien souvent des renseignements sur le vocabulaire médical, et j'ai été étonné de la précoce lucidité d'esprit de ce jeune homme qui, s'il avait voulu travailler, aurait eu les intuitions philosophiques de son père avec les avantages

---

[4] Cette esquisse est suivie de pages intimes et sympathiques sur Alphonse Daudet. [J. R.]

d'une éducation plus rigoureusement scientifique ; jamais, en revanche, je n'ai découvert chez lui l'ombre d'une hostilité contre la Religion.
(*Le Testament d'un antisémite*, p. 232-233.)

XV

APHORISMES ET RÉFLEXIONS

PREMIÈRE SECTION
LA PHILOSOPHIE ET LA VIE

1

La scélératesse humaine est partout la même. De quelque côté que l'on regarde, on rencontre la tristesse et la persécution. Au bout du monde, des gens, dont nous soupçonnons à peine l'existence, souffrent et meurent victimes de la méchanceté des hommes qui se retrouve identique sous toutes les latitudes.

2

Continuer une vie d'oisiveté et de désordre, quand la Patrie est près de périr, révèle une âme naturellement basse et qui doit, dès que les ressources manqueront pour satisfaire les passions, se laisser aller aux expédients les plus blâmables.

3

Ce qu'il faut noter, c'est l'impossibilité presque absolue pour le Français de tirer aucun bénéfice de ses compromis avec la conscience ; il n'est pas organisé pour cela. La ligne droite du devoir aurait toujours été plus avantageuse pour lui, même matériellement, que de prétendues habiletés où il finit invariablement par le rôle de Jocrisse.

4

Dans l'âme généreuse et large de l'Aryen, la tolérance est une vertu naturelle, et il faut l'exciter bien longtemps pour le décider à user de son droit de légitime défense.

5

Plus on va et plus on est frappé de l'illogisme des actes et des discours humains, plus on se convainc qu'en dehors de la grande affaire du Salut, il n'y a dans la vie que des pitreries...

6

Que de choses dans ces deux mots qui servent de titre à un roman de M. de Maupassant : *Une vie* ! Que d'erreurs, que de fautes, que de malheurs, que d'efforts, que d'injustices aussi ! Quel partage de responsabilité parfois entre l'homme et la société !

7

« Ils ne se sentent plus », disent les médecins, à propos de certains malades. Les hommes de ce temps en sont à ce degré : ils ne sentent plus.

8

Ce qui se dégage du spectacle des choses actuelles, c'est une sorte de gaieté d'un genre particulier qui se résume dans le sourire du mystificateur sémitique, éclairant un visage exsangue. Il y a des effets semblables dans quelques paysages à certaines saisons, un coup de lumière non pas vif, mais rasant les objets, glissant à la surface de tout, s'accrochant à des bouquets de bruyères, exigeant de l'artiste des tons très fins.

9

Libres-penseurs, c'est-à-dire ennemis de la liberté de penser chez les autres.

10

La Peur et la Crainte ne sont pas la même chose. La Peur est une impression tout instinctive, un mouvement tout physique ; la Crainte est un état d'esprit, un amoindrissement du pouvoir actif de l'être, presque une maladie mentale. On peut surmonter la Peur : on croit entendre des gens remuer dans l'ombre, la nuit, dans son jardin, on va de ce côté, et l'on s'aperçoit que c'est une feuille qui tombe ; on guérit difficilement la Crainte.

11

Si j'ai l'âpre amour de la Justice et de la Vérité, je n'ai pas de rancunes personnelles.

12

Ce qui m'a le plus frappé, cependant, dans les entretiens que j'ai eus avec des hommes qui ont été mêlés de près aux événements de notre temps, c'est la force de volonté, l'espèce de logique propre aux déments avec laquelle les gens qui sont possédés par une idée fixe vont à leur pente, creusent leur fosse, préparent la catastrophe qui les emportera.

13

Au fond, les partisans les plus fougueux de l'action ne demandent qu'à être découragés.

14

Autrefois, il fallait mériter la gloire ; aujourd'hui, il suffit de la payer.

15

À partir de Louis XIV, l'apothéose impériale, la pompe latine se substitue aux rapports cordiaux et, parfois même, empreints d'une familiarité un peu vive que les Aryens germains avaient gardée dans leurs rapports avec leurs souverains, comme un souvenir de la libre vie dans les forêts d'autrefois...

C'est précisément ce côté humain qui faisait la force des rois d'autrefois et qui intéresse encore à eux, car le peuple n'aime rien tant que de trouver un homme semblable aux autres hommes dans un souverain qui a été grand.

16

C'est par le sentiment qu'elle a de l'honneur qu'on peut voir où en est une nation. L'honneur n'est plus la simple et stricte honnêteté, c'est quelque chose de plus, c'est le superflu, le raffinement, en quelque sorte, de la vertu civique et militaire, la fleur brillante du Devoir.

17

Vivre ! vivre ! vivre ! Celui qui saurait noter tout ce que contient ce cri, cet hymne à la Vie, dans des sociétés qui finissent, aurait résumé l'époque actuelle...

18

La vérité est que nous sommes enveloppés de mystère, que nous vivons dans le mystère, que nous sommes nous-mêmes un mystère, un miracle de tous les instants, une énigme incompréhensible pour celui qui n'accepte pas les enseignements de l'Église.

19

La vérité est que c'est une dure chose d'être vaincu, et que notre devoir d'écrivain est de dire cela à ceux qui parlent si légèrement de la guerre.

20

L'argent ! c'est lui qui a toujours le dernier mot à notre époque ; il barre le chemin aux idées et, en un tour de main, il transforme les amis en adversaires et les adversaires en amis.

21

La solitude pour nous n'est que l'absence d'imbéciles, de fâcheux, de *raseurs* et de *tapeurs* ; elle est peuplée de mille impressions et de mille souvenirs, de fantômes charmants, d'ombres chères disparues, de remords même et de douleurs qui tiennent compagnie. Pour le prêtre, au contraire, quand la pensée de Dieu un peu voilée ne la remplit pas, la solitude c'est le vide.

22

On voit poindre une lueur d'aurore à travers les ténèbres épaisses, au milieu desquelles ce monde se débat dans la confusion et l'incohérence, attendant les convulsions et les délires.

23

Avant qu'une génération puisse accomplir son œuvre, réaliser la pensée qui est en elle, la faire passer dans les faits, il faut, il a toujours fallu, que beaucoup d'hommes de cœur se sacrifient pour aplanir la voie et montrer le chemin.

24

Ce monde, implacable pour tout ce qui est bon, candide et honnête, est à genoux devant tout ce qui a l'apparence de la force.

25

L'homme que l'oubli recouvre ainsi a été le plus étonnant journaliste de son temps[1] ; pour arriver à ce résultat d'être oublié huit jours après sa mort, il s'est levé toute sa vie à cinq heures du matin.

---

[1] Émile de Girardin. [J. R.]

26

En ce temps où la fièvre de l'or est partout, l'homme, en proie à des désirs sans cesse renaissants, agité de convoitises toujours nouvelles, a désappris la paix du cœur et ne sait plus ce que c'est que le bonheur.

27

Cette pensée de la mort est un meilleur cordial qu'on ne croit dans les luttes de la vie. Elle vous venge d'avance de ceux qui vous ont fait du mal et, en délimitant devant vous l'espace qui vous est départi pour y déployer votre activité, elle donne aux épisodes au milieu desquels nous nous agitons leurs proportions véritables. Comme a dit Maurras, « c'est un grand secret de force intime ».

28

Toute la synthèse de l'histoire humaine est là-dedans : c'est en vain qu'on fouillerait toutes les annales du passé, on n'y trouverait pas un seul exemple de droits qui aient été reconnus à des gens qui n'étaient pas en situation de les défendre ou de les prendre quand on les leur refusait. Être cogné, cogner ; être engueulé, engueuler, c'est la vie, encore une fois. Ce n'est qu'après beaucoup d'efforts faits pour se tuer qu'on arrive, comme on dit, à un *modus vivendi*.

★

DEUXIÈME SECTION
LA SOCIÉTÉ

1

Une société qui supporte les infamies auxquelles nous assistons est déchue même du droit de punir.

2

Notre époque, de laquelle tout héroïsme a disparu, vit dans un perpétuel lyrisme écrit, dans une sorte de lyrisme journalistique ; on a la gloire sans être obligé de se donner la peine de l'acquérir.

3

Il est à remarquer, et ceci peut être formulé comme une loi, que la tendance à égorger et à dépouiller ses semblables est en rapport direct de la facilité à parler de la civilisation et de l'humanité.

4

On devine ce qui se passe de tripotages, de manœuvres déloyales, d'infamies dans ce monde de turf. C'est l'Aryen toujours, le gentilhomme, l'honnête homme qui est victime ; parfois on ne se contente point de le ruiner, on le déshonore. On achète son jockey et on le mêle à quelque vilaine affaire d'où le nom sort toujours un peu endommagé ; il est *disqualifié* comme on dit.

5

L'amour de la toilette n'est plus cette coquetterie relativement innocente et gentille qu'ont eue les filles d'Ève à tous les siècles, c'est une sorte d'idée fixe, de vice impérieux et sombre comme le vice du baron Hulot.

6

La note dominante de l'époque : un aplatissement de laquais devant tout ce qui a l'apparence de la force.

7

J'ai tort de noircir tant de pages pour écrire l'histoire psychologique de mon temps, cette histoire pourrait s'écrire en cinq mots : Ce siècle est effroyablement lâche.

8

La bienfaisance n'est plus ce mouvement du cœur qui nous pousse à prendre sur notre superflu, parfois sur notre nécessaire, pour déposer discrètement une offrande dans la main de celui qui souffre ; c'est un acte charlatanesque qu'on accomplit à grand orchestre, en appelant la foule à coups de grosse caisse pour qu'elle vienne vous regarder, c'est le triomphe de cette ostentation que Bossuet appelle « la peste des bonnes œuvres ».

9

La vérité est que personne ne veut se gêner, personne ne veut sacrifier son avantage immédiat ou sa fantaisie à un intérêt général, personne ne veut faire son devoir. Chacun trahit dans la mesure de ses forces et dans la sphère de ses attributions.

10

Un cabotinage général semble s'être étendu du théâtre à la société. La société, pour mieux dire, est devenue un immense théâtre où chacun s'efforce d'attirer l'attention sur lui en se mettant en vedette sur l'affiche en lettres gigantesques.

11

Pour les mondains, il n'y a qu'un *critérium* : « Cela plaît-il aux Juifs ? » Dans ce cas, tout va bien.

12

Un souvenir des civilisations disparues vous obsède à chaque instant dans ce Paris colossal...

13

L'on se demande comment tient encore cette société où l'égoïsme, la vanité sotte, l'amour du plaisir, l'absence de tout sentiment de dévouement, de toute pensée de sacrifice, de tout instinct même de conservation sont en haut, où la haine et l'envie sont en bas.

14

L'opinion publique en France a tellement perdu la perception du juste et de l'injuste qu'elle est incapable de se rendre compte ; pour elle, tout se réduit à des jeux scéniques : elle applaudit quand c'est bien joué et c'est tout.

15

[*Paris :*] la ville géante qui, hier, s'appelait la cité reine, demain sera la cité mendiante, la cité découronnée, déshonorée, désespérée.

16

Le clergé, après 1830, avait presque adopté la thèse soutenue par la Bourgeoisie voltairienne et philippiste que le prêtre doit rester dans son église, qu'il ne doit communiquer avec le dehors qu'en mettant une plaque sur la rue avec cette inscription : *Sonnette pour les sacrements*, — thèse imbécile, car, lorsque le prêtre ne sort plus de son église, l'esprit chrétien sort de la société...

17

Il y a dans tout ce qui est directement issu de la masse plébéienne une disponibilité de force et de dévouement qu'on ne trouve plus chez les classes supérieures.

18

La grande masse, par le fait de l'organisation sociale d'aujourd'hui, est trop violemment courbée vers la terre pour avoir même la liberté de donner une minute en une année aux idées élevées qui étaient familières aux plus humbles artisans d'autrefois.

La vérité est que la société sortie en 89 des Loges maçonniques et des complots de la Kabale juive est née à l'état de péché mortel ; elle n'a pas été baptisée, elle est en dehors de l'Église et elle n'est bonne qu'à jeter à l'égout.

19

L'indulgence est la caractéristique de cette société. Tout passe. Au moment de quelque gros scandale, tous ces gens qui ont été élevés dans une sorte de religion de l'honneur ont un petit soubresaut, quelque chose comme le frissonnement du mouton qui baisse la tête, lorsque la bise secoue trop sa toison, mais ils prennent vite leur parti.

20

Les classes sociales ne se convertissent point, c'est là l'évidence que le sociologue doit reconnaître ; elles meurent, dans la logique de leur développement.

21

Les mondains véritables appartiennent à une classe spéciale comme les politiques ; rien ne les touche, rien ne les passionne. Tout pour eux est simple spectacle, un spectacle qu'ils regardent, mais dans lequel ils ne s'intéressent qu'à eux-mêmes...

22

Il n'est qu'une chose qu'il faille éviter avec soin dans le monde, et je le dis pour les jeunes gens qui seraient désireux de se pousser dans les salons. Vous tremperiez votre pain dans la sauce du plat qu'à la rigueur on vous le pardonnerait ; il vaut mieux s'abstenir, mais enfin on dirait : « C'est un homme qui aime beaucoup la sauce. » En revanche, ne vous avisez jamais de parler des « devoirs sociaux des classes dirigeantes ». À ce mot, vous verriez tous les dos esquisser un mouvement de protestation muette. Tous les convives penseraient à la fois la même chose : « Voilà un monsieur qu'il faut éviter avec soin » ; sans s'ouvrir, les bouches mimeraient toutes le même monosyllabe : *Zut* !

Ce sujet-là est peut-être le seul qui porte réellement sur les nerfs des gens du monde.

23

Au milieu de cette Société fondée sur l'imposture, la sincérité se retrouve dans l'âme des simples. Ceux-là ne sont pas dans le mensonge, mais réellement, et d'un cœur ingénu et véridique, croient, aiment, souffrent ; ils sont convaincus vraiment que le Christ est mort pour les hommes et sacrifient quelque chose au désir d'être réunis à lui dans le ciel.

24

Ce monde n'a pas d'inspiration, il ne pense que lorsque les Juifs lui suggèrent une idée.

25

La vie présente apparaîtra aux historiens de l'avenir sous un aspect absolument différent de celui qu'elle a aujourd'hui. Cette vie qui semble, grâce aux journaux et aux Chambres, se passer sur la place publique est en réalité mystérieuse comme la vie de la Venise d'autrefois.

26

La génération qui vieillit n'osera jamais aller jusqu'à la rupture complète ; elle a ses habitudes prises ; elle est liée aux Juifs par les souvenirs d'une existence qui a été commune pendant de longues années. Rothschild ferait sauter demain la Banque de France et donnerait un bal huit jours après, qu'il aurait toujours son salon plein et que la « grande liste » serait fidèle au rendez-vous.

27

La Bourgeoisie est le régime des appétits…

28

C'est la grâce d'état des femmes ; elles savent tout d'instinct. Prenez un homme absolument illettré, à vingt ans, donnez-lui tous les professeurs possibles, vous n'en ferez jamais rien. Prenez derrière ses vaches une paysanne bretonne, placez-la dans un milieu intelligent et, au bout de trois ans, elle sera aussi affinée qu'une duchesse.

29

Aux époques de dissolution, aucune classe ne s'élève très sensiblement au-dessus du niveau des autres classes.

30

Alors même qu'ils sont indépendants par leur situation, les représentants de la haute société parisienne se mettent entre les mains du Juif par paresse ; ils ne peuvent pas faire un pas sans avoir un Juif pour les guider, leur montrer le chemin.

31

Le non fonctionnement de la justice devant de pareils actes est un des phénomènes les plus curieux de ce temps, quand on l'examine sans colère vaine et à un point de vue en quelque sorte exclusivement scientifique. Si certaines notes sont brisées dans le clavier individuel de nos contemporains, il y a également dans la mécanique gouvernementale des ressorts cassés ; il y a, si vous le préférez, des organes morts dans le corps social.

32

Il ne faut pas se lasser de le répéter : lorsque des sommités, des autorités, des supériorités montrent ce laisser-aller en ce qui touche à la conscience, comment voulez-vous que la masse ne soit pas ce qu'elle est : sceptique, détachée de tout, indifférente à tout, chagrine seulement de ne pas posséder le nécessaire lorsque quelques privilégiés sont gorgés, et se disant que bientôt elle aura son tour ?

33

Toutes les décadences se ressemblent ; toutes se résument en deux mots : *histrionisme, hypocrisie*.

34

Un « honnête homme », pour le XVIIe siècle, était un homme ayant à un haut degré le respect de sa propre dignité, portant la tête un peu haute, incapable de commettre une bassesse ou de dire un mensonge, d'abandonner la défense d'une cause juste pour plaire aux puissants.

35

Très capables d'accomplir quelque exploit exceptionnel, les Celtes sont hors d'état de poursuivre quelque dessein d'une façon suivie.

36

Les millionnaires risquent d'être plus vite oubliés que certains malheureux illustres. Il semble que le monde se venge de les avoir courtisés, enviés, adulés vivants, en les effaçant de sa mémoire dès qu'ils sont morts, dès que leur main glacée est impuissante à tourner une clef dans la serrure d'un coffre-fort.

37

Devant cette prostitution de la Justice vendant l'impunité aux millionnaires, vous pouvez vous indigner ou rire selon que vous avez le caractère chagrin ou l'humeur badine. En tout cas, vous sentez qu'il y a un ressort cassé, une fonction sociale qui ne fonctionne plus, un organe qui est atrophié...

38

L'époque contemporaine a une horreur instinctive pour la Vérité qui s'allie très bien avec un besoin inextinguible d'informations et de développements effrénés du reportage.

39

Ce ne sont ni les patriciens d'autrefois, ni les parvenus d'aujourd'hui. On peut les appeler les riches tout simplement ; au moment où éclateront les catastrophes qui sont dans l'air, c'est contre eux que se déchaîneront les colères populaires et vraisemblablement ils ne comprendront rien eux-mêmes à ce qui leur arrive. Leur caractéristique, en effet, c'est de ne rien comprendre, ni par l'intelligence, ni par le cœur, au point de vue intellectuel, comme au point de vue moral.

★

TROISIÈME SECTION
LA POLITIQUE

1

THÉMIS. — Rappelons pour ceux qui ne sont pas savants que ce dernier mot veut dire « la Justice » — en langue grecque. En français, il signifie simplement « les Cours et Tribunaux ».

2

L'épouvantable ouragan qui se prépare à l'horizon !...

3

Ce qui fait l'immoralité des jours actuels, ce n'est pas tant le nombre des coquins qui volent que le nombre des honnêtes gens qui trouvent tout simple que l'on vole.

4

Les hommes d'autrefois n'étaient pas comme les Français dégénérés d'aujourd'hui, des êtres veules et sans ressort, subissant patiemment toutes les infamies.

5

La République fut impitoyable aux humbles, et trembla devant ceux qui avaient une apparence de situation, devant ceux qui avaient la noblesse bourgeoise, qui possédaient le bouton de jade du mandarin, qui étaient inscrits sur un tableau quelconque.

6

La guerre de 1870, la guerre juive...

7

Un Celte, un Germain, un Gallo-Romain ne se ressemblent nullement ; la force de cette tradition [*française*] s'incarnera peut-être dans un homme de vrai tempérament français, qui sauvera la Patrie, parce qu'il ne daignera même pas prendre la peine de discuter toutes les turlutaines déclamatoires mises en circulation par la presse franc-maçonne et juive.

8

Pareils à ces soldats qui vont ramasser sous les balles les corps de leurs camarades, les révolutionnaires défendent le cadavre des leurs, quels qu'ils soient. Les conservateurs ne se contentent pas de ne pas défendre, ils piétinent et ils crachent sur ceux qui sont tombés.

9

Un homme d'abnégation, un sauveteur, un serviteur dévoué des déshérités se serait présenté aux élections que les ouvriers n'en auraient pas voulu. Le peuple est toujours dupe du faux démocrate qui le trompe par de belles paroles et qui s'enrichit à ses dépens ; il l'aime, c'est sa folie ; la France en meurt, c'est notre malheur.

10

Le cœur ne se serre-t-il pas lorsqu'on pense qu'il suffit de quelques agités pour réduire notre France à ce rôle de pauvre chien qui court porter ses caresses à tout le monde et que tout le monde repousse à coups de pied ?

11

Dans cette République où tout meurt, l'art, la littérature, l'industrie, le commerce des marchands de vin prospère seul.

12

Saint Louis faisait de la grande économie politique en mettant directement en rapport le producteur et le consommateur ; il plaçait face à face les deux représentants du travail en reléguant au second plan l'intermédiaire, le parasite.

13

Cette gauche, dans laquelle tout sentiment patriotique est mort, aime l'étranger de la haine qu'elle porte à tout ce qui est français.

14

Cette prostitution de cette chose sacrée, qu'on nomme le droit, est un des spectacles les plus douloureux du présent. Il semble que ceux que l'on appelait jadis « les prêtres du droit » devraient se tenir encore debout, quand tout autour d'eux a roulé dans la fange. L'âme souffre de voir des représentants de ce barreau français, qui a eu de si belles pages, qui a compté tant de fières figures, se prêter complaisamment à de telles infamies.

15

Le régime actuel, c'est-à-dire la *République juive*.

16

Chaque régime produit quelque chose ; certains produisent les lauriers de la guerre ; d'autres les palmes de la paix et les fleurs éclatantes de l'art ; le régime actuel produit le guano.

17

Aujourd'hui toute société financière véreuse entretient un député républicain, qui se charge d'arrêter les poursuites en menaçant le ministre de son vote.

18

Le droit de refuser le travail, c'est-à-dire de se suicider et de laisser périr les siens d'inanition, est la seule liberté qu'on ait laissée aux ouvriers, tandis que l'ancienne organisation leur avait assuré effectivement ce droit au travail dont on parle à tout propos aujourd'hui.

19

L'espèce d'étonnement qu'excitent ces perspectives ouvertes à l'Avenir s'explique par l'état de délabrement intellectuel dans lequel est tombée cette France où personne n'a plus le regard assez ferme et assez large pour envisager une situation en face, où les conservateurs les plus éclairés eux-mêmes n'ont guère de la Propriété qu'une conception de garde champêtre...

20

Tous les gouvernements ont une tendance qui se comprend à accorder des subventions à ceux qui les défendent plutôt qu'à ceux qui les attaquent. La République n'a pas fait exception, je crois, à cette règle ; si elle a fait baisser les fonds publics, elle n'a pas, que je sache, diminué les fonds secrets...

21

Je ne sais si vous êtes comme moi, mais ces masses d'or accaparées par quelques-uns éveillent invariablement dans mon esprit l'idée de quelque chose de répulsif, de difforme, d'obscène, dirai-je presque ; cela me fait penser à une excroissance, à un polype gigantesque.

22

Des révolutions politiques avantageuses à la Bourgeoisie on en fera désormais tant qu'on voudra, mais, dès qu'il s'y mêlera l'ombre d'une revendication sociale, les mouvements seront impitoyablement réprimés.

23

À mesure que le Peuple s'est plus intimement mêlé aux révolutions, elles sont devenues moins féroces. 1830 et 1848 sont des idylles à côté de la première Révolution que la Bourgeoisie dirigea.

24

La débâcle définitive ne se produira, à mon avis, qu'à la suite d'une guerre ou d'un événement imprévu.

25

Les politiciens trompent la foule en affichant des vertus qu'ils n'ont pas.

26

Ce que nous voulons : une Chambre économique pour rédiger le code du Travail et résoudre la question sociale, et une haute Chambre de justice pour faire rendre l'argent volé depuis cinquante ans.

27

Une Chambre de justice, soutenue par le concours du peuple tout entier, reconstituerait sur les bases nouvelles l'organisation du travail et, sans rien troubler que les voleurs, sans déranger le pays, on assurerait la paix sociale pour de longues années.

28

L'invasion des républicains nous a coûté plus cher que l'invasion allemande.

29

« Gouverner, c'est prévoir », a-t-on dit ; on peut ajouter que prédire c'est se désigner d'avance pour gouverner.

30

C'est toujours ainsi que les choses se terminent avec les Francs-maçons, princes, fonctionnaires ou simples particuliers ; ils commencent par parler d'émanciper l'Humanité et finissent par priver les gens des libertés les plus nécessaires.

31

Avec ses divisions apparentes, la gauche est au fond peu variée, elle forme un magma putride, une large mare fétide où pousse toute la flore pestilentielle spéciale au Palais-Bourbon : la Corruption, le Vol, la Prévarication, la Trahison.

32

L'élément de gaieté intense de ces choses, c'est que tous ces politiciens républicains, qui se livrent à une guerre acharnée, qui s'accablent entre eux des plus grossières injures, sont tous tellement entrelacés dans les mêmes affaires malpropres qu'ils sont obligés de s'arrêter au moment de porter les accusations formelles. C'est l'histoire de Pitou : « Mon capitaine, j'ai fait un prisonnier ! — Eh bien ! amène-le ! — C'est qu'il ne veut pas me lâcher. »

33

Tous les mêmes, les Trop connus !
Tous s'entendent entre eux comme larrons en foire, comme Grecs en tripot, comme souteneurs en rue...
Tous font semblant de se disputer entre eux et gardent sur leurs méfaits réciproques le plus diplomatique des silences.

34

Les ministres des Affaires étrangères ont des fonds secrets assez importants à leur disposition et, au lieu d'employer cet argent à savoir ce qui se passe à l'étranger, ils l'emploient à payer la Presse qui, selon l'importance de la somme, compare le ministre en exercice à Richelieu, à Talleyrand, à Cavour ou à Metternich. Quand le prédécesseur a tout mangé pour se faire traiter de Richelieu, le successeur doit se contenter de se faire appeler Olivares...

35

Le grand malheur, c'est l'obstination que mettent des centaines de milliers de parasites à vouloir vivre aux dépens d'un pays qui n'est plus assez riche pour les nourrir. La France est semblable à une mère que de grands fils, des fils de quarante à cinquante ans, s'obstineraient toujours à téter. La pauvre mère ne peut plus y suffire : il n'y a pas mauvaise volonté de sa part ; elle ne peut plus, elle n'a plus de lait...

36

Il est évident que la France demande qu'on les évince tous ; malheureusement les coquins se trouvent bien et n'ont pas envie de se laisser évincer...

37

Au fond, les chefs des groupes conservateurs ne voient qu'eux : la satisfaction de leur vanité, la célébration de leurs vertus, la description de leur maison.

38

Beaucoup de députés conservateurs sont des hommes de valeur. Très peu ont l'esprit vaste et généralisateur, mais quelques-uns sont très forts sur certains points, sur certaines questions. Ils sont les premiers à constater l'indigence intellectuelle de ceux qu'ils ont choisis pour chefs ; ils s'effrayent de cette situation en apercevant les éclairs sinistres qui sillonnent partout l'horizon, mais ils n'osent pas prendre d'initiative et, surtout, ils restent fidèles au plus indéracinable de leurs principes : celui de ne s'imposer aucun sacrifice pour leur cause…

39

Cette République telle qu'elle est : excrémentielle…

40

On ne se gêne pas avec les Catholiques, car, après les avoir couverts de crachats, on est sûr de les retrouver le lendemain aussi avenants, aussi empressés, aussi caressants que la veille…

41

La maladie des conservateurs, la tare du cerveau qui paralyse tous leurs mouvements et déséquilibre toutes les facultés, c'est une idée fixe, qui est entrée peu à peu dans la trame de leur système nerveux, l'idée fixe qu'ils sont nés pour être molestés et insultés. La définition du Catholique pour eux est celle-ci : « CATHOLIQUE : citoyen français payant des impôts, accomplissant ses devoirs civiques comme tout le monde ; *signe particulier* : est destiné par la nature à recevoir tous les jours l'égout collecteur sur la tête. »

42

Lorsqu'aura crevé le nuage sinistre qui menace l'Europe, que la tempête se sera déchaînée et que le Peuple, qu'on brave par ces fêtes insolentes, occupera la Capitale en maître et peut-être aura installé sa marmaille en guenilles dans ces hôtels superbes…

43

C'est le Capital — et quel Capital ! — qui provoque le Travail, qui ruine l'Épargne ; c'est le Palais qui déclare la guerre à l'Usine, ce sont les Milliards qui s'insurgent contre les Sous[2]...

44

C'est l'inexplicable qui donne sa couleur particulière à l'histoire actuelle. Tous les hommes d'aujourd'hui sont pris dans des pactes et des conjurations et, les trois quarts du temps, ils ne savent pas pourquoi ils se sont mis là-dedans, pourquoi ils ne marchent pas tout droit.

45

La phraséologie électorale : « Défendons notre foi, affirmons nos principes, *pro aris et focis* ! », tout cela est de la fausse guerre, de la comédie. Après avoir lancé en avant, compromis, exposé à toutes les représailles les petits, les humbles, les êtres de naïveté et de dévouement, les conservateurs sont les premiers à rire de ces victimes avec les républicains, en causant dans les bureaux.

46

On aurait publié quelques jours avant les élections tous les dossiers de Wilson avec notes, pièces justificatives, preuves authentiques, signatures légalisées, que cela n'aurait pas déplacé cinq cents voix.

47

Supposez qu'on démontre jusqu'à l'évidence, ce dont personne ne doute, que le Parlement tout entier est entre les mains de la Finance cosmopolite... Qu'est-ce que cela ferait au pays ?

---

[2] Les 3 milliards de Rothschild représentent à peu près le salaire de 3 millions d'ouvriers travaillant toute une année, sans un jour de repos, à 3 francs par jour. Le salaire de 456.621 ouvriers travaillant une année à 6 francs par jour n'atteindrait que 999.999.999 francs.
En admettant qu'Alphonse de Rothschild n'ait personnellement augmenté sa fortune que d'un milliard ; — qu'il ait 60 ans (il n'en a, je crois, qu'environ 58) ; — qu'il ait commencé à travailler à 10 ans révolus et qu'il n'ait donné qu'une moyenne de 7 heures par jour ; cette augmentation de fortune suppose un gain de 53 fr. 65 par minute. Un homme parlant seul ne pourrait au maximum prononcer que 40 mots en moyenne dans ce laps de temps, — en forçant un peu.
Les ouvriers peuvent se rendre à la Chambre où, d'ailleurs, on refuse de les recevoir en blouse, à moins qu'ils ne soient députés, ils sont sûrs de ne jamais entendre les bons radicaux parler de tout cela à la tribune pas plus, du reste, que dans leurs journaux ; ils trouvent plus simple d'attaquer un malheureux capucin qui fait maigre toute l'année et qui vit avec 500 francs par an.

48

Le ciel ne s'écroulera pas, comme le croient les conservateurs, parce qu'on renversera M. de Rothschild. Il y a eu des sociétés avant le règne de la Haute Banque ; il y aura encore des sociétés quand la Haute Banque se sera écroulée comme la Féodalité.

49

Cet État se manifeste à chaque instant dans la vie des citoyens de la façon la plus tracassière, la plus sotte et en même temps la plus odieuse ; il est toujours sur votre dos. Il interdit aux parents de faire élever leurs enfants comme ils l'entendent, il défend à des Français majeurs et jouissant de tous leurs droits de se réunir pour manger la soupe en commun et adorer Dieu ensemble ; il est toujours là quand il s'agit de blesser une conscience, mais il n'intervient jamais quand il s'agit de protéger un intérêt français.

50

Ce qui rend la Droite si impuissante, ce n'est pas les moyens employés contre elle par les Républicains, ni même l'hostilité du pays. Son impuissance tient à ceci qu'elle ne se différencie pas sensiblement des autres partis ; c'est que, dans toutes les circonstances décisives, elle est à peu près au même niveau que ceux qu'elle attaque sans cesse.

51

Il est évident que les journalistes qui défendent le gouvernement ne peuvent pas vivre en se suçant le pouce, et il me paraît infiniment plus honorable de recevoir de l'argent d'un ministre de l'Intérieur pour soutenir sa politique que d'en recevoir du Panama pour ruiner le pauvre monde.

52

Le Français ne peut penser par lui-même, il faut que le journal pense et parle pour lui ; dès que son journal se tait, il reste muet.

53

L'ancien régime créait, améliorait, il fondait, il faisait des « fondations » dans le sens vrai du mot. Ceux qui dirigent la politique et obéissent eux-mêmes aux ordres de la Juiverie cosmopolite n'ont qu'une idée, mettre la France en liquidation ; ils sont cosmopolites, c'est-à-dire ennemis de la Patrie, ennemis aussi du Patrimoine, c'est-à-dire de toute propriété légitime et durable.

54

On avait vu des soldats tirer sur leurs généraux, il était réservé aux Conservateurs de nous montrer des généraux tirant sur leurs soldats...

55

Ce sont généralement les bénéficiaires de l'Anarchie de 93 qui sont le plus implacables contre les Anarchistes d'aujourd'hui.
Ce sont ceux-là, du reste, qui crient volontiers que Drumont est un Anarchiste.

56

La Marianne aux seins puissants, mamelles qui n'ont jamais nourri que des fonctionnaires...

57

Ce qui ennoblit l'œuvre journalistique, c'est la pensée élevée qui la domine et qui l'inspire ; c'est la conviction que l'on a de remuer des idées qui seront fécondes, de trouver un écho dans l'Opinion, de faire réfléchir les hommes, de donner à d'obscures victimes de l'implacable régime actuel la joie d'avoir pu soupirer et protester tout haut.

58

Je jouis d'avance du châtiment qui va atteindre tous ces hommes qui ont été de si misérables hypocrites et de si effroyables oppresseurs.

59

Je déteste les doctrines anarchiques et je réprouve de toute mon âme les crimes commis par certains anarchistes. Je n'éprouve pas cependant cette frénésie imbécile que montre, vis-à-vis de ceux qui se déclarent théoriquement anarchistes, une société qui est absolument anarchique dans ses pratiques et dans ses actes, qui ne fonctionne qu'en mode anarchique, qui est la négation absolue de tous les principes sur lesquels repose le véritable Ordre social.

60

Cette bande infâme de faux républicains qui n'ont vu dans la République qu'une occasion de voler, de tripoter et de chéquer...

61

Il y a cent ans, la Bourgeoisie tenait absolument vis-à-vis des Aristocrates le langage que l'Anarchie tient aujourd'hui vis-à-vis des Bourgeois.

62

Ces journaux du boulevard ont considérablement aidé à pourrir le pays et mêlent agréablement, dans leur âme de vrais Romains de la décadence, la volupté du sang et l'amour des spectacles érotiques.

63

Le crime est toujours le crime ; le mal est toujours le mal ; seulement, quand le crime profite à la Bourgeoisie jacobine, elle le glorifie ; elle l'anathématise au contraire, et le voue aux dieux infernaux quand c'est elle-même que ce crime menace...

64

Cette Bourgeoisie révolutionnaire n'est point seulement gangrenée moralement ; elle est aussi atteinte d'une dégénérescence intellectuelle à peu près complète ; elle a détruit dans les cœurs tous les nobles sentiments qui sont la sauvegarde de l'Ordre social, et elle ne sait plus même se défendre matériellement.

65

Malgré tout, quelque chose vous dit que tout cela ne durera pas et que nous verrons encore des événements...

66

Le grand crime des Droitiers, qui s'allient aux plus impurs Chéquards et aux plus cyniques Non-lieu pour organiser le monstrueux régime qui commence à fonctionner, est précisément de rendre impossible cette réconciliation de tous les Français qui auraient fini par se supporter réciproquement.

67

Derrière ces politiciens imbéciles ou scélérats, il y a une Puissance formidablement organisée. On ne sauvera la France qu'en abattant cette Puissance, en lui enlevant l'Argent, c'est-à-dire l'arme dont elle se sert pour assassiner la France.

68

J'estime que l'amertume salubre de la Vérité vaut mieux pour un pays comme le nôtre, qui a encore tant de forces en réserve, que les mensonges, les hypocrisies et les déclamations dont on berce l'agonie des sociétés dont la décadence est irrémédiable.

69

Ce siècle n'a pris que dans ces dernières années la physionomie qu'il aura dans l'histoire. Il finit, en effet, tout autrement qu'il n'a commencé. Après avoir été, en naissant, l'apothéose de la Force, il s'achève dans l'apothéose de l'Argent ; il a eu deux maîtres : Napoléon, au début ; Rothschild, personnification de la Conquête juive, au déclin.

70

Ces séminaires de faux pontifes que sont les grandes Écoles de l'État...

71

Cette Juiverie anglaise qui gouverne le monde...

72

Les hommes de 48 furent des socialistes sentimentaux et un peu romantiques ; les socialistes marxistes d'aujourd'hui, étrangers à tout idéal, déclarent avec Jaurès et Millerand que la question sociale est avant tout une question de ventre.

73

Ce régime qui exhale une odeur de corruption et de décomposition...

74

Ce pays où, grâce à la centralisation, un homme qui tient les bureaux de tabac, les fonds secrets et le télégraphe pourrait, s'il en avait le désir, faire élire un potiron comme député...

75

De quelle façon le salut nous viendra-t-il ? On ne le voit malheureusement pas encore. L'abominable régime juif porte en lui depuis longtemps des germes de mort ; il a déjà des apparences de cadavre, il sent mauvais, il exhale la corruption et la pourriture... *jam fœtet*... et rien ne vient pour le remplacer. On dirait que cette France qui fut autrefois si grande, si active, si féconde en hommes et en ressources a été tout à coup frappée de stérilité...

76

Le système du *bakchich* est maintenant passé à l'état d'institution chez nous, comme en Turquie. Les petits volent parce qu'ils voient voler les moyens ; les moyens volent parce qu'ils voient voler les grands.

Au milieu du désarroi général, tous ceux qui ont le sentiment de la vie présente, qui sont de leur temps, cherchent à tirer pied ou aile de cette malheureuse France dont il ne restera bientôt plus que la carcasse.

77

Les Loges ne sont que des synagogues laïques.

78

La Maçonnerie, depuis vingt ans, a peu à peu accaparé, confisqué la République qui est devenue sa chose, sa vache à lait, sa métairie. Et c'est ce qui explique que les Juifs, maîtres de la Maçonnerie, soient par là même maîtres de la France.

79

Le député Maçon a deux mandats : celui qu'il tient de ses électeurs, qui ne compte pas, qui est le mandat pour rire, le mandat qu'on peut violer impunément, tant que l'on veut, et celui qu'il tient de ses Frères, qui est le mandat impératif et sacré.

80

En dehors de la trilogie maçonnique, juive et protestante, personne, en ce pays, n'a plus le droit de lever un doigt. La nation française, si renommée jadis par la clarté de son intelligence et pour son impatience de tout joug, se laisse mener comme un troupeau par une association secrète, internationale, illégale, qui ne comprend pas vingt-cinq mille membres et dont le personnel dirigeant — celui que nous connaissons, tout au moins — est d'une médiocrité universellement reconnue.

81

La Franc-maçonnerie se vante volontiers d'incarner le vrai socialisme... La vérité est que la Maçonnerie, après avoir fait de la République idéale de nos pères le plus égoïste des syndicats et le plus fermé des monopoles, cherche à absorber par les mêmes moyens le mouvement socialiste qu'elle redoute. Les bourgeois de la rue Cadet se disent que si les ouvriers avaient jamais à leur tête des chefs honnêtes et incorruptibles, ils finiraient tôt ou tard par secouer le joug qui les tient enchaînés depuis si longtemps. Et que deviendraient alors les politiciens des Loges ? Où serait leur clientèle ? Qui voterait désormais pour eux ?... Les vrais sentiments de la Franc-maçonnerie pour la classe ouvrière sont des sentiments de méfiance et de mépris...

82

J'imagine que quelques-uns doivent se faire de singulières réflexions en comparant l'Empire, contre lequel ils criaient tant, à ce régime enjuivé où les Financiers d'outre-Rhin sont les maîtres absolus et toujours obéis, à ce régime baroque, interlope et bâtard qui n'est ni la République, ni la Monarchie, mais une sorte de ploutocratie carthaginoise dont les banquiers sont les Suffètes.

83

Bercé par ce chant de triomphe qu'il entend continuellement retentir à ses oreilles, par cette glorification ininterrompue de tout, ce peuple n'exerce plus aucun contrôle sur ceux qui sont placés dans certaines situations ; il n'a que de l'indifférence et de l'ingratitude pour ceux qui s'efforcent d'éclairer le public. — Le double désir d'être glorifié à tout propos et d'être plaint par des gens qui n'ont aucune raison de vous plaindre tend de plus en plus à être la caractéristique du Français de la décadence. — Il se rengorge avec une sorte d'ingénuité attendrissante en lisant qu'il vient encore de donner un exemple d'héroïsme aux autres peuples. Il ne déteste que les gens qui le mettent en face de la réalité, qui lui font entendre des paroles fermes et viriles qui pourraient lui enseigner à se préserver d'avance contre des périls pareils à celui qu'il vient de traverser...

QUATRIÈME SECTION
LE JUIF

1

Le malheur du Sémite — retenez bien cette observation fondamentale en mémoire de moi — est qu'il dépasse toujours un point presque imperceptible qu'il ne faut pas franchir avec l'Aryen... À l'Aryen, on peut tout faire ; seulement, il faut éviter de l'agacer. Il se laissera dérober tout ce qu'il possède et tout à coup entrera en fureur pour une rose qu'on voudra lui arracher. Alors soudain réveillé, il comprend tout, ressaisit l'épée qui traînait dans un coin, tape comme un sourd et inflige au Sémite qui l'exploitait, le pillait, le jouait, un de ces châtiments terribles dont l'autre porte la trace pendant trois cents ans.

2

La patrie, dans le sens que nous attachons à ce mot, n'a aucun sens pour le Sémite. Le Juif — pour employer une expression énergique de l'*Alliance israélite* — est d'un *inexorable universalisme*.

3

Dans son essence même, le Juif est triste. Enrichi, il devient insolent en restant lugubre ; il a l'arrogance morose : *tristis arrogantia*, du Pallas de Tacite.

4

C'est une erreur de croire que le Juif s'amuse avec les siens, une erreur même de croire qu'il les aime. Les Chrétiens ne se soutiennent jamais, mais ils s'aiment entre eux, ils ont plaisir à se voir. Les Juifs, au contraire, se soutiennent jusqu'à la mort, mais ils ne peuvent pas se sentir ; ils se font horreur à eux-mêmes, et dès qu'ils ne sont plus en affaires, ils se fuient comme des damnés.

5

Quelle expérience instruira jamais les Juifs ?...

6

Tous les témoignages, tous les monuments commémoratifs élevés pour célébrer un événement dont une ville entière a été spectatrice, tous les documents authentiques, en un mot, sur lesquels s'est fondée jusqu'ici la certitude en histoire n'ont plus aucune valeur aujourd'hui quand ils déplaisent aux Juifs. Pour moi, j'ai infiniment plus de confiance dans le récit d'un ancêtre, qui me raconte ce qui s'est passé de son temps, que dans les dénégations d'un Darmesteter et d'un Weil, fut-il même membre de l'Académie des Inscriptions.

7

Leur manière d'agir [*aux Juifs*] varie peu. Ils n'aiment guère à attaquer ouvertement ; ils créent, ou plutôt ils corrompent quand elle est créée, car là encore ils ne sont pas inventeurs, une association puissante qui leur sert comme de machine de guerre pour battre en brèche l'organisation sociale qui les gêne. Ordre des Templiers, Franc-maçonnerie, Internationale, Nihilisme, tout leur est bon. Dès qu'ils sont entrés, ils procèdent là comme dans une société financière, où les efforts de tous sont uniquement employés à servir la cause ou les intérêts d'Israël, sans que les trois quarts du temps les gens aient la notion de ce qu'ils font.

8

Se servir d'un prince étranger, que ce soit un Napoléon Ier contre l'Allemagne ou un Guillaume contre la France, comme d'un point d'appui, faire battre les Chrétiens entre eux et amener par ces divisions le triomphe d'une race dont tous les enfants se tiennent étroitement par la main, — telle a été la doctrine constante des Juifs et c'est à elle qu'ils ont dû tous leurs succès.

9

L'espèce de recueillement dans lequel le Juif était entré avait permis à l'Europe, pendant tout le XVIIIe siècle, de vivre relativement tranquille et de cultiver les Muses en paix avec des intermèdes de petite guerre qui, n'étant ni des conflits de race, ni des luttes de religion, ne tuaient pas grand monde. On se saluait de l'épée avant la bataille, on se serrait la main après et l'on allait ensemble à la comédie.

10

La force du Juif alors [*sous l'Ancien Régime*] était sa faiblesse apparente, comme sa faiblesse aujourd'hui est sa force cyniquement affichée, — force colossale sans doute, mais qui ne repose sur rien, en ce sens qu'il suffirait de quelques mouvements du télégraphe pour confisquer dans toute l'Europe cette richesse indûment acquise.

11

La force de la politique juive est précisément de tabler sur ce fait qu'on peut tout oser avec les Français, attendu que l'homme de bon sens et de poil qui ferait manquer le coup ne se rencontrera plus jamais.

12

Avec quelques emprunts nouveaux, deux ou trois sociétés financières et quelques rafles comme celle de l'Union générale, les Juifs nous auront rapidement enlevé le peu qu'ils ont consenti à nous laisser jusqu'ici.

13

Les Juifs sont des oiseaux de proie auxquels il faut couper le bec et les serres.

14

Quand vous ferez rendre gorge à un Juif, vous serez singulièrement malin.

15

En 1790, le Juif arrive ; sous la Première République et sous le Premier Empire, il entre, il rôde, il cherche sa place ; sous la Restauration et la Monarchie de Juillet, il s'assied dans le salon ; sous le Second Empire, il se couche dans le lit des autres ; sous la Troisième République, il commence à chasser les Français de chez eux ou les force à travailler pour lui...

16

Toujours nous revenons au système juif. « On vit de ce que l'on est et de ce que l'on crée », a dit Proudhon. Or le Juif est une négation, il ne crée rien et il veut de l'argent, il est donc fatalement condamné, inévitablement condamné à l'aller chercher où il est, c'est-à-dire dans la bourse de ceux qui ont travaillé pour en acquérir. Les Castillans, à force d'audace, de supériorité dans le courage, ont pu prendre d'assaut le palais plein d'or de Montezuma ; les Juifs en reviendront toujours, avec toutes sortes de circuits apparents, à faire le même siège, le siège de l'armoire à glace, dans laquelle le petit rentier, l'ouvrier rangé, le portier serrent leurs économies.

17

La politique des Richelieu, des Colbert, des Bismarck est simple ; la politique des Juifs a toujours l'air d'une représentation foraine ; elle est à la fois romanesque et bassement cupide. On y trouve invariablement un grand étalage de principes pompeux de liberté, d'égalité, de fraternité, un programme de progrès qui n'est jamais tenu et qui laisse bien vite voir l'affaire pécuniaire, un boniment d'émancipation et d'amélioration qui se traduit toujours par la persécution la plus intolérable et l'extorsion de sommes d'argent.

18

C'est là toute la politique des Juifs depuis 1791 : la guerre, la paix, l'insurrection, la réaction, tout leur rapporte. Ils avancent toujours, nous l'avons dit, à mesure que le pays recule.

19

Il y a plus d'énergie intellectuelle, de volonté, de ténacité dans les desseins chez le dernier Juif de Galicie que dans tout le Jockey-Club.

20

En 1815, les Rothschild sont venus pauvres avec l'Invasion ; l'Invasion en 1870 les retrouve milliardaires et peut leur faire ses compliments.

21

Il y a beaucoup de journalistes qui ont, dès qu'il est question des gros Juifs, des admirations de portière parlant du locataire du premier qui a des chemises de soie ; ils vénèrent sous eux... Quand on n'a même pas bu de Romanée, se pâmer devant des gens uniquement parce qu'ils ont trouvé moyen de prendre trois milliards dans nos poches est un phénomène qui a toujours dépassé les bornes de mon intelligence.

22

Dès que les Juifs touchent à quelque chose, et ils ont la rage de toucher à tout, la question d'argent salit les intentions les plus droites.

23

Parmi les brocanteurs juifs, il en est qui éveillent presque l'admiration. À une certaine hauteur d'audace l'escroquerie touche au génie, elle apparaît comme une des manifestations de la supériorité intellectuelle d'une race sur une autre.

24

Pour le Juif, le journal n'est qu'un outil de chantage.

25

Le théâtre a pris une importance anormale, presque monstrueuse, qui s'explique par ce seul fait que la plupart des directeurs et des artistes en renom sont Juifs. Le métier de comédien devait tenter les Juifs ; il rapporte beaucoup, en effet, il satisfait une certaine vanité subalterne et il ne demande aucune faculté géniale ; ils se sont rués sur cette carrière avec une véritable fureur.

26

Le Juif est absolument fermé à tout sentiment bête de ridicule ou de fausse pudeur, il méprise profondément l'opinion, peut-être parce qu'il sait comment on la crée.

27

Jamais l'envahissement, d'abord doucereux, puis brutal du Juif, ne s'est affirmé d'une façon plus saisissante.
« *La maison est à moi ! C'est à vous d'en sortir.* »

28

Alors même qu'il en tire tout le profit, le Juif méprise le travail manuel, le travail des ateliers et des champs ; il admire exclusivement le courtier, l'entremetteur ou encore l'acteur qui est, lui aussi, une sorte d'intermédiaire. La civilisation chrétienne avait garanti, ennobli, poétisé le labeur ; la civilisation juive l'exploite par le Juif capitaliste et le diffame par le Juif révolutionnaire ; le capitaliste fait de l'ouvrier un serf ; le révolutionnaire, dans ses livres et ses journaux, l'appelle un forçat.

29

Pourvu qu'il y ait du bruit autour de son nom, le Juif ne s'occupe guère de savoir si ce bruit est un applaudissement ou une huée ; il confond la famosité malsaine avec la belle gloire ; il préfère même la famosité, elle rapporte...

30

Prenez un grand seigneur, un paysan, un ouvrier de souche vraiment française, vous retrouverez chez tous, dans les conditions diverses, cette distinction de sentiments, ce don inné de la sociabilité qui caractérise l'Aryen, cette préoccupation de se faire respecter mais de ne pas choquer son prochain. Rien de semblable chez le Juif ; dès qu'il le peut, il s'étale, il attire l'attention sur lui, il gêne les autres.

31

Les Juifs ont une grande force pour eux : l'honnêteté de leurs adversaires, qui les empêche d'user de représailles.

32

Similia similibus... Les Juifs aiment la boue, donnez-leur en et ils vous laisseront tranquilles.

33

C'est la lâcheté intellectuelle et morale, c'est cet abaissement de caractère qui a mis tout ce qu'il y avait d'honnête en France à la merci d'une petite bande de Francs-maçons et de Juifs.

34

Israël a été le gardien de la Promesse au milieu de l'universelle idolâtrie. Cette mission est la plus magnifique de toutes, mais enfin elle est finie. De ce qu'on a été déicide, il ne s'ensuit pas qu'on ait le droit d'opprimer à perpétuité des peuples qui n'ont pas crucifié le bon Dieu...

35

Ce seront les actes de baptême d'arrière-parents des deux côtés qui serviront de quartiers de noblesse et les vrais nobles seront ceux qui pourront prouver que depuis trois cents ans la famille a été chrétienne de père en fils[3].

36

Il faut voir la fin et savoir comment les Juifs et les Francs-maçons expieront ce qu'ils nous font endurer depuis dix ans. Qui ne connaît les paroles attribuées à Crémieux mourant : « Nous en avons trop fait ! Nous payerons cela bien cher ! »

---

[3] D'ici à peu de temps, quand l'univers, exaspéré de ne plus goûter un instant de repos, se soulèvera tout entier contre les Juifs, les actes de baptême remontant à quelques générations constitueront le plus sûr passeport pour voyager en Europe.

37

Faites-moi crédit de quelques années encore, et vous constaterez, à la clarté d'une aveuglante lumière, que depuis vingt ans le Juif peut tout se permettre avec une impunité assurée et qu'il est absolument en dehors et au-dessus de nos lois.

38

À cette époque, où les traditions de la société chrétienne étaient vivantes encore, un prince qui vivait dans l'orgie comme le Régent n'en avait pas moins une notion beaucoup plus élevée de la justice sociale que les chefs du parti conservateur actuel ; pères de famille excellents, irréprochables dans leurs mœurs pour la plupart, ils subissent, sans s'en apercevoir, les idées que les Juifs ont mises en circulation et ils en ont le sens moral complètement oblitéré.

39

Jamais il ne viendrait à un roi de France, véritablement digne de ce nom, la pensée d'admettre une minute qu'un Rothschild pût avoir assez travaillé en cinquante ans pour acquérir trois milliards.

40

Des financiers comme les Rothschild, en effet, ne sont pas seulement les maîtres du marché par la toute-puissance des capitaux ; depuis 1830, ils ont pour complice le gouvernement, quel qu'il soit, qui les aide à écraser les Français candides qui jouent de bonne foi sans savoir que leurs adversaires connaissent les cartes.

41

J'aurai jeté la terreur jusque dans le palais orgueilleux des Rothschild en leur annonçant, avec les cent éditions de mon livre, que la terre tremblait autour d'eux, et que le règne des exploiteurs et des voleurs était près de finir…

42

Additionnez la fortune personnelle de tous les Rothschild de Paris seulement : Alphonse, Gustave, Édouard, Adolphe, de la baronne Nathaniel, de la baronne Salomon, qui est, assure-t-on, la plus riche de la famille. Recueillez-vous cinq minutes, dégagez-vous de toutes les rengaines de vos journaux soi-disant conservateurs, vous aurez bien vite la conviction que ce monstrueux prélèvement sur le travail d'un pays, pour lequel les prétendus amis de l'ordre n'ont que des admirations, est un désordre social mille fois plus grave qu'une émeute à main armée.

Supposez un chef d'État honnête et ferme faisant venir les Rothschild et leur remettant 30 millions sur toute la succession ; cet acte de justice aurait causé moins de dérangement dans Paris que la chute d'un cheval de l'omnibus Madeleine-Bastille. Les Rothschild eux-mêmes auraient été ravis.

Quand Napoléon, le crayon à la main, examinait, après son déjeuner, les comptes d'un fournisseur qui avait gagné 25 millions dans une campagne et lui accordait 5 millions en tout, le fournisseur s'en allait transporté de joie ; il remplissait l'antichambre de ses louanges sur la générosité de l'Empereur et Roi, et trouvait encore le moyen de glisser un gros rouleau de louis dans la main du valet qui l'avait introduit dans le cabinet du maître.

43

Être laid, chauve, sans esprit, sans talent, avoir l'air d'un chemisier et se dire : « J'aurai ma place dans une société d'élite qui a été réputée longtemps pour la plus difficile de l'Europe » est une gageure que ne hasarderait pas un Chrétien.

Gagner cette gageure suppose évidemment des ressources qui nous échappent, un art diplomatique particulier à la race sémitique et qui attire l'observateur comme malgré lui.

44

Il n'est point lâche, car, je l'ai dit, je regarde la volonté, l'esprit de résistance, la résolution du cerveau comme une des formes du courage, mais il n'est pas guerrier. Après avoir tout conquis par la ruse, il se heurte toujours à l'épée que l'Aryen le plus inexpérimenté manie comme son arme naturelle, et à laquelle il a toujours recours quand il est réduit au désespoir.

45

La presse de toutes les opinions appartient à Israël. Tout Juif qui tombe est certain de se relever et de trouver des mains qui l'aideront. Un catholique peut tenir tant qu'il est debout, regardant en face ses adversaires ; on se dit : « Il n'est pas méchant, mais il est énergique. Avant de succomber, il ramassera un tronçon d'arme pour nous en frapper. » Dès que le pied lui manque, il est mort, et tout le monde se précipite pour l'achever.

46

Quand vous aurez l'intention de parler de Rothschild dans un journal, faites-vous signer au préalable un traité solide qui vous assure un débit de 50.000 francs si l'on vous met à la porte...

47

Ces mains [*des Juifs*] que nos conservateurs se contentent de lécher...

48

Je ne désire déshériter aucun enfant « des sueurs de son père », mais enfin, au moment de l'emprunt pour la libération du territoire, les Rothschild ont gagné en une semaine 450 millions. Vous me ferez difficilement croire qu'ils ont pu suer en huit jours pour 450 millions. Ce serait alors un cas pathologique...

49

Les Juifs que nous avons vus arriver en 1871 et en 1872, traînant la savate et vivant du commerce des lorgnettes, ont aujourd'hui les plus beaux hôtels de Paris et les chasses princières des départements. Prenez dans *Le Gaulois* la liste des invités d'une grande fête mondaine ou des spectateurs d'une représentation extraordinaire quelconque, et demandez aux Hébreux qui figurent là au premier rang ce qu'ils avaient il y a vingt ans ! S'ils n'avaient pas et s'ils ont, il a bien fallu qu'ils prennent quelque part ce qu'ils ont...

50

Un Juif n'a qu'à frapper dans ses mains et les Catholiques fuient éperdus, comme une volée de moineaux surpris sur un cerisier dans un jardin.

51

Les Juifs ne donnent aux Chrétiens que lorsqu'ils sont sûrs de récupérer au centuple.

52

Un fait résume cette période de cent ans : le triomphe du Juif, la transformation absolue de toutes les conditions de la vie économique et sociale sous l'influence du Juif, la substitution du régime juif au régime chrétien.

53

Vouloir juger le mouvement social de ce siècle sans parler du Juif, c'est absolument comme si on voulait écrire l'histoire du Premier Empire sans prononcer le nom de Napoléon Ier.

54

Je ne me lasserai jamais de le répéter à mes lecteurs, car lorsqu'ils auront compris cette démonstration, la vie présente n'aura plus de secrets pour eux : la société actuelle est constituée pour que rien n'échappe au Juif.

C'est le Kahal. Le Juif est le maître de la terre parce que seul il est un homme et que le Chrétien n'est que la semence de bétail ; tout Chrétien doit payer tribut au Juif, et quand il tente de se soustraire à cette obligation, il faut l'y contraindre.

55

Il faut que les Chrétiens payent le tribut, et les magistrats, les journalistes de la presse juive, les députés affiliés aux Juifs sont comme autant de rabatteurs qui ramènent sur Israël le gibier récalcitrant.

56

Le Juif, c'est l'Oriental : il ne connaît que le coup de matraque ; dès que vous lui parlez poliment, il vous croit faible ; dès qu'il vous croit faible, il cherche à vous piétiner.

57

Vous aurez la clef du caractère juif. Le Juif n'a pu arriver à ce sentiment de l'honneur, à ce respect de soi-même, à cette fierté native, qui sont propres aux races supérieures et qui étaient habituels aux plébéiens d'autrefois. Les siècles ont passé sur lui sans le modifier ; il est resté l'homme des vieilles civilisations orientales, se roulant la veille dans la poussière et le lendemain mettant son talon sur la tête des autres.

58

Les Juifs n'aiment guère les préliminaires ; en affaires comme en amour, la formule est la même : « À quelle heure et combien ? »

59

C'est l'éternelle histoire : lorsqu'un être de quelque valeur apparente se révèle, le Juif rôde autour de lui, un peu tremblant d'abord ; puis il se rapproche, fait des risettes : dès qu'il est persuadé que le personnage n'a rien de terrible, il s'enhardit aux familiarités déshonorantes, il lui tape sur le ventre, l'appelle : « Ma petite vieille » et finit par lui dire : « Donne-moi ta main que je fiente dedans… »

60

Pour que le contraste fût complet, devant le prolétaire français impuissant à nourrir les siens, a surgi un instant, comme par une mystérieuse logique des choses, le Juif allemand qui a trouvé moyen, en moins de cent ans, de ramasser sur la terre de France une gerbe d'or de trois milliards.

61

Le greffier du procès Burdeau, en se frôlant contre Rothschild, avait comme l'idée qu'il se dorait à ce contact.

62

Ce ne sont plus les Français qui arrangent les affaires à leur guise. Il y a désormais dans les affaires françaises un élément nouveau : le Juif, qui est le maître absolu chez nous.

63

Si les circonstances voulaient que je fusse investi d'une autorité qui me permît de sauver mon pays, je confierais les grands Juifs et leurs complices à une cour martiale qui les ferait fusiller. Mais, dans le domaine théorique et spéculatif, je trouve assez naturel et assez logique que les Juifs fassent ce qu'ils font. Penser autrement serait tomber dans la manie ordinaire aux Français qui se trouvent si aimables qu'ils s'imaginent que tout le monde doit les aimer.

64

Chez les peuples qui ont encore des institutions traditionnelles, des cadres intacts, une base solide, cette action dissolvante, dans laquelle les Juifs sont incomparables, n'a qu'une influence relative. Elle est irrésistible et désastreuse pour une nation comme la France qui est soumise à tous les courants et qui tantôt monte haut comme un ballon que le vent soulève, tantôt tombe à plat comme une baudruche dégonflée.

65

Quand le jour du triomphe sera arrivé pour nous, ce jour qui est plus proche qu'on ne le croit, nous ne fermerons qu'une seule synagogue, c'est la Bourse.

66

Le Juif est inévitable comme le Destin, et on n'y échappe pas plus qu'on n'échappe à son destin.

67

Admettez-vous qu'un Juif, dont le père habitait, il y a quelques années encore, un ghetto de Francfort, de Prague ou de Wilna, ait la même conception de la Patrie que des Français qui ont derrière eux d'innombrables générations de Français, qui ont partagé toutes les joies, tous les revers, toutes les émotions de la France ?...

68

Oui, il y a un peuple Juif. Ce peuple n'a jamais pu être un peuple-chef parce qu'il lui manque l'énergie virile et la grandeur d'âme collective qui font les peuples-chefs. En revanche partout où, en lui donnant l'hospitalité, on lui a permis de développer ses instincts envahisseurs, il a été un peuple tyran parce qu'à la ténacité, à la ruse, à l'absence de scrupules, il joignait ce mépris des autres, cet exclusivisme, cet inexorable égoïsme dont a parlé Renan.

69

La horde de Juifs allemands qui s'est abattue sur notre pays déteste dans l'armée un des rares éléments sains de notre France et travaille tant qu'elle peut à avilir et à ridiculiser ceux qui portent l'uniforme.

70

Le résultat final sera probablement celui que j'ai si souvent prédit. Le Juif, qui est devenu notre maître en faisant battre les Français entre eux, verra un jour tous les Français se réconcilier sur sa peau.

71

Toute initiative et même toute faculté d'émotion spontanée a disparu des hautes classes ; comme certains impuissants auxquels il faut des préparations spéciales, les gens du monde ne vibrent que sous l'incitation de la Presse juive. Toute la puissance cérébrale de l'aristocratie loge sous le crâne dénudé de Meyer ; l'aristocratie n'a des pensées que lorsque Meyer pense et Meyer ne peut pas penser toujours…

72

Le système juif qui, à l'heure actuelle, fonctionne et s'épanouit en son plein triomphe est inépuisable en combinaisons… Le Veau d'or a pour pâturage la Terre promise.

★

CINQUIÈME SECTION
LA LITTÉRATURE ET LE STYLE

1

Dans l'histoire, je cherche avant tout, non le détail à scandale, mais le détail à symptôme, non le renseignement à sensation, mais le renseignement à réflexion. J'estime que des faits minuscules sont aussi intéressants pour l'étude d'une époque que des faits importants. Dans les grands faits effectivement, les batailles, les événements extraordinaires, c'est Dieu qui se révèle ; dans les petits faits, c'est l'homme qui se trahit.

2

Si l'examen attentif et serré de ces types [*Juifs*] est souvent pénible, pour nous autres écrivains, il faut le considérer comme une manière de rançon payée pour les joies intellectuelles si élevées et si pures que nous éprouvons à un si haut degré en pénétrant par l'analyse dans l'intimité d'esprits d'élite comme les Vauvenargues, les Joubert, les Chénier, les Maurice de Guérin, en vivant dans le commerce de tant d'âmes tendres et fières presque inconnues de la foule.

3

Quand vous résumez, en quelques lignes, une question qui vous a coûté beaucoup de recherches, on répond : « C'est un pamphlétaire ; où sont les preuves de tout ce qu'il affirme ? » Quand vous entrez dans la discussion approfondie d'un débat, le lecteur file à l'anglaise en disant : « C'est un écrivain assommant. »

4

Stendhal, dit-on, lisait chaque matin une page du Code pour se préparer au travail. Un écrivain moderne vraiment fort devrait lire chaque jour avec attention un journal financier.

5

— Parfaitement ! n'ayez aucune crainte d'ailleurs. On imprimerait demain à cent mille exemplaires ce qui se passe dans l'intérieur des sociétés financières que cela n'empêcherait pas les gens d'avoir confiance et d'être ruinés quand ils doivent l'être. On n'écrit pas des livres pour sauver ceux qui veulent se perdre eux-mêmes ; on les écrit pour son salut personnel, pour la libération de son intelligence et le soulagement de sa conscience.

RÉPERTOIRE D'ORIGINES DES PENSÉES
(Le nombre entre parenthèses indique le numéro de la pensée)

Ire SECTION

La France juive, tome I : p. 49 (1).
La France juive, tome II : p. 163 (2), p. 259-260 (3), p. 428 (4).
La France Juive devant l'opinion : p. 68 (5), p. 194 (6), p. 203 (7), p. 251 (8).
La Fin d'un monde : p. 208 (9), p. 220 (10), p. 259 (11), p. 261 (12), p. 310 (13), p. 321 (14) et (15), p. 454-455 (16).
La Dernière Bataille : p. 185 (17), p. 517 (18), p. 527 (19).
Le Testament d'un antisémite : p. 91 (20), p. 351-352 (21).
De l'or, de la boue, du sang : p. IX (22).
Les Tréteaux du succès, les héros et les pitres : p. 20 (23), p. 132 (24), p. 134-135 (25), p. 148 (26), p. 246 (27).

Sur le chemin de la vie : p. 186-187 (28).

IIe SECTION

La France juive, tome I : p. 88 (1), p. 443 (2).
La France juive, tome II : p. 45 (3), p. 152 (4), p. 170 (5), p. 225 (6), p. 228 (7), p. 232 (8), p. 244 (9), p. 245-246 (10), p. 255 (11), p. 269 (12) et (13), p. 484 (14), p. 496 (15).
La Fin d'un monde : p. 117 (16), p. 124 (17), p. 209-210 (18), p. 383 (19), p. 391-392 (20), p. 410 (21), p. 411 (22), p. 437 (23), p. 439 (24), p. 449-450 (25).
La Dernière Bataille : p. 41 (26), p. 51 (27), p. 216 (28), p. 468 (29).
Le Testament d'un antisémite : p. 45 (30), p. 204 (31), p. 236 (32), p. 248 (33), p. 251 (34).
Les Tréteaux du succès, les héros et les pitres : p. 29 (35).
Mon vieux Paris, 1re série : p. 238 (36).
Le Secret de Fourmies : p. 4 (37).
Sur le chemin de la vie : p. 306 (38), p. 311 (39).

IIIe SECTION

La France juive, tome I : p. a (1), p. r (2), p. VIII (3), p. 161 (4), p. 413 (5), p. 538 (6).
La France juive, tome II : p. 94-95 (7), p. 223 (8), p. 234 (9), p. 262 (10), p. 293 (11), p. 298 (12), p. 375 (13), p. 381 (14).
La France Juive devant l'opinion : p. 72 (15), p. 104 (16), p. 131 (17), p. 136, n. 1 (18), p. 137 (19), p. 191 (20), p. 208-209 (21).
La Fin d'un monde : p. 108 (22), p. 136, n. 1 (23), p. 149 (24), p. 157 (25), p. 187 (26), p. 199 (27), p. 238 (28), p. 240 (29), p. 256 (30), p. 263 (31), p. 284, n. 1 (32), p. 287 (33), p. 292 (34), p. 306 (35), p. 315 (36), p. 342 (37), p. 343 (38), p. 350 (39), p. 373 (40), p. 374 (41), p. 391 (42).
La Dernière Bataille : p. 29-30 (43), p. 65 (44), p. 65-66 (45), p. 84 (46), p. 90 (47), p. 111 (48), p. 328 (49), p. 452 (50).
Le Testament d'un antisémite : p. 87 (51), p. 193 (52), p. 261-262 (53), p. 400 (54).
De l'or, de la boue, du sang : p. VI (55), p. 16 (56), p. 39 (57), p. 41 (58), p. 49 (59), p. 105-106 (60), p. 108 (61), p. 137-138 (62), p. 211 (63), p. 226 (64), p. 235 (65), p. 250 (66).
Les Juifs contre la France : p. 26 (67), p. 27-28 (68), p. 45 (69), p. 84 (70).
Les Tréteaux du succès, figures de bronze ou statues de neige : p. 342 (71), p. 356 (72).
Les Tréteaux du succès, les héros et les pitres : p. 20 (73), p. 36 (74), p. 196-197 (75).
Mon vieux Paris, 2e série : p. 171 (76).

Nos maîtres, la tyrannie maçonnique : p. 24 (77), p. 43 (78), p. 54 (79), p. 56 (80), p. 57 (81).
Sur le chemin de la vie : p. 57-58 (82), p. 297-298 (83).

IVe SECTION

La France juive, tome I : p. 11-12 (1), p. 60 (2), p. 133 (3), p. 134 (4), p. 156 (5), p. 160-161 (6), p. 172-173 (7), p. 186 (8), p. 246-247 (9), p. 267 (10), p. 276 (11), p. 285 (12) et (13), p. 290 (14), p. 337 (15), p. 506-507 (16).
La France juive, tome II : p. 3 (17), p. 33 (18), p. 79 (19), p. 114 (20), p. 124-125 (21), p. 137 (22), p. 150 (23), p. 203 (24), p. 246 (25), p. 254 (26), p. 285 (27), p. 289 (28), p. 433 (29), p. 434 (30), p. 469 (31), p. 473 (32), p. 547 (33).
La France Juive devant l'opinion : p. 33 (34), p. 37 (35), p. 55 (36), p. 62 (37), p. 134 (38), p. 135 (39), p. 140 (40), p. 181 (41), p. 207, n. 1 (42), p. 212 (43), p. 212-213 (44), p. 237 (45).
La Fin d'un monde : p. 158 (46) et (47), p. 224 (48), p. 239 (49), p. 343 (50), p. 423 (51).
La Dernière Bataille : p. 520 (52), p. 521 (53), p. 540 (54), p. 541 (55).
Le Testament d'un antisémite : p. 38 (56), p. 44 (57), p. 103 (58), p. 142 (59).
De l'or, de la boue, du sang : p. 139 (60), p. 140 (61).
Les Juifs contre la France : p. 8 (62), p. 37-38 (63).
Les Tréteaux du succès, figures de bronze ou statues de neige : p. 281 (64).
Les Tréteaux du succès, les héros et les pitres : p. 18 (65), p. 77 (66).
Le Peuple juif (conférence de 1900) : p. 17 (67), p. 28-29 (68).
Le Secret de Fourmies : p. 7 (69), p. 9 (70), p. 148-149 (71).
Sur le chemin de la vie : p. 301 (72).

Ve SECTION

La France juive, tome I : p. 417 (1).
La France juive, tome II : p. 437-438 (2).
La Fin d'un monde : p. 487 (3).
La Dernière Bataille : p. 323-324 (4), p. 537 (5).

★ ★ ★

ANNEXE

Nous reproduisons ci-après un article de Lucien Rebatet publié dans l'hebdomadaire Je suis partout *à l'occasion du centenaire de la naissance d'Édouard Drumont.*

DRUMONT PARMI NOUS

Édouard Drumont est né il y a cent ans à Paris. Je viens, pour célébrer cet anniversaire, de passer à nouveau trois jours avec lui. Je suis dans l'enthousiasme. Quel bougre ! Quel lapin ! Parbleu, je le savais. Mais depuis la guerre je n'avais pu reprendre le temps de faire ainsi un tour point trop incomplet de cet homme. Je me rappelle les semaines de l'hiver 1939, où je préparais le dernier numéro antijuif de *Je suis partout*, plongé dix heures par jour dans Drumont, n'arrivant plus à m'en détacher pour noircir mes propres feuillets, jalousant furieusement cet animal de Bernanos, qui, le premier, a su écrire avec *La Grande Peur des bien-pensants* une histoire de cette vie extraordinaire, biographie sans doute inimitable, mais que tout auteur révolutionnaire de notre temps rêverait pourtant d'imiter. Ce n'est point encore, hélas ! cette année que je pourrai m'y essayer. Je ne puis, encore cette fois, que résumer sommairement Drumont.

Commençons par quelques précisions que l'on oublie un peu trop souvent. Jules Renard, dans son *Journal*, qui est un des grands textes de notre langue, et que l'on cite peu volontiers, parce que les trois quarts des auteurs à la mode en sortent, Jules Renard écrit, parmi les déclarations solennelles qu'il se fait, le jour de la condamnation de Zola, « que M. Drumont n'a aucun talent, aucun ». Cher Renard, si probe avec ses pairs, si souvent perspicace, ce n'est qu'un mot de partisan exaspéré, voulant que désormais il soit bien entendu qu'on sera le dernier des sous-fifres si l'on n'est pas de son camp. Pauvre Renard, avec son honnêteté, sa candeur républicaine, type parfait du coyon aryen, allant se battre pour la peau des Youtres, contre un homme qui avait les mêmes ennemis que lui, et qui les a étrillés avec infiniment plus de force : les stupides mirliflores à sabretaches, les socialistes alimentaires, les conservateurs, les dévots !

Drumont sans talent ? On l'a répété beaucoup, avant ou après Jules Renard. C'est absurde. Nous ne célébrerions pas le centenaire de Drumont s'il n'avait été d'abord un superbe écrivain. Un homme qui aurait choisi le métier d'écrire et qui n'y aurait pas apporté un talent profond ne serait plus rien, cinquante, soixante ans après la parution de ses plus fameux livres. Drumont a été perfidement rejeté à la lisière des lettres. C'est une grossière injustice, qui ressortit encore à la tenace coalition juive contre un de ses plus redoutables adversaires. Il est vrai que Drumont composa mal ses livres, non qu'il fut incapable de le bien faire, mais parce que ces livres étaient pour lui des actes avant d'être des œuvres littéraires. Je dirai tout à l'heure ce qui est devenu quelque peu caduc dans cette œuvre. Mais il n'est pas une seule de ses pages où ne brille la trouvaille à quoi l'on reconnaît l'artiste. Drumont a le pittoresque, la couleur, le muscle, le nombre, la période aussi bien que le raccourci, un ensemble de dons qui l'élèvent très au-dessus des réussites éphémères du journalisme.

Aucun des journalistes fameux qui bouleversèrent avec lui la France à la fin du dernier siècle n'est lisible. Drumont est non seulement lisible, mais on le relit avec une admiration toujours neuve. Son écriture est infiniment plus solide, plus proche de nos vraies traditions que celle des naturalistes et des impressionnistes, ses contemporains, un Maupassant, un Zola, le Goncourt des romans. Il est exact que par sa puissance d'observation, sa véracité de portraitiste, il a eu en lui du Saint-Simon et du Balzac (il ne cessait d'ailleurs de relire l'un et l'autre). Je voudrais citer quelques-unes de ses splendides formules. Je renonce à choisir parmi ces éclairs incessants. Et Drumont possède encore en propre un humour, une bonhomie de géant rabelaisien qui, liés à sa faculté constante d'indignation donnent à tous ses pamphlets ce poids humain dont nous n'avons retrouvé depuis l'équivalent que chez Céline. Car un pamphlétaire qui n'est que spirituel, qui est mû surtout par le fiel de sa nature, perd vite de sa force. Tout grand pamphlétaire a un fond de vaste bonté. S'il se jette avec cette fureur dans la bagarre, c'est par altruisme, parce qu'il aime ses semblables, sa patrie, et qu'il ne peut vraiment les voir s'abîmer, périr, sans crier gare, sans bondir au collet de leurs détrousseurs et de leurs assassins. Nous ne sommes pas surpris d'apprendre qu'au témoignage de tous ceux qui l'ont réellement connu, Drumont ait été « un brave type », comme l'est aujourd'hui notre Céline, le médecin si doux des petits moutards de Bezons.

Pour que Drumont prenne dans notre littérature la grande place à laquelle il a droit, il suffira que cette littérature et que l'Université soient enfin désenjuivées. Je pense que ces simples précisions réjouiront les mânes du vieux lion, patron d'une famille littéraire qui depuis Agrippa d'Aubigné s'est acquis chez nous un certain nombre de droits à l'immortalité.

L'antisémitisme de Drumont est d'une lucidité insurpassable. Tous les malheurs qu'Israël a entraînés pour les nations chrétiennes sont annoncés, décrits en 1886 dans *La France juive*. La définition historique, sociale, physique, morale du Juif que donne Drumont est complète. La doctrine raciste du XXe siècle y tient entièrement. Mais, antisémite d'abord, parce que rien ne saurait être réglé si on ne s'en prend d'abord au fait juif, Drumont est le contraire des antisémites maniaques et obtus qui ont tant desservi leur cause, qui, lorsqu'un Dupont leur déplaît, concluent aussitôt qu'il descend d'un de ces quelques douze Youtres qui se firent baptiser sous ce nom au XIIIe siècle. Drumont connaissait trop bien l'humanité pour s'imaginer qu'il suffirait de rejeter au ghetto la youtrerie mondiale pour voir fleurir l'âge d'or. Drumont savait que le parasite juif ne s'installe que sur des organismes déjà malades dont il aggrave aussitôt les tares, que sa prolifération condamnait la société qui tolérait et choyait cette vermine.

Drumont a donc été, tout autant que des Juifs, l'ennemi des trusts, des oligarchies financières. Son réquisitoire anticapitaliste est inséparable de son réquisitoire antijuif. Il a splendidement distingué la saine tradition du socialisme français de ses déformations judaïques, des chimères qui préfiguraient la social-démocratie.

Les idées sociales de Drumont ne sont point une concession. Elles répondent chez lui à une nécessité violemment ressentie. Il a les plus profondes attaches avec le peuple. Si le prolétaire est lamentablement avili, d'une mentalité inférieure à celle d'un sauvage de la forêt équatoriale, Drumont en accuse d'abord les conditions effroyables de son labeur. Il prévient clairement la bourgeoisie libérale que l'anarchie, le communisme ne sont pas le fait de quelques agitateurs qu'il suffira de coffrer pour tout résoudre, comme le croient les gros industriels et les prêtres des paroisses bien-pensantes, mais le fait de l'ignominieuse injustice, de l'inhumain chaos créé par le capitalisme et par l'omnipotence juive. Il méprise le socialisme électoral, il méprise non moins le « socialisme chrétien », tout neuf aux alentours de 1890, et dont Drumont a analysé une fois pour toutes l'essence, ce qu'il appelle la privation méritoire : « Ne vous révoltez pas, prenez votre mal en patience. Le Bon Dieu vous attend là-haut, prêt à ouvrir la porte du paradis aux prolétaires qui auront été bien sages, qui n'auront pas demandé d'augmentation de salaire et qui auront toujours payé leur terme avant midi. »

Par contre, on découvre constamment chez lui un sentiment d'estime pour la sincérité, même quand elle est aberrante, qu'elle est aussi loin de lui que celle d'un Jules Guesde.

Accessoirement, si l'on ose dire, il prévoit l'effondrement d'une construction sapée et périmée comme la monarchie austro-hongroise. En pleine montée de l'esprit revanchard, il est le seul écrivain patriote qui traite de l'Allemagne avec impartialité, affirme qu'il n'est nullement impossible de vivre en paix avec elle.

Le seul aussi qui, refaisant l'histoire de l'imbécile guerre de 1870, dédaigne les couplets ordinaires sur les « Pruscos » pour dénoncer les crimes des bellicistes à la Gambetta, les Reynaud avant la lettre, qui repoussèrent après Sedan une paix honorable et peu coûteuse, prolongèrent de cinq mois, par sottise, par fatuité, par calculs de politiciens, une bataille perdue d'avance.

Mais que ne relèverait-on pas encore ! Tout est chez Drumont. Sans doute, il y a eu avant lui Taine et Renan, après lui Maurras, celui notamment de la trentième année, du *Soleil*, de *La Gazette de France*, le plus pénétrant, le plus percutant, le plus libre. Mais les uns et les autres franchissent peu la limite de la théorie dans leur critique de la démocratie. Drumont n'a pas des idées moins fermes, moins judicieuses. Mais il est dans la vie. Il brasse les réalités, les étreint, les flaire. Sa documentation, inégale parfois en qualité, est prodigieuse par sa masse. Et c'est bien ce qui déclenchera contre lui un tir aussi acharné. Ce réaliste va à l'essentiel, à l'argent. D'où cet épluchage opiniâtre et impitoyable de comptes, de budgets, de fonds secrets, de commandes.

Un tel besoin de précisions eût même entravé, fatigué, beaucoup d'autres talents aussi robustes. Mais l'instinct du visionnaire l'emporte, il l'élève à chaque instant aux sommets où se développent les plus larges pensées, d'où l'on surplombe les règles éternelles de l'humanité. On demeure absolument confondu de l'infaillibilité avec laquelle Drumont put passer du particulier au général. Car il faut bien le dire : les scandales, les turpitudes, les cruautés qu'il dénonce sont de l'eau de rose auprès des océans de purin et de sang qui ont déferlé depuis sur nous.

Ce qui est sans doute le plus admirable chez Drumont, c'est que, partant de causes encore si anodines ou voilées, il ait déroulé avec cette dramatique lucidité toute la chaîne de leurs effets, abouti à sa terrible cosmogonie du judaïsme et de l'or. C'est ici que, cherchant un pamphlétaire, nous faisons la rencontre solennelle du génie.

Cette puissance prophétique, ce contact avec l'humanité la plus chaude et la plus vraie, ce vaste sentiment de l'histoire qui lui permet d'embrasser d'un coup d'œil des siècles pour se prouver que les plus monstrueux événements demeurent toujours possibles, font de Drumont un homme « moderne » par excellence, l'homme à la taille de notre temps, qui, lui aussi, est monstrueux. De *La France juive*, de *La Fin d'un monde*, de *La Dernière Bataille* se lève un formidable précurseur de la révolution raciste et socialiste qui seule peut sauver notre globe. Et voilà bien encore de quoi écraser l'objection grotesque, mais qui a la vie si dure, que les révolutionnaires français d'aujourd'hui veulent importer dans notre patrie un régime qui n'est pas de chez elle. S'il n'y a pas chez Drumont toutes les bases de notre révolution, c'est qu'aucun mot de notre langue n'a plus le moindre sens, et que Léon Blum peut être considéré comme l'authentique successeur de Louis XIV.

Pourquoi les idées de Drumont sont-elles demeurées, de son vivant, des idées ? Il y eut certainement chez lui une part de naïveté, qui coexiste toujours avec les lumières d'une absolue certitude. Naïveté du reste fort relative si l'on songe à la magistrale tactique du lutteur, durant l'affaire de Panama, par exemple. « Trop livresque... », disait aussi Clemenceau.

Pour aller plus avant que ces formules faciles dans la psychologie de Drumont et de ses lacunes, il faudrait étudier longuement ses articles quotidiens, tous ses papiers intimes qui peuvent être encore réunis. Drumont n'était certainement pas un tribun. Cependant, mieux soutenu, à quoi fût-il arrivé ? On peut aligner bien des hypothèses. Mais ce qui est certain, c'est que l'échec de sa carrière politique a eu des causes plus que suffisantes auxquelles Drumont lui-même était parfaitement étranger. Et si l'heure de Drumont n'a pas sonné, ce ne sont pas tant les Juifs que les chrétiens qui l'empêchèrent.

ANNEXE

Voilà encore un des traits qui rend Drumont si passionnant. Quand il mourut, au plus noir de l'autre guerre, ruiné, aux trois quarts oublié, ayant abandonné sa *Libre Parole* à de torves faquins, il put croire que, hormis ses livres, il avait sinistrement raté sa vie. Or cette vie politique, où il eût fort bien pu ne point s'engager, couronne sa démonstration avec une évidence qu'aucun ouvrage de plume n'aurait eue. Cette vie publique de Drumont est aussi riche d'enseignements que ses livres.

Catholique militant autant qu'antidémocrate, voulant défendre d'abord sa religion contre les Juifs, Drumont, quand il entra dans l'action, après le vertigineux succès de *La France juive*, voulut faire confiance à l'Église, à la droite catholique. C'est là qu'il chercha ses appuis, ses troupes. Cinq ans plus tard, aux premières pages du *Testament d'un antisémite*, il reconnaissait son erreur dans ces lignes :

« Mon erreur fondamentale a été de croire qu'il existait encore une vieille France, un ensemble de braves gens, gentilshommes, bourgeois, propriétaires, fidèles aux sentiments d'honneur, aux traditions de leur race et qui, égarés, affolés par les turlutaines qu'on leur débite depuis cent ans, reprendraient conscience d'eux-mêmes si on leur montrait la situation telle qu'elle est, et se réuniraient pour essayer de sauver leur pays. J'étais l'homme le plus réformateur, le plus avancé, le plus épris de justice sociale qu'il y eut en France ; cette erreur m'a fait passer pour un rétrograde, elle m'a enlevé toute action sur la masse. La masse, en effet, plus sûrement guidée par son instinct que nous le sommes par nos connaissances, a horreur du parti conservateur, elle s'éloigne de lui comme les chevaux d'un endroit où il y a un mort. NE VOUS METTEZ JAMAIS AVEC LES CONSERVATEURS. »

Drumont cherchait des hommes. Il s'était adressé à des larves de la plus odieuse sottise, la sottise qui naît de la peur. Il faut relire chez lui et chez Bernanos l'histoire des inqualifiables avanies que lui fit subir cette bourgeoisie bien-pensante, pétrie d'hypocrisie et de frousse, éprouvant l'horreur congénitale de cet homme qui était tout entier courage et vérité. On ne peut même pas esquisser dans un journal ce honteux et gigantesque vaudeville, le haut clergé volant au secours de la synagogue pour condamner *La France juive*. On n'en rappellera qu'un seul épisode, la fameuse élection municipale du Gros-Caillou, quartier bien-pensant par excellence. Drumont, candidat catholique, fut battu à plate couture par l'archevêché et la bourgeoisie pratiquante. Contre ce vrai croisé, l'Église avait lâché Léo Taxil, franc-maçon et pornographe anticlérical de bas étage.

On a le regret de le dire : la plus grande tare politique de Drumont fut de n'être point resté dans l'incroyance de sa jeunesse. Il était trop chrétien pour un catholicisme dégénéré. Les Juifs n'avaient point eu besoin d'intervenir. En six ans, la chrétienté officielle avait brisé l'enthousiasme d'un de ses plus grands apôtres, la bourgeoisie le tenait pour un communard déguisé, cependant que les républicains, sourds aux clameurs de son anticléricalisme si justifié, lui jetteraient jusqu'au tombeau l'anathème majeur de cette époque : créature des Jésuites.

J'incline à croire, comme Bernanos, que, dès 1892, Drumont avait perdu l'espoir et ne se battait plus que pour l'honneur, l'amour de la vérité et l'avenir. Il s'offrira du moins le luxe de dépeindre, tels qu'ils sont, le stupide polichinelle Déroulède, allié au youtre Naquet, l'inodore Albert de Mun, allié au youtre Arthur Meyer, les militaires, qui ont donné une fois pour toutes la mesure de leur jobardise et de leur pleutrerie civique dans la foirade du boulangisme, les forbans de nonciature, les larbins à mitres, les bedeaux, les aristocrates souillés de sang juif.

Panama, le Ralliement — cette reptation de l'Église devant la démocratie qui la paiera à coups de pied —, l'affaire Dreyfus — à l'origine, ne l'oublions jamais, dix youtres qui jouent vingt milles officiers français ! D'autres que Drumont, sans doute, ont fait de ces mornes infamies des tableaux plus circonstanciés. Mais personne n'a comme lui dévoilé les ressorts profonds : la cupidité, l'imbécillité, la trouille.

Drumont, dans sa violence, est le seul homme que l'esprit de parti n'altère pas. Il ne cède pas une seule ordure de la République judéo-démocratique. Mais il démontra que ses adversaires, « l'opposition », à peine moins corrompus, ne se distinguaient d'elle, en somme, que par leur idiotie. La République, du moins, savait manœuvrer.

Tel a été ce grand homme, un de nos maîtres s'il en fut. Nous avons le sentiment hallucinant qu'il vit parmi nous. Les archevêques, condamnant en chaire sa *France juive*, donnent la main au Gerlier de 1944. Nous voyons Déroulède se précipiter dans les bras de Bernard Lecache en brandissant la bannière du gaullisme. Nous reconnaissons, sous les basanes, les rabats, les huit-reflets de 1890, les Giraud, les de Lattre de Tassigny, les Louis Marin, les Gillouin, les Maritain, les Du Moulin de Labarthète. Rien n'a changé, parce que les conditions de la vie politique française demeurent les mêmes en 1944 qu'en 1890. Nous sommes toujours en judéo-démocratie, sous le quadruple blason de l'étoile à six branches, du triangle, du sabre et du goupillon.

J'abandonne à regret cette biographie, qui ressemble à un film désuet, avec ses prolétaires à culottes à pont qui gardent un chassepot au fond de leur soupente, ses journalistes aux moustaches cirées, ses duels entre messieurs en redingote et cravate-plastron, ce film qui débouche dans une épopée tantôt pantagruélique, tantôt shakespearienne, avec d'un côté ses youtres pornographes et proxénètes, de l'autre ses youtres affermant Lourdes, ses vieux héros militaires, brûlés au feu de vingt batailles, et qui se volatilisent devant deux bavochards de métingues, ses évêques captant les héritages, ses secrétaires du Sacré Collège trempant jusqu'à la tonsure dans de sordides escroqueries, et l'aryen à plat ventre devant Shylock pour lui vendre une livre de sa propre chair.

Lucien Rebatet
Je suis partout, n° 663, 28 avril 1944.

TABLE DES MATIÈRES

Préface de l'abbé Olivier Rioult 7
Dédicace 17
Introduction 19
Avertissement 35
    I   *La France juive* (1886) 37
   II   *La France Juive devant l'opinion* (1886) 57
  III   *La Fin d'un monde* (1889) 79
  IV   *La Dernière Bataille* (1890) 163
   V   *Le Testament d'un antisémite* (1891) 217
  VI   *Le Secret de Fourmies* (1892) 267
 VII   *De l'or, de la boue, du sang* (1896) 271
VIII   *Les Juifs contre la France* (1899) 283
  IX   *Les Tréteaux du succès : I. Figures de bronze ou statues de neige* (1900) 299
   X   *Les Tréteaux du succès : II. Les héros et les pitres* (1900) 315
  XI   *Vieux portraits, vieux cadres* (1903) 331
 XII   Vision de Paris 335
XIII   Drumont préfacier 341
XIV   Galerie de portraits 355
 XV   Aphorismes et réflexions :
          1re section : La philosophie et la vie 373
          2e section : La société 377
          3e section : La politique 383
          4e section : Le Juif 395
          5e section : La littérature et le style 406
          Répertoire d'origines des pensées 407
Annexe : *Drumont parmi nous* par Lucien Rebatet 411

Septembre 2019
Reconquista Press
www.reconquistapress.com

www.ingramcontent.com/pod-product-compliance
Lightning Source LLC
Chambersburg PA
CBHW071213080526
44587CB00013BA/1363